Soldado de tierra y mar

GONZALO M. QUINTERO SARAVIA

SOLDADO DE TIERRA Y MAR

PABLO MORILLO. EL PACIFICADOR

edaf

www.edaf.net

MADRID - MÉXICO - BUENOS AIRES - SANTIAGO
2017

Soldado de tierra y mar. Pablo Morillo. El Pacificador

EDITORIAL EDAF, S. L. U.
Jorge Juan, 68. 28009 Madrid, España
Tel. (34) 91 435 82 60
Fax (34) 91 431 52 81
http://www.edaf.net
e-mail: edaf@edaf.net

ALGABA EDICIONES, S.A. de C.V.
Calle 21, Poniente 3323,
Colonia Belisario Domínguez
(entre la 33 Sur y la 35 Sur)
Puebla, 72180, México
Telf.: 52 22 22 11 13 87
jaime.breton@edaf.com.mx

EDAF DEL PLATA, S. A.
Chile, 2222
1227 Buenos Aires, Argentina
Tel/Fax (54) 11 43 08 52 22
e-mail: edaf4@speedy.com.ar

EDAF CHILE, S. A.
Coyancura, 2270 Oficina, 914
Providencia, Santiago de Chile
Chile
Tel (56) 2/335 75 11 - (56) 2/334 84 17
Fax (56) 2/ 231 13 97
e-mail: comercialedafchile@edafchile.cl

Primera edición: Junio 2017

ISBN: 978-84-414-3760-9
Depósito legal: M-12.874-2017

IMPRESO EN ESPAÑA — PRINTED IN SPAIN

Gráficas Cofás, Pol. Ind. Prado Regordoño, Móstoles (Madrid)

Para Elisa, Santiago y Salvador.

Índice

AGRADECIMIENTOS

La primera edición de la biografía de Pablo Morillo fue publicada en Colombia hace ahora más de diez años. Desde entonces, las conmemoraciones de los bicentenarios de las guerras de independencia de ambos lados del Atlántico han impulsado la aparición de importantes estudios historiográficos que me han permitido corregir, matizar o completar algunas de las aseveraciones realizadas en el 2005 y que han sido incorporadas a la edición que hoy aparece bajo el sello de EDAF. Es precisamente con esta editorial y su equipo, con los que quiero empezar mi listado de agradecimientos, pues sin su complicidad no hubiera sido posible la aparición de esta obra en España.

Al muy recordado Quintín Aldea, académico y bibliotecario de la Real Academia de la Historia, donde se conserva toda la documentación de Pablo Morillo, quien no solo generosamente me abrió las puertas de la Biblioteca y de la institución sino también las de su amable erudición y consejo.

También a la Real Academia de la Historia sin cuyo apoyo hubiera sido posible escribir este libro y de la que soy un orgulloso miembro correpondiente.

Mi agradecimiento a mi mayor crítico literario y mi mejor amigo, Florentino Carreño, gracias al cual la presente edición está libre de muchas, espero que de casi todas, erratas y errores.

A la Asociación Cultural Blas de Lezo a cuya iniciativa debo el haber iniciado mi relación editorial con EDAF y en la que tengo tanto buenos amigos empeñados en rescatar del olvido parte de nuestra historia.

Introducción

Si como dijo Benedetto Croce «la verdadera historia es historia contemporánea», de manera que cada presente busca en el pasado distintas respuestas de acuerdo con sus propias prioridades, cada generación tiene el derecho y la responsabilidad de reescribir su historia[1]. Tradicionalmente, la figura de Pablo Morillo ha oscilado entre el odio y el olvido. Mientras que, en tierras americanas, Morillo ha encarnado todo lo malo en oposición a un Bolívar al que se le ha adscrito todo lo bueno, en la España peninsular ha sido simplemente ignorado. La distancia de dos siglos quizá permita ahora el poder acercarnos a los hechos de entonces si no de manera completamente objetiva, al menos sí desde una perspectiva nueva que permita considerar acontecimientos y personajes de un modo riguroso y desapasionado[2]. Por otra parte, la superación de las perspectivas de las denominadas como escuelas históricas nacionales, en las que la historia era concebida como un elemento justificador de los distintos estados-nación surgidos en el siglo XIX, y el surgimiento del Atlántico como espacio de análisis histórico, permiten hoy abordar con una visión más amplia los hechos y los procesos históricos en los que Pablo Morillo tuvo un papel protagonista[3]. Una visión que permita superar lo que, para el caso de la historia de Colombia, el historiador Germán Colmenares ha denominado como «una prisión historiográfica»[4]. Desde esta nueva perspectiva, las guerras de independencia en América Latina se insertan en una crisis atlántica cuyos orígenes, desarrollo y consecuencias desbordan con mucho los límites del imperio español de la época, y al mismo tiempo permiten visualizar el conflicto desde una perspectiva de guerra civil que para la España peninsular representaría el inicio de una serie de contiendas civiles que marcarían su historia desde principios del siglo XIX hasta bien entrado el siglo siguiente[5].

La relevancia de la figura de Pablo Morillo va más allá de su papel como jefe del ejército realista que se enfrentó a las fuerzas independentistas mandadas por Bolívar entre 1815 y 1820. Por otra parte, la carrera y la biografía de Pablo Morillo resultan de especial interés para comprender la historia del periodo y, en algunos casos, para reexaminar algunos de los mitos que la han envuelto.

Su ascenso desde una familia de pobres labradores en Fuentesecas, en la provincia de Zamora, al generalato y a la nobleza titulada es prueba de «los resquicios» que brindaba el sistema del Antiguo Régimen para la movilidad social[6]. Una movilidad social en la que el ejército y el ascenso por méritos de guerra serían esenciales y que, a la larga, tendrían un impacto fundamental en las transformaciones sociales del siglo XIX español.

Su elección como jefe del ejército de pacificación demuestra el total desconocimiento o el error en el que se encontraban las autoridades españolas frente a los hechos acaecidos en la América Hispana a partir de 1810, pues en lugar de buscar soluciones políticas se empeñaron en responder con la fuerza de las armas. Unas armas para cuya dirección buscaron a uno de los mejores generales, brillantemente distinguido en la guerra contra el invasor francés, pero sin experiencia alguna en asuntos americanos y que carecía de la flexibilidad necesaria para adaptar sus objetivos a una realidad ajena y cambiante. No obstante, también es preciso reconocer que, durante algunos años, concretamente entre 1815 y 1818, la sucesión de victorias de las armas realistas al mando de Morillo hizo creer que la pacificación había triunfado en el norte de América del Sur[7]. Una ilusión que se desmoronaría definitivamente cuando la España peninsular fue incapaz de seguir enviando tropas a América.

Más allá de personalismos, la biografía de Morillo, y más concretamente sus acciones como jefe del ejército pacificador de Costafirme, permite analizar la guerra de independencia en el Virreinato de la Nueva Granada desde una perspectiva histórica que debe tener en cuenta las especiales características de este conflicto. Superando las perspectivas tradicionales de las distintas escuelas históricas nacionales a las que ya nos hemos referido más arriba para incidir en el carácter de guerra civil de la contienda. Desde esta aproximación, las guerras de independencia en Iberoamérica podrían entenderse como la inauguración de un periodo de guerras civiles tanto en la España peninsular como en las nuevas naciones americanas, que teñirían de sangre ambos continentes durante más de un siglo. Un periodo marcado a ambos lados del Atlántico por los pronunciamientos y el caudillismo[8].

A este enfoque es preciso añadirle las más recientes aportaciones sobre el debate en torno a las causas y los orígenes de las independencias, para las que la monarquía hispana de principios del siglo XIX ya no se concibe como un imperio fracturado al borde del colapso, sino como un conjunto integrado con un alto grado de unidad administrativa, y en las que se insiste en que el factor determinante fueron los efectos de la invasión francesa de la España peninsular en 1808[9].

La participación de Morillo en el caos político de la España peninsular a su regreso de América fue forzada por unas circunstancias que escasamente consiguió entender y pone de manifiesto la complejidad de los motivos por los que los españoles de su tiempo tomaron partido por uno u otro bando.

Su papel en la represión realista, en la que Pablo Morillo ha sido representado como un ángel exterminador, debe ser reexaminado. En primer lugar, hay que tener en cuenta que la crueldad en la guerra de independencia de la Nueva Granada debe analizarse como una consecuencia de su carácter de guerra civil. Por otra parte, cualquier consideración sobre la crueldad en esta guerra debe distinguir entre dos periodos, marcados precisamente por la llegada a tierras americanas de la expedición de pacificación mandada por Morillo. La guerra a muerte proclamada por Bolívar en junio de 1813 supuso una radicalización del conflicto por ambas partes que se agotó por sí misma cuando Morillo aplicó un modelo de guerra más, a falta de un mejor adjetivo, «tradicional» que en muy gran medida relegó al pasado lo excesos cometidos hasta entonces[10]. El proceso de «regularizar la guerra conforme a las leyes de las naciones cultas, y a los principios más liberales y filantrópicos» culminaría en noviembre de 1820 con la firma de los Tratados de Trujillo entre Bolívar y Morillo[11]. Pese a la importancia de los acuerdos de Trujillo, la guerra continuaría, y con ella el uso de la violencia como instrumento político, bien para restaurar, o bien para crear un nuevo modelo de soberanía[12]. En este contexto también es relevante tratar la crueldad de Morillo e huír del tradicional maniqueísmo en el que se le representa como la encarnación del mal o se incide en que se limitaba a combatir a los independentistas con sus mismas armas.

Por último, es importante destacar que el auténtico ángel exterminador de realistas o independentistas no fue ninguno de sus generales o caudillos, ni siquiera fue humano. De los hombres que llegaron a la Nueva Granada con Morillo en 1815, hallaron allí su tumba entre el 90 y el 97 %. Solo el 3 % murieron en enfrentamientos armados, los demás sucumbieron a causa de las enfermedades, especialmente la malaria[13]. Los culpables de su, en última instancia, inútil sacrificio, fueron aquellos que primero les ordenaron ir allí y que después les dejarían abandonados.

Preámbulo

La entrevista de Santa Ana entre Bolívar y Morillo

(27 y 28 de noviembre de 1820)

El 27 de noviembre de 1820, Pablo Morillo y Morillo, conde de Cartagena y marqués de La Puerta, general en jefe del Ejército Expedicionario de Costafirme, esperaba nervioso la llegada de Simón Bolívar al pequeño pueblo venezolano de Santa Ana.

La entrevista entre ambos jefes había sido la última petición de Morillo en las complicadas negociaciones que habían terminado apenas dos días antes con la firma de los llamados Tratados de Trujillo, por los cuales ambos bandos suspendían las hostilidades y establecían modos de regularizar la guerra.

Estos acuerdos eran la máxima expresión de la política del nuevo Gobierno de Madrid, que había llegado al poder tras el triunfo de la revolución de 1820. Identificando la lucha de los liberales en la península ibérica con la de los independentistas en América, creyeron que desaparecido el absolutismo desaparecían también las causas por las que los americanos llevaban peleando casi una década. Así pues, para ellos bastaba la reforma del Gobierno y de las Cortes, asegurando una adecuada participación de los criollos en la administración de los asuntos de la monarquía, para que todo volviese a su cauce. El mismo rey Fernando VII había anunciado a sus súbditos americanos que: «Vuestros hermanos de la península, esperan ansiosos con los brazos abiertos á los que vengan enviados por vosotros para conferenciar con ellos, como iguales suyos, sobre el remedio que necesitan los males de la Patria y los vuestros particularmente»[1]. Si en Madrid no entendían la verdadera naturaleza de la guerra en América no era porque Morillo no se hubiese desgañitado intentando explicárselo. Bien claro le había dicho al nuevo Gobierno: «Ellos no quieren ser españoles, así lo han dicho altamente desde que proclamaron la independencia, así lo han sostenido sin desmentir jamás su opinión en ninguna circunstancia ni vicisitud de la península, esto repiten ahora sin dejar las armas de la mano, lo repetirán siempre sea cual fuere nuestra conducta y nuestro gobierno, la absoluta independencia o la guerra es el solo arbitrio que nos dejan a escoger»[2].

Por mucho que Morillo insistiese, el Gobierno ya había decidido. Además, tampoco podía hacer otra cosa. Las tropas que se habían rebelado en Cabezas de San Juan el 1 de enero de 1820, en parte lo habían hecho para escapar a su destino de ser embarcadas hacia tierras americanas, por lo que, aunque las nuevas autoridades hubiesen querido aplicar una política de fuerza, no hubieran podido disponer de los medios para ello.

Ante este nuevo rumbo lo normal hubiera sido que Morillo hubiese sido relevado del mando y sustituido por alguien más afín a los nuevos vientos de concordia, pero no había nadie que estuviese dispuesto a aceptar una misión que todos sabían condenada al fracaso. De este modo, Morillo se encontró en la difícil posición de tener que ejecutar unas instrucciones que consideraba totalmente equivocadas.

Había llevado lo mejor que pudo las difíciles negociaciones para lograr el armisticio que le pedían sus jefes, pero aún creía poder lograr algo más si se entrevistaba personalmente con Bolívar. Morillo era ante todo militar y, recordando que en batallas como la de La Puerta su presencia en primera línea había convertido en victoria lo que parecía una segura derrota, pensó que, tal vez, también en el campo de la diplomacia su mera presencia podía inclinar la balanza a su favor.

Morillo llegó a Santa Ana rodeado por sus oficiales de Estado Mayor, ayudantes de campo y una escolta compuesta por un escuadrón completo de Húsares de Fernando VII. Todos lucían sus uniformes de gala en lugar de sus muy desgastados trajes de campaña. Los Húsares de Fernando VII: gorro alto de piel negra con borla roja, casaca verde de puños y cuello amarillos con lazos blancos y botones de plata, pelliza también verde con bordes de piel negra, fajín verde y amarillo, guantes blancos, calzones amarillos con una franja blanca y botas altas negras[3]. Los oficiales, con sus pechos cargados de las medallas obtenidas a lo largo de la campaña: cruces de distinción por la conquista de Cartagena de Indias, cruces por la batalla de La Puerta y, los más afortunados, distintos grados de la Real y Americana Orden de Isabel la Católica o de la de San Fernando. El mayor colorido lo aportaban los ayudantes de campo que, al no estar adscritos a unidades determinadas, podían dejar volar su fantasía en el diseño de sus uniformes[4]. También Morillo había hecho lo posible para, en sus propias palabras referidas a otra ocasión, «aparecer en su ejército con aquella brillantez exterior que parece exigir su dignidad»[5]. Llevaba gran uniforme, el mismo que luce en el retrato que hoy cuelga en el Museo Nacional de Bogotá: casaca azul oscuro de rojas bocamangas con los distintivos de general bordados en oro, fajín rojo, guantes blancos, calzones del mismo color y el pecho cubierto de condecoraciones. Entre ellas destacaba, cruzándolo, la banda amarilla y blanca de la Gran Cruz de Isabel la Católica y la Cruz de San Fernando[6].

Un espectáculo impresionante, justo tal y como lo quería Morillo. Pero si con todo este despliegue pretendía impresionar a Bolívar, cuál no sería su sorpresa cuando, nada más descabalgar, se le presentó Florencio O'Leary, primer ayudante de campo del Libertador, para decirle que aún no había llegado pero que se le esperaba en cualquier momento. Morillo debió estar tentado de quejarse o, al menos comentar algo ante la insolencia del criollo rebelde que se atrevía a hacerle esperar a él, el enviado de su católica majestad don Fernando VII, rey de España y las Indias. Pero, aunque Morillo era conocido por su ira, también sabía contenerse cuando debía hacerlo y, para pasar el rato, decidió entablar conversación con O'Leary. Como de pasada, le preguntó cuánto séquito acompañaba a Bolívar, tal vez regocijándose para sus adentros pensando en el impresionante aspecto del suyo. O'Leary respondió que Bolívar llegaría apenas acompañado por sus jefes y oficiales más inmediatos y sin escolta de ninguna clase. Inmediatamente Morillo, para no ser menos o para que la presencia de sus húsares no fuera interpretada como muestra de desconfianza, dio la orden de que se retirase su escolta. Justo en ese momento, apareció un grupo de jinetes en lo alto de una colina cercana. Morillo volvió a dirigirse a O'Leary para saber cuál de entre todos ellos era Bolívar. Cuando el oficial le señaló la figura del Libertador, de nuevo se vio sorprendido. Morillo no pudo contenerse y exclamó: «¿Cómo, aquel hombre pequeño de levita azul, con gorra de campaña y montado en una mula?»[7].

Con su entrada, aparentemente modesta, Bolívar había dado el golpe de efecto que buscaba. Mientras el hijo de labradores llegado a general por méritos de guerra se aferraba a los símbolos del poder que le habían conferido su estatus, el niño mimado de la sociedad mantuana de Caracas, consciente de su propia importancia, abiertamente los rechazaba. El mismo Bolívar confesaría que este nada inocente truco lo había aprendido de Napoleón, al que había visto en París. Al contar, años más tarde, su impresión del emperador francés, Bolívar, que siempre evitaba hablar del emperador comentaría:

> ¡Qué Estado Mayor tan numeroso y tan brillante tenían Napoleón, y qué sencillez en su vestido! Todos los suyos estaban cubiertos de oro y ricos bordados, y él solo llevaba sus charreteras, un sombrero sin galón y una casaca sin ornamento alguno; esto me gustó, y aseguro que en éstos países hubiera adoptado para mí aquel uso, si no hubiera temido que dijesen que lo hacía por imitar a Napoleón....
>
> Al contrario, cuando llego a hablar de él o de sus hechos es más bien para criticarlos [...] ha sido necesario [...] para evitar que se establezca la opinión de que mi política es imitada de la de Napoleón, que mis miras y proyectos son iguales a los suyos, que como él quiero hacerme emperador o rey, dominar la América del Sur como ha dominado él [sic] la Europa...[8]

Para superar su sorpresa, Morillo dirigió su caballo hacia el grupo que se acercaba y cuando llegó a su altura, ambos jefes descabalgaron para fundirse en un «cálido y cordial abrazo»[9]. Tras las presentaciones de sus respectivas comitivas, pasaron a una pequeña cabaña donde les esperaba un sencillo almuerzo dispuesto por Morillo para sus invitados.

Los testimonios del almuerzo insisten en la camaradería que reinó entre Morillo y Bolívar y en la manera que cada bando alababa la gallardía de sus contarios. La comida se prolongó hasta bien entrada la tarde y los comensales solo se levantaron cuando Morillo propuso que «se consagrase á la posteridad un monumento que perpetuara aquel día», «en el lugar donde ambos jefes se habían abrazado por primera vez»[10]. Una columna que diese testimonio de la sinceridad con la que los beligerantes habían dejado de lado su rencor personal y la enemistad entre sus naciones. Bolívar accedió de inmediato y todos los oficiales allí presentes se pusieron manos a la obra, arrastrando una pesada piedra sobre la que los dos jefes pronunciaron sendos discursos en los que reiteraron sus «ardientes deseos de paz y mutuo entendimiento»[11]. Morillo también propuso que se destinasen ingenieros de ambos ejércitos para que se encargasen de dar el esplendor adecuado al monumento, sobre el que dispuso que se grabara una estampa que representase a ambos jefes «en el acto de abrazarse por primera vez»[12].

Caída la noche se dispuso la mesa para la cena, en la que se dieron brindis «¡a los que han muerto gloriosamente en defensa de su Patria o de su Gobierno!», «¡a los heridos de ambos ejércitos que han manifestado su intrepidez, su dignidad y su carácter!»,... a ellos respondió un oficial colombiano con el deseo de «¡que la última página de la historia militar de Colombia termine el 27 de noviembre!»[13].

La victoria de Baco sobre Marte parecía completa cuando el propio Morillo levantó su copa pidiendo que «¡castigue el cielo á los que no estén animados de los mismos sentimientos de paz y amistad que nosotros!», a lo que contestó Bolívar: «¡Odio eterno a los que deseen sangre y la derramen injustamente y por la heroica firmeza de los combatientes de uno y otro ejército!»[14].

La noche puso fin a las celebraciones del día, pero no separó a los generales rivales. Bajo un mismo techo y en una misma habitación, Bolívar y Morillo durmieron plácidamente, compensando, tal vez, las muchas noches de vigilia que habían causado el uno al otro[15].

Tales muestras de camaradería entre hombres que hasta hace unos meses no hubieran dudado en atravesarse con sus espadas en el campo de batalla resulta sorprendente y no pueden explicarse tan solo por los efectos de los numerosos brindis. La historia militar recoge una y otra vez casos de confraternización entre enemigos, más allá del uniforme que vista cada uno. En el día de Navidad de 1914, después de las terribles matanzas de finales de verano y otoño, los soldados del frente occidental, ateridos de frío, simplemente dejaron de disparar y salieron de sus trincheras dirigiéndose desarmados hacia las posiciones enemigas. Al final de la mañana, muchos ya compartían cigarrillos y, por la tarde, jugaban al fútbol en tierra de nadie. Esta tregua no declarada terminaría al caer la noche cuando cada uno regresó a sus puestos[16]. Aunque este tipo de reacción pueda ayudar a comprender parte de lo sucedido en la noche del 27 de noviembre de 1820 en Santa Ana, lo cierto es que había algo más.

La realidad es que, a lo largo de toda la jornada, tanto Morillo como Bolívar actuaron de manera muy consciente. Morillo, sabedor de que esta era la última oportunidad para obtener lo que ya no podía conseguir en el campo de batalla, aprovechó cada brindis para insistir en la voluntad de reconciliación que animaba a Fernando VII y al nuevo Gobierno de Madrid. Bolívar, por su parte, confesaría a Perú de Lacroix:

> Fui a aquella entrevista con una superioridad en todo sobre el general español; fui, además, armado de cabeza a pies; con mi política y mi diplomacia bien cubiertas con una grande apariencia de franqueza, de buena fe, de confianza y de amistad, pues es bien sabido que nada de esto podía tener yo para el conde de Cartagena, y que tampoco ninguno de aquellos sentimientos pudo inspirarme en una entrevista de algunas horas. Apariencias de todo esto fue lo que hubo, porque son de estilo y de convención tácita entre los diplomáticos[17].

Y por si quedase alguna duda sobre cómo todo había sido una actuación por parte de ambos jefes, añade Bolívar: «ni Morillo ni yo fuimos engañados sobre aquellas demostraciones; solo los imbéciles lo fueron y lo están todavía»[18].

Al día siguiente, entre muestras de aprecio y promesas de eterna amistad, Morillo y Bolívar se dirigieron al lugar donde la gran piedra colocada la noche antes esperaba ser el cimiento del monumento a la «conservación de los que en lo sucesivo sean destinados por los dos gobiernos a sostener sus derechos»[19]. Allí, tras nuevos abrazos y vivas a Colombia y España, se separaron para nunca volver a encontrase. Pese a los buenos deseos, a ambos lados del Atlántico, aún correría mucha sangre entre hermanos. Bolívar partiría para terminar la liberación de un continente y empezar la creación de una nueva república. Morillo para embarcarse de regreso a la península, donde su sable apenas si conocería descanso. Hoy en día, una corona de laureles hecha en bronce que debió adornar el monumento en Santa Ana aún cuelga de las paredes del Museo del Ejército español[20].

Primera parte

GUERRA A BORDO

(1775-1808)

Capítulo 1

INFANCIA Y GUERRA CONTRA FRANCIA

1. Infancia en Fuentesecas (1775-1791)

Algunas vidas no pueden entenderse sin acercarse a donde tuvieron su origen y para intentar comprender la de Pablo Morillo es necesario ir a Fuentesecas, provincia de Zamora, en la Castilla profunda. A unos treinta kilómetros de la ciudad de Toro, se distingue la silueta recortada contra el cielo azul de Castilla de la iglesia parroquial de San Esteban. Una idílica figura que más pareciera un barco varado en medio del mar de oro de los campos de trigo en la comarca de la Tierra del Pan que una modesta construcción religiosa.

La idílica imagen que la iglesia de San Esteban transmite de Fuentesecas se va desvaneciendo según uno se acerca al pueblo. Poco a poco se descubre más una aldea que un pueblo propiamente dicho. Todo aparece pequeño, indefinido, sin apenas personalidad. En las calles, aunque limpias y bien cuidadas, no hay nada que atraiga la mirada. Buscando algo que hable de los tiempos en que Pablo Morillo correteaba por este lugar apenas se encuentra muy poco y las pocas cosas que lo hacen son, precisamente, las más pobres. Unas cuantas casas de adobe, más viejas que antiguas, cuyas paredes combadas apenas si aciertan a sostener una techumbre cubierta de tejas a punto de caerse. Puertas y ventanas cerradas, en invierno para guardar el calor y en verano para intentar atrapar algo de fresco, cuentan la historia de gente recluida en sí misma, como buenos castellanos viejos.

Hoy, la mayoría de las viviendas son nuevas, de ladrillo industrial, con puertas prefabricas de aluminio de cristales oscuros, iguales a otras miles levantadas en cualquier lugar. Las calles pequeñas, pavimentadas con un práctico pero anodino suelo de cemento para mitigar la polvareda que el viento levanta en toda época del año. Su trazado tortuoso sigue las curvas del pequeño cerro donde se alza la iglesia parroquial. Las dos únicas calles un poco más anchas son: la principal, que, como no podía ser de otro modo, lleva el nombre de General Morillo, y la que conduce hasta la iglesia de San Esteban.

Es una construcción sencilla de una sola nave, cuyas primeras piedras fueron colocadas a principios del siglo XVI, a la que se añadiría, siglos más tarde, una torre cuadrada que le da un sólido aspecto. A finales del siglo XVIII todavía lucía una cubierta gótico-morisca que acentuaba aún más su carácter arcaico[1]. En su interior sorprende por su riqueza el retablo mayor con los tres evangelistas, una adoración de los Magos, San Pedro y San Pablo, todos rodeando a San Esteban, santo patrón de Fuentesecas[2]. En suma, una iglesia modesta en comparación con la exuberancia de las construcciones religiosas de su vecina Toro. Pero rica, muy rica, para lo humilde del pueblo de Fuentesecas.

Fuentesecas es, por lo tanto, un pueblo sencillo y pequeño, donde apenas si hoy quedan los viejos. Todo habla de una población que se ha quedado atrás en relación con sus vecinos, pero que ya casi no sabe lo que es la pobreza. En la *Corografía de la provincia de Toro* publicada en 1802 figura el Lugar de «Fuentes» como de realengo, es decir, como tierra dependiente directamente del rey sin señor, abadía o monasterio al que hubieran de rendir tributo, que cuenta con un alcalde pedáneo, institución reservada para poblaciones pequeñas, pues en su censo de 1797 apenas recogía 303 vecinos. Al cultivo de los cereales añadían apenas algo de ganado, del que, en el lenguaje oficial de la época, «en la clase lanar hacen algún comercio los vecinos del pueblo»[3]. La escasez de agua se intentaba paliar con un pequeño pozo en el casco del pueblo, pero ya entonces los viejos canales de riego estaban descuidados y provocaban inundaciones en la época de lluvias.

Esta desidia probablemente tuviese su origen en el progresivo empobrecimiento sufrido por Fuentesecas a lo largo de la segunda mitad del siglo xviii. Pese a que la población había crecido algo entre 1751 y 1787, pasando de 281 a 312 almas, lo que representa un incremento de apenas un 10 %, en 1797 la población había bajado a las 303 almas ya mencionadas. No sorprende, por lo tanto, comprobar cómo la economía se había deteriorado. La ya citada *Corografía de la provincia de Toro* da testimonio de su serio declive económico. Baste mencionar que entre 1751 y 1797 Fuentesecas pasó de 40 a 8 cabras, de 78 a 5 vacas, de 43 a 12 caballos y, lo que es aún más grave, de contar con 6137 ovejas a apenas 3270. Un último dato para constatar su pobreza es que en 1791 los vecinos de Fuentesecas apenas si pagaban impuestos por valor de 3030 reales a la Real Hacienda.

Escasamente unos años antes de esta desoladora descripción, nacía en Fuentesecas quien sería su hijo más ilustre: Pablo Morillo y Morillo. En la página 179 del Libro parroquial 220/2 de la iglesia de San Esteban, hoy conservado en la diócesis de Zamora, consta que fue bautizado el 7 de mayo de 1775.

A este respecto es necesario dejar constancia que ha existido cierta confusión en cuanto a la fecha de su nacimiento. Su hoja de servicios recoge que «nació el año de 1779» y el propio Antonio Rodríguez Villa, sin cuya monumental y bien documentada obra el presente libro tal vez nunca hubiera podido escribirse, menciona la fecha de 1778[4]. Pero, como muy bien dice Révesz, «el simple cálculo hace que estas últimas dos fechas sean difíciles de mantener»[5]. En 1791 consta que ingresó en la Infantería de Marina y no es probable que fuese admitido si entonces solo contaba con doce o trece años de edad. En cualquier caso, la claridad de la letra de la inscripción manuscrita del cura párroco de Fuentesecas, don Joseph Pardo, no deja margen alguno para la especulación. Constata que Pablo Morillo fue bautizado el 7 de mayo de 1775 habiendo nacido el día 5 de ese mismo mes. Zanjada la cuestión de la fecha en que vio la luz Morillo, puede resultar interesante detenerse algo más en este documento, pues de él se puede extraer valiosa información sobre el entorno del recién nacido.

> En siete de mayo de mil setecientos y setenta y cinco, yo el infrascripto Cura de Fuentesecas bautice solemnemente, y puse los Santos Oleos, à un Niño que nació día cinco de dicho mes, se le puso por nombre Pablo, sus Padres, Loren-

zo Morillo, natural de fuentes, y María Morillo, de malba, habuelos [sic] paternos, roque Morillo, y Isabel Bragado, maternos, Dionisio Morillo, y María Baquero, aquellos naturales, de Fuentesecas, y estos de malba, Padrino, Pablo Morillo, âquien advertí el parentesco espiritual y demás obligaciones, testigos, Antonio Matilla, Santiago Altares, Pedro Pinilla, Thomas, y Antonio Murcia, y para que conste lo firmo uz supra, los habuelos [sic] paternos naturales de fuentes.

Firmado y rubrica Dn. Joseph Pardo[6].

Sus padres, Lorenzo y María Morillo, eran de familia de labradores de la zona. Tal y como fácilmente se deduce de su mismo apellido, eran parientes, muy probablemente primos, por lo que se conocerían bien aún antes de contraer matrimonio. María apenas si tuvo que mudarse unos kilómetros desde su pueblo natal de Malba, o Malva, pues este es colindante al norte con Fuentesecas. Malba, o Malva, era algo mayor que Fuentesecas, en 1797 contaba con 740 habitantes, más del doble que su vecino, pero, por lo demás, era en todo idéntico a este[7].

Como padrino figura Pablo Morillo, en cuyo honor pusieron su nombre al recién nacido. Hasta aquí parece que no haya nada especial, pero, si se tiene en cuenta que lo normal es que el bautizado tenga una pareja de padrinos, el hecho merece ser considerado más de cerca. Tal vez lo explicase que el elegido para tal honor fuese soltero y, de ser así, los padres del recién nacido demostrarían gran astucia, pues con esta elección colocaban a su vástago en primera línea para una eventual herencia. Pese a que todo esto no es más que una hipótesis, un tanto aventurada si se quiere, no conviene desecharla sin más, pues en toda sociedad rural es vital asegurarse la posesión de la tierra. Y en la España del Antiguo Régimen, el modo natural de adquirirla era a través de la herencia, por lo que no sería sorprendente que Lorenzo y María intentasen asegurar cuanto pudiesen el futuro de su hijo. Para terminar con la partida de bautismo hay que señalar el curioso detalle de una nota marginal añadida años más tarde, en la que el sucesor de Joseph Pardo como cura párroco de San Esteban deja constancia del orgullo de Fuentesecas por su hijo más ilustre.

Pablo Morillo Morillo, Conde de Cartagena y Marqués de la Puerta, Gentil hombre de Fernando VII. Capitán general de Castilla la nueva y capitán general de Galicia[8].

Estos son los pocos datos de la familia de Pablo Morillo que han llegado hasta hoy. Se sabe también que tuvo al menos un hermano varón ya que cuando fuera jefe del Ejército expedicionario en el Virreinato de Nueva Granada consta que entre sus subordinados sirvió como teniente su sobrino Lorenzo Morillo, pero poco más[9]. De su vida durante su infancia y primera adolescencia no hay tampoco registro alguno y no hay razón para pensar que se alejase mucho de la de cualquier otro niño o muchacho en cualquier pequeño pueblo de aquel tiempo.

Toda la vida estaba marcada por el ciclo del campo y sus labores. En cuanto Pablo tuvo edad suficiente, ayudaría a su padre en la siembra, la cosecha, pastoreando ovejas, etc. El mundo se reducía a lo que abarcaba la vista o, todo lo más, a algún viaje a un mercado cercano, tal vez en la ciudad de Toro, que a los ojos del niño debía aparecérsele como una gigantesca metrópoli a pesar de contar apenas con unos pocos miles de habitantes. Del mundo exterior apenas si tendría noticias y, probablemente, entre los pocos hechos que le recordaran su existencia estuvieran los funerales y el luto por la muerte del rey Carlos III y las fiestas en honor de su sucesor, Carlos IV, en 1788. Evento que, para un muchacho de trece años, probablemente solo fuesen ocasión de romper con la rutina de sus, por otra parte, largos y monótonos días.

Por aquellos años todo parecería transcurrir plácidamente y sin sobresaltos y Pablo Morillo no imaginaría más futuro que el de ser un labrador como su padre o sus abuelos, pero en 1791 todo cambiaría. Cuenta la tradición que, una noche, el muchacho de quince años se divertía cantando con otros mozos en las afueras del pueblo cuando vieron un grupo de gente que se les acercaba. Conscientes de que estaban armando un buen alboroto, en lugar de salir corriendo tuvieron la mala idea de intentar ahuyentarlos a pedradas, pero cuando de entre el grupo salió el grito de «¡La Justicia!» ya no pensaron más que en tomar las de Villadiego. El hecho en sí no era más que una travesura, pero el joven Pablo debía temer mucho a la autoridad real o la de su padre Lorenzo, pues, en lugar de regresar a su casa, no se le ocurrió otra cosa que huir adentrándose en la noche. Esta sería la última vez que viese su pueblo natal, pues no consta que alguna vez regresase a él. Cogió el camino hacia la vecina ciudad de Toro, donde llegaría aturdido al darse cuenta del lío en el que se había metido. Si antes temía la reprimenda de sus padres, no tardaría en darse cuenta que con su huida solo había empeorado su situación. En su mente se fue forjando la idea de que lo que había hecho era irreversible y que volver a casa era imposible. Tenía que buscar una solución y creyó encontrarla cuando vio que, en Toro, una bandera del Real Cuerpo de Marina estaba reclutando infantes para la armada de su católica majestad don Carlos IV. No se sabe si se lo pensó mucho, pero lo cierto es que el 19 de marzo de 1791, apenas dos meses antes de cumplir los dieciséis, Pablo Morillo sentaba plaza como infante de marina del rey de España.

2. El Ferrol y el Real Cuerpo de Infantería de Marina

Inmediatamente después de alistarse, el recluta Pablo Morillo fue trasladado a El Ferrol, cerca de La Coruña, Galicia, donde aún hoy se encuentra una de las más importantes bases navales de la armada española. Allí descubrió un nuevo mundo, muy distinto al de su aldea natal de Fuentesecas.

Solo aquellos que han visto por primera vez la mar pasada la infancia pueden comprender la impresión del adolescente de apenas dieciséis años al contemplar la inmensidad del Atlántico. Un marco perfecto para que se desbordase su imaginación, viéndose surcando los siete mares, corriendo absurdas e imposibles aventuras, pero pronto comprobaría el abismo que separaba sus fantasías y la dura realidad que le esperaba.

El joven Pablo también observaría El Ferrol con ojos asombrados. Acostumbrado a tener como referencia de ciudad a Toro, se vería deslumbrado por la actividad y bullicio de lo que le parecería una enorme metrópoli. A finales del siglo XVIII, El Ferrol estaba en franca expansión, donde la vida corría a ritmo acelerado, muy distinto del lento pasar de las estaciones en el campo castellano. Todo puerto de mar conlleva ajetreo, pero al de El Ferrol se le sumaba el hecho de estar allí ubicados uno de los astilleros más importantes de toda la monarquía española.

Dentro del programa de modernización de la marina de guerra que iniciara el primer rey Borbón de España, Felipe V, era necesario contar con barcos suficientes para asegurar el dominio de los mares. Siguiendo esta política, Fernando VI había mandado, en 1749, que se ubicase en El Ferrol un arsenal de la Real Armada. En cumplimiento de esta orden, se construyó, en la ribera oriental del monte de Esteiro, en la llamada ensenada de Carranza, un Astillero Real que sustituiría las obsoletas instalaciones de La Graña. Este Arsenal de Carranza se convertiría en el motor del desarrollo de El Ferrol. De hecho, la construcción naval militar sigue siendo hoy en día una de las principales actividades de la ciudad ya que allí tiene su sede la Empresa Nacional Bazán, que construye buques de guerra para la armada española.

Aparte de esta modernización naval, El Ferrol también constituía un modelo del desarrollo buscado por los monarcas ilustrados. La actividad naval y la propia construcción de los astilleros demandaba una cantidad de mano de obra que pronto desbordaría la capacidad de alojamiento del pequeño casco urbano de El Ferrol. Para ordenar este crecimiento, durante el reinado Carlos III se aprobaron los planos del nuevo Ferrol. Su trazado, exponente de las nuevas ideas reformadoras de la época, diseñaba una ciudad de planta en cuadricula, con dos grandes plazas en los extremos. En ellas se levantaron impresionantes edificios de impecables líneas neoclásicas para alojar las sedes de la marina y los astilleros. Esta zona, que se conoce como el barrio de la Magdalena, es aún hoy un magnífico exponente de la arquitectura racionalista del siglo XVIII español y, en 1983, fue declarada conjunto histórico-artístico[10].

El Real Cuerpo de Infantería Marina era, en el siglo XVIII, el nombre por el que hoy se conoce a la Infantería de Marina. Se trata de uno de los cuerpos con más larga tradición en la ya de por sí muy extensa historia de los hombres de armas al servicio de España. De hecho, la infantería de marina española está considerada como una de las más, si no la más, antiguas del mundo. Su origen se remonta al año de 1537, cuando el emperador Carlos V creó la denominada Infantería de la Armada, pero será Felipe II quien le encomiende una de sus más importantes funciones que aún hoy desempeña: la de desembarcar, ocupar y mantener posiciones en la costa sin menoscabo de la capacidad militar de los barcos, pues hasta ese momento los desembarcos se hacían con parte de las tripulaciones, lo que dejaba las naves demasiado expuestas a un ataque naval del enemigo. Además de ser un cuerpo antiguo, se trataba de un cuerpo orgulloso de sus hechos de guerra y tradiciones. Dicen que como prueba basta un botón y en este caso como ejemplo es necesario todo un uniforme.

El modelo de sus uniformes seguía muy de cerca el patrón de la infantería de línea regular, pero con características propias. Compartían con las tropas de tierra el correaje, bicornio, calzón, casaca y las polainas blancas hasta por encima de la rodilla. También el armamento era el mismo, a excepción del sable. El modelo utilizado por la infantería de marina era más corto, más grueso y algo más pesado que el de sus colegas de tierra para adaptarlo a las condiciones del combate a bordo, donde la escasez de espacio necesita de armas más cortas y donde el combate cuerpo a cuerpo es la norma, por lo que son necesarias armas más contundentes que en tierra. En cuanto al uniforme, la principal diferencia estaba en el color de la casaca, de un intenso color azul turquí, igual al usado por la Guardia Real, con ribetes de rojo. El uso de este color es importante, pues, aún hoy en día, sigue reservado para los inmediatos servidores del rey. Prueba de ello es su uso por la actual Guardia Real o su presencia en el cuello y las bocamangas del uniforme de gala de la carrera diplomática. Otro privilegio indumentario de la infantería de marina era, y es, el lucir sardinetas doradas en la bocamanga, distintivo también compartido con la Guardia Real[11]. El cuerpo de Infantería de Marina se ganó sus privilegios indumentarios en la defensa del Castillo del Morro de La Habana, en 1763, durante la Guerra de los Siete Años que enfrentó a Inglaterra con Francia y la España de Carlos III. Un ejército británico, al mando del general Abermale, con la escuadra del almirante *sir* George Pocock se apoderó de La Habana, Cuba, pese a la heroica resistencia opuesta por el capitán de navío don Luis de Velasco, al mando de unidades de la Infantería de Marina. Por este hecho, Carlos III les concedió estos distintivos en su uniforme. Baste añadir que La Habana fue reintegrada al Imperio Español en la Paz de París, firmada el 10 de febrero de 1763.

Este vistoso uniforme sería el primero de los varios que vestiría Pablo Morillo a lo largo de su carrera en las armas. No es necesario insistir en el orgullo con que lo llevaría la primera vez que saliese de permiso por las calles de El Ferrol. Todo era nuevo para Pablo: la mar, el cuartel, las calles, las tabernas... Allí se reuniría con sus compañeros de armas pasando las horas como los reclutas de todas las épocas: entre bromas, tragos de vino o jugándose a las cartas la soldada. Tal vez Pablo Morillo, poco dado a los excesos, se sintiese algo aislado en este ambiente y no cuesta imaginárselo algo más retraído que los demás, pensando en su nueva vida y en los horizontes que se le abrían. En medio de esas ensoñaciones conoció a la que acabaría siendo su primera mujer, Joaquina Rodríguez, de la que muy poco se sabe. Una muchacha de la ciudad con la que compartiría más de una década de su vida, pero que no consta que le dejase huella especial. En todo caso, su compañía haría más llevadera la por otra parte enormemente rutinaria vida de cuartel

Volviendo al cuerpo de Infantería de Marina, en el que Pablo Morillo pasaría los próximos lustros, en 1789, constaba de doce batallones de seis compañías de fusileros cada uno, con un total de 15 096 infantes, entre oficiales, suboficiales y tropa, distribuidos en tres departamentos marítimos: Cádiz, Cartagena y El Ferrol[12]. En este último estaban acantonados los batallones 8.º, 9.º, 10.º y 11.º, todos al mando de un comandante con rango de capitán de fragata.

Por muy dura que fuese la instrucción en El Ferrol, el joven Pablo no tendría una idea real de lo que le esperaba hasta que se embarcase por primera vez en uno de los buques de guerra de su católica majestad Carlos IV. No hay constancia documental sobre cuando se produjo, ni cuál fue su primer barco, pero no es difícil suponer que tendría lugar poco tiempo después de su ingreso en el cuerpo.

La vida de Pablo a bordo estaba marcada por una rutina de larga data. Las tareas de la tropa embarcada estaban estrictamente reguladas por la larga tradición del cuerpo y que serían codificadas en 1802 por la *Real Ordenanza Naval para el servicio de los baxeles de S.M.*[13].

El día empezaba muy temprano, antes incluso de la salida del sol. El toque de diana era acompañado por los gritos de los cabos que sacudían los coyes haciendo caer a los más perezosos. Tras unos pocos minutos para recoger y ponerse el uniforme, pues hablar de aseo personal es una ironía, se repartía el rancho. Los infantes de marina asignados a su preparación se habían levantado antes que el resto de sus compañeros, estando por ello exentos de las guardias, y debían poner mucha atención a lo que hacían, ya que si perdían o rompían alguno de sus útiles de cocina se los descontaban de su soldada. Según la ordenenza, los infantes comían juntos en el «combés o en la última batería, no en el alcázar o la batería y, nunca, en los entrepuentes».

Esta comida de la mañana y la de la tarde eran las dos que la tropa embarcada realizaba junta, ya que para el resto del día solían «hacer separación de pan y vino que les acomode para el almuerzo». El almuerzo, en aquellos días, simplemente significaba el acto de comer cuando se tenía hambre. Tras el desayuno, todo se sucedía de una manera perfectamente planificada. La tropa a bordo se dividía en varios grupos según fuera su función. Los dos principales eran las «guardias de puesto» y las «guardias de mar». Las guardias de puesto corresponden, en parte, a lo que hoy se entiende generalmente por guardia en cualquier destacamento militar, donde los centinelas se concentran en estar atentos a cualquier indicio de ataque enemigo, pero, en la época de la marina a vela, cuando gran parte de los reclutas habían sido casi que secuestrados de sus hogares, la vigilancia era casi más importante de puertas adentro. De esta tarea se encargaban las guardias de puesto que tenían como «principal cuidado», la «observancia de todas las reglas de policía y disciplina dentro del baxel», poniendo especial atención en «sosegar las bullas y quimeras» sin olvidar vigilar a los tripulantes que por alguna que otra falta estuviesen «presos» o «entretenidos». También debían poner especial cuidado en controlar todos los movimientos de personas y cosas y «no permitirán la entrada o salida de Gente, ..., ni extracción ni introducción de ropas, pertrechos, víveres, municiones ni otra cosa alguna, ..., sin recibir para ello orden del oficial de guardia». A su cuidado estaba la seguridad física del barco. Como uno de los mayores peligros a bordo siempre era el incendio, habían de visitar con frecuencia los fogones y asegurarse que las luces no se encendieran «sin licencia del oficial». Las guardias de puesto eran conducidas con extremo formalismo pues todo el mundo a bordo debía ser consciente de su importancia. Así, por ejemplo, sus armas eran las únicas que en todo momento estaban cargadas, pues debían estar preparados a cualquier hora del día o de la noche.

Las guardias de mar eran los servicios a los que todo el resto de la tropa estaba sujeta, a excepción de aquellos ya ocupados en la preparación y reparto de los ranchos. Estas guardias de mar tenían su base en la «obligación de ayudar a la pronta execución [sic] de las maniobras con el trabajo material». En un barco de vela nunca sobran los brazos, todos son pocos para ejecutar las complicadas maniobras que conlleva su manejo. Baste pensar en la pesada tarea de largar y recoger el ancla que reclama de toda la fuerza disponible para hacer girar el cabrestante. En todas las marinas de la época se usaba a la tropa embarcada para ayudar en estas tareas y la española no era una excepción. No había un momento para el aburrimiento, pues siempre había algo que hacer y si no ya se ocuparían los oficiales y sargentos de inventarse algo.

En momentos de calma, los sargentos y cabos aprovechaban para reunir sus hombres y hacer «ejercicios de fusil o pistola y manejar un sable con soltura militar, distribuyéndoles al efecto por brigadas». Los domingos y las fiestas de guardar eran días de descanso, pero más teórico que real ya que también entonces el barco tiene que seguir navegando y ni la mar ni el enemigo entienden de vacaciones. Además, había que acudir al solemne acto de la misa, que requería que todos se presentasen «con el aseo correspondiente» y de uniforme completo, pero «sin armas , para poder estar de rodillas». Concluidos los oficios religiosos, la tropa se repartía por el barco para compartir uno de sus pocos momentos de ocio, charlando a la sombra del velamen sobre las últimas novedades o intercambiando alguno de los muchos chismes de su vida en común.

Pese a compartir el mismo barco, había una clara diferencia entre los infantes de marina y los marineros. Los primeros provenían de todos los lugares de la monarquía y no era raro que fuesen muchachos de tierra adentro que nunca antes habían visto la mar, como el propio Pablo Morillo; los marineros eran normalmente pescadores que cumplían su servicio militar a bordo. Por esta y otras razones, no era raro que hubiese problemas de convivencia entre ambos grupos.

A bordo, el mal ambiente entre infantes y marineros era fomentado por los jefes y oficiales de la armada, que privilegiaban a los últimos. Hecho lógico, ya que la simple carne de cañón es más fácil de reponer que la mano de obra especializada y el conseguir marineros expertos para las tripulaciones de los barcos de Su Católica Majestad siempre fue un problema. De este modo, todo infante que tuviese un problema con un marinero era «severamente castigado con cepo, grillos o privación de vino». «El soldado que atropelle a un marinero, se burle de él, o cometa algún desacato, decían las ordenanzas, y el soldado que moviese pendencias o insultase con palabras injuriosas, amenaza de uso de armas, o con golpe efectivo a algún marinero, sufrirá la pena a que fuese acreedor».

Una vez acabadas sus obligaciones diarias y tras disponer de otros pocos momentos de ocio, en los que el juego estaba prohibido, llegaba la hora de dormir. Tras dos o tres caídas aprendería el nada intuitivo arte de subirse a su coy fuertemente tensado entre dos mamparos. Rodeado por el olor de decenas de hombres y con el oído aguzado por la oscuridad descubriría la multitud de ruidos que acompaña la navegación a vela. Cada madero, cada cuaderna, cada pieza del armazón, cruje al ritmo del balanceo del barco con todo nuevo rumbo o cambio de viento.

En la estricta pirámide social de un buque de la armada española del siglo XVIII, Pablo ocupaba uno de los escalones más bajos, reflejo del que le correspondía a un simple hijo de labradores. Sobre las espaldas de hombres como él descansaba la estructura social del Antiguo Régimen, un sistema que nadie ponía en duda al considerarlo el estado natural de las cosas. No cabe, por lo tanto, intentar buscar en estos años de duras condiciones de vida para Pablo Morillo el origen de un pretendido resentimiento social del que se le ha acusado.

Para este resentimiento le haría falta al menos saber, o poder imaginar, la existencia de una vida mejor, pero Pablo nunca había conocido otra cosa. De hecho, justo al contrario, su pertenencia a la infantería de marina suponía un importante ascenso social del que Pablo Morillo no podía dejar de ser consciente.

3. La marina española a finales del siglo XVIII

La importancia del Real Cuerpo de Infantería de Marina era directamente proporcional a la que para los borbones españoles tenía la expansión de la marina de guerra en general. Desde el punto de vista económico, había que proteger el flujo del comercio trasatlántico, principal recurso de la endémicamente endeudada Real Hacienda. Desde el estratégico, para controlar el extenso imperio era necesario el dominio de sus costas y mares adyacentes, sin el cual los territorios americanos quedarían expuestos a la rapacidad de los muchos enemigos de la monarquía hispana. Desde el la geopolítica, la marina era un arma perfecta para proyectar la potencia militar de España más allá de sus fronteras, especialmente contra su tradicional enemigo: Inglaterra.

Decidido a contar con una marina de guerra poderosa, Carlos III se rodeó de colaboradores tan comprometidos en este empeño como el propio rey. Entre 1736 y 1754 contaría con personajes de la altura de

Jorge Juan y el marqués de la Ensenada, entre 1773 y 1782 con Francisco Gautier y, desde esta última fecha, con José Romero y Landa, quien permanecería al servicio de Carlos IV. Prueba del buen trabajo realizado es la lista de los efectivos con los que se contaba en 1789 (ver tabla 01). De hecho, los años anteriores a la batalla de Trafalgar, sobre la que habrá ocasión de volver más adelante, han sido considerados como los del apogeo de la marina de guerra española.

Tabla 01. Efectivos de la Marina de Guerra Española en 1789

Navíos de línea	76	Paquebotes	5
Fragatas	51	Lugres	2
Corbetas	6	Goletas	7
Urcas	13	Pataches	5
Jabeques	15	Galares	4
Balandras	10	Galeotas	4
Bergantines	31	Lanchas cañoneras	75

Navíos de línea: Grandes buques de guerra con más de 60 cañones y con tres palos cruzados y baupés, con dos o tres baterías; Lugre: Pequeño buque con dos o tres palos que podían llevar de 8 a 10 cañones; Fragata: Buque menor que el navío, pero con aparejo similar y dotado de 40 a 60 cañones; Goleta: Pequeño buque raso y fino de dos palos con velas cangrejas; Corbeta: Buque parecido a la fragata pero con menos de 32 cañones; Patache: Pequeño buque de dos palos usado generalmente como correo o para llevar órdenes; Urca: Especie de fragata de carga; Galera: Buque esencialmente de remos que se empleaba en el Mediterráneo, con una eslora (largo) de ocho veces la manga (ancho). En el siglo XVIII estaban ya en decadencia, y hacía tiempo que se había dejado de construir nuevas unidades; Jabeque: Pequeño buque de cabotaje con tres palos, cuya característica esencial es que el palo mayor estaba aparejado con vela latina y no cuadrada. Podían llevar hasta 32 cañones; Galeota: Galera menor con 16 a 20 remos por banda, con un solo hombre por cada remo; Balandra: Pequeño buque de cubierta, con un solo palo; Bergantín: Buque de dos palos de velas cuadradas; Paquebote: Buque semejante al bergantín, pero menos fino. Los datos de los buques y embarcaciones tomados de Moya Blanco, «Glosario de términos navales», en VV. AA., *El buque en la Armada Española*, 421 y ss.

Pese a lo impresionante que a primera vista pudiera parecer este recuento, el desafío no era solo botar más barcos, sino que también había que mejorar su diseño. Para ello Antonio de Gaztañeta, entre 1713 y 1720, presentó un ambicioso plan de construcción naval que incluía buques de 50, 60, 70 y 80 cañones. De esta propuesta, finalmente se decidió que el grueso de la fuerza naval española estaría conformado por navíos de 60 cañones, lo que dejaba a los barcos españoles en inferioridad de condiciones frente a sus competidores ingleses y holandeses, que habían optado por embarcaciones de 70 y 80 cañones. Por si esta desventaja numérica no fuera suficiente, las piezas elegidas para ser montadas a bordo eran de menor calibre que las de sus oponentes[14]. Todo ello se intentaría corregir a partir de 1783, cuando el ingeniero Romero Landa presentó un proyecto de construcción de buques de guerra basado en navíos de 74 cañones de magníficas condiciones marineras. Producto de este esfuerzo será el prototipo del *San Ildefonso*, sobre el que, por su importancia en la vida de Pablo Morillo, se volverá más adelante. Esta reforma llegará a su máximo exponente con el *Montañés* que representará la culminación de la tecnología naval de la época. Conviene recordar que los barcos españoles siempre gozaron de una excelente reputación. Los mismos marinos ingleses los preferían a los suyos propios debido a su robustez y excelentes cualidades marineras[15].

Todo este programa de construcción naval llevaba aparejado un complejo conjunto de industrias auxiliares que actuaban como reactivadores de la economía nacional. Si, por una parte, el costo de los barcos fue siempre un rubro muy pesado para la Real Hacienda, no se puede dejar de lado su importante contribución como generadora de riqueza en zonas que, de otro modo, hubieran sido muy deprimidas. Baste mencionar que la necesidad de contar con cáñamo para los cabos y lino para las velas hizo que se incrementase notoriamente la extensión de tierra dedicada a su cultivo. El hierro para las clavazones y el acero para los cañones reactivaron herrerías y minas, y el cobre para el recubrimiento de los cascos supuso el reflorecimiento de las minas de Riotinto en Huelva.

En lo que se refiere a la reorganización administrativa de la marina, ya Felipe V por medio de una Real Cédula fechada el 14 de febrero de 1714 había suprimido «las escuadras de los reinos y sus propias denominaciones», sustituyéndolas por un único cuerpo: la Armada Real[16]. Esta unificación fue mucho más allá que la de un mero cambio de nombre, sino que supuso una centralización que permitiría la coordinación de esfuerzos.

Por último, pero no menos importante, estaba la tarea de reclutar y entrenar tripulaciones. Por lo que se refiere a los oficiales, para mejorar su formación se creó la Academia de Guardiamarinas de Cádiz, poniéndose especial cuidado en la educación de los cadetes. Se codificó la disciplina con la publicación de las *Ordenanzas de la Armada Naval* en 1793. Se reformó la sanidad naval mediante el establecimiento, en 1728, del Cuerpo de Cirujanos de la Armada y la fundación, en 1749, del Real Colegio de Cirugía de Cádiz[17]. En cuanto a la marinería, se reactivó y perfeccionó el sistema de matrícula, por el que los pescadores de todos los puertos de la monarquía tenían la obligación de registrarse en una de las distintas clases o especialidades establecidas para poder ser movilizados en caso de necesidad[18]. No obstante, de todas estas medidas, el conseguir y entrenar adecuadamente oficiales y tripulaciones seguiría siendo el principal talón de Aquiles de la armada española, tal y como quedaría en evidencia algunos años más tarde.

4. La guerra contra la Francia revolucionaria

El soldado del Real Cuerpo de Infantería de Marina, Pablo Morillo, apenas tuvo que esperar un año para su bautismo de fuego. El 7 de marzo de 1793 la Convención francesa declaraba la guerra a España.

Desde los mismos inicios de la Revolución Francesa la monarquía española había mirado con preocupación, recelo y hasta miedo los acontecimientos en el vecino país. La primera reacción por parte de la corte española fue la de considerarlos como algo pasajero que no tenía por qué modificar las buenas relaciones entre los dos reinos pero, con el paso del tiempo y la consolidación de la Revolución, el conde de Floridablanca, principal ministro de Carlos IV, creyó oportuno establecer, en sus propias palabras, «un cordón sanitario» para impedir que España se contagiase de «tan peligrosa y mortífera peste»[19]. Esta política de Floridablanca determinó que el gobierno girondino francés le considerase como un enemigo irreconciliable de la nueva Francia revolucionaria y que decidiese que era necesaria su caída del poder. Para ello, su representante ante la corte española desplegó una enorme actividad que, en febrero de 1792, acabó dando sus frutos cuando Carlos IV lo sustituyó por el conde de Aranda, quien, de inmediato, desarrolló una política más conciliadora con la Francia revolucionaria. Todo ello se vería trastocado cuando, el

21 de septiembre de 1792, la Convención francesa decidió abolir la monarquía y proclamar la república. Con Luis XVI en la cárcel se hacía casi imposible seguir con la ficción de un entendimiento entre iguales y las diferencias ideológicas se acabarían imponiendo sobre los intereses geoestratégicos. El paso definitivo se daría el 21 de enero de 1793, cuando, Luis Capeto, despojado de su condición regia y de su numeral, fue ejecutado. A partir de este momento se desencadenaron los acontecimientos que acabarían en guerra. Mucho se ha discutido sobre la inoportunidad de la ejecución de Luis XVI por parte de la Convención. Se ha argumentado que con este acto la propia revolución se colocaba la soga al cuello, pues ninguna monarquía europea podía tolerarlo, obligando a intervenir incluso a los gobiernos menos proclives a un conflicto armado. No obstante, desde la perspectiva ideológica de los revolucionarios franceses, la muerte de Luis XVI era necesaria, casi imprescindible[20]. Su permanencia en Francia hacía que los focos monárquicos y otros indecisos dispusiesen de un punto de referencia hacia el que volver sus miradas. A ello hay que sumar la amenaza del duque de Brunswick de exterminar a aquellos que se atreviesen a atentar contra la sagrada persona del soberano. Si el rey seguía vivo era un peligro. Además, su muerte manchaba de sangre a todos los miembros de la Convención sin excepción, con lo que sus destinos personales quedaban definitivamente unidos a la suerte del nuevo régimen. Con la desaparición de Luis Capeto ya no habría sitio para tímidos o indiferentes. A partir de entonces se estaría a favor o en contra de la revolución en una lucha a vida o muerte. Ello cambiaría para siempre la historia de Europa y del mundo y, para el soldado Pablo Morillo, supondría el principio de una larga carrera militar.

De ahora en adelante todo sería diferente, incluso la guerra no volvería a ser la misma. Las «guerras políticas», «guerras llevadas a cabo por los Estados mediante la utilización de militares profesionales», pasarán a ser algo del pasado. Había llegado el tiempo de las «guerras nacionales», y la primera de este tipo de los tiempos modernos «fue la librada por la Francia revolucionaria contra la coalición europea: por primera vez fue decretada entonces una movilización general»[21]. Francia estaba rodeada y fue atacada por una coalición que aglutinaba a casi todo el continente en su contra: Gran Bretaña, Austria, Prusia, Cerdeña, Sacro Imperio Romano Germánico (o sus restos), Rusia, Cassel, Sicilia y España.

En España no sería el conde de Aranda quien dirigiría el destino de la monarquía, sino que, desde noviembre de 1792, un nuevo personaje había alcanzado lo más alto del favor real: Manuel Godoy. Godoy es una de las figuras más maltratadas por la historiografía y por el recuerdo popular. Es cierto que su ambición sin límites, escasa educación y, sobre todo, la manera de acceder al valimiento de Carlos IV, tienden a presentarlo de manera muy negativa, pero es preciso vencer esta primera impresión y analizar de la manera más objetiva posible, sus actuaciones como gobernante independientemente de todo lo anterior. Godoy siempre fue partidario del acercamiento a Francia, de hecho, el 17 de diciembre de 1792, apenas unos días después de su nombramiento como primer secretario de Despacho, escribió una nota confirmando la neutralidad española en la guerra de ese momento. Pero, como ya se ha visto, todo se vio superado por la ejecución de Luis XVI en enero de 1793.

El ejército revolucionario francés estaba mal equipado, mal o nada pagado y pésimamente mandado. Gran parte de la oficialidad, profundamente realista, había emigrado, y los reclutas sin experiencia acabaron siendo dirigidos por comisarios políticos sin ninguna preparación militar. Por si fuera poco, Francia debía hacer frente a ataques en casi todas sus fronteras, pero lo que, a primera vista, parecía presentarse como una campaña fácil para la coalición acabaría convirtiéndose en una pesadilla para las cabezas coronadas de Europa.

Primera acción de guerra. Desembarco en San Pedro de Cerdeña (1793)

Morillo, encuadrado en su regimiento del Real Cuerpo de Infantería de Marina participó en la expedición naval española en socorro de Cerdeña, uno de los aliados de la gran coalición contra Francia. Su rey había enviado unos cuantos miles de soldados que, en coordinación con Austria, atacaban Francia por el sur. La Convención decidió intentar un golpe de mano despachando una pequeña flota para atacar la isla de la Magdalena, al norte de Cerdeña, pero los invasores se encontraron con una inesperada y decidida resistencia por parte de pescadores, pastores y campesinos locales, que terminaron por desbaratar sus planes de conquista. El Gobierno español, en previsión de futuros ataques franceses decidió enviar una pequeña escuadra que desembarcó algunas tropas en San Pedro, al sur de la isla, en marzo de 1793. El arribo de refuerzos aliados se realizó sin oposición alguna, pues los franceses no volvieron a atacar ya que, durante los meses siguientes, apenas si pudieron limitarse a defenderse de los ataques aliados al interior de sus propias fronteras.

Poco tiempo estuvo Morillo en Cerdeña, pues unos meses más tarde su escuadra recibía la orden de unirse a la flota británica del almirante Hood frente a las costas de Tolón.

El sitio de Tolón (1793)

En mayo de 1793 la Convención decretó el arresto de todos los diputados girondinos. Tan pronto como se conoció la noticia en las provincias estallaron levantamientos federalistas antijacobinos. En julio de este mismo año, los jacobinos fueron expulsados del ayuntamiento de Tolón por sus antiguos compañeros revolucionarios que, a su vez, fueron desplazados por grupos abiertamente realistas. Cuando, en agosto, se supo de las terribles represalias jacobinas en la vecina ciudad de Marsella, las nuevas autoridades de Tolón pidieron ayuda a la flota hispanobritánica que se encontraba en las inmediaciones.

Acudiendo a esta llamada, el 28 de septiembre, la flota conjunta angloespañola, al mando de los almirantes Samuel Hood y Juan de Langara, empezó el desembarco de trece mil soldados, entre españoles, ingleses, napolitanos y piamonteses que fueron recibidos como héroes por los habitantes y las autoridades de Tolón. El éxito se vio coronado cuando se rindió el almirante Jean-Honoré de Trogoff de Kerlessy, jefe de la escuadra revolucionaria fondeada en el puerto. Inmediatamente, el Gobierno de París, que no podía permitirse perder tan importante puerto, envió hacia Tolón el ejército, llamado de los *Carmagnoles*, al mando del general Jean Baptiste François Carteaux, y el de los *Alpes Maritimes*, bajo las órdenes el general Jean François Cornu de La Poype, pero el hecho determinante para el desarrollo final de los acontecimientos no tendría lugar hasta el 13 de septiembre de este mismo año, cuando un joven capitán corso llamado Napoleón Bonaparte se incorporase a la artillería revolucionaria.

Mientras todo esto ocurría nada se sabe sobre donde estaba Morillo, pero, de todos modos, las funciones que las tropas españolas desempeñaron durante la primera etapa de la defensa de Tolón, en general, se redujeron a guardar algunos puntos estratégicos. Pese al asedio, la vida en Tolón era bastante cómoda pues las tropas revolucionarias cercaban la ciudad solo por tierra, permitiendo que por mar desembarcasen todo tipo de suministros. Además, la ineptitud del mando francés, encargado primero a Carteaux y después a un médico de provincias ascendido a general, François Amédée Doppet, hacía que los ataques de los sitiadores fueran siempre fácilmente repelidos, pues los soldados profesionales de la coalición, entre los que estaba Morillo, apenas si tenían que esforzarse para poner en fuga a los mal armados y peor entrenados voluntarios de los ejércitos de la Convención.

La rutina continuó hasta que, a mediados de noviembre, el médico-general Doppet fue relevado como jefe supremo por el militar profesional Jean François Coquille, más conocido como Dugommier. Cuando el capitán Bonaparte se presentó ante él ambos simpatizaron de inmediato y Dugommier dio permiso al joven oficial de artillería para que pusiese en práctica su ambicioso plan para tomar Tolón de una vez por todas. El 20 de noviembre la batería que dirigía el propio Bonaparte empezó el bombardeo de un reducto aliado llamado «el pequeño Gibraltar». En lo más encarnizado del intercambio artillero, una bala cayó cerca de Bonaparte, pero este, en lugar de tirarse al suelo para ponerse a cubierto permaneció de pie y tras sacudirse tranquilamente el polvo del uniforme, preguntó quién de sus hombres sabía leer. Se presentó un sargento a quien le ordenó escribiese un cartel que bautizase la batería como la los «hombres sin miedo». Cuando el sargento estaba acabando, cayó otra bala de cañón llenando de tierra el aviso. Mostrando la misma sangre fría que su oficial, el sargento se incorporó comentando que ahora ya no tenía que secar la pintura. El capitán Bonaparte, complacido con la actitud de su subordinado, preguntó al sargento cuál era su nombre. «Andoche Junot», respondió este, quien algunos años y muchas campañas más tarde sería mariscal de campo del Imperio[22]. Una simple anécdota que ilustra la máxima de Napoleón de que «todo soldado francés lleva en su mochila el bastón de mariscal»[23].

Morillo herido

Finalmente, los franceses se hicieron con las alturas del «pequeño Gibraltar» amenazando la flota aliada. Conscientes del peligro, los aliados decidieron efectuar una salida para reconquistar tan vital posición. El 30 de noviembre, más de tres mil hombres al mando del general Charles O´Hara asaltaron las nuevas posiciones francesas, pero de nuevo Bonaparte se interpondría en sus planes. Viendo los aliados que sus barcos corrían el riesgo de ser hundidos, no tuvieron más remedio que salir de puerto, no sin antes apresar o quemar los buques franceses que allí quedaban. Más de trece embarcaciones perdieron los franceses, más que en ningún otro hecho de guerra hasta la batalla de Trafalgar.

Para los habitantes de la ciudad, la retirada de la flota angloespañola suponía quedar a merced de las tropas revolucionarias. En medio del pánico, familias enteras suplicaban a los capitanes de los barcos que los salvasen, ofreciendo todo su dinero o encomendándose a su humanidad. Apenas unos pocos lograron embarcar, quedando el resto condenado a vagar por las calles a la espera de la entrada de las tropas de la Convención. Cuando estas llegaron, el 19 de diciembre, de inmediato comenzó la represión. En el campo de Marte cientos de prisioneros fueron fusilados y cuando se acabaron las municiones el resto fue pasado a cuchillo. No se sabe a ciencia cierta el número de ejecutados, pero bien pudieron ser entre ochocientos y dos mil.

Del sitio de Tolón, Pablo Morillo llevaría en su cuerpo el recuerdo de una cicatriz producto de una herida de la que no hay más detalles, pero lo que le marcaría para el resto de su vida fueron las escenas del terror revolucionario[24]. Escenas que para siempre quedarían grabadas en su memoria como prueba de la barbarie provocada por el desorden; desde entonces, y para el resto de su vida, pondría todo su empeño en defender el orden constituido, que, a sus ojos, sería la única garantía frente al caos.

Otras acciones: Labrada, Cullera y Rosas

Tras la retirada de la flota angloespañola de Tolón, la guerra de la coalición europea contra la Francia revolucionaria dio un inesperado giro.

Las tropas aliadas, formadas por veteranos soldados profesionales, empezaron a verse sobrepasadas por el ímpetu de los reclutas franceses, que compensaban su escaso entrenamiento y casi nulo armamento con un valor y una determinación casi suicidas. Además, gracias al sistema de reclutamiento obligatorio y universal, puesto en marcha por la Convención, la revolución parecía contar con reservas inagotables de hombres, haciendo que el viento de la guerra empezase a soplar a favor de Francia, incluso permitiéndole pasar a la ofensiva. Un testigo de excepción, Goethe, escribiría en su diario de campaña después de la batalla de Valmy, el 20 de septiembre de 1792, en la que los bisoños reclutas franceses vencieron a los curtidos prusianos del duque de Brunswick: «desde este lugar y desde este momento comienza una nueva era en la historia del mundo y todos podéis decir que yo estuve presente en su nacimiento»[25].

Por si los aldabonazos de Tolón y Valmy no hubiesen sido suficientes para despertar a esta nueva era, la victoria del general Jean-Baptiste Jourdan sobre los angloholandeses en la batalla de Fleurus, el 26 de junio de 1794, no dejaba ninguna duda. A partir de ese momento las potencias coaligadas habrían de probar un poco de su propia medicina, viéndose forzadas a combatir dentro de su propio territorio.

Así le sucedió a España. Los éxitos iniciales del general Antonio Ricardos se tornaron en la derrota de Ceret, el 30 de abril de 1794, que permitió a los franceses reconquistar todo lo ocupado por Ricardos en la campaña del año anterior. En junio de 1794, tropas galas cruzaban el río Bidasoa y entraban en suelo español. A partir de ese instante ya no se trataba de vencer a la Convención, sino de defender la misma integridad territorial del reino.

Ante semejante peligro se movilizaron todas las tropas disponibles. El Real Cuerpo de Infantería de Marina no fue una excepción y el soldado Pablo Morillo tuvo que combatir a los franceses en suelo español. Desgraciadamente, no sería la última vez. Durante estos meses consta que participó en el desembarco de Labrada, en la acción de las alturas de Cullera[26], el 13 de agosto, y en el sitio del castillo de la Trinidad en Rosas, en Gerona. Esta plaza fortificada, desde su primitiva fundación en tiempos de Carlos V, había pasado por manos francesas y españolas multitud de veces desde ese lejano siglo XVI, y su posesión era vital para la defensa de toda Cataluña. Situada apenas a veinte kilómetros de la actual frontera, el castillo de la Trinidad era la llave para controlar la plaza fuerte de Rosas, en el golfo del mismo nombre[27]. La hoja de servicios de Morillo recoge que: «hizo dos salidas de guerrillas»[28]. Esta mención de «una salida de guerrillas» no hay que interpretarla en el sentido que hoy se le da al término, pues este significado no nacerá hasta años más tarde durante la Guerra de Independencia española. Las guerrillas son, en este contexto, escaramuzas para hostigar al enemigo. También figura en su hoja de servicios que «se embarcó en la lancha número 2, en que sufrió varios días de fuego de los enemigos hasta la entrega de la plaza»[29].

Capítulo 2

GUERRA CONTRA INGLATERRA

1. Cádiz

Tras la reconquista del castillo de la Trinidad en el golfo de Rosas, el regimiento de Pablo Morillo fue destinado a Cádiz y si le había deslumbrado El Ferrol, aún mayor impresión debió llevarse al llegar allí. Si la ciudad gallega estaba en pleno florecimiento, la andaluza no le iba a la zaga. La presencia militar y naval en Cádiz databa de antiguo, pero había sido muy reforzada tras la invasión inglesa de Gibraltar para hacer de ella la base para los varios intentos de retomar «la Roca». Además, si la ciudad bullía de actividad militar, no menos activa era el resto de la población. Desde hacía bastante tiempo su principal fuente de riqueza era el comercio con América. El centro tradicional del comercio con las Indias había sido Sevilla, pero cuando, a principios del siglo XVIII, el río Guadalquivir se volvió innavegable, fue preciso buscar un nuevo puerto. El resultado fue el traslado de la Casa de Contratación a Cádiz en 1717. Si bien esta institución había sido suprimida en 1790, Cádiz retendría ya no el monopolio, pero sí el papel de principal puerto de entrada de las mercancías del Nuevo Mundo. Como es natural, ello produjo un fuerte crecimiento de la economía y el surgimiento de una rica y, por lo tanto, poderosa clase comerciante[1]. Por otra parte, a Cádiz no llegaban solamente las mercancías del Nuevo Mundo, sino también las nuevas ideas del resto de Europa. Si a ello se le añade un clima de perpetua primavera y el carácter abierto y alegre de sus habitantes, Pablo Morillo no tendría más remedio que caer rendido a los pies de la llamada «Tacita de Plata». El aún joven Pablo Morillo disfrutaría de una temporada en la que una vez cumplidas sus tareas de guarnición dispondría de tiempo para descansar y pasear por una ciudad donde la animación y el embrujo están a la vuelta de cada esquina. Pero si para él, ajeno a las idas y venidas de la alta política, serían días tranquilos, en la corte de Carlos IV la situación era muy diferente.

Los reiterados fracasos militares hicieron que, poco a poco, la realidad fuese imponiéndose a los prejuicios ideológicos y se rompiese el hasta entonces tabú de considerar la posibilidad de un acuerdo con el Gobierno revolucionario francés. Finalmente, Godoy, venciendo la resistencia en el seno de su propio Gobierno, acabaría dando instrucciones para firmar la paz con Francia, que acabará concretándose el 22 de julio de 1795 en los acuerdos de Basilea. Para Godoy, entonces primer secretario de Despacho, suponían el triunfo de su política de acercamiento a Francia y también su insaciable ego se vería satisfecho, al menos de momento, cuando los reyes le concedieron como recompensa el título de Príncipe de la Paz. Pese a toda la mala fama de Godoy es preciso reconocer que, al menos en este caso, sus intereses y los de la Corona española iban en la misma dirección. La política exterior española de las últimas décadas había buscado el equilibrio en el continente para lograr que ninguna potencia pudiese amenazar las vulnerables posesiones americanas. América era la prioridad y, para su pacífica posesión, era indispensable que ni Francia ni Inglaterra se fortaleciesen hasta tal punto que pudieran caer en la tentación de expandirse en tierras del nuevo continente. Que los británicos fuesen dueños de los mares era un serio peligro para una potencia como la española que basaba su poder y riqueza en el comercio y las relaciones transoceánicas. Había llegado, por lo tanto, el momento para que España cambiase de aliado. Como es lógico, los ingleses protestaron enérgicamente cuando conocieron los pormenores de la Paz de Basilea, y especialmente dura fue su reacción contra de la cesión de Santo Domingo a los franceses. De tal modo fueron las presiones que los dos firmantes de la paz hubieron de acordar no hacer efectivo el traspaso hasta tanto en cuanto los nuevos dueños estuviesen en capacidad de defender sus recién adquiridos dominios.

No obstante, la paz con Francia, indudablemente beneficiosa, terminó produciendo una perversa consecuencia: ante la falta de presión militar se olvidó la importancia de contar con un ejército y una marina con capacidad de intervenir cuando fuese necesario. Así dice Gómez de Arteche:

> A la campaña de 1795, siguió el desarme, y tan desatendidas quedaron los ramos todos de la administración militar, que, cuando en 1801 fue necesario aprestar un ejército para la invasión de Portugal, iba este de tal modo desprovisto, que un aguacero inhabilitó la pólvora, dejó las tropas desnudas y las armas en estado preciso de rehabilitarse[2].

Para Godoy 1801 aún quedaba muy lejos. Primaban en él consideraciones más a corto plazo, pues era consciente de lo vulnerable de su posición, basada en la privanza del rey y, muy especialmente, de la reina. Godoy lo sabía muy bien y, por ello, siempre tuvo prisa. Ahora se trataba de acercarse a Francia cuanto más rápido mejor y en esta carrera se pasaría de la firma de una simple paz a la constitución de una verdadera alianza por medio del Tratado de San Ildefonso, de 18 de agosto de 1796. El acercamiento con Francia era sin duda necesario y la paz, por su parte, imprescindible para reorganizar las finanzas; pero una alianza militar de naturaleza casi ofensiva era otra cosa. El Tratado de San Ildefonso, como dice Gonzalo Anes, «significó la participación de España en la guerra contra Gran Bretaña al lado de la República francesa, guerra que tuvo un carácter marítimo y de enfrentamiento por el comercio y los dominios de América». A la larga las consecuencias serían muy graves. La más inmediata fue que el comercio con ultramar se resintió y, con él, la recaudación de la Real Hacienda. Además, para Godoy también sería un error para su propia posición personal. La alianza francoespañola, volviendo a Gonzalo Anes, «provocó un descontento general en el Reino y aumentó la oposición al Príncipe de la Paz, a quien se responsabilizaba de la entrada de España en el conflicto». Esta sería precisamente la clave para la primera, pero no definitiva, caída de Godoy[3].

Entretanto el infante de marina Pablo Morillo siguió disfrutando de sus primeros años de matrimonio, ajeno a los manejos políticos de la corte. Pasaron los años, hasta que, a principios de 1797, su barco, el *San Isidro*, recibió la orden de zarpar.

Batalla naval del cabo San Vicente (14 febrero 1797). **Ataque a bordo del *San Isidro*. Morillo es hecho prisionero**

El origen de este importante enfrentamiento naval hay que buscarlo en el contexto de la pugna marítima entre Francia e Inglaterra. El plan francés era que una flota conjunta francoespañola escoltase un convoy de transporte con tropas preparadas para invadir Irlanda que desembarcaría en la bahía de Bantry, al suroeste de la isla, donde se reuniría con los rebeldes irlandeses mandados por Wolfe Tone. Las cosas no empezaron bien, pues la flota española, en lugar de ir al puerto francés de Brest, donde tenía que reunirse con sus aliados, permaneció en Cartagena. Ante la actitud del jefe de la escuadra española, Antonio Barceló y Langara, Godoy lo reemplazó por José de Córdoba, quien sí hizo salir la escuadra con dirección a Cádiz. En el camino se encontró con un pequeño grupo de urcas (barcos mercantes) cargadas de mercurio acompañadas por una pequeña escolta de buques artillados. El encuentro hizo que se desviasen al oeste, con tal mala suerte que, en la mañana del 14 de febrero de 1797, avistaron entre la bruma una escuadra inglesa al mando del almirante John Jervis.

Los españoles contaban con 27 navíos, con un total de 2308 cañones, los ingleses apenas disponían de 15 navíos y 1400 piezas de artillería y, aunque ya se ha mencionado el menor calado de las embarcaciones españolas y el inferior calibre de sus piezas, lo cierto es que la victoria parecía, si no segura, al menos sí al alcance de la mano. No obstante, el factor decisivo de la batalla no serían ni los barcos ni los cañones, sino el hombre al mando de cada escuadra. Por el lado inglés, el almirante John Jervis contaba con una larga experiencia, no solo como marino sino también como comandante supremo, mientras que, en la armada española, José de Córdoba, aunque también era un viejo lobo de mar, asumía por primera vez el mando supremo de una armada. Córdoba, confiado en su superioridad numérica, no fue capaz de diseñar una táctica coherente para enfrentarse a su enemigo[4]. La formación española, pues solamente siendo muy generoso podría calificarse como tal, en lugar de dibujar una larga línea, como mandaban los cánones de la guerra en el mar en la era de la navegación a vela, que hubiera permitido sacarle el máximo partido a su superioridad numérica en artillería, apenas si era un grupo desorde-

Tabla 02
Orden de batalla inglés en San Vicente[5]

Buques	Cañones	Mando
Victory	100	Alm. Jervis Capitán R. Calder
Britannia	100	Vicealm. Thompson
Prince George	98	Vicealm. Parker
Barfleur	98	Vicealm. Waldegrave Capitán Dacres
Blenheim	90	Frederick
Namur	90	Whitshed
Captain	74	Comodoro Nelson Capitán Miller
Culloden	74	Troubridge
Excellent	74	Collingwood
Irresistible	74	Martin
Orion	74	Saumarez
Goliath	74	Knowles
Colossus	74	Murray
Egmont	74	J. Sutton
Diadem	64	Towry
La Minerve	38	Cockburn
Lively	32	Garlies
Niger	32	Foote
Southampton	32	McNamara
La Bonne Citoyenne	18	Lindsay
Raven	18	Prowse
Fox	12	Gibson

Tabla 03. Orden de batalla español en San Vicente[6]

Buques	Cañones	Mando
Santísima Trinidad	136	Alm. Córdova
Concepción	112	Alm. Morales de los Ríos
Salvador del Mundo	112	Yepes
San José	112	Alm. Winthuysen
Mexicano	112	Alm. De Cárdenas
Conde de Regla	112	Alm. De Cárdenas
Príncipe de Asturias	112	Alm. Moreno
Neptuno	84	Goicoecha
San Nicolás	84	Geraldino
Atlante	74	Gallego
Bahama	74	Alm. de Nava
Pelayo	74	Valdés
San Pablo	74	De Cisneros
San Domingo	74	De Torres
Conquistador	74	Butler
San Juan Nepomuceno	74	Boneo
San Genaro	74	Villavicencio
Terrible	74	Uriarte
Oriente	74	Suárez
Soberano	74	Yánez
San Isidro	74	Argumosa
San Ildefonso	74	Maestre
San Fermín	74	De Torres
San Antonio	74	Medina
San Francisco de Paula	74	Guimbarda
Firme	74	Ayala
Glorioso	74	Aguirre

TOTALES

	Buques de guerra	Cañones
Inglaterra	22	1400
España	27	2308

nado de barcos. Jervis no se lo pensó dos veces y lanzó un ataque frontal. De hecho el almirante británico no era famoso por su sutileza táctica, sino que había basado su reputación en el establecimiento de una draconiana disciplina a bordo que había dado como resultado la transformación de la flota «en el punto más bajo de desorden e indisciplina» hasta convertirla en una eficiente máquina de guerra[7]. Aun así, la idea de Jervis no era del todo descabellada, ya que tenía en cuenta que la superioridad enemiga era más teórica que real, puesto que la mayoría de los barcos españoles estaban mal mantenidos, mal artillados y mal tripulados.

El comandante de la escuadra española, José de Córdoba, al ver que los ingleses se disponían para el combate, decidió que lo mejor que podía hacer era ordenar virar a los barcos que se encontraban más alejados en la vanguardia para dar tiempo a que los rezagados se reuniesen con el grueso del grupo. Esto era lo único que se podía hacer y, de hecho, era precisamente lo que más temían los ingleses, ya que si tal maniobra se consumaba podían ponerles en serios aprietos. El primero que se dio cuenta del peligro fue el jefe de la retaguardia inglesa, el comodoro Horatio Nelson, quien a bordo del 74 cañones *Captain*, al mando del capitán Miller, abandonó su posición en la formación para enfilar directamente al *Santísima Trinidad*, buque insignia de Córdoba y que con sus 136 cañones era el barco más grande de su época. El ataque de Nelson hubiera sido suicida si las embarcaciones hispanas hubieran tenido tripulaciones expertas y artilleros experimentados, pero, como no era el caso, esta acción de Nelson podía ser la clave de la batalla. El almirante Jervis, al ser informado de la poco ortodoxa maniobra de Nelson por un oficial que no perdió el tiempo en añadir que no se correspondía con las órdenes contestó a su ortodoxo y envidioso subordinado: «Puede que así sea .... pero si alguna vez comete usted semejante desobediencia, también a usted le perdonaré»[8].

En un momento de la batalla el *Captain* llegó a estar rodeado de siete barcos españoles hasta que Collingwood, al mando del *Excellent*, recibió la orden de Jervis de dirigirse en su auxilio, labor a la que poco más tarde se unieron algunos barcos más procedentes de la retaguardia británica. La maniobra de Nelson dio resultado, impidiendo que la flota española pudiera organizarse. El combate se convirtió en un desordenado enfrentamiento entre embarcaciones aisladas. En otro alarde de valor casi suicida, Nelson hizo colocar varios botes borda contra borda para así, saltando de uno en otro, pasar del *Captain* al *San José,* de 112 cañones, al que abordó por la popa entrando directamente por el camarote de su capitán. Una vez terminada la batalla, en un gesto de autobombo y publicidad, en los que era experto, el marino inglés bautizó a este sistema como el «puente patentado de Nelson para abordar navíos de primera clase»[9]. Tras una breve lucha a bordo del *San José,* se hizo finalmente con el navío y con el que estaba borda con borda de este, el *San Nicolás* de 80 cañones. El *Santísima Trinidad* fue capturado, pero por poco tiempo, ya que minutos después fue liberado por el auxilio de varios barcos de la flota. Del coraje con que su tripulación lo defendió da prueba el testimonio del propio Nelson, quien en una carta dirigida al vicealmirante Moreno, fechada el 8 de junio de 1797, le decía:

> ... el más bello testimonio de la honrosa conducta del navío de tres puentes, que izaba la enseña del jefe de la escuadra, que hizo todo lo que un buen oficial pudo haber hecho al intentar romper la línea británica, entre el *Victory* y el *Egmont*[10].

Más allá del relato general de la batalla, se tiene la suerte de disponer de una «relación de un individuo de los que se hallaron en el combate» a bordo del *San Isidro*, en el que estaba embarcado Pablo Morillo[11]. El buque, junto a otros seis, quedó pronto separado del grueso de la flota española, con el resultado de que los barcos de guerra ingleses concentraron su fuego sobre ellos. Las órdenes del general de la armada (almirante) José de Córdoba, al segundo jefe de la escuadra, Morales de los Ríos, o no fueron entendidas (los códigos de señales empleados por la marina española eran en extremo complejos), o fueron ignoradas, dejando completamente a su suerte a los navíos de la retaguardia española. Pronto el *San Isidro* fue «batido sin sosiego [por] cuatro, y hasta cinco navíos [ingleses]». El *Excellent* se aproximó hasta «menos de tiro de pistola» barriendo la cubierta con el fuego de sus cañones. De acuerdo con el testimonio citado, el *San Isidro* recibió:

> ... 46 balazos a flor de agua, 4 pies de ella [agua] en la bodega, sin tener con quien achicarla, 41 muertos sobre cubiertas, y se cree que murieron muchos más de que [sic] no fue posible llevar la cuenta en tanta confusión, 63 heridos de

consideración, sin contar otros muchos que lo fueron más levemente y 16 enfermos en el sollado, dos oficiales también murieron, 9 heridos y contusos.

Es importante destacar que, por mucho que la versión oficial del combate insista en el valor de la tripulación y de la tropa embarcada, lo cierto es que el fuego inglés sobre el *San Isidro* provocó el más completo caos. Siguiendo con el relato:

> ... y por colmo de tanta desgracia [los muertos y heridos más arriba mencionados], quasi todos los puestos [fueron] abandonados por la gente mala en si y atemorizada en tal extremo que no fue posible a los oficiales contenerla para seguir el combate a pesar de todos sus ruegos y amenazas y sin embargo de haber muerto a tres al filo de la espada y herido a varios para exemplar [sic].

La última parte del testimonio resulta doblemente reveladora. El que los oficiales hubiesen acuchillado, o mandado acuchillar, a tres tripulantes o miembros de la tropa a bordo para intentar hacerse obedecer es tan preocupante como el hecho de que el testigo lo relate como un simple detalle más del caos imperante a bordo del *San Isidro*. Si estos eran el ambiente y la disciplina a bordo quizás algunos de los oficiales muertos en combate no cayesen a causa del fuego enemigo, sino a manos de sus propios hombres. Por supuesto que no hay ni indicios, ni mucho menos pruebas de ello en la documentación oficial, pero no sería en absoluto sorprendente que la confusión de la batalla fuese aprovechada para saldar cuentas personales.

Finalmente, a las cuatro y media de la tarde, el *San Isidro* se rindió. Más o menos al mismo tiempo que también arriaban sus banderas de popa los navíos *San José*, *Salvador del Mundo* y *San Nicolás*[12]. Entre los 63 heridos del *San Isidro* estaba Pablo Morillo.

Compartiría con Nelson el dudoso honor de ser herido en esta jornada, pero mientras el marino inglés recibiría por su acción el nombramiento de caballero de la Orden de Bath, la segunda orden de caballería más importante de la Corona inglesa, para Morillo no habría reconocimientos, solo una cicatriz como recuerdo de haber escapado con vida.

Al ser apresado el *San Isidro*, Morillo también fue hecho prisionero y en calidad de tal desembarcó, pocos días más tarde, en la base naval británica de Gibraltar. No obstante, tuvo suerte, ya que, poco tiempo después fue liberado, pudiendo regresar a Cádiz, donde se reincorporó a las filas del Real Cuerpo de Infantería de Marina. El *San Isidro* no compartiría la estrella de Morillo, pues fue llevado a Gran Bretaña y nunca volvió a navegar. Fue destinado como buque prisión en Plymouth, donde se lo inscribió bajo el nombre de *San Ysido* [sic][13].

El infortunio de la escuadra española no terminaría con la derrota en la batalla, sino que cuando, el 3 de marzo, los restos de los barcos entraron en la bahía de Cádiz fueron recibidos como cobardes o, al menos, culpables del fracaso. La famosa chispa andaluza se ensañó con los marinos, dedicándoles todo tipo de coplas en las que se burlaban de ellos, reflejo de la rabia de un puerto marítimo que basaba su riqueza en el comercio con América. Además de las burlas, la derrota tendría otras consecuencias más graves. El propio directorio de la República francesa, reciente aliado de España, instruyó a su embajador ante la corte de Madrid para que exigiese el castigo de los oficiales responsables de tal desastre. Godoy, Príncipe de la Paz, no tuvo más remedio que plegarse a este requerimiento que era también clamor popular. Se instaló un consejo de guerra en el que se sometió a juicio a gran parte de la oficialidad. El mero hecho de la existencia de este tribunal suponía una humillación, ya que hacía descender sobre ellos la sombra de la cobardía. El jefe de la escuadra y su segundo fueron duramente castigados y los comandantes de los barcos *Atlante*, *Glorioso*, *San Francisco* y *San Genaro* fueron degradados por su «falta de pundonor, desobediencia y poco espíritu marcial»[14].

Bombardeo inglés a Cádiz (1797)

Los ingleses, decididos a sacarle el máximo partido a su victoria en la batalla naval del cabo de San Vicente se dirigieron a Cádiz para intentar capturar parte de una flota mercante que regresaba de América, bloquear navalmente la ciudad y, si fuera posible, conquistar la plaza. Ya se ha comentado cómo una de las más importantes consecuencias de la derrota del cabo San Vicente fue el desprestigio y la desmoralización en que cayeron los oficiales y la propia armada española en general. Con esta pesada carga psicológica ahora debían enfrentarse a la flota inglesa, que disfrutaba de una sensación de invencibilidad. No obstante, esta confianza británica les haría abordar empresas muy por encima de sus reales posibilidades.

A mediados del mes de abril de 1797, Jervis se dispuso a cercar Cádiz por mar dando la orden a su flota de que bloquease todas las entradas y salidas del puerto. Su plan era simple: cercar al enemigo hostigándolo con constantes bombardeos para minar su moral hasta romper la voluntad de resistencia de sus habitantes, que, como bien sabían los ingleses, estaba bajo mínimos.

Durante los meses que duró este episodio tuvieron lugar toda una serie de peripecias que hoy no pueden dejar de llamar la atención. Bien merece la pena detenerse en alguna, ya que transmiten muy bien el ambiente cultural y social de finales del siglo XVIII.

Los ingleses sabían de la bajísima moral de los defensores de Cádiz de varias fuentes. La primera era la simple observación. En una carta de la propia mano de Nelson, dice textualmente: «estamos mirando las damas paseándose por las murallas y las avenidas de Cádiz, viendo cómo se burlan de los oficiales de marina»[15]. Realmente se hacía difícil luchar en estas condiciones, cuando ni el propio pueblo por el que teóricamente se lucha guarda el menor respeto por sus defensores. Claro que, como es bien sabido, la autoridad se impone mientras que el respeto se gana.

Otros modos por los que les constaba el desánimo de los habitantes de Cádiz era por la amplia información de la que disponían los atacantes sobre lo que pasaba en el interior de la plaza. Aparte del juego de espías e informadores, propio de cualquier conflicto de cualquier época, el hecho es que, en este caso, eran los propios mandos españoles los que se la servían en bandeja. Ya se ha mencionado cómo después del desastre del cabo San Vicente la armada española sometió a consejo de guerra a gran parte de la oficialidad presente en aquella jornada. Ante ello, los marinos españoles, para defenderse, no dudaron en acudir a sus colegas británicos para solicitarles informes sobre su conducta durante la batalla. En este sentido se conserva una carta de Nelson dirigida a Moreno en la que certifica que su conducta fue, en todo, momento la de un «buen oficial» y que hizo todo lo que estaba en su mano en el transcurso de la batalla[16]. Pero tampoco conviene darle demasiado crédito a lo que el enemigo pueda decir de la conducta propia. Si uno ha sido vencido y el vencedor es medianamente inteligente lo que hará es alabar al contrario todo lo que pueda pues, aparte de ser la conducta propia de un caballero, es evidente que si logró imponérsele es que fue mejor que su adversario. Se trata de un viejo truco de autopropaganda cuyos orígenes pueden remontarse a Julio Cesar quien, en su Guerra de las Galias, no dudaba en enaltecer al vencido para que el lector le admirase aún más[17]. Y Nelson, no hay que olvidarlo, era a la vez inteligente y especialista en su propia propaganda. En todo caso, este cruce de cartas sirvió mucho y bien a los ingleses, pues les permitiría conocer puntualmente la desmoralización en el bando español. Este intercambio epistolar entre enemigos puede parecer curioso, pero las exquisitas cortesías intercambiadas durante estos días no terminaron aquí.

El jefe de la defensa de Cádiz, don José de Mazarredo, pidió permiso al almirante Jervis para que los pescadores gaditanos pudiesen faenar en las aguas cercanas. A ello respondió Jervis en una carta que no tiene desperdicio, por lo que puede ser oportuno el transcribir parte de ella textualmente:

> ... nada me causará mayor satisfacción que suavizar el azote de la guerra entre las gentes de dos naciones formadas para vivir entre sí con estimación y concordia [...]. Suplico a Vuestra Excelencia que me haga la justicia de creer que soy incapaz de causar la menor injuria a los inofensivos habitantes de las naciones contra quienes estoy empeñado en hostilidades por las órdenes de mi soberano, en cuyo desagrado incurriría ciertamente si no usase de toda la humanidad en las operaciones militares[18].

Tal cortesía por parte inglesa parecería no solo fuera de lugar, sino también poco inteligente, pues permitía a los españoles contar con pescado fresco evitando que el hambre fuese un aliado de los ingleses en su objetivo de romper el ánimo de los defensores. No obstante, si se analiza con más cuidado, puede observarse que la educación británica estaba también basada en el interés y la conveniencia. Los ingleses sabían que no podían sostener un bloqueo prolongado y que, aunque cerrasen la entrada de alimentos por mar, éstos siempre podían llegar por tierra. Cierto es que este modo era mucho más complicado debido al lamentable estado de los caminos del interior de la península, pero aun así era posible hacerlo. De este modo no tenía sentido privar de pescado fresco a los gaditanos. Además, los ingleses, aunque no lo necesitaran, podían comprarles pescado a estos mismos pescadores, pagándolo con dinero contante y sonante, y no es difícil imaginar que en la charla sobre el precio de la mercancía, se deslizase algún comentario sobre la situación de Cádiz y sus defensas.

Pese a toda esta máscara de «civilización», la guerra acabaría mostrando su auténtico rostro cuando los ingleses procedieron a sembrar el terror y la muerte en la cuidad. La rutina se repetía casi a diario. Las bombardas inglesas (pequeños y robustos barcos que cargaban uno o dos morteros de grueso calibre especialmente concebidos para atacar fortalezas enemigas en tierra, acompañadas por una escolta de navíos y fragatas) se acercaban al puerto vomitando su mortífera carga. Ya se ha visto que era imposible para una flota del tamaño de la inglesa forzar las murallas y defensas de Cádiz, por lo que su objetivo era, pese a todas las florituras de la cortesía del siglo de las luces, la población civil. De hecho, los artilleros británicos tomaban como punto de referencia para apuntar sus cañones las cúpulas de las iglesias. El propio Nelson comentaba sin el menor pudor:

> Novedades de Cádiz [...], que nuestros barcos han causado mucho daño; la ciudad fue incendiada en tres lugares distintos; una bomba que cayó en un convento destruyó [sic] algunos sacerdotes (eso no es problema, nunca se les va a echar de menos); el pillaje y los robos seguían —una gloriosa escena de confusión[19].

El pánico se apoderó de la ciudad provocando que gran parte de la población huyese hacia localidades próximas. El que solo se quedasen en Cádiz aquellos que no tenían donde escapar acabaría produciendo el efecto contrario al que buscaban los ingleses, pues no quedándoles otro remedio que resistir, se dispusieron a enfrentarse a los invasores costase lo que costase.

El primer ataque inglés se produjo el 5 de junio, pero la guarnición, dirigida por Mazarredo, había tenido tiempo de prepararse y el intento de desembarco se vio sorprendido por la inesperada resistencia de unos cuantos barcos, artillados a toda prisa, que consiguieron poner en fuga a los atacantes. El segundo y definitivo ataque tuvo lugar el 3 de julio de 1797. En la tarde de este día, precedidas de un intenso fuego de bombardas, lanchas cargadas de marineros armados con sables, pistolas y picas, se dirigieron a la entrada del puerto con la intención de apoderarse o destruir los barcos allí fondeados. Al mando de la operación estaba el propio Nelson, que mandaba personalmente el destacamento. La oscuridad no ocultó su avance y los centinelas hicieron sonar la alarma. De inmediato, varios botes españoles armados les hicieron frente. En este lance Nelson solo salvó la vida por la intervención de su timonel, quien interpuso su mano entre el vicealmirante y un sablazo que iba dirigido contra su cabeza.

En todos estos combates no hay constancia documental sobre dónde exactamente se encontraba el recientemente liberado Pablo Morillo, pero sí que participó con sus compañeros de armas en la peligrosa tarea de repeler el ataque inglés. Tras estos intentos, los ingleses comprendieron que su plan había fracasado y, a mediados de julio, levaron anclas en busca de mejor fortuna. De hecho, partieron hacia Tenerife donde Nelson perdería el brazo derecho, pero esa es otra historia.

2. Rumbo al cabo Trafalgar (1797-1805)

La travesía hasta Trafalgar

Aunque los ingleses hubieran sido obligados a retirarse de Cádiz, lo cierto es que fue mucho el daño que hicieron. Ya se ha mencionado que a las pérdidas en barcos y tripulaciones en la batalla del cabo de San Vicente, o «jornada del 14» como se la conocía entre los marinos españoles, había que sumar la profunda desmoralización de la marina como cuerpo. Durante los meses siguientes, las autoridades de la armada se concentraron en reorganizar las unidades de las que aún disponían y Pablo Morillo, cuyo barco había sido apresado por los ingleses, debió permanecer algún tiempo acuartelado sin destino. Pese a que nada consta documentalmente sobre su comportamiento durante la jornada del 14 ni en la defensa de Cádiz, esta debió ser más que satisfactoria pues, el 1 de octubre de este año de 1797, fue ascendido a sargento segundo del

Real Cuerpo de Infantería de Marina. Empleo en el que permanecería durante diez años, ocho meses y un día. Este cómputo de tiempo más parece una condena que otra cosa, pero su nuevo grado representaba casi el máximo de sus posibles aspiraciones en la armada.

Ya con sus flamantes galones, Pablo Morillo fue destinado a un nuevo barco: el *San Ildefonso*. Este buque no solo era nuevo para él, sino que, como ya se ha señalado, representaba lo más moderno del diseño naval de la época y a su tripulación Morillo estaría asignado hasta 1805. El *San Ildefonso* era un navío de 74 cañones que había sido botado en Cartagena el 22 de enero de 1785 producto de las innovaciones introducidas por el ingeniero naval Romero Landa. Era un prototipo de lo que sería el nervio de la flota, los navíos de 74 cañones. Sus excelentes cualidades marineras habían sido probadas hasta la saciedad. En dos ocasiones se le había sometido a las más duras pruebas y había salido victorioso. En el mismo año de su botadura, el jefe de escuadra don José Mazarredo condujo unas maniobras de las que salió con honores. Más adelante, en 1788, el también jefe de escuadra Luis de Córdoba repitió lo mismo, con resultados algo peores, por lo que finalmente se corrigieron los planos sobre los que se basarían los astilleros para producir la que ha sido considerada como la mejor serie de barcos a vela de su época[20].

Entre 1797 y 1805, la guerra entre Francia e Inglaterra no había hecho más que escalar hasta transformarse en un conflicto en el que ambas potencias emplearían todas sus fuerzas y recursos, conscientes de que se jugaban la supremacía no solo en Europa sino en todo Occidente. Por su parte, España permaneció como aliada de Francia, pero las relaciones entre ambos países no fueron fáciles. Desde Madrid y París se impartían órdenes para que sus respectivas armadas actuasen conjuntamente, único modo de poder representar una amenaza seria al poderío naval inglés, pero sobre el terreno, o en este caso, sobre las olas, la cosa no era tan sencilla. Prueba de ello sería lo sucedido frente al cabo Finisterre el 22 de julio de 1805, cuando la flota conjunta francoespañola, compuesta por veinte barcos al mando del almirante Villeneuve, se encontró con una escuadra inglesa de apenas catorce o quince del almirante Calder. Allí los españoles pelearon contra los británicos mientras los barcos franceses se limitaron a observar el espectáculo desde una prudente distancia. Aunque lo indeciso del resultado no permitiese que ningún bando pudiera adjudicarse la victoria, desde la jornada del 22 de julio los marinos españoles desconfiarían profundamente de sus aliados franceses.

Muchos historiadores han escrito sobre los antecedentes militares que llevarían hasta la batalla de Trafalgar, pero probablemente, uno de los mejores resúmenes no procede de la ciencia histórica sino de la novela. Arturo Pérez Reverte en su, polémico, pero magníficamente escrito y enormemente placentero de leer, *Cabo Trafalgar* condensa en apenas un párrafo lo que otros han necesitado de tomos enteros:

> —Napoleón pretendía invadir Inglaterra. No se rían, joder.
>
> En realidad, el plan no era malo. Sobre el papel, claro. Por el Tratado de San Ildefonso y los convenios de París, España, además de bajarse los calzones, quedaba obligada a colaborar con Francia en sus operaciones de guerra contra los ingleses con dinero, soldados y navíos. Para el desembarco en la Pérfida Albión, Napoleón necesitaba enseñorearse del canal de la Mancha durante cinco o seis días. El truco consistía en amagar un golpe de mano en las posesiones británicas en las Antillas, atrayendo allí a Nelson. Una vez engañados los rubios, la escuadra francoespañola regresaría rápidamente a Europa para caer sobre los cruceros que bloqueaban El Ferrol, Rochefort y Brest, liberando allí a los navíos sitiados. Luego, reuniendo así una escuadra de sesenta navíos y varias fragatas, Villeneuve subiría hecho un tigre hasta el Canal de la Mancha, para proteger la travesía hasta Inglaterra de los dos mil buques de transporte y los ciento sesenta mil hombres preparados en Texel y Boulogne[21].

La primera parte del ambicioso plan de Napoleón salió bien, pero de regreso a Europa, Villeneuve tuvo la desagradable sorpresa del 22 de julio que ya se ha mencionado. Ante el inesperado contratiempo, en lugar de seguir con el plan, al almirante francés le entró miedo y no se le ocurrió nada mejor que encerrarse con su flota en el puerto de Cádiz. Es cierto que esta bahía era una de las más seguras de toda Europa, pero se convertiría en cárcel cuando Nelson puso proa hacia allí dispuesto a asegurarse de que los barcos de Villeneuve no pudiesen salir a mar abierto.

¿Salir o no salir?

Este era el dilema que enfrentaba la flota francoespañola, ¿debía salir de las seguras aguas de la bahía de Cádiz o, permanecer en ellas? En la pura lógica no había duda: debía quedarse. El estado de los barcos no era el mejor. Los franceses habían tenido serios problemas a la hora de reparar y avituallar sus embarcaciones. De hecho, no habían conseguido que las autoridades portuarias de Cádiz les diesen ni un clavo hasta que el todopoderoso embajador francés ante la corte de Carlos IV se hubo quejado ante el mismo Príncipe de la Paz, quien conminó a los gaditanos para que accediesen a las peticiones de Villeneuve. Del lado español las cosas eran distintas, aunque no mucho mejores. La Real Armada de su católica majestad Carlos IV disponía de algunos buenos barcos, parte de ellos contaban con el más moderno diseño y sus condiciones de maniobrabilidad eran magníficas; incluso los propios ingleses reconocían su excelente calidad. Entre ellos se encontraban el *Santísima Trinidad,* el barco más grande hasta entonces construido, el *Montañés,* último prototipo con lo más reciente en técnica naval o el propio *San Ildefonso,* donde iba embarcado Morillo.

El problema no eran los barcos, sino sus tripulaciones. Su reclutamiento se había tratado de solventar estableciendo el sistema de matrícula por el que se ligaba a los marineros y pescadores a una determinada zona marítima y se les registraba para poder disponer de marineros expertos en caso de necesidad, pero hacía ya tiempo que era insuficiente para cubrir las necesidades. A ello se debe añadir que, pocos años antes, el sur de España había sido azotado por una gravísima epidemia de fiebre amarilla que había diezmado la población de la costa, especialmente aquellos pueblos de más larga tradición marinera. Ante esta situación, se había recurrido al reclutamiento forzoso, que si bien no era tan salvaje como el sistema del *press gang* británico, que constituía poco menos que un secuestro legal, hizo que los barcos españoles se llenaran de hombres que nunca antes habían visto la mar y se mareaban apenas embarcados quedando reducidos a ser poco menos que lastre. Por si esto fuera poco, los nuevos reclutas tampoco tenían

Tabla 04.
Orden de batalla de la flota francoespañola en Trafalgar

ESPAÑOLES		
Buques	**Cañones**	**Mando**
Santísima Trinidad	130	Alm. Cisneros, Uriarte
Príncipe de Asturias	112	Alm. Gravina, Alm. Escaño, De Hore
Santa Ana	112	Alm. Álava, Gardoquí
Rayo	100	Macdonnell
Argonauta	80	Pareja
Neptuno	80	Valdés
Montañés	74	Alcedo
Monarca	74	Argumosa
San Juan Nepomuceno	74	Churruca
San Fancisco de Asís	74	De Flores
Bahama	74	Alcalá Galiano
San Justo	74	Gastón
San Agustín	74	Cajigal
San Ildefonso	74	De Vargas
San Leandro	74	Quevedo

FRANCESES		
Buques	**Cañones**	**Mando**
Bucentaure	80	Alm. Villeneuve, Magendie
Formidable	80	Alm. Dumanoir, Letellier
Indomptable	80	Hubert
Neptune	80	Maistral

FRANCESES (cont.)		
Buques	**Cañones**	**Mando**
Algésiras	74	Alm. Magon de Medien, Le Tourneur
Plutón	74	Cosmao-Kerjulien
Mont Blanc	74	La Villegris
Swiftsure	74	L´Hôpitalier-Villemadrin
Scipion	74	Bellenger
Berwick	74	Filhol-Camas
Intrépide	74	Infernet
Aigle	74	Gourrège
Héros	74	Poulain
Fougueux	74	Baudoin
Duguay Trouin	74	Touffet
Argonaute	74	Epron
Redoutable	74	Lucas
Achille	74	Deniéport
Hermione	40	Mahé
Hortense	40	La Marre
Cornelie	40	De Martinenq
Thémis	40	Jugan
Rhin	40	Chesneau
Furet	18	Dumay
Aarhus	10	Taillard

TOTALES

	Buques de guerra	**Cañones**
España	15	1270
Francia	25	1356
Escuadra Francoespañola	40	2626

oportunidad alguna de adquirir la más mínima experiencia marinera, ya que a causa del bloqueo de Cádiz los barcos rara vez tenían ocasión de salir a navegar en mar abierto.

La oficialidad era otra cosa. Por aquellos años España contaba con un plantel de marinos como pocas veces ha tenido. Oficiales de vastos conocimientos teóricos producto de una eficaz reforma de la enseñanza naval cuyo máximo exponente era la Escuela de Guardiamarinas de Cádiz, que había dado lugar a una excepcional generación de navegantes que, además, habían adquirido experiencia de combate en las constantes guerras que España había mantenido durante décadas. Hombres de la talla de Federico Carlos Gravina, Dionisio Alcalá-Galiano o Cosme Damián Churruca, por solo citar a tres de los más famosos.

A todo lo anterior hay que añadir la grave falta de coordinación en el bando hispanofrancés. No solo se trataba del resentimiento por lo sucedido en las jornadas del 14 o del 22, que muchos marinos hispanos atribuían a la falta de ayuda francesa, sino que también hay que tener en cuenta que ambas flotas nunca habían combatido, ni siquiera maniobrado, juntas.

Por el contrario, los ingleses tenían una férrea unidad de mando bajo Horatio Nelson. Nelson era un marino controvertido enre los altos mandos, que le achacaban ciertas dosis de exhibicionismo, alguna lentitud a la hora de obedecer las órdenes provenientes del Almirantazgo que no se acomodasen a sus propias ideas personales y al que no perdonaban su escandalosa vida privada, en la que había abandonado a su legítima esposa por su amante, Emma Hamilton. Todo lo anterior podría ser relevante en tierra, pero dejaba de tener importancia en la mar, pues a bordo, Nelson era un semidios. Sus hombres le adoraban y sus oficiales competían entre sí para hacerse merecedores de una muestra de aprecio por parte de su jefe. Todos pintaban sus barcos «a la Nelson», con bandas horizontales de color amarillo en las que las portas de los cañones se cubrían de negro, con lo que se obtenía un efecto de tablero de ajedrez[22]. Nelson era un marino de larga experiencia que había ido dejando desperdigados pedazos de su cuerpo al servicio de su país en los mares del mundo. Como él mismo escribió, en 1784, a su viejo amigo el almirante *sir* Robert Kingsmill:

> Heridas recibidas por lord Nelson:
> Su ojo en Córcega
> Su vientre cerca del cabo San Vicente

Su brazo en Tenerife
Su cabeza en Egipto
Tolerable para una Guerra[23].

Por su parte, las tripulaciones de los barcos ingleses estaban compuestas de curtidos veteranos tanto en la navegación como en la guerra.

Si los barcos y tripulaciones aliados tenían serios problemas y fuera de la bahía de Cádiz les esperaban los ingleses como una jauría de perros rabiosos, es preciso preguntarse: ¿por qué decidieron salir de la bahía de Cádiz? Como casi siempre en la vida, no hay una única razón. Desde el punto de vista de la estrategia global de Napoleón el disponer de una flota poderosa era esencial para mantener el bloqueo continental estrangulando a Inglaterra, privándola de la sangre que la hacía poderosa: el comercio. Por otra parte, su plan para invadir las Islas Británicas ya había perdido el elemento sorpresa y no podía llevarse a cabo por lo que, a primera vista, no se entiende porqué habría de arriesgar su armada en una salida sin esperanza. Para comprenderlo hay que tener en cuenta dos factores. El primero es que Napoleón nunca dio la orden expresa de que la flota conjunta francoespañola saliese al encuentro de la escuadra británica. Lo que sí hizo fue ponerse cada vez más nervioso ante la permanencia, a su juicio demasiado larga, de sus barcos en puerto en vez de salir a navegar para asegurar las aguas circundantes del imperio. El segundo es que, además, Napoleón, como buen soldado de artillería, nunca comprendió la guerra naval en la era de la navegación a vela. En tierra firme bastaba una orden suya para que miles de hombres cruzasen ríos y montañas para enfrentarse al enemigo. El mal tiempo era solo un obstáculo más que, con la conveniente preparación, se podía solventar, pero en la mar las cosas son muy distintas, pues además de una minuciosa preparación, se requiere que los elementos acompañen. No basta solo con que no haya mal tiempo, sino que cosas tan triviales como ausencia de viento, o la respectiva posición frente a este, podían determinar el resultado de una batalla.

El emperador había perdido la confianza en el almirante en jefe de la escuadra y, ante su inactividad, escribió a su ministro de Marina, Decrés, que «Villeneuve ha llegado demasiado lejos. Esto es traición, [...]. Villeneuve sacrificaría cualquier cosa para salvar su propio pellejo...»[24]. Villeneuve era consciente de la opinión de Napoleón, pues ya circulaban rumores de

Tabla 05. Orden de batalla de la flota inglesa en Trafalgar

Buques	Cañones	Mando
Victory	100	Vicealm. Horatio Nelson, Hardy
Britannia	100	Vicealmirante duque de Northesk, Bullen
Royal Sovereign	100	Vicealm. Collingwood, Rotheram
Téméraire	98	Harvey
Neptune	98	Fremantle
Prince	98	Grindall
Dreadnought	98	Conn
Tonnat	80	Tyler
Leviatán	74	Baytun
Conqueror	74	Pellew
Ajax	74	Pilfold
Orion	74	Codrington
Minotaur	74	Moore
Spartiate	74	Laforey
Defiance	74	Durham
Belleisle	74	Hargood
Colossus	74	Morris
Mars	74	Duff
Bellerophon	74	Cooke
Achille	74	King
Revenge	74	Moorsom
Swiftsure	74	Rutherford
Defence	74	Hope
Thunderer	74	Stockham
Agamemmon	64	Berry
Africa	64	Digby
Polyphemus	64	Redmill
Euryalus (frag.)		Blackwood
Naiad (frag.)		Dundas
Phoebe (frag.)		Bladen
Sirius (frag.)		Prowse
Picle (goleta)		Tte. Lapenotière

Totales escuadra británica

Buques de guerra	27
Cañones	1948

que había sido sustituido por el almirante Rosily, lo que en efecto había sucedido, aunque la orden aún no había llegado a Cádiz. De este modo, Pierre Villeneuve, un marino de carrera proveniente de una familia de la pequeña nobleza que había sobrevivido a los vaivenes de la política de la Francia revolucionaria, se vio ante el dilema de tener que elegir entre seguir esperando en puerto hasta ser relevado del mando de forma ignominiosa o arriesgar el todo por el todo y salir a mar abierto para tentar la suerte o, al menos, morir gloriosamente en combate.

Todo lo anterior podría explicar por qué la flota francesa salió de Cádiz, pero no responde por qué lo hizo la española. Lo fácil sería decir que al estar encuadrada en una formación conjunta no hacía más que cumplir con las órdenes de su jefe, pero ello no es tan sencillo. La clave está en lo que sucedió el 8 de octubre, cuando Villeneuve convocó un consejo de guerra a bordo de su buque insignia: el *Bucentaure*. Por parte francesa estaban presentes los almirantes Dumanoir y Magon de Medien y los capitanes Cosmao-Kerjulien (del *Plutón*), Maistral (del *Neptune*), La Villegris (del *Mont Blanc*) y Prigny (del estado mayor del almirante en jefe); y, por parte española, Gravina (jefe de la escuadra hispana), Álava y los jefes de escuadra Escaño, Cisneros, Alcalá Galiano (del *Bahama*) y Churruca (del *San Juan Nepomuceno*).

Villeneuve leyó las últimas instrucciones recibidas desde París y comunicó que la flota debía salir de puerto. Gravina tomó la palabra, oponiéndose vivamente. Dijo que ni los barcos ni sus tripulaciones estaban preparados y que, además, estaba claro que se avecinaba una fuerte tormenta. La discusión fue subiendo de tono. Entre Alcalá-Galiano y el almirante Magon se cruzaron palabras muy fuertes que hubieran provocado un duelo de no intervenir los propios Gravina y Villeneuve. Cuando parecía que las cosas volvían a su cauce, desde el lado francés se oyó que lo que estaba bajando no era el barómetro, sino el valor de los españoles. ¡Era demasiado! ¡Cómo se atrevían después de su conducta en Finisterre, cuando los franceses les habían dejado solos! Gravina explotó[25].

En la reacción de Gravina en concreto y en la de la mayoría de la oficialidad de la marina española se dieron cita dos pecados capitales del español de entonces, y quién sabe si también del de nuestros días: la ira y la soberbia. ¿Cómo se atrevía un francés a poner en duda la valentía española? Un ira que no se detiene ante nada, ni siquiera ante la propia muerte inútil. O en palabras de Díaz-Plaja: «En nuestras guerras llega un momento que, a juzgar por las soflamas, parece más importante morir por la patria que procurar que los enemigos lo hagan por la suya, es decir, se valora más al muerto que al vencedor»[26]. Y, para que nada faltase, a este arrebato de ira le acompañó la soberbia. Gravina y los marinos de su escuadra eran directos herederos de la tradición militar y naval bajo cuya inspiración Calderón de la Barca había escrito sus famosos versos: «Todo lo sufren en cualquier asalto. Solo no sufren que les hablen alto...»[27]. Volviendo al revelador, aunque quizá hoy un tanto envejecido, estudio de Díaz-Plaja, «¡Sostenerla y no enmendarla sabiendo que uno está equivocado! ¿En qué mente cabe esto? En la que valora más el corazón que el cerebro, la mente que no concibe rectificar porque es humillante..., la española, en suma»[28]. Una soberbia que hizo que se tomase la decisión de salir, a sabiendas del desastre que se avecinaba.

Por si todo lo anterior no fuera suficiente, también hay que tener en cuenta que lo sucedido tras la batalla del Cabo San Vicente flotaba como una espada de Damocles sobre las cabezas de todos los oficiales españoles. Es casi innecesario recordar que tras esta derrota varios jefes y oficiales comandante de la escuadra española hasta los capitanes de varios barcos fueron degradados deshonrosamente por no haberse conducido de manera más agresiva. El temor a que tal cosa pudiese repetirse debió también influir mucho en la decisión de salir de Cádiz.

De todo lo anterior, el sargento segundo Pablo Morillo y Morillo del Real Cuerpo de Infantería de Marina de su católica majestad don Carlos IV, solo tendría una idea aproximada por los rumores que inmediatamente circularon entre las tripulaciones y la tropa embarcadas. Desde la cubierta del *San Ildefonso*, buque del que ya se ha hablado, Pablo Morillo pudo contemplar el buque insignia de la flota y el mayor y más armado navío de guerra construido en el siglo XVIII, el *Santísima Trinidad*.

Si el *San Ildefonso* era uno de los buques más modernos, el más grande era el *Santísima Trinidad*, cuyas características sorprenden aún hoy. Había sido botado en los astilleros de La Habana en 1769 por lo que, en 1805 era un veterano con treinta y seis años de servicio a sus cuadernas. Tenía 61 metros (220 pies) de eslora, 16 metros (58 pies) de manga y casi 7 metros (28 pies) de puntal. Sus mástiles se elevaban a más de 50 metros, lo que hacía que la cofa del palo mayor estuviese a la altura de un edificio de casi veinte pisos. Desplazaba casi 3000 toneladas y estaba poderosamente artillado, pues sus originales 112 cañones se habían au-

Tabla 06. Tripulación del *San Ildefonso*[29]

Capitán, don José de Vargas	1
Oficiales	20
Artilleros de preferencia	15
Artilleros de mar	80
Marineros	100
Grumetes[30]	120
Pajes[31]	24
Total tripulación	**360**
Infantería de Marina	112
Artilleros	38
Total tropa embarcada	**150**
Total de la tripulación	**510**

mentado hasta los 130. Todos estos fríos datos técnicos no alcanzan a dar una idea de lo que fue el *Santísima Trinidad,* por lo que una vez más hay que acudir a la literatura, y nada mejor que la prosa de Galdós, que lo describe diciendo:

> ... [las naves a vela] he comparado las antiguas con las catedrales góticas. Sus formas, que se prolongan hacia arriba; el predominio de las líneas verticales sobre las horizontales; cierto inexplicable idealismo, algo de histórico y religioso a la vez, mezclado con la complicación de líneas y el juego de colores que combina a su capricho el sol, han determinado esta asociación extravagante, que yo me explico por la huella del romanticismo que dejan en el espíritu las impresiones de la niñez[32].

En sus mismas palabras, el *Santísima Trinidad* era un auténtico «Escorial de los mares», tan bello como inútil[33]. Pese a su aterradora potencia de fuego su efecto era más psicológico que real, ya que esta enorme mole de maderas, clavos y brea, era un monstruo que apenas si podía ser manejado pese a contar con una tripulación de 1048 hombres. Un monumento a la soberbia que pareciera había sido conducido por el destino para una ocasión como esta, donde la razón dormía.

El ánimo de Pablo Morillo no podía ser el mismo que el de vigilias previas a otras batallas en las que había tomado parte. Esta era la mayor concentración naval de la historia hasta entonces. Los ánimos estaban exaltados, y aunque los franceses no eran los aliados más confiables, los ingleses eran unos viejos enemigos. Pese a todo tampoco hay que dejarse llevar por el entusiasmo patriótico, pues Morillo era un soldado ya veterano y, por lo tanto, un profesional que cumplía con su deber. Mataba de la forma que le habían enseñado a hacerlo, procurando, a su vez, seguir vivo. En sus catorce años de servicio había combatido a los franceses en numerosas ocasiones y ahora tocaba el turno a los ingleses. En su día los franceses habían invadido parte del norte de España y contra ellos había luchado hasta que, en agosto de 1795, Godoy, el Príncipe de la Paz, había firmado el tratado del mismo nombre que su actual navío, el *San Ildefonso*.

De este modo, de un plumazo, los franceses pasaron de ser odiados a ser aliados, mientras los ingleses recorrían el camino inverso. ¿Qué podía saber Pablo Morillo? Apenas un sargento segundo de treinta años de edad, su vida, en el caso que sobreviviese a la próxima y a otras batallas, seguiría como hasta entonces. Algunos periodos de tranquilidad en casa junto a Joaquina, su mujer, interrumpidos por expediciones a bordo de cualquiera de los buques de la Real Armada. Encuentros navales en los que un cañonazo podía matarlo en cualquier momento o, peor aún, dejarle lisiado de por vida, condenado, si tenía suerte, a vestir el uniforme de las Compañías de Inválidos Hábiles, ingeniándoselas para sobrevivir. Lo mucho o poco que hasta entonces le había dado la marina de guerra era todo lo que iba a recibir. ¿Un nuevo ascenso? Apenas si podía aspirar a llegar a sargento primero, pero nada más, pues el sistema establecía que solo aquellos que hubieran pasado por la Escuela de Guardiamarinas podían llegar a ser oficiales.

Un sargento de treinta años estaba obligado a cuadrarse y recibir órdenes de cadetes o tenientes de navío a los que ya casi les doblaba la edad. Niñatos de las mejores familias del reino, algunas de ellas ligadas a la mar desde hacía siglos, vástagos que perpetuaban apellidos en las listas de los generales de la armada, donde nunca habría sitio para el hijo de

María y Lorenzo. Tal y como se presentaban las cosas ese sería el futuro de Pablo Morillo. Pese a todo y contra todo pronóstico, el futuro le tenía reservadas sorpresas que darían a su vida un rumbo que nunca pudo imaginar.

La caza

Finalmente, en la mañana del 19 de octubre de 1805, el almirante de la flota conjunta francoespañola, Pierre Villeneuve, dio la orden de zarpar de Cádiz. Dos días enteros tardaron los barcos de la escuadra en poder salir de la bahía. Este caos debería haber bastado para renunciar, pero, además, tenían que hacer todo lo posible para no se encontrarse con la escuadra de Nelson que, como una manada de lobos hambrientos, merodeaba en busca de una oportunidad para clavarles los afilados colmillos de sus cañones.

Villeneuve estaba desesperado, pero conocía muy bien los defectos y limitaciones de sus fuerzas y, por ello, dispuso que sus barcos formaran una larga línea en la que se intercalaban franceses y españoles. Ordenó que se formasen tres columnas pero los buques habían salido de la bahía sin ningún orden por lo que cuando cada uno intentó encontrar su posición todo desembocó en confusión de la que la flota nunca se recuperaría. Cuando llegó la noche, ninguna columna estaba formada como debía y en la oscuridad hubieron de suspenderse todos los intentos ya que no se había previsto ningún sistema de señales nocturnas. Cada uno de los capitanes intentaba orientarse como podía pero, si durante el día la maniobra era difícil, en estas condiciones era ya imposible. De hecho, Villeneuve tenía tan poca confianza en las operaciones conjuntas que había dicho a sus oficiales que no haría señales y que lo esperaba todo de cada capitán.

Por su parte, la flota inglesa también se preparaba para el inminente encuentro. En un consejo de guerra a bordo del *Victory*, Nelson explicó su plan, máximo ejemplo de lo que generaciones venideras de marinos británicos llamarían «el toque Nelson». La idea era muy sencilla. La escuadra francoespañola formaría una larga línea y los ingleses establecerían dos formaciones que la atacarían casi perpendicularmente. La idea era, en principio, descabellada, pues el ataque frontal privaba a los barcos ingleses de su potencia de fuego, ya que, al estar sus cañones en los laterales de sus barcos no podrían hacer fuego mientras que el enemigo podía dispararles con toda su potencia artillera.

Curiosamente, este toque de Nelson no es otra cosa que la aplicación al mar de la táctica napoleónica de la columna contra la línea, que tantas victorias le había dado al emperador en tierra. No obstante, lo que a simple vista pareciera una locura, no lo es tanto si se tienen en cuenta otros factores. Para que los barcos ingleses rompiesen la línea francoespañola debían navegar bajo fuego enemigo por más de veinte minutos. En un mar en calma y frente a artilleros experimentados hubiera sido un suicidio, pero los servidores de las piezas españolas y francesas distaban mucho de serlo.

También había otras razones. La primera de ellas era de índole técnica. Los cañones españoles y franceses usaban un sistema de disparo con una mecha lenta que hacía que desde que se aplicaba el fuego hasta que la pieza disparaba pasase una cantidad de tiempo variable, lo que hacía muy complicado poder tener buena puntería a cierta distancia. Si los artilleros tomaban como referencia la parte alta del balanceo de su propio barco, la bala podía salir cuando estaba en la parte baja con lo que gran parte de los tiros nunca llegarían a sus objetivos.

La segunda razón, como muy bien señala Howarth en su espléndida obra *Trafalgar, The Nelson Touch*, era de índole táctica[34]. Los aliados disparaban a la arboladura de los barcos con la intención de hacerlos ingobernables, si hubieran podido apuntar bien eso era exactamente lo que había que hacer en una situación como esa, pero teniendo en cuenta las dificultades técnicas ya mencionadas ello significaba que gran parte de sus tiros quedaban sin efecto alguno. Por el contrario, los ingleses dirigían su fuego hacia el casco, con lo que las posibilidades de error eran menores, todo ello ayudado por un sistema perfeccionado de disparo que les permitía una precisión mucho mayor que la de sus enemigos. Los cañones ingleses disparaban en el momento exacto en que se les aplicaba el fuego con lo que la puntería era más fácil.

El último argumento es que mientras los artilleros ingleses tardaban, de media, apenas noventa segundos en cargar y disparar sus piezas, sus colegas españoles lo hacían en casi cinco minutos[35]. Ello implicaba que cuando estos últimos disparaban una bala habían ya recibido tres de sus enemigos.

A las seis y veinte de la mañana Villeneuve da su última orden antes del combate: formar una línea de batalla en orden cerrado. En teoría era lo que había que hacer pero era una orden imposible de cumplir en la práctica. Ahora ya no quedaba más por hacer sino esperar a que ambas flotas estuvieran a tiro para que se desatase el infierno. De acuerdo con los testimonios de soldados y marinos de todas las épocas, este es precisamente el peor momento: la tensa calma que precede a la tormenta. En la flota inglesa los hombres se entretenían apurando su ración de *grog*, bebida compuesta de ron y agua que constituía una parte esencial de la dieta del marinero inglés, mientras los oficiales aprovechaban para escribir cartas a sus seres queridos sin olvidarse de redactar o actualizar el testamento, para después reunirse a hablar de las riquezas que les aguardaban tras la segura victoria[36]. Los barcos enemigos eran vistos como valiosas presas que, una vez vendidas, les darían cuantiosas fortunas con las que se asegurarían su cómodo retiro. El oficial de la marina británica ha sido caracterizado como un terrateniente frustrado que casi solo aspiraba a ese estatus y, los medios para conseguirlo, se los proporcionaba el sistema de presas por el cual el Almirantazgo compraba los barcos enemigos capturados y el dinero así obtenido se repartía entre todos los miembros de la tripulación. Como correspondía a una sociedad jerarquizada como la británica, lo que cada uno recibía estaba en directa proporción al lugar que ocupaba en la rígida estructura del barco. Mientras los marineros obtenían unas pocas monedas, el capitán podía hacerse con una verdadera fortuna, sin hablar de los almirantes, que se llevaban la parte del león. Como dice David Howarth «la pura avaricia, debe admitirse, era una motivación muy importante para entrar en combate»[37]. En estos momentos previos la frialdad era desplegada como protección contra el miedo. Así, el propio vicealmirante Cuthbert Collingwood, quien sería, a bordo del *Royal Sovereign*, el primero en entrar en liza, aconsejaba a su primer teniente: «Mejor quítese las botas y póngase medias de seda, como he hecho yo. Si uno recibe un tiro en una pierna es mucho más práctico para el cirujano»[38]. ¿Toda una muestra de flema británica? Sin duda, pero también una práctica costumbre muy extendida entre los soldados profesionales de cualquier época. Cuando Francisco Franco era un joven comandante en las campañas de África en el primer tercio del siglo XX, nunca comía nada antes de entrar en combate, pues sabía muy bien que si recibía un tiro con el estómago lleno la muerte era casi segura[39]. Como puede verse la flema y la sangre fría no son tanto atributos británicos sino propios del soldado o marino profesional.

El comandante en jefe de la flota británica hacía su recorrido por los diferentes puestos de combate del *Victory* enfundado en su uniforme azul con las insignias de vicealmirante y las cruces de sus cuatro máximas condecoraciones cosidas al pecho: San Fernando, de la Luna Creciente, San Joaquín y la Orden de Bath, que había comprado expresamente para lucir en batalla en los exclusivos sastres Barret, Corney & Corney, «suministradores de encajes y bordados de Sus Majestades en Londres», por cada una de las cuales pagó la exorbitante cantidad de una guinea, excepto por la Orden Napolitana de San Fernando que, por ser más grande, costaba cuatro peniques más[40]. De todos era conocido el exhibicionismo de su jefe y que tan llamativo atuendo constituiría un blanco perfecto para los disparos enemigos, pero nadie se atrevió a sugerirle que se cambiase. La noche anterior, Nelson había terminado de arreglar su testamento, en el que no se olvidó de añadir una cláusula solicitándole a su rey que acogiese bajo su protección a su amante Emma Hamilton y a Horacia, que figuraba como su ahijada, pero que, en realidad, era su propia hija. Cuando comprobó que todo estaba listo, se dispuso a enviar su última orden a la flota. Mandó izar las banderas de señales con un mensaje que desde entonces se ha convertido en tradición de la Marina Real Británica: «Inglaterra espera de cada hombre que cumpla con su deber». Puede sonar algo pretencioso y de hecho así es, ya que la primera idea de Nelson era decir que «Nelson confía que cada hombre cumpla con su deber». Eso hubiera sonado mejor. Nelson era, como ya se ha visto, idolatrado por sus hombres y la inclusión de su nombre en el mensaje lo hacía más personal e íntimo. El emplear la palabra «confía» supone un grado más en esta relación personal jefe-subordinados, haciendo hincapié en que Nelson estaba seguro de que todos sabían lo que tenían que hacer y lo que harían. El cambio fue dictado por el consejo del teniente encargado de las señales, que, para ahorrar tener que colocar banderas de letras, sugirió que se empleasen palabras del libro de códigos de Popham, en el que tanto «Inglaterra» como «confía» tenían asignada una única bandera. Nelson estuvo de acuerdo. Ahora solamente quedaba seguir esperando a que el viento acercase las flotas a distancia de tiro.

En la flota aliada los momentos previos al combate se vivían de forma algo diferente. Los franceses llevaban de un barco a otro el águila que el emperador les había confiado, tratando de infundir entre sus hombres el fervor patriótico que las había paseado triunfantes por media Europa. El hecho de que para toda la flota solo hubiera asignado una única águila es una muestra más de la falta de consideración que Napoleón tenía por su marina imperial, pues en tierra todos y cada uno de sus regimientos tenían la suya. Villeneuve era consciente de lo vacío de estas demostraciones, pero cumplió con el protocolo. Los españoles, por su parte, destinaban estos últimos momentos a cosas bien distintas. En cada uno de sus barcos, se oficiaba una misa, se rezaban padrenuestros y avemarías buscando la protección de los cielos. Los jefes y oficiales, aun siendo plenamente conscientes de lo que se les venía encima, no dejaron de instar a sus hombres a cumplir con su deber y, para ello, empleaban un tono muy distinto al de franceses e ingleses. Cosme Damián de Churruca, comandante del setenta y cuatro cañones *San Juan Nepomuceno*, uno de los héroes de la jornada, se dirigió a su tripulación diciéndole:

> ¡Hijos míos, en nombre de Dios prometo la bienaventuranza al que muera cumpliendo con sus deberes! Si alguno faltase a ellos, le haré fusilar inmediatamente, y si escapase a mis miradas o a la de los valientes oficiales que tengo el honor de mandar, sus remordimientos le seguirán mientras arrastre el resto de sus días, miserable y desgraciado[41].

No tiene desperdicio la arenga de Churruca, pues transmite a la perfección el ambiente que se vivía a bordo. Tras la inevitable apelación a Dios, al que se utiliza para asegurar el paraíso a todos aquellos que cumplan con su deber, el capitán recurre directamente al terror. Amenaza a sus hombres con el fusilamiento y, por si esto no fuera suficiente, le añade la vergüenza eterna para aquellos que lograsen escapar de la vigilancia de sus oficiales. Este ejemplo representa una buena muestra de cómo se imponía a bordo. Toda falta menor era castigada con el látigo. La primera vez que se prendía a un desertor se le daban cincuenta latigazos atándole a un cañón. Si era atrapado una segunda o tercera vez era condenado a galeras, lo que significaba, de hecho, una sentencia de muerte. Si bien este último castigo era exclusivo de la marina española, en el resto de las armadas de la época el ambiente no era muy diferente. Pocos años antes, la marina británica había pasado por uno de sus peores momentos cuando se amotinaron parte de sus tripulaciones y el almirante Jervis ordenó colgar a los revoltosos de los palos de sus propios barcos. Nadie cuestionó la medida, tan solo se le objetó que hubiera decidido ejecutarla un domingo[42].

También hay que destacar que la arenga de Churruca trasluce la plena confianza que tiene en sus oficiales, y sus reservas sobre la conducta de su tripulación. Los oficiales españoles eran conscientes del desastre que se avecinaba, pero su larga experiencia de servicio a bordo les hacía encararlo con estoicismo y resignación. Son famosas las palabras del propio Churruca, que en una carta dirigida a su joven esposa de apenas 19 años, con la que se había casado solo unos pocos meses antes, le decía: «Si llegas a saber que mi navío ha sido hecho prisionero, di que he muerto»[43].

Como se ve, la posibilidad de la victoria ni siquiera entraba en los más íntimos cálculos del marino. Con este estado de ánimo esperaban los marinos españoles el comienzo de la jornada del 21, nombre por el que se conocería la que es probablemente la más famosa batalla naval de todos los tiempos: Trafalgar.

La batalla

Todo comenzó a las doce menos diez del 21 de octubre de 1805. El *Fougeaux*, de 74 cañones, mandado por el capitán Baudoin, situado sobre la mitad de la larga formación de la escuadra aliada, abrió fuego contra la segunda línea de barcos ingleses, encabezada por el *Royal Sovereign* del almirante Collingwood. En ese momento Morillo estaba, como ya se ha visto, a bordo del *San Ildefonso* que formaba parte del grupo de retaguardia. Era el quinto barco si contamos desde atrás. Delante tenía al navío español *Argonauta* y a popa al francés *Achille*. El sargento segundo Morillo, si sus obligaciones se lo permitían, se estaría asomando por la amura de babor para ver la línea mandada por Collingwood. El *Revenge*, de 74 cañones, al mando del capitán Moorsom, era el enemigo que más cerca suyo se encontraba. Esta sería la única visión general que Morillo tendría de la batalla. A partir de entonces solo se ocuparía de cumplir con su deber, al mando de los hombres de los era responsable.

El papel asignado a la infantería de marina en un combate naval como este era muy distinto según se tratase de la marina francesa o de la inglesa. En la francesa, los soldados eran específicamente entrenados para disparar desde la arboladura de sus propios buques contra las cubiertas enemigas, apuntando a los oficiales con la intención de crear a bordo el mayor desconcierto posible. Nelson era decididamente contrario a esta táctica, argumentando que era contrario a las reglas de la guerra civilizada hacer que la canalla disparase contra caballeros. Esta era la teoría, pero Nelson no era ningún ingenuo y la verdadera razón es que temía que las chispas producidas por los mosquetes terminasen incendiando el velamen. En cualquier caso, este tipo de prejuicios frente a lo que es y lo que no es correcto en el modo de conducirse en guerra, es una de las cosas más cambiantes del mundo.

Poco a poco, el humo de los disparos de los cañones fue cubriéndolo todo, reduciendo la visibilidad a unos pocos centenares de metros, espacio apenas suficiente para que desde el *San Ildefonso* se pudiese distinguir la silueta del *Revenge* dirigiéndose hacia ellos. Y entonces se desató el caos.

Resulta muy difícil hacerse una idea de la confusión, que reinaría a bordo del *San Ildefonso*. Teóricamente, el papel de los oficiales era asegurarse que todos los demás hiciesen su trabajo, pero, lo que ya era difícil para una tripulación entrenada, resultaría poco menos que imposible en un barco en el que la mayoría de los marineros habían embarcado por primera vez hacía apenas unas semanas. Los que no estaban mareados vomitando hasta vaciar sus tripas, estaban paralizados de terror. Por si fuera poco, el impacto de los primeros disparos del *Revenge* sobre la cubierta española bastaría para quitarles los pocos ánimos que les quedaban. Los gritos de los heridos, que iban siendo trasladados a la enfermería situada en las entrañas del barco, se mezclaban con las voces de mando que intentaban poner orden. Pablo Morillo tenía suerte, al menos él se encontraba en la cubierta superior y no en una de las interiores, en las que apenas si entraba algo de luz a través de las portas por donde asomaban los cañones. A Pablo Morillo no hacía falta que nadie le gritase. No era su primer combate naval y sabía muy bien lo que tenía que hacer: pensar solo en cargar su mosquete y dispararlo, casi sin tiempo para tomar puntería. Después de más de catorce años de servicio, lo haría mecánicamente. Era lo mejor, dejar la mente en blanco para no tener tiempo de darse cuenta de la destrucción en torno suyo. Desde su puesto en la cubierta solo tendría ojos para el *Revenge*, que cada vez estaba más cerca, hasta que, en algún momento del combate, le alcanzó una bala inglesa y fue trasladado a la enfermería. Allí, rodeado de los gritos de dolor de los heridos que eran operados, o mejor dicho, mutilados, sin anestesia, estaba a salvo, ya que el puesto del cirujano estaba bajo la línea de flotación y, por lo tanto, no podían llegar las balas enemigas. Mientras esperaba su turno para ser atendido tendría tiempo para inquietarse por el desarrollo de la batalla, de la que por mucho que preguntase nadie podía informarle.

Entre tanto, a bordo del buque insignia de la flota británica se vivía un drama. Pasadas las doce de la mañana Nelson había sido alcanzado por un tiro de mosquete disparado desde la arboladura del *Redoutable*. Mala suerte la del comandante en jefe inglés, había dirigido su nave precisamente contra uno de los pocos barcos enemigos cuyo capitán, Lucas, ponía especial cuidado en entrenar a su infantería a bordo para disparar tomando como blancos a los oficiales. Nelson, con su impecable uniforme plagado de condecoraciones, constituía un objetivo demasiado vistoso como para pasar desapercibido. Las escenas del marino inglés tendido en el suelo al pie del palo mayor y la de su muerte en el interior del *Victory* son tradicionales en la pintura hagiográfica anglosajona[44].

El combate continuaba. Cada barco solo podía preocuparse de sí mismo. Los minutos parecían alargarse en horas y las horas en días. Poco a poco, la potencia de fuego de los cañones ingleses terminó por imponer su ley. El duro entrenamiento al que desde hacía años venían sometiendo a sus barcos y tripulaciones daría sus frutos y los muchos casos de heroísmo que se registraron del lado de los aliados no servirían de nada frente al orden con que la artillería inglesa vomitaba su mortífera carga.

A las dos menos veinte de la tarde, el almirante en jefe francés ya tenía claro que no había esperanza y empezó a buscar desesperadamente la muerte, recorriendo arriba y abajo la cubierta del *Bucentaure* mientras gritaba que por qué no había una bala para él que le privase de tener que sufrir el deshonor de la derrota. Antes de mandar arriar su bandera y rendirse dio la orden de que el águila que le había confiado el emperador a su flota fuese arrojada al mar para evitar que cayese en manos enemigas. Poco después, el capitán de infantería de marina del *Conqueror*,

James Atcherly subía a bordo del *Bucentaure* y Villeneuve le ofrecía su espada en señal de rendición, honor que el infante de marina rechazó para que fuese su comandante, Israel Pellew, hermano pequeño del almirante Edward Pellew, quien recibiese tal trofeo.

En la flota española, a bordo del *San Juan Nepomuceno*, su capitán Cosme Damián Churruca, a diferencia de Villeneuve, no tuvo que buscar la muerte, pues le llegó sin tener que invitarla. Al ver que sus artilleros no conseguían disparar los cañones como debían, decidió hacerlo él mismo. Apuntó con cuidado y consiguió desarbolar un buque enemigo. Cuando regresaba a su puesto de mando en el castillo de popa, una bala de cañón le alcanzó de lleno en la pierna derecha con tal brutalidad que casi se la arrancó de cuajo. Sus oficiales intentaron llevarle a la enfermería, pero se negó diciendo: «Esto no es nada que siga el fuego». Churruca siguió dirigiendo el combate hasta que se dio cuenta que estaba en sus últimos momentos. Aprovechando las pocas fuerzas que le quedaban, mandó clavar la bandera prohibiendo que su navío se rindiese mientras él siguiese con vida. Poco tiempo después expiraba, entrando en la leyenda de los héroes de la marina española.

Su última orden se cumplió, la bandera se clavó al palo de popa para que no pudiese ser arriada en señal de rendición, pero, una vez muerto su capitán los oficiales solo pudieron resistir algo más y se mandó desclavar el estandarte. En ese momento se echaron sobre el *San Juan Nepomuceno* seis lanchas provenientes de otros tantos buques ingleses compitiendo entre sí para hacer que sus respectivos barcos fueran los que tuvieran el honor, y el beneficio del botín, por haberlo rendido. A tal punto llegó la disputa entre los vencedores que estos le pidieron al nuevo capitán del barco español que fuese quien zanjase la cuestión preguntándole a cuál de ellos se había rendido. Les contestó: «A todos, pues el *San Juan Nepomuceno* jamás se hubiera rendido ante un solo navío inglés».

No sería la de Churruca la única muerte de entre los principales oficiales de la armada española. El almirante Federico Carlos Gravina, quien a bordo del *Príncipe de Asturias* sostuvo combate contra más de cinco navíos ingleses por más de cuatro horas, fue gravemente herido en esta jornada y moriría en Cádiz en marzo del año siguiente. Los capitanes del *Montañés*, Alcedo, y del *Bahama*, el prestigioso científico Alcalá-Galiano también darían sus vidas en aquella jornada. Al final de la misma, de los 11 817 hombres que se habían embarcado en Cádiz 1025 habían muerto y 1383 estaban heridos de distinta consideración. Entre estos últimos se encontraban gran parte de los oficiales incluyendo a los jefes Álava, Escaño y Cisneros y a los comandantes Valdés, De Vargas, Uriarte, Cagigal, Argumosa, Gardoquí y Pareja. Estas frías cifras son más reveladoras de lo que a simple vista pudiera parecer. Lo normal es que en las batallas navales en la era de los barcos a vela la proporción entre muertos y heridos fuese de 1 a 3 o de 1 a 4, es decir que por cada muerto hubiese tres o cuatro heridos, en cambio para el caso de la marina española la proporción es de casi uno a uno ¿Por qué? La razón es terrible a la par que muy simple. Los jefes y oficiales españoles eran conscientes de su derrota casi desde el principio, pero también desde el primer momento decidieron que combatirían hasta el final, negándose a rendirse hasta casi su último aliento.

Para Pablo Morillo sus penalidades en Trafalgar no se reducirían a ser herido, como muchos otros lo fueron en esta jornada, incluido el mismo comandante del *San Ildefonso*, José de Vargas, sino que al ser apresado su barco también se volvió a ver reducido a la condición de prisionero de los ingleses, cuya «hospitalidad» ya había conocido tras el combate del cabo San Vicente. Tampoco era tan malo, pues ya había pasado por ello y esperaría ser devuelto a Cádiz como también lo había sido la vez anterior. Su barco no correría tanta suerte. Fue abordado por el *Defence*, al mando del capitán Hope, quien lo reclamó como presa.

El resultado de la lucha, muestra, una vez más, el superior poderío artillero de la marina británica frente a sus colegas hispanos, ya que frente a los 165 muertos del buque español apenas si se contaron 36 por parte de sus atacantes ingleses. Después de la batalla, el *San Ildefonso* fue encargado al primer teniente del *Victory*, John Quilliam, lo que suponía que sería ascendido directamente al puesto de capitán saltándose algunos grados intermedios.

Pese a su juventud, Quilliam consiguió llevarlo hasta Gibraltar donde hubo de ser sometido a extensas reparaciones. No pudo partir con rumbo a Gran Bretaña hasta mayo de 1806. Triste sería el destino del *San Ildefonso*, ya que una vez en aguas inglesas nunca volvería a navegar, pues se lo destinó como depósito flotante hasta que, en 1813, se decidió su desguace[45].

La tormenta. Balance

Aunque la batalla había terminado, todo estaba lejos de haber acabado. Durante un tiempo, mientras los ingleses se hacían con el control de sus presas, se desplegó toda la cortesía típica de la guerra del siglo XVIII. Los vencedores ofrecían toda serie de auxilio a los vencidos y trataban con exquisita consideración a sus colegas oficiales del bando contrario. En ello se encontraban cuando, a las seis menos diez, el navío francés *Achille* explotó, al alcanzar el fuego la santabárbara. De entre sus restos se rescató a una joven que fue trasladada al *Pickl.* Allí se la vistió y se la trasbordó al *Revenge,* donde se convirtió en una especie de mascota. Un teniente de la dotación le regaló unos cuantos metros de muselina azul que había capturado en uno de los barcos españoles y el propio capitán Moorsom mandó que se confeccionase ropa apropiada. No en todas partes todo transcurría de una manera tan civilizada. La tripulación inglesa que se hizo cargo del *Monarca* constaba de apenas cinco oficiales y cincuenta y cinco marineros para controlar a más de quinientos prisioneros. Lo que ya era tarea difícil se convertía en poco menos que imposible cuando gran parte de la marinería vencedora se dedicó al pillaje, bebiéndose todo lo que encontraron a su paso. En estas condiciones, no era de extrañar que los vencidos decidiesen aprovechar cualquier oportunidad para hacerse de nuevo con el control de sus barcos. Así lo hicieron los prisioneros del *Algeciras,* que, al grito de «¡*Vive l'Empereur*!», desarmaron a sus guardianes e izaron de nuevo a popa el pabellón tricolor.

Cuando caía la noche los barómetros indicaban claramente la proximidad de tormenta y los ingleses se prepararon para capearla. Lo que no podían saber es que les esperaba un combate tan peligroso y cansado como el que acababan de sostener. Durante dos días, los elementos se desataron sobre los restos de lo que hacía poco eran orgullosas máquinas de guerra. Si ya hubiera sido difícil soportar semejante temporal con los buques en perfecto estado, mucho más en estas condiciones. Por si la tormenta no fuera suficiente, la avaricia de los vencedores complicaba aún más las cosas. Los capitanes ingleses no solo debían preocuparse de sus propias embarcaciones sino que, además, remolcaban o conducían sus presas, que representaban la gloria y la fortuna para aquellos que las habían capturado. En la mañana del 23 de octubre de 1805 la tormenta no amainaba y el vicealmirante Collingwood, viendo que todos corrían el riesgo de irse a pique, ordenó a sus capitanes que soltasen sus botines. Era una decisión desesperada pero absolutamente necesaria. Prueba de ello fue que, poco tiempo después, el más preciado de todos los trofeos, el *Santísima Trinidad*, se iba a pique encerrando en su interior a gran parte de su tripulación, la mayoría de ellos heridos de gravedad que no pudieron ser trasbordados a tiempo a barcos ingleses. De todos modos los marinos ingleses no se irían con los bolsillos vacíos, ya que poco más tarde el Parlamento británico concedería un premio especial de trescientas mil libras. En el reparto cada capitán recibiría 3362, cada marinero 6 libras y 10 chelines, los tenientes 226, los cirujanos, maestros y artilleros, 153, y los sargentos de infantería de marina y marineros de primera, 37 cada uno[46].

El domingo 27 de octubre, seis interminables días después de la batalla, la tormenta cesó y el vicealmirante Collingwood pudo mandar un bote a Cádiz bajo bandera blanca con una carta para el capitán general de la zona, el marqués de la Solana, en la que le ofrecía desembarcar a todos los prisioneros heridos. El enviado fue recibido con toda clase de cortesías por parte de las autoridades españolas, quienes aceptaron la propuesta británica, a la que añadieron que ellos, por su parte, devolverían todos los oficiales y marineros capturados en los barcos que se habían rebelado contra sus guardianes o que habían tenido que refugiarse en el puerto de Cádiz para poder sobrevivir a la tormenta. Una vez pasado el horror de la batalla volvía a imponerse la cortesía propia de dos naciones civilizadas. Collingwood y el marqués de la Solana se intercambiaron cartas llenas de muestras de caballerosidad propias de una época para siempre desaparecida. Así se dirigía, en una carta fechada en noviembre, el comandante en jefe inglés al militar español:

> Mi señor marqués, le ruego a su señoría que acepte mis gracias por el amable presente de una barrica de excelente vino. Como prueba de su estima le estoy especialmente agradecido. Quisiera tener algo la mitad de bueno que mandarle a su excelencia, pero tal vez un queso inglés sea una rareza en Cádiz por lo que me tomo la libertad de remitirle uno y una barrica de cerveza negra[47].

Esto no era un hecho aislado producto del sufrimiento provocado por la batalla y la tormenta, sino que era moneda de uso corriente en el protocolo de la guerra en el siglo xviii. A este respecto puede citarse como ejemplo las cartas que se intercambiaron don Blas de Lezo y el vicealmirante Edward Vernon antes de la batalla de Cartagena de Indias en 1741, en las que, sin dejar de intentar engañarse mutuamente para conseguir ventajas tácticas, se dirigían uno al otro con expresiones del mayor respeto hacia el adversario[48]. Ello no era privativo de la guerra en el mar, sino que también en tierra se pueden encontrar ejemplos. Refiere Voltaire un caso, al principio de la batalla de Fontenoi, el 11 de mayo de 1745, entre tropas inglesas y francesas. Cuando ambas estuvieron a tiro de mosquete, se quedaron quietas. Entonces, el general Churchill, nieto del famoso duque de Marlborough, saludó a su homólogo francés, el duque de Biron, quien le devolvió la cortesía. El capitán de la guardia inglesa, *lord* Charles Hay, se dirigió al enemigo diciendo: «¡Caballeros de la Guardia francesa, abran fuego!». A lo que el conde D´Auteroche, teniente de granaderos, respondió: «¡Caballeros, no seremos nosotros los primeros en disparar, abran fuego Ustedes!»[49].

Entre tantas exquisitas muestras de civilidad, lo importante para Pablo Morillo era que sería devuelto a Cádiz. A nadie se le escapaba la magnitud de la derrota sufrida por franceses y españoles, aunque el propio Napoleón intentó quitarle importancia cuando en un discurso ante el Cuerpo Legislativo, pronunciado el 2 de marzo de 1806, dijo que «las tempestades nos han hecho perder algunos navíos tras un combate imprudentemente entablado»[50]. Por mucho que el emperador de los franceses se empeñase en enmascarar la realidad, las consecuencias eran enormes. A corto plazo, suponía el abandono definitivo de su proyecto de invasión de las islas británicas; a medio, sería factor determinante a la hora de decidirse por la invasión de España, que terminaría siendo una de las principales causas de su caída, y, a largo, constituiría la base del predominio británico de los mares, que llegaría hasta bien entrado el siglo xx. La jornada del 21, el nombre por el que se conocería la batalla hasta que el rey Jorge III de Inglaterra, tras recibir las primeras noticias, a principios de noviembre de 1805, decidiera darle el nombre por el que ha pasado a la historia: Trafalgar[51]. Para España significó, pura y simplemente, el fin de sus aspiraciones como potencia naval y el principio del fin de su imperio ultramarino. Puede discutirse si los barcos hundidos o apresados en Trafalgar supusieron realmente una pérdida irrecuperable, según afirma Anes, «construir diez navíos de línea y reparar cinco era algo que tenía solución y que, con el tiempo, podría lograrse. Sustituir a los marinos que perecieron en Trafalgar era imposible: se necesitaba más tiempo para que se formasen y pudieran los de una nueva generación equipararse a los héroes desaparecidos»[52].

Para el sargento segundo Pablo Morillo sus sufrimientos no terminarían con la derrota de la flota, la pérdida de su barco y sus heridas, pues 1805 le tenía reservado otro mal trago. A finales de este año fallecería su esposa, Joaquina Rodríguez. De este modo a los treinta años se había quedado viudo y sin trabajo. Mal se presentaba entonces su futuro, pero el destino aún le reservaba un papel mucho más grande de lo que jamás pudo soñar. Un futuro lleno de sangre que lo llevaría muy lejos de Fuentesecas, el pequeño pueblo de donde hubo de huir, y de la marina, en la que hasta entonces siempre había creído que estaba su porvenir.

Segunda parte

GUERRA DE INDEPENDENCIA ESPAÑOLA

(1808-1814)

Capítulo 3

INVASIÓN FRANCESA. BAILÉN. GUERRILLA EN EXTREMADURA

1. Los franceses en España

La invasión de la península ibérica por parte de Francia en 1808 constituye uno de los acontecimientos más relevantes de la historia de España. No solo supone el fin de la época moderna y el inicio de la contemporánea, sino que marcó la historia española durante varios siglos. La invasión francesa tuvo su origen tanto en la ambición de Napoleón como en la debilidad del Gobierno español. Los reyes de España estaban sumidos en una lucha sin cuartel con el heredero al trono, una pelea que, si bien tenía múltiples causas, acabaría centrándose en el papel de Manuel Godoy[1]. El deterioro de la política en la corte había llegado a tal grado de descomposición que los dos bandos en disputa luchaban entre sí sin importarles las consecuencias para el país. Tan enconada fue que, a veces, se tiene la sensación de que era más importante hacer daño al contrario que obtener una ventaja propia.

La tensión venía de lejos y había desembocado en una situación de profundo odio dentro de la familia real española. El Príncipe de Asturias, futuro Fernando VII, encabezaba una facción en contra de sus propios padres, el rey Carlos IV y la reina María Luisa. Mucho se puede escribir sobre los motivos políticos y sociales de este resentimiento, o sobre cómo Fernando era un instrumento de fuerzas mucho más profundas que su rencor personal, pero tampoco puede dejarse de lado el componente personal del conflicto. Las biografías más favorables de Fernando VII —o quizá para ser más exactos habría que clasificarlas como menos desfavorables—, insisten en la soledad de un muchacho sensible apartado del cariño de sus padres, con una madre encandilada por Godoy, un jovenzuelo poco mayor que su propio hijo sobre el que Fernando proyectará todo su odio, sin olvidar los manipuladores manejos de un perverso tutor, Juan Escoíquiz, quien «aprovechó su influencia sobre su pupilo para crear una gran animadversión hacia sus padres y hacia el favorito y, por tanto, hacerse con las riendas del poder, si no presente, sí futuro»[2]. Años más tarde, desde su exilio en Santa Helena, el mismo Napoleón diría que este personaje fue «el verdadero causante de todos los males de España»[3]. Por si todo lo anterior no fuera suficiente, la desmedida ambición de la primera mujer del heredero, María Antonia de Nápoles, aunque en 1808 hacía algún tiempo que había fallecido, habría agriado más la relación del Príncipe de Asturias con sus progenitores. Para muestra del ambiente que se vivía entre suegros y nuera baste citar un párrafo de una carta de la reina María Luisa en la que llama a la mujer de su hijo «víbora venenosa, animalucho sin sangre y lleno de hiel, rana medio muerta, serpiente diabólica, escupitina de su madre»[4]. Un cuadro desolador que presenta a Fernando como un ser débil, manipulado por su entorno, resentido por la falta de atención y cariño de sus padres, etc. El propio Napoleón sentenciaba en 1808 que «el Príncipe de Asturias no tiene ninguna de las cualidades necesarias para ser el jefe de una nación»[5].

Por el lado del rey Carlos IV y de la reina María Luisa el cuadro también resulta desolador. Sus retratos reflejan la degradación biológica en la que podía desembocar la endogamia de la realeza europea. El poder de la imagen es aterrador y basta contemplar los lienzos de Goya para sentir emociones que van de la piedad a la simple repulsión. Que Carlos IV no tenía demasiadas luces es un hecho. Solo un tonto podía dejar que un pintor de corte le retratase de ese modo. Los poderosos se mandan pintar para pasar a la posteridad cargados de los atributos de su majestad, pero Carlos IV, en los pinceles de Goya, por mucho que luzca la banda de la Orden de Carlos III o lleve al cuello el Toisón de Oro, no deja traslucir ni un ápice de majestad. Por suerte para la historia del arte, el rey no hizo lo que cualquier otro hubiera hecho: mandar quemar los lienzos y despedir al pintor. En cuanto a la reina, si bien contaba mayores luces que su marido, lo cual tampoco tiene demasiado mérito, parece ser que era una mujer de agrio carácter y pasiones ocultas que se desbordaron en su madurez.

En este ambiente, apareció Manuel Godoy. Un atractivo guardia real del que se encaprichó la reina y que, al mismo tiempo, obtuvo la confianza del rey. Godoy llegó en el momento justo. Los soberanos estaban cansados de navegar entre las procelosas aguas de los dos «partidos» dominantes, encabezados, respectivamente, por los condes de Floridablanca y de Aranda, y soñaban con tener un primer secretario de Despacho «cuyo destino lo forjasen ellos y que, ligado estrechamente a sus personas, formara una sola con ellos y velara por sus personas y su Reino sin desmayo»[6]. Este fue el lugar de Godoy, pero el destino de los advenedizos, por muy buenas intenciones que tengan, es siempre difícil. En torno suyo se fueron formando todo un cúmulo de grupos e intereses contrarios al favorito, que en un afán de provocar su caída, acabarían socavando los mismos pilares del Antiguo Régimen.

Los grupos más progresistas, partidarios de la continuación de la tarea reformadora emprendida en tiempos de Carlos III, vieron como se cambiaba el despotismo ilustrado por la tiranía de la voluntad de un favorito sin preparación alguna. Los privilegiados vieron amenazados sus cómodas posiciones por los escasos y poco hábiles intentos de cambio que Godoy trató de introducir. Los campesinos estaban descontentos con el viejo sistema señorial que solo servía para explotarles, mientras que en las ciudades se malvivía bajo el peso de una economía muy atrasada en la que era muy difícil sobrevivir. De todos esos enemigos, serían estos últimos, las clases populares urbanas, las que, con mayor ferocidad atacarían al «choricero». Ese era el apodo de Godoy, jugando con la región de donde era originario, Extremadura, conocida por sus excelentes embutidos, y que también hacía referencia a la similitud de la forma del chorizo con cierta parte de su anatomía. Todos comentaban sin pudor que la posición del valido se debía a la «íntima» satisfacción de la reina y el pueblo le dedicó coplas tan sangrantes como la que a continuación se reproduce, y que deja poco margen al error o a la imaginación.

Entró en la Guardia Real
y dio el gran salto mortal.
Con la reina se ha metido
y todavía no ha salido.
Y su omnímodo poder
viene de saber... cantar.

Mira bien y no te embobes,
da bastante ajipedobes.
Si lo dices al revés,
verás lo bueno que es.
Y como el ingenio aguza
le hace duque de la Alcuza.

Como miró por su casa,
fue príncipe de la Pasa.
Que a España e Indias gobierna
por debajo de la pierna.
Es un mal bicho al que al cabo
habrá de cortar el rabo.

La realeza te hizo
muchos favores
y tú solo le diste
Ajipedobes.
Anda, Luisa,
pronúncialo a la contra;
verás que risa.[7]

Estos eran los personajes en liza, propios de un sainete, pero cuando a la representación se le añadió la ambición de Napoleón Bonaparte la obra no tardaría en transformarse en tragedia. Los dos bandos en la corte buscaban atraerse el favor del francés, que gracias a ellos, se convirtió en árbitro de la situación.

El primer acto fue el Tratado de Fontainebleau, firmado el 27 de octubre de 1807 por Godoy como jefe del Gobierno español. En su contenido, aparte de una serie de garantías territoriales recíprocas entre los firmantes, se establecía la desaparición de Portugal y su desmembramiento en tres Estados que quedarían bajo la protección del rey de España con la condición de que nunca se podrían incorporar directamente a su Corona. Un nada pequeño detalle era que la provincia del Alentejo y el reino de los Algarves quedaban reservados para Godoy, que los gobernaría con el título de Príncipe de los Algarves. Nada mal para un guardia real. Claro que, en un tiempo en que un artillero había llegado ser emperador de Francia, no era sorprendente que otro soldado aspirase a un principado. Este acuerdo sería la llave que abriría la puerta de entrada a España a los franceses.

El segundo acto tendría lugar el mismo día en que se firmaba el Tratado de Fontainebleau, en ese momento Carlos IV ordenaba la detención de su hijo, el Príncipe de Asturias, por «mantener relaciones secretas con un soberano extranjero»[8]. La orden era producto del hallazgo de una nota anónima dejada sobre el escritorio del rey, en la que se le advertía que su propio hijo estaba conspirando contra él. Carlos IV mandó registrar los aposentos del Príncipe de Asturias y allí se encontraron documentos en los que se planeaba juzgar a Godoy y un memorial en el que se detallaban los cargos que contra él se presentarían. Ante estas pruebas, Carlos IV corrió a escribir a Napoleón en los siguientes términos:

> Mi hijo, el heredero de mi trono, había formado el proyecto de destronarme llegando hasta el exceso de querer atentar contra la vida de su madre. [...] Me ocupo en este momento de descubrir a sus cómplices para profundizar en este plan y no quiero perder ni un solo instante sin enterar de ello a Vuestra Majestad Imperial y Real, rogándola que me asista con sus luces y sus consejos[9].

Por si todo lo anterior no fuera suficiente, otro documento remacha aún más la bajeza de los personajes envueltos en este episodio. Se trata de la carta que Fernando dirigió a su padre, en la que ninguna humillación, ningún vicio y ningún deshonor quedaban en el tintero. Escribía el Príncipe de Asturias:

> Señor padre mío.
> He delinquido, he faltado a Vuestra Majestad como rey y como padre, pero me arrepiento y ofrezco a Vuestra Majes-

> tad la obediencia más humilde. Nada debía hacer sin la noticia de Vuestra Majestad pero fui sorprendido. He delatado a los culpables y pido a Vuestra Majestad me perdone por haber mentido la otra noche, permitiendo besar sus reales pies a su reconocido hijo.
> Firmado: Fernando[10].

El tercer y último acto fue el Motín de Aranjuez. El 17 de marzo de 1808, ante el palacio de Godoy en esa villa, se congregó una turba en busca del valido para ajustarle las cuentas. Al no encontrarlo, la emprendieron contra todo lo que encontraron: muebles, cuadros, libros y hasta sus uniformes fueron destrozados. En palabras de Galdós: «... y en esa tarea de exterminio la terrible fiera empleaba a la vez y en espantosa coalición todas sus herramientas, las manos, las patas, las garras, las uñas y los dientes, repartiendo puñetazos, patadas, coces, rasguños, dentelladas, testarazos y mordiscos»[11].

Es cierto que el brazo ejecutor de Godoy fue popular, pero los hilos los movían personajes mucho mejor situados, como el conde de Montijo o incluso el propio Príncipe de Asturias, que no puede pensarse fuera ajeno a la conjura. El Motín de Aranjuez supuso la definitiva entrada en el escenario político de un actor que hasta entonces solo había intervenido de manera episódica y/o marginal: el pueblo. Si bien su propia estructura y los medios utilizados en esta ocasión se parecen mucho a los que se pusieron de manifiesto en el Motín de Esquilache de 1766, el carácter distintivo del de ahora estaba en que una vez que se acudió al pueblo para solucionar una crisis política ya nunca más se podría prescindir de él, pues todas las facciones políticas caerían siempre en la tentación de manipularlo para sus propios fines. La caja de Pandora había sido entreabierta y los vientos de la violencia soplarían en España durante décadas. Sin embargo, conviene también mencionar que el uso de la violencia popular no era nuevo. De acuerdo con José Ortega y Gasset:

> ... conviene recordar que en todo tiempo, cuando la masa, por uno u otro motivo, ha actuado en la vida pública, lo ha hecho en forma de «acción directa» (que consiste en ... proclamar la violencia como *prima ratio*). Fue, pues, siempre, el modo de operar natural a las masas...[12]

No obstante, tal vez lo más «revolucionario» de todo fuese que con esta intervención de las «clases bajas» se rompía el principio de la sacralidad de la figura del rey. Si bien el motín iba dirigido contra su valido, a nadie se le ocultaba que lo que se buscaba era la abdicación de Carlos IV a favor del Príncipe de Asturias. Finalmente las cosas llegarían a término cuando, el 24 de marzo de 1808, entraba en Madrid el ya autoproclamado Fernando VII. Del delirio de la capital baste un testimonio de la época:

> Besan sus manos, sus rodillas, sus estribos, y cabalgando sobre las capas lanzadas sobre los adoquines de la calle para formar una alfombra, los sombreros, los abanicos y los pañuelos vuelan al aire, lluvias de flores en una aclamación delirante, repicar de campanas y los petardos que estalla, el ídolo avanzaba...[13]

No todo terminaría aquí, pues después de los tres actos del esperpento aún faltaba el epílogo en el cual la Corona de España volvería al padre, de este pasaría a Napoleón, para terminar en las sienes de José Bonaparte. Este vergonzoso episodio no tuvo lugar en la corte de Madrid o en Aranjuez, sino en Bayona, donde el recién proclamado Fernando VII y sus padres fueron llamados por el emperador. No merece la pena detenerse en los detalles, baste saber que Napoleón, aprovechándose de la posición de árbitro que ambas partes le habían conferido, decidió aprovecharla para hacerse con el trono de España para su propia familia. No obstante, antes de hacerlo hubo de luchar contra su propio juicio. Napoleón era perfectamente consciente de los posibles problemas a los que debería enfrentarse. En una clarividente *Nota sobre la situación política y militar de nuestros ejércitos en el Piamonte y España*, escrita en junio de 1794, dejaba constancia de que:

> España es una gran potencia. La debilidad y la ineptitud de la corte de Madrid y la degradación del pueblo la hacen menos formidable en sus ataques, pero el carácter paciente de esta nación, la arrogancia y la superstición que prevalecen allí, y los recursos que le proporcionan su gran tamaño hacen de España formidable cuando es golpeada con fuerza en su propia tierra[14].

Finalmente Napoleón optaría por desoír su propio consejo, prestándole más atención a su ministro de Asuntos Exteriores, Charles Maurice de Talleyrand, quien supo pronunciar al oído de su señor las palabras correctas en el momento adecuado cuando le dijo:

> La Corona de España ha pertenecido, desde la época de Luis XIV, a la familia que reinase en Francia, y no podemos olvidar lo que la entronización de Felipe V costó en dinero y en sangre, pues aseguró la preponderancia de Francia en Europa. Esta es, pues, una de las mejores partes de la herencia del gran rey [Luis XIV] y esta herencia debe ser recibida toda entera por el emperador: él no debe, él no puede abandonar ninguna parte de esta[15].

Reconfortado por esta idea de estar cumpliendo con un «deber histórico», Napoleón decidió sacar provecho de la situación, recogiendo para su propia familia la Corona de España, ofreciéndosela a su hermano José en términos bajo los que no le cupo margen alguno, «la nación me pide un rey. Es a vos a quien destino esta corona [...] Deseo que después de recibir esta carta dejéis la regencia [de Nápoles] a la persona que gustéis [...] Recibiréis esta carta el 19 [de mayo], partiréis el 20 y estaréis aquí el 1 de junio»[16]. Con esta orden quedaría sellado el destino de España y, a la larga, también el del propio Napoleón Bonaparte.

El plan de Napoleón era sencillo. Ya antes incluso de la firma del tratado de Fontainebleau, varios cuerpos de tropas francesas, al mando de Junot, habían entrado en territorio español. Poco más tarde ingresarán dos cuerpos más mandados por Dupont y Moncey que ocuparían Valladolid y Burgos, respectivamente. Ambos movimientos de tropas podrían explicarse como necesarios para la proyectada invasión y reparto de Portugal, pero el caso es que también ingresaron otras tropas por la frontera catalana que en nada podían contribuir a ese resultado. La idea era realizar una ocupación rápida y sistemática de la península ibérica, haciéndose con el control de los puntos claves para el bloqueo comercial continental francés contra Gran Bretaña, para el que eran esenciales los puertos de Barcelona, Cádiz y Lisboa. De enero a marzo de 1808 las tropas francesas pasaron de 70 000 a 100 000. El 23 de marzo Murat entraba en Madrid.

Todo parecía fácil, pero es aquí donde Napoleón cometió uno de los más graves errores de su carrera. En el clásico estudio de Jesús Pabón[17] se habla de los tres errores de Napoleón que, a largo plazo, le acabarían costando su propia corona imperial. El primero de ellos, el error religioso, tenía su origen en el enfrentamiento con el papado, que le atraería la oposición de la iglesia y de los católicos en Francia y que, en España, supondría que la guerra se convirtiese en una cruzada religiosa contra los franceses. El segundo, el error nacional, por el que no tuvo en cuenta los sentimientos nacionales de los pueblos invadidos, y eso sería trágico en Rusia, Prusia y España. El tercero y último, el error monárquico. Napoleón confundió las cabezas reinantes con sus respectivos pueblos, creyó al pueblo español tan moldeable como sus soberanos, con fatales consecuencias. El propio Napoleón admitiría más tarde: «no pensé que costara tanto cambiar el sistema de ese país con un ministro corrupto, un rey débil y una reina disoluta y desvergonzada»[18].

En los primeros meses de la entrada de los franceses en España parecía que nadie se daba o quería darse cuenta de nada. Incluso los propios soldados de Napoleón no tenían ni idea de para qué habían llegado a España. A principios de 1808, la duquesa de Abrantes preguntó a un oficial francés por qué estaban allí y este le respondió sin inmutarse: «estamos aquí para defender a España contra los ataques de Marruecos y de Argel»[19]. Una ingenuidad también compartida por los españoles, pero que pronto quedaría desenmascarada. Uno de los primeros en despertarse del engaño fue el mismo Godoy, ambicioso pero no tonto, quien propuso que la corte, siguiendo el ejemplo de la portuguesa, se trasladase a Andalucía para organizar la resistencia y que, en el peor de los casos, pudiese exilarse en América. Cuando el resto de los españoles se dieron cuenta reaccionaron de maneras muy distintas según su posición, su tradición y, por qué no decirlo, sus intereses.

Las clases dirigentes y la alta administración del Estado dieron un pobre ejemplo. La Junta de Gobierno, instaurada por Fernando VII en Madrid antes de partir al llamado de Napoleón, intentó navegar entre dos aguas y se atrincheró tras argumentos legalistas para salvar su propio pellejo. El Consejo de Castilla, piedra angular de la administración durante el Antiguo Régimen, se apresuró a dar cobertura legal a las órdenes dictadas por los invasores. Las clases dirigentes, por su parte, oscilaron entre el apoyo y el retraimiento, asustadas por las consecuencias que podía tener una revuelta social para sus privilegios. Baste como ejemplo el caso de una figura tan relevante como el cardenal infante Luis de Borbón, arzobispo de Toledo y primo hermano de Carlos IV, quien se apresuró a escribir a Napoleón poniéndose a sus pies[20]. Al mismo tiempo, muchos intelectuales se vieron desgarrados entre servir a un Gobierno que, al menos en teoría, representaba avances ilustrados para la retrasada España y su fidelidad hacia el resto de sus compatriotas. En este contexto es donde surge la figura de los afrancesados, sobre la que es preciso detenerse brevemente.

David Gates habla de tres tipos de afrancesados: los que usaron el nuevo régimen para provecho personal, aquellos que creyeron en el proyecto reformista francés y, por último, los que temían la reacción incontrolada del pueblo[21]. Fuesen cuales fuesen sus íntimas motivaciones, lo cierto es que compartían varias características comunes, entre las que hay que destacar en primer lugar un origen social e intelectual común, pues tendían a ser personajes provenientes de clases acomodadas imbuidos de la Ilustración. Compartían con los liberales de Cádiz la misma ideología, pero les separaba el problema dinástico, aspecto que les haría ser enemigos irreconciliables[22]. A veces se trataba de personas convencidas de que la «resistencia era imposible, y por ello decidieron aceptar los hechos consumados»[23], conscientes de que, como diría Blanco White: «la capa del patriotismo había servido de excusa para entregarse a la desdichada propensión que tienen los españoles del sur a derramar sangre»[24]. También se documentan casos en los que los «afrancesados» eran considerados como tales por el simple hecho de manifestar su admiración por las ideas de la Ilustración.Algunos incluso estaban convencidos de que sirviendo a Napoleón estaban siendo fieles a su verdadero señor: Fernando VII[25], quien no hay que olvidar consintió en todo lo que el emperador le pidió. Aunque no se sabe a ciencia cierta su número, este no debió ser despreciable. Algunas fuentes recogen que «dos millones de españoles prestaron sin disputa juramento de fidelidad al rey que fue llamado el Intruso»[26], lo cual, para un total de unos catorce millones de habitantes con los que contaba España a finales del siglo xviii[27], es una cifra ciertamente importante. En todo caso, la reacción contra los afrancesados terminaría siendo implacable y muchos acabarían sus días asesinados o en el exilio.

Ante este panorama en las clases dirigentes, fue el pueblo el que daría la respuesta definitiva a la invasión napoleónica. El dos de mayo de

1808, Madrid se levantó contra sus ocupantes cuando éstos procedían a llevarse a Francia a los últimos miembros de la familia real que aún quedaban en el Palacio de Oriente. La sublevación no duró mucho y la represión fue tremenda, pero sus efectos alcanzaron a toda la península. La Guerra de Independencia había comenzado.

La Guerra de Independencia española

La primera cuestión que surge a la hora de acercarse a este conflicto que tuvo como escenario la península ibérica entre 1808 y 1814, es la de su misma denominación. En Francia se la conoce como la *Guerre d'Espagne*, en el mundo anglosajón es la *Peninsular War* y en el de habla hispana se ha consagrado como Guerra de la Independencia. Parece que el primero que utilizó esta expresión fue José Muñoz Maldonado en su obra publicada en 1833 *Historia política y militar de la guerra de la Independencia de España contra Napoleón Bonaparte desde 1808 a 1814*, pero ya desde el principio, esta denominación planteaba serios problemas, pues hace referencia a una dependencia previa por parte de la nación española de la que hubiese de desligarse, lo cual no es el caso[28]. Otros autores españoles han empleado distintas terminologías, como el conde de Toreno, quien tituló su obra *Historia del levantamiento, guerra y revolución de España*[29]. En cualquier caso, la expresión ha alcanzado de sobra la mayoría de edad y no vale la pena sino reflejar lo inexacto de su denominación.

Además de lo peculiar de su nombre, se trata de una guerra muy diferente a las anteriores y cuyas repercusiones se pueden encontrar en nuestros días. Si bien es cierto que toda generación cree que la guerra que le toca vivir es diferente a todas las demás, en este caso sí fue así, y ello porque la Guerra de la Independencia española reúne toda una serie de elementos que la dotan de una naturaleza especial.

Fue una guerra «nacional». No es la primera de este género, pues fueron los franceses los que la inventaron. Cuando la joven república se vio amenazada por los ejércitos de los soberanos europeos, la Convención decretó una movilización general de todos los ciudadanos, inaugurando una nueva era en la historia de la guerra. A partir de este momento, la guerra ya no será algo limitado a profesionales que se comportan de acuerdo a las viejas reglas de su oficio. El pueblo no conocerá de las cortesías propias de los caballeros y volcará toda su pasión en la guerra, dando como resultado un nuevo tipo de conflicto en el que toda la población tomará parte y en el que nadie queda ajeno.

Fue una guerra de liberación en contra de la dominación de una potencia que se considera como extranjera. En este caso la Guerra de Independencia se inscribe dentro de una serie de ellas que tuvieron lugar a principios del siglo XIX en Europa, pero cuyo periodo de vida llega hasta las guerras de descolonización, en la segunda mitad del siglo XX. Entre las primeras no se puede dejar de mencionar la rusa de 1812 y la alemana de 1813, que, como señala Gómez-Ferrer, representan «una reacción de lo específico y peculiar de cada pueblo y de cada cultura nacional, frente a cuanto de imposición de un molde clásico, uniforme, hubo en el imperio napoleónico. [...] el derecho de cada pueblo a rechazar, incluso por la fuerza, una dominación extranjera, impuesta por la fuerza y encaminada a cambiar, sin el consentimiento de los naturales, la constitución del país»[30].

Fue una guerra sin límites, en la que se emplearon nuevos métodos para combatir al enemigo. Pocas veces antes un pueblo entero se había enfrentado a una fuerza de ocupación utilizando cualquier método que tuviese a su alcance. No es casualidad que entre los vocablos españoles que han pasado al resto de las lenguas se encuentre el de «guerrilla». Hasta entonces este término solo hacía referencia a una escaramuza dentro de un contexto de guerra convencional, pero a partir de la Guerra de la Independencia, adquirirá su significado actual. En castellano, «partida de paisanos que acosa y molesta al enemigo»[31]; en inglés, «persona o grupo que participa en combates irregulares»[32] y, en francés, «guerra de acecho y emboscada llevada a cabo por paisanos o incluso por tropas regulares»[33].

Una guerra en la que todo vale, donde todos (hombres, viejos, mujeres y niños) emplearon las armas a su alcance (pistolas, espadas, cuchillos, navajas, tijeras, veneno, las propias manos, etc.), lo que provocó que las viejas reglas de la guerra que distinguían entre población civil y ejércitos dejaran de ser aplicables. Las represalias y el encarnizamiento entre los bandos conocerán una ferocidad hasta entonces casi inédita. Para encontrar un grado de destrucción similar al que tuvo lugar en España durante estos años hay que remontarse al siglo XVIII, a la Guerra de los Treinta Años, de la que baste citar los testimonios de Johann Grimmelshausen en su *Simplicissimus*[34] y a los de la obra anónima aparecida en Londres en 1638 titulada *Las lamentaciones de Alemania*[35], que dejan muy poco a la imaginación. A partir de ahora la guerra se quitará la máscara de cortesía con la que se había cubierto durante el siglo XVIII y se mostrará sin maquillaje alguno. En palabras de Geoffroy de Grandmaison:

> ... es el desencadenamiento de las pasiones, el olvido de las leyes de la humanidad, el desconocimiento de las reglas de la disciplina militar, el desprecio por la autoridad, la satisfacción sin freno del amor propio [...] una guerra a muerte donde matar al adversario se convertía en la aspiración de todos, el objetivo brutal perseguido sin tregua [...] en el silencio de la noche, al abrigo de una casa, en el reposo de la cama, en una esquina del bosque, en un recodo del sendero, de improviso, detrás de un hayedo, tras una roca, en el camino, en cualquier lugar como si fuera el mismo campo de batalla[36].

Para Gabriel H. Lovett, «las dimensiones apocalípticas de la Guerra de la Independencia se derivan principalmente de que fue una guerra total —la primera verdaderamente total de las guerras modernas— envolviendo a una nación completa y a gran parte de su territorio»[37].

Fue también, al menos en parte, una guerra civil. En ella no solo hubo españoles de un lado, sino que también hubo algunos que combatieron por los franceses. De esta manera el nuevo rey José pudo reclutar algunos cuerpos de ejército, que, si bien estaban en gran parte formados a la fuerza, hubo excepciones, como el de los migueletes catalanes, que se hicieron famosos por su ferocidad[38], o el de los temidos «juramentados», carne de cañón que formaron sanguinarios batallones antiguerrilla bajo las banderas de José Bonaparte[39].

También fue una revolución social. Ya se ha visto cómo el miedo al levantamiento de las masas populares fue la causa de que parte de las clases dirigentes se alineasen con los invasores, prefiriendo su orden a una temida anarquía. En palabras de Raymond Carr «¿Era la derrota del Usurpador mejor que los peligros de una multitud armada fuera de control en las calles?»[40]. En este contexto, el levantamiento popular no se dirigió solo contra el invasor, sino que, a su amparo, se desataron venganzas cuyo origen nada tenía que ver con la ocupación francesa. Así, por ejemplo, los somatenes catalanes no solo lucharon encarnizadamente contra los invasores sino también contra señores y grandes propietarios[41].

Fue una guerra de religión. Parte del fanatismo en la lucha fue consecuencia de que las clases populares «consideraran la guerra como una cruzada religiosa contra los franceses», a los que gustaba presentar como herejes que combatían la fe católica[42]. Algunos autores se han llegado a preguntar: «¿Fue un brote de xenofobia fanática dirigido por curas y frailes el dos de mayo y sus secuelas?»[43]. Hasta tal punto la lucha fue a muerte que catecismos de la época, con su tradicional estilo dialogado, recogían textos como el siguiente.

> Pregunta. ¿Qué son los franceses?
> Respuesta. Antiguos cristianos y herejes modernos.
> Pregunta. ¿Es pecado asesinar a un francés?
> Respuesta. No, padre, se hace una obra meritoria, librando a la patria de estos violentos opresores[44].
> Pregunta. Quisiera saber algunas de las causas especiales que justifican la resistencia que hace España a los ejércitos franceses.
> Respuesta. Todas las leyes divinas y humanas autorizan a los pueblos y a las personas particulares a que resistan por la fuerza a los ladrones y a los invasores de su seguridad[45].

2. Morillo soldado de infantería. Batalla de Bailén (mayo-julio de 1808)

Tras el desastre de Trafalgar, el sargento segundo de Infantería de Marina Pablo Morillo, de treinta años de edad y con más de catorce de antigüedad de servicio, se enfrentaba a un futuro incierto. Para colmo de males, también en este año perdió a su mujer, Josefa, de cuya muerte no hay detalle alguno, lo que probablemente aumentaría cierta sensación de desamparo. Con la destrucción de la mayoría de la flota de guerra española ya no había sitio para él en la marina y, durante los años siguientes, se vería obligado a vagar por los arsenales de Cádiz sin encontrar en qué emplear el mucho tiempo libre del que disponía. Ello no hubiera sido tan grave si no se le hubiera unido la tremenda penuria económica que también habría de soportar. El rey siempre pagaba tarde, pero, si se tiene en cuenta la bancarrota de la Real Hacienda de aquellos años, sumada a que aquellos marinos no asignados a buque alguno solo tenían derecho a una parte del total de sus sueldos, el cuadro resultante es desolador. No obstante, tampoco conviene exagerar, ya que sus necesidades básicas quedarían cubiertas entre las paredes del cuartel. Lo peor sería la postración moral en la que debió sumirse. Una sensación compartida por el resto de sus compatriotas. De esta triste manera pasaron los años, hasta que el levantamiento popular del dos de mayo de 1808 provocó que la vida de Pablo Morillo diese un giro definitivo.

Antes de llegar a ese punto, es necesario plantear las razones que llevaron a que fuera el pueblo el que tomase en sus manos la responsabilidad de defender su país, tarea tradicionalmente reservada a los militares. Toda explicación debe comenzar con el mal estado del ejército regular de la España de los últimos años del reinado de Carlos IV. A principios de 1808, este se componía de unos 100 000 soldados, cuyo número era inferior a los 150 000 que desplegarían los franceses a partir de agosto de 1808[46]. Por si ello fuera poco, tenía un armamento muy viejo, inservible en algunos casos, escasa disciplina, moral bajísima y tácticas ancladas en el siglo XVIII, totalmente inadecuadas para los nuevos tiempos[47].Para colmo, parte de sus mejores tropas, al mando del marqués de La Romana, habían sido «prestadas» a Napoleón para su invasión de Dinamarca con lo que se encontraban atrapadas a varios miles de kilómetros de la península ibérica[48]. Pese a todo, en la guerra contra el francés, las tropas regulares desempeñarían un papel más importante del que se les ha venido atribuyendo[49].

El factor que sería determinante para que su intervención no fuese todo lo decisiva que hubiera debido ser, sobre todo en los primeros momentos de la invasión francesa, fue el conflicto de legitimidades que se vivió durante estos tiempos iniciales de la contienda. No hay que olvidar que, en teoría, los franceses entraron en España para colaborar en la invasión de Portugal y que esta apariencia de alianza no se rompería hasta el alzamiento popular del dos de mayo de 1808. Un importante fenómeno que surgirá a partir de esta fecha es el de las Juntas, por el que, como señala Vaca de Osma, «ante el vacío de autoridad, los reyes en el destierro, el fracaso del Consejo de Castilla, la subordinación al invasor de muchos jefes, las Juntas se sintieron herederas de la autoridad antigua, apoyadas por el pueblo y representantes de la legitimidad»[50]. Cada reino, cada región, cada comarca, cada ciudad, y casi cada pueblo, se apresuró a nombrar un grupo de entre sus ciudadanos para que se encargasen de organizar la tarea de oponerse al invasor. Lo más urgente era siempre movilizar todos los hombres posibles, y para ello, se crearon unidades, a cuyo frente se nombraba un militar oriundo del pueblo o, en su defecto, a algún civil con pretensión de conocimientos en este campo. El resultado fue una heterogénea amalgama de compañías sin experiencia ni entrenamiento, armadas, en el mejor de los casos, con viejos fusiles. Para colmo de males, cada una de ellas estaba sometida solo a las órdenes de la Junta que la había creado, no reconociendo otra autoridad, con lo que su coordinación se hacía casi imposible. En este caos surgieron unidades en cada rincón del país: migueletes de Tarragona, Gerona, Ampurdán, Granollers, regimientos de Villaviciosa, Laredo, Gijón, Navia, Langreo, Escolares de León, Barbastro, Alarmas Gallegas, Batallón Literario, Milicia Honrada de la Coruña, Calatayud, Huesca, Borja, Jaca, Laroca, Granada, Valencia, Murcia, Madrid, Cuidad Rodrigo, Álava, Navarra,por solo citar unos cuantos. Entre mayo y septiembre de 1808 se registró la formación de 139 regimientos de infantería de línea, 39 de infantería ligera y 11 de caballería (3 de húsares, 5 de cazadores, 3 de dragones)[51]. Si a ello se le suman los grupos de guerrilleros que operaban totalmente por su cuenta, no se puede sino compartir el pesimismo de un militar anónimo que, en 1810, escribía, «con generales sin talento, con oficialidad sin entusiasmo, con paisanos insubordinados, con tropas indisciplinadas hambrientas y desnudas, es locura pensar que se puede resistir por algún tiempo á las falanges aguerridas del tirano»[52].

Dentro de esta efervescencia, la villa de Llerena, en el sureste de la provincia de Badajoz, a medio camino entre Zafra y Córdoba, no fue ajena a esta fiebre movilizadora y sus habitantes formaron una unidad para defender la patria. El 31 de mayo de 1808, se creó el Cuerpo de Infantería Ligera de Cazadores de Llerena, a cuyo frente se puso a don Lorenzo Cebrián, con 850 hombres reclutados a toda prisa[53]. En esta urgencia por encontrar militares con alguna experiencia que pudieran transformar a este grupo de paisanos en algo parecido a una unidad militar apareció el sargento de segunda clase de la Real Infantería de Marina, Pablo Morillo y Morillo.

No se sabe cómo fue a parar Morillo al pueblo de Llerena. En todo caso, a primera vista, parece curioso que un infante de marina se encontrase tan alejado del mar, pero en la armada hacía varios años que ya no había sitio para él, ni para las tripulaciones de los barcos que se habían perdido en la batalla de Trafalgar. En 1808, Morillo ya no era joven. Con treinta y tres años, edad en la que la mayoría de la gente ya ha trazado la ruta principal del resto de su vida, se encontraba solo y sin trabajo. Con más de tres lustros de experiencia militar era uno de los pocos soldados de verdad en medio de los campesinos de los Cazadores de Llerena. Por ello, no es sorprendente que fuera ascendido a subteniente, pero por mucho que Morillo se esforzase en enseñar a sus reclutas, no había materialmente tiempo para hacer de ellos una unidad mínimamente operativa por lo que el estado mayor del general Castaños decidió destinar a los cazadores de Llerena a tareas de apoyo de otras tropas más veteranas.

Batalla de Bailén

En julio de 1808, los franceses controlaban el interior de la península ibérica. En el norte, desde la frontera francesa bajando por el río Ebro hasta Zaragoza, estaban las fuerzas del general Bessières. En Cataluña, entorno a Barcelona, el general Duhesme. Entre Madrid y Valencia, Moncey. Junot cercaba Lisboa y en Madrid, tras haber aplastado el levantamiento popular del dos de mayo, gobernaba Murat. Las fuerzas del general Dupont habían salido desde la capital con instrucciones de dirigirse hacía Cádiz y Gibraltar para ocupar ambos enclaves privando, de este modo, a la flota de guerra inglesa al mando del almirante Collingwood, quien fuera subordinado de Nelson en Trafalgar, de su base principalen tierras españolas. Para llegar hasta allí era necesario pasar por Córdoba por lo que, de camino, tomó la población de Andújar, el 2 de junio de 1808. En Puente Alcolea, a las afueras de Córdoba, se encontró con una fuerza dirigida por Pedro de Echeverri quien al mando de apenas 1400 soldados regulares apoyados por más de 12 000 campesinos armados con palos y horcas, intentó evitar su avance. Poco les costó a los franceses derrotar a esta fuerza y seguir su camino. Cuando llegaron a las puertas de la ciudad salieron a recibirles emisarios de las autoridades locales para ofrecerles la rendición de la ciudad, pero Dupont la rechazó considerando que la acción de Puente Alcolea suponía resistencia armada, por lo que, en aplicación de las leyes de la guerra, le correspondía el derecho a entrar en la ciudad y saquearla[54]. El 7 de junio las tropas francesas entraron en Córdoba y no respetaron a nada ni a nadie. La espléndida catedral, otrora mezquita, y las múltiples iglesias fueron profanadas. Sus tesoros pasaron a las alforjas de soldados y oficiales del ejército francés. Las casas particulares no corrieron mejor suerte y, todo aquel que opuso la menor resistencia, fue, si hombre, asesinado y si mujer, brutalmente violada. Esta barbarie tuvo gran repercusión en el bando español, reafirmando el odio hacia el invasor.

Una vez que Dupont se hubo hecho con el control de Córdoba, empezó a dudar de las posibilidades de cumplir con éxito su misión original. En vano pasaban los días esperando los refuerzos que Murat le había prometido enviar desde Madrid. La situación de Dupont era la más comprometida de todas las tropas francesas en la península ibérica. El propio Napoleón, en unas *Notas sobre la actual situación del ejército en España*, señalaba que «el único punto importante hoy, por lo tanto, es lo que se refiere al general Dupont. Si el enemigo [los españoles] logran conseguir controlar los pasos de Sierra Morena sería muy difícil hacerlos salir de allí. Por lo tanto es necesario reforzar al general Dupont para que cuente al menos con 25 000 hombres»[55]. Pese a que el emperador era consciente del riesgo, su análisis llegaría tarde, ya que estas notas fueron escritas el 21 de julio de 1808, fecha que pasaría a la historia de las guerras napoleónicas.

Volviendo a la situación de Dupont a mediados de junio de este año de 1808: el general francés, cada vez más nervioso ante la ausencia de noticias tanto del enemigo como de sus refuerzos, decidió abandonar Córdoba y volver sobre sus pasos buscando establecer contacto con las tropas que en teoría venían desde la capital del reino. «La comunicación entre Madrid y Francia es importante desde todo punto de vista», escribía Napoleón en el documento que acaba de ser citado, y para mantener abierto el camino Dupont consideró necesario regresar[56].

La ignorancia francesa sobre los movimientos de sus oponentes y la dificultad en sus comunicaciones serían un constante problema para los generales franceses en todas sus campañas en España. Los correos eran asaltados y los mensajes interceptados por partidas de guerrilleros. De este modo, pese a que en el campo de batalla los españoles no solían contar con la ventaja, la llamada batalla por la información sería invariablemente ganada por el bandoy aliado. Por fin, el 27 de junio, los exploradores de las fuerzas de Dupont encontraron la vanguardia de las tropas del general Vedel, quien al mando de 6 000 soldados y 600 jinetes conducía los tan esperados refuerzos.

Mientras tanto, los españoles no permanecían inactivos, al contrario. La Junta de Sevilla había nombrado capitán general de Andalucía y jefe de su ejército al general Francisco Javier Castaños, hasta entonces comandante general del Campo de Gibraltar. Sin perder un minuto, se dispuso a organizar sus fuerzas. Procedió a concentrar sus tropas en Utrera, a menos de 30 kilómetros al sureste de Sevilla, donde se produjo tal avalancha de voluntarios que tuvo que mandar a sus casas a más de 12 000 hombres para quienes no había ni armas ni impedimenta con que equiparlos. Una de las unidades que el general Castaños decidió conservar fue el batallón de Cazadores de Llerena, donde estaba encuadrado el subteniente Pablo Morillo. En Utrera, todos los reclutas fueron instruidos sin descanso y, el día 26 de junio, el general en jefe español les pasó revista. Consideró que si sabían reconocer y obedecer las órdenes más básicas, ya estaban listos para enfrentarse a los franceses.

A finales de junio, Castaños salió de Utrera con su flamante ejército de más de 20 000 hombres. Iba despacio, con todas las precauciones posibles para evitar verse sorprendido por las veteranas tropas francesas. El 3 de julio, el general Teodoro Reding de Bibereg, nacido en Suiza en 1755, que había pasado al servicio de España para luchar contra la invasión napoleónica, partió desde Granada en dirección a Jaén con su división de casi 10 000 hombres, entre los que había algunas tropas también de origen suizo. En Porcuna, a medio camino entre Córdoba y Jaén, las tropas de Reding contactaron con el grueso del ejército de Castaños. Formaron un único cuerpo que tomaría el nombre del Ejército de Andalucía.

El general Dupont, obsesionado con restablecer sus comunicaciones con la capital, decidió mantener el grueso de su ejército en Andújar y ordenó al cuerpo de Vedel que se desplegase más al norte, en el camino entre Córdoba y Madrid, cerca del pueblo de Bailén. Al mismo tiempo, mandó al general Gobert dirigiese hacia La Carolina. El 7 de julio, los franceses estaban divididos en tres cuerpos, el más grande de ellos, con 20 000 hombres al mando del propio Dupont, acampado en las cercanías de Andújar.

Tabla 07.
Orden de batalla de las tropas españolas en la batalla de Bailén

EJÉRCITO DE ANDALUCÍA[57]	
General en jefe Castaños	
1ª división (Reding)	
Infantería (11 regimientos)	8450
Artillería (10 piezas)	370
Total	9720
2.ª división (Coupigny)	
Infantería (10 regimientos)	7230
Caballería (2 regimientos)	520
Artillería (6 piezas)	200
Total	7950
3ª división (Jones)	
Infantería (9 regimientos)	4700
Otros	200
Total	5600
4ª división (La Peña)	
Infantería (8 regimientos)	5560
Caballería (1 regimiento)	540
Artillería (12 piezas)	200
Total	6500
TOTAL	**29 770 hombres, 28 piezas de artillería**

El general Castaños también dividió sus efectivos en tres columnas. La primera, con 12 000 hombres a su mando, salió hacia Andújar. La segunda, con 8000, bajo el mando del marqués de Coupigny, en dirección a Villanueva de la Reina, al sureste de Andújar y la tercera, con casi 10 000, al mando del general Reding, hacia Mengíbar, aún más al sureste. Con esta distribución, los tres cuerpos del ejército español peinaban una zona de más de treinta kilómetros de ancho en busca de la exacta localización del grueso de las tropas de Dupont.

El plan español era que Castaños atacase Andújar, donde el general en jefe estimaba que solo había unos 14 000 franceses en lugar de los 20 000 que efectivamente se encontraban en este lugar. Una vez allí, simularía un ataque frontal permitiendo que las columnas de Coupigny y Reding desbordasen al enemigo hasta envolverlo.

Tal y como estaba previsto, el 14 de julio, Castaños atacó Andújar pero Dupont, en vez de aprovechar su superioridad o quizá movido por el temor a ser desbordado, no contraatacó, sino que procedió a reforzar la posición de Vedel en Bailén con algunas de las tropas de Gobert, a las que ordenó que se dirigiesen hacia allí desde sus posiciones en La Carolina, al noreste en el camino hacia Madrid. El día siguiente Castaños continuaba presionando a Dupont en Andújar. El general francés pidió refuerzos a Vedel, que acababa de llegar a Bailén. Este obedeció la orden sin sospechar que la columna de Reding le amenazaba desde el sur. Poco antes, el propio Reding había efectuado una escaramuza contra Vedel para medir su fuerza. Cuando el general suizo al servicio de España encontró más resistencia de la esperada procedió a replegarse pues sus órdenes eran desbordar a los franceses para cercarles en un movimiento envolvente y si continuaba la lucha con todos sus efectivos no podría cumplir con esta misión para la que la movilidad y la rapidez eran esenciales. Esta retirada fue interpretada por Vedel como falta de fuerza y determinación por lo que, al recibir las órdenes de Dupont de reforzarle, no lo dudo y, considerando suficientemente segura su actual posición, no dejó en Mengíbar, al sur de Bailén, más que un par de batallones al mando del general Ligier-Belair. Error que sería clave para el desenlace de la jornada.

El 16 de julio, tanto el general español marqués de Coupigny, que estaba en Villanueva de la Reina, como el propio Castaños, que se encontraba en Andújar, seguían dirigiendo escaramuzas. Reding se dio cuenta de la debilidad de la posición francesa en Mengíbar y decidió aprovechar la ocasión. De este modo, al mando de sus casi 10 000 hombres aplastó a los 1680 de los dos batallones que Vedel había dejado allí al mando del general Ligier-Belair. Cuando el general Gobert, que estaba acampado en La Carolina, a unos 25 kilómetros al norte de Mengíbar, se dio cuenta del peligro, decidió impedirlo, dirigiéndose hacia allí con las pocas tropas de reserva que le quedaban, pues el gruesohabía sido enviado a Andújar para reforzar a Dupont. Cuando Gobert llegó al lugar de los hechos recibió un tiro de mosquete en la cabeza, y cayó fulminado de su caballo. Su sucesor, el general Dufour, abrumado por la responsabilidad de una acción que no había ordenado, se acobardó y decidió que lo mejor era retirarse de inmediato.

Con esta huida se producía lo que Dupont tanto había temido: el flanco izquierdo francés quedaba rebasado, tal y como se había diseñado en el plan español. Cuando Dupont recibió estas noticias volvió a vacilar y, en lugar de aprovechar su superioridad en Andújar, pues a los 20 000 franceses allí apostados se les oponía una fuerza atacante de poco más de 12 000 españoles de la Tercera División del general Félix Jones y de la Cuarta de Reserva del general Manuel de la Peña, el general en jefe francés dividió sus fuerzas. Mientras él se quedaba en Andújar envió a Vedel hacia Mengíbar para repeler el ataque de Reding. Esta decisión iba directamente en contra de uno de los principios del arte de la guerra de Napoleón, que se basaba en la concentración de fuerzas en un punto parta asegurar la superioridad numérica en todo encuentro con el enemigo[58]. Cuando los franceses llegaron a Mengibar se encontraron con que Reding había decidido retirarse de nuevo hacia el sur para hacerles creer que su número era insuficiente para retener la posición que acababa de conquistar.

Al llegar las tropas francesas a las inmediaciones de Bailén, comprobaron que el general Dufour, sucesor del fallecido general Gobert, se había retirado con sus hombres hacia el norte, hacia La Carolina, de donde había recibido noticias de que una columna española estaba ocupando la población, con lo que parecía consumarse el tan temido corte de las comunicaciones con Madrid.

Esta fue otra de las exitosas estratagemas del general Castaños. Mientras Reding seguía al sur, descansando sus tropas, el general en jefe español había enviado apenas unos centenares de sus reclutas más bisoños, con la intención de hacer creer al enemigo que hacia allí se dirigía el grueso de la división de Reding. El engaño funcionó a la perfección y, cuando Vedel se dio cuenta, ya estaban en las cercanías de La Carolina, a más de 30 kilómetros al norte de Mengíbar. En ese momento, era ya el 18 de julio, Dupont ordenó a sus tropas que regresasen sobre sus pasos para evitar, esta vez de verdad, el tan temido flanqueo, pero los franceses estaban exhaustos, hacía ya varios días que no hacían sino marchar de un lado a otro por las escarpadas estribaciones de Sierra Morena, soportando un calor con temperaturas superiores a los 40° grados a la sombra. Además ya era tarde, pues el día anterior la Primera División de Reding había conseguido contactar con la Segunda del general Coupigny y avanzaba a toda marcha sobre Bailén, población que ocupó sin mayores problemas.

Así estaban las cosas cuando llegó el 19 de julio. Dupont, al no ver señales de Vedel, decidió abandonar su posición en Andújar, que ahora sí estaba demasiado expuesta al flanqueo, procediendo a retirarse sobre el camino de Sevilla a Madrid.

Reding fue rápidamente informado del repliegue francés y, para hacerle frente, situó su división y la de Coupigny en las cercanías de Bailén, a la derecha del camino por el que habían de pasar los franceses. Junto a él, sobre unas lomas, colocó su artillería. Cuando el general Chabert, quien mandaba la vanguardia francesa, llegó a la zona, comprendió de inmediato el peligro. Despachó urgentemente un mensajero para avisar a Dupont y se dispuso a atacar los cañones españoles, pero los servidores de las 16 piezas barrieron con metralla las densas columnas francesas, que tuvieron que batirse en retirada.

Pocas horas más tarde, llegó el propio Dupont quien montó en cólera al oír el informe del general Chabert. Sin esperar a reunirse con el grueso de sus tropas, decidió volver a atacar en ese mismo momento solo con la división de Chabert, que acababa de ser rechazada, y la poca caballería que le había acompañado. Los artilleros españoles volvieron a hacer escupir metralla de sus cañones, provocando una nueva desbandada de las líneas francesas. Tras este fracaso, Dupont comprendió que necesitaría refuerzos para poder abrirse camino, para lo que tendría que esperar varias horas a que llegase toda su infantería, su artillería y el resto de su caballería. Cuando hubo reunido a sus hombres, y sin darles descanso alguno tras una agotadora marcha de más de 30 kilómetros, ordenó un nuevo ataque.

Ante el empuje francés los españoles se defendieron concentrando de nuevo su eficaz fuego artillero. En esta ocasión el propio general español, marqués de Coupigny, jefe de la Segunda División, se vio envuelto en la refriega acompañado por uno de sus ayudantes de campo, un joven capitán agregado al regimiento de caballería Borbón, que más tarde sería el padre de varias naciones americanas: José de San Martín[59]. Nacido en 1777 en la localidad de Yapeyú, en Misiones, en el Virreinato de Buenos Aires, creado justo un año antes, en 1784, se había trasladado a España, donde en Málaga, había ingresado como cadete en el regimiento de infantería Murcia.

En esta ocasión, el brío de los franceses, sobre todo el de coraceros y dragones del general Privé, se impuso a las tropas españolas,

Tabla 08.
Orden de batalla de las tropas francesas en la batalla de Bailén

EJÉRCITO FRANCÉS[60]	
General en jefe Dupont	
División Barbou	
4.ª Legión de reserva (Chabert)	2300
4.º Rgto. Suizo	500
Marinos de la Guardia Imperial	500
Dos rgtos. suizos (Schramm)	1300
3.ª Legión de reserva (Pannetier)	1600
Guardia de París	1000
Artillería	300
Total	7500
Caballería (Dupré)	
1.º Rgto. Provisional de cazadores	510
2.º Rgto. Prov. cazadores (Privé)	580
1.º Rgto. Prov. de dragones	720
2.º Rgto. Prov. de dragones	640
2.º Rgto. Prov. de coraceros	300
Total	2750
TOTAL	**10 250 hombres, con 18 cañones**

que se vieron obligadas a retroceder, lo que hicieron en buen orden. No obstante, el tiempo que los franceses habían empleado en atacar a la infantería española fue bien aprovechado por la artillería, que siguió abriendo fuego sin descanso. Cuando los franceses pudieron volverse hacia la artillería aparecieron los regimientos de caballería Farnesio y Borbón, en un desesperado intento de salvar el arma que tan buenos resultados les estaba dando, pero fue en vano, pues fueron rápidamente dispersados por la caballería pesada de los coraceros de Privé. En ese momento parecía que ya nada podía salvar la artillería española del asalto de la caballería francesa, pero las dotaciones de los cañones lograron resistir hasta que algunos escuadrones de caballería supervivientes de Farnesio y Borbón pudieron rehacerse y atacar de nuevo a la caballería francesa. Con ello quedaba a salvo la artillería española, que había jugado un papel vital. Prueba de su eficacia es que «de las dieciocho piezas que tenía Dupont, catorce habían sido desmontadas por la artillería española»[61].

Aquí es donde la leyenda hace su aparición. Las imágenes míticas son algo común en toda la tradición militar desde la aparición de Santiago montando su caballo blanco, matando moros en la batalla de Clavijo en 844, y Bailén no habría de ser una excepción. En 1808 no hay intervención sobrenatural de la mano de un santo pero la imagen de todo un pueblo en lucha encontraría su expresión en la figura de los Lanceros de Jerez, más conocidos como los Garrochistas de Bailén. Éstos habían jugado cierto papel durante los combates del día 14 de julio, pero solo hasta que la infantería francesa tuvo tiempo para formarse en cuadro, momento a partir del cual sus ataques se estrellaron contra el muro de sus bayonetas y el fuego de mosquetes. Durante la primera parte de la batalla de Bailén, habían realizado algunas cargas para repeler el ataque de 120 coraceros franceses al mando del capitán Vernery. Al principio todo fue bien, «el terreno, de todos modos, no era muy apto para complicadas maniobras y amplios despliegues [...] terreno de olivar que favorece el regate corto. Ideal para el caballo campero. Difícil para los coraceros», pero una vez que entraron en campo abierto las cosas fueron bien diferentes[62]. «Unos lanceros que venían vestidos de paisano [...], tuvieron tal choque que de los lanceros no quedaron ni la cuarta parte»[63]. Además en el fragor de la batalla cometieron el error de dejarse llevar por el ímpetu y «se cebaron tanto en perseguir a los franceses que llegaron hasta el grueso de su ejército, atravesando todos los olivares, con pérdida de más de tres partes de su fuerza»[64]. Una vez más en la historia de la caballería, este arma encuentra el desastre cuando se olvida de que su principal misión en el campo de batalla es explorar y perseguir a un enemigo ya en desbandada y, que cuando se obstina en atacar a una infantería bien formada, tiene todas las de perder[65]. Así le pasaría a los coraceros franceses cuando quisieron romper los cuadros de la infantería inglesa en Waterloo[66], o a la *Union Brigade* al rebasar las posiciones de la artillería enemiga en esta misma batalla[67]. De hecho casi podría argumentarse que, durante las guerras napoleónicas, la caballería no vencía a la infantería sino únicamente cuando la propia infantería había sido ya derrotada, bien por otros infantes, bien por la artillería o por ella misma al no mantener la disciplina o al flaquearle el valor o la determinación[68].

En realidad la leyenda de los garrochistas es la expresión de la necesidad de un pueblo de verse a sí mismo como actor principal de su historia. Los Lanceros de Jerez, una formación de apenas 100 hombres de humilde extracción, expertos jinetes, duchos en el manejo de la pica o garrocha con la que en el campo aún hoy lancean jabalíes en las llanuras de Andalucía, no podía enfrentarse a los franceses. La maestría ecuestre que requiere el acecho a caballo del jabalí es algo que solo puede entenderse cuando se ha contemplado cómo en las madrugadas y atardeceres en las inmediaciones del Parque Nacional de Doñana los garrochistas acechan a estos feroces animales, pero por mucha saña que demuestren estas bestias no es comparable a la fiereza y desesperación con la que se puede revolver un soldado enemigo. Y esta fue una lección que muchos pagaron con sus vidas. Sin embargo, no importaba, pues para la imaginación popular eran el símbolo de una nación que derrotaba al mejor ejército de Europa. Años más tarde veremos cómo en la guerra de independencia americana el pueblo también escogería unos lanceros como símbolo de su lucha desigual y desesperada, los lanceros de la batalla del Pantano de Vargas, el 25 de julio de 1819[69].

A las once de la mañana de este 19 de julio de 1808 parecía que las fuerzas de ambos contendientes estaban a punto de agotarse. Gran parte de los que se encontraban en el campo de batalla llevaban más de seis horas luchando bajo un sol de justicia. Cada bando pensaba que su situación era la peor. Los españoles envidiaban a sus oponentes porque en las posiciones de estos últimos había unos cuantos olivares que les daban una sombra que ellos no tenían al estar en una zona de rastrojos. Los franceses envidiaban a los españoles por poder disponer de algo de agua con la que refrescarse no solo del ardiente sol de la jornada, sino de la sed que da el tener que morder los cartuchos de pólvora. Pérez Galdós, en su episodio nacional *Bailén*, pone en boca de uno de sus personajes,

> ... el calor principiaba a dejarse sentir con mucha fuerza, sentíamos ya a la espalda aquel fuego que más tarde habría de hacernos el efecto de tener por médula espinal una barra de metal fundido[...] Pero este malestar era insignificante con otro que desde la mañana principió a atormentarnos, la sed, que todo lo destruye, alma y cuerpo, infundiendo una rabia inútil para la guerra, porque no se sacia matando

> [...] De Bailén salían en bandadas multitud de mujeres con cántaros de agua para refrescarnos [...] Más de una vez, aquellas valerosas mujeres se expusieron al fuego, penetrando en sitios de mayor peligro, y llevando sus alcazarras a los artilleros del centro[70].

Entre estas mujeres de las que habla Galdós se destacó una campesina de nombre María Bellido, de la que la tradición cuenta que en el momento en que estaba ofreciendo un cántaro lleno de agua al propio general Reding un disparo de mosquete desde las líneas francesas lo rompió. Ella, sin inmutarse, recogió el poco líquido que quedaba en el fondo[71]. Sea verdad o mera ficción, lo relevante de la anécdota es que refleja el apoyo de la población local con el que siempre contaron las tropas españolas y aliadas.

A estas alturas, Dupont era ya plenamente consciente de la imposibilidad de obtener una victoria, por lo que decidió que, al menos, intentaría salvar el día abriéndose paso a toda costa hacia Madrid. Reunió tres batallones al mando de Pannetier a los que agregó el de marinos de la Guardia Imperial. Puede parecer curioso que en una batalla como Bailén, a cientos de kilómetros de la costa se encuentre una unidad de marinos pero la cosa tiene su explicación. Para que la marina francesa participase también del honor de proteger al emperador, se decidió crear una unidad de marina de la Guardia Imperial, que contaba con una organización especial, uniforme distintivo y mantenía los grados de la armada frente a los del ejército del resto de la guardia. Vestían completamente de azul oscuro y llevaban un sable de abordaje pesado para asestar con él temibles golpes a sus adversarios[72]. Al ser parte de la Guardia Imperial eran considerados una de las pocas unidades de élite de las que disponía Dupont. Mandados por el capitán de navío Daugier los marinos de la guardia ya había olvidado la alegría con la que entraron en España, cuando cantaban a coro mientras recorrían el entonces pacífico paisaje[73]. Pero la guardia era la guardia, y su prestigio y espíritu de cuerpo les daba fuerzas para obedecer una orden que, si daba resultado, salvaría los restos del otrora orgulloso ejército francés. Los tambores tocaron el ya famoso en toda Europa *pas de charge* que imponía una rápida marcha. Entre gritos de «¡*Vive l'empereur*!» provenientes de 500 gargantas resecas por la sed del calor y la pólvora los marinos de la Guardia Imperial avanzaron.

Fue en vano. La artillería española volvió a vomitar fuego y por mucho que los sargentos se desgañitasen: «¡*Serrez la cologne*!» (¡Cierren filas!) los marinos fueron cayendo uno tras otro[74]. Más de un tercio no llegó a ver amanecer el día siguiente. Cuando Dupont comprobó que ni siquiera la Guardia Imperial era capaz de sacarle del apuro, se dio cuenta de que ya todo estaba perdido. El uso de la Guardia Imperial como último recurso no es algo original de Dupont, era el procedimiento establecido para salir de las situaciones críticas, y cuando el resto de los soldados franceses vieron que la guardia se retiraba, se desplomó la poca moral de combate que les quedaba. Lo mismo pasaría algunos años más tarde al propio Napoleón. Cuando, al final del 18 de junio de 1815, se oyó el grito asombrado de «¡*La garde recule*!» («¡La guardia retrocede!»), todos supieron que Napoleón había sido vencido en Waterloo[75].

No acabarían aquí las desdichas del general en jefe francés. Justo en el momento en que tomaba conciencia de la magnitud del desastre, pudo contemplar cómo dos grandes manchas rojas salían de sus filas arrojando las armas y se abrazaban con las unidades mandadas por el general Reding. Eran los suizos al servicio de Francia, cuyas casacas de color rojo contrastaban con el azul oscuro de la infantería de línea francesa[76]. En el fragor de la batalla y sin ninguna esperanza de salir victoriosos, habían identificado al regimiento de la Primera División española de casacas azules de forro encarnado[76] como compatriotas suyos.

Antes de tomar la decisión de rendirse, Dupont miraría ansiosamente hacia el noreste para ver si aparecía, por milagro o casualidad, algún rastro de las tropas del general Vedel. Cuando se convenció de que la espera era inútil mandó un ayudante para que, bajo bandera blanca, se entrevistase con Reding. El general suizo-español despachó un correo de inmediato comunicándole la noticia a Castaños. La prisa no era gratuita, ya que los vencedores también eran conscientes del peligro que representaría el arribo de las tropas de Vedel. De hecho, en ese momento el general francés se dirigía hacia Bailén, por lo que lo siguiente que ordenó Reding fue que, bajo su mando, parte de las tropas se desplazasen en dirección hacia La Carolina. Justo a las cinco de la tarde, cuando las tropas españolas apenas si estaban disponiéndose a salir hacia el norte, se encontraron con la amenazadora vista de los hombres de Vedel quien, sin darse un minuto de descanso, se disponía a atacar. El ímpetu francés solo fue brevemente contenido por la visión de un enviado del propio Reding portando la noticia de la capitulación del general en jefe francés. Pese a ello, Vedel decidió seguir con su avance, que no se detuvo hasta recibir orden por escrito del mismo Dupont en la que le conminaba a rendirse. En honor a la verdad hay que reconocer que Dupont dio esta orden ante la amenaza de Castaños de que pasaría a cuchillo a todos los prisioneros franceses si no era capaz de detener el ataque de Vedel.

Una vez se hubo aclarado el humo de la pólvora y el de los incendios provocados por el fuego de mosquetes y cañones se pudo contemplar la dimensión de la victoria española. En el campo quedaban los cadáveres de más de 2000 soldados franceses y, al menos, cuatro veces más heridos, mientras que por parte española apenas si hubo 243 muertos, entre ellos diez jefes y oficiales, y solo 735 heridos.

El 22 de julio, tras dos días de negociaciones, se llegó al acuerdo de que las divisiones que habían participado en la batalla serían hechas prisioneras mientras que las tropas de Vedel evacuarían Andalucía, yendo hacia San Lúcar de Barrameda, en la costa, para ser trasladados al puerto francés de Rochefort. Todo estaba listo, pero faltaba la «foto». Ninguna batalla, coronación u acto oficial resulta completo hasta que queda constancia gráfica. Evidentemente no había placa fotográfica que impresionar, pero sí era necesario un acto final que sellase formalmente la rendición francesa y que pudiera servir de inspiración para que los pintores oficiales plasmaran este «glorioso instante» en sus lienzos. Llegó cuando los derrotados franceses, con Dupont a la cabeza, hubieron de depositar sus armas y banderas a los pies de los españoles y desfilar frente a las banderas de las unidades victoriosas. Para culminarlo todo, el general vencido entregó su espada a Castaños. La ansiada «foto», sin la cual los libros de texto escolares quedarían sin imagen, llegaría algunos años más tarde, cuando en la primavera de 1863 el pintor español José Casado del Alisal, realizó un cuadro de enormes dimensiones en el que con una evidente influencia de *La rendición de Breda*, de Velázquez, pero también de Gros y Gerard, reflejó el momento para la posteridad[77]. Falsa, como ha de ser toda pintura histórica que se precie, muestra a Dupont en actitud seria y digna con los brazos abiertos y a Castaños saludando con gesto respetuoso al enemigo vencido.

La realidad es que la victoria de Bailén supuso una sorpresa para todos, el primero Castaños. Cuenta la anécdota que cuando Dupont le entregaba su espada le dijo:

—General, bien puede estar orgulloso de este día; es especialmente destacable pues nunca he perdido una batalla campal hasta ahora. Yo que he estado en más de veinte.

A lo que Castaños le respondió inspirado:

—Es aún más destacable porque yo mismo no he estado en ninguna en mi vida[78].

Tanta galantería y caballerosidad no se terminaría correspondiendo con lo que sucedería más tarde, pues los términos de la capitulación francesa fueron totalmente incumplidos por parte española. Los ánimos estaban muy caldeados. La leyenda cuenta que cuando los franceses iban a ser embarcados, de una de sus mochilas cayó un cáliz de una de las iglesias saqueadas en Córdoba, lo que desató una reacción popular que hizo imposible cumplir con su acordado traslado a Francia. Sin embrago, la verdad es otra. Por una parte, el almirante inglés Collingwood, jefe de la flota inglesa estacionada en Gibraltar y que debía ser quien les llevase a su destino, se negó en redondo hasta tener órdenes en ese sentido por parte de su Gobierno. Por otra, la Junta Suprema de Cádiz tampoco estaba por la labor y quitó toda validez al compromiso adquirido por Castaños. Al final, mientras que jefes y oficiales fueron efectivamente repatriados, más de 20 000 prisioneros de guerra franceses fueron deportados a la pequeña isla de La Cabrera, cerca de Mallorca, donde permanecieron hasta el final de la guerra. Para vergüenza de las autoridades españolas, la cosa no quedó aquí. En La Cabrera no se les dio ni comida ni atención suficiente, por lo que cuando terminó la guerra, en 1814, apenas si quedaban con vida poco más de la mitad[79]. El resto había sucumbido al hambre y las enfermedades[80].

Pese a que Bailén fue la primera batalla terrestre en la que estuvo Morillo, fue muy poca la acción directa en la que participó, ya que su unidad, los Cazadores de Llerena, había sido asignada directamente al general en jefe del ejército español, Castaños. Es muy dudoso que el subteniente de infantería tuviese la más mínima ocasión de poder llamar la atención de Castaños, pero el simple hecho de haber estado junto al jefe español en esta ocasión sería un hecho que Morillo no dejaría de recordar una y otra vez. Varios años más tarde, cuando ya había alcanzado el grado de general le escribiría diciendo: «V. E. se dignó a redimirme a la verdad pues extrayéndome de marina en la villa de Utrera al organizarse las tropas que se disponían a la gloriosa batalla de Bailén, conseguí el gran apoyo de la fortuna que disfruto; y por lo tanto no puedo menos de dar a V. E. infinitísimas gracias, ofreciéndole todos mis esfuerzos para probar en parte mi justo reconocimiento á tantos beneficios»[81].

Bailén merece su lugar privilegiado en la historia de la Guerra de la Independencia no solamente por el hecho de ser una victoria española frente a los invasores, sino porque esta fue la primera vez que las tropas de Napoleón eran humilladas en tal manera. El hábil y pacientemente construido mito de la invencibilidad francesa ya no podía sostenerse. Si bien es cierto que Napoleón estaba a miles de kilómetros de distancia y que comparada con las acciones de Friedland, Jena, o Austerlitz, la batalla de Bailén apenas si merecería poco más que una nota al pie de página, sus repercusiones fueron enormes.

El propio emperador francés, cuando supo de lo ocurrido en Andalucía, estalló en cólera: «¿Acaso ha habido alguna vez, desde el principio del mundo, alguna ocasión tan estúpida, cobarde e idiota? La pérdida de veinte mil de mis mejores hombres, que han desaparecido sin ni siquiera haber inflingido ninguna pérdida seria al enemigo, sin duda tendrá el peor efecto en los españoles»[82]. Si bien considerar que los hombres de Dupont estaban entre los mejores con los que contaban las armas francesas es pura y simplemente una exageración, no lo es lo dicho sobre el impacto que tendría en España.

A corto plazo, Bailén produjo la inmediata salida del rey José Bonaparte de Madrid y el repliegue de las fuerzas invasoras hasta el Ebro. Una explosión de gozo popular recorrió las ciudades y los pueblos, pero este júbilo terminaría acarreando perversas consecuencias. La primera fue lo que Palacio Atard denomina el «espejismo del éxito», pues todos «creyeron engañosamente que estaban en condiciones de competir de tú a tú en el campo de batalla con Napoleón»[83]. Y, en vez de reforzar su mal armado y peor entrenado ejército, simplemente se sentaron a esperar la próxima ocasión en que el león hispano devoraría al águila francesa. La segunda fue que habían despertado de su engaño al «ogro de Córcega» quien, desde ese momento, decidió tomar el asunto directamente en sus manos, con lo que el inmediato destino de España, quedaría sellado.

Las campanas que doblaron en todas las iglesias españolas conmemorando el triunfo también fueron escuchadas fuera de sus fronteras y los ecos de la victoria sirvieron para despertar resistencias que, hasta ese momento, apenas si se desperezaban. En Alemania se comparaba a los generales españoles con Arminio (líder teutónico que borró del mapa a varias legiones romanas en el año 9 de nuestra era). En Prusia se empezó a oír que no había razón por la que ellos no fuesen también capaces de seguir el ejemplo de los españoles. En Austria los partidarios de la resistencia soñaban con un levantamiento popular al «estilo español» en el recién perdido Tirol[84].

3. GUERRILLA EN EXTREMADURA (agosto 1808 - enero 1809)

NO HAY CONSTANCIA DE las acciones del subteniente Morillo inmediatamente después de la batalla de Bailén, pero sí se sabe que pocos meses más tarde estaba al mando de una partida de hombres hostigando al enemigo cerca de Yelbes, pequeño pueblo al noroeste de Medellín, en Extremadura, en cuyos alrededores tuvo un pequeño enfrentamiento con los franceses. Pudo arrebatarles, en el lenguaje de la época, «varios bagajes con municiones de boca y guerra»[85]. Más tarde, recibió órdenes de reunir y detener desertores logrando reunir una fuerza de más de 300 hombres en el camino entre Madrid y Somosierra[86]. Tras ello se presentó al general Vázquez Somoza quien, parece ser, le nombró su ayudante de campo. En las cercanías de Almaraz, provincia de Cáceres, realizó labores de reconocimiento, recolectando información sobre los movimientos enemigos. El 18 de diciembre encontraría el primero de los muchos puentes que serían importantes en su vida como militar: el puente de Almaraz, sobre el Tajo. Allí tuvo lugar la primera acción de guerra que dirigió personalmente. No fue gran cosa, apenas un breve choque entre unos pocos centenares de soldados y paisanos contra un escuadrón de caballería francesa que se había rezagado de la fuerza principal. Los temibles «cabezas de oro», como eran conocidos los dragones franceses por el brillo de sus cascos, fueron rechazados por la partida encabezada por Morillo. En cuanto a los detalles, varían según la fuente que se consulte. Mientras que su hoja de servicios menciona 150 enemigos a los que les ocasiona 3 muertos y 9 heridos, el propio Morillo habla de solo 80 jinetes y apenas 2 muertos y un único herido[87]. Lo relevante aquí es que el protagonista de la acción, lejos de exagerar sus acciones, da una versión más modesta que la del propio parte oficial. Ello es de suprema relevancia para conocer el carácter de Morillo, preocupado por cumplir con su deber, que si bien no renuncia a que se reconozcan sus méritos, lo hace sin recurrir a exageraciones.

Al día siguiente, 19 de diciembre de 1808, volvieron a atacar los franceses, siendo nuevamente rechazados. En esta acción el mismo Morillo logró apresar a un sargento mayor de ingenieros y se hizo con un paquete de proclamas destinadas a la población. Durante la ocupación francesa de España la guerra psicológica fue un instrumento ampliamente utilizado por ambos bandos. Los invasores pretendían atraerse a la «gente de orden» para asegurar su control sobre las tierras conquistadas. Una guerra psicológica que empezó desde el mismo momento de la entrada de las tropas napoleónicas. España se cubrió de proclamas y pasquines que buscaban el sometimiento pacífico y voluntario de los españoles utilizando el halago, la amenaza o una mezcla de ambos. Un ejemplo perfecto de este uso simultáneo del palo y la zanahoria es la proclama que el propio Napoleón realizó, el 7 de diciembre de 1808, desde su cuartel general en Madrid,

> Españoles, habéis sido traicionados por hombres pérfidos que os han enredado en una lucha insensata [...] ¡Rechazad los venenos que los ingleses han extendido entre vosotros! [...] Si todos mis esfuerzos son inútiles y no respondéis a mi confianza, no me quedará más remedio que trataros como a provincias conquistadas y dar a mi hermano otro trono. En ese caso, yo mismo ceñiré la corona de España sobre mi cabeza y me sabré hacer respetar por los malvados...[88]

Tras la acción del puente de Almaraz, Morillo se dirigió hacia el sur, a las inmediaciones de Aldeacentenera, al noreste de Trujillo, donde, el 24 de diciembre, volvió a combatir al enemigo en el pueblo de Puente del Conde, causándole 17 bajas. Tras este encuentro, volvió al norte y, en las cercanías de Puente del Arzobispo, se vio sobrepasado por un destacamento francés, por lo que hubo de retirarse al pueblo de Logrosán.

Allí reunió 300 hombres con los que se puso en marcha de nuevo hacia Almaraz. No encontrando enemigo contra quien medirse, no dudó en dejar el uniforme para, de paisano, recorrer los campos en busca de noticias sobre el paradero del enemigo. De este modo llegó hasta el pueblo de Romangordo, cerca del puente de Almaraz, casi en las orillas del río Tajo, donde encontró más de doscientos franceses. Rápidamente ordenó a Antonio Puy, su segundo, dar un rodeo para intentar sorprender al enemigo por la espalda, pero la estratagema no dio resultado y los invasores continuaron su camino hacia el oeste. Viendo que poco le quedaba allí por hacer, se dirigió a Trujillo, a unos treinta kilómetros al sur, donde volvió a encontrarse con el general Vázquez Somoza, que le envió aún más al sur, a Villanueva de la Serena. Cuando se disponía a marchar, recibió noticias del escribano del pueblo de Torrecilla en las que le comunicaba que se había visto una gran concentración de tropas enemigas en el Puente de Almaraz. De ser cierto, el asunto era grave, pues podía tratarse del grueso del cuerpo de ejército francés al que Morillo buscaba desde hacía tiempo. Pidió permiso a la Junta de Trujillo y hacia allí se fue. Cuando llegó pudo comprobar que, efectivamente, había rastros de su paso. Mandó avisar a todos los pueblos cercanos del peligro y continuó con la búsqueda. En Belvis de Monroy, a orillas del Tajo, unos paisanos le dijeron que habían visto al enemigo en Navalmoral de la Mata, al norte, en el camino entre Madrid y Trujillo. Decidió acercarse con cautela y divisó un pequeño destacamento al que pensó sería fácil sorprender. Así lo hizo, logró matar a tres soldados franceses, pero no todo salió bien. Un gran número de hombres de la partida bajo su mando eran paisanos recién reclutados que nunca se habían enfrentado el fuego enemigo y, muchos de ellos, salieron corriendo al oír los primeros disparos, lo que casi le costó la derrota. Los días siguientes los tuvo que pasar vagando por el campo en busca de sus hombres.

En este tipo de guerra, el mando no es como en el ejército regular, donde la disciplina se da por sentada. En una partida de voluntarios, las órdenes solo son obedecidas mientras los subordinados quieren y, por ello, no valen las amenazas. En esta situación los únicos instrumentos del jefe son la persuasión y el ejemplo personal. En la Guerra de la Independencia española, la mayor parte del trabajo lo llevaron sobre sus espaldas hombres corrientes que decidieron salir de sus casas para defender a su país. Para mantener la cohesión entre estos hombres, el jefe debía ser el primero en afrontar los peligros, el primero a la hora de avanzar, el primero en despertarse, y el último en comer y acostarse. Tenía que demostrar constantemente a sus hombres que nunca ordenaba nada que él mismo no pudiera llevar a cabo y nunca jamás debía dar una orden que no estuviera absolutamente seguro de que se fuese a cumplir. Era importante mantener una moral de victoria y Morillo, al que no le quedaba más remedio que ir aprendiendo sobre la marcha, «consiguió a fuerza de persuasiones» convencer a sus hombres para que volviesen a enfrentarse al enemigo[89].

La guerra en España iba a ser muy distinta de aquellas a las que estaban acostumbrados los franceses. Si bien gran parte de las tropas francesas que hasta este momento había en España eran bisoños reclutas con poca experiencia real de combate, el ejército francés, como tal, era una maquina muy bien engrasada[90]. Mientras que en Alemania bastaba con un soldado francés para imponer su ley a todo un pueblo, en España los invasores solo podían considerarse dueños de la tierra que pisaban[91].

Desde Belvis de Monroi Morillo persiguió al enemigo durante más de cuatro leguas, alcanzándole entre Calzada y Oropesa, en la actual provincia de Toledo, donde, tras un breve combate, apresó a veintinueve soldados haciéndose también con una «caxa de guerra» cuyo contenido entregó a sus superiores[92]. Poco tiempo después, el 4 de enero de 1809, volvió a entrar en acción en las cercanías de Calzada de Oropesa, Toledo, donde atacó a treinta y siete soldados franceses, matando a cinco y apresando a veintinueve. No obstante, por muy llamativas que pudieran ser las acciones que hasta este momento había llevado a cabo el subteniente Morillo, no sería ninguna de estas la que atraería la atención de sus superiores[93].

A finales de 1808 la situación de las tropas españolas era calamitosa. El impulso inicial conseguido tras la victoria de Bailén había quedado disuelto en un mar de rivalidades entre las distintas Juntas Provinciales que se traducía en una descoordinación total entre las acciones de los distintos cuerpos de ejército. Los hombres estaban mal armados, mal equipados, mal mandados y con la moral por los suelos. En ese caldo de cultivo no era raro que prendiese la mecha de la indisciplina. Así sucedió, cuando el 7 de diciembre, el Ejército de Extremadura se amotinó al grito de «¡Mueran los traidores!». La situación pareció irreversible cuando mataron a su general, Benito de San Juan[94]. Entonces fue cuando Morillo tuvo ocasión de poner de manifiesto sus dotes de liderazgo. Cuenta Gómez de Arteche que, «haciendo un llamamiento al honor militar y despertando el instinto propio de la salvación en los amotinados, consiguió que se reunieran [...] devolvió la confianza a las tropas y la autoridad a los oficiales»[94]. Tras este incidente, los mandos militares se dieron cuenta de que en Morillo había algo más que un hábil líder de partidas, que tenía auténtica madera de oficial. Dicho de otro modo, lo que les llamó la atención no fue su capacidad como guerrero, sino su habilidad para mantener la disciplina de sus tropas. En palabras del conde Mauricio de Sajonia, general al servicio de Francia, vencedor de la batalla de Fontenoy (1741), «después de la organización de sus tropas, la disciplina militar es el primer asunto que se presenta. Es el alma de los ejércitos [...] Sin ella, regimientos y ejércitos solo serían despreciables y viles turbas armadas, más peligrosas para su propio país que para el enemigo»[95].

Fue de este modo, con el despliegue de las cualidades necesarias para mantener la disciplina, la manera en que realmente empezó la meteórica carrera militar de Pablo Morillo y Morillo, y, como presagio de la rapidez con que iría escalando puestos, fue ascendido, de un golpe, a capitán. Si bien en su hoja de servicios consta que fue nombrado teniente el 20 de diciembre de 1808, la realidad es que esta fecha solo es válida a efectos de computar su tiempo de servicio, pues la Junta de Sevilla, el 24 de enero de 1809, le ascendió a capitán directamente desde su rango de subteniente[96]. No deja de ser una ironía que para pasar de infante de marina a sargento segundo tuviese que servir en la armada por más de seis años y medio, mientras que en el ejército le bastaron siete meses y veinte días para llegar a capitán. Aunque tampoco es tan raro; no hay nada como una guerra para que se mueva el escalafón militar.

Capítulo 4

EL CORONEL MORILLO. CAMPAÑA DE GALICIA

(enero 1809 - febrero 1810)

1. Situación de Galicia. El batallón Voluntarios de España

El flamante capitán Morillo fue asignado al batallón de infantería ligera Tiradores Voluntarios de España, creado el 15 de septiembre de 1808 con los restos de otras unidades a los que se le sumaron algunos voluntarios que habían llegado a Sevilla. Con un total de 800 hombres, entre soldados y oficiales, estaba al mando del coronel Juan Morphi[1]. Pese a que Morillo estuvo relativamente poco tiempo asignado a los Voluntarios de España, tendría ocasión de aprender sobre las especiales características de este tipo de tropas.

En los ejércitos de las guerras napoleónicas, la infantería se dividía en dos tipos: de línea y ligera. Los primeros formaban el grueso de cada cuerpo de ejército, los segundos realizaban labores de avanzada y escaramuza. Entre los primeros, los granaderos eran la élite encargada de las misiones más arriesgadas. Según este esquema, las compactas líneas, columnas y cuadros estaban formados por fusileros y granaderos de infantería de línea, que representaban el modo tradicional de hacer la guerra. Por su parte, la infantería ligera, en lugar de permanecer agrupada como las unidades tradicionales, se dispersaba en pequeños grupos, aprovechando el terreno para ocultarse y disparar al enemigo con la principal intención de romper su moral. Es más, para acrecentar este efecto elegían como blancos preferentes a los oficiales enemigos buscando aumentar el desconcierto. Este modo tan poco «caballeroso» y, en gran medida, moderno de pelear provocó que las reglas tradicionales de la guerra acabasen no siendo aplicables a la infantería ligera.

En la infantería de línea se premiaba la disciplina sin más, pues de este modo el soldado no tiene que pensar, solo limitarse a obedecer y su individualidad e iniciativa quedan anulados. Por el contrario, en las unidades de infantería ligera, al tener que enfrentarse al enemigo en pequeños grupos, la disciplina debía ser impuesta de otro modo ya que los soldados no estaban siempre bajo la inmediata supervisión de un superior. Además, en este caso la iniciativa cobra un papel muy relevante ya que de ella dependía, en no poca medida, su eficacia y su propia supervivencia.

No obstante esta descripción teórica, la cosa no era tan clara en la práctica y el uso concreto de cada tipo de unidades dependía también de las tradiciones de cada país y de las preferencias de cada general. El ejército británico empleaba sus compañías ligeras en tareas de hostigamiento al enemigo desplegando sus hombres en parejas. En este tipo de combate estaban las unidades de *Rifles*, así llamadas por estar dotadas de este arma quedando el mosquete para el resto de la infantería. La diferencia entre el rifle y el mosquete era importante. Mientras que el primero tenía el ánima estriada en el segundo era lisa; eso permitía que el rifle tuviera un alcance y precisión mayores pero, al mismo tiempo, exigía de más tiempo para su carga reduciendo, por lo tanto, la cadencia de tiro. La complejidad del manejo del rifle exigía de un mayor entrenamiento lo que limitaría su uso a tropas, en cierta medida, de élite. Entre los franceses, la infantería de línea y la ligera tenían diferencias similares, y las tareas de hostigamiento se reservaban para los denominados *voltigeurs*[2]. Lo mismo pasaba en el ejército español, donde ese papel lo realizaban los cazadores o tiradores.

El 18 de febrero de 1809, Morillo recibió instrucciones de abandonar el regimiento de Tiradores Voluntarios de España y marchar a Galicia en misión especial. La Junta Suprema estaba muy preocupada por la situación allí, y no sin razón. Apenas un mes antes había tenido lugar la batalla de La Coruña entre los ejércitos británico, al mando del general

John Moore, y francés, del mariscal Jean-de-Dieu Soult, de donde los ingleses no habían salido bien parados. Unos meses atrás, a mediados de octubre de 1808, Moore había salido de sus cuarteles en Lisboa con dirección a Galicia para apoyar a los ejércitos españoles. Si bien las instrucciones del Gobierno de Londres le ordenaban dirigirse a La Coruña por mar, donde se le unirían refuerzos suficientes para marchar sobre Castilla la Vieja, el general inglés decidió hacerlo por tierra. Tras una serie de cuestionables decisiones, que solo contribuyeron a debilitar sus fuerzas, a finales de noviembre se encontraba en Salamanca, donde recibió dos noticias que le hicieron cambiar sus planes originales. La primera era la derrota española en Tudela, el 23 de noviembre, y, la segunda, aún más grave, la inminente llegada de Napoleón a la península. Si bien la historia puede señalar que, a largo plazo, este sería, parafraseando a Churchill, «el fin del principio» para el emperador, las cosas se veían de otro modo[3]. Tal era su confianza en el éxito que escribió a su hermano el rey José: «encontraré en España las columnas de Hércules, pero no encontraré [allí] los límites de mi poder»[4]. Moore decidió que, al no contar con el apoyo reiteradamente prometido por las autoridades españolas, no le quedaba más remedio que dirigirse a La Coruña, pero ya no con la intención de iniciar una ofensiva sino para embarcar a sus hombres de regreso a Inglaterra. De este modo se inició una de las más penosas pero, al mismo tiempo, gloriosas retiradas en la historia del ejército británico[5]. Cuando finalmente llegaron a La Coruña[6], se vieron obligados a enfrentarse con la vanguardia de sus perseguidores franceses. Con esta batalla, que tuvo lugar el 16 de enero de 1809, los ingleses consiguieron tiempo suficiente para embarcar todas sus unidades, pero a costa de haber perdido más de seis mil hombres en el camino, entre los que se contaba al propio general John Moore, cuyo cuerpo aún hoy descansa en una urna en los jardines de San Carlos, en La Coruña. La retirada inglesa dejaba las manos libres a los franceses en Galicia. Pocos días después, el mariscal Soult entraba en Santiago de Compostela exigiendo a su población el juramento a José Bonaparte como rey de España. Poco más tarde capitulaban El Ferrol y Vigo. Con los franceses dominando las ciudades, a la Junta Central no le quedó más alternativa que apoyar a las partidas de voluntarios que se formaron en el campo, y decidieron enviarles diez mil reales. Para esta misión designaron a un coronel, al canónigo Manuel Acuña, los señores Barrio y Blanco, y al capitán Pablo Morillo. Poco antes de su partida, la

Junta Central cambió de parecer decidiendo mandar el dinero al marqués de La Romana.

La Romana era, probablemente, el general más prestigioso con el que contaba el ejército español, tanto por su hoja de servicios como por su demostrada lealtad. Su historial mantenía un superficial parecido con el de Morillo, pues ambos habían comenzado sus carreras militares en la marina pasando después a integrarse en el ejército, pero las similitudes terminan aquí. Pedro Caro y Sureda, tercer marqués de La Romana, era de familia, evidentemente, bien situada y formaba parte de un selecto grupo de militares ilustrados, destacándose tanto por sus hazañas en el campo de batalla como por su vasta cultura, con importantes conocimientos en materias tan dispares como matemáticas o hebreo, llegando a reunir una biblioteca de18 215 volúmenes[7]. En 1803, cuando España y Francia eran aliadas, fue nombrado jefe de las fuerzas expedicionarias españolas destinadas al norte de Europa para apoyar a Napoleón. Estando acantonados en Dinamarca llegó la orden del mariscal Bernadotte por la que debían jurar fidelidad al nuevo rey de España, José Bonaparte. Tras una serie de peripecias, dignas más de una novela que de un libro de historia, La Romana entró en contacto con la flota inglesa, logrando embarcar a la gran mayoría de sus hombres para regresar a España e incorporarse a la lucha contra el invasor, cosa que lograría a mediados de octubre de 1808[8]. Una vez en Galicia, el marqués de La Romana y sus tropas constituyeron la espina dorsal del llamado Ejército de la Izquierda que mandaba el general español Joaquín Blake.

Volviendo a Morillo y sus compañeros, su misión consistía en llevar el dinero al marqués y regresar, atravesando un país lleno de patrullas francesas y de partidas de guerrilleros que podían verse tentados por el cargamento. El grupo se dirigió a Viana do Castelo, en tierras portuguesas, para tomar un barco que les llevase a su destino. Los habitantes confundieron su preocupación por su preciada carga con el comportamiento sospechoso propio de unos espías. Tanto fue el alboroto, que el gobernador del lugar decidió que, ante las dudas, les enviaría escoltados hasta la cuidad de Braga. Fue entonces cuando Morillo «montó en tanta cólera que, desenvainando su espada delante del gobernador y del pueblo, dijo que estaba pronto a morir antes que permitir que le llevasen preso a Braga», añadiendo que la escolta solo serviría «para alborotar los pueblos en tránsito, siendo el resultado quitarnos la vida antes de llegar» y que «si había de perder la vida tan infamemente, quería perderla allí»[9]. Tan convincente resultó que todo terminó arreglándose, pudiendo completar su misión poco tiempo después. Lo interesante del incidente es que revela parte de la personalidad de Morillo. Pese a que, a primera vista, se trata de una simple pérdida de estribos, fue una acción más calculada de lo que pudiera parecer. De haberse conformado con la decisión del gobernador su suerte estaba echada, pero si se rebelaba y montaba un escándalo, aún tenía una oportunidad de que se reconsiderase su caso, como así fue.

2. Vigo. El coronel Morillo

Si bien todos los hechos de armas y las peripecias de Morillo hasta este momento son relevantes, lo que sucedería en marzo de 1809 supondría el verdadero despegue de su carrera como jefe militar. Su actuación durante este episodio y el partido que le supo sacar deja al descubierto su profunda ambición.

El 21 de marzo de 1809, Pablo Morillo había llegado a las inmediaciones de Vigo atraído por las noticias sobre la próxima rendición de la plaza a las armas españolas. La situación, sin embargo, distaba mucho de ser clara. Hacía unas semanas que partidas de campesinos armados, a cuyo frente se encontraba Joaquín Tenreiro, mantenían cercada a la guarnición francesa de la ciudad. Los sitiados no tenían esperanza de ser auxiliados y solo esperaban poder obtener una rendición en las mejores condiciones posibles. No obstante, antes de hacerlo, necesitaban contar con un interlocutor que les asegurase el cumplimiento del acuerdo y el desorden dentro del campo español no parecía augurar nada bueno. Los sitiadores carecían de mando único y los franceses, no sin razón, temían que, si se entregaban a solo una parte de sus enemigos, el resto no se sentiría obligado a respetar los términos de la capitulación, con lo que sus vidas correrían serio peligro. Así estaban las cosas cuando el capitán Morillo se presentó ante las murallas de Vigo. Precedido de cierto prestigio por sus acciones anteriores, sobre todo por su actitud desafiante durante el incidente de Viana do Castelo, rápidamente se dio cuenta de la situación. Con la excusa de que el comandante francés de la plaza, Chalot, no quería rendirse sino a un oficial del ejército español y no a una partida de civiles armados, Morillo decidió jugar sus cartas. Como su rango de capitán era poco representativo no tuvo inconveniente en que de entre los sitiadores surgiera la idea de que la solución era el nombramiento de Morillo como su coronel. El plan en si no era tan descabellado como hoy pudiera parecer. En el Antiguo Régimen era costumbre que quienes armaban un número suficientemente grande de hombres adquiriesen este grado y, durante la Guerra de la Independencia, este sistema fue seguido muchas veces. Pese a ello, Morillo no había armado a nadie y, consciente de lo irregular de su «ascenso», intentó justificarlo diciendo que «se formó Consejo de Guerra, que me nombró Comandante de todas las fuerzas, haciéndome tomar el título de Coronel para causar más respeto al enemigo»[10]. Una vez investido de esta autoridad, Morillo procedió a entablar negociaciones con Chalot, pero el tiempo pasaba, pues los franceses lo dilataban con la esperanza de ser socorridos por el mariscal Soult. Viendo que el asunto no avanzaba, Morillo decidió ponerle fin estableciendo un plazo de dos horas para que los franceses se aviniesen a sus términos. Transcurrido este, si no obtenía satisfacción, procedería a atacar la ciudadela de Vigo. A punto de expirar el término, recibió un mensaje solicitándole un día más, a lo que contestó concediendo solo otras dos horas. Transcurridas estas, Morillo decidió cumplir su amenaza y ordenó el asalto. La situación de los sitiados era crítica, ya que de acuerdo con las leyes de la guerra, «una vez que una brecha era practicable e indefendible, y el asalto inminente, el gobernador tenía que rendirse o aceptar que él y sus hombres no recibirían cuartel y que la ciudad a su cargo sería pasto del pillaje»[11]. Cuando el comandante francés vio que esta vez sí iba en serio, despachó emisarios para comunicar que oficialmente se rendía y que esperaba que sus hombres fueran tratados de acuerdo con esas mismas leyes de la guerra. No obstante, esta espera hasta el último momento a punto estuvo de echarlo todo a perder. El ataque ya había comenzado y Morillo se vio en serios problemas para frenar a sus hombres. Cuenta él mismo cómo tuvo que recorrer sus filas «por medio de las balas para hacer cesar el fuego, pude lograr que mis grandes voces se hiciesen oír, y de una parte a otra paró el tiroteo»[12].

De este modo se logró otro inesperado milagro para la causa española. Con la toma de Vigo se volvía a romper, como en Bailén, el mito de que las tropas francesas eran invencibles, con el agravante de que, en esta ocasión, el vencedor no era un ejército regular sino tan solo una partida de civiles armados. La noticia levantó la muy castigada moral del ejército de Galicia y, aún hoy, el 28 de marzo se celebra en Vigo la fiesta de la Reconquista en conmemoración de estos hechos. Por otra parte, el resultado en cifras tampoco fue desdeñable: 46 oficiales y 1213 soldados prisioneros y el botín contenido en la caja francesa, que ascendía a 136 751 francos[13].

Morillo era plenamente consciente de que su nombramiento como coronel se lo debía a sus hombres, así que, de inmediato, decidió repartir el dinero entre ellos, con lo que, a corto plazo, aseguraba su propio pellejo y, a medio, esperaba que su agradecimiento se tradujese en respaldo en el caso que fuese cuestionado su recién adquirido grado. No se equivocó, pues, pocos meses después, en octubre de 1809, recibió un cuestionario de Francisco de Torres, comisionado del general conde de Noroña, en el que se le solicitaba respondiese sobre su conducta. La cosa podía haber sido seria si la investigación hubiera tenido lugar inmediatamente después de los hechos pero en esas fechas, Morillo ya llevaba varios meses al mando del regimiento de La Unión y había consolidado su reputación como héroe de guerra, con lo que su posición era ya muy sólida.

A cualquier otra persona del común, el ascenso a coronel le hubiera bastado y sobrado como recompensa, pero no a Pablo Morillo y Morillo. Estaba firmemente convencido de que para que los laureles luzcan bien deben hacerlo en una sola cabeza. Es cierto que, en una carta a Francisco Xavier de Losada, recomienda y elogia la conducta de multitud de subordinados suyos, pero no hay que olvidar que esta es la actitud que se espera de un jefe. Morillo nunca estaría dispuesto a que nadie cuestionase su éxito[14]. Muchos años más tarde, al mando del ejército expedicionario en el Virreinato de la Nueva Granada, al enterarse de que a don Joaquín Tenreiro, de quien había «heredado» el mando en el asedio, se le concedía el título de conde de Vigo, encontraría tiempo para escribir al ministro de la Guerra para señalar que «este señor allí estuvo á mis órdenes; operó por mi dirección y fue un subalterno mío, que no figuró en la capitulación, ni tuvo nunca el carácter de jefe en el sitio»[15]. La abundancia de posesivos en estas pocas líneas demuestra hasta qué punto no estaba dispuesto a compartir los honores.

Si bien a corto plazo parecería que el rango de coronel fue lo más importante que Morillo obtendría de su actuación en Vigo, a la larga, habría otra circunstancia que haría que le sacase aún más partido. En la rendición de esta plaza jugó un nada despreciable papel una flotilla inglesa encabezada por el buque *Liberty*[16], al mando del capitán George M. Kinley, quien quedó muy favorablemente impresionado por Morillo. Las alabanzas del marino inglés sobre su «celo infatigable»[17], «ingenio»[18] y «valor»[19] constituirían una excelente carta de presentación cuando *sir* Arthur Wellesley, futuro duque de Wellington, necesitase contar con jefes para las tropas españolas bajo su mando.

3. El León de Sampayo

Al salir de Vigo, Morillo tenía prisa por hacer que las autoridades militares y civiles reconociesen, de manera inequívoca, el hecho consumado de su ascenso y sabía que la mejor manera de hacerlo era con una importante victoria. De este modo, buscó entablar combate contra fuerzas superiores cerca de Tuy, en la frontera gallega con Portugal, y también en los alrededores de Santiago de Compostela, pero, en ambos casos, no pasó de pequeñas escaramuzas. No obstante, su ocasión no tardaría mucho en llegar.

Pese al relativo impulso que supuso para la causa española la reconquista de Vigo, la situación seguía siendo muy comprometida. Los franceses decidieron recuperar posiciones y mientras el general Mancunne volvía a Santiago de Compostela desde Tuy, el mariscal Soult avanzaba sobre Lugo. Ante esta presión, el marqués de la Romana se vio forzado a retirarse a Oviedo. Allí, la Junta provincial no le prestó toda la colaboración que consideraba necesaria, por lo que procedió a destituirla, con lo que se ganó la perpetua enemistad de uno de sus más conspicuos e influyentes miembros, Gaspar Melchor de Jovellanos. Pese a estas medidas excepcionales, poco era lo que podía hacerse para frenar a Ney, quien terminaría entrando en Oviedo el 18 de mayo de 1809.

Mientras tanto, las tropas gallegas intentaban sacar el máximo partido de la temporal ausencia de Ney y, el 23 de mayo, unos ochocientos hombres, al mando del general Martín de la Carrera, bajo el que se encontraba Morillo, lograron sorprender a una escolta de dragones mandada por el coronel D´Esmenard en un sitio llamado Campo de la Estrella, en las cercanías de La Coruña. Si bien la magnitud de la derrota francesa varía mucho según la fuente que se consulte (las españolas hablan de 3000 soldados enemigos mientras que para las inglesas éstos no pasaban de 800), lo cierto es que constituía un serio revés para los planes de Soult[20]. Además, el botín aprehendido a los franceses fue copioso: 600 fusiles, 41 arrobas de plata labrada y multitud de piezas de orfebrería que habían sido saqueadas.

Esta derrota y el no haber podido dar el golpe de gracia a La Romana en Asturias determinaron que Soult regresase a Galicia. En Lugo se encontró con el mariscal Michel Ney. La ambición de ambos era desmedida. Soult, pese a que había tenido que retirarse de Portugal ante el empuje de Wellington, seguía con su sueño de conquistar un territorio suficientemente grande como para lograr que el emperador le hiciese rey y no estaba dispuesto a compartir la corona con nadie. Ney no le iba a la zaga y también buscaba atraer la mirada de Napoleón. El choque era inevitable y estalló una pelea calificada por el propio biógrafo de Ney como «indigna de mariscales del Imperio». Nada más encontrarse Ney le dijo a Soult:

> —¿De dónde llegáis? ¿Habéis estado huyendo como un cobarde frente a los enemigos del emperador?
> —¿Cómo?, le respondió Soult, vengo de salvar Lugo que vos estabais a punto de perder.
> —Soy yo quien no hace otra cosa que ayudaros y vos no estáis en capacidad de socorrerme. En el camino me he cruzado con cientos de desertores vuestros. Todos habían tirado sus armas para correr más rápido, pero sus mochilas, cargadas con su botín, las habían conservado religiosamente[21].

Después de semejante conversación cuesta creer que llegaran a ponerse de acuerdo, pero de algún modo lograron diseñar un plan conjunto por el que Ney partiría desde La Coruña hacia Santiago de Compostela y Vigo para enfrentarse con los generales De la Carrera y conde de Noroña, mientras que Soult bajaría por el valle del Sil y atacaría a La Romana, para obligarle a retroceder hasta Orense. En este últimolugar ambos mariscales volverían a encontrarse para repartirse el botín de Galicia. En todo caso, más que un acuerdo lo que sellaron fue una tregua, pues la desconfianza entre ambos era irreversible y terminaría acarreando desastrosas consecuencias para las operaciones francesas en esta región.

Ney llegó a Santiago de Compostela con diez mil hombres no dejando más opción al conde de Noroña que retirarse hacia el sur. Cuando los españoles llegaron a la ría de Vigo se encontraron con la sorpresa de que el viejo puente romano de Sampayo, o Sampaio, había sido parcialmente destruido por Morillo, quien, para frenar el avance enemigo, había cerrado también el paso a sus propias tropas. De haber continuado Ney la persecución del conde de Noroña, allí mismo hubiera terminado la carrera militar del flamante coronel, pero, por suerte para los españoles, el mariscal francés decidió esperar unos días en Pontevedra. Esto permitió que, en la noche del 6 de junio, las tropas españolas pudiesen cruzar la ría en barcas. Las razones del retraso de Ney nunca han sido aclaradas del todo, pero parece ser que esperaba a que Soult se reuniera con él para asestar juntos el golpe definitivo.

Cuando, el 7 de junio, los franceses llegaron a la orilla derecha de la ría de Vigo, se encontraron con un obstáculo no demasiado imponente, el agua es poco profunda y para pasar al otro lado bastaba con remontar la ría un poco hacia el este hasta encontrar un paso seguro, pero no había tiempo de dar un rodeo. Además, la artillería española había tomado fuertes posiciones defensivas en el lado contrario y el día transcurrió en medio de un fuerte intercambio de fuego. En realidad, hablar de artillería propiamente dicha del lado hispano es un tanto generoso pues estaba mayoritariamente compuesta por pequeñas piezas montadas en lanchas que poco daño podían hacer frente a las *belles filles* de la artillería imperial, nombre que Napoleón utilizaba para referirse a sus cañones. Alguna de estas piezas «navales» estaban manejadas por marineros y soldados británicos, que se habían quedado rezagados en la retirada del general John Moore en La Coruña. Como suele ser habitual, las fuentes anglosajonas tienden a sobredimensionar la importancia de su intervención, pero la verdad es que la mayoría de estos botes procedían de barcos españoles anclados en el exterior de la bahía de Vigo[22]. Por lo que se refiere a los cañones en tierra, gran parte de éstos estaban hechos de madera. Así, como suena, de madera. Estos son los legendarios «cañones de pau». En el Museo del Ejército español, cuya sede se trasladó de Madrid a Toledo, se exhibe todavía un «proyectil de piedra utilizado en la batalla del puente de Sampayo utilizado en un cañón de madera por los héroes de Cotobal»[23]. Por muy raro que parezca este tipo de armamento se trata de un viejo recurso en las guerras improvisadas. En este mismo museo hay varios ejemplares de este curioso tipo de arma, utilizados por los independentistas cubanos en la guerra de 1898, que aún mantienen su arrugado forro de cuero[24]. Pese a su poco impresionante apariencia, estas piezas jugarían un papel determinante.

Durante el día, los franceses no permanecieron inactivos y, mientras sus cañones mantenían ocupados a sus colegas españoles, patrullas de caballería efectuaban rápidos reconocimientos de los alrededores en busca de un vado por el que poder cruzar. Mientras tanto, el mariscal francés estaba nervioso, no tanto por no poder cruzar como por no haber tenido noticias de Soult, de quien no estaba seguro que cumpliese su compromiso de presentarse en la retaguardia del enemigo. Los franceses, a estas alturas de la Guerra de la Independencia española, ya estaban aprendiendo que las largas persecuciones solo les hacían perder fuerzas sin obtener resultados concretos. Si bien podían considerarse los dueños absolutos de las ciudades, en cuanto salían al campo se encontraban con que los hostiles campesinos y la falta de avituallamientos convertían sus marchas en pesadillas. Si querían tener el control real de Galicia no bastaba con las grandes poblaciones, sino que tenían que borrar del mapa a todos los restos del ejército español, y para ello era indispensable que Soult colaborase efectuando su parte de la tenaza.

Cuando, al día siguiente, seguía sin haber ni rastro de Soult, el mariscal Ney decidió que no podía esperar más y que tenía que atacar antes de que se retirase el grueso del enemigo. En ese momento, un grupo de exploradores le informó de que habían encontrado un paso. Cerca de los arcos del destruido puente había un vado que, durante la marea baja, permitía atravesar la ría. No era gran cosa, pero confiado en la superioridad de sus tropas procedió a dar las órdenes oportunas para que su infantería montase a la grupa de la caballería y cruzase mientras los cañones efectuaban fuego de cobertura. Era un plan arriesgado, pero Ney, quien en la retirada de Rusia se ganaría el sobrenombre de «bravo entre los bravos»[25], siempre había seguido el principio de Federico II de Prusia, «*l'audace, l'audace, toujors l'audace*»[26]. En cualquier caso su juicio se basaba en dos premisas a primera vista correctas: por un lado, en la confianza en sus propios soldados y, por otro, en el menosprecio que le merecía el enemigo. Para esto último no le faltaba razón, ya que pese a que en el campo español había aproximadamente el mismo número hombres, se trataba, en su mayor parte, de reclutas de los que una tercera parte no estaban ni siquiera armados[27].

Las órdenes de Ney fueron ejecutadas, pero la resistencia española fue más organizada de lo que había previsto el mariscal francés y los improvisados «cañones de pau» hicieron estragos. Los atacantes formaban una curiosa columna de infantería ligera a la grupa de la caballería, ofreciendo un blanco perfecto para la metralla que vomitaba la artillería de madera. De nada le servía a Ney la superioridad de sus tropas, pues el estrecho vado de la ría solo permitía que un grupo pequeño pasase a la vez y, tras varios intentos, tuvo que darse por vencido.

Como siempre, el coronel Morillo estaba en lo más expuesto de la refriega, dirigiendo personalmente el fuego de la artillería o arengando a los servidores de las piezas para que no disminuyesen la cadencia de fuego. No era una tarea fácil, ya que cuando son utilizados demasiadas veces los cañones de madera estallan sin previo aviso, con lo que se vuelven casi tan peligrosos para el enemigo como para los propios artilleros. Tanto se destacó Morillo en el puente de Sampayo que, a partir de entonces, su fama empezó a correr de boca en boca, ganándose el apodo de «el León de Sampayo».

Pese a todo, cuando cayó la noche, las cosas distaban mucho de estar claras para los españoles pues Ney aún contaba con suficientes hombres como para volver a tratar de abrirse paso, pero cuando amaneció el 9 de junio, pudieron ver la magnitud de su victoria: más de 600 franceses habían caído y Ney había dado la orden de regresar a Pontevedra. Si bien es cierto que las razones para hacerlo estaban motivadas más por su rabia ante la falta de apoyo de Soult que por la resistencia española, el hecho es que tener que volver sobre sus pasos supondría un importante punto de inflexión para la campaña francesa en Galicia[28]. Tal vez si Ney hubiese prestado menos oídos a Federico II de Prusia y más a Napoleón, quien en sus *Máximas sobre la guerra* dice que «con audacia uno puede emprender todo, pero no puede lograr todo», el resultado hubiera sido otro. El caso es que con este episodio se esfumaban sus esperanzas de aniquilar al grueso del ejército español en Galicia.

La acción del puente de Sampayo, pues llamarla batalla puede ser un tanto exagerado, supuso para los franceses un serio contratiempo, pero para los españoles constituía una inyección de moral de la que estaban muy necesitados. Tanta fue la resonancia que alcanzó la victoria que la Junta Suprema Gubernativa del Reino, máximo órgano de la resistencia española, expidió, en nombre de su majestad Fernando VII, un decreto, fechado en Sevilla el 6 de julio de 1809, por el que creaba una condecoración «en honor a los héroes de Puente Sampayo»[30]. Esta fue la primera medalla que obtendría Morillo en su larga carrera militar. Objetivamente no es gran cosa, apenas una pequeña chapa ovalada de bronce en la que en el centro se reproduce, con cierta ingenuidad, un puente cortado con la leyenda: SAMPAYO. 7 Y 8 DE JUNIO DE 1809, alrededor de la que hay unas hojas de laurel, pero no cuesta imaginarse el orgullo con que la luciría el coronel. De hecho, según Santiago y Gadea, Morillo conservó toda su vida el ejemplar que llevó prendido en el pecho[31].

Cuando hoy se visita Ponte Sampaio cuesta creer que el puente romano de nueve arcos ligeramente apuntados no haya estado siempre en su sitio, y más difícil aún es ver este tranquilo lugar como el escenario de un encuentro bélico. Si bien es cierto que pocos campos de batalla reflejan su pasado, en este caso es preciso ejercitar mucho la imaginación para intentar tener una idea de lo que allí sucedió.

El único rastro son sendas placas a cada lado del puente, ambas colocadas en 1984, con el curioso detalle de que mientras que la colocada en la orilla por la que atacaron los franceses está en castellano[32], la del lado español está en gallego[33]. Otra prueba de la relevancia que, para España, tuvo el enfrentamiento de Puente Sampayo es que su recuerdo seguía manteniéndose vivo aún un siglo más tarde. En 1909, el rey Alfonso XIII, creó una medalla conmemorativa de esta victoria que fue otorgada a los descendientes de aquellos que participaron en esta batalla[34]. En torno a estos mismos años se erigió el monumento, obra del escultor Julio González Pola, inaugurado el 27 de agosto de 1911 y sufragado por el Centro Gallego de Madrid,que aún hoy se alza frente al ayuntamiento de la ciudad de Pontevedra. En él figura la inscripción «A los héroes de Puente Sampayo, acaudillados por Morillo», cuya figura, espada en mano, en actitud de arengar a sus tropas, se alza al lado de una bandera. Es el único monumento a Morillo del que se tiene constancia y resulta curioso que haya sido por un hecho de armas de tan pequeña escala por el que haya quedado inmortalizado en bronce, cuando a lo largo de su carrera militar participó y dirigió batallas de mucha mayor envergadura. Tal vez no fuese por casualidad por lo que los antiguos griegos situaban a la Historia en el mismo plano que la poesía, y es bien conocido cómo los gustos imperantes en cada época hacen apreciar o denostar a poetas en su día olvidados o idolatrados[35].

4. Regimiento La Unión. Retirada de Galicia

La acción del puente de Sampayo tendría una última e importante consecuencia para Morillo: la creación del regimiento La Unión. Si bien se había obtenido la victoria, los mandos militares sabían bien que se había logrado poco menos que de milagro. Una tercera parte de los «héroes de Sampayo» ni siquiera contaban con armamento de fuego y su entrenamiento o disciplina eran muy deficientes. Todos habían acudido a la llamada a las armas para luchar contra el invasor y demostraban un ardor en la lucha que nadie cuestionaba, pero eso no era suficiente para enfrentarse con éxito a las tropas francesas. Ya se ha visto que, si bien las destacadas en España no eran en su mayoría veteranas de las campañas del emperador en Europa, sí pertenecían al ejército más poderoso del mundo. Se imponía, pues, la urgente necesidad de disciplinar, entrenar y armar, y para ello se decidió reunirlos en un regimiento. Con su encuadramiento en el ejército regular se lograba que los hasta entonces voluntarios, libres de regresar a sus casas una vez pasada la alarma, pasasen a ser soldados ligados a su católica majestad Fernando VII por juramento y estuvieran sujetos al estricto código militar que imponía, entre otras cosas, la pena de muerte para los desertores.

De esta manera, el 14 de abril de 1809, nacía el regimiento de La Unión, con un total de dos mil hombres divididos en tres batallones. Como no podía ser de otro modo, se nombró como su jefe al coronel Morillo. Pocos días más tarde tuvo lugar la ceremonia oficial por la que le daba carta de naturaleza. Dos mil hombres formados con sus oficiales y su coronel a la cabeza, prestaron solemne juramento y asistieron a la bendición de la bandera del regimiento. Coronela, al entregarse al primer batallón. Hay que señalar que, la enseña bajo la que combatirían no era la actual roja y gualda del Reino de España sino la tradicional blanca con las aspas de la cruz de San Andrés en rojo. Pese a que el origen de la actual bandera española data de 1785[36], en un principio su uso estuvo restringido a los buques de la armada y en las unidades de infantería no se generalizaría hasta bien entrado el siglo XIX[37]. Como era tradición en las banderas coronelas, al diseño común ya descrito se le añadían detalles del regimiento en concreto. En este caso se diseñó un escudo especial, ubicado en las puntas de las aspas de la cruz de San Andrés, compuesto por la imagen de un puente roto, en alusión al de Sampayo, en medio del cual se eleva la custodia, símbolo de Galicia, todo ello rematado por la corona real. Sobre el papel todo estaba listo pero para hacer de La Unión un verdadero regimiento aún quedaba vestir, armar y entrenar a sus componentes.

Para lo primero, por el momento tendrían que bastar los harapos que llevaban hasta que la Junta de Defensa les proveyera de algo que pudiera llamarse uniforme. No sería hasta transcurridos algunos meses cuando pudieron disponer de un atuendo provisional más de acuerdo con las reglas de la uniformidad militar, consistente en una casaca color celeste, en alusión a su formación en Galicia, pues la bandera de este reino es blanca y de este tono, con la divisa encarnada[38]. Tuvieron que esperar hasta una fecha no determinada de finales de este año de 1809 para recibir los uniformes con los que combatirían hasta casi el final de la guerra de independencia: casaca azul con solapas del mismo color, cuello verde, puños y vueltas del faldón rojos con ribetes blancos y calzones de color blanco[39].

Para el armamento se recurrió a los aliados británicos. Pese a que es mucho más conocida la contribución británica de enviar un cuerpo expedicionario a la península ibérica (primero a las órdenes de *sir* John Moore y después de Arthur Wellesley, más tarde duque de Wellington), de hecho, la ayuda material del Gobierno de Londres fue la más importante aportación inglesa a la Guerra de Independencia en España. Solamente entre mayo de 1808 y mayo de 1809 se enviaron 155 piezas de artillería, 200 277 mosquetes, 39 000 juegos de equipamiento (correajes, cinturones, etc.), 61 391 espadas, 79 000 picas, 40 000 tiendas de campaña, 50 000 cantimploras, 54 000 mochilas, 92 100 prendas de vestir, entre uniformes, zapatos, gorras y más de 400 000 metros de tela, a lo que hay que añadir 1 412 354 libras. Para tener una perspectiva real de lo que representaba esta cantidad, baste decir que el presupuesto total para la marina real británica en 1808 era de 17 496 047 libras[40]. Durante los primeros meses desde la creación del regimiento de La Unión, Morillo se dirigiría innumerables veces a sus aliados solicitándoles todo tipo de armamento. No siempre sería escuchado, pero el prestigio que había obtenido a los ojos del capitán Mac Kinley de la *Liberty* le serviría para que sus peticiones estuvieran entre las primeras en ser atendidas[41].

En cuanto al entrenamiento, la cosa era algo más complicada, ya que para ello se requería tiempo y eso era precisamente algo de lo que nunca dispondrían las tropas españolas. Pese a que entre la oficialidad asignada al regimiento de La Unión había algunos oficiales de carrera, los hombres deberían aprender a hacer la guerra de la misma manera que lo había hecho su jefe, simplemente haciéndola.

Capítulo 5

CAMPAÑA EN EXTREMADURA Y ANDALUCÍA

(marzo 1810 - junio 1813)

Morillo pasaría más de tres años rondando por tierras extremeñas, pero de manera bastante distinta a como lo había hecho durante los últimos meses de 1809. Ahora era un oficial al mando de tropas regulares con nuevas responsabilidades. Evidentemente no estaba preparado, del mismo modo que tampoco España estaba lista para combatir al mejor ejército del mundo. No le quedaría, por lo tanto, más remedio que ir aprendiendo en el campo de batalla lo que los oficiales de carrera asimilaban en las academias. No obstante, pese a que Morillo era novato como oficial, como soldado era todo un veterano que había aprendido los rudimentos de su oficio desde abajo. Los casos de ascenso profesional obtenido a costa de grandes esfuerzos y sacrificios suelen producir dos tipos de comportamientos bien distintos. Por un lado, aquellos que, no olvidando sus orígenes son capaces de disfrutar de su éxito y no tienen reparos en compartirlo con otros de igual origen humilde. Por otro, quienes, inseguros de su nueva situación hacen todo lo posible para esconder el que consideran como su pecado original adoptando una actitud altiva y distante. En Morillo se encontrarán ejemplos de ambas actitudes en una combinación que a veces hace muy difícil determinar cuál era su verdadera personalidad, pues el ser humano suele ser una compleja mezcla que tiende a desafiar los arquetipos.

En marzo de 1810, pese a que contaba apenas treinta y cinco años, Morillo ya no era un hombre joven. No hay que olvidar que, a principios del siglo XIX, la esperanza de vida en España no llegaba a los cuarenta, mientras que hoy supera los ochenta[1]. Morillo había tenido que esperar mucho tiempo y su oportunidad llegó cuando la mayoría de los hombres de su época ya habían hecho casi todo. Y se aferró con tanta fuerza a su destino en la milicia que dejó de lado cualquier otra consideración. Cosas como familia o las pasiones amorosas no tendrían cabida en este momento de su vida. Se consagraría a luchar contra los invasores de su tierra escalando meteóricamente posiciones dentro de la jerarquía militar. Pero no hay que equivocarse, no es que no tuviera espacio para otras cosas, otros militares han compaginado varios «intereses», pero a Morillo pareciera que entonces, simplemente, no le importaban.

En la anterior ocasión en que Morillo recorrió Extremadura se siguieron sus pasos por cada uno de los senderos que tuvo que recorrer y se desgranaron cada una de las acciones en las que intervino. Ello era necesario para dar una idea del tipo de guerra del que se trataba, ahora usaremos una táctica diferente: agrupar sus hechos en torno a un esquema que sirva para ir desvelando los problemas ante los que se irá enfrentando, haciendo hincapié en la manera en que Morillo los va resolviendo y cómo ello irá configurando y mostrando su personalidad.

Las órdenes que recibió el nuevo jefe del regimiento de La Unión incluían varias misiones: hostigar al enemigo, conseguir suministros, reclutar hombres, y por último pero no menos importante, controlar y organizar a los grupos de guerrilleros que operaban en la región.

1. Hostigamiento al enemigo

Las instrucciones del marqués de La Romana eran «para obrar por sí solo» haciendo todo el daño posible a los franceses, pero teniendo en cuenta que su misión principal era no tanto causarles bajas directamente sino privarles de todo posible apoyo. No obstante, Morillo encontró bastantes oportunidades para enfrentarse al enemigo. En este punto de la Guerra de la Independencia la lucha era ya sin cuartel, no solo por parte de los guerrilleros, sino también de las tropas regulares. El propio Morillo delató sus sentimientos en una carta a su jefe al confesarle que: «les tengo tales ganas [a los franceses] que me es difícil explicarlas a V.E., y aseguro que no he de omitir cualquier fatiga para incomodarles»[2].

Poco tuvo que esperar para encontrar la primera ocasión de batirse. En abril de 1810, cuando iba de camino para auxiliar al capitán Jerónimo Henestrosa, tuvo lugar su primera acción al mando del regimiento de La Unión pero, para su desilusión, apenas si se trató de una pequeña acción sin importancia. Unos días más tarde, en Almendralejo, estuvo acechando a un grupo de doscientos dragones franceses que se retiraron antes de que pudiera atacarles. Por fin, en septiembre de este mismo año, en las inmediaciones de Fuenteovejuna tuvo lugar el verdadero bautismo de fuego del nuevo regimiento.

El pueblo de Fuenteovejuna se encuentra en el camino a Córdoba y en él había un pequeño destacamento francés de apenas noventa y seis hombres del 51.º regimiento de infantería de línea al mando del capitán Cyr Billot. El día anterior a la llegada de Morillo, los guerrilleros de la zona habían interceptado un correo en el que se le ordenaba al capitán Billot replegarse hacia Córdoba, por lo que lo primero que hizo Morillo fue asegurarse de que los franceses seguían ocupando el pueblo. Tras recibir noticias de que aún permanecían allí se dispuso a atacarles por sorpresa, pero una fuerte lluvia retrasó su avance y cuando llegó al pueblo, famoso por Lope de Vega, se encontró con que el enemigo estaba esperándole. El capitán Billot era un viejo veterano que había ingresado en el ejército regular en 1792 y que ya antes había estado alistado en la Guardia Nacional Revolucionaria, incluso había servido bajo las órdenes del joven general Bonaparte en la famosa batalla del puente de Arcole (1796). Como otros muchos oficiales franceses había sido ascendido por méritos de guerra y era respetado por sus superiores y muy querido por sus subordinados. También se tomaba muy en serio su deber y, mientras otros hubieran aprovechado su destino en Fuenteovejuna como una oportunidad para descansar tranquilamente, él no dejó de mantener a sus hombres ocupados y, lo que es aún más importante para este caso, había diseñado un completo plan de defensa en previsión de un ataque por parte de fuerzas superiores.

Morillo no estaba dispuesto a correr riesgos innecesarios y dividió sus hombres en tres grupos. El primero atacaría por el frente, el segundo rodearía el pueblo para cercar a los franceses, mientras que el tercero permanecería en reserva. Cuando el primero procedió a avanzar hacia el pueblo, muy lejos todavía de lo que se suponía eran las líneas francesas, se encontró con la desagradable sorpresa de una cerrada descarga de fusilería. El pánico se apoderó de los bisoños reclutas, que soltaron sus mosquetes para correr en desbandada. Para empeorar las cosas, lo mismo sucedió cuando el segundo grupo intentaba cercar a los franceses. Morillo sabía que el enemigo era muy inferior en número y, pese a todo, eran sus propios hombres los que estaba corriendo. El flamante coronel debió darse cuenta de que había cometido el fatal error de no reconocer suficientemente el terreno antes de atacar, pero en lugar de replegarse para comprobar exactamente a qué se enfrentaba, perdió la paciencia y ordenó la carga. Con ello solo añadió un error a otro. Los franceses se habían replegado desde sus posiciones exteriores hasta un segundo círculo de defensa y, a cubierto desde las casas del pueblo, recibieron a los españoles con otra cerrada descarga que volvió a frenar a los atacantes. Viendo que flaqueaba la moral de sus tropas, Morillo se puso al frente de una de estas oleadas y, cuando estaba a la entrada del pueblo, recibió una bala en su hombro izquierdo. La herida no era mortal, ni siquiera grave, y el coronel siguió en su puesto, pero lo que debió dolerle aún más que el plomo de un mosquete francés sería saber que, al otro lado de Fuenteovejuna, sus hombres habían estado matándose entre sí. En ese lugar, un pelotón había logrado tomar una de las casas, y sus compañeros, al ver que desde allí se disparaba, los tomaron por franceses, con lo que se entabló un duro e inútil combate en el que habían caído no pocos hombres. En este momento, Morillo debió sentir pánico. No por su vida, sino por no saber literalmente qué hacer. Los franceses estaban en inferioridad numérica de uno a veinte y, pese a todo, estaban consiguiendo detener el avance español. No obstante, poco a poco, la lógica de los números estaba imponiéndose y los defensores se vieron obligados a retirarse a su última posición: la iglesia. Estaban exhaustos, sin agua, heridos y con pocas municiones. Morillo ya no estaba dispuesto a correr más riesgos y, rompiendo con cualquier prejuicio moral o religioso, ordenó incendiar la iglesia. Finalmente, sin cartuchos y al mando de apenas nueve supervivientes, el capitán Cyr Billot decidió rendirse. Tampoco esto resultaba sencillo, ya que en el fragor de una lucha sin cuartel lo más común es que quienes intentan dejar las armas acaben muertos; finalmente, fue la intervención personal de Morillo la que hizo posible que los franceses saliesen vivos de las ruinas de la iglesia de Fuenteovejuna. El coronel se puso al frente de sus hombres, les ordenó respetar la vida de los ahora prisioneros y, durante las horas siguientes, se ocupó de que recibiesen asistencia médica y de que se les diese comida y agua. En el fondo, Morillo era consciente que quien había cumplido mejor su papel de oficial al mando no había sido él, sino el capitán Billot.

La acción de Fuenteovejuna terminó con los españoles ocupando el pueblo, pero es difícil considerarla una victoria, pues allí dejaron más de doscientos hombres. El flamante regimiento de La Unión a duras penas había logrado derrotar a una compañía de apenas noventa y seis soldados. De hecho, de acuerdo con Montaigne quien dijo que «hay derrotas más gloriosas que algunas victorias», los laureles debería lucirlos el capitán Cyr Billot, del regimiento número 51 de infantería de línea, y finalmente así sería. Billot fue apresado y, tras recuperarse de sus graves heridas en un campo de prisioneros en Portugal, fue intercambiado junto con el resto de sus hombres. El 22 de mayo de 1811 lo condecoraron con la Legión de Honor por su defensa de Fuenteovejuna, reintegrándose al servicio activo, donde combatió hasta que, en 1815, encontró la muerte en Waterloo[3].

Por su parte, Morillo había sido herido, no solo en el hombro izquierdo, sino también en su orgullo. Su regimiento había quedado tan afectado, tanto en su fuerza numérica como en su moral, que le llevaría varios meses el conseguir que pudiese estar de nuevo en condiciones de seguir combatiendo. Prueba de ello es que cuando, en febrero del año siguiente, en las cercanías de Gelves, se encontró con un destacamento francés con apenas 200 soldados de infantería y 400 de caballería, pese a que sus fuerzas eran de nuevo muy superiores, decidió no volver a correr riesgos y ordenó una rápida retirada. Lo curioso del hecho es que sería esta retirada la que le valdría el reconocimiento de sus jefes. Puede parecer sorprendente, pero que Morillo fuese capaz de efectuar una retirada en perfecto orden es prueba de que estaba empezando a aprender su oficio. No hay que olvidar que, como ya se ha visto a la hora de comentar la campaña de Moore en La Coruña, la retirada es uno de los más complicados movimientos para cualquier cuerpo de ejército, donde la disciplina se pone duramente a prueba.

El coronel ya estaba maduro, al menos tanto como era posible en una época en la que el tiempo corre tan aprisa, y un decreto de la Junta

Suprema, fechado en Cádiz el 14 de marzo de 1811, le confirió el grado de brigadier. No estaba mal, nada mal. Le habían bastado un año, diez meses y diecisiete días para pasar de coronel a general, casi nada si se compara con los diez años, ocho meses y un día que sirvió como sargento segundo en la Real Armada[4]. Que fuese una retirada la que motivase este ascenso se justifica en que con esta acción demostraba que era algo más que un bravo oficial traga fuegos siendo capaz de imponer disciplina entre sus subordinados y que podía evaluar adecuadamente las situaciones tomando las medidas más acertadas en cada caso. Como dice Geoffrey Regan, «el comandante debe poseer un tipo de valor diferente al del soldado situado en primera línea de fuego»[5]. Muchos son los casos de soldados valientes que dan magníficos resultados mientras lo único que se necesita es arrojo o coraje pero que adolecen de miopía para ver más allá del corto plazo. Cuando este tipo de hombres son ascendidos por méritos de guerra los resultados pueden ser terribles o incluso, en palabras de Charles Oman, «ejemplos cómicos»[6]. En conclusión, como dice Fraytag-Loringhoven: «cuanto más alto se llega en la jerarquía militar ... más necesario se vuelve que esta cualidad de la osadía vaya acompañada de una reflexión cuidadosa que evite los actos pasionales inmotivados»[7].

Azuzado por su reciente ascenso, Morillo siguió acechando al enemigo en busca de nuevas oportunidades y la siguiente le llegaría en junio de 1881, cuando tuvo noticias de que una columna de quinientos infantes y ochenta soldados de caballería, que escoltaban un convoy de trescientos caballos, estaba en las proximidades de Belalcázar, actual provincia de Córdoba. Durante unos días siguió sus pasos sin que se diesen cuenta y, en la noche del 6 al 7 de junio, les atacó por sorpresa. No obstante, como ya había sucedido en Fuenteovejuna, los franceses tuvieron tiempo de organizar una dura resistencia en las calles del pueblo, pero en esta ocasión Morillo había aprendido la lección habiendo puesto buen cuidado en estudiar las posiciones enemigas y contaba a su favor con que el bando enemigo no había un jefe de la talla del capitán Cyr Billot. Pese a todo, tras varias horas de intercambio de disparos, las cosas no avanzaban por lo que ordenó el ataque a bayoneta calada. Puede parecer que esta medida estaba motivada, otra vez, por la impaciencia de Morillo ante una inesperada resistencia pero, en realidad, era una orden, esta vez sí, fría y calculada. El ataque con bayoneta puede parecer una medida desesperada por parte del brigadier Morillo pero él sabía muy bien que ante un enemigo indeciso la simple visión del acero en la punta de los mosquetes o fusiles suele provocar el pánico. De hecho, en la historia son muy pocos los casos que se registran de verdaderos combates a la bayoneta pues casi siempre, como dice Holmes, «un lado u otro normalmente recuerda que tiene una cita urgente en alguna otra parte antes de que las bayonetas lleguen a cruzarse»[8]. Y esto fue exactamente lo que sucedió. Al ver acercarse a los soldados de Morillo, los franceses inmediatamente se rindieron y más de cien fueron hechos prisioneros en aquella jornada. Al final del día se contaron cuarenta y ocho bajas francesas, todas ellas sufridas antes de la carga, y apenas tres muertos y diez heridos españoles. Esto sí era una victoria, nueve meses después de Fuenteovejuna Morillo demostró haber aprendido bien la lección.

Otras acciones de guerra tuvieron lugar en julio de 1811, la primera en los alrededores de Esparragosa de la Serena, actual provincia de Badajoz, y la segunda en Villanueva del Duque, Córdoba, donde también con apenas bajas propias causó al enemigo importantes pérdidas[9].

Morillo bajo mando inglés

En octubre de 1811, Morillo recibió una comunicación del general Castaños, quien había sucedido al marqués de La Romana tras su muerte, por la que se le ordenaba incorporarse a las fuerzas británicas al mando del general Rowland Hill. Tener que abandonar la libertad de movimientos de la que hasta entonces disfrutaba para pasar a integrase en una unidad más grande y bajo las órdenes de un extranjero con seguridad disgustó a Morillo, pero a la larga le terminaría resultando muy provechoso. Primero, porque tendría la ocasión de aprender mucho sobre la organización y el funcionamiento de un ejército como el inglés y, segundo, porque ello le terminaría otorgando la confianza del propio general en jefe inglés, Arthur Wellesley, hecho que acabaría siendo definitivo en su carrera militar.

El nuevo jefe de Morillo, Rowland Hill, era un general bastante inusual en el ejército británico de la época. De origen noble, su familia jamás creyó que su vocación militar fuese compatible ni con su carácter bondadoso y afable, ni con su endeble constitución física. No obstante, su padre accedió a comprarle una plaza de alférez y cuando, en 1793, estalló la guerra contra la Francia revolucionaria partió como ayudante de campo del teniente general O'Hara, comandante en jefe de las tropas aliadas en el sitio de Tolón. Conviene recordar que también Morillo estuvo presente en esta acción si bien como simple infante de marina. Apenas un año más tarde, un amigo suyo reclutó un regimiento de infantería, el 90, y Hill pasó a ocupar una plaza de coronel con apenas veintitrés años. Tras un periodo de servicio en Gran Bretaña fue destinado al cuerpo expedicionario británico en la península ibérica al mando, primero de Moore y luego de Wellesley, donde en junio de 1809 sería nombrado jefe de la Segunda División.

Su buen carácter y trato familiar hizo que sus hombres le pusieran el apodo de *Daddy Hill*, o Papá Hill. Y la verdad era que el bienestar de sus soldados era su principal preocupación, en palabras de un testigo contemporáneo, su único solaz era «ocuparse de sus tropas, asegurándose que estuviesen confortables, contentas y felices, evitándoles tantas fatigas como fuera compatible con el cumplimiento de su deber[10]». Sus tropas, por su parte, le correspondían con un enorme cariño. Son legión los testimonios que hablan de la devoción de sus hombres, desde el propio Charles Oman quien lo describe como «un hombre rebosante con la leche de bondad humana»[11], hasta Andrew Uffindell quien dice que: «su generosidad con todos con quienes se cruzaba hicieron de él una leyenda dentro del ejército»[12].

El influjo que Hill ejercía entre sus hombres se basaba en el respeto que les inspiraba. No tenía un aspecto imponente, ni tomaba la primera posición en la batalla, pero sus soldados estaban confiados en que haría todo lo posible para llevarlos a la victoria en las mejores condiciones asumiendo los menores riesgos posibles. Este tipo de mando es el que Keegan denomina como caudillaje no heroico, parecido al que ejercería el general y luego presidente norteamericano Ulises S. Grant durante la Guerra Civil Norteamericana. Las palabras que le dedica le sientan como un guante a Daddy Hill, «sin exhibiciones napoleónicas, sin ostentación, sin discursos, sin farsas superfluas»[13]. La cualidad más destacable de Hill era su confiabilidad, o como comentaría el propio Wellington, «lo mejor de Hill es que siempre se dónde puedo encontrarle»[14].

Como se ve, Hill no podía ser más distinto a Morillo, sin embargo el general español tendría la oportunidad de aprender de él y ver cómo funcionaba un verdadero ejército en campaña. Si bien ya había intervenido en otras acciones mayores, como la de Bailén, ahora se trataba de un cuerpo relativamente bien disciplinado y cohesionado donde reinaba el orden, sobre todo si lo comparamos con la situación vigente entre la mayoría de las tropas españolas. Si bien es famosa la frase de Wellington al referirse a sus soldados como «la escoria de la humanidad»[15], también es verdad que algunos años más tarde la completo diciendo: «es realmente maravilloso que hayamos hecho de ellos los magníficos muchachos que son»[16]. La clave para ello era, en no poca medida, un sistema de estricta disciplina. No hacía falta insistir mucho en este punto a Morillo, pues el mismo era un convencido de que lo que necesitaban sus hombres para transformarse de una partida armada a una unidad militar: disciplina, disciplina y disciplina.

Para lograrlo, en primer lugar, se imponía reprimir cualquier posible tentación de deserción y, para ello, Morillo no dudo en imponer castigos ejemplares. En una carta dirigida al marqués de Monsalud le exponía:

> Tengo ya reunidos 200 desertores, para los cuales he mandado hacer un gran número de esposas: esto es para aquellos que sean aprendidos, que ya se ha dado principio á que caminen de este modo; pero es menester fusilar á diez lo menos, uno de cada veinte, para exterminar una corrupción como esta que tan propagada se halla en estas circunstancias tan esenciales, como son las que se halla hoy día la Nación[17].

Por mucho que a la mentalidad actual puedan parecer crueles este tipo de medidas tan drásticas, estas eran comunes en los ejércitos de la época y Morillo ya las había empleado con anterioridad. Por ejemplo cuando, en julio de 1811, tras la deserción de más de cien de sus hombres mandó hacer un sorteo entre ellos, ordenando fusilar a los «agraciados». Pese a lo extremo de tales acciones, el caso es que dieron resultado y el regimiento de La Unión se acabaría transformando en una de las mejores unidades de combate del ejército español de la época. Su prestigio llegaría a ser tal que en dos ocasiones[18] sería exceptuado de la aplicación de decretos por los que se establecía que todos los regimientos debían enviar algunas de sus unidades a otras que habían sido diezmadas por deserciones o por bajas en campaña. Incluso el historiador británico Michael Glover, al hablar de Morillo dice que «sus hombres eran los mejor disciplinados en el ejército español»[19].

Un ejemplo de cómo el compartir campamento con los británicos ejercería influencia en Morillo es que cuando el general Rowland Hill entraba en combate le gustaba oír tocar a los gaiteros de los Gordon Highlanders cuyos sones inspiraban ardor entre sus tropas. Pues bien, el general español se aseguraría que a sus propios hombres no les faltase este tipo de inspiración, haciendo que el regimiento de la Unión fuese de las pocas unidades que contaba con «música» de la que el mismo Morillo dice, «á quien en parte se debe el consuelo y esperanza de los pueblos, pues aunque abatidos con la opresión de los enemigos, se han entusiasmado renaciendo en ellos el patriotismo»[20].

Mientras Morillo exigía una absoluta disciplina de sus tropas, la relación con sus jefes no siempre estuvo marcada por la aplicación estricta de este criterio y su carácter difícil se haría famoso entre sus superiores. El general Girón, llegó a escribirle en una carta donde le imparte algunas órdenes que «conozco que usted tiene tanto de agrio como de dulce, pero yo a pesar de todo estoy por la afirmativa»[21]. Esta «aspereza» era la que le haría enfrentarse con varios de sus superiores, como la ocasión en que chocó con el conde de Penne. El origen remoto de la disputa hay que buscarlo en febrero de 1811 cuando Morillo no había acudido en socorro de las tropas del conde porque, según Morillo, el mensaje le había llegado tarde. No cuesta imaginarse al conde de Penne diciendo que qué se habría creído este labriego venido a más. Tales palabras llegaron los oídos de Morillo provocando un rencor que afloraría pocos meses más tarde cuando escribiría al general marqués de Monsalud diciéndole que, «no puedo sufrir el hallarme más tiempo á las órdenes del conde de Penne, y que más antes consentiré en ser el último soldado que seguir en esta compañía, ..., he pensado desde hoy suspender toda mi correspondencia con él»[22]. Evidentemente era una amenaza que no iba a cumplir, pues no era imaginable que renunciase a su generalato por nada del mundo, pero como arma era poderosa. Bien sabía Monsalud que las tropas del regimiento de la Unión veneraban tanto como temían a su jefe y que su prestigio era suficiente como para que la queja de Morillo fuese tenida en cuenta, como así fue. Poco tiempo más tarde, el conde de Penne recibía órdenes de Castaños de trasladarse con sus hombres para operar en una zona bien alejada de donde lo hacía Morillo. Además, Morillo también sabía adular a sus jefes cuando lo estimaba necesario y su correspondencia con ellos está llena de halagos y frases lisonjeras con las que esperaba atraerse su favor. En una carta al general Castaños, se dirige a él de la siguiente manera, muy por encima de las cortesías epistolares propias del siglo XIX.

> V. E. se dignó a redimirme á la verdad pues extrayéndome de Marina en la villa de Utrera al organizarse las tropas que se disponían á la gloriosa batalla de Bailén, conseguí el gran apoyo de la fortuna que disfruto; y por lo tanto no puedo menos de dar á V. E. infinitísimas gracias, ofreciéndole todos mis esfuerzos para probar en parte mi justo reconocimiento á tantos beneficios: así es que me preparo con el mayor júbilo á sacrificar mi vida bajo la guía de V. E., como de quien espero todas las providencias en que pueda complacerle. Bajo este concepto que le juro inviolable, deseo impacientemente que V. E. disponga de su rendido y obediente súbdito q. b. l m. á V. E.[23].

Es un perfecto ejemplo de adulación no carente de inteligencia ya que no se limitaba a besarle la mano (q. b. l. m.) sino que aprovecha para recordarle que estuvo bajo sus órdenes en Bailén y es bien conocido cómo los jefes tienden a mirar con cariño a aquellos subordinados suyos que les acompañaron cuando les sonrió la victoria. Esta relación de Morillo con Castaños, ya se ha dicho antes, le sería muy útil en su carrera, pero hay que destacar aquí que también le serviría para aprender mucho sobre cómo debe tratar sus asuntos un comandante en jefe. En una de las muchas cartas de Castaños dirigidas a su antiguo «compañero de armas en Bailén» hay una que merece la pena ser destacada, pues constituye una pequeña joya sobre cómo un militar de carrera debe lidiar con sus jefes políticos. Cuando, en una ocasión, Morillo le elevó una queja sobre la política del Gobierno en cuanto a la manera en que estaban conduciendo la guerra, Castaños le respondió que estaba completamente de acuerdo pero que debía tener paciencia pues, «hace muchos años estoy acostumbrado á sujetar mi opinión á la del Gobierno; y la experiencia me ha manifestado siempre cuánto conviene que los hechos sean los que hagan ver á los superiores que se han equivocado»[24].

Todo un tratado de relaciones públicas con el que no hay que estar necesariamente de acuerdo, pero que demuestra un alto grado de capacidad de maniobra política por parte de un militar profesional como Castaños. Esta cualidad era esencial para sobrevivir como general en una guerra en la que no abundaban las buenas noticias y en las que los puestos de comandante en jefe estaban sujetos a los vaivenes políticos. Pese a este sabio consejo, Morillo fue incapaz de seguirlo pues su fuerte, agria y compleja personalidad le impedía tener la paciencia necesaria para hacerlo.

Por otra parte, las relaciones entre españoles e ingleses distaron mucho de ser fáciles y eran muchas las causas. En primer lugar, es obligado mencionar el choque cultural. Los testimonios contemporáneos de oficiales y soldados británicos en España están llenos de observaciones xenófobas y despreciativas hacia las tropas y el pueblo españoles. Los ingleses se consideraban muy por encima de sus aliados y no tenían empacho alguno en hacerlo notar. Esta particularidad del carácter inglés parece mantenerse a lo largo de la historia, tanto que incluso alguien tan cosmopolita como Salvador de Madariaga, en su delicioso y autocrítico ensayo sobre ingleses, franceses y españoles, llega a decir:

> ... crear en el inglés lo que pudiera llamarse prejuicio de superioridad. Así, la palabra extranjero, *foreigner*, tiene en Inglaterra sentido peyorativo. Por combinación con la tendencia a la afirmación de los criterios morales-sociales, la insularidad se prolonga en la psicología inglesa hasta una especie de satisfacción colectiva, debida a la comparación entre el nivel moral-social inglés y el de las colectividades extranjeras. Este través, que el inglés conoce perfectamente y contra el cual no deja de luchar, lleva también un nombre intraducible: *self-righteousness*[25].

Los españoles, por su parte, imbuidos del fanatismo de su religión católica, veían a sus aliados como un grupo de herejes que en cualquier momento podían dejarles abandonados. Desconfianza reforzada por una tradición de más de tres siglos de constantes luchas entre ambas naciones y por considerar la estrategia de Wellington durante la guerra como demasiado conservadora, por no decir tímida.

Otro factor de estas suspicacias estaba en la distancia que separaba a las profesionales y compactas tropas británicas de las ciertamente valerosas pero indisciplinadas españolas, a lo que se sumaba un enfoque completamente distinto de la guerra y de los medios para llevarla a cabo. Mientras que para los ingleses era una guerra más, para los españoles era la lucha por su supervivencia. Ello tendría un directo reflejo en la actitud de cada uno de ellos respecto al enemigo.

Para los ingleses la guerra debía conducirse, en lo posible, de una manera civilizada y, en este sentido, abundan los ejemplos de confraternización y caballerosidad con el enemigo. Baste mencionar, como ejemplo, un caso que recoge el capitán John Kincaid cuando escribe sobre los «repetidos actos de cortesía que tuvieron lugar entre los franceses y nosotros durante esta tácita suspensión de las hostilidades. Los galgos de un oficial francés persiguieron una liebre, en una ocasión, hasta nuestras líneas, y nosotros muy educadamente se los devolvimos[26]». Tal comportamiento hubiera sido impensable en un oficial español. Para los españoles, la guerra era a vida o muerte, sin cuartel, y de ahí las atrocidades cometidas. A ello hay que añadir que, como se ha visto, era una guerra popular en la que no solo participaban ejércitos regulares sino también el pueblo alzado en armas. Solo resta dejar sembrada la duda de si los ingleses hubieran sido tan caballerosos con sus oponentes en el caso de tener que combatir en su propio suelo.

Por último no se puede dejar de mencionar la desconfianza española sobre los verdaderos intereses ingleses. Se temía que los jefes británicos estuviesen conspirando para conseguir que tropas españolas fueran puestas directamente bajo las órdenes de oficiales ingleses, tal y como ya sucedía con los portugueses. Y pese a todas las explicaciones oficiales, este era, precisamente, el caso. Según Chartrand y Younghusband:

> En junio de 1810, *lord* Wellesley, hermano mayor de Wellington y embajador británico en las Cortes españolas, había escrito un memorándum sobre el ejército español en el que se describía la organización de un cuerpo a sueldo británico con un total de 30 000 hombres que incluso podrían ser vestidos de rojo. El plan se basaba en la premisa de que los españoles son capaces de ser transformados en buenos soldados, tan buenos como cualquiera en el mundo, y que

probablemente fueran los soldados más baratos que Gran Bretaña pudiese emplear[27].

Para acallar este temor, el propio Wellington hubo de comparecer, en agosto de 1811, ante las Cortes de Cádiz, negándolo todo alegando que se trataba de meros rumores sin ningún fundamento.

Por lo tanto, no sorprende que las relaciones de Morillo con los ingleses tampoco fuesen fáciles, y prueba de ello es un incidente que tuvo lugar a finales de junio de 1812. Por aquellos días, las tropas británicas andaban escasas de forraje para sus caballerías y una partida de soldados partió en su busca. Cuando llegaron donde estaban acampados los españoles les exigieron que les diesen todo lo que tenían, cuando les contestaron que no podían darles nada pues nada tenían, decidieron buscarlo por su propia cuenta, entrando por la fuerza en las casas del pueblo cercano llevándose todo lo que encontraron a su paso. Morillo corrió al lugar y se dirigió a uno de los soldados ingleses indicándole «con demostraciones bastantes comprensivas» que se detuviera, pero el inglés haciendo oídos sordos continuó impasible. Morillo perdió la paciencia y le amenazó con su bastón de mando, en ese momento, varios de sus compañeros se abalanzaron sobre Morillo dándole, incluso algunos «cintarazos». La tropa española al ver cómo era tratado su jefe por poco acaban allí mismo con los ingleses, y el propio Morillo ordenó el arresto de sus atacantes. Inmediatamente después escribió a Hill quejándose de la conducta de estos soldados diciendo que era «un insulto y un ultraje de mucha monta á mi carácter, y espero se sirva tomar providencia que sea conveniente á su corrección». Unos días más tarde el general Rowland Hill le pedía a Morillo que le entregase a los tres presos asegurándole que serían convenientemente castigados[28].

La acción de Arroyomolinos

La primera ocasión de combatir bajo mando inglés le llegaría al regimiento de la Unión escasamente unas semanas después de ser asignados al cuerpo de ejército del general Rowland Hill, quien, apenas en junio de este mismo año de 1811, había regresado de uno de sus múltiples permisos por enfermedad. En la segunda mitad del año, la situación para los aliados era de una tensa espera. Si bien Wellington había obligado a los franceses a renunciar a todo intento de ocupar Portugal, no parecía aún decidido a embarcarse a la tan esperada liberación de España. Por el momento, sus movimientos se limitaron a amenazar la frontera en puntos como Badajoz o Ciudad Rodrigo, sin que los intentos por tomar ambas ciudades produjesen resultado alguno. No obstante, esta presión motivó que 56 000 tropas francesas, al mando del general Marmont, fueran enviadas para contener a los aliados. Este desplazamiento provocó un vacío en sus defensas en la frontera hispano-portuguesa que los aliados se dispusieron a aprovechar. De este modo, 3600 hombres al mando del general Castaños avanzaron por este corredor con la intención de cortar las comunicaciones entre Marmont y el Ejército del Sur, del mariscal Soult. Para evitarlo, el mariscal francés ordenó que parte de las tropas asignadas a su 5.º Cuerpo, las que se encontraban más al norte, fuesen enviadas a proteger la región entre los ríos Guadiana y Tajo, mientras el grueso de este 5.º Cuerpo, al mando de Jean-Baptiste Drouet, conde de Erlon, permanecía en sus posiciones originales. Inmediatamente, Hill, percatándose de la oportunidad que se le presentaba, pidió permiso a Wellington y, dejando parte de sus propias tropas en Portugal, partió con 7000 infantes ingleses y portugueses, 900 soldados de caballería y dos baterías de artillería.

El 22 de octubre estaba en Portalegre, aún en Portugal, pero a apenas cincuenta kilómetros al noroeste de Badajoz. Dos días más tarde, en Aliseda, actual provincia de Cáceres, se reunía con el regimiento de La Unión al mando de Morillo y 600 soldados de caballería al mando del conde de Penne. Rápidamente, se dispuso seguir al enemigo a distancia manteniéndose oculto, pero los franceses, alertados de las intenciones de Hill por «oficiales españoles traidores», no cayeron en la trampa y el conde de Erlon ordenó regresar al general Girard, jefe del destacamento que había partido al norte[29]. Tras esta precaución francesa, y perdido el elemento sorpresa, parecía que ya no tenía sentido continuar, pero Hill aceleró su marcha con la intención de interceptar a los hombres de Girard antes que pudiesen reunirse con el grueso del 5.º Cuerpo. Cuando llegaron cerca de Arroyomolinos de Montánchez ya era de noche y, según cuenta el capitán Charles Cadelll, «una terrible tormenta, con fuerte viento, y abundancia de lluvia, hizo nuestra posición miserable, todas nuestras tiendas de campaña volaron y tuvimos que cubrirnos solo con nuestros empapados capotes sin tener nada caliente para confortarnos»[30]. La noche fue dura, pues Hill había ordenado que no se encendiese ningún fuego en el campamento por temor a delatar su posición, y también fue corta, ya que a las dos de la mañana el general inglés mandó formar las tropas para avanzar hacia el enemigo. Mientras tanto, los franceses, ignorantes de la cercanía del enemigo, estaban «perfectamente tranquilos y pasándoselo tan bien como si estuviesen en sus cuarteles de Versalles»[31].

De acuerdo con Andrew Uffindel, el plan de Hill era sencillo de concepción pero de complicada ejecución[32]. El objetivo era atrapar por sorpresa a los franceses, obligándoles a huir a través de la sierra de Montánchez, donde sería relativamente fácil acabar con ellos. Para ello era necesario dividirse en varios grupos para bloquear las otras posibles salidas del pueblo y, además, tenían que hacerlo de manera simultánea para que la red se cerrase justo a tiempo sin dejar ningún espacio libre. La señal para el asalto sería el ataque frontal a Arroyomolinos por parte de los escoceses del coronel Steward y el regimiento La Unión, todos al mando del propio Hill. A las siete de la mañana, el general inglés, dio la orden a los gaiteros de los Gordon Highlanders que tocasen *Hey, Johnnie Cope, are ye wauking yet?*. Una tonada muy apropiada ya que la letra de dice:

Oye Johnnie Cope, ¿estás despierto?
Si estás dormido esperaré.
Date Prisa en levantarte pues ya suenan los tambores[*].

Sus sones, efectivamente, despertaron a las tropas del general Girard, que pasaron del sueño a la pesadilla en cuestión de minutos[33]. Los habitantes del pueblo, al darse cuenta de lo que estaba pasando prorrumpieron en gritos de, «¡Viva los ingleses!» y saliendo de sus casas, condujeron a los aliados hacia donde se encontraba el grueso del enemigo[34]. El general francés intentaba desesperadamente organizar sus tropas para

[*] Canción con música tradicional y letra original de A. Shirving (1719-1803), más tarde reformada por Robert Burns, que conmemora la batalla de Prestonpans (1745), donde los escoceses, al mando de Bonnie Prince Charlie, durante la llamada revuelta jacobita, derrotaron al ejército inglés del general *sir* John Cope. Véase www.ourworld.compuserve.com/homepages/csouchon/johnnie.html Una versión cantada moderna de esta balada puede escucharse en el sitio de Internet: www.chivalry.com/cantaria/lyrics/johnnie_cope.html

que formasen cuadros al este del pueblo, pero tres cañones británicos cargados con metralla abrieron fuego impidiéndolo. Al ver que por ese lado no había salida, optó por dirigirse al sur, por el camino hacia Mérida. Allí se vio detenido por la caballería del conde de Penne que le obligó a volver sobre sus pasos. Entonces, cuando los franceses estaban replegándose, se produjo la aparición de una de las más excéntricas y pintorescas unidades que participaron en la guerra de la independencia: los Lanceros del Cuerpo Volante de Leales a Pizarro, reclutados y financiados «por un escocés, Juan Downie, enamorado de España y su Siglo de Oro, por ello, a su costa, levantó esta unidad en recuerdo y homenaje al conquistador extremeño»[35]. Hasta aquí nada raro, lo curioso del caso es que Downie se había dejado llevar por su pasión histórica y había vestido a sus hombres con un uniforme inspirado en el de los alabarderos de la Guardia Tudesca de Felipe II[36]. La impresión que su atuendo causó entre los combatientes queda muy bien reflejada en un comentario contemporáneo:

> Había una banda ecuestre española [sic], vestidos como arlequines y mandados por una persona que una vez estuvo cuerda, pero que ahora procedía a cargar con esta compañía multicolor contra la dura y disciplinada caballería de Francia: y pese al valor personal de su jefe el señor comisario Downy, poco se podía esperar de este fantástico y revoltoso escuadrón, que no desplegaba ningún orden ni disciplina[37].

Pese a esta grotesca aparición, a Girard no le quedó más salida que dirigirse hacia la sierra de Montánchez, tal y como lo había previsto Hill. Allí se desató una terrible carnicería llevada a cabo por los, según fuentes inglesas, «españoles sedientos de sangre de Morillo»[38]. Las tropas españolas pasaron toda la noche recorriendo la serranía de Montánchez y, a la mañana siguiente, Morillo informó a Hill que sus hombres habían dado de baja a más de seiscientos franceses[39]. Al final de la jornada, Girard consiguió salvarse con apenas quinientos de sus hombres, pero en Arroyomolinos quedaron los cuerpos de buen número de franceses. El número concreto varía mucho según sea la fuente que se consulte, mientras Gates habla de 1200, Teffeteller de 800, Uffindell de 500 y el propio Morillo de unos 2000[40]. En todo caso, la acción de Arroyomolinos sirvió, aparte de para subirle la moral de los aliados tanto en el terreno como en sus respectivas capitales, también para que el general Rowland Hill fuese objeto de múltiples homenajes y felicitaciones entre las que tendría un lugar destacado el ser condecorado con la Orden de Bath.

Aparte de estos honores, Arroyomolinos sería el origen del mote por el que sería conocido el general Hill, *The Surpriser*[41], que, a falta de una traducción mejor, podría equivaler a «el que ataca por sorpresa» y, por extensión, a partir de entonces sus tropas serían llamadas *The Surprisers*[42]. De la trascendencia de la acción de Arroyomolinos da fe que sus habitantes aún hoy en día cantan unas coplas en las que se vanaglorian de su valentía:

En Arroyomolinos
andan las cabras,
en la villa de Alcuéscar
buenas muchachas.
Guerra de Arroyomolinos
glorioso San Sebastián,
bien sabes Peñaguilera
que supimos pelear[43].

Después de la acción de Arroyomolinos de Montánchez, Morillo se quedaría poco tiempo compartiendo campamento con los ingleses, pues, a principios de diciembre de 1811, llegaron nuevas órdenes en las que le comunicaban que volvía a operar por su cuenta. Estas eran las mejores noticias que podía recibir, pues su carácter se acomodaba mucho mejor a este tipo de acciones que a tener que sujetarse a la disciplina de un cuerpo de ejército que, para colmo, no era el suyo. Pero lo que se planteaba como una ocasión perfecta para poder volver a brillar con luz propia terminaría convirtiéndose en un frustrante ir y venir por tierras extremeñas y andaluzas en busca de un enemigo cada vez más esquivo, que había aprendido la lección y que ya no se aventuraba a recorrer en pequeños grupos los campos y caminos sino que cada vez asignaba mayores escoltas a sus convoyes.

Las cosas no empezaron bien en esta nueva salida de Morillo y lo primero que hubo de afrontar fue una retirada por los campos de Almagro. El propio general español trató de disimular su frustración al dirigirse a sus superiores asegurándoles que «mi retirada de Almagro ha sido de las más majestuosas por la serenidad de las columnas y espíritu admirable de todos los soldados»[44]. Lo cierto es que no fue fácil, ya que a la amenaza de las patrullas de la caballería francesa se sumaba el tener que moverse con gran cantidad de equipaje y con un nada despreciable número de «acompañantes» que le retrasaban peligrosamente. Finalmente tuvo que optar por dejar todo lo que no fuera absolutamente necesario para proseguir la marcha. Como dice Robert Barr Smith, «hoy resultaría difícil de imaginar soldados llevando sus familias consigo mientras van a la guerra»[45] pero esta era una práctica habitual en la época y los ejércitos se desplazaban con un amplio cortejo que incluía a sus familias y al que se sumaban barberos, tenderos, cantineros, prestamistas, prostitutas y cualquier otra persona que pudiese ganarse la vida entre de los soldados[46].

En noviembre de este año de 1812 Morillo volvió a acompañar a los ingleses durante parte de su retirada hacia Portugal, tras su fracaso en su intento de tomar Burgos. De nuevo, las condiciones fueron muy duras. Continuas y fuertes lluvias sin apenas descanso. En palabras, no exentas de humor y flema, un oficial británico comentaba:

> Esta ha sido una retirada muy fatigosa para nuestros animales y no muy agradable para nosotros mismos pero no tan desagradable como pudimos imaginar. Si estamos bien [de salud] y conseguimos una comida confortable nos consideramos más que pagados. Ustedes en Inglaterra no tienen ni idea del placer que supone una buena taza de té con una chuleta o un filete entre tus dedos sentado en el suelo en una soleada mañana tras una noche lluviosa[47].

Con el nuevo año tampoco cambiaría la suerte de Morillo pues, durante más de un año y medio, hubo de contentarse con jugar al gato y al ratón con las pocas tropas francesas que se le cruzaban por el camino. Pese a todo, 1812, sería un año decisivo para los aliados pues supondría el principio del fin de la dominación napoleónica en España, ya que se produjeron dos hechos que llevarían a un punto de no retorno.

El primero y de alcance global, sería la invasión francesa de Rusia, que Napoleón empezaría a preparar desde principios de 1812 y que tendría un fuerte impacto en la guerra en la península ibérica. Para poder formar su *Grande Armeé*, el emperador necesitaba de todos sus recursos y, por lo tanto, no podía permitirse tener tantas tropas enredadas en España. Cualquier otro jefe se hubiera retirado del todo para poder comprometer sus limitados recursos en el este de Europa, pero Napoleón decidió mantener su posición en España detrayendo de ella cuantos hombres fuera posible.

A primera vista esta decisión de mantener dos frentes parece una segura receta para el fracaso, pero desde el punto de vista de la lógica de Napoleón era impecable. En su *Memorial de Santa Elena* Napoleón se justificaría argumentando que «esa desgraciada guerra [la mantenida en España] me perdió: dividió mis fuerzas, multiplicó mis esfuerzos, atacó mi moral», pero también señala que «no podíamos dejar España a nuestras espaldas, a disposición de nuestros enemigos. Era preciso encadenarla, de grado o por fuerza, a nuestro sistema»[48]. Como en otros muchos casos de caudillos triunfadores, la permanencia de Napoleón en el poder estaba íntimamente ligada a la victoria. Era la que le había conducido a donde estaba y la que allí le mantenía. La más mínima concesión a la derrota haría peligrar todo el sistema. Si el resto de Europa veía que era obligado a retirarse de una tierra previamente conquistada, la revuelta se propagaría por todo el imperio. El caso español era un ejemplo que no se podía dar el lujo de incentivar. De todos modos, necesitaba de todas las tropas posibles para embarcarse en su aventura rusa y, por ello, no tuvo más remedio que ordenar que parte de sus hombres fuesen transferidos al este de Europa con lo que 27 000 soldados partieron hacia allí[49]. Según Trainé y Carmigniani, «esto va a privar a España de soldados de primer orden, perfectos conocedores del país, la Guardia Joven, los Lanceros Rojos, una buena parte de los dragones, debieron volver a cruzar los Pirineos»[50]. Cómo es evidente, ello produciría un importante debilitamiento de la posición francesa que Wellington se dispondría a aprovechar.

El segundo hecho importante de la campaña de 1812, en la que tampoco pudo participar Morillo, sería la batalla de los Arapiles, que tendría lugar en las cercanías de Salamanca el 22 de julio de este año. Mala suerte, pues su regimiento estaba asignado a la división de Rowland Hill cuyas órdenes fueron las de quedarse en Extremadura.

De hecho, 1812 sería un año en el que Morillo vería muy poca acción. Un claro reflejo de ello puede verse acudiendo a su hoja de servicios en la que apenas tres líneas bastan para recoger sus hechos de armas durante este año, mientras que para 1811 hay más de una página entera[51].

2. Reclutamiento y suministros

Esta era la segunda de las misiones que el marqués de La Romana había asignado a Morillo en marzo de 1810 y que tendría que cumplir hasta el mes de junio de tres años más tarde. La primera parte consistía en enrolar el mayor número posible de paisanos y guerrilleros, y en su cumplimiento, se mostraría implacable. Prueba de ello es parte de una carta que escribió a un tal Francisco de Sales, quien mandaba una partida de guerrilleros en las cercanías de Medellín, en la que pura y simplemente le ordena que se presente con sus hombres ante él. Así, sin más. Este documento, tan revelador de la personalidad del entonces coronel, dice textualmente: «el Marqués de La Romana, para lo cual me mandó echase mano de las tropas que hubiese en estas inmediaciones; y siéndome á propósito las del mando de V. S., se servirá incorporarse en esta villa con la brevedad posible, en donde trataremos del asunto»[52]. Como puede verse Morillo no admite más concesión que la de discutir el asunto, pero no cabe duda alguna de que en esta conversación solamente se trataría de la manera en que los hombres de Salces pasarían a incorporarse a las tropas regulares.

La otra parte de sus instrucciones en este punto se refería a la tarea de obtener suministros para el ejército. La cosa no era fácil. Los pueblos y los campos habían sido devastados por las columnas francesas que, cual plaga de langostas, solo dejaban a su paso aquello que no podían materialmente llevarse consigo. Pese a que la historia oficial de la guerra de la independencia española suele presentar al campesino movido siempre por un fervor patriótico, la verdad no siempre se acomoda a esta imagen. Es cierto que abundan los ejemplos de labriegos que ofrecían todo lo que tenían, con un estoicismo propio de Séneca, diciendo, «cómanlo ustedes, pues dentro de poco se lo han de comer los franceses»[53], pero conforme fue pasando el tiempo el campesinado iría contemplando casi con igual desconfianza a todos los actores en el conflicto, pues la rapiña francesa fue prontamente igualada por las «infamias que cometen los guerrilleros y comisionados» que dejaban a pueblos enteros condenados al hambre[54].

Por otro lado, no hay que olvidar que la situación de la población rural en la España de principios del siglo XIX era ya de por sí extremadamente dura. Pese a importantes diferencias regionales que, como Raymond Carr, hacen hincapié en que «la división más importante es la que media entre la España seca y la España húmeda «... la pobreza, con pocas excepciones, era «extensa y generalizada»[55].

En medio de todo ello se encontraban las autoridades locales, que debían responder a los requerimientos de las Juntas central y provinciales, pero que tampoco podían dejar de tener en cuenta los intereses de sus propios administrados. No sorprende, por ello, que en algunos casos, para intentar resolver este dilema, sus ojos se volviesen al poder que pudiera garantizarles mayor tranquilidad que, en no pocas ocasiones, no sería otro que el de los franceses. De esta manera «la colaboración significaba, por lo menos, la garantía del orden y, en buena parte, la contención del ejército napoleónico»[56]. En la correspondencia de Morillo abundan las referencias a la falta de colaboración de los pueblos y, sobre todo, de sus autoridades y de los más ricos del lugar. Mientras que para los franceses «todo está pronto y listo, pero para las tropas españolas todas son disculpas y descargos»[57] y «en los pueblos los sujetos más pudientes están llenos de corrupción y se necesita mucho tiempo para exterminar las debilidades y picardías que hacen en ofensa de la Nación»[58]. Ante todo esto, la actitud del general español siempre fue la misma: mano dura. Nunca admitiría excusas cuando se trataba del bienestar de sus tropas pero tampoco era un inconsciente pues sabía perfectamente que se movía en terreno peligroso, por lo que en una comunicación al propio Castaños le solicitaba, «se sirva dictarme el camino más seguro por donde no faltando ni un punto á nuestra Constitución, pueda conducirme con las justicias y ayuntamientos poco activos y más indiferentes»[59]. Prueba de lo complicado de la situación es que tales instrucciones nunca llegaron. No podía ser de otro modo, todo el mundo sabe que hay ciertas órdenes que nunca se reciben por escrito, de hecho, a veces basta con que se soliciten por escrito para que la orden quede disuelta en el olvido. Pese a todo, Morillo continuó con lo que casi se podría calificar de saqueo sistemático y, en octubre de 1811, hubo de recurrir a la fuerza en los pueblos de Montánchez (Cáceres) y Villanueva de la Serena (Badajoz). No obstante, este tipo de misiones le disgustaban profundamente, pues contribuían en no pequeña medida a enemistarse con los locales lo que podía traducirse en que campesinos descontentos acabasen colaborando con los franceses. Consciente de este problema, había pedido, ya en octubre de 1811, ser relevado de esta misión, lo que le sería denegado, con lo que Morillo tuvo que continuar confiscando cuanto pudiese por tierras extremeñas y andaluzas[60].

3. Campaña contra las guerrillas

La tercera parte de las instrucciones del marqués de La Romana a Morillo de marzo de 1810 establecía que debía incorporar al ejército regular cuantas partidas guerrilleras encontrase a su paso. Ya se ha mencionado que el fenómeno de la guerrilla tiene su origen, al menos en cuanto al nombre se refiere, precisamente en la Guerra de Independencia española. Se trata de un vocablo que se ha hecho universal y que hace referencia a un tipo de operaciones consideradas como irregulares, frente a las de los ejércitos organizados. El nacimiento del movimiento guerrillero tuvo lugar desde el mismo inicio de la invasión francesa cuando parte del pueblo, de manera espontánea, se alzó en armas contra sus ocupantes. Hasta aquí llega el acuerdo de los historiadores sobre el fenómeno, pues en lo que se refiere a sus causas profundas, su importancia e impacto en el resultado final de la guerra o su verdadero número las interpretaciones son muy variadas.

Resulta necesario detenerse brevemente en las causas del movimiento guerrillero, para lo que puede ser útil comparar la actitud de los distintos pueblos invadidos por las tropas napoleónicas. Pese a que se documentan movimientos de resistencia en zonas de lo que hoy son Rusia, Ucrania, Alemania e Italia, en ninguno de estos lugares tuvieron la extensión y la fuerza que alcanzaron en España, y la razón de ello debe ir algo más allá de la vieja explicación de una vieja cartilla escolar de 1928 que habla del valor, «la caballerosidad, la hidalguía de este pueblo, herido por la conducta vil de aquellos que se llaman sus amigos»[61]. ¿Por qué, entonces, tuvo el movimiento guerrillero tanta importancia en España?. Como siempre en historiografía, la respuesta dista mucho de ser unívoca, sino que resulta de la suma de varios elementos. En primer lugar, están las causas económicas. Siempre se ha mencionado que la extrema pobreza del campo español hacía que muchos campesinos no tuviesen más recurso que el de convertirse en bandoleros para poder sobrevivir y, la verdad es que muchas de las partidas de guerrilleros tuvieron su nacimiento como asaltantes de caminos que simplemente aprovecharon la guerra para darle a sus acciones una legitimidad patriótica o política[62]. De este modo, no sorprende que muchos pueblos casi temiesen más a los guerrilleros que los mismos franceses. Pese a ser una fuente ciertamente interesada es útil recoger lo expresado por el mariscal Jourdan:

> Las partidas de guerrilleros no se contentaban con hostigar a las tropas francesas; sus jefes exigían a los alcaldes de pueblos y aldeas no ocupados por los franceses que solo obedecieran a las requisas cuando las apoyaba la fuerza armada. Raptaban a los que se mostraban demasiado dispuestos a obedecer, mutilaban o mataban a cualquier español que se descuidaba de avisarles de la aproximación de los franceses y a cuantos eran sospechosos de haberles informado de sus caminatas y de su posición[63].

Otras veces se hace hincapié en la disrupción económica provocada por la invasión y las exacciones francesas como detonador del fenómeno guerrillero[64]. Tampoco puede dejarse de lado el aspecto de revolución social, sobre todo al principio, pues condicionó mucho la actitud de desconfianza frente a las guerrillas que siempre tuvieron las autoridades[65]. De hecho, como señala Pierre Vilar:

> ... la chusma fue la que combatió primero. Y esto se debe a un hecho muy generalizado: toda clase dirigente duda instintivamente en turbar el orden establecido, agregando cierta prudencia a su valor. Las clases populares, por el contrario, experimentan siempre alguna satisfacción en el empleo de la violencia cuando se les da ocasión de criticar a las autoridades establecidas y a tomar ventaja sobre las minorías dominantes[66].

No obstante, los factores económicos no bastan, por sí solos, para explicar el fenómeno. El campesinado italiano o ruso de la época no era más rico que el español y, sin embargo, la guerrilla no prendió allí como en la península ibérica, por ello también hay que considerar los componentes ideológicos. Gran parte de la tremenda fuerza del fenómeno guerrillero se deriva del fanatismo con que combatían. Los guerrilleros y, en general casi todos los españoles que lucharon contra los invasores, estaban convencidos de que eran instrumentos de una cruzada de liberación en la que el nacionalismo y la religión anduvieron de la mano. La Iglesia católica no solo ofrecería cobertura ideológica, sino que incluso varios de los jefes guerrilleros más importantes pertenecieron al clero. Pese a que gran parte de la hostilidad oficial del papado hacia Napoleón se había moderado con la firma de un concordato, la jerarquía católica en España seguía viendo al emperador «como una amenaza sobre su importantísima cuota de poder económico», de modo que no es de extrañar que desde los púlpitos se proclamase la santidad de la lucha contra el invasor. Ya se ha visto cómo en catecismos se incluían textos en los que se calificaba a los franceses como de «antiguos cristianos y modernos herejes», o se respondía que matar a un francés, no solo no era pecado, sino que era el deber de todo buen español[67].

En cuanto a la importancia y el impacto que este tipo de guerra tuvo en el resultado final del conflicto, hasta hace bien poco solo las fuentes españolas otorgaban a la guerrilla un papel muy relevante, mientras que para las historiografías francesa y británica el impacto de la guerrilla en el resultado del conflicto era generalmentre infravalorado[68]. Hoy en día, parece que hay acuerdo general en que jugaron un papel vital, obligando a los franceses a dispersar sus tropas y siendo el agente desencadenante del enorme gasto de recursos que produciría al emperador su famosa «úlcera española»[69]. Para una idea de los resultados de la guerrilla, baste mencionar que, la anteriormente considerada como exagerada cifra de 50 000 bajas que da Espoz y Mina sobre franceses muertos por su partida, tras el importantísimo estudio de John Lawrence Tone, podría ser, incluso, conservadora[70]. Como dato comparativo baste mencionar que el número total de tropas francesas muertas por los ingleses al mando de Wellington durante toda su campaña peninsular rondan los 65 000 hombres[71].

Por último, en lo que se refiere al número total de guerrilleros la cuestión no es nada fácil de resolver, pero una idea aproximada se puede obtener de un informe elaborado en 1811 para el alto mando británico en el que se listan todas las partidas de las que se tenía noticia y que arroja un total de 28 000 hombres. Si bien, como acertadamente señala Chartrand, en muchos casos solo se inscriben los nombres de los jefes sin referencia a cuantos guerrilleros mandaba, su número aproximado podría rondar los 35 000, que es una cifra nada desdeñable si se tiene en cuenta que las tropas de Wellington rondaron los 50 000 hombres[72].

Muchos fueron los intentos de organizar a las guerrillas bien para integrarlas dentro del ejército regular o para intentar coordinar sus acciones. De fecha tan temprana como diciembre de 1808 data el primer reglamento de guerrillas, que establecía en su prólogo:

> La España abunda en sujetos de un valor extraordinario, que [...] son capaces de introducir el terror y la consternación en sus ejércitos [los del enemigo]. Para facilitarles el modo de conseguir tan noble objeto, y proporcionarles los medios de enriquecerse honrosamente con el botín del enemigo e inmortalizar sus nombres con hechos heroicos, dignos de eterna fama, se ha dignado S.M. crear una milicia de nueva especie, con la denominación de partidas y guerrillas, bajo las reglas siguientes...[73]

No tiene desperdicio el documento. Primero se les halaga, después se les tienta con riqueza y fama, por este orden, para luego someterlos a disciplina. Poco tiempo más tarde, al ver el poco éxito de esta primera medida se adoptó una segunda que tenía el muy significativo título de *Instrucción para el corso terrestre*[74]. El mero empleo de esta palabra invoca lujos y recompensas más propias de la época dorada de los piratas del Caribe que de una verdadera guerra nacional. Tampoco fue mucho lo que entonces se logró por lo que, en 1811, el Estado Mayor de Cádiz elaboró varios documentos y, entre ellos el borrador de un nuevo reglamento de guerrillas que nunca vería la luz[75]. Poco más tarde, en julio de 1812, aparecería un *Reglamento para las partidas y guerrillas* en cuyo artículo primero se recogía expresamente que «las partidas de cada distrito dependerán exclusivamente del respectivo general en jefe»[76]. El último de los intentos de encauzar las guerrillas vendría, curiosamente, poco tiempo después de terminada la Guerra de la Independencia, y con este nuevo reglamento de 1814 lo que se pretendía era que, al menos entonces, su disolución fuese lo más organizada posible[77]. La profusión de tantos reglamentos y disposiciones solo prueba su inefectividad ya que, como todo buen jurista conoce, la mejor muestra de que una ley no se cumple es su continuada reiteración.

Ante el fenómeno de la guerrilla Morillo adoptó con facilidad la opinión de sus jefes. Era un hombre de orden para el cual el ejército representaba la verdadera esencia de la lucha por la liberación de su tierra, por lo que solo podía concebir la guerra bajo los estrictos términos de la disciplina militar. A tal punto Morillo abrazó esta idea negativa sobre las guerrillas que el general Castaños tendría que recomendarle prudencia y que no se excediese en su celo:

> ... encargo a VS le trate con consideración siempre que sus excesos, no pasen de cierto ensanche en el trato con los enemigos, que si es forzoso tolerarles como único estímulo que puede mover á unas gentes que por constitución, no pueden poseer los nobles sentimientos del honor y humanidad en la guerra que es el carácter principal que debe distinguir a las tropas de línea bien disciplinadas[78].

Morillo, por su parte, en una carta a Castaños le decía que, «si no fuese fácil la reunión para servir en Cuerpos reglados, convendría a lo menos, disipar tales cuadrillas»[79] y a ello se dispuso en cuerpo y alma. Varias fueron las ocasiones en que tuvo que enfrentarse con guerrilleros para someterlos a sus órdenes. En abril de 1810, en las cercanías de la población de Hornachos, actual provincia de Badajoz, redujo al presbítero Juan Lino que se había atrevido a proclamarse teniente coronel. En mayo de 1811 recibió órdenes de arrestar al autodenominado brigadier Mir y, a finales de este mismo mes, atrapó a todos los miembros de la partida de un tal Cárdenas a quienes remitió encadenados al propio Castaños[80], lo mismo que haría, pocos días más tarde, con un tal Salinas y sus hombres[81]. Por último, en junio de este mismo año, cerca del pueblo de Don Benito, también en Badajoz, desharía otras partidas de guerrilleros que operaban en la zona.

Morillo pasó los más de tres años que van de marzo de 1810 a junio de 1813 en estas tres tareas: hostigando al enemigo, reclutando hombres y consiguiendo víveres y reprimiendo a aquellos guerrilleros que desobedecían las órdenes de actuar conforme a lo dictado por la Junta

Suprema. Es cierto que había obtenido ascensos rápidos e importantes, el último hasta ese momento había sido en abril de 1813 cuando fue nombrado comandante general jefe de la Primera División del Cuarto Ejército, pero, a pesar de todo, a mediados de 1813 Pablo Morillo era un hombre cansado de vagar por los campos de Andalucía y Extremadura alejado de las grandes batallas.

Capítulo 6

BATALLA DE VITORIA E INVASIÓN DE FRANCIA

1. Batalla de Vitoria (21 de junio de 1813)

Antecedentes de la batalla de Vitoria

La campaña de 1812, donde la entrada triunfal de Wellington en Madrid en agosto parecía presagiar un rápido final a la guerra terminaría en una casi vergonzosa retirada aliada cuando, a finales de octubre los británicos tuvieron que levantar el sitio de Burgos. De esta manera, todas las esperanzas de que la guerra terminase pronto se vieron frustradas y muchos llegaron a pensar que el Gobierno de Londres terminaría por renunciar a su costosa empresa en la península ibérica. Para evitarlo, las Cortes de Cádiz decidieron acceder a la vieja pretensión inglesa de concentrar bajo su mando directo todas las fuerzas aliadas, haciendo de Wellington generalísimo de los ejércitos españoles. No obstante, los ingleses se tomaron su tiempo, posponiendo la ofensiva hasta mediados de 1813. Por fin, en mayo Wellington cruzaba la frontera portuguesa diciendo, «¡Adiós Portugal, nunca te veré de nuevo!»[1]. El nuevo generalísimo no era un hombre dado a los gestos, pero tampoco renunciaba a ellos cuando podían serle de utilidad y esta frase estaba dirigida no tanto a sus tropas sino más bien a ser repetida en España como señal de que esta vez sí estaba dispuesto a llegar hasta el final.

El plan era avanzar rápidamente lo más al norte posible para amenazar las líneas de comunicación francesas con París con la intención de obligarles a presentar batalla en un lugar y momento ventajoso para los aliados. Para ello necesitaba concentrar todas las fuerzas posibles, por lo que despachó a uno de sus generales de mayor confianza, Rowland *Daddy* Hill, para que se dirigiese al sur, donde se reuniría con las tropas de Morillo, lo que tuvo lugar a principios del mes de junio. Rápidamente volvieron sus pasos hacia el norte para reunirse con Wellington. Por aquel entonces, los aliados ya tenían noticias de la cercanía del grueso del ejército francés, mientras que ellos nada sabían del peligro que les acechaba. Como en tantas otras ocasiones, el factor de contar con una información exacta y a tiempo volvería a jugar a favor de los aliados. De hecho, como dice Keegan, «Wellington no tenía necesidad de buscar inteligencia. Esta le era brindada a toneladas. La dificultad estaba en separar el trigo de la paja»[2]. Así pues, cuando el generalísimo inglés supo que los franceses se estaban concentrando en espera de refuerzos cerca de la ciudad de Vitoria, decidió que había llegado el momento de asestarles el golpe definitivo.

Como ya se ha visto, la presencia francesa en España había sido muy mermada por el envío de tropas y de los mejores jefes para participar en la campaña de Rusia. Si a ello se le añaden, por una parte, la constante interferencia del propio Napoleón en los asuntos de la península, sobre los que pretendía controlar hasta el último detalle y, por otra, el convencimiento del emperador de que los ingleses no serían capaces de emprender una seria ofensiva, puede comprenderse la complicada situación en la que se encontraba el rey José I. Para contener el avance de Wellington solo contaba con unos 70 000 hombres, pero lo más grave era que una parte considerable de los mismos no podían abandonar las posiciones que ocupaban a riesgo de perder completamente el control del terreno. En este sentido es donde el papel de las guerrillas debe volver a mencionarse, ya que una parte importante de las tropas francesas estaba consagrada a intentar mantenerlas a raya y su ausencia en Vitoria resultaría decisiva[3].

Como el objetivo de Wellington era destruir de una vez y para siempre todo el ejército francés, no le bastaba con presentar batalla, sino que tenía que hacerlo cercándolos por completo para no dejarles más opción que rendirse. Para ello elaboró un plan por el que mediante un movimiento envolvente les cortaría las rutas de escape mientras que el centro se encargaría de asestar el golpe definitivo. La clave residía en que las tropas encargadas de rodear a los franceses, lo hiciesen con rapidez y eficacia. Algunos historiadores ingleses parecen sorprenderse que para tal crucial misión eligiese a cuerpos españoles, pero lo cierto es que Wellington había llegado a confiar en ellos[4]. Al extremo de su ala izquierda situó la división del general Longa y en la punta de la derecha a la de Morillo con la caballería de Julián Sánchez. El ataque de Wellington combinaba dos cualidades aparentemente opuestas, pues era a la vez defensivo y ofensivo. Defensivo en el sentido de que había puesto especial cuidado en tener cubiertos sus flancos. Sin duda hubiera preferido poner en práctica su vieja táctica de mantener el grueso de sus tropas a cubierto, generalmente al otro lado de un cerro, hasta que «el enemigo estuviese al alcance de las devastadoras rondas de disparos que eran el orgullo y el más efectivo contragolpe de la infantería británica», pero en esta ocasión el terreno no lo permitía, por lo que hubo de contentarse con reforzar su posición central hasta que llegase el momento de lanzar sus hombres al corazón de los franceses[5]. Además, su plan era también ofensivo, pues asumía un importante riesgo al hacer depender el éxito de la jornada de que los franceses mordiesen el anzuelo de que su ataque iría por los flancos cuando, en realidad, llegaría desde el centro. Este último punto es de especial importancia ya que, como dice Michael Glover:

> Muchos historiadores, especialmente en Francia, han menospreciado a Wellington como un general con mentalidad defensiva. Es cierto que Waterloo, su última batalla, fue totalmente defensiva, pero, por el resto, es difícil leer sus cartas y estudiar su hoja de servicios sin concluir que la ofensiva siempre estuvo en la parte principal de su cabeza[6].

En cualquier caso, es importante no perder de vista que lo que se pide a un general es que gane batallas y poco importa si lo hace a la ofensiva o a la defensiva. Con todo listo y tras haberse impartido las órdenes correspondientes, se dio permiso a las tropas para que descansasen. Sin embargo, esa noche se desató una tormenta que, pese a lo que pueda parecer, fue bien recibida por los aliados ya que a estas alturas este tipo de tiempo era considerado como de buen augurio pues, en varias ocasiones anteriores la victoria había sido precedida de fuertes aguaceros. Esto mismo sucedería, años más tarde, en Waterloo. En la mañana del 21 de junio de 1813 las posiciones aliadas tenían en frente la ciudad de Vitoria sobre cuyas espaldas reposaba la retaguardia francesa. El espectáculo era impresionante: la mayor concentración de tropas en toda la Guerra de la Independencia. Al sureste de Vitoria estaba el grueso de las tropas aliadas, con un total de más de cien mil hombres bajo el mando del generalísimo de los ejércitos, el entonces aún solo vizconde de Wellington. Conviene recordar que no sería hasta el 3 de mayo de 1814 cuando le sería conferido el título de duque, por el que pasaría a la historia.

Enfrente, esperaban setenta mil franceses. Así pues, los aliados superaban a sus enemigos en número, pero la desventaja más importante de parte gala no era tanto su inferioridad numérica sino la de carecer de unidad de mando. El rey José estaba teóricamente al frente pero, en realidad, este lo ejercía su jefe de estado mayor, el mariscal Jean Baptiste Jourdan. Sin embargo, Jourdan llevaba unos días enfermo con fiebre alta, por lo que todos los preparativos de la batalla recayeron en el propio rey, que, evidentemente, no tenía experiencia militar alguna[7]. No obstante, el rey se tomó muy en serio su responsabilidad pasándose los últimos días recorriendo campamentos y atendiendo mil detalles. Estas agotadoras jornadas le pasaron factura, pues en la noche del 20 al 21 de junio, estaba exhausto, por lo que tuvo que retirarse a dormir relativamente pronto para estar fresco al día siguiente. Esto, que parece tan sensato, sería otro error, pues según Napoleón, «es durante la noche cuando el comandante en jefe debe hacer su trabajo. Si se fatiga demasiado durante el día, el cansancio se apoderará de él por la noche. En Vitoria fuimos derrotados porque José durmió demasiado [...] Un comandante en jefe no debe dormir»[8].

La batalla de Vitoria

Una vez estuvo todo dispuesto, la batalla comenzó a las 8 de la mañana con la orden de Wellington al general Hill de que iniciase la marcha. De camino hacia sus posiciones, los hombres de Morillo hubieron de improvisar brazaletes blancos que rápidamente se colocaron en la manga izquierda para evitar ser confundidos con franceses, pues sus uniformes

Tabla 09.
ORDEN DE BATALLA DE LOS EJÉRCITOS FRANCÉS Y ALIADOS EN LA BATALLA DE VITORIA (21 de junio de 1813)[9]

EJÉRCITO FRANCÉS	
Comandante en jefe teórico el rey José I Comandante en jefe efectivo el mariscal Jourdan	
EJÉRCITO DEL SUR	
Infantería	
1.ª División (Leval)	4844
3.ª División (Villatte)	5874
4.ª División (Controux)	6589
Brigada de la 5.ª División (Marasin)	2927
6.ª División (Daricau)	5935
Caballería	
División (Soult)	1671
División (Tilly)	1929
División (Digeon)	1869
Cuerpos Auxiliares	1883
Estado Mayor	115
Total Ejército del Sur	**34 636**
EJÉRCITO DEL CENTRO	
Infantería	
1.ª División (Darmagnac)	4472
2.ª División (Cassagne)	9681
Caballería	
División (Treillard)	1512
Tropas Auxiliares	830
Tropas españolas	5633
Total Ejército del Centro	**17 691**
EJÉRCITO DE PORTUGAL	
Infantería	
4.ª División (Sarrut)	4802
6.ª División (Lamartiniere)	11 513
Caballería	
Tropas Auxiliares	2455
Total Ejército de Portugal	**17 440**
Total tropas francesas	**67 745 soldados y 2032 oficiales**

EJÉRCITO ALIADO	
General en jefe, vizconde de Wellington	
TROPAS BRITÁNICAS	
Infantería	
1.ª División (Howard)	4854
2.ª División (Hill)	7772
3.ª División (Picton)	7459
4.ª División (Cole)	7826
5.ª División (Oswald)	6725
6.ª División (Pakenham)	7347
7.ª División (Dalhouse)	7297
División Ligera (Alten)	5484
División Portuguesa (Silveira)*	9976
Caballería	8317
Otros	4999
Total tropas británicas	**78 852**
TROPAS ESPAÑOLAS	
Infantería	
División (Morillo)	4551
División Gallega (Losada)	5855
División Gallega (Bárcena)	5143
División Asturiana (Díaz Porlier)	2408
División (Longa)	3130
Caballería	
División (Penne)	2628
División (Julián Sánchez)	1290
Otros	420
Total tropas españolas	**25 428**

Total tropas aliadas	**100 441 soldados y 3839 oficiales**

* El total real de soldados portugueses era de 25 530, pues muchas de sus unidades estaban integradas en divisiones británicas, por lo que no son contabilizadas en esta división al mando de Silveira.

eran muy similares a los del enemigo[10]. *Daddy* Hill encomendó a Morillo que cargase con sus hombres contra las posiciones que francesas de los Altos de la Puebla, una elevación no muy escarpada, que ofrecía una muy buena cobertura para la brigada de Marasin compuesta por los regimientos números 12 de infantería ligera y 45 de infantería de línea, con un total de casi tres mil hombres. Junto a los españoles también avanzaba la brigada inglesa al mando de Cadogan, pero los hombres de Morillo avanzaron tan rápidamente que se adelantaron a sus colegas ingleses, pasándoles por la derecha, dirigiéndose directamente hacia la boca de los fusiles enemigos. Estos soldados españoles eran los mismos que, apenas unos años antes, formaban un regimiento que de tal no tenía más que el nombre, pero que tras la dura disciplina y el intenso entrenamiento a los que les había sometido su general, se habían transformado en una máquina de guerra tan eficiente que Morillo no dudo en ponerse al frente de ellos liderando su avance.

El ataque fue efectuado con tal ímpetu que los franceses no tuvieron más remedio que retirarse, dejando atrás más de cuatrocientos prisioneros[11]. No obstante, los hombres de Marasin por dos veces intentaron recuperar sus posiciones, siendo rechazados en ambas ocasiones por los españoles. Entonces sucedió un hecho que, aunque curioso, no era tan infrecuente como pueda parecer. Hacia los Altos de la Puebla apareció un grupo de soldados vestidos con capotes grises con sus sombreros cubiertos por un paño blanco, a los que todo el mundo tomó por españoles, pero cuando estuvieron a distancia de tiro abrieron fuego contra los hombres de Morillo, creando tal desconcierto que éstos apenas si tuvieron tiempo de replegarse a las posiciones ocupadas por las tropas inglesas y portuguesas[12]. Pese a la retirada, se logró hacer en buen orden y una vez pasada la confusión inicial, Morillo no tardaría en volver a poner en marcha sus tropas obligando a retroceder, esta vez definitivamente, al enemigo. Prueba de lo duro del combate es que el jefe inglés, Cadogan, resultó herido mortalmente, y el propio Morillo también resultó alcanzado. El general español no era de los que se pierden una ocasión histórica como esta por el simple detalle de haber sido herido y siguió en su puesto. No ha sido posible encontrar más datos sobre la importancia de la herida de Morillo, pero no parece que fuera muy grave, pues él mismo no la menciona y tampoco consta en su hoja de servicios, a diferencia de otras recibidas que sí aparecen recogidas en este documento[13]. Las únicas referencias halladas proceden de otras personas. El primero, Wellington, quien en despacho remitido a Londres en el que comunicaba la victoria decía que: «el general Morillo fue herido, pero permaneció en el campo de batalla»[14]. El otro testimonio es del general Castaños quien, unos días más tarde, en una carta le escribía, «nada me dice V. de su herida, pues aunque sea leve debe cuidarse, y tiene V. una obligación de atender á la conservación de su persona, pues que en ello se interesa la Nación y muy particularmente su apasionado amigo»[15].

Volviendo a la batalla, en el ala izquierda aliada, las tropas de Graham presionaban sobre el pueblo de Avechucho, al noroeste de Vitoria, con lo que quedaba cortada una de las posibles rutas de escape francesas. No obstante, para que por este lado todo quedase sellado era también necesario cerrar el paso hacia Mondragón por lo que hacia allí se dirigió la división del general Francisco de Longa. Sin embargo, en el centro de las posiciones aliadas las cosas no iban tan bien, pues el grueso del ejército de Wellington estaba siendo frenado en sus intentos por ocupar el pueblo de la Hermandad, al este de Vitoria. En este crítico momento, cuando los planes aliados podían venirse abajo, el mariscal Jourdan tomó una decisión que le llevaría a la ruina. Creyendo que el ataque central era una mera maniobra de distracción para cubrir el verdadero asalto, que tendría lugar por el sur, ordenó a parte de sus tropas que abandonasen sus posiciones y se dirigiesen a los Altos de la Puebla. Desde su punto de vista no le faltaba razón, ya que desde donde estaba ubicado el estado mayor francés no se podía ver la cantidad de tropas que Wellington había amasado en el centro, pero sí se distinguía con claridad que dos divisiones francesas, más las brigadas de Marasin, estaban siendo obligadas a retroceder en los Altos de la Puebla, por lo que Jourdan dedujo que estaban siendo atacadas por una fuerza muy superior. En esto es precisamente donde estaba equivocado, pues allí estaba pasando lo que para un mariscal del Imperio era impensable, apenas una división española y dos brigadas inglesas estaban obligando a volver sobre sus pasos a tropas francesas mucho más numerosas. Este menosprecio de las cualidades militares de las tropas españolas no era privativo de los mandos franceses sino que también estaba muy extendido entre los mismos ingleses y el mismo razonamiento al que había llegado Jourdan puede encontrase en el testimonio de un oficial inglés que participó en la batalla, «durante este tiempo alguna tropas españolas estaban envueltos en una escaramuza con un pequeño grupo (pues fueron todos batidos) de franceses en ese lado de la montaña»[16]. Así pues, en cabeza alguna entraba que una numerosa fuerza gala hubiera sido obligada a retroceder por apenas una división española, como era exactamente lo que estaba sucediendo. Cuando Wellington vio el movimiento francés, de inmediato mandó redoblar los esfuerzos de sus hombres para cerrar la mortal tenaza con la que confiaba aplastar a todo el ejército del rey José. Por fin, entre las tres y las cuatro de la tarde el centro francés empezó a ceder ante el empuje de la división de Picton, apoyado por la brigada de Brisbane.

Mientras tanto, en la izquierda aliada, los ingleses estaban atascados en Gamarra la Mayor, pero los españoles, al mando de Longa, consiguieron llegar al estratégico puente sobre el río Zadorra, donde pudieron ver que quienes les resistían no eran otros que sus propios compatriotas encuadrados dentro de los regimientos españoles del rey José Bonaparte. La presencia de españoles en las filas napoleónicas ya ha sido mencionada con anterioridad pero no deja de ser triste que, en la que sería la batalla más decisiva de la Guerra de la Independencia, parte de ella tuviera lugar entre compatriotas. En teoría, era un enfrentamiento desigual pues, mientras que los hombres de Longa eran soldados profesionales altamente motivados y endurecidos por años de campaña, la mayoría de los reclutas españoles del rey José normalmente habían sido alistados casi a la fuerza y no solían gozar de la confianza de sus mandos. Esta es, al menos, la visión tradicional que solo es válida en líneas generales, ya que también había unidades altamente comprometidas con el bando francés y entre estas estaban las que guardaban el río Zadorra, en las cercanías de Gamarra la Menor y Durana. En este lugar estaban 2070 hombres al mando del general marqués de Casapalacios, miembros de los regimientos Castilla, Toledo y Real de Extranjeros[17]. Los españoles al servicio del emperador eran conscientes de que eran odiados, como dice Galdós, «por servir al enemigo intruso, tirano y ladrón de la patria», por lo que ni otorgaban, ni esperaban, cuartel[18]. No obstante, en esta ocasión, los españoles de ambos bandos no tuvieron oportunidad de enfrentarse cuerpo a cuerpo, ya que las tropas de Longa no pudieron ocupar el pueblo de Durana, al otro lado del río, debido al intenso fuego de artillería proveniente de la 2.ª brigada de Lamartinière. Pese a todo, habían cumplido su misión de cortar la ruta de escape hacia Francia y uno de los brazos de la pinza quedaba firmemente cerrado. Ahora solo quedaba una salida y las tropas españolas al servicio de José Bonaparte recibieron la orden de replegarse hacia el centro de las posiciones francesas.

Entretanto, en el ala derecha aliada, los españoles de Morillo y las dos brigadas inglesas vieron frenado su avance por la llegada de los refuerzos enviados por Jourdan. En tan crítico momento, apareció por el Este la caballería de Julián Sánchez, que había dado un rodeo para copar al enemigo. A su encuentro salió la división de caballería de Tilley, pero fue rechazada. Grande debió ser la sorpresa de los franceses cuando se vieron atacados por soldados que vestían el uniforme de los *Chevaux-Legers* polacos pues los lanceros de don Julián, hacía algunos años, habían capturado un escuadrón de éstos, apropiándose de su vestimenta[19]. El origen de esta unidad y de su jefe, don Julián Sánchez el Charro[20], era una partida de guerrilleros que posteriormente pasaron a incorporarse al ejército regular y entre sus hechos de armas se contaban acciones tan importantes como el haber desempeñado un papel vital en la batalla de Arapiles (22 julio 1812), en las cercanías de Salamanca[21]. De hecho, este último es el nombre que las historiografías británica y francesa dan a esa batalla.

Viéndose frenados los franceses, tuvieron que volver sobre Vitoria, dejando los Altos de la Puebla en manos aliadas con lo que el camino hacia Logroño quedaba cortado y, a partir de este momento, ya solo dispondrían de una única ruta de escape, hacia Salvatierra, al este.

Entre las cuatro y las cinco de la tarde tuvo lugar la fase final de la batalla cuando el centro aliado empezó a ser bombardeado por setenta y seis piezas de artillería francesa al mando del general Tirlet. Tras unos momentos de confusión, Wellington ordenó a Dickson que emplazase sus setenta y cinco cañones con cuyos disparos comenzó el mayor duelo artillero de toda la guerra, de hecho, el generalísimo inglés solo dispondría de más artillería en la batalla de Waterloo[22]. Por fin, a las cinco y media de la tarde, más de nueve horas después de haber comenzado la batalla, la última línea de resistencia francesa se vio desbordada por las tropas de Morillo que, como perros de presa, bajaron de los Altos de la Puebla desatando el pánico entre sus enemigos, que convirtieron su retirada en auténtica desbandada al grito de «¡Sálvese quien pueda!» y «¡Traición!».

Tras la batalla

Entonces sobrevino el caos. Los franceses, en su intento de salvar la vida, salieron corriendo dejando atrás el producto del saqueo sistemático al que habían sometido a España durante más de cinco años. Estas fabulosas riquezas y la avaricia de las tropas aliadas serían, según Wellington, las causas de no haber podido aprovechar de todo su victoria. De ello se quejaría amargamente en su despacho final al decir que, «la noche de la batalla, en vez de pasarla procurándose descanso y comida para el día siguiente, fue pasada por el soldado en busca de saqueo. La consecuencia fue que fueron incapaces de marchar en persecución del enemigo y estaban totalmente agotados»[23].

La tentación era demasiado grande para ser resistida, en palabras de Galdós, «el botín era el más magnífico, el más rico y grande sin duda que en batalla alguna ha podido quedar a merced de vencedor furioso» y, sobre él se desató «la apasionada codicia, de la brutal concupiscencia, del vengativo ardor con que los ingleses primero y los guerrilleros después cayeron sobre el rico tesoro abandonado»[24]. El camino de Vitoria a Salvatierra había quedado sembrado de tesoros, entre los que estaban incluso las pertenencias personales del rey José. Aún hoy en día, los miembros del 14.º regimiento de húsares británicos, en ocasiones solemnes brindan con champaña usando el orinal de plata de José Bonaparte que «liberaron» en Vitoria[25]. Otro detalle que da una idea de la magnitud de lo hallado y de lo extendido que fue el reparto del botín es que hasta hace poco tiempo en los mercadillos de antigüedades de la calle londinense de Portobello se podían encontrar cucharas de plata del servicio del rey José.

Una vez estuvo clara la victoria aliada, el miedo se apoderó de los habitantes de Vitoria que temían ser objeto de saqueo indiscriminado por los soldados, portasen el uniforme que portasen. Los franceses eran expertos en expoliar por donde pasaban, pero los ingleses no les iban a la zaga, tal y como había sucedido hacía algunos años en Badajoz y Ciudad Rodrigo. No obstante, en esta ocasión no habría entrada a sangre y fuego. Primero, porque el botín del equipaje del rey José era tan rico que solo él bastaba para mantener ocupados a los soldados ingleses. Segundo, porque Wellington ya había logrado imponer cierta disciplina entre sus hombres y tercero, pero muy importante, por el interés personal del general Álava, miembro del estado mayor del generalísimo y natural de estas tierras, quien inmediatamente se dirigió a su ciudad acompañado de soldados de su confianza con los que estuvo recorriendo las calles para asegurarse de que no se cometiera ningún exceso[26]. La acción de Álava salvó la ciudad pero no pudo evitar que algunas aldeas al occidente sufrieran la rapiña inglesa[27]. No fue solo el saqueo lo que detuvo la persecución a los franceses[28]. La infantería aliada había combatido todo el día, recorriendo más de treinta y dos kilómetros por cerros y malos caminos y los hombres estaban exhaustos. Era, por lo tanto, el turno de la caballería, pero los escuadrones a caballo de Wellington no pudieron cargar contra los franceses pues éstos habían sembrado el terreno de hoyos, rampas y trincheras[29]. A ello hubo que añadir que algunas unidades francesas, como el 15.º de dragones y el 3.º de húsares, mantuvieron la disciplina haciendo posible que gran parte de sus compatriotas pudieran salvarse.

A la mañana del día siguiente, 22 de junio de 1813, el espectáculo era sobrecogedor. Los franceses habían sufrido más de ocho mil bajas, 42 oficiales y 716 soldados muertos, 226 oficiales y 4210 soldados heridos y 23 oficiales y 2825 soldados prisioneros. Los aliados, por su parte, tuvieron cinco mil bajas, 3672 británicos, 921 portugueses y 522 españoles. No obstante estas cifras no reflejan la importancia de la batalla de Vitoria. Si bien es cierto que Wellington no había logrado su principal objetivo de aplastar de una vez por todas al ejército francés, pues las tropas de Clausel y Foy, que se dirigían hacia Vitoria, dieron la vuelta en cuanto supieron de la derrota del rey José, el efecto inmediato de la batalla de Vitoria fue que las aspiraciones de Napoleón de continuar la guerra en España se vinieron definitivamente abajo. En cuanto el emperador tuvo noticias del desastre ocurrido no dudó ni un momento en despojar a su hermano de la corona de España y otorgarle todos los poderes al mariscal Soult.

Desde el punto de vista internacional, la derrota francesa en Vitoria sirvió de detonante para que Austria, que hasta este momento aún tenía dudas, se decidiese a declararle la guerra a Francia, inclinando la balanza del poder en Europa contra Napoleón. No hay que olvidar que el emperador estaba casado con una de las hijas del emperador austriaco, quien le había dado su tan esperado hijo: el aguilucho. Que su propio suegro se aliase con sus enemigos fue un golpe que le enseñó una dura lección sobre cómo las casas reales europeas anteponían sus intereses dinásticos y nacionales a cualquier posible relación familiar.

En lo que se refiere a Wellington, le llovieron los honores. Entre el equipaje del rey José se encontró el bastón de mando del mariscal Jourdan que, inmediatamente, fue remitido al primer ministro británico. Poco tiempo después el generalísimo aliado recibía la siguiente respuesta del Gobierno de Londres, «me habéis enviado entre los trofeos de vuestra fama sin rival, las insignias de un mariscal francés, y yo por mi parte os envío las de uno inglés»[30]. Por su parte, la familia real portuguesa le invistió con el título de duque de la Victoria. Los españoles no se quedaron a la zaga y Arthur Wellesley se convirtió en duque de Ciudad Rodrigo.

Tampoco le fueron mal las cosas a Morillo. En su despacho a Londres dando parte de su victoria, Wellington mencionó que pese a haber sido herido, Morillo continuó en su puesto, y que el general Hill «hablaba muy bien sobre la conducta del general Morillo y de las tropas españolas bajo su mando»[31] . El propio Wellington le recomendaría para un ascenso[32] que le sería otorgado por un Real Despacho de la Real Regencia, fechado en Cádiz el 3 de julio de 1813, que establecía que, «atendiendo al mérito, servicios y circunstancias de vos el brigadier don Pablo Morillo, y al valor y conocimientos que habéis manifestado en la gloriosa y memorable batalla del día 21 de junio último, á las inmediaciones de Vitoria, mandando la primera división de infantería del cuarto ejército» decretando su nombramiento como mariscal de campo. Como anécdota reveladora de la fama que, por aquel entonces, Morillo había alcanzado entre los ingleses está que, cuando unos días más tarde apareció el pintor Thomas Heaphy por el campamento británico con la intención de retratar a los más ilustres personajes de la guerra, entre los nombres que Wellington incluyó en la lista de guerreros a inmortalizar estaba Morillo. El retrato a lápiz y acuarela de Morillo realizado por Heaphy hoy se conserva en la National Portrait Gallery de Londres[35].

2. Invasión de Francia (junio 1813 - mayo 1814)

La campaña de Francia no comenzó con la entrada de las tropas aliadas en territorio galo, sino con la persecución de los restos del ejército del rey José tras su derrota en la batalla de Vitoria. La caza del vencido debía haber empezado al día siguiente de la batalla, pero como ya se ha visto, los vencedores se retrasaron en el saqueo del equipaje del rey José permitiendo que gran parte de los soldados que, de otro modo, habrían sido hechos prisioneros, pudieran reagruparse.

Para recomponer los restos del ejército francés del sur, Napoleón llamó al mariscal Soult, que se encontraba en Dresde, Alemania, quien de inmediato se dirigió al sur de Francia, llegando a Bayona el 11 de julio. La ira del emperador contra su hermano, el ya exrey de España, había llegado al extremo de autorizar a Soult para encarcelarlo. No obstante, José Bonaparte obró con prudencia y, en vez de enfrentarse con Soult, se retiró a una casa de campo desde donde partiría hacia un corto exilio, hasta que la necesidad de contar con personas de confianza hiciera que Napoleón le volviese a llamar a su lado para organizar la defensa de París ante la invasión aliada. Soult, por su parte, en un tiempo récord logró lo que parecía imposible: reorganizar y volver a convertir en soldados a aquellos que habían escapado de España. Para sorpresa de todos, incluido el propio Wellington, los planes de Soult no se limitaban a oponer resistencia, sino que incluían lanzar operaciones ofensivas para obligar a los aliados a defenderse en suelo español. El propio Soult escribía, el 2 de septiembre:

> ... si no se toman rápidamente medidas para llevar el teatro de operaciones de la guerra a España tendremos que afrontar el tener que mantener con desventaja una guerra defensiva dentro de nuestras fronteras. A toda costa es necesario que vayamos más allá de los Pirineos para evitar que los ejércitos enemigos se crezcan de la manera implacable en que lo están haciendo[36].

Para ponerlo en práctica dividió los ochenta mil hombres con los que contaba en tres cuerpos al mando, respectivamente, de los generales Jean-Baptiste Drouet, conde d'Erlon, Bertrand Clausel y Honoré Reille.

Roncesvalles

El primero de los objetivos de Soult era liberar la guarnición francesa que aún resistía en Pamplona y, para ello, organizó dos ataques simultáneos que debían converger sobre la capital navarra. Mientras d'Erlon avanzaría a través de Maya, Clausel y Reille lo harían por Roncesvalles. El avance francés cogió a Wellington totalmente por sorpresa, pues estaba convencido de que Soult se dirigiría a San Sebastián. En estos días, Morillo y sus hombres se encontraban acuartelados en el camino hacia el pueblo francés de Saint Jean Pied de Port, cerca del histórico paso de Roncesvalles, donde las tropas de Carlomagno habían sido derrotadas más de mil años atrás. Allí, los españoles disfrutaban de lo que se prometía como un tranquilo reposo junto a apenas tres compañías de infantería ligera al mando de Byng, cuando, en la noche del 24 de julio, los centinelas creyeron ver un cuerpo de ejército francés avanzando hacia el sur.

La cosa era tan increíble que cuando el general inglés mandó un piquete de soldados para confirmarlo, este se volvió tranquilo cuando comprobaron que, en las alturas del camino de Mendichurri, los españoles dormían a pierna suelta, totalmente ajenos a lo que se les venía encima. No sería hasta las once de la noche cuando se distinguieron claramente las nubes de polvo que levantaban los franceses en su marcha. No tuvieron tiempo más que para mandar un urgente despacho a Wellington y prepararse para resistir. Los franceses tardaron más de siete horas en estar listos para lanzar su ataque pero cuando lo hicieron desplegaron una impresionante masa de infantería al mando del general Barbot. Pese a la evidente inferioridad aliada, las tropas angloespañolas no estaban dispuestas a dejar sus posiciones sin oponer una seria resistencia y durante más de tres horas, aprovechando lo escarpado del terreno, lograron frenar al enemigo. De hecho, los franceses estaban encerrados en un estrecho paso entre las montañas que les impedía desplegar todos sus efectivos, lo que le otorgaba cierta ventaja a los defensores. Clausel se impacientaba y, finalmente, a las nueve de la mañana del 25 de julio, ordenó de nuevo a Barbot que avanzase a cualquier coste.

Dos veces los franceses atacaron las líneas hispanoinglesas y dos veces fueron rechazados. No sería hasta que un par de batallones al mando de Van der Maessen lograran encontrar un paso al este, cuando los defensores se vieron superados y[37], a las tres de la tarde, Byng se vio obligado a replegarse hacia el Alto Biscar. Pese a lo que a simple vista pudiera parecer, las cosas no habían ido tan mal para los defensores. Habían sido cogidos totalmente desprevenidos y, sin embargo, habían logrado resistir durante más de seis horas el empuje de fuerzas muy superiores en número. De hecho, en su nueva ubicación, los ingleses de Byng y los españoles de Morillo, consolidaban aún más su posición. Un nuevo asalto frontal era imposible y los franceses no tuvieron más remedio que buscar desesperadamente otro camino que les llevase a flanquear a sus oponentes. A las cinco de la tarde, el caprichoso clima veraniego del Pirineo hizo que se levantase una densa niebla que limitaba la visión a poco más de unos pasos. De este modo, obligados por la meteorología, la batalla hubo de suspenderse. Al final de la jornada los aliados habían sufrido poco más de un centenar de bajas, un precio no demasiado elevado por haber logrado detener el avance de más de diecisiete mil franceses durante cerca de once horas, lo que es aún más meritorio si se tiene en cuenta que los aliados apenas si sumaban poco más de seis mil hombres[38].

Con la caída de la noche Byng tuvo ocasión de evaluar su situación. Su posición no era del todo mala, pero cabía la posibilidad que los franceses intentasen aprovechar la oscuridad para superar a las tropas de Morillo, a las que el general inglés había ordenado retirarse hasta Orbaiceta, con lo que los ingleses quedarían completamente aislados. Sin más opción, Byng procedió a replegarse con todos sus hombres aún más al sur.

Mientras tanto, en los alrededores de Maya, los franceses atacaban a la segunda división aliada, a la que también, en un primer momento, tomaron por sorpresa causándole más de cuatrocientas bajas. Pero los ingleses, al mando del general Stewart, consiguieron reorganizarse y, al final de la jornada, lograron frenar el ímpetu del asalto francés. Al igual que las de Byng, sus posiciones estaban demasiado expuestas por lo que Stewart también optó por retirarse hacia el sur.

Wellington estaba desconcertado. Por un lado, las noticias que le llegaban apenas contenían poco más que rumores y, por otro, estaba firmemente convencido de que sus tropas lograrían mantener el control sobre los pasos de los Pirineos. Finalmente, hubo de rendirse ante la evidencia de que se enfrentaba a un ataque en toda regla, ante el que sus hombres estaban retrocediendo. Tratando de enmendar su error, mandó levantar el sitio de San Sebastián ordenando al general Graham que se dirigiese hacia Pamplona para cubrirle su espalda, y partió hacia el norte. Cuando llegó a Urrutia, se encontró con la división de Hill atrincherada para hacer frente al que parecía un inminente ataque francés. Tras una tensa espera, Wellington decidió seguir acumulando tropas para expulsar al enemigo de sus posiciones en Maya. Después volvió a Sorauren, donde sus hombres estaban teniendo serios problemas para repeler el ataque de

Soult y allí, una vez más, su sola presencia en el campo de batalla bastó para levantar la deteriorada moral de su ejército. Nada más verle, un grito de júbilo cruzó las montañas, hasta el punto de provocar la alarma entre los, hasta ese momento, victoriosos franceses. Parece ser que incluso el propio mariscal imperial acusó el golpe psicológico pues, a partir de entonces, su embestida perdió impulso y «no quiso presentar batalla hasta que hubiesen llegado la totalidad de sus tropas»[39].

Morillo seguía con sus tropas en las cercanías de Burguete (Auritz), encargado de proteger esta zona de un eventual avance francés, por lo que fue poca la acción que vio de lo que más tarde serían llamadas las batallas de Sorauren I y Sorauren II. En cualquier caso, sus hombres habían tenido más que suficiente en la defensa de Roncesvalles. Habían logrado contener a los franceses durante unas horas vitales que permitieron a los aliados reagruparse para emprender el contraataque. El propio Wellington reconocería su relevante papel en un despacho a Londres, donde escribió que «las tropas que manda Morillo se han portado notablemente bien en uno de esos ataques del 26, cerca de Macaye [sic Maya], en el cual el enemigo presentó una fuerza mayor de la que acostumbran»[40]. Wellington contaba con sesenta y siete mil tropas angloportuguesas que eran insuficientes para hacer frente al ejército de Soult y los españoles de Morillo, de Carlos de España, la reserva de Andalucía y los gallegos de Freire sumaban más de treinta mil, con lo que se restablecía el balance[41]. No obstante Wellington tenía serias dudas sobre la conveniencia de tener españoles bajo su mando cuando entraran en suelo galo.

En primer lugar, estaba el problema del avituallamiento y la paga. El duque de Ciudad Rodrigo no podía estar seguro de que todos estuviesen correctamente pertrechados, con lo que surgía el peligro de que cayesen en la tentación del pillaje. Esta era una de las cosas que más temía, ya que no «podía correr el riesgo de que los campesinos [franceses] provocados por semejantes ultrajes, empezasen ninguna forma de guerra de guerrillas contra sus tropas»[42]. En sus propias palabras, «sin comida y sin paga, se verán obligados a saquear, y si lo hacen nos llevarán a todos a la ruina»[43]. El segundo motivo, estrechamente relacionado con el anterior, es que no se le ocultaba la dificultad de controlar la sed de venganza de los españoles una vez hubieran pisado el suelo de aquellos que habían ultrajado su país. Harold Malet, oficial del 18.º de húsares británicos, recogió en su diario el «amargo resentimiento por el trato que su propia tierra había sufrido a manos de los franceses durante tantos años»[44].

En esta coyuntura, Wellington volvió sus ojos a Morillo como el único de entre los generales españoles en el que podía confiar. Y es precisamente ante esta enorme responsabilidad cuando es posible atisbar, como en pocas ocasiones, a Pablo Morillo como ser humano. Por un lado, Morillo no era, no podía ser, ajeno al deseo de venganza de sus hombres, pero, por otro, tenía la obligación de mantener la disciplina. Quizá por primera vez, su personalidad transpira la duda y la contradicción. Si bien estas son buenas herramientas metódicas para el intelectual, pueden resultar peligrosas compañeras para el hombre de acción. Su instinto, en el que tanto había confiado, no le era suficiente. Es cierto que su vida no había sido fácil, pues había tenido que pagar con sangre cada uno de sus ascensos, pero el camino siempre había estado claro: a la cabeza de sus tropas atacando al enemigo con ferocidad. También es verdad que, como ya se ha visto, no era exactamente lo mismo ser teniente que general, pero en el fondo siempre se trataba se empuñar la espada con rabia y arremeter contra todo aquel que se le pusiese en el camino.

No es que dudase sobre cuál era su deber, pero era natural que sintiese deseos de venganza. En una carta al general Freire confiesa: «la justa venganza que todo español en su corazón cobija por las injurias y desastres que a sus padres, familia y conciudadanos han hecho; el infame ejército francés...»[45]. Si bien es verdad que no participó en los excesos cometidos por algunas tropas españolas, sí es verdad que, al menos al principio, llegaría a animarlos. En una ocasión el coronel Prats, a las órdenes de Morillo, llegó a poner por escrito, en un parte sobre una acción que tuvo lugar a principios de julio de 1813, que «solo movido de humanidad cesé de degollar á tanto miserable paisano, que se vio abandonado en su fuga del regimiento 13; y después que quedaron bastantes de estos rendidos en el campo, dejé los restos de ellos para que huyendo de la muerte infundiesen en sus campos y familias el terror y al mismo tiempo sirviesen de ejemplo á sus conciudadanos»[46]. Morillo no se limitó a remitir el escrito de su subordinado, sino que incluso pidió a sus superiores «algún distintivo de recompensa para estos valientes soldados, a fin de que tengan algún estímulo en sus trabajos, como tan justamente merecen; y creo de mi deber proponer a V.E. que el coronel Prats es acreedor a la Orden Nacional de San Fernando»[47].

Lo revelador de la complicada situación en que se encontraba Morillo es que, apenas unos días después de haber pedido condecoraciones para sus hombres que asolaban el campo francés, publicaba una proclama en la que exhortaba a sus tropas a que no se comportasen, «en el país francés con el desorden y barbarie que ha señalado á esos miserables sin honor»[48]. Este doble juego no podía mantenerse durante mucho tiempo y acabaría desembocando en un durísimo enfrentamiento con el duque de Wellington que a punto estaría de costarle el puesto.

Sorprendentemente, los mejores aliados de Wellington para atraerse la confianza de los habitantes de los Pirineos serían los propios franceses. Por una parte, el comportamiento de su ejército en retirada. Pese a lo desorganizada de la misma hasta «el menor de los soldados llevaba un caballo, una mula o un asno para transportar su equipaje[49]», o lo que es lo mismo: su botín, con lo que a la presión por encontrar comida para los hombres se sumó el pillaje por hallar forraje para las bestias. De este modo, cuando los soldados galos llegaron a su propio país lo trataron como estaban acostumbrados, es decir, robando todo lo que encontraban a su alcance con lo que se atrajeron el resentimiento de sus compatriotas que empezaron a temerles casi más que a los ejércitos invasores. A ello se sumaron, las prácticas de las primeras partidas de guerrilleros franceses. Soult había empezado a otorgar comisiones que les autorizaban a operar en la vanguardia y los flancos del enemigo, pero ello había desembocado en la legalización de grupos de bandidos que, temerosos de enfrentarse con las veteranas tropas aliadas, solo se atrevían a robar a los campesinos franceses, extendiendo el terror por los campos[50].

El paso del río Nive

Para afrontar el definitivo asalto a Francia, Wellington necesitaba cruzar el río Nive y ampliar su cabeza de puente en territorio francés, pues la amplitud del frente hasta Bayona hacía que Soult pudiese atacar la retaguardia de los aliados, cuyas líneas estaban demasiado extendidas. El plan era que los hombres del general Hill, a los que se sumarían, entre otros, los de Morillo, cruzarían el Nive por varios vados hasta llegar a Cambo, donde repararían el puente previamente destruido por los franceses para permitir el paso de refuerzos. Una vez hecho esto, Morillo remontaría la corriente para establecerse cerca de Itxassou con la misión de vigilar cualquier posible movimiento francés mientras que el resto de los ingleses seguiría el curso del Nive reforzando sus posiciones en la zona de Bayona.

Al amanecer del 9 de diciembre de 1813 se dio la orden de partida. Los primeros en atravesar el río fueron los cazadores del coronel Antonio Cano, a los que les siguieron el resto de los regimientos españoles. El enemigo apenas si opuso una resistencia testimonial y rápidamente todas las tropas de Morillo estaban ya en la margen derecha del Nive. Por lo demás, el día transcurrió sin mayores novedades y todos alcanzaron sus objetivos. En honor a la verdad, el éxito aliado no fue consecuencia de una buena estrategia, sino de la más pura de las suertes. En realidad, tal y como se desarrollaron los acontecimientos, todo debería haber acabado en fracaso. Muchos de los soldados ingleses del regimiento número 28 y parte de la brigada de Pringle, en vez de quedarse bajo techo por la fuerte lluvia, tal y como se les había ordenado, decidieron aprovechar este inesperado descanso para dedicarse al pillaje y, cuando amainó la tormenta, estaban tan borrachos que no pudieron continuar. Por su parte, Soult fue prontamente alertado del movimiento enemigo, desplazando parte de su ejército para hacerles frente, pero cuando estaba a apenas unos kilómetros de los hombres de Hill, recibió noticias de que eran una fuerza muy superior a la real, con lo que volvió sobre sus pasos. Si el mariscal francés hubiera sabido que los franceses casi doblaban en número a los invasores, entre los cuales había muchos completamente borrachos, sin duda los hubiera atacado, con lo que el día hubiera terminado en un completo desastre para los aliados.

La única acción destacable que durante este tiempo vieron los hombres de Morillo tuvo lugar el 12 de diciembre, y fue una pequeña escaramuza en las cercanías de Urcuray, donde un destacamento de la caballería de Soult se encontró con un puesto avanzado español con el que intercambió algunos disparos para, inmediatamente, proceder a replegarse.

Wellington castiga a la división de Morillo

Seis días más tarde tendría lugar un hecho que a punto estuvo de tener muy serias consecuencias para Morillo y sus hombres. Cuenta Charles Oman:

> El 18 de diciembre, Morillo, en el extremo de las posiciones de Wellington, realizó una incursión contra Mendionde y Hélette. Había tomado prestados dos escuadrones del 18.° de húsares de Von Alten, quien no había sido autorizado para prestárselos. Después de haber puesto en fuga a los puestos avanzados franceses, y de haber cometido pillaje en el campo hasta lugares tan alejado como el río Joyeuse, Morillo se encontró atacado por toda la caballería de Soult, teniendo que retirarse precipitadamente. Los húsares británicos, cubriendo su retirada, fueron malheridos y perdieron algunos de sus hombres que fueron hechos prisioneros. Tanto Morillo como Alten fueron rigurosamente reprehendidos por Wellington. Como castigo por el pillaje se le ordenó a la división española que permaneciese formada durante cinco días en medio de un tiempo infernal[51].

Una y otra vez se ha visto que uno de los principales problemas del ejército aliado eran los suministros. Pese a los cuidados del generalísimo, la situación de las tropas aliadas era muy precaria y Wellington no se atrevía a avanzar hacia el interior de Francia hasta tener asegurado que todos sus hombres estuviesen convenientemente vestidos, armados y alimentados. Durante este tiempo de espera la situación de los soldados españoles empezó a ser especialmente dura. El invierno se había adelantado y nadie estaba preparado para hacer frente a las bajas temperaturas del Pirineo. La escasez fue transformándose en necesidad y esta en miseria y nada hay más peligroso para la disciplina de un ejército que el hambre y «nada mina más la moral más profundamente[52]». Lo peor de todo fue que tanto la tropa como los oficiales españoles se sentían agraviados en el reparto de los pocos suministros disponibles. Mientras ellos casi se morían de hambre, no cesaban de circular historias sobre la abundancia que reinaba en el campo inglés. Tales rumores, fomentados sin duda por la propaganda francesa, no estaban faltos de asidero pues abundan los testimonios contemporáneos sobre las comilonas con las que se regalaban los oficiales ingleses[53].

La situación se estaba deteriorando progresivamente y las reiteradas peticiones de Morillo se estrellaban contra una maraña de comisarios y administradores que solo parecían competentes a la hora de encontrar excusas. Una y otra vez escribió al alto mando aliado y cuando el propio general Hill le respondió que el comisario general le había dicho que «muchas veces ha ofrecido carnero y trigo como raciones, pero que las tropas de su división no han querido tomarlos», su paciencia, de la que tampoco tuvo nunca en exceso, ya se había agotado[54]. Pocos días antes, en la villa francesa de San Juan de Luz, había tenido que recurrir a las amenazas para poder alimentar y calzar a sus hombres y, este hecho aparentemente irrelevante, sería el que desencadenase un duro enfrentamiento entre los aliados que llegaría a poner cara a cara al general español con el generalísimo inglés.

Las órdenes de Wellington eran bien claras y lo sucedido en San Juan de Luz parecía un desafío. Cuando el estado mayor aliado supo lo que allí había ocurrido y de otros hechos similares en las poblaciones de Mendionde y Hélette, se procedió a abrir una investigación. Morillo, de acuerdo con el principio de que la mejor defensa es un ataque, protestó al propio Wellington. El generalísimo inglés, fiel a su famosa flema, se limitó a contestarle a través de uno de sus generales que no tenía por qué ofenderse. Pero esto no bastaba, Morillo sabía que había sido cogido en falta por lo que, siguiendo a su naturaleza combativa, decidió escribir al general Hill insistiendo en que «la necesidad podrá hacer que el soldado cometa algunos desórdenes», pero que solamente se trataba de casos aislados[55]. Repitió que sus hombres habían observado una conducta ejemplar que incluso había llevado a que algunos campesinos franceses, al ver a los militares españoles reducidos a un estado de total miseria, «se encuentran con un orgullo superior al del soldado español, que además de haber vencido, no puede distraer de su memoria el triste estado en que dejan a su desgraciada patria, destruida y arruinada por las tropas del tirano»[56].

En una carta al general Álava, Morillo añadió que «mucho podría hablar á V. de los ingleses y portugueses, pero nosotros somos españoles y tenemos que sufrir todas las desgracias»[57]. Cuando este comentario llegó a conocimiento de Wellington, lo que no sorprende ya que Miguel de Álava era miembro de su estado mayor, este decidió castigar a Morillo y a su división ordenándoles que «tomen las armas una hora antes del amanecer todas las mañanas y queden formadas hasta una hora después del anochecer, estando presentes los oficiales de todos los grados»[58]. Era una pena muy severa, pues permanecer firme a la intemperie durante todo el día sin suficiente ropa de abrigo en pleno mes de diciembre en el Pirineo es algo difícil de soportar. Pese a la estricta disciplina imperante entre las tropas de Morillo, las quejas no se hicieron esperar, incluso los médicos asignados a la división española trataron de interceder, pero Morillo dio puntual cumplimiento de las órdenes recibidas. El resultado fue que, en los primeros días y solo en una de las brigadas, hubieron de ser dados de baja médica 136 hombres[59].

Mientras tanto, Morillo, que se había tomado todo el episodio como una afrenta personal, siguió insistiendo ante sus superiores quejándose de que «el Excmo. Sr. duque de Ciudad Rodrigo ha oído tal vez con demasiada propensión a cualquier militar o paisano sin distinción de clases, y la ha parecido castigar a la división en el modo que se ve, sin haber determinado ni un solo delito con cualquiera prueba y confundiendo involuntariamente excesos cometidos por otras tropas»[60]. Morillo señalaba que, mientras sus soldados debían soportarlo todo, las demás tropas aliadas, que habían cometido peores excesos incluso en territorio español, nunca habían sido castigadas de este modo, terminando con una muy dura acusación al decir que «hasta las prostitutas de estos [de los oficiales ingleses] han ocupado algunos [alojamientos], cuando mis jefes han estado en una pocilga»[61]. Por fin, el 23 de diciembre, tras seis interminables días, Wellington se dio por satisfecho y decidió levantar la sanción, pero no estaba claro si las heridas abiertas entre el generalísimo inglés y Morillo podrían llegar a cerrarse.

Acciones durante febrero de 1814

Entre el final de 1813 y las primeras semanas del año siquiente, los hombres de Morillo asistieron, esta vez como meros espectadores, a los enfrentamientos entre franceses y aliados que, en esos días, se localizaban en la parte occidental de los Pirineos, dejando la zona que ellos ocupaban en una tranquilidad casi absoluta. No obstante, en ningún momento pensaron que este descanso fuese a durar mucho. Si bien todo el mundo sabía que Napoleón derrochaba su genio militar en la más brillante campaña que jamás hubiera librado, la de Francia, nadie podía sospechar que el final de la guerra estuviese tan cerca. Llevaban combatiendo al «ogro corso» desde hacía casi seis años y sabían de su tenacidad y capacidad para lograr lo que en otros hubiera sido imposible. No en vano era él quien había dicho que «imposible no es palabra del francés»[62].

Pese a estar a la defensiva, los soldados franceses seguían siendo un peligroso enemigo y prueba de ello fueron las acciones que tuvieron lugar entre los ríos Joyeuse y Bidouze, a mediados de febrero de 1814. Debido al avance aliado en este lugar, Soult replegó gran parte de sus hombres a unas posiciones más fácilmente defendibles. Wellington decidió aprovechar el retroceso del enemigo para no permitirle elegir el terreno donde atrincherarse ordenando a parte de la división de Hill que atacase. Cuando todo parecía indicar que bastaría un empujón para hacer desmoronar a los agotados franceses, éstos desplegaron una tenaz lucha, vendiendo caro cada palmo de su suelo y dando la oportunidad a Morillo para que, sable en mano, tuviese ocasión de reivindicarse a ojos del generalísimo inglés.

Sin embargo, las cosas no empezaron bien y los siete mil hombres bajo el general Beresford, a los que se sumaban los casi doce mil de Morillo, fueron inicialmente sorprendidos en las cercanías de Motte de Garris donde pasaron de ser los atacantes a tener que mantener sus posiciones. Tras un tiempo de indecisión por parte del general inglés, los aliados volvieron a tomar la iniciativa y los hombres de Morillo, en palabras de un contemporáneo, «hicieron el ataque más bizarro contra la posición del enemigo, que era extremadamente fuerte, tomándola sin embargo con poca pérdida»[63]. Lo más importante de este testimonio es que no se trata de cualquier oficial español o inglés, sino que es trascripción del parte oficial enviado por el propio Wellington al Gobierno de Londres. La tormenta había pasado y, una vez más, la valía de Morillo como guerrero hacía olvidar cualquier otro defecto. El propio ministro de la Guerra del Gobierno español envió un despacho a Wellington en el que le felicitaba, una vez más, por la victoria y le solicitaba que se diese traslado de su satisfacción al «mariscal de campo don Pablo Morillo con la bizarra división a su mando»[64] por «su acreditado valor y la bizarría con que se condujeron en las referidas acciones»[65].

El día 24 de febrero, las tropas de la división de Hill recibieron nuevas órdenes para dirigirse a la villa de Orthez, al noreste, rodeando al grueso de las tropas de Soult con la intención de hacer creer a los franceses que su ofensiva se dirigiría por esta parte de los Pirineos. Las operaciones empezaron ese mismo día con el paso de las columnas de

Hill entre Sauvaterre y Navarrenx, mientras que los hombres de Morillo simulaban cruzar cerca de Dognen, más al sur, pero en realidad dirigiéndose hacia Bastanès, corriente abajo. Al final del día todo había salido a pedir de boca para los aliados que habían logrado situar en sus nuevas posiciones a más de veinte mil hombres, pero mientras este movimiento envolvente había sido todo un éxito, otro grupo de ingleses al mando de Picton a punto estuvo de echarlo todo a perder. Si bien sus órdenes claramente decían que su misión era únicamente llamar la atención del enemigo, tras recibir el informe de que delante suyo apenas si se encontraba una pequeña guarnición, decidió aprovechar lo que parecía una estupenda ocasión para asestar un golpe por sorpresa. Tras un avance sin apenas oposición, se encontró de repente en medio de todo un batallón francés al mando del general Villate. El resultado fue una confusa retirada con casi ochenta bajas inglesas entre muertos, heridos y prisioneros. Lo más grave es que ello hizo caer en la cuenta al mariscal Soult sobre las verdaderas intenciones de Wellington, ordenando que treinta dos mil soldados y tres mil jinetes se dirigiesen a toda marcha hacia Orthez. En un primer momento, Wellington no creyó que el mariscal francés tuviese la intención de presentar batalla, por lo que aún se demoró un tiempo precioso en desplegar a sus hombres.

Mientras tanto, Morillo, en estricta ejecución de las instrucciones recibidas, seguía su camino hacia la plaza de Navarrenx para proceder a su sitio, punto que quedó cumplido a las dos de la tarde del 25 de febrero[66]. Los españoles pasaron las semanas siguientes asegurándose de cerrar completamente el cerco de Navarrenx por lo que, para contrariedad de Morillo, no podrían luchar en Orthez.

El 28 de marzo de 1814, Morillo recibió una carta del estado mayor aliado, firmada por el general Álava, en la que se le comunicaban nuevas órdenes de Wellington para que procediese a solicitar de las autoridades de Navarrenx su rendición[67]. Inmediatamente, el general español procedió a redactar una proclama que, una vez traducida e impresa, circuló entre los habitantes de la plaza sitiada. Su base era solicitar que volviesen al redil de su «legítimo soberano Luis XVIII» abandonando la fatal suerte del «monstruo de Bonaparte», como acicate se mencionan la victoria aliada de Orthez, tras la cual «más de dieciséis mil franceses han abandonado sus banderas» y el ejemplo de Burdeos, que «ha proclamado solemnemente» a su legítimo soberano Luis XVIII y que ha recibido «con los brazos abiertos» a las tropas de Wellington[68]. Morillo espero en vano una respuesta de los sitiados y, durante unas semanas, su trabajo sería muy distinto a aquel que estaba acostumbrado. Las tareas del asedio no eran demasiado agotadoras y hubo de emplear cada vez más parte de su tiempo en actividades sociales. Los pueblos franceses iban, uno tras otro, haciendo pública su lealtad a Luis XVIII, en cuyo honor celebraban ceremonias y fiestas. Morillo fue invitado a más de un baile en honor del «legítimo soberano de Francia»[69].

Mientras tanto, a varios cientos de kilómetros de donde estaba Morillo, en los alrededores de París, tenía lugar el canto del cisne del emperador. Pese a que durante esos últimos días Napoleón desplegó su mayor genio como organizador y militar, solo pudo retrasar lo inevitable[70]. El 31 de marzo los aliados publicaban un edicto en el que conminaban a los franceses a que apoyasen al gobierno más conveniente para Francia, siguiendo el ejemplo de Burdeos que había aclamado al duque de Angulema. Por la tarde de este mismo día, en la residencia del hasta hacía poco ministro de Asuntos Exteriores de Napoleón, el príncipe de Talleyrand, los soberanos aliados confirmaban que no mantendrían contacto alguno con Napoleón, exigiendo del Senado el reconocimiento de Luis XVIII como legítimo rey de Francia. La suerte estaba echada. En Fontainebleau Napoleón fue abandonado por todos y cada uno de sus mariscales, hasta que por fin, el 4 de abril, el emperador no tuvo más remedio que ceder ante la realidad y abdicar en favor de su hijo. No obstante, ya era demasiado tarde para cualquier compriso, y el emperador se sumió en una profunda depresión negándose a probar bocado. Según Calincourt, incluso intentó suicidarse[71]. El golpe de gracia lo daría Marmont, jefe de la guarnición de París, al abrir a los aliados las puertas de la ciudad a cambio de la promesa de mantener sus privilegios. Ya no quedaba nada más. El 6 de abril, Napoleón firmó su renuncia sin condiciones al trono imperial.

Mientras tanto, en el sur de Francia, la lentitud de las comunicaciones de la época haría que la campaña de Wellington concluyese con un inútil derramamiento de sangre. Desde hacía algún tiempo las tropas aliadas estaban sitiando la ciudad de Toulouse y Wellington decidió asaltarla el 14 de abril, una semana después de la caída de Napoleón. El resultado fueron 4558 bajas aliadas (2103 inglesas, 1922 españolas y 533 portuguesas) y 3236 francesas[72]. Lo peor es que cada muerto, cada herido, lo había sido en vano. El 18 de abril se firmaban los artículos para la suspensión de hostilidades entre los ejércitos francés y aliado por los que la guerra en el sur de Francia llegaba a su fin.

No obstante, la plaza de Navarrenx seguía obstinada en no rendirse. A pesar de que Morillo le comunicó al coronel jefe de su guarnición las noticias que recibía sobre los acontecimientos que tenían lugar en París, este insistía en que «no cambiaría nada en cuanto a la conducta que ha tenido en este lugar, [...] hasta que reciba noticias oficiales del Gobierno»[73]. Los días pasaban y, ante la insistencia de Morillo, el coronel Regnault le solicitó que, hasta que se aclarasen las cosas, tanto sitiados como sitiadores se quedasen en sus actuales posiciones. Esta última espera no duraría mucho. Apenas unos días después, las autoridades de Navarrenx prestaban juramento de fidelidad a Luis XVIII, con lo que la última misión de Morillo en la Guerra de Independencia española había terminado.

TERCERA PARTE

MORILLO EN AMÉRICA

GUERRA DE INDEPENDENCIA AMERICANA

(1815-1820)

Capítulo 7

PRIMEROS MESES EN AMÉRICA

1. El ejército expedicionario

Situación del Virreinato de la Nueva Granada

España era en 1814 un país completamente devastado tras más de seis años de guerra. Con la industria abandonada y el campo desierto, todas las esperanzas se dirigían hacia el nuevo rey, a quien el pueblo llamaba el Deseado. Con el regreso del rey Fernando VII, la administración española se apresuraría a abordar la multitud de problemas que estaban sobre la mesa y que no podían esperar. Entre los más urgentes, estaba el encontrar una adecuada respuesta a los hechos en tierras americanas, donde el Gobierno de Madrid consideraba que la autoridad del monarca se había puesto peligrosamente en duda. Esta obsesión por reafirmar el principio de autoridad tendrá muy importantes implicaciones para la historia de las posesiones españolas en el nuevo continente y también será esencial a la hora de comprender lo que ocurriría en la península ibérica. Todo ello convergía en la idea de «volver el país a la que pudiéramos llamar legitimidad prerrevolucionaria» y, para ello, resultaba esencial devolver las tierras americanas al redil de la monarquía hispana[1]. Michael P. Costeloe señala que, a la hora de analizar las posibles alternativas:

> ... pocos españoles [de la época] tuvieron una firme y clara visión de lo que había sucedido en América durante los años de la guerra de la independencia española. Condicionados por sus adquiridos o heredados prejuicios sobre los pueblos americanos, mal informados, a veces a propósito, o mantenidos en la ignorancia sobre lo sucedido en aquellas tierras, fracasaron a la hora de evaluar las implicaciones de los movimientos de emancipación[2].

Frente a lo que pueda parecer, no todas las voces proponían medidas de carácter esencialmente militar. Como señala Juan Friede, «existía la otra España, opuesta a esa política de sangre y fuego», registrándose casos como el de Manuel de la Bodega, que proponía un acercamiento pacífico acompañado de importantes reformas en la industria, agricultura y comercio[3]. No obstante, por muy meritorias que fueran estas propuestas, se trataba de casos aislados y la mayoría estaba de acuerdo en que «el uso, o al menos la amenaza, de la fuerza era esencial»[4]. Roberto Breña mantiene que en la solución al problema americano, la política del Gobierno de Fernando VII estuvo siempre oscilando entre dos posturas contrapuestas, en la que los interes de los comerciantes gaditanos y el poder de la célebre camarilla del rey prevalecieron para que se adoptase una política belicista[5].

Sería en este contexto en el que Fernando VII ordenó la constitución de una serie de Juntas para estudiar la manera concreta en que esta «solución militar» debía concretarse.

El primer punto a resolver era si se debía hacer hincapié en los ejércitos o en la armada. La marina de guerra había sido el instrumento esencial por el que España había asegurado el control de sus posesiones americanas a lo largo de trescientos años, pero en 1814 «no estaba a la altura de las circunstancias»[6]. La derrota de Trafalgar había supuesto un golpe muy serio al poderío naval español y pensar en recuperarlo exigiría muchos recursos y tiempo, ninguno de los cuales había en demasía[7]. Por otra parte, el sistema defensivo basado en la armada estaba concebido para la defensa contra eventuales ataques de potencias extranjeras y no para el caso de una insurgencia interna. Por ello se concluyó que la «solución militar» sería ejecutada por tropas terrestres.

También se planteaba la cuestión de a quien debía confiarse el mando de la expedición de pacificación. La Junta de Generales, formada en julio de 1814, propuso al rey el nombramiento de Morillo como su jefe. Morillo estaba considerado como uno de los mejores generales con los que contaba el ejército y ya se ha visto cómo había llegado a ganarse la confianza hasta del propio duque de Wellington. Además, su relativa juventud le dotaba de la energía requerida para afrontar el desafío[8]. En la elección de Morillo fue determinate su antiguo jefe y camarada en Bailén, el general Castaños, quien era miembro principal de la Junta de Generales. El 14 de agosto de 1814, Morillo recibía el nombramiento de capitán general de las Provincias de Venezuela y de general en jefe del ejército expedicionario, con órdenes de llevar a Cádiz a los hombres que estaban bajo su mando para, una vez allí, comenzar los preparativos para su embarco a América.

Cuán distinto era el Pablo Morillo que llegó a Cádiz en 1814 de aquel oscuro sargento segundo que había recorrido esas mismas calles poco más de quince años antes. Si en 1797 sus compañeros fueron sus camaradas del cuartel, ahora se lo disputaban los mejores círculos de la sociedad gaditana. A Morillo se le abrieron todas las puertas y el hijo de humildes campesinos castellanos se dejó agasajar y cortejar. El guerrero que no había tenido tiempo más que para cumplir con su deber, ahora encontró la ocasión de participar en una vida social que apenas si podía imaginar existiese.

Cádiz, sede de las Cortes durante los años de ocupación Napoleónica, era la ciudad más politizada de España. Cádiz constituía una excepción en la España de los primeros tiempos de Fernando VII, ya que mientras que la mayoría de la península esperaba un retorno a la situación anterior a la guerra, en Cádiz se planeaba la que se concebía como la total regeneración del país. En la ciudad no solo operaban los partidos políticos, sino que también era un centro masónico de primer orden. Parece ser que Morillo podría haber sido tentado por alguna de las logias presentes en Cádiz. Mucho se ha debatido sobre el papel que jugaría la masonería tanto en la política española durante el siglo XIX como en la propia emancipación americana, pero lejos de las ideas, lo que muy probablemente le atraería a Morillo de la masonería serían sus ritos, su estricta organización y el sentido de pertenencia con que las logias abrigan a sus miembros[9]. Este último aspecto sería esencial para un hombre que, pese a estar siempre rodeado de gente, era natural que se sintiese muy solo. El pertenecer a esta hermandad le haría sentirse parte de una comunidad de iguales en la que no importaba su origen humilde. Pese a los intentos de algún autor por interpretar toda la vida de Morillo en clave masónica, lo cierto es que no se ha encontrado evidencia documental incontestable de su pertenencia a ella, aunque sí hay indicios que pudo estar muy próximo a alguna de las logias existentes en Cádiz en ese momento[10]. No obstante, cuando supo que estas nuevas amistades le podían hacer aparecer como sospechoso a los ojos del rey, poniendo en peligro su nombramiento como jefe de la expedición de pacificación, no dudó en cortarlas de raíz ingresando en una cofradía religiosa con la que participaría de manera muy visible en varias procesiones[11].

Aunque Morillo se desengañaría pronto de la erótica de la política, no por ello dejaría de caer en otras tentaciones. Su poder como mariscal de campo había tentado a los políticos, pero ahora sería su uniforme lleno de condecoraciones, su aureola de guerrero victorioso y el nada despreciable detalle de que fuera viudo y sin hijos, lo que le harían ser objeto del halago de importantes familias gaditanas con hijas «en edad de merecer». Entre estas muchachas estaba María Josefa de Villar y Villar[12]. Muy poco se sabe de ella en general y menos aún del periodo en el que empezó sus relaciones con Morillo. Con el habitual pomposo estilo adulatorio, propio de la historiografía de finales del siglo XIX y principios del XX, se habla de ella como una «señora de ilustre prosapia y acaudalada familia, pero más ilustre todavía por su virtud, su bondad, su talento y excelentes prendas personales»[13]. Lo cierto es que procedía de una familia bien ubicada en la sociedad gaditana de la época que, aunque no se ha encontrado constancia directa de ello, muy probablemente estaría vinculada con el poderoso núcleo de comerciantes transatlánticos establecidos en esta ciudad. De hecho, el segundo apellido del padre, Urtuzaustegui, hace pensar en el núcleo de comerciantes vascos que, en el siglo XVIII, se había establecido allí. Otro hecho que se puede deducir de la poca documentación que existe sobre Josefa es que se trataba de una muchacha joven. Años más tarde, en 1820, escribía que aún entonces su edad no era la suficiente como para tratar complicadas cuestiones políticas[14]. En todo caso, lo cierto es que mantuvieron relaciones y bastaron los pocos meses que Morillo pasó en Cádiz para que decidieran a casarse. No obstante, en la España de principios del XIX, estas cosas no eran ni tan rápidas, ni tan sencillas. El noviazgo de toda hija de familia bien debía durar lo establecido por la buena educación, por lo que Morillo hubo de partir a tierras americanas sin haber podido contraer matrimonio. De hecho, entre todos los trámites necesarios no solo había convenciones sociales que respetar, sino que además había que cumplir con las ordenanzas militares que establecían como preceptivo el permiso de los superiores de Morillo. Cumplir con todo ello haría que el matrimonio hubiera de retrasarse hasta 1816. De todos modos, parece ser que el propio Morillo se tomó su tiempo, ya que no solicitaría la preceptiva autorización al Secretario del despacho (ministro) de la Guerra hasta el 11 de octubre de 1815. A partir de entonces la burocracia se encargaría de aplazar aún más las cosas, pues el correspondiente expediente no sería aprobado hasta el 24 de abril del año siguiente. Tras la espera y el papeleo, la boda hubo de celebrarse por poderes, pues por aquel entonces Morillo estaba en plena campaña militar en América.

Volviendo a 1814 y al origen y preparativos de la expedición, es importante señalar que uno de los principales sectores interesados en la solución militar eran los comerciantes de Cádiz, para quienes la disrupción del comercio con América era especialmente dañina. Decididos a defender sus intereses, no se limitaron a formar un grupo de presión exigiendo una acción rápida y decisiva, sino que se organizaron en lo que se denominó como la Comisión de Reemplazos, que acabaría siendo el organismo «responsable de la organización y financiación de gran parte del esfuerzo español por suprimir las revueltas» en América[15]. En 1814, la Comisión de Reemplazos ya tenía una amplia experiencia en la financiación, reclutamiento y organización de expediciones peninsulares a América. Durante los dos años anteriores habían enviado un total de doce: cuatro a Nueva España, tres a Montevideo y tres más con destino a Maracaibo, Costa Firme y Lima, respectivamente[16]. Con una Real Hacienda en bancarrota, los comerciantes gaditanos recurrieron a todo su ingenio para obtener recursos, organizando corridas de toros y funciones de teatro benéficas, pero la idea detrás de este ambicioso esquema era que fuese la propia América quien sufragase el coste de la «reconquista». Para ello, se vendieron las existencias de cobre almacenadas en la ciudad de México, se recibieron jugosas donaciones de americanos leales al rey que, si bien en principio estaban destinadas a sufragar la guerra contra el francés, acabaron en la caja de la Comisión de Reemplazos. Todo el mundo en la península esperaba que las proverbiales riquezas americanas fueran, tarde o temprano, las que sufragasen todo el esfuerzo militar. Un ejemplo, a la vez curioso e ilustrativo, de que el mito de El Dorado seguía vigente se encuentra en una carta del general Castaños a Morillo en la que no tiene reparo alguno en escribirle que «aunque hasta ahora no he sido aficionado á diamantes ni topacios, espero no me olvidará V. en las primeras remesas que haga de estas piedras preciosas»[17].

De hecho, lo más asombroso es que un país agotado como España fuese capaz de acometer semejante esfuerzo. En apenas unos meses se reunió en Cádiz un conjunto de tropas impresionante: 12 254 hombres con infantería, caballería y artillería a los que se les sumaban buques de escolta y transporte[18].

Si bien no era la primera expedición de pacificación que partía desde la península hacia América, sin duda se trataba de la más importante, fue la más numerosa de las treinta en total que se enviaron entre 1811 y 1819. Aparte de su número, en esta ocasión la mayor parte de las tropas no eran soldados bisoños sin apenas experiencia militar, sino que estaba compuesta en su mayoría por regimientos que ya tenían una amplia experiencia como unidades de combate. De hecho, en torno al 85 % de los soldados y suboficiales eran veteranos de la Guerra de Independencia peninsular, con más de ocho años de servicio de media[19]. Un aspecto que también conviene resaltar es que el envío de semejante fuerza a América también representaba una solución para el delicado problema de la desmovilización de los combatientes en la guerra contra el francés. Al término de todo conflicto, reincorporar a la vida civil a miles de hombres jóvenes entrenados para la guerra requiere, entre otras cosas, que dispongan de un medio de vida y la desastrosa situación de la economía española tras la guerra lo hacía imposible. No es descabellado pensar, por lo tanto, que el Gobierno de Fernando VII se sintiese aliviado de poder enviarlos a América en lugar de tenerlos frustrados, y por ende peligrosos, en la península ibérica[20].

No obstante, por muy fogueados que estuviesen estos soldados los problemas para organizar la expedición eran muy serios. Ya se ha expuesto la manera en que se obtuvieron o se esperaban obtener los recursos necesarios para su financiación. Si armar, pertrechar y equipar a los hombres era una tarea muy compleja, el conseguir barcos suficientes para transportar y escoltarlos a tierras americanas tampoco era tarea fá-

Tabla 10.
Tropas de la Expedición para restablecer el orden en Costafirme

General en jefe, Pablo Morillo Jefe de estado mayor, Pascual Enrile	
Infantería	
Rgto. Extremadura (Mariano Ricafort)	
Rgto. León (Antonio Cano)	
Rgto. Castilla (Pascual Real)	
Rgto. Primero de la Victoria (Miguel La Torre)	
Rgto. Barbastro (Juan Cini)	
Rgto. La Unión (Juan Francisco Mendibil)	
Batallón de Cazadores	
Caballería	
Dragones de La Unión (Salvador Moxó)	
Húsares de Fernando VII (Juan Bautista Pardo)	
Artillería (Alejandro Carvía)	
2 compañías de artillería de plaza	
1 compañía de artificieros	
1 escuadrón volante a caballo con 18 piezas	
Ingenieros	
1 batallón de 3 compañías de ingenieros	
1 batallón de ingenieros (Eugenio Iraurgui)	
Parque de artillería de sitio, 1 hospital estacional y 1 hospital ambulante	
Total ejército expedicionario[21]	**12 254 hombres**
FUERZAS NAVALES[22]	
Jefe de la escuadra. Almirante Pascual Enrile	
San Pedro de Alcántara[23]. Navío de 64 cañones, 11 oficiales y 560 marineros. (Francisco Javier de Salazar)	
Ifigenia. Fragata de 34 cañones, 308 marineros. (Alejo Gutiérrez de Rubalcaba)	
Diana. Fragata de 34 cañones, 311 marineros. (José de Salas)	
Diamante. Corbeta de 14 cañones, 114 marineros (Ramón Eulate)	
Patriota. Goleta de 7 cañones, 58 marineros. (Jacinto Marcaida)	
Gaditana. Barca con un cañón de 12., 39 marineros (Juan Diéguez)	
12 obuseras o faluchos cañoneros. 146 marineros.	
52 buques de transporte[24]	
Total armada expedicionaria	**1547 marinos**
Tropas totales	**13 801 hombres**

cil. Morillo, que había sido testigo personal de la derrota de Trafalgar, era plenamente consciente del lamentable estado en el que se encontraba la marina de guerra, pero insistía, y no sin razón, en la extrema necesidad de contar con barcos suficientes, no solamente para asegurar el transporte de las tropas, sino también para apoyarlas en las operaciones en América[25]. Si Morillo era prueba viviente de cómo se podían crear regimientos casi de la nada y en muy poco tiempo, en la marina la cosa era bien diferente. Los barcos tardan en construirse y las tripulaciones no se pueden improvisar. De hecho, sería el número limitado de barcos el que acabaría determinando el número total de tropas que se enviarían a América.

Los astilleros navales se pusieron manos a la obra y en un tiempo récord consiguieron poner en estado de servicio los buques de guerra, que estuvieron listos el 1 de enero de 1815. Para sus tripulaciones se recurrió a levas forzosas[26], un eufemismo para referirse a un auténtico secuestro legal, cogiendo a los pescadores por sorpresa cuando llegaban a puerto, en reuniones o, incluso, en sus propias casas[27]. De ello resultaron tripulaciones con muy baja moral, lo que sería una constante fuente de preocupaciones para la expedición. En lo que se refiere a los buques de transporte, se empleó el sistema del embargo[28], por el que se autorizó a Morillo y Enrile «a tomar todos los barcos nacionales y extranjeros que hubieren en puerto y fuesen considerados útiles para la expedición»[29]. Este método les acarreó el problema de tener que enfrentarse al descontento de armadores y tripulaciones, que se traduciría en numerosos casos de sabotaje frente a los que el jefe de la escuadra fue inflexible, llegando a decretar que, «si un barco hace agua y no lo comunica de inmediato para remediar la avería, será juzgado en Consejo de Guerra»[30]. Al final, tras todos estos esfuerzos se consiguió alistar un navío, dos fragatas, una corbeta, una goleta, una docena de faluchos cañoneros desarmados y cincuenta y dos buques de transporte.

Por lo que se refiere a los soldados, ya se ha señalado que en su mayoría eran veteranos de la guerra contra los franceses, lo que les dotaba de una disciplina y cohesión muy necesarias en la campaña que se avecinaba. No obstante, también se trataba de hombres que llevaban varios años combatiendo en condiciones muy duras y ahora que había llegado la paz esperaban, al menos, tomarse un bien merecido descanso. De hecho, la mayor parte de ellos se habían alistado para defender a su país del invasor y la nueva expedición se les presentaba como algo bien distinto. Este «extrañamiento», que culminaría con la rebelión de Riego en Cabezas de San Juan en 1823, era un producto más de la falta de contacto con la realidad de los gobernantes españoles tras el regreso de Fernando VII. El retornado soberano pretendía volver a la España de antes de 1808, pero el país había cambiado de manera irreversible. Uno de los mayores cambios había tenido lugar en el ejército que ya no estaba formado por profesionales, como aquellos del Antiguo Régimen, sino que en sus filas se había encuadrado al pueblo, y a este ejército nacional ya no le era posible aplicar las viejas reglas de las guerras del siglo xviii.

Estos soldados habían combatido para salvar a su patria. Una patria que concebían a la manera de Cervantes cuando habla de la Mancha como la de don Quijote, es decir, limitada a los contornos de lo que hoy se conoce como patria chica, y no estaban dispuestos a alejarse de ella para combatir en una guerra lejana[31]. Dentro de este contexto es donde hay que entender los problemas a los que se enfrentó Morillo para reclutar hombres y mantener la disciplina. A todo ello hay que añadir la bancarrota de la Real Hacienda, que era incapaz de hacer frente al pago de las soldadas. Los oficiales eran conscientes de la pésima situación de sus hombres y, como señala el marqués de las Amarillas en su *Exposición sobre el estado actual del Ejército español* de 1820, para evitar «ver perecer a sus subordinados tienen que recurrir a medios más o menos ilícitos, pero siempre abusivos y perniciosos, y es forzosamente el primer paso tolerarlo todo, exigir lo menos posible y sujetar con la destructora pero inevitable blandura los clamores harto justos de la necesidad: de aquí el decaimiento de la disciplina»[32].

La situación de los oficiales no era mejor, baste mencionar que aún en 1841, después de la muerte de Morillo, a este se le debían parte de sus haberes devengados entre 1808 y 1814[33]. Además del tema económico, tampoco entre los oficiales se trataba de una guerra popular y «gran cantidad de mandos pidieron el traslado cuando supieron que [sus unidades] habían sido destinadas a ultramar»[34]. Morillo accedió a estas solicitudes de traslado, pues estimaba que era preferible contar solamente con aquellos oficiales que estuviesen comprometidos con la difícil empresa que se les había encomendado. Julio Albi señala que «quizá este proceso de autoselección tuvo a la larga resultados ventajosos e hizo que Morillo partiese con jefes destacados». De entre los motivos que les movieron a permanecer en la expedición, no hay duda que la fidelidad al jefe y a sus respectivas unidades desempeñarían un importante papel, pero también es verdad que, como confiesa el capitán Sevilla en sus memorias, «en España no era posible ascender en muchos años»[35] y la nueva campaña era una buena oportunidad para «buscar mayores horizontes en el Nuevo Mundo»[36].

En este ambiente, Morillo se vio obligado a tomar la única medida disciplinaria que estaba a su alcance: acuartelar las tropas. Eufemismo bajo el que se esconde una virtual prisión, pues estaban sometidas a estricta vigilancia para evitar las deserciones[37]. En esta situación permanecieron desde mediados de diciembre de 1814 hasta que embarcaron. Evidentemente, tal orden no le haría muy popular entre sus tropas y tendría que emplear todo su prestigio personal y su liderazgo para mantener a sus hombres tranquilos, pero según pasaba el tiempo la situación se volvía cada vez más crítica, por lo que a la natural prisa por partir se añadiría el tener que hacerlo antes de que se declarase un motín[38]. Antes de partir era necesario decidir sobre el destino final de la expedición. Dos opciones se presentaron al Gobierno de Fernando VII. La más obvia era que Morillo y sus hombres se dirigiesen a Montevideo. Esta ciudad se presentaba como una «base perfecta de operaciones contra Buenos Aires, donde estaba el mejor Ejército enemigo que, además, desplegaba una inquietante actividad contra el Perú»[39].

La otra alternativa era Venezuela, desde donde se dirigirían al Virreinato del Perú para consolidarlo para la causa realista y desde allí lanzar una campaña que acabase con la revuelta en el Río de la Plata. Tras largos debates terminaría por imponerse «esta estrategia indirecta, seguramente demasiado lenta y complicada, tuvo, sin embargo, numerosos adeptos, que la preferían a un ataque frontal contra el Río de la Plata»[40]. Las autoridades eran plenamente conscientes de que habían tomado una decisión en contra de lo esperado y, muy sabiamente, decidieron aprovechar el factor sorpresa. Durante muchos meses se publicaron noticias en las que abiertamente se hablaba de la expedición de pacificación del Río de la Plata con la expresa intención de generar confusión y desviar la atención sobre su verdadero destino[41].

Establecido el destino de la expedición, quedaban por determinar sus objetivos. Estos quedaron fijados por medio de las muy reservadas instrucciones dadas al general Morillo para su expedición a Costafirme, fechadas el 18 de noviembre de 1814. Es importante detenerse algo en este punto, ya que estas instrucciones no solo recogen aspectos militares, sino también contienen toda una serie de disposiciones políticas muy reveladoras del pensamiento de las autoridades españolas sobre lo que estaba sucediendo en tierras americanas. El fin principal de la expedición era:

> ... restablecer el orden en la Costafirme hasta el Darién, y privadamente en la Capitanía General de Caracas. Los deseos de S. M. quedarán enteramente satisfechos si esto se consigue con el menor derramamiento de sangre de sus amados vasallos, sin excluir del número de vasallos á los extraviados de aquellas vastas regiones de América. La tranquilidad de Caracas, la ocupación de Cartagena de Indias y el auxiliar al Jefe que mande en el Nuevo Reino de Granada, son las atenciones principales ó las primeras de que se ocupará la expedición. Conseguido esto se enviará al Perú el excedente de tropas europeas que se pueda en todo el año de 1815; y si aún hubiese sobrante se remitirán al Reino de México[42].

Como puede verse, se trataba de objetivos ambiciosos para cuyo cumplimiento se otorgaban muy amplias facultades a Morillo, a quien se investía de autoridad suficiente para llevarlas a cabo. Morillo quedaba completamente al mando de todos los pormenores y a la cabeza tanto del ejército como de la marina. Estas órdenes militares eran razonablemente claras y precisas e incluían la necesaria flexibilidad para que Morillo pudiera cumplirlas a carta cabal, pero a ellas se añadían otras de contenido político para cuya ejecución Morillo carecía de experiencia, por lo que el Gobierno de Madrid trató de darle una serie de pautas que le sirviesen de apoyo en su complicada misión. Ya se ha visto que la visión que se tenía en la metrópoli de la situación americana estaba teñida por prejuicios e, incluso, por un serio desconocimiento sobre lo que allí sucedía.

El Gobierno de Fernando VII cometería el mismo error en América que en la península al querer regresar, sin más, a la situación previa a la invasión francesa de 1808. Muchos creían aún que el principal papel de la expedición militar sería el de respaldar el natural impulso de los americanos de volver a la familia hispana bajo el rey padre[43]. Esta figura del rey como padre de todos sus súbditos, herencia del pensamiento medieval que pervivió en el Antiguo Régimen, estaba tan incrustada en el pensamiento de la época que incluso el propio Bolívar diría que, cuando los franceses invadieron la península ibérica, América había quedado huérfana[44]. Prueba de este sentimiento es que a Morillo se le repetía una y otra vez en sus instrucciones, que emplease «todos los medios de dulzura», que se publicasen «indultos», «perdones», «olvidos generales de lo pasado» y que se utilizaran «marcas muy lisonjeras»[45]. Otro aspecto importante era el asegurarse la colaboración de los funcionarios de la Corona y muy especialmente de la Iglesia, para con quienes se le pedía que guardase «el mayor respeto»[46].

Por fin, llegó la orden de partir y, tras un intento fallido en el que una fuerte tormenta obligó a la flota a volver a la bahía de Cádiz, a las ocho de la mañana del 17 de febrero de 1815 partía la expedición de Morillo. Cuando llevaban varios días de navegación y ya se encontraban en alta mar, el general en jefe comunicó a la tropa que no iban «al Río de la Plata, como se había dicho, sino a Costafirme», en la actual Venezuela[47]. La noticia estuvo a punto de provocar una revuelta y Morillo, una vez más, hubo de recurrir a sus dotes de persuasión y mando para restaurar el orden. Hizo repartir una proclama en la que recordaba a los soldados los éxitos obtenidos en la lucha contra los franceses diciéndoles que debían de alegrarse por ser destinados a «un país más cercano al nuestro[48]». Esto no fue suficiente y, para levantar los ánimos, Morillo hubo de recurrir a uno de los más viejos, pero a la vez eficaces, instrumentos del poder: el protocolo. Morillo sabía servirse del protocolo cuando la situación lo demandaba. Ordenó que todos los barcos, uno por uno, pasasen por el costado del buque insignia, el *San Pedro de Alcántara*, con las tropas formadas en cubierta y cuando estaban a su altura, Morillo gritaba, «¡Viva el rey! ¡Viva España!», a lo que los soldados contestaban, «¡Viva!», agitando sus gorras al aire. Y con esta, en apariencia sencilla ceremonia, la tranquilidad volvió al ejército.

El resto del viaje transcurrió con relativa normalidad, los únicos incidentes fueron los propios de los viajes transoceánicos en la era de los barcos a vela: un fuerte temporal, a poco de la partida, que dispersó los buques del convoy, produciendo el retraso de cuatro de ellos, y las inevitables calmas chichas[49]. Lo más relevante de este periodo tuvo lugar en España el 1 de abril, cuya noticia no alcanzaría a la expedición hasta después del desembarco, cuando Lardizabal, ministro universal de

Indias, expedía un decreto en nombre de Fernando VII por el que se ascendía a Morillo a teniente general, con lo que se reforzaba aún más su autoridad[50].

Tras casi dos meses de navegación, el ejército expedicionario avistó las alturas del cerro de Turimiquire en la costa caribe de la actual Venezuela. Ya se ha expuesto cuales eran las ideas que se tenían en la metrópoli sobre los acontecimientos en América pero ahora, antes de desembarcar con Morillo, es necesario exponer brevemente cual era el verdadero estado de cosas en el Virreinato de Nueva Granada a principios de abril de 1815. En primer lugar, hay que señalar que el virreinato no era la «joya de la Corona española en tierras americanas» sino que su importancia se derivaba fundamentalmente de constituir el nexo de unión entre los dos virreinatos más ricos, el de Perú y el de la Nueva España[51].

El Virreinato de la Nueva Granda *stricto sensu* abarcaba la Capitanía General de Venezuela (actual Venezuela) con capital en Caracas, la Audiencia de Quito (actual Ecuador) y el Reino de Nueva Granada (la actual Colombia más Panamá) cuya sede estaba en Santa Fe de Bogotá. Pese a que todos estaban formalmente sujetos a la autoridad del virrey, tanto la Audiencia como la Capitanía General funcionaban con un enorme grado de autonomía.

En cuanto a la población total del virreinato, esta sería inferior a los 2 800 000 habitantes registrados en el censo de 1825, divididos en tres grupos étnicos, con predominio de mestizos, indígenas y negros, con una población blanca en torno al 22 % del total, estando cada uno de estos grupos distribuidos de una manera muy heterogénea a lo largo del territorio[52]. Según Javier Ocampo, se trataba de una región colonial en cuya estructura social se encuentra la influencia de los sectores medios comerciantes, artesanos e intelectuales, con grupos de negros esclavos en las minas de oro y plata y en las haciendas, una región caracterizada económicamente por la minería, el comercio, la industria artesanal y la agricultura[53].

El rasgo más característico del virreinato fue su extrema heterogeneidad social y económica, que hacía que, aún años después, pudiera decirse que conformaba «apenas un grupo de regiones de desarrollo muy desigual[54]», o dicho de un modo más literario: «muchos mundos existían en Colombia»[55].

Según todos los testimonios anteriores a 1808, la situación en el Virreinato de Nueva Granada era de absoluta tranquilidad y sus habitantes eran considerados leales súbditos de la Corona[56]. Si bien es cierto que en 1781, la Rebelión Comunera había sacado a todos de su letargo, también es verdad que su impacto a largo plazo no llegó más allá[57]. Pese a la alarma inicial que obligó a las autoridades virreinales a salir de su rutina diaria, lo cierto es que la rebelión solo sirvió a medio plazo para dificultar brevemente que se pudieran aplicar las reformas administrativas previstas para el virreinato[58].

La interpretación de la revuelta comunera ha sufrido una importante evolución en la historiografía. Tradicionalmente se la consideró como precursora de los movimientos independentistas[59]. Posteriormente fue concebida en términos de un conflicto social entre las clases más pobres y los sectores más ricos y poderosos[60]. Más tarde, como «punto cenital de las luchas populares y de las transformaciones económicas, sociales, espirituales y políticas ocurridas en el siglo XVIII»[61]. En la actualidad es ubicada en el contexto de las revueltas populares que cada cierto tiempo estallaban durante el Antiguo Régimen tanto en la península ibérica[62] como en América[63], con las que comparte no solo orígenes y momento histórico, sino también ideología y hasta un mismo lenguaje.

En abril de 1815, la situación en el Virreinato de la Nueva Granada era aparentemente muy favorable para la Corona. El impulso inicial de los «rebeldes» había quedado tremendamente diluido y los «realistas» triunfaban por doquier. El periodo comprendido entre 1810 y 1815 había sido testigo de multitud de vaivenes cuyo seguimiento desafía cualquier intento de descripción. Tal vez lo más sencillo sea decir que el Virreinato de la Nueva Granada había quedado desmembrado por tensiones regionales y provinciales. Los principales focos del movimiento independentista eran tres: Venezuela (Caracas), Cundinamarca (Santa Fe de Bogotá) y Cartagena de Indias.

En Venezuela, el 19 de abril de 1810, ante las noticias de que la península ibérica había sido ocupada por tropas francesas, el Cabildo de Caracas, tras una serie de tiras y aflojas, nombró una Junta General de Gobierno expulsando a las anteriores autoridades. Con la llegada de Francisco de Miranda, el movimiento se fue radicalizando hasta la proclamación de la absoluta independencia de España, el 5 de julio de 1811. No obstante, el Gobierno independentista de Caracas no tenía el control sobre el territorio de la Capitanía General de Venezuela por lo que tuvo que iniciar campañas contra las regiones costeras del este y el oeste. En esas estaban cuando la naturaleza se conjugó contra los «rebeldes» y, el Jueves Santo 26 de marzo de 1812, se desató un devastador terremoto que asoló la zona de Caracas dejando intactas las ciudades leales a la Corona[64]. El propio Bolívar cuenta que un «furibundo españolizante»[65] le comentó:

> —¿Qué tal, Bolívar? Parece que la Naturaleza se pone del lado de los españoles...
> —Si se opone la Naturaleza, lucharemos contra ella y la haremos que nos obedezca —le respondí iracundo[66]—.

Entre nueve y diez mil personas murieron entre los escombros y el noventa por ciento de la ciudad quedó en ruinas[67]. La catástrofe fue rápidamente explotada por el clero y las autoridades virreinales acusando a los rebeldes de haberse atraído la cólera de Dios, mientras que tropas realistas, al mando de Domingo de Monteverde, aprovecharon el desconcierto para avanzar hacia Caracas. El pánico se apoderó de la ciudad, que se rindió sin ofrecer resistencia en julio de este mismo año. Las recriminaciones entre los jefes rebeldes llegaron a tal punto que Bolívar entregó a los realistas a Francisco de Miranda, quien acabaría sus días en una cárcel gaditana. El propio Bolívar fue hecho prisionero, pero gracias a sus influencias fue prontamente liberado, partiendo hacia Curaçao.

En esta colonia holandesa permanecería hasta el siguiente otoño, en que partiría a Cartagena de Indias para buscar el apoyo del Gobierno revolucionario de esta ciudad. Tras varios meses de preparativos se le confió el mando de una expedición que tenía el objetivo de liberar Venezuela y sería durante esta campaña cuando proclamaría su famoso decreto de guerra a muerte, sobre el que se volverá más adelante. En agosto de 1813, Bolívar entraba en Caracas, donde le otorgaron el título de Libertador. No obstante, las cosas distaban mucho de estar acabadas y en 1814 la contraofensiva realista de las tropas llaneras al mando de José Tomás Boves obtenía victoria tras victoria, culminando con la reconquista de Caracas.

Tras su derrota en las cercanías de la ciudad de Barcelona, al este de la capital, a manos de tropas realistas mandadas por Morales, Bolívar tuvo que regresar a Cartagena. Cuando comprobó que el ambiente le era profundamente hostil, no le quedó más remedio que partir, en mayo de 1815, hacia el exilio de Jamaica.

Por lo que se refiere a la situación en Cundinamarca y Cartagena de Indias, esta era tan peculiar que tradicionalmente se conoce a este periodo de la historia de Colombia como la «Patria Boba». En Cartagena de Indias, el 22 de mayo de 1810, se constituyó una Junta que inicialmente tenía la misión de salvaguardar los derechos de Fernando VII frente a la invasión napoleónica, pero pronto las tensiones de Cartagena con otras ciudades acabaron desembocando en conflicto abierto y tropas cartageneras sometieron por la fuerza la ciudad de Mompox. Por su parte, la situación política se fue polarizando en torno a dos partidos que, en realidad, eran dos grandes clanes familiares: por un lado el anciano Antonio de Narváez, tras el que actuaban los hermanos Germán y Gabriel Gutiérrez de Piñeres y, por otro, José María García de Toledo. El 11 de noviembre de 1811, los Piñeres logran imponerse decretando que «la Provincia de Cartagena de Indias es desde hoy de hecho y por derecho Estado libre, soberano e independiente»[68]. Desde ese momento la situación de orden público fue degenerando y la anarquía y el régimen del terror se apoderaron de la ciudad.

En enero de 1813, tropas cartageneras ocuparon la ciudad realista de Santa Marta, pero serían expulsadas apenas tres meses después. Este fracaso militar acrecentó el malestar político y los hermanos Piñeres fueron perdiendo partidarios, que se fueron pasando al partido de José María García de Toledo, ahora al mando de Manuel del Castillo y Rada. Fue en este momento cuando llegó a Cartagena Simón Bolívar, pretendiendo encabezar una expedición militar a Venezuela.

Tras varios choques entre Bolívar, Castillo y Rada, finalmente Bolívar partió al mando de la que calificó como la «campaña admirable», de la que sin embargo, regresaría derrotado en 1814. Mientras tanto, en Cartagena la vida política seguía deteriorándose, y el año siguiente sería conocido como el «año terrible»[69]. Bolívar regresó a Cartagena de Indias con instrucciones del Congreso de Tunja de obtener armas, municiones, vituallas y soldados para volver a atacar la realista Santa Marta, pero esta vez ya no fue bienvenido en la ciudad, pues los hermanos Piñeres, hasta ese momento sus mayores valedores, habían sido depuestos y los nuevos gobernantes desconfiaban tanto del caraqueño como del Congreso de Tunja. De esta manera, en marzo de 1815, Bolívar llegó de nuevo a los alrededores de Cartagena, pero esta vez como sitiador de la plaza. Tras una serie de negociaciones totalmente infructuosas tuvo que darse por vencido y regresar a Jamaica.

Además de la situación política en Cartagena de Indias, es también importante hacer una breve referencia a la economía en la ciudad durante este periodo. Hasta 1811, más de la mitad de los ingresos de la ciudad provenían principalmente de los situados (partidas enviadas desde otros centros de recaudación de la Real Hacienda de Quito y Santa Fe de Bogotá), y el resto, «en orden de importancia, del estanco del tabaco, los derechos de aduana y el estanco del aguardiente»[70]. Sobre los derechos de aduana es relevante tener en cuenta que en torno al 80 % de las importaciones registradas llegadas a su aduana provenían de territorios fuera del imperio español (50,9 % de Jamaica, 19,4 % de los Estados Unidos y 9,7 % de Londres). La proclamación de la independencia de Cartagena de Indias en 1811 supuso el inmediato cese del envío de los situados, por lo que la ciudad tuvo que recurrir a otras fuentes de financiación, como préstamos por parte de algunos de sus comerciantes, la confiscación de bienes de destacados realistas y, sobre todo, a la emisión de papel moneda. La economía de la Cartagena independiente sufrió un fuerte y rápido deterioro que haría muy difícil poder disponer de recursos suficientes para preparar la ciudad frente a la amenaza de un asedio por parte de tropas realistas[71].

Por su parte, en Santa Fe de Bogotá la chispa de la rebelión había prendido el 20 de julio de 1810, cuando, más allá de la anécdota de un florero[72], un golpe de mano orquestado por miembros de las élites criollas aprovechó la confusa situación en la península ibérica para deponer a las autoridades virreinales y hacerse con el poder[73]. La nueva Junta de Santa Fe convocó un congreso que, al no acudir representantes de Cartagena de Indias, hubo de disolverse y la capital pasó por toda una serie de formas de gobierno hasta que se proclamó como Estado de Cundinamarca bajo el liderazgo de Antonio Nariño. Tras numerosas peripecias, la situación política se fue polarizando en torno a federalistas y centralistas, encabezados por Camilo Torres y Antonio Nariño, respectivamente. Todo ello, sumado a la vieja rivalidad entre Santa Fe de Bogotá y Tunja, hizo que la situación degenerase en una guerra abierta y, en noviembre de 1812, partiría de Bogotá la primera expedición contra Tunja. La guerra continuaría hasta enero de 1813, cuando Nariño lograría imponerse sobre Tunja. No obstante, este sería un éxito temporal pues Simón Bolívar, actuando en nombre del Congreso de Tunja, atacó Santa Fe de Bogotá, ocupándola en diciembre de 1814, desde donde partiría hacia Cartagena de Indias.

A los focos independentistas de Venezuela, Caracas y Cundinamarca se les enfrentaban otros realistas que, añadidos a las disensiones dentro del bando rebelde, hicieron que los años comprendidos entre 1810 y 1815 puedan ser considerados como una auténtica guerra civil entre neogranadinos[74]. Entre las regiones realistas hay que mencionar Quito, Pasto, Popayán, Panamá, Santa Marta y amplias regiones en los llanos venezolanos. Si bien cada una tenía motivaciones y orígenes algo diferentes, todas coincidieron en su repudio a una independencia que consideraban les era impuesta. Por si ello fuera poco, incluso en las zonas más comprometidas con la separación de la península había posibilidades de encontrar unanimidad. Gran parte de las clases populares contemplaban la independencia con indiferencia, si no directa hostilidad, hecho que se transformaría en un «un precepto de fe tanto para los realistas como para los republicanos»[75].

Un testigo de la época, José Acevedo y Gómez, miembro de la Junta de Santa Fe de Bogotá, confesaría en sus memorias que «la revolución no fue hecha por las masas populares. Una pequeña minoría apoyaba al sector de las clases altas de Santa Fe que favorecía la revolución»[76]. Este aspecto es esencial para poder comprender tanto los acontecimientos de la Patria Boba como muchas de las medidas que adoptaría Morillo. También tiene consecuencias a la hora de contemplar la tradicional alianza entre autoridades de la Corona y clases populares. De hecho, esta asociación es tan vieja como la propia España y su origen se remonta a las luchas de los reyes contra la nobleza durante los siglos XIV y XV. Una estrategia de amplio calado político que permitiría la consolidación del Estado español.

En la España peninsular ello significaba aliarse con la que las Leyes de las Siete Partidas llaman la *honrada común*[77] y en la España americana con aquellos sectores menos privilegiados[78] haciendo aparecer a la Corona como el supremo juez que velaba por el bienestar de todos sus súbditos.

Sobre el triste estado del pueblo en América el propio Morillo reconocería que «se encontrarán en pocos países en el mundo en donde la plebe esté más oprimida, y ella considera tan imposible salir de esta situación, que aguanta y deja al prepotente que disponga de lo ajena sin quejarse»[79].

El retrato de la situación en América sería incompleto si no se mencionase que a lo largo de los años de esta primera república se produjeron profundos e irreversibles cambios en el seno de la sociedad neogranadina. De acuerdo a Rebecca Earle, el virreinato fue testigo de las primeras constituciones escritas, de la introducción de un republicanismo que empleaba el lenguaje y las ideas de la Revolución francesa, de elecciones y la creación de una muy influyente prensa política, pero tal vez el hecho más relevante de todo este periodo se deriva del aparente fracaso de la causa de la independencia en estos primeros meses de 1815[80].

Ya se ha expuesto cómo Bolívar había partido el 9 de marzo de 1815 hacia su exilio de Jamaica. Es importante destacar que en este momento el propio Bolívar confesaba que «si el general Morillo obra con acierto y celeridad, la restauración del gobierno español en América del Sur, parece infalible»[81]. En estos primeros meses de 1815, la dispersión de los esfuerzos emancipadores, las tensiones regionales, los choques personales y la ausencia de un proyecto político común para el futuro parecían obstáculos casi insuperables en el camino hacia la independencia.

En el sur del continente, las divisiones también habían pasado su factura y José de San Martín había sido apartado a Mendoza[82]. En la Nueva Granada pocos apostaban por Bolívar, quien entonces era «poco más que un brillante y ambicioso general sudamericano cuya corta carrera política y militar se había caracterizado por un errático registro de brillantes triunfos y dramáticos errores». Bolívar era entonces solo uno más entre muchos otros «más sabios, mejor educados, más intrépidos, más vanos, más fuertes, más ambiciosos y más ricos» que podían reclamar para sí la cabeza del movimiento[83].

Pese a tan negro panorama, en Jamaica, Bolivar no descansaría en su empeño de ser reconocido como líder, para lo que se dedicó a dotar a la «revolución» de un proyecto de futuro que acabaría cuajando en su *Contestación de un americano meridional a un caballero de esta isla*, Kingston el 6 de septiembre de 1815, más conocida como *Carta de Jamaica*[84]. Este documento supondría un salto cualitativo en el movimiento independentista que transformaría una revuelta en una auténtica revolución, poniendo un nuevo ideario frente a la doctrina tradicional en la que se basaba la justificación del poder español en tierras americanas. Bajo un desesperado llamamiento a la unidad en el bando revolucionario, Bolívar traza un bosquejo del futuro político de una América dividida en «diecisiete naciones» entre las que estaría una Colombia (Virreinato de la Nueva Granada) con:

> ... un gobierno [que] podrá imitar al inglés; con la diferencia de que en lugar de un rey habrá un poder ejecutivo, electivo, cuando más vitalicio, y jamás hereditario si se quiere república, una cámara o senado legislativo hereditario, que en las tempestades políticas se interponga entre las olas populares y los rayos del gobierno, y un cuerpo legislativo de libre elección, sin otras restricciones que las de la Cámara Baja de Inglaterra[85].

No obstante, cuando, en abril de 1815, Morillo arribaba a las costas venezolanas las ideas de Bolívar eran poco más que un sueño, pues los realistas parecían contar con augurios muy favorables.

2. Llegada a América. Morillo en la Capitanía General de Venezuela (abril - mayo 1815)

El 5 de abril de 1815 la flota expedicionaria anclaba frente a Carúpano, en la costa noroccidental de la actual Venezuela. Del fuerte partió un bote que transportaba a los principales mandos de las tropas realistas, que se disponían a ponerse a las órdenes del nuevo general en jefe. Al frente de ellos estaba Tomás Morales, canario establecido en Venezuela que había estado combatiendo la insurrección desde el principio, al mando de un abigarrado conjunto de tropas entre las que se encontraban los famosos llaneros y varias unidades de negros zambos.

A bordo del *San Pedro de Alcántara*, buque insignia de la flota expedicionaria, tuvo lugar el primero y uno de los más importantes consejos de guerra entre los realistas. En él, Morillo fue informado de la situación real en aquellas tierras, muy distinta a las ideas que tenía el Gobierno de Fernando VII. Los veteranos de esta guerra le resumieron cuánto habían padecido aquellos que habían permanecido fieles a la causa del rey y el modo en que se había radicalizado la lucha hasta convertirse en una auténtica guerra a muerte. Un cuadro completamente distinto del que le habían pintado en Madrid y de las instrucciones que se contenían en sus órdenes. Fue también entonces cuando supo de la muerte de Boves, uno de los principales valedores de la causa realista.

José Tomás Boves (o Bobes) había mantenido viva la causa realista en tierras venezolanas durante más de cuatro años sin más apoyo que el de las lanzas de sus tropas llaneras. Su fuerza se derivó de haber sabido aglutinar el descontento de amplias capas de desposeídos contra el poder de la aristocracia criolla. Nacido en Asturias y de humilde origen, se sentía uno más entre sus hombres que lo idolatraban como a un dios. Su carisma y extremo conocimiento de la idiosincrasia de los habitantes de los Llanos fueron los que le hicieron señor absoluto de la zona.

Al igual que los guerrilleros que lucharon contra la invasión napoleónica en la España peninsular, la disciplina de los hombres de Boves se basaba en el ejemplo de su jefe, en su capacidad para proveerles de botín y en sus continuos éxitos. Los llaneros de Boves representan uno de los más claros ejemplos del carácter social de las guerras de independencia en América, donde tras argumentos de índole ideológica, se escondía una lucha por un modelo de sociedad cuyo atractivo dependía de la clase donde cada uno hubiera nacido[86]. El autodenominado Ejército Real de Barlovento había conseguido liquidar la segunda república venezolana y derrotado repetidas veces tanto a Bolívar como a otros jefes independentistas[87].

Como guerrilleros, ni concedían ni esperaban cuartel y muchas de las más sangrientas páginas en la historia de este conflicto tuvieron como protagonistas a los hombres de Boves. Pese a sus éxitos, su compleja personalidad y su profundo desprecio por las clases dirigentes le atrajeron la profunda desconfianza e incluso el resentimiento de gran parte de la administración colonial realista, que veía en su lucha una amenaza al orden social establecido. Su muerte de un lanzazo en la batalla de Urica (el 5 de diciembre de1814) provocó más de un respiro entre las autoridades virreinales, quienes de esta manera se quitaban de encima un aliado profundamente incómodo e incontrolable[88].

Volviendo al consejo de guerra a bordo del *San Pedro de Alcántara*, en él se decidió que las tropas no desembarcarían en el continente, sino que se dirigirían directamente hacia Isla Margarita. Ese era uno de los más importantes focos del movimiento independentista y su cabecilla, Juan Bautista Arismendi, uno de los más acérrimos enemigos con los que contaban los realistas. Por si todo ello no fuera suficiente, la «reducción» de esta isla era uno de los objetivos de la expedición, expresamente mencionado en el número 3 bajo el epígrafe de *Exercito* en las órdenes muy reservadas de Morillo[89]. Tras impartirse las correspondientes órdenes para la partida, la escuadra se dispuso a pernoctar.

A la mañana siguiente Morillo se encontró con la sorpresa de que entre los barcos españoles se habían colado dos fragatas inglesas con la evidente intención de espiar. Tras ser cortésmente invitadas a irse bajo la amenaza de ser hundidas, partieron hacia Barbados. Este incidente puede parecer extraño, pero no lo es tanto si se tiene en cuenta que la flota española en esos momentos enarbolaba bandera inglesa. Esta añagaza, perfectamente legal de acuerdo al derecho de guerra naval vigente en la época, había sido ordenada por el jefe de la escuadra, Pascual Enrile, para engañar a los independentistas. Además, pese a que teóricamente el Gobierno de Londres no apoyaba a los rebeldes, Morillo no era ningún ingenuo y sabía perfectamente que tras la máscara de una pretendida neutralidad los ingleses contemplaban con muy buenos ojos la eventual desmembración del Imperio español.

De hecho, la política británica frente a esta cuestión había sido, cuanto menos, errática. Hasta 1810 se limitaron a explorar a todos los actores involucrados sin llegar a concebir una estrategia coherente y no sería sino a partir de esta fecha cuando los ingleses empiecen a definir una serie de objetivos en su política respecto a las colonias españolas en América. Sus prioridades contenían aspectos tan difíciles de equilibrar como el asegurar su comercio, impedir la dispersión del tan temido jacobinismo revolucionario, evitar que estas tierras cayesen en manos enemigas (léase Francia o sus aliados) y, por último, que ninguna acción británica pudiese poner en peligro su desesperada lucha contra Napoleón. En 1814, bajo la dirección de *lord* Castlereigh, los ingleses ofrecieron su mediación entre las partes[90]. De hecho, una de las constantes preocupaciones de Morillo sería el mantener alejados a los británicos, objetivo nunca fácil y del que no siempre saldría victorioso.

Isla Margarita

A las seis de la mañana del 7 de abril de 1815 la flota atracaba frente a Pampatar, en la costa este de la isla Margarita. Pese a que en el fuerte ondeaba la bandera española y a que su guarnición había contestado de acuerdo a las señales secretas establecidas para la expedición, Morillo procedió con cautela, ordenando que los barcos no se acercasen demasiado mientras el comandante de la escuadra, Pascual Enrile, mandaba que la fragata *Diana* reconociese más de cerca[91]. Las precauciones no fueron en vano, pues cuando la *Diana* estuvo cerca del fuerte abrieron fuego. Esta dificultad para distinguir al amigo del enemigo sería una de las constantes durante toda la expedición. En este caso, los rebeldes disponían de los códigos de comunicaciones de la flota por haber apresado el *Guatemala*, uno de los barcos que se había retrasado en la tormenta ocurrida durante la travesía del Atlántico y que había tenido la mala suerte de embarrancar en estas costas. La endeble amenaza que representaba el fuerte solo podía retrasar las cosas y, el 9 de abril, se produjo el desembarco del cuerpo expedicionario.

Pese a que las tropas habían tenido que poner pie a tierra bajo fuego enemigo, una vez que estuvo consolidada la cabeza de puente se vio claro que era inútil toda resistencia. Los defensores del fuerte comunicaron que estaban dispuestos a rendirse si se les perdonaba la vida, a lo que contestó Morillo que accedía «a condición de que no hubiese sido muerto ninguno de los tripulantes del *Guatemala*, y que le fuesen entregados sanos y salvos»[92]. Sus instrucciones establecían claramente que debía aplicar «todos los medios de dulzura» con los habitantes de la isla y que su misión tenía que cumplirse «con el menor derramamiento de sangre», con lo que puede interpretarse que la condición que exigía Morillo restringía el ámbito del perdón establecido por el rey[93]. Lo que es más grave es que se trata de una condición de pasado para cuyo cumplimiento sus destinatarios ya no pueden hacer nada. Además, Morillo no distinguía entre aquellos que hubieran sido directamente responsables de la muerte de algún tripulante del *Guatemala* sino que hacía responder a toda la guarnición por la suerte de éstos.

Si el objetivo de Morillo era atraerse para la causa del rey a la mayor cantidad de gente posible, este tipo de condiciones solo podía contribuir a que los rebeldes se aferrasen a resistir. No obstante, en este caso, el asunto no pasaría a mayores pues la tripulación del *Guatemala* fue rápidamente puesta en libertad y el fuerte se rindió pacíficamente. El 11 de abril, Morillo tomaba solemnemente posesión de la isla para Fernando VII y en su capital, la Asunción, accedió a recibir al ahora preso comandante rebelde, Arismendi.

Juan Bautista Arismendi nacido en Margarita el mismo año que Morillo, hijo de militar, de quien heredó la profesión, había ingresado como cadete en las Milicias de Blancos. Durante sus años de servicio a la Corona española se distinguió combatiendo varios intentos ingleses de desembarcar en la Capitanía General de Venezuela. En 1810, siendo justicia mayor y comandante de armas del Partido Norte de la Isla Margarita, se sumó al movimiento independentista, convirtiéndose en una de sus principales figuras en la región. Aunque a primera vista pudiera parecer sorprendente que un soldado del rey acabase rebelándose contra su propio señor, el hecho fue algo bastante habitual durante las guerras de independencia en Hispanoamérica y su origen hay que buscarlo en la pérdida de poder económico y prestigio social de la oficialidad durante la última parte del siglo xviii. La administración virreinal no podía satisfacer sus demandas, por lo que algunos de estos oficiales llevaron sus quejas a la élites locales, a las que, con el tiempo, acabarían transfiriendo su lealtad[94].

Del carácter fogoso y apasionado de Arismendi da prueba que tuviera siete hijos con su primera mujer y doce con la segunda; participó activamente en las campañas de Bolívar del que fue un concienzudo ejecutor de su ya mencionado decreto de guerra a muerte a los españoles. Por mucho que intentos hagiográficos pretendan desligarlo de las atrocidades cometidas durante la guerra, el hecho es que fue responsable directo de varias matanzas y asesinatos a sangre fría[95]. Como muestra, baste mencionar sus concienzudos despachos a Bolívar, fechados en Caracas y La Guaira en febrero de 1814, en los que le comunica que «ayer tarde fueron decapitados ciento cincuenta hombres de los españoles y canarios encerrados en las bóvedas de este puerto»[96], añadiendo otro día que «ayer tarde fueron decapitados doscientos cuarenta y siete, españoles y canarios, y solo quedan en el hospital veintiún enfermos»[97], de estos últimos comunica al día siguiente que «hoy se han decapitado los españoles y canarios que estaban enfermos en el hospital, último resto de los comprendidos en la orden de su excelencia [Bolívar]»[98].

Tras la rendición de isla Margarita, Arismendi fue inmediatamente encarcelado y llevado a presencia de Morillo. Según cuenta el capitán Rafael Sevilla, Arismedi se echó a los pies del general en jefe suplicándole perdón y ofreciendo su inquebrantable lealtad en el futuro. Morillo se lo otorgó. En ese momento, Tomás Morales, el principal jefe de los criollos realistas en Venezuela, se dirigió a Morillo pidiéndole que «se le castigue ejemplarmente como marcan las leyes, no al insurgente, sino al reo de delitos comunes que han estremecido de horror á los mismos insurrectos»[99]. Morillo no siguió el consejo de Morales reafirmando el perdón, a lo que respondió Morales: «mi general, desde ahora le predigo que usted fracasará en su expedición». Morillo replicó: «señor brigadier, no le he pedido á usted consejos»[100].

Más allá de la anécdota del encuentro, lo relevante de este episodio es que muestra que Morillo tenía la firme intención de aplicar en toda su extensión las órdenes recibidas del Gobierno de Madrid, que le exhortaban a «restablecer el orden con el menor derramamiento de sangre»[101]. En este momento, Morillo compartía la visión generalizada que se tenía en la península sobre el conflicto en América y creía que una mano firme y un corazón grande serían suficientes para arreglarlo todo. Poco a poco, y a fuerza de darse golpes contra la realidad, no tendría más remedio que cambiar de opinión.

El Morillo de abril de 1815 no se identifica con el retrato que de él se hace tradicionalmente en tierras americanas como encarnación de la crueldad. Muchos países tienen alguna figura en la que personifican todos los vicios y los males. En España se amenazaba a los niños que no comían con llamar al hombre del saco. En Holanda y Bélgica, el hombre del saco era el segundo duque de Alba, jefe del ejército español en Flandes durante parte del reinado de Felipe II. En Inglaterra, parece ser que se les atemorizaba con la llegada de Guy Fawkes, conspirador católico que intentó hacer estallar el Parlamento en 1605. En Colombia este «puesto de honor» lo ha venido ocupando el general Pablo Morillo.

Otra importante consecuencia de lo sucedido al llegar a isla Margarita fue que «desde aquel día quedó profundamente resentido el brigadier Morales con el general», lo que tendría amplias repercusiones para la campaña expedicionaria[102]. Morillo había reconvenido duramente en público a Morales al entender que había bordeado la indisciplina, algo que él nunca pudo tolerar, y Morales, por su parte, no acogió bien el ser reprehendido en público. Si bien la institución militar no se basa en el mutuo agrado, la ausencia de un buen entendimiento entre los mandos superiores no podía por menos que ser contraproducente, y el distanciamiento entre Morillo y Morales sería una fuente de problemas. Morillo pasaría de no ver con buenos ojos al brigadier Morales, a encontrar todo tipo de fallos en la conducta de sus tropas.

A esta consideración de tipo psicológico hay que sumar la profunda y antigua desconfianza de Morillo hacia las tropas irregulares. Ya se ha visto cómo, durante la Guerra de Independencia en España, Morillo había pasado parte de su tiempo desarmando partidas guerrilleras para integrarlas en el ejército regular y tenía instrucciones de hacer lo mismo en América[103].

Al estar bajo el mando de Morales parte de los antiguos llaneros de Boves y hasta un regimiento de negros zambos, el choque era casi inevitable. Como tantas otras veces a lo largo de estos años, Morillo aplicaría los mismos criterios en América que había utilizado en España y, una y otra vez, la realidad del Nuevo Mundo se encargaría de demostrarle su error. La insistencia de Morillo en encuadrar a estos hombres dentro el esquema del ejército, aunque a veces resultaría satisfactoria (caso de los batallones de negros zambos), en otros acabaría en un total fracaso (como en el caso de los llaneros). En todo caso, Morillo desconfiaba de las tropas irregulares y siempre preferiría apoyarse en tropas regulares, lo que acabaría por desembocar en que los llaneros terminasen la guerra de independencia en América en el bando independentista[104].

El 15 de abril, Morillo hizo circular una proclama a los habitantes de isla Margarita en la que les decía, «yo espero que en lo sucesivo os comportaréis con la misma fidelidad que en los tiempos anteriores hasta el año de 1809; pero temblad si así no se cumple, porque descargaré todo el rigor contra vosotros»[105]. Con este acto y con el nombramiento del teniente coronel Antonio Herraiz como gobernador quedaba oficialmente pacificada la isla y cumplida la primera parte de las instrucciones de la expedición.

El 20 de abril, Morillo zarpaba con parte de la flota hacia el continente. Un viaje de apenas unas millas, por aguas conocidas y con buen tiempo que, sin embargo, resultaría catastrófico para el futuro de la expedición. El día 23, el buque insignia, el *San Pedro de Alcántara*, navío de 64 cañones botado en La Habana en 1788[106], que se había rezagado hasta asegurarse que todos los barcos salían de la isla, se incendió estallando en «un relámpago inmenso, indescriptible, como el cráter de un volcán a las nubes, luego un ruido espantoso, prolongado, inaudita, la mar tembló, las aguas se arremolinaron...»[107]. Con él se perdieron la caja de la expedición con más de 1 100 000 pesos, parte de la artillería, «8 000 fusiles e igual número de monturas, espadas y pistolas; 8 000 vestuarios completos de paño, infinidad de útiles de ingenieros, 4 000 quintales de pólvora, un sinnúmero de bombas, granadas y balas, y todos los equipajes de los jefes y oficiales»[108]. La explosión fue causada por un incendio originado al prenderse el aguardiente almacenado en la bodega que rápidamente se propagó hasta la santabárbara.

Según los testimonios recogidos por la investigación llevada a cabo por la marina[109], se trató de un hecho fortuito y los tripulantes del barco actuaron de forma correcta, pero si el terremoto de Caracas de 1812 pudo ser interpretado como un castigo de la providencia a los independentistas, la pérdida del *San Pedro de Alcántara* podía tomarse como su contrapartida.

El contenido del *San Pedro de Alcántara* era el resultado del esfuerzo de una España exhausta y reemplazarlo, al menos a corto plazo, era absolutamente imposible. La misión de Morillo de pacificar el continente era ya de por sí muy difícil, pero a partir de este momento, a las naturales preocupaciones que conllevaba una campaña militar, debía añadir las de su financiación. Por su experiencia con Wellington durante la invasión del sur de Francia en 1813 y 1814, sabía muy bien de la importancia de contar con dinero en efectivo para pagar el avituallamiento de sus tropas. Ello era vital para no tener que recurrir al sistema francés de vivir sobre el terreno, que inevitablemente producía la enemistad de la población civil, pero ahora no le quedaba nada y la única alternativa sería recurrir a las raquíticas arcas virreinales.

El problema era que la jurisdicción de Morillo no se extendía sobre los funcionarios de la administración colonial y, para obtener dinero de ellos, hubo de acudir al halago, la negociación y hasta la amenaza, lo que desembocaría en un enfrentamiento entre autoridades civiles y militares que sería una constante fuente de problemas, y traería como consecuencia el debilitamiento de la posición realista en tierras americanas.

Tierra firme de la Capitanía General de Venezuela

Una vez puesto el pie en el continente americano, Morillo procedió a dar puntual cumplimiento a otro de los puntos previstos en sus instrucciones al despachar al Virreinato del Perú una división compuesta por 1800 hombres. Si bien sus órdenes le conminaban a hacerlo una vez estuviera restaurada «la tranquilidad de Caracas y ocupada la plaza de Cartagena de Indias», Morillo optó por realizarlo inmediatamente[110]. El prescindir de estos hombres cuando casi no había empezado su misión parece arriesgado e innecesario y no se encuentra fácil explicación. No obstante, los hechos acabarían dandole la razón, al menos durante estos primeros tiempos.

El 8 de mayo, las tropas realistas entraban en Caracas, donde él capitán Rafael Sevilla cuenta que «gallardas jóvenes, lujosamente vestidas, nos daban hurras, saludándonos con sus pañuelos como si fuésemos Mesías»[111]. Pocos días más tarde lo hacía el propio Morillo, siendo recibido con «salvas, músicas, fuegos artificiales, banquetes y otros festejos públicos por parte del gobierno y del pueblo»[112].

Esta fue la primera ciudad americana que vio Morillo y la impresión debió ser muy fuerte, pues allí no le esperaba la riqueza o el deslumbramiento que el mito de El Dorado prometía a los europeos, sino la imagen de una ciudad aún en ruinas que intentaba recuperarse de los efectos del terrible terremoto de marzo de 1812. Si se acepta el testimonio del capitán Rafael Sevilla, Morillo entró en Caracas «de malísimo humor», «con el entrecejo contraído y caído el labio»[113].

Pese a la utilidad de su testimonio siempre hay que tener cuidado con lo que dice Sevilla de Morillo, no hay que olvidar que sus memorias fueron escritas muchos años más tarde, y que Sevilla era sobrino de Pascual Enrile, jefe de la escuadra, con quien Morillo tuvo multitud de enfrentamientos. Así, por ejemplo el mal humor y el gesto de Morillo que comenta Sevilla, quizá no fuesen por entrar en Caracas, sino más bien la expresión habitual de su rostro. No en vano, en el retrato oficial de Morillo conservado en el Museo Nacional de Colombia exhibe un gesto que no cuesta interpretar como de mal humor[114].

Nada más entrar en Caracas, Morillo publicó una proclama exhortando a los venezolanos a que olvidasen sus querellas bajo el amparo del rey como común padre de todos los súbditos de la monarquía.

Se trata de un muy importante documento que ha servido para pintar a Morillo tanto como un monstruo sediento de sangre que desde el primer momento no tenía más idea en la cabeza que la venganza, como también como un honrado militar que sinceramente buscaba la reconciliación por medios pacíficos, a los que solo renunciará más tarde obligado por la fuerza de los hechos. Lo cierto es que según sea la parte del texto donde se ponga el énfasis se encuentran bases para ambas interpretaciones. Por un lado, es cierto que emplea un lenguaje conciliador y termina diciendo, «¡Cuan grato será en mi vejez el oír que sois felices! Yo me diré entonces con orgullo: Los puse en el camino de la dicha, sofocando los partidos y conservándolos leales al rey!»[115]. Por otro, no deja de emplear la amenaza diciéndoles que «si me obligáis á desenvainar la espada, no culpéis al rey más clemente, de los arroyos de sangre que correrán»[116].

Pese a que Morillo permaneció poco tiempo en la capital de la Capitanía General de Venezuela desplegó en ella una frenética actividad. Como él mismo reconoce, su prioridad era recaudar fondos para resarcirse de la pérdida de los hundidos con el *San Pedro de Alcántara*, y para ello, público un empréstito de cien mil pesos «cuyo reintegro debía ser puntualmente satisfecho»[117], a lo que añadió la ejecución de una orden dictada en diciembre del año anterior por el intendente general de Venezuela mediante la que se establecía la venta de los bienes abandonados por aquellos que habían huido antes de la entrada de los realistas. Morillo era consciente de que tales disposiciones no estaban estrictamente dentro de los poderes otorgados en sus instrucciones[118], pero no encontró otro modo mejor para asegurar la obtención de los caudales que necesitaba.

Este tipo de acciones, que se pueden interpretar como el establecimiento de una administración militar que se superponía a la civil de la colonia, daría origen a lo que algunos historiadores han denominado como el gobierno militar de Morillo[119]. En cualquier caso, este «gobierno militar» no se impondría de una sola vez y no alcanzaría su plenitud hasta 1816, por lo que más adelante se volverá sobre él.

Hasta este momento la campaña de pacificación había sido un completo éxito. Morillo había cumplido una importante parte de sus instrucciones sin tener que derramar ni una sola de sangre y las poblaciones por donde había pasado le recibían como un héroe. No obstante, Morillo sabía que aún quedaba mucho camino por delante, donde no todo iba a ser tan fácil. Para evitar que sus tropas se «ablandasen» ordenó que pasasen el mayor tiempo posible haciendo «ejercicios y simulacros»[120] en preparación del que públicamente anunciaba como su siguiente objetivo: la conquista de Cartagena de Indias[121].

Capítulo 8

EL REINO DE LA NUEVA GRANADA. SITIO DE CARTAGENA

(mayo 1815 - febrero 1816)

1. En ruta hacia Cartagena de Indias

Para nadie era un secreto que Cartagena de Indias era pieza clave en el proyecto de reconquista del Virreinato de la Nueva Granada. No podía ser de otra manera, pues la cuidad y plaza fuerte de Cartagena de Indias era la «llave de las Indias» por su posición estratégica heredada del otrora floreciente comercio trasatlántico. Su impresionante sistema defensivo y su obstinado apoyo a la causa independentista hacían de ella un hueso duro de roer, por lo que Morillo decidió preparar concienzudamente su conquista.

A principios de junio de 1815, partía Morillo hacia Puerto Cabello, donde embarcaría con sus tropas el 12 de julio. En el transcurso de la travesía envió su primera proclama a los habitantes del reino de Nueva Granada que, a diferencia de casos anteriores, no estaba firmada por Morillo, sino por José Domingo Duarte, uno de los generales de la expedición oriundo de estas tierras. Este detalle muestra cómo Morillo estaba empezando a comprender algo del carácter de la situación que tenía entre manos. El hecho de utilizar como su voz a un compatriota de los insurrectos revela cierto olfato político y también que está empezando a darse cuenta de que su misión tenía una naturaleza distinta a la que hasta entonces había creído. Emplea el mismo sistema que cuando, al final de la Guerra de Independencia, ocupando ya suelo enemigo, utilizaba a ciudadanos o soldados franceses para que se dirigiesen a sus compatriotas. Parecería que Morillo hubiese empezado a darse cuenta, tal vez aún inconscientemente, de que la realidad americana exigía otros modos que aquellos que se derivaban de sus instrucciones. No obstante, esta proclama también emplea vocabulario e ideas tradicionales como cuando dice a los americanos que «no tenéis más derecho á los terrenos y distritos que ocupáis, que el que habéis heredado de vuestros padres, aquellos ilustres españoles que hicieron tantos y tan señalados sacrificios, para agregar estos países á la corona de Castilla, y radicar sus generaciones en ellos»[1], y no olvida añadir la no muy velada amenaza de, «si por vuestra obcecación este mismo ejército entra en guerrero y conquistador»[2].

El 23 de julio desembarcaba en Santa Marta, bastión realista, que le recibió con enormes muestras de júbilo. Ya se ha visto cómo Santa Marta se había mantenido fiel a Fernando VII, no tanto por una cuestión de lealtad realista, sino más bien por razones derivadas de su viejo antagonismo con Cartagena de Indias, con la que competía en muchos ámbitos y a la que sentía como agresora. De hecho, pareciera como si ambas ciudades tuviesen intereses contrapuestos y cuanto mejor le iba a una, peor a la otra. Por ejemplo, durante las guerras angloespañolas entre 1796 y 1808, Santa Marta «había atraído una cada vez mayor parte del comercio con el Caribe y los beneficios comerciales de Cartagena habían declinado proporcionalmente»[3]. Ya se ha mencionado el componente regionalista en las divisiones entre realistas e independentistas, y el caso del antagonismo entre Santa Marta y Cartagena de Indias constituye un ejemplo perfecto.

Desde Santa Marta, Morillo envió un cuerpo de ejército, al mando del brigadier Pedro Ruiz de Porras, con órdenes de tomar la villa de Mompox con el objeto de cortar el tráfico en el río Magdalena, comunicación natural de Cartagena de Indias con el interior. Días más tarde, despachó hacia Cartagena la avanzada de su ejército, a las órdenes de Tomás Morales, y a principios de agosto de 1815, Morillo con el grueso de sus tropas embarcaba en Santa Marta hacia Cartagena de Indias.

2. Sitio de Cartagena de Indias

En el camino hacia Cartagena de la vanguardia de Morales tuvo lugar el primer encuentro armado en el continente entre el ejército expedicionario y fuerzas independentistas. El hecho no fue más que una emboscada por parte de apenas dos compañías de infantería realista a una pequeña partida independentista que conducía tres piezas de artillería y se replegaba hacia Cartagena. El 16 de agosto de 1815, en las inmediaciones de Sabanalarga, los soldados del capitán Simón Sicilia atacaron a los independentistas que apenas si pudieron oponer una pequeña resistencia[4]. Tras ello, y sin mayor novedad, las tropas de Morales llegaron a las inmediaciones de Cartagena, donde se reunieron con el grueso del ejército que poco antes había desembarcado en la ensenada de Galera Zamba.

Las instrucciones de la expedición eran muy claras sobre la importancia de hacerse con Cartagena de Indias, pero dejaban mano libre a Morillo para decidir sobre la mejor manera de hacerlo: «el ceñirse á bloquear la plaza de Cartagena a bombardearla o a sitiarla lo determinará el general en jefe con conocimiento de la fuerza del rey de mar y tierra, medios y estación, y además con las noticias del estado de víveres de la plaza, arrabales y puerto»[5]. Morillo había dispuesto de tiempo de sobra para preparar su plan de ataque. Había estudiado el sistema defensivo de la plaza, uno de los más impresionantes de la América española, analizando cada una de sus partes con ojo de militar experimentado.

3. Sistema defensivo de Cartagena de Indias

El sistema defensivo de Cartagena de Indias se basa en un complejo sistema de anillos concéntricos que se refuerzan mutuamente, diseñado para repeler un ataque enemigo que busque tomar rápidamente la ciudad. Por ello, toda la filosofía defensiva de Cartagena gira en torno a la idea de retrasar el avance de los sitiadores para permitir que el clima y las enfermedades los vayan frenando hasta mermar de tal modo sus fuerzas que les obliguen a retirarse. La Corona española había invertido mucho dinero y empleado el talento de sus mejores ingenieros militares para asegurarse de que la plaza fuera inexpugnable, diseñando un sistema defensivo compuesto por varios elementos muy diferentes entre sí, en los que cada uno cumplía una función específica a la vez que reforzaba y era reforzado por los demás. Ya se ha expuesto en otra obra el análisis de las defensas de Cartagena de Indias usando la figura de los anillos, baste aquí, por lo tanto, un breve resumen para comprender la estrategia adoptada por Morillo a la hora de tener que tomar la plaza[6].

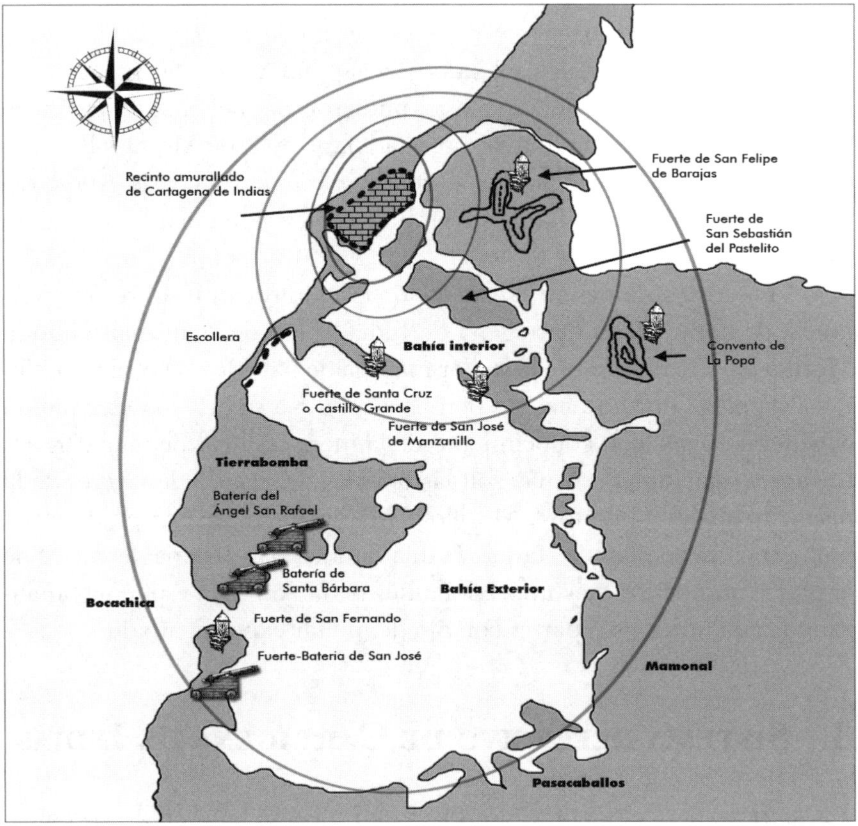

Figura 1. **Mapa de la Bahía de Cartagena de Indias con los «anillos defensivos de hierro y piedra»**

Elaboración del autor. *Fuentes*: Castillo Mathieu, *La llave de las Indias*; Lemaitre, *Breve historia de Cartagena*; Lemaitre, *Historia general de Cartagena de Indias*; Marco Dorta, *Cartagena de Indias. Puerto y plaza fuerte*; Porras Troconis, *Cartagena Hispánica, 1533 a 1810*; Porto de González, *Asaltos y sitios a Cartagena de Indias durante la colonia*; Real Torres, *Biografía de Cartagena, 1533-1945*; Russell Hart, *«Ataques del almirante Vernon al continente americano»*; Segovia Salas, *Las fortificaciones de Cartagena de Indias. Estrategia e historia, 105 días: El sitio de Pablo Morillo a Cartagena de Indias*; Manuel Zapatero, *La guerra del Caribe en el siglo XVIII*.

Cartagena de Indias estructuraba su defensa en cinco (4 + 1) anillos de hierro y piedra, dos de madera y dos de papel a los que se añadían los que calificamos como anillos de sangre.

Los anillos de hierro y piedra: formado por los cañones y las murallas. Para facilitar el seguimiento de su descripción se ha elaborado el mapa anterior (Figura 1), en el que puede apreciarse la lógica del sistema defensivo cartagenero.

Primer anillo defensivo de hierro y piedra, o círculo interior, formado por el casco urbano. La concepción de este primer anillo, proyectado a finales del siglo XVI, se debió, casi en su totalidad, a Bautista Antonelli, ingeniero militar nacido en Italia que había entrado al servicio de Felipe II en 1570 y que llegó a Cartagena de Indias poco después del saqueo de Francis Drake en 1586. Para hacer que Cartagena de Indias fuese inexpugnable desde el mar, aprovechó la poca profundidad de las aguas que rodean la isla de Calamarí, donde está ubicada Cartagena de Indias, que hace imposible que los buques atacantes puedan acercarse lo suficiente como para que su artillería sea efectiva. El almirante francés barón de Pointis, quien asaltó la ciudad en 1697, reconocía que «en la costa de Cartagena el mar es un señor invencible». La segunda amenaza a prevenir era un ataque por tierra, contra lo que se diseñaron murallas con un conjunto de baluartes siguiendo las formas estrelladas de los principios del sistema de fortificación francés establecido por Vauban[7].

Segundo anillo de hierro y piedra. Para proteger la ciudad del ataque desde las aguas interiores de la bahía de las Ánimas se erigió el fuerte de San Sebastián del Pastelillo, que a la postre, por su estructura mal diseñada y su escasa utilidad práctica, acabaría siendo convertido en un mero puesto de control aduanero[8]. Para reforzar la protección frente a un ataque por tierra desde el valle de la Popa se construyó, sobre el cerro de San Lázaro, el fuerte de San Felipe de Barajas. Una Real Cédula de 20 de septiembre de 1647 ordenaba su comienzo, pero no sería hasta diez años más tarde cuando se iniciasen las obras, bajo la gobernación de Pedro Zapata de Mendoza. El gobernador le dio nombre en honor de su rey Felipe IV y del pueblo de Barajas, por ser sus antepasados los condes de esta población cercana a Madrid, conocida hoy por su aeropuerto internacional. En aquellos días se levantó una construcción que solo ocupaba la parte alta del cerro de San Lázaro, que resultaría insuficiente, tal y como lo demostraría en 1697 el barón de Pointis al tomarlo con facilidad e instalar allí su artillería, cuyo fuego obligaría a la ciudad a rendirse. Tras este fracaso, Juan de Herrera y Sotomayor procedió a reconstruirlo pero su forma definitiva, que aún hoy se alza imponente, se debe al ingeniero militar Antonio de Arévalo, quien en 1762 acomodó los rígidos dictámenes de la ciencia de la fortificación militar a los contornos del cerro.

Tercer anillo de hierro y piedra. Comprendía, por el norte, las murallas de la ciudad y hacia el sur llegaba hasta la bahía interior cerrándose, a la izquierda, con el fuerte de Santa Cruz o Castillo Grande y, a la derecha, con el fuerte de San Juan de Manzanillo. Hacía tiempo que ambas construcciones habían perdido su importancia militar, pues desde las reformas de Antonio de Arévalo habían quedado convertidas en meros depósitos. En la actualidad, San Juan de Manzanillo forma parte del conjunto de la residencia oficial del presidente de la república de Colombia en Cartagena de Indias, al que el arquitecto Rogelio Salmona anexó uno de los más hermosos edificios construidos en el siglo XX en esta parte del mundo[9]. Este tercer anillo se cerraba con un puesto avanzado: el Convento de la Popa. El edificio que hoy se visita es una construcción eminentemente religiosa, pero en 1815, estaba rodeado por una muralla sobre la que estaban emplazadas algunas piezas de artillería. No obstante la importancia de la Popa no venía determinada por sus defensas, sino por su privilegiada ubicación, que hacía del convento un magnífico puesto de observación.

Cuarto anillo de hierro y piedra. Por el norte volvía a apoyarse en las murallas de la plaza extendiéndose hacia el sur a través de Bocagrande, cerrada por una escollera submarina construida entre 1771 y 1778 por Antonio de Arévalo. Esta obra maestra de la ingeniería militar impedía el ingreso de buques de gran calado, con lo que se obligaba que todo el tráfico de ingreso a Cartagena de Indias se efectuase por Bocachica, al sur, de fácil defensa por su estrechez. En Bocachica se alzaba el fuerte de San Fernando, construido con los restos del antiguo de San Luis, demolido por el almirante inglés Edward Vernon en su retirada tras su derrota por don Blas de Lezo en 1741. A él se añadían las baterías del Ángel San Rafael y de Santa Bárbara, sobre la isla de Tierrabomba, y el fuerte-batería de San José, sobre Barú.

Quinto y último anillo de hierro y piedra. Este anillo, invisible desde Cartagena, estaba compuesto por todo el conjunto de fortalezas españolas en el mar Caribe. Este grupo, diseñado para asistirse y reforzase mutuamente, estaba formado, además de por la propia Cartagena de Indias, por las fortificaciones de Portobello y Nombre de Dios en Panamá, Veracruz en México, La Habana en Cuba, San Agustín en la Florida, Santo Domingo en la isla de la Española y San Juan en Puerto Rico.

El anillo o las murallas de madera. Los estudios tradicionales sobre plazas fuertes suelen terminar la descripción de su sistema defensivo con el análisis de los que aquí se han llamado anillos de hierro y piedra, pero a nuestro juicio también es necesario considerar otros componentes menos visibles pero igualmente importantes. Es en este contexto donde hay que hablar de las que se han llamado «murallas de madera». Con este nombre se hace referencia a la armada Real, una pieza esencial dentro del diseño de la defensa de Cartagena y de las Indias en general. La expresión utilizada de «muralla de madera» está tomada de Plutarco[10]. Cuando Temístocles, a la cabeza de los atenienses, enfrentaba la amenaza de los persas de Jerjes, cuenta la tradición que consultaron al famoso oráculo de Delfos sobre cuál sería la mejor forma de defenderse, y el oráculo contestó que tendrían que edificar una «muralla de madera». Tras alguna que otra discusión, Temístocles terminó interpretando tal expresión como una recomendación divina para construir una gran flota de guerra que con sus cascos formase una muralla. Esta era la teoría, pero en 1815 los defensores independentistas no contaban con una verdadera marina de guerra. Las unidades navales independentistas fondeadas en la bahía de Cartagena, al mando de Juan Nepomuceno Eslava, descendiente de aquel virrey Sebastián de Eslava que se había llevado los laureles de la victoria sobre los ingleses en 1741, eran totalmente incapaces de hacer frente a la escuadra realista, pues apenas constaban de una corbeta de 22 cañones, la *Dardo*, entre siete y diez goletas corsarias, dos balandras de guerra, una fragata mercante desarbolada, dos falúas y ocho bongos o canoas armadas[11]. Por su parte, Morillo, con plenos recursos para aplicar casi literalmente a Temístocles, usaría sus barcos para estrangular Cartagena de Indias con un muro que se pretendía infranqueable[12].

Los anillos de papel, hacen referencia a la administración virreinal cuyo funcionamiento, basado en una práctica de siglos puesta al día por las reformas introducidas durante los reinados de los primeros borbones, otorgaba una amplia ventaja a Morillo sobre los independentistas de Cartagena. Morillo podía contar con los engrasados engranajes de una maquinaria burocrática que le permitía tener noticias y extender su control mucho más allá de la limitada visión que se podía tener desde las murallas de la ciudad sitiada.

El anillo de sangre. Con toda intención se ha dejado para el final, pese a que, en puridad, constituye la parte más esencial de toda estrategia defensiva: el elemento humano. Por muy impresionantes que sean las defensas o las piezas de artillería, de nada sirven si no cuentan con hombres entrenados, equipados y dispuestos a morir en sus puestos. O, como dice Ernst Jünger, «lo importante no son los atrincheramientos gigantescos, sino el coraje y el vigor de los hombres que tras ellos se encuentran»[13]. La resistencia de este anillo de sangre viene determinada por factores como el número de las tropas, su equipamiento y aprovisionamiento y, las que Clausewitz llamó, «las virtudes militares del ejército y la capacidad del jefe»[14].

Cartagena de Indias contaba con apenas 2600 soldados veteranos a los que se añadirían otros 1000 hombres de las milicias reclutadas a toda prisa entre los varones de entre 17 y 70 años. En las milicias estaban encuadrados un destacamento de franceses, otro de ingleses y una tercera unidad de hombres de color[15]. Es verdad que no eran muchos y la historiografía tradicional colombiana ha puesto énfasis en la desproporción que representaban estos 3600 frente a los aproximadamente 11 000 soldados con los que contaba Morillo*. Si bien es cierto que esta parece una desventaja insalvable, no es menos verdad que, en 1741, don Blas de Lezo había logrado repeler un ataque inglés de más de 23 000 soldados a los que se sumaba una flota de 170 barcos con menos de 3000 hombres y apenas ocho buques de guerra[16]. Aunque los números no fueran tan adversos para los sitiados, el estado de sus tropas no podía compararse con el de los realistas.

* Del total de 12 254 soldados y oficiales que habían llegado a América con Morillo, 1800 habían sido enviados al Perú y, teniendo en cuenta que se les sumaron las tropas criollas de Morales y que debieran quedar guarniciones de soldados peninsulares, tanto en Margarita como en Caracas y Santa Marta, el numero total de tropas realistas que sitiaron Cartagena de Indias no debió superar los 11 000 hombres.

Por lo que se refiere al armamento de los independentistas, estos contaban con plena abundancia de cañones, mosquetes, pólvora y toda clase de pertrechos, que habían sido almacenados por las autoridades virreinales en cumplimiento de las disposiciones reales para tener preparada la plaza ante un posible ataque enemigo[17]. De hecho, tenían más armas que manos pudiesen empuñarlas. La gran debilidad de los defensores no fue el no disponer de armamento suficiente, sino el no haber sido capaces de reaprovisionar los almacenes que se habían vaciado durante los años del conflicto con Santa Marta[18]. En honor a la verdad, las autoridades de la ciudad poco podían haber hecho para remediarlo, pues no había ni dinero con el que comprar nada ni mercado donde hacerlo, pues tanto el campo como las poblaciones cercanas a Cartagena habían sido saqueados por Bolívar en su campaña contra la ciudad. Si a ello se le suma que el Gobierno local temía dictar medidas demasiado extremas ante el temor de provocar el pánico entre los habitantes y que acogió a todos los refugiados, el resultado fue la condena de Cartagena al hambre[19].

Los 2600 soldados independentistas calificados como veteranos, en realidad solo lo eran si se los comparaba con las milicias, pues su veteranía venía dada del hecho de haber estado escuadrados en unidades militares, pero su experiencia militar se había limitado a haber participado en escaramuzas contra tropas tan improvisadas como ellos mismos[20]. En el lado realista, el grueso de las huestes de Morillo eran soldados veteranos curtidos en años de duras campañas contra los ejércitos de Napoleón. Por su parte, las milicias de la ciudad de Cartagena de Indias eran poco menos que un grupo de civiles armados, cuyo entrenamiento y disciplina militar reposaban en haberse entrenado durante dos horas solo los días de fiesta a lo que se le añadiría algún tiempo más decretado por las autoridades cuando las tropas de Morillo estaban ya a la vista[21].

El bando independentista estaba al mando de Manuel del Castillo y Rada, pero su autoridad distaba mucho de ser absoluta[22]. Por un lado, estaba el bando de los hermanos Piñeres, que seguía instigando en su contra y sobre cuyo papel se volverá más adelante, y por otro el gobernador Juan de Dios Amador, quien ajeno a las cuestiones militares, supondría una pesada rémora en todas sus decisiones. En todo caso, ninguno de los mandos de plaza tenía experiencia militar comparable a la de Morillo, quien, además, era jefe supremo del ejército expedicionario, único y absoluto responsable, ante cuyas órdenes nadie se atrevía a rechistar. Si a ello se le añade que Morillo inspiraba entre sus hombres una confianza que rayaba en la devoción, que incluso sus más acervos críticos le reconocen, es evidente que las fuerzas realistas contaban en este terreno con una total superioridad[23].

Una vez desembarcado todo el Ejército expedicionario, Morillo mandó publicar una proclama a los habitantes de Cartagena en la que no cabía ninguna duda sobre sus intenciones: «si os hacéis sordos a lo que os digo, si os atrevéis a volver vuestras armas contra las de Su Majestad vuestro país será en breve un vasto desierto»[24]. Este fue la única exhortación que hizo, negándose a mantener ningún contacto con eventuales emisarios de las autoridades de la ciudad, pues consideraba que nada había que tratar con ellos, sino la completa rendición de la plaza. Morillo tenía muy claro lo que debía hacer, y habiendo extraído correctamente la lección del fracaso del ataque de Vernon en 1741, decidió que había de rendir la plaza por hambre, evitando a toda costa un ataque directo. Además, dado que había perdido toda de su artillería de asedio con el hundimiento del *San Pedro de Alcántara,* tampoco tenía mucha más opción[25].

La primera parte del plan de Morillo consistía en que la flota rodease la bahía de Cartagena estableciendo un bloqueo por mar, que se efectuó a finales del mismo mes de agosto, formando una línea recta desde Punta Canoas, al norte, hasta más allá de Bocachica. No obstante, el bloqueo distó mucho de ser perfecto y en varias ocasiones los sitiados conseguirían burlarlo[26].

Por tierra el cerco quedó cerrado el 7 de septiembre, cuando los hombres del capitán Ramón Sicilia ocuparon Barú sin encontrar apenas oposición. Los cartageneros, conscientes de que el bloqueo suponía su condena, intentarían romperlo, pero dada la extrema inexperiencia militar de los sitiados, la mayoría de sus esfuerzos fueron mal preparados y peor ejecutados. Así, por ejemplo, el 22 de septiembre trataron de apoderarse de la fragata española *Ifigenia*, pero la falta de coordinación entre el jefe de la escuadra independentista, Juan Nepomuceno Eslava, y el corsario francés al servicio de la ciudad, Luis Aury, dieron como resultado un estrepitoso fracaso en el que cayeron 25 hombres, 35 fueron heridos y se perdieron 130 fusiles. El fiasco tendría gravísimas consecuencias para la defensa de la plaza, pues después de intercambiarse mutuos reproches, Eslava destituyó a Aury confinándolo a su barco, *El Republicano*[27]. A este desastre se añadiría, pocos días más tarde, el frustrado intento del capitán

Francisco Sanarrusia, quien, al verse rodeado por fuerzas realistas, optaría por suicidarse[28]. Estos episodios serían utilizados por la oposición a Castillo y Rada como muestras de su incompetencia y acabarían siendo el detonante del golpe de Estado por el que los hermanos Piñeres volverán a hacerse con el control de la ciudad.

Tras una campaña de desprestigio contra Castillo y Rada, al que se acusó hasta de mantener negociaciones secretas con Morillo para rendir la plaza, el 17 de octubre, los partidarios de los Piñeres, en connivencia con parte de las tropas venezolanas acantonadas en la ciudad, proclamaron a José Francisco Bermúdez comandante supremo[29]. El control de la ciudad por parte de los piñeristas significó la radicalización de los defensores y la puesta en práctica, de nuevo y hasta sus últimas consecuencias, de la guerra a muerte decretada por Bolívar años atrás.

A partir de este momento la situación en la ciudad degeneraría sin remedio. El hambre provocada por el bloqueo y la falta de previsión iría minando el ánimo de los defensores. Ante las cada vez mayores muestras de descontento, las autoridades de la ciudad recurrieron al terror. Si bien es verdad que aun antes de la llegada de la expedición de Morillo se habían producido hechos lamentables, como el llamado «crimen de la Inquisición»[30], en el que varios oficiales españoles encerrados en los calabozos del palacio de la Inquisición fueron asesinados y que en tiempos de Castillo y Rada se había creado, a semejanza de la Francia Revolucionaria, una Junta de Seguridad Pública encargada de castigar con la muerte a todo aquel que intentase favorecer al enemigo, el hecho es que a partir del golpe de Estado de los piñeristas se instaló en Cartagena de Indias un auténtico régimen del terror[31].

En su retirada hacia Cartagena de Indias, los independentistas habían practicado la táctica de tierra quemada, con lo que el avituallamiento de las tropas de Morillo hubo de hacerse recorriendo grandes distancias. Por si el hambre no fuera suficiente, las enfermedades tropicales se ensañaron con las tropas peninsulares recién llegadas a tierras americanas. Las tropas realistas fueron presa de «las picadas de los mosquitos zancudos de las ciénagas, [...] producían unas llagas gangrenosas en las piernas y que causaban la muerte si no se hacía muy pronto la amputación»[32], de «las disenterías escorbúticas»[33], y los hospitales de campaña instalados en Sabanalarga, Arjona y Turbaco llegaron a albergar a más de 3600 enfermos, más de una cuarta parte del total de las tropas de Morillo[34].

En eso llegaron los temporales de octubre, que ese año de 1815 fueron especialmente violentos. En la ciudad los habitantes se desesperaban con la lluvia, el mar de leva y los vientos, y la flota sitiadora encaraba uno de sus peores momentos. Fondeada frente a las murallas sobre bancos de arena para los que sus anclas eran totalmente inútiles, las embarcaciones eran arrastradas unas contra otras y los marinos hubieron de emplearse a fondo no ya para mantener el bloqueo, sino para lograr que no se fueran todos a pique[35]. Al mal tiempo se sumaba el pésimo estado de los barcos encomendados a Enrile, jefe de la flota realista. Las condiciones en las que habían salido de Cádiz distaban mucho de ser las mejores, «eran unidades viejas y tenían las maderas podridas; no en vano la expedición se retrasó varios meses con el fin de ponerlas a punto»[36], y el clima tropical y la broma[37] empezaban a causar estragos, «las maderas se resecaban, las juntas se separaban y las embarcaciones hacían agua por cualquier parte»[38].

La moral tanto de sitiadores como sitiados estaba bajo mínimos, como lo prueban las múltiples deserciones en ambos bandos. Morillo estaba empezando a ponerse nervioso y para estrangular aún más a Cartagena decidió hacerse con el control de la isla de Tierrabomba, ordenando un asalto por sorpresa por parte de 700 hombres al mando de Tomás Morales. Si bien esta posición no era vital para el cerco, su posesión por parte de los sitiados les facilitaba el poder romper la línea de barcos realistas que en este lugar pudiesen encontrar provisiones.

Esta es al menos la justificación que el propio Morillo dio para el asalto, pero en realidad se trataba de una acción motivada tan solo por su exasperación. Entre las virtudes de Morillo la paciencia nunca tuvo un lugar destacado. Cualquiera que haya visitado Tierrabomba sabe que allí no hay nada que comer y que lo poco que se encuentra no es más que aquello que, tras mucho esfuerzo, los pescadores logran arrancar al mar. Para distraer la atención de los defensores de Tierrabomba, Morillo programó una operación con un falso ataque al convento de la Popa y, en la noche del 11 de noviembre, el desembarco en Tierrabomba se realizó con éxito, pero la diversión del cerro de la Popa terminó mal.

Ya se ha dicho que el interés estratégico del convento de la Popa es nulo, pues es una posición que solo tiene valor para los defensores como puesto de observación del acercamiento del enemigo, pero incluso para ellos, una vez que las líneas del atacante están cercanas a la ciudad y consolidadas, la Popa carece de todo valor real. Ello no tendría importancia si el asalto de los realistas se hubiese ejecutado solo como lo que teóricamente era, una distracción del verdadero objetivo de Tierrabomba, pero las cosas se torcieron.

En la noche del 11 de noviembre, la vanguardia realista compuesta por 150 cazadores de los regimientos León, Barbastro, La Unión y Victoria, al mando del capitán de infantería ligera de tiradores del regimiento de Barbastro, Juan Bautista Maortua, empezaron a subir el cerro de la Galera, donde se alza el convento de la Popa. Sus órdenes eran amagar sobre el enemigo atrayendo su atención para, si se presentaba la ocasión, apoderarse de la posición. Este último inciso es el que prueba la mala elección de Maortua como cabeza del ataque. En su hoja de servicios consta claramente, aparte de su larga experiencia como militar desde diciembre de 1808 y su valor acreditado, que su capacidad era «más que mediana» por lo que podía no ser idóneo para esas órdenes[39].

Dice el propio Morillo que «Maortua atacó decididamente [...], mirando con desprecio los obstáculos que para ello les opuso el poco conocimiento que tenían del terreno, su fragosidad, obscuridad de la noche, y el estado de cansancio en que se hallaban»[40]. Y fue su exceso de confianza lo que le costaría la vida. Cuando casi coronaban el cerro, al grito de «¡Ya son nuestros! ¡Viva el rey!», se oyó del otro lado del parapeto: «¡No, estando Piñango vivo!» y los defensores de la Popa, al mando del oficial venezolano Francisco Piñango, barrieron a los confiados realistas, que dejaron sobre las laderas del cerro ocho soldados, un subteniente y al propio capitán Maortúa[41]. Desde aquel día, el grito de Francisco Piñango ha quedado como expresión que usan los cartageneros cuando se refieren a un obstáculo insalvable[42].

El último enfrentamiento armado por Cartagena de Indias no tendría lugar en tierra, sino en la mar, cuando, el 12 de noviembre, un pequeño convoy de barcos de transporte de tropas en dirección a Tierrabomba, al mando del teniente de navío José de la Serna, se encontró de sorpresa con cinco goletas, una balandra y seis bongos (canoas artilladas) que hundieron tres lanchas y causaron serios desperfectos entre las demás naves realistas, que se vieron obligadas a retirase[43].La cosa no pasó de un susto, pero Morillo no dejaría de notar la falta de previsión de sus oficiales de marina, que se olvidaron de llevar municiones suficientes con las que repeler el más tímido ataque.

Hacía tiempo que la situación dentro de la plaza de Cartagena de Indias era muy grave, pero en los últimos días de noviembre y primeros de diciembre de 1815 pasó a ser ya desesperada, pues «ya se habían comido todos los caballos, mulos, burros, perros, gatos y cueros que había [...], lo mismo que cuantas yerbas podía haber a las manos»[44]. En este momento, cuando estaba claro que Cartagena de Indias no podía resistir mucho más, Morillo ordenó bombardearla. Mucho se ha escrito sobre este hecho como prueba de su crueldad, pues desde el punto de vista de las operaciones militares se trataba de un acto del todo innecesario[45].

La explicación está en que con esta acción pretendía romper la voluntad de resistencia de sus habitantes. Morillo tenía órdenes de tomar Cartagena de Indias y el asedio se estaba prolongando más de lo que hubiera querido y esperado. Al mismo tiempo, no hay que olvidar que toda la filosofía de la expedición era la pacificación para restituir estas tierras americanas a su legítimo soberano, Fernando VII, con lo que, si se acababa entrando en la ciudad como en una nueva Numancia, ello solo serviría para crear mártires, a lo que no estaba dispuesto el general español. Por otro lado, Cartagena era, ya se ha dicho, una de las llaves de las Indias y tampoco era bueno que uno de los cerrojos del Imperio español en América quedase inútil. No hay que olvidar, tampoco, que la ciudad estaba bajo el poco menos que fanático mando de los partidarios de los hermanos Piñeres que hacían de la lucha a muerte su divisa.

El bombardeo se produjo el 30 de noviembre, cuando el ánimo de los sitiados estaba bajo mínimos. Las autoridades de la ciudad pasaban horas discutiendo en el Palacio de Gobierno donde cada una proponía acciones, a cual más desesperada. Incluso se oyeron voces propugnando el «volar la ciudad con explosivos y morir entre sus ruinas»[46]. Otros, más templados, convencidos de la imposibilidad de continuar la resistencia, apenas se atrevían a explorar otras alternativas ante el temor a que se les considerase inmediatamente traidores a la patria. Finalmente, como solución transitoria para ganar tiempo, acordaron proclamar un bando por el que las personas incapaces de contribuir a su defensa debían abandona la ciudad, y «más de dos mil personas se resignaron a salir de las murallas»[47]. Con ello pretendían ahorrarse tener que alimentar unas cuantas bocas y esperaban mantener la esperanza de recibir ayuda. Una esperanza en vano pues incluso aun antes de haberse iniciado el asedio se habían despachado mensajeros a todas partes y la respuesta o no llegó nunca o fue negativa. El Gobierno general y el Congreso en Bogotá «se ocupaban de negocios de segundo orden», se limitaron a mandar tan encendidos como vacíos mensajes de apoyo[48]. Nada se podía esperar de otras zonas del país, que obcecadas en su visión regionalista de la independencia no veían más allá de sus montañas circundantes. Se había recurrido a los norteamericanos y a los ingleses, a los que incluso se les había ofrecido poner la plaza bajo la protección y dirección del rey de la Gran Bretaña, pero también sin éxito[49].

El 2 de diciembre de 1815, comisionados cartageneros en Jamaica pidieron a Bolívar que regresase a la plaza, a lo que este astutamente les contestó: «Que Cartagena me llame y volveré a defenderla, o a sepultarme entre sus ruinas. Mientras que la opinión no esté enteramente de acuerdo, mi presencia quizá sería origen de divergencia y de mal. Ningún bien podría hacer, aunque estuviera en la esfera de mis facultades»[50].

Bolívar tenía razón. Era demasiado tarde y ya nada se podía hacer para salvar la ciudad y no tenía sentido acudir en su auxilio solo para «sepultarse entre sus ruinas». Mientras tanto, Morillo esperaba consumido por la impaciencia en su cuartel general de Torrecilla. Allí le llegó la noticia de que la isla Margarita se había sublevado. El capitán Rafael Sevilla cuenta en sus memorias la reacción de Morillo,

> —Mi general —le dije yo aparte—, la isla de Margarita se ha sublevado y sus habitantes han sorprendido y asesinado á toda la guarnición.
> Morillo dio un brinco sobre la silla, como si le hubiera picado una víbora.
> —¡Vive Dios! —exclamó— ¡Qué dirá Morales!
> —Nada, mi general, porque a él no le sorprenderá una noticia que tenía prevista.
> —¡Usted también, señor oficial!— Luego, reportándose, agregó: Cállese usted y váyase á descansar, que bien lo necesita[51].

Más allá de la anécdota, hay que analizar la reacción de Morillo. En primer lugar, volver a tomar con cuidado la fuente pues, como ya se ha dicho, Rafael Sevilla siempre se mostrará muy crítico con Morillo, pero lo que sorprende no es tanto el enfado de Morillo, sino que inmediatamente se acuerde del incidente que tuvo lugar meses atrás en la isla cuando al perdonar a Arismendi tuvo un choque con Morales. Las reacciones impulsivas son las que mejor delatan la verdadera personalidad y surge la tentación de pensar que más que la noticia en sí, lo que más le irritó a Morillo fue el darse cuenta de que Morales, y no él, tenía razón.

Lo más importante de la rebelión de Arismendi en Margarita fue que supondría el fin de la política de conciliación que hasta entonces venía aplicando Morillo. Esta traición le hizo abandonar la idea de la posibilidad de pacificar América «con el menor derramamiento de sangre de [los] amados súbditos [de Fernando VII]»[52]. A partir de entonces, nunca confiaría ni en el arrepentimiento, ni en las muestras de adhesión de parte de los habitantes de estas tierras. Arismendi se había presentado lleno de remordimientos por sus acciones y jurando fidelidad eterna al rey y, apenas le había dado la espalda, se había vuelto a rebelar desplegando una crueldad aún mayor si cabe. Nunca más volvería a cometer este error. Nunca más volverá a creer en lo que le digan labios criollos. Nunca más cederá a la tentación de la clemencia. A partir de ahora, su espada estaba desenvainada y no descansaría hasta que todos los enemigos de su rey hubieran sido exterminados[53].

Abandonados por todos y descartado el sepultarse bajo sus ruinas, a los defensores de Cartagena solo les quedaba el elegir entre rendirse o intentar escapar. Dos mil de entre sus defensores, temiendo represalias, en la tarde del 5 de diciembre de 1815, en la playa de Bocagrande, embarcaban en las naves corsarias de Luis Aury, pero su destino no sería mejor que el de aquellos que se quedaron, pues, aunque lograron escapar del bloqueo de la armada realista, de los originales trece barcos que salieron de Cartagena apenas cuatro llegarían a su destino en Haití[54].

4. Morillo toma Cartagena de Indias

El 6 de diciembre de 1815, las tropas realistas entraban en Cartagena de Indias. Sobre los últimos instantes de la plaza hay varias y contradictorias versiones, desde las que hablan de una delegación de cartageneros que fue hasta el cuartel general para rendirla[55], hasta las que cuentan cómo los sitiadores entraron, «repartiendo cuchilladas a diestro y siniestro»[56], por una de las puertas que se abrió a ellos como por encanto de magia y, una vez dentro, comprobaron que apenas nadie defendía ya la plaza. Sea como fuere, el caso es que después de 105 días de sitio, Cartagena de Indias volvía al seno de la monarquía de Fernando VII[57].

Para describir el estado de la ciudad lo mejor es dar la palabra al propio Morillo, quien, en su parte oficial fechado el 31 de diciembre, escribe: «La ciudad presentaba el espectáculo más horroroso á nuestra vista. Las calles estaban llenas de cadáveres que infestaban el aire, y la mayor parte de los habitantes se encontraban moribundos por resultas del hambre»[58]. De los 16 o 18 000 habitantes de Cartagena, más de un tercio había perecido en el asedio[59]. Los sitiadores también habían pagado un alto precio, 1825 bajas entre los soldados peninsulares y 1300 entre los naturales del país, la mayoría de ellas no en acciones de guerra sino producto de las enfermedades[60]. Las tropas realistas, ante el espectáculo macabro que encontraron, en lugar de entrar a saco, tal como las leyes de la guerra daban derecho a hacerlo con una ciudad conquistada, dejaron sus fusiles y empezaron a socorrer a sus pobres habitantes[61].

Que Morillo y sus tropas hicieron todo lo que estuvo en su mano por aliviar los sufrimientos de los cartageneros está fuera de toda duda. Incluso las fuentes más porfiadamente contrarias a Morillo hablan de los cuidados que recibió la población de manos de sus anteriores sitiadores[62]. Se abrieron fosas comunes donde enterrar a los miles de muertos, se limpiaron las calles, se fumigaron las casas y se organizaron comidas (sopa económica) con lo obtenido mediante una suscripción voluntaria entre jefes y oficiales.

Una vez dictadas las medidas urgentes que exigía la salud pública, Morillo se dispuso a poner en orden la ciudad. Para emprender el avance contra el corazón del virreinato era esencial asegurar su retaguardia haciendo de Cartagena de Indias una plaza fuerte leal a las armas del rey y, para lograrlo, no volvería a caer en la tentación de aplicar una clemencia que tan malos resultados le había dado en isla Margarita por lo que dictó medidas drásticas que impidiesen que los independentistas pudieran volver a hacerse con el control de la ciudad, para ello, instauró una política de depuración a imagen y semejanza de la llevada a cabo en la península ibérica tras la expulsión de los franceses. Había que erradicar toda idea de rebelión, y el método que eligió para salvar el cuerpo de la monarquía fue el de amputar aquellos miembros contaminados para evitar el contagio de la «enfermedad de la independencia».

No obstante, el primero que alzaría la mano contra los vencidos no sería Morillo, sino Francisco Tomás Morales, quien, encargado de tomar posesión de las fortalezas en Bocachica, se hizo preceder de un bando publicando el perdón para todos aquellos que abandonasen las armas. La guarnición, algo menos de cuatrocientos hombres*, ante la noticia de la ocupación de la ciudad por los realistas, decidió acogerse a la clemencia del vencedor, pero Morales, en vez de respetarlos, los pasó a cuchillo. No contento con este crimen, mandó incendiar los lazaretos ubicados en Caño de Loro, con lo que los leprosos allí recluidos perecieron bien entre las llamas o abandonados a su suerte entre los escombros.

No hay constancia de que Morillo ordenase tan salvaje acción y dado su carácter legalista y el escrupuloso cuidado que siempre pondría en respetar, al menos la apariencia, el proceso legal, no parece probable que así lo hiciera. En cualquier caso, es evidente que al menos sería informado de lo hecho por Morales y, por ningún lado, ni entre los documentos oficiales ni entre su correspondencia, se ha podido encontrar reproche alguno a la sanguinaria conducta llevada a cabo por el que era su subordinado.

Sobre el destino de los jefes insurrectos Morillo no tenía duda alguna. En su despacho al Gobierno de Madrid, fechado el 31 de diciembre, dice refiriéndose a Manuel del Castillo y Rada, jefe militar rebelde de la plaza hasta su deposición por el golpe de Estado interno de los hermanos Piñeres, y que estaba encarcelado junto a

> ... otros varios rebeldes y asesinos: estos serán juzgados en el consejo de guerra permanente, y se les impondrán las penas á que se hayan hecho acreedores por sus maldades según las leyes; pues se ha visto el poco aprecio que ha tenido la clemencia del Soberano á la llegada del ejército á la provincia de Venezuela, perdonando á algunos de sus caudillos según la voluntad de Su Majestad»[63].

* La mayoría de las fuentes hablan de 400 hombres (véase Lemaitre, *Breve historia de Cartagena*, 116) si bien el listado de las guarniciones de San José y de San Fernando al inicio del asedio no llega a esta cifra y es natural deducir que durante las hostilidades se produjeran algunas bajas. Por ello, la cifra de 400 puede ser algo elevada pero tampoco parece estar muy lejos de la realidad.

Morillo había aprendido la lección de Arismendi y nunca más sentiría la tentación de emplear «todos los medios de dulzura»[64] con los «desleales [...], insurgentes, rebeldes, facciosos»[65]. Apenas nueve días después de haber escrito a Madrid sobre sus intenciones con los cabecillas de la insurrección, Morillo les abrió proceso, comenzando la que sería conocida como su política del terror. Mucho hay de leyenda negra sobre este episodio, que la historiografía colombiana conoce como el de «los nueve mártires de Cartagena», por lo que es necesario detenerse algo en él[66].

Lo primero que hay que considerar es la selección de los encausados. Pese a que Morillo dijese que eran «los principales y más delincuentes... de los que habían tenido parte en la obstinación de aquel sitio»[67], hay que recordar que la mayor parte de los más radicales partidarios de la independencia había logrado escapar por barco pocas horas antes de la entrada de las tropas realistas, por lo que cuando Morillo entró en la ciudad solo pudo hallar o bien personas cuyo compromiso con la defensa de la plaza había sido puesto en duda incluso por sus propios conciudadanos o bien a mandos intermedios. De hecho, este argumento fue el que utilizó el cabildo de Cartagena en una petición a Francisco Montalvo alegando que los revolucionarios habían «desaparecido» y quienes se habían quedado en la ciudad no tenían por lo tanto «el mismo grado de criminalidad indisculpable»[68]. Ejemplo perfecto del primer caso era Manuel Castillo y Rada, quien solo cambiaría de carceleros, pues desde que fue depuesto como jefe militar de Cartagena había pasado la mayor parte del asedio entre rejas. En lo que se refiere a los demás procesados, un breve recorrido por las circunstancias personales de cada uno de ellos arroja algunos datos interesantes sobre el espectro social de aquellos que se sublevaron contra la autoridad de la monarquía española en tierras del Caribe colombiano, y ayuda a poner en su sitio el mito de los nueve mártires de Cartagena de Indias.

De los nueve mártires, siete eran criollos, es decir, nacidos en tierras americanas, con una media de edad de 41 años, todos de una posición económica desahogada (hacendados, abogados y comerciantes) y la casi totalidad había desempeñado puestos de cierta relevancia en la administración colonial. De los dos restantes, uno era un ingeniero militar nacido en Orán (norte de África) y otro un irlandés llegado desde Buenos Aires.

Todos fueron sometidos a un consejo de guerra que les aplicó las leyes militares para tiempos de guerra. Mucho se ha discutido sobre la competencia de este tribunal para conocer de causas contra civiles. No faltaron voces que se alzasen contra ello, incluso dentro del propio bando realista, como el caso de los oidores Juan Jurado y Francisco Mosquera para quienes «el conocimiento de la causa competía a la jurisdicción ordinaria por las leyes del reino»[69], a las que se han sumado historiadores como Restrepo al añadir:

> ... las circunstancias y el curso de la revolución fueron absolutamente extraordinarios, y no debían sujetarse a las disposiciones de las leyes comunes, que decretan penas contra los individuos que hacen tumultos; sobre todo era de tenerse en consideración que la mayor parte de los supuestos reos no habían sido soldaos para que se les sujetase a leyes militares. Con mucha razón, pues, llamamos asesinatos jurídicos los de Morillo[70].

Entre las voces más contemporáneas se encuentra Lemaitre, quien dice que fue «un proceso con todas las apariencias y formalidades de la legalidad, pero mañoso y precipitado, cuya finalidad última estaba ya convenida de antemano»[71]. No obstante, para un análisis lo más desapasionado y riguroso posible de los hechos hay que tener en cuenta varios factores. El primero es que de los nueve enjuiciados, seis habían tenido empleos militares y otro más era acusado de haber comprado armas para los insurgentes, por lo que por ello caían bajo jurisdicción militar. Para los dos restantes hay recordar que, según las leyes vigentes en la época, los casos de traición eran competencia de la justicia militar. Como muy bien señala Oswaldo Díaz Díaz, «la ordenanza militar solo toca, en principio, con los militares en servicio activo, pero caen bajo su jurisdicción ciertos delitos que afectan a la seguridad del estado, aunque sean cometidos por civiles»[72]. Por si todo lo anterior no fuese suficiente, también hay que dejar constancia de que las leyes civiles también preveían la pena de muerte para el delito de traición[73]. Sobre estos aspectos legales se volverá más adelante a la hora de considerar la actuación de Morillo a su entrada en Santa Fe de Bogotá, pero no se puede dejar de mencionar que el propio Morillo tal vez no las tenía todas consigo pues insistiría en que «la ley los condenó: la ley aplicada por un tribunal legalmente constituido[74]» y, si todo hubiese estado siempre tan claro, tal vez no hubiera creído necesario defenderse.

Otro aspecto relevante del caso es analizar la intervención directa de Morillo. Si bien, desde el punto de vista estrictamente formal, la causa fue llevada por los jueces militares, quedando bajo la jurisdicción del nuevo gobernador de Cartagena de Indias, Francisco Montalvo, no hay que olvidar que este había sido nombrado precisamente por Morillo y que la mayor parte del proceso se desarrolló durante la estancia del general en jefe del ejército expedicionario en la ciudad, y es imposible pensar que algo tan importante se escapase de su atención.

El caso de los nueve mártires culminó, como es bien sabido, con la sentencia a la pena capital y la muerte de todos los acusados el 24 de febrero de 1816. Por aquel entonces hacía ya unos días que Morillo había salido de Cartagena de Indias, pero ello no tiene apenas relevancia. Por mucho que fuese Montalvo el que diese casi un ultimátum a los jueces para que acelerasen el proceso, y que desoyese las voces de aquellos que le pidieron que se suspendieran las ejecuciones hasta dar cuenta al rey, no es posible mantener que Morillo permaneciese ajeno al más mínimo de los detalles[75]. Por si todo lo anterior no fuera suficiente, hay prueba documental de la participación de Morillo, si no en el juicio y condena de los nueve mártires, sí en haber ordenado la muerte de otras personas. En un despacho al ministro de la Guerra fechado en Cartagena el 16 de febrero de 1816 se adjunta una lista de veintidós individuos acusados de graves delitos, pasados por las armas[76].

Pese a que estos nueve mártires son los más famosos, como se ha visto, la represión realista en Cartagena de Indias no se limitó a ellos. De hecho, la lista de ajusticiados por Morillo incluida en un despacho al ministro de la Guerra contiene los nombres de veintidós personas[*]. La

[*] Morillo al ministro de la Guerra, despacho remitiendo relación de individuos pasados por las armas, Cartagena, 16 de febrero de 1816. RAH. Colección Pablo Morillo, conde de Cartagena, Sig. 9/7656, leg. 13, b), ff. 124-125.
«*Individuos pasados por las armas*

Asesinos de los españoles prisioneros de la Ynquisición. Pasados por las Armas el 1º de febrero: Juan Bautista Marin, Francisco Castro y Jose Liberato Pretel.

Reos de Infidencia y dos de ellos asesinos de los españoles prisioneros. Pasados por las armas: Juan José de la Peña, Santos ¿Suenar? ¿Luenar?, Domingo Pumar, Pedro Moreno, Liberato Rodríguez, José Manuel Calderón.

Reos de Infidencia cogidos con las armas en la mano: Pedro Villapoll o Villapole, José Acevedo, José Manuel Rodríguez, Pedro Martínez Oramas, Francisco Mendoza, Clemente Carrearo o Carreaco, José María Sosa, Tiburcio Flores.

Paysanos pasados por las armas en 4 de enero por incendiarios: Manuel Martínez, Diego Ortiz, Domingo Victoria, Pedro Antonio García, Eduardo Araco o Araso».

injusticia de la historia con estos otros caídos no reside solo en el hecho de que no hayan recibido la atención que, sin duda, también merecen, sino también del hecho de que entre los nueve famosos mártires quizá no todos debieran ser recordados de igual manera. Aunque es verdad que «aquellos hombres no habían nacido para héroes, sino que eran simples mortales» y que para intentar salvar la vida vale casi todo, es dudoso que todos sean merecedores en la misma medida del homenaje que aún hoy se les tributa en Cartagena[77].

A lo largo del proceso, todos dijeron acogerse al perdón ofrecido por Morillo en nombre de Fernando VII, pero unos añadieron que nunca habían «sido amigo[s] de la independencia o la igualdad»[78], otros que despreciaron a Bolívar[79], alguno adujo el haber estado siempre enfermo[80], otros se acusaron entre sí[81], e incluso dos de ellos manifestaron haber trabajado activa[82] o pasivamente[83] a favor de los realistas. Al final, todos compartieron la misma suerte y, según dicen, la muerte a todos iguala, pero de entre los nueve hubo tres que, por su actitud ante los jueces, merecen ser considerados aparte: Pantaleón Germán Ribón y Martín José Amador, quienes admitieron haber combatido a los españoles[84] y el irlandés Santiago Stuart, quien añadió haberlo hecho en cumplimiento de su deber militar, siguiendo las instrucciones recibidas de sus jefes[85].

Por lo tanto, no parece justo que, donde antes se alzaba el puente de San Francisco y hoy se encuentra el «Camellón de los Mártires», los bustos en piedra de Ribón, Amador y Stuart, verdaderos mártires de la independencia colombiana, compartan lugar con los de los otros seis para quienes la palabra «mártir» es muy difícilmente aplicable.

En los poco más de dos meses que pasó Morillo en Cartagena de Indias desplegó una frenética actividad. Pasados los primeros momentos de urgencia sanitaria, se dedicó a sentar las bases de lo que sería su gobierno militar durante los próximos años; nombrando nuevas autoridades locales fieles a la metrópoli, organizando el avituallamiento de sus tropas y atendiendo a los mil problemas de la administración de unas de las principales ciudades españolas en América del Sur. Cuando las tropas realistas tomaron posesión del puerto de Cartagena de Indias encontraron la prueba palpable del apoyo extranjero a los independentistas. Allí se apresaron 9 goletas, 1 bergantín, 1 bergantín-goleta y 1 balandra; seis de estos barcos eran de nacionalidad inglesa, cinco norteamericanos y uno de origen danés[86]. Pese a que las leyes de guerra daban perfecto derecho a los españoles a considerarlos como presa de guerra y confiscar tanto barcos como carga, las autoridades norteamericanas y británicas no cejarían en reclamar tanto a Madrid como al propio Morillo que sus ciudadanos y sus bienes fueran respetados. Pese a que Morillo no es famoso por sus cualidades diplomáticas, hay que reconocer que manejó todo el asunto de una manera muy inteligente, y en sus comunicaciones con las autoridades inglesas y con el enviado de España en Washington, Luis de Onís[87], desplegó sorprendentes conocimientos sobre derecho del mar, derecho de gentes y derecho de la guerra, argumentando la legalidad de sus acciones sin dejar de mostrar, aunque fuera de una manera muy velada pero al mismo tiempo clara, que cualquier acción inamistosa por parte de cualquier Gobierno extranjero sería convenientemente respondida[88].

En su breve gobierno de Cartagena de Indias, Morillo aprovechó también para remachar a favor de la causa realista la tradicional alianza entre el trono y el altar. Más adelante se volverá sobre el papel de la Iglesia católica durante la guerra de independencia en la Nueva Granada, pero baste ahora mencionar cómo la fiesta de San Sebastián, patrono de la ciudad, celebrada el 20 de enero, fue utilizada para conmemorar el triunfo de las armas realistas haciendo coincidir la solemne ceremonia del paseo del pendón Real, símbolo de la soberanía de Fernando VII sobre las Indias, con las procesiones y celebraciones religiosas en honor del santo[89].

Por mucho que fuera el trabajo, Morillo estaba viviendo un momento de triunfo. Con la ocupación de Cartagena daba cumplimiento a otra parte importante de sus instrucciones[90] y él mismo era consciente de ello, «por lo mucho que influirá en toda la América septentrional y meridional»[91]. Era el momento de la victoria, y su despacho a Madrid, fechado en Cartagena el 31 de diciembre de 1815, está lleno de felicitaciones y recomendaciones para todo el mundo. No menciona algunos problemas que había tenido con Pascual Enrile, jefe de la escuadra, ni los fallos de la flota realista en el mantenimiento del bloqueo a la plaza. Ensalza la conducta de jefes y oficiales y, para sus tropas, «valientes, de espíritu superior á todo infortunio [...], constantes en llevar adelante la más sagrada causa»[92], solicita, y se le concedió, un distintivo con la inscripción en el anverso: CONSTANCIA Y FIDELIDAD Á SU REY FERNANDO VII, y en el reverso: VENCEDORES DE CARTAGENA DE INDIAS[93].

A Morillo también le llovieron los honores. El primero de ellos, a finales de 1815, cuando se dio su nombre a una goleta de cinco cañones que había sido capturada a los independentistas[94]. Poco tiempo después figuró en la lista de los primeros condecorados con la Gran Cruz de la Real y Americana Orden de Isabel la Católica, creada por Fernando VII apenas unos meses antes, el 14 de marzo de 1815, para premiar la «lealtad acrisolada a España y los méritos de ciudadanos españoles y extranjeros en bien de la Nación y muy especialmente a favor de la prosperidad de los territorios americanos y ultramarinos»[95]. Prueba de la importancia que otorgó Morillo a esta distinción es que en su retrato que hoy se conserva en el Museo Nacional de Colombia luce orgulloso su banda amarilla y blanca[96].

La Real Orden Americana de Isabel la Católica fue instituida por Fernando VII mediante Real Decreto de 24 de marzo de 1815 para[97]:

> ... recompensar la acrisolada lealtad, el zelo [sic] y patriotismo, desprendimiento, valor y otras virtudes que tanto los individuos de la Milicia como los de todas clases y gerarquías [sic] del Estado han mostrado y mostraren en adelante a favor de la defensa y conservación de aquellos remotos países [las Indias][98].

De este modo, desde el principio quedó establecida su americanidad que impregnaba todos aspectos de la orden. Su mismo nombre hace referencia a la reina «a cuya política y auxilios se debió en gran parte el descubrimiento de las Indias»[99]; su financiación con cargo a rentas eclesiásticas procedentes de la Nueva España, Lima, Chile, Manila, Guatemala, La Paz, La Habana, Valladolid de Michoacán y Caracas[100]; en sus insignias figuraban dos globos terráqueos, uno con el viejo y otro con el nuevo continente abrazados por una cinta, dos columnas, una con el lema *PLVS* sobre territorio peninsular y la otra con *VLTRA* sobre lo que se adivina son tierras americanas[101].

La idea de lealtad era central en la nueva orden. Su lema A LA LEALTAD ACRISOLADA lo dejaba bien claro pero también se ponía de manifiesto en varios de sus elementos. Primero al recurrir al precedente de la Orden del Armiño, establecida por Fernando V el Católico para premiar a los que acreditaron «su pureza y lealtad en los disturbios de Nápoles» tal y como señalaba su lema, *malo mori quam foedari* (antes morir que traicionar el juramento de fidelidad). Como colores de la banda y cinta de las insignias, se eligieron el blanco y el oro, que simbolizan la pureza y la lealtad, respectivamente[102]. Una lealtad sometida a prueba, «como el oro es probado en el crisol» que, en este caso, serían las guerras civiles en América[103]. Que el conflicto americano era considerado ya entonces como una auténtica guerra civil quedaba reflejado a la hora de la elección de su patrona: Santa Isabel, reina de Portugal, abogada de quienes se encuentran en guerra, especialmente las guerras civiles[104]. Para Fernando VII el enemigo tenía dos caras. Por un lado, los que «osada o ciegamente intentaron romper los vínculos estrechos que los unen con sus hermanos de Europa», y al mismo tiempo, «y a unos y a otros con mi Corona y Real Persona»[105]. En otras palabras: independentistas y liberales.

Con la Real Orden Americana de Isabel la Católica se recompensaba por: «contener y disipar una revolución ya manifestada contra la dependencia y seguridad de aquellos dominios»; «impedir y sofocar [la revolución] con la energía que corresponde á prisión á sus autores»; «suministrar lo necesario para habilitar una fuerza que sofoque la rebelión». En caso de alborotos y conmociones se otorgaba al que «acude á contener el desorden»; cuando en «diferentes tiempos y lugares en que se hayan intentado o intentaren revoluciones con el objeto de establecer en los mismo dominios la independencia de la metrópoli, se han mostrado siempre opuestos a semejante sistema, acreditando un zelo decidido por los legítimos derechos de esta Corona»; también por «levantar, armar y equipar tropas con el caudal propio» para sofocar las revueltas; y, por último, por dar «los oportunos avisos y noticias que se comuniquen al Gobierno, con que se logre impedir los funestos y tumultuarios resultados»[106]. Por si fuera poco, en la ceremonia de ingreso en la orden, los aspirantes debían jurar:

> ... vivir y morir en nuestra sagrada Religión Católica Apostólica Romana; defender el misterio de la Inmaculada Concepción de la Virgen María; no emplearme directa ni indirectamente en nada contrario á la acendrada lealtad que debo a mi REY [sic], y sostener su soberanía á costa de mi vida; proteger á los leales, y cuidar del auxilio de los pobres y desvalidos, singularmente de los individuos de la Orden que hoy admite en su seno[107].

El mismo juramento incluía una fórmula con la que quedaba muy claro su profundo antiliberalismo: «Juro también no pertenecer ni haber pertenecido a ninguna logia ni asociación secreta prohibida por las leyes, y no reconocer el absurdo principio de que el pueblo es árbitro en variar la forma de los gobiernos establecidos». Vale la pena detenerse sobre el último inciso, «el absurdo principio de que el pueblo es árbitro en variar la forma de los gobiernos establecidos»[108]. Un enunciado de profundas convicciones absolutistas y que en lo rancio solo puede equipararse a la famosa «¡Lejos de nosotros la funesta manía de pensar!»*.

Para la lucha contra ambos enemigos, independentistas y liberales, se buscó el concurso de la Iglesia Católica de manera que se solicitaron, y obtuvieron, toda una serie de indulgencias y privilegios eclesiásticos para los miembros de la nueva orden. La Bula *Viros magnos in regno* del papa Pío VII, fechada el 26 de mayo de 1816[109], recogía expresamente que Fernando VII «con muy sabio acuerdo» había instituido esta nueva Orden «en la defensa de la legítima autoridad del rey en los remotos dominios de la América, y en cuidar de su recto gobierno y administración» y, recurriendo a la historia sagrada, equiparaba el empeño del rey español con el del rey David, quien había ordenado a su hijo Salomón que recompensase con la más generosa liberalidad a aquellos que habían permanecido fieles a su persona.

Entre los privilegios adscritos a la pertenencia a la Orden de Isabel la Católica estaban los siguientes: La nobleza personal[110] para los caballeros grandes cruces[111]. Toda una serie de indulgencias, gracias espirituales y prerrogativas como la absolución de «sentencias eclesiásticas de excomunión, suspensión[112], entredicho[113], y de otras censuras y penas», así como la absolución de «todos sus pecados, crímenes, excesos y delitos de que se confesaren y arrepintieren, por graves y enormes que sean». Los caballeros grandes cruces gozaban

* La frase es atribuida al claustro de la Universidad de Cervera en 1827, aunque la cita exacta es algo distinta aunque mantiene su sentido principal. En el manifiesto de adhesión de este claustro a Fernado VII publicado en la *Gazeta de Madrid* el 3 de mayo de 1827 puede leerse: «Todos somos de un corazón y de un alma: lejos de nosotros la peligrosa novedad de discurrir, que ha minado los que ha minado por largo tiempo, reventando, al fin con los efectos que nadie puede negar, de viciar las costumbres, con total trastorno de imperios y religión en todas las partes del mundo». Universidad de Cervera, manifiesto de adhesión de este claustro a Fernado VII, *Gazeta de Madrid*, 3 de Mayo de 1827, en Castro, *La Realidad Histórica de España*, 324 (nota).

de la consideración y el tratamiento de excelencias[114] y tenían derecho a hacerse presentes en las ceremonias a las que asistiese el rey[115]. Por último; en ciertas ocasiones, la admisión en la Orden era acompañada de una pensión[116].

Se establecieron tres clases o grados en la Orden: gran cruz, comendador y caballero. A estas se añadía una medalla de oro para los individuos «de las diferentes castas», que en la terminología de la época estaban clasificados en morenos, pardos o indios[117].

Las insignias de gran cruz, comendador y caballero constaban de una banda (para las grandes cruces) o cinta (para las demás) blanca con dos fajas de color oro poco distantes de sus cantos. La venera consistía en una cruz, similar a la de Malta pero con los bordes con doble hendidura en lugar de simple, de color rojo, de entre cuyos brazos partían ráfagas de oro. En el centro se ubicaba un escudo circular con dos globos o mundos enlazados por una cinta, cubiertos ambos por una corona imperial y las dos columnas de Hércules con la leyenda *PLUS ULTRA*. La medalla de oro era completamente distinta, pues se estableció que «para los individuos de las diferentes castas que se hicieren acreedores a un distintivo honorífico me reservo el condecorarles con una medalla de oro en que se vea grabado mi real busto, la que llevarán al pecho con una cinta morada»[118].

Como es lógico, la Orden de Isabel la Católica fue la preferida para recompensar los méritos contraídos en América, tanto por los miembros de los ejércitos realistas, como por civiles afectos a su causa. Obtuvieron grandes cruces los dos jefes del ejército de pacificación de Costa Firme, Pablo Morillo[119] y Miguel de la Torre[120] y también los generales Francisco Montalbo y Pascual Enrile[121]. Los grados de comendador y de caballero fueron otorgados en recompensa por muchas acciones de guerra, entre otras: la toma de Cartagena de Indias, las operaciones conducentes a la entrada de Santa Fe de Bogotá en 1816[122], o la defensa de San Fernando de Apure (6 de febrero de 1818)[123], entre otros. En julio de 1816, Pablo Morillo condecoró a varios oficiales con una «medalla de oro coronada con el busto de Su Majestad»[124]. El regimiento primero ligero de Voluntarios de Aragón, antes llamado regimiento de infantería ligera de voluntarios de la Victoria y anteriormente simplemente regimiento Victoria, fue premiado con la corbata*

* Cuando las condecoraciones se conceden a unidades que disponen de estandarte propio, la condecoración toma forma de corbata. En este caso, la corbata

de la Orden de Isabel la Católica por su comportamiento en la batalla de Guachi (12 de septiembre de 1821)[125].

Por mucho que Morillo recibiese gustoso los honores de su rey, no sucedía lo mismo con las muestras de adhesión llegadas de todo el virreinato. Marcado por su experiencia con Arismendi, hizo oídos sordos a la lluvia de cartas que inundó su despacho de alabanzas y halagos de leales súbditos de Fernando VII. Entre ellas había incluso poemas que apenas ocultaban las verdaderas intenciones de sus autores, como la que dice:

Salve, pues, valeroso y nuevo Alcides,
que de piedad y de valor armado
si eres rayo de Marte entre las lides
en la paz por benigno eres amado:
España olvidará de hoy más sus Cides,
Siendo tu nombre en cantos celebrado
Por guerrero, valiente y animoso,
Por humano, benéfico y piadoso[126].

Por si el mal gusto literario no quedase suficientemente demostrado con lo anterior baste incluir otro breve ejemplo aún más empalagoso:

¡Viva Fernando!
¡Viva Morillo!
y tiemble el orbe
á este caudillo.
Nuestro General Morillo
á Cartagena rindió,
pues á sus fuertes sitió
con las armas, el caudillo
que Fernando nos mandó[127].

Morillo posiblemente apenas se dignase a leer estos versos pues estaba concentrado en «los grandes planes que llevaba meditados con respecto á la pronta pacificación de aquel vasto virreinato»[128].

es una «banda o cinta guarnecida con bordadura o fleco de oro o plata, que con breve lazo o nudo, y caídas a lo largo las puntas, se ata en las banderas y estandartes en el cuello de la moharra como insignia de honor» (Diccionario RAE).

Capítulo 9

CAMPAÑA AL INTERIOR DEL REINO DE NUEVA GRANADA. MORILLO EN BOGOTÁ

(febrero - noviembre 1815)

1. En marcha hacia el interior del virreinato de Nueva Granada

El 15 de enero de 1816 Morillo publicó una proclama a sus tropas en las que les anunciaba, «Soldados: Vais á concluir la obra que el rey fió á vuestra intrepidez y disciplina»[1]. A nadie se le ocultaba la magnitud de la empresa: recorrer de norte a sur la casi totalidad de la geografía colombiana, miles de kilómetros por caminos escasamente apropiados para algo más que una regata de mulas, cruzar y navegar ríos indómitos, pasando del nivel del mar a las alturas de los Andes, atravesando páramos desiertos y densas selvas tropicales, unas veces agobiados por el calor y la humedad y otras ateridos por el más intenso de los fríos, sujetos a enfermedades, como la fiebre amarilla, el vómito prieto, atacados por todo tipo de parásitos y el mal de altura o soroche que vuelve inútil al más fuerte de los hombres. El solo hecho del viaje representaba ya por sí mismo un tremendo desafío, pero a ello se le añadía el hecho de internarse en territorio hostil, o al menos desconocido, formando parte de un ejército de reconquista sujeto al riesgo de verse emboscados en cualquier lugar por enemigos que habían nacido en estas tierras. En palabras de Morillo:

> ... el país que iba atacar era inmenso, despoblado á su entrada, lleno de cordilleras de tal aspereza y elevación cual son los Andes, teniendo que marchar días y semanas sin encontrar una casa, por páramos y parajes donde debía contar con que el enemigo me atacase ó se defendiese... [encontrando] dificultades que horrorizan, siendo las principales la falta de salud que se experimenta, la de alimentos, las lluvias constantes y los torrentes á centenares, que á cada cuatro pasos detienen la marcha en un terreno tan fragoso, tan elevado, tan escarpado en sus faldas, y, finalmente, el tener que abrirse, por algunas partes hasta el camino por donde se ha de transitar...[2]

Consciente de todo ello, Morillo no quiso dejar nada al azar y, en sus propias palabras, «todo fue previsto», desde almacenes de víveres a lo largo del camino hasta hospitales para el restablecimiento de los enfermos[3]. Su plan era muy ambicioso y tanto su concepción como su ejecución han despertado la admiración, incluso entre sus más acérrimos críticos o enemigos[4]. Dejando en Cartagena de Indias al mando de Francisco Montalvo una guarnición compuesta por los batallones de León, Puerto Rico, Albuera, 3.º de Granada y 2.º Americano del rey, diseñó una compleja operación que «suponía la participación de diversas columnas actuando de forma coordinada y concéntrica» para converger sobre Santa Fe de Bogotá[5]. Morillo sabía bien que el Gobierno independentista de Bogotá, debido a las tensiones entre las distintas regiones, no sería capaz de ofrecer una oposición unificada a su avance, por lo que adoptó una estrategia que le permitiría tomar el control de la práctica totalidad del territorio virreinal de un solo golpe[6]. En su despacho al ministro de la Guerra de 31 de agosto de 1816 lo deja bien claro:

> Este virreinato tenía un Gobierno insurgente central constituido por la fuerza y regado con la sangre de un pueblo cándido y opuesto al sistema de centralización, que por mano del caribe Bolívar establecieron los jacobinos por la fuerza. Consideré á dicho Gobierno por esta causa sin influjo para

> hacerse obedecer, y pensé siempre que el Gobierno de cada provincia sería el respetado, y el de cada partido de que estas se componen. Deduje, pues, que amagadas todas las provincias á un tiempo, atacadas unas con vigor y otras con flojedad, lograría paralizar todas sus fuerzas, batirlas en detal, y caer sucesivamente con masas mayores sobre las que se habían quedado observando en la inacción, dispersando en seguida todas mis columnas en partidas para abrazar un vasto espacio, inundarlo con tropas, explorar las cordilleras y bosques, á fin de no dar lugar á los mal contentos de formar partidas de bandidos[7].

Dividió sus fuerzas en varias columnas que, desde Barinas al Atrato, recorrieron simultáneamente la mayor parte del Virreinato. Al Este, remontando Río Sucio, los hombres del coronel Bayer ocuparon Murrí, tras lo que descendieron al Chocó, entrando en Quibdó, siguiendo al sur pasando por Novita hasta Cartago (Quindío) donde conectaron con el segundo cuerpo de ejército. A través de Antioquia, las tropas del coronel Francisco Warleta, se hicieron casi sin oposición con Medellín, tras lo que, junto al cuerpo de ejército del coronel Bayer, siguieron al sur hasta Popayán (Cauca). El coronel Donato Santacruz subió por el río Magdalena derrotando en su camino algunos débiles intentos de oposición por parte de fuerzas independentistas, culminando con su entrada en la villa de Honda (Tolima). Hacia el suroeste, el grueso de las tropas de Morillo ocuparon Ocaña (norte de Santander), apoyadas por una columna al mando del coronel Sebastián Calzada que, desde Venezuela, partió rumbo a Cúcuta (norte de Santander), para después girar al sur, hacia la capital del virreinato.

Tras haber enviado por delante al resto de los cuerpos de su ejército, Morillo salió de Cartagena de Indias el 16 de febrero de 1816. No tenía prisa, pues debía dar tiempo a que sus coroneles pudiesen cumplir con sus respectivas misiones, y aprovechó su lenta marcha para «conocer este país militarmente y enterarme de sus producciones», lo que le sería muy útil a la hora de consolidar su gobierno militar[8].

En Santa Cruz de Mompox (Bolívar), donde llegó el día 29 de febrero, se detuvo unos días mientras sus tropas limpiaban los alrededores de partidas de guerrilleros, pero también para destacar con su presencia la importancia de la villa. Pese a haberse incorporado tempranamente al movimiento independentista, Mompox había mantenido una feroz lucha con Cartagena de Indias, por lo que la presencia realista en la zona solo podía ser eficazmente asegurada si se le daban garantías de que mantendría su autonomía y nada mejor para hacerlo que hacer de ella su cuartel general. Además, Mompox gozaba de una posición estratégica puesto que quien lo controlase tendría bajo su poder el tráfico del río Magdalena, principal fuente de comunicación con el interior del virreinato.

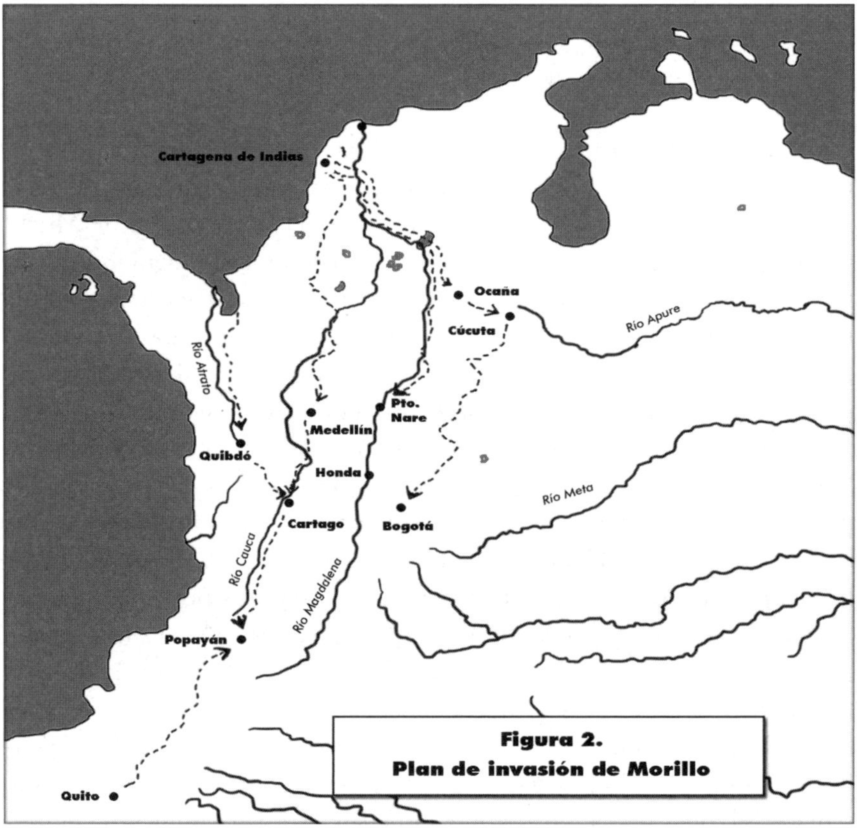

Plan de invasión de Morillo del Reino de Nueva Granada (primeros meses)

Elaboración del autor. Fuentes: papeles oficiales y correspondencia de Pablo Morillo en la Real Academia de la Historia, Madrid. Morillo, *Manifiesto que hace á la Nación Española el teniente general don Pablo Morillo*. Mercado, *Campaña de invasión del teniente general don Pablo Morillo, 1815-1816*. Restrepo, *Historia de la Revolución de la República de Colombia*. Albi, *Banderas olvidadas. El ejército realista en América*.

Muy poco ha cambiado Mompox en los últimos dos siglos, tal vez lo único que salte a la vista sea la torre morisca de la iglesia de Santa Bárbara, y no cuesta imaginarse al general en jefe sentado en una de las mecedoras en los portales de la Marquesa. De hecho, María Josefa Isabel de Hoyos y Mier, marquesa de Santa Coa y de Torrehoyos, realista hasta la médula, alojó a Morillo en su casona del callejón de la Chopera[9]. Aún hoy, cuentan los momposinos que la marquesa logró obtener permiso del general para que uno de los jóvenes oficiales de su séquito, de quien se había enamorado, se quedase en la villa para contraer matrimonio con ella[10].

En Mompox recibió detallados despachos sobre los acontecimientos en Isla Margarita donde, como ya se ha dicho, se había rebelado Arismendi[11]. Aquí también le llegaron rumores sobre la preparación de una expedición de Bolívar para liberar la isla y para confirmarlos despachó avanzadas hacia esa región. El control de isla Margarita era muy importante y el propio Morillo escribía a Madrid que, «si se perdiere la Margarita la fortificarán los insurgentes, y el reconquistarla pedirá una expedición»[12]. Palabras que resultarían proféticas, Margarita sería una espada de Damocles que amenazaba con arruinar todo lo hasta entonces logrado.

Pocos días más tarde, en la villa de Ocaña (norte de Santander), de la que Morillo dice que era «uno de los puntos donde más ha penetrado la manía de la independencia»[13], decidió que no podía correr el riesgo de esperar hasta estar seguro de la amenaza de los rumores de la expedición de Bolívar por lo que despachó a Francisco Tomás Morales «con los granaderos, la compañía de guías y los reclutas que haya, vaya á aquellas provincias, reuniendo en Maracaibo los cazadores de la Unión y después los de Barbastro y Castilla»[14]. Pese a su mal comienzo con Morales, con quien se había enemistado a raíz del perdón a Arismendi, Morillo era consciente de que era uno de sus más valiosos jefes, especialmente en tierras venezolanas pues «el nombre del coronel Morales en aquel país es equivalente á varios batallones, es el terror de los rebeldes»[15].

Pasando por Bucaramanga y Girón (Santander), que se habían mantenido leales al rey, llegó a, según palabras de Morillo, «la poblada e inquieta provincia de Socorro« a la que, en expresa extralimitación de los poderes contenidos en sus instrucciones, decidió dividir administrativamente en tres partes[16]. El 26 de mayo llegaba a Zipaquirá (Cundinamarca), apenas a unos pocos kilómetros de la capital virreinal, donde Morillo hubo de soportar «un gran baile, en el cual, á cada momento, las damas mandaban parar la música para recitar versos en [su] honor y de su ejército expedicionario»[17].

2. El pacificador en Bogotá: seis meses de terror (mayo - noviembre 1816)

Antes de salir de Cartagena de Indias, Morillo había mandado publicar una proclama a los habitantes de la Nueva Granada, en la que les decía,

> ... yo perdonaré al que se acoja a la clemencia de S.M.; vuestras vidas y bienes serán protegidos; dirigíos hacia mi como hermanos; todo lo pasado se olvida; pero desgraciado del que obedezca las órdenes de los rebeldes; pues dejaré á un lado la clemencia y os castigaré, porque se resisten á las órdenes de su legítimo rey el señor D. Fernando VII[18].

Y concluía con una advertencia muy clara, «presento la paz y la protección al bueno; pero seré inexorable justiciero con el malo»[19]. Este era el Morillo que, a finales de mayo de 1816, estaba a las puertas de Santa Fe de Bogotá. Probablemente la mejor descripción del ánimo con que llegó a la capital virreinal es la que hace Salvador de Madariaga cuando dice que, «este Morillo no era el mismo hombre que había tomado a Margarita con el perdón en el alma y a Cartagena con dolor en el corazón. Ahora vibraba en él un profundo resentimiento»[20]. Durante su estancia en Bogotá daría amplias muestras de este resentimiento.

Morillo llegaba triunfante. Sus cuerpos de ejército que recorrían toda la geografía colombiana iban derrotando cuanto enemigo osaba oponérseles. La campaña de este año de 1816 sería una sucesión de victorias realistas (véase tabla 11). Durante este primer periodo los independentistas perdieron a manos de los realistas: 3 culebrinas, 1.955 fusiles, 30 cañones de diverso calibre, 300 lanzas, 105 000 cartuchos, 2 corbetas, 1 bergantín, más de 30 barriles de pólvora, 1000 balas de cañón, 300 caballos a lo que hay que sumar 6 banderas y la captura de la imagen de la virgen de Chiquinquirá.

El 6 de mayo de 1816, las unidades realistas al mando de los coroneles Miguel La Torre y Sebastián de la Calzada habían entrado en Santa Fe de Bogotá, pero Morillo retrasó su llegada unas semanas más[21]. No tenía prisa en llegar a la capital pues estaba dando tiempo a que sus hombres cumpliesen con su misión de eliminar todos y cada uno de los focos de resistencia. Por fin, el 27 de mayo de 1816, Morillo entraba en la ciudad desde donde pensaba culminar su tarea de pacificar de una vez para siempre el Virreinato de la Nueva Granada.

Tabla 11.
Victorias realistas entre noviembre de 1815 y julio de 1816

Acción-Lugar	**Fecha**	**Realistas**	**Independentistas**
Chitagá	25-nov-1815	Vª División	Urdaneta
Simití	9-dic-1815	Ca Capmani	
Atrato	24-dic-1815	Tte. Col. Bayer	Carabaño
Remedios (Sierra Mandinga)	18-feb-1816	Tte. Col. Sánchez Lima	
Cejalta (Antioquia)	20-feb-1816	Col. Warleta	Batallones de «Soberbios» y «Esforzados»
Cachirí	21 y 22 feb-1816	Col. Calzada	Varios muy destacados
Córdoba		Tte. Col. Tolrá	
Afueras de Bogotá	9 y 11 may-1816		Cebier
Toma de Novita	31-may-1816	Tte. Col. Bayer	
Tambo del Rey	jun-1816		
Bendiciones (Chocó)	jun-1816		
Cuchilla del Tambo	28-jun-1816	Brig. Sámano	
Lllanos de San Martín (Ocaña)	29-jun-1816	Col. Villavicencio	
La Plata	10-jul-1816	Col. Warleta	Monsalve
Guanapalo (San Buenaventura)	17-jul-1816	Col. de la Torre	
Aguacate	13-jul-1816	Brig. Morales	Bolívar
Puerto de San Buenaventura	21.jul-1816	Tte. Col. Bayer y Antonio Plá	Brown

Tabla 12.
Cuadro comparativo de bajas entre noviembre 1815 y julio 1816

	Bajas Realistas			Bajas Independentistas		
	Muertos	Heridos	Prisioneros	Muertos	Heridos	Prisioneros
Soldados	1			100	200	500
	150			1000		300
				75		150
				300		56
				400		30
						19
Totales	**151**	**0**	**0**	**1875**	**200**	**1055**
Oficiales	1			40		28
				4		19
						30
						6
Totales	**1**	**0**	**0**	**44**	**0**	**83**

Desconfiando de recibimientos de autoridades y muestras de entusiasmo de la población, Morillo decidió adelantarse al grueso de sus tropas vistiendo un sobrio levitón negro sobre su uniforme de general en jefe. Cerca ya de la ciudad, según cuenta el capitán Sevilla, se encontró con una delegación formada por «una pléyade de hermosas mujeres, gallardamente montadas sobre ricos palafrenes»[22]. Cuando le preguntaron dónde se encontraba el general, respondió que este venía atrás, pudiendo adentrase por las calles sin ser molestado hasta ocupar las habitaciones para él asignadas. Más tarde, al correr la voz de que Morillo había entrado en la ciudad de incógnito, la gente no daba crédito a la noticia. Tan desconcertados estaban que decidieron formar una comisión para ver si realmente era Morillo el hombre del levitón.

El general les recibió vestido de gran uniforme:
Señores —les dijo—, no extrañen ustedes mi proceder. Un

> general español no puede asociarse á la alegría, fingida o verdadera, de una capital, en cuyas calles temía yo que resbalase mi caballo en la sangre fresca aún, de los soldados de S.M., que en ellas hace pocos días cayeron á impulsos del plomo traidor de los insurgentes parapetados en vuestras casas[23].

La reacción de Morillo demuestra, una vez más, cómo su recio carácter y falta de tacto hacían que no fuese la persona idónea para la misión que su rey le había encomendado. Si bien ya se ha insistido sobre la falsa idea que sobre los acontecimientos americanos se tenía en la metrópoli, las autoridades peninsulares debían haber sido conscientes que además de un militar brillante, la situación requería también de alguien dotado de un inmenso talento político. Evidentemente, Morillo carecía de este tipo de cualidades, quizá solo otro Bolívar hubiera podido hacer frente a Bolívar. Por otra parte, y como dijo el Príncipe Charles Maurice de Talleyrand Perigord, en una cita que también se atribuye al Primer Ministro francés Clemenceau «la guerra es un asunto demasiado serio para dejarlo en manos de los generales»[24].

La historiografía tradicional colombiana ha presentado el recibimiento de los bogotanos como «pensando acaso los patriotas que de este modo dulcificarían algún tanto la acrimonia de estos jefes», en otras palabras, un intento de la población de apaciguar la sed de sangre de Morillo[25]. No obstante, los hechos son mucho más complejos. Santa Fe de Bogotá estaba muy dividida sobre la causa de la independencia. Prueba de ello fueron los duros combates que tuvo que entablar Bolívar cuando intentó tomar la ciudad, allá por el mes de diciembre de 1814. Además, como señala Salvador de Madariaga, el saqueo a la que la sometieron los soldados provenientes de Venezuela no contribuyó demasiado a la popularidad del Libertador[26].

Si bien el desconfiar de las muestras de apoyo popular revela cierto grado de inteligencia política, el hecho de haber despedido con cajas destempladas a los representantes de la oligarquía bogotana solo podía traerle problemas a Morillo. Todo español que llega a estas tierras experimenta, tarde o temprano, una especie de choque cultural al comprobar cómo el más inocente de sus comentarios despierta rechazo no por el hecho de su contenido sino por la dureza de su tono, teniendo que aprender, a veces no sin gran esfuerzo, cómo deben decirse las cosas. Una vez que logra adaptarse y empieza a hablar a la «bogotana» puede expresar las ideas más disparatadas encontrando en sus interlocutores una amplitud de miras como nunca pudo imaginar hallar en su tierra natal. Morillo nunca aprendió este difícil arte y gran parte de los problemas que tuvo en América pueden considerarse derivados de su incapacidad para comprender a las gentes de este continente, a la vez tan similares y tan diferentes a las de la península ibérica.

A Morillo, hasta los platos típicos criollos le parecieron extraños, llegando a confesar, según un testimonio que no se ha podido verificar documentalmente pero que *si non e vero e ben trovato*, que «todo lo puedo pasar en esta tierra, menos esas perrísimas tortas de maíz que llaman arepas, que solo se han hecho para estómagos de negros y de avestruces». Si a todo ello se le suma el que su salud estaba, ya por entonces, muy quebrantada, no es de extrañar que estuviera cansado y de mal humor. Su pierna, herida en la batalla de Vitoria, le estaba molestando y el continuo cambio de climas tampoco ayudaba. No sorprende, por lo tanto, que empezase a enviar solicitudes al ministro de la guerra pidiéndole ser relevado del mando[27]. No es posible saber si ello no era más que una táctica de Morillo para reforzar su posición o si realmente se trataba de una demanda sincera. En cualquier caso, desde el punto de vista de las autoridades metropolitanas, no era buena señal que el máximo responsable de la expedición de pacificación solictase su reemplazo apenas a unos meses de haber llegado a su puesto. No obstante, cómo el Gobierno de Madrid pensaba que Morillo era su mejor hombre ni se plantearon la posibilidad de relevarlo y el ministro de la Guerra invariablemente le contestaba que «es su voluntad [del rey] que, en razón de estas circunstancias, siga V.E. con el mando en Jefe de ese Ejército expedicionario, que desempeña tan a satisfacción de S.M.»[28].

Morillo, una vez instalado en el Gobierno de la capital, revocó el indulto que los coroneles Latorre y Calzada habían publicado a su entrada en la ciudad y que contradecía varias de las disposiciones de los indultos publicados por el general. La política de indultos era considerada por Morillo, y por el Gobierno de Madrid, como uno de sus principales instrumentos en la pacificación del Virreinato y como tales estaban recogidos en sus instrucciones[29]. Desde su llegada a tierras americanas había tenido mucho cuidado en utilizar una mezcla de mano dura y corazón grande con la esperanza de atraerse a la causa realista a la mayor parte de la población. Pese a que al principio había intentado aplicar indiscriminadamente el mismo tipo de indultos a todo el mundo, poco a poco se fue dando cuenta que las distintas situaciones a las que se enfrentaba requerían de respuestas diferentes y empezó a publicar perdones con diferentes contenidos según fueran los destinatarios. Cuando se dirigía a los venezolanos fueran estos margariteños o habitantes de los llanos, el tono siempre era duro y la amenaza ocupaba un lugar primordial en los textos, pero a la hora de dirigirse a los neogranadinos las fórmulas eran distintas.

Antes incluso de haber llegado a Santa Fe de Bogotá, había mandado publicar un indulto en el que se ofrecía un perdón muy amplio a soldados y suboficiales, pero limitado solo a los oficiales «que algún servicio extraordinario los haga acreedores á esta gracia», también liberaba a aquellos esclavos que «aseguren y presenten a algún cabecilla ó jefe revolucionario, á quien pertenezcan» y ofrecía recompensas a quienes entregasen a «enemigos del rey»[30]. Parece ser que no tuvo mucho éxito ya que pocas semanas después, el 30 de mayo de 1816, volvió a publicar otro específicamente para los «oficiales que hayan servido en el ejército rebelde» siempre que se hubieran limitado al simple desempeño de sus funciones como militares y que estuviesen libres de «los crímenes de sediciosos, asesinos, incendiarios», en suma, que no hubieran tomado parte activa en la revolución determinando que solo serían perdonados si se presentaban «á servir en las banderas de S.M. en clase de soldados»[31].

Este último inciso fue el que condenó este indulto al fracaso. La oligarquía bogotana, cuna de la oficialidad, quizá optase por cambiar de bando antes que tener que descender a compartir rancho con los soldados rasos. Ya se ha mencionado cómo, durante el siglo XVIII, las clases altas criollas de toda América, en su empeño por consolidar su preeminente posición social, competían por colocar a sus vástagos entre la oficialidad de las milicias provinciales y locales y la «flor de la sociedad americana» no podía aceptar humillación semejante[32].

En eso llegó el 30 de mayo de 1816, festividad de San Fernando, santo patrono del rey, y Bogotá se preparó para celebrarlo por todo lo alto. En la nueva catedral, terminada apenas dos años antes, tuvo lugar un solemne *Te Deum* al que hubieron de asistir las todas autoridades civiles y militares de la ciudad así como representantes de las más importantes familias santafereñas. Una vez concluido el oficio religioso, la ilustre comitiva pasó al palacio de los Virreyes donde, utilizando el engolado lenguaje de un pasquín de la época:

> ... todas las autoridades y corporaciones renovaron el juramento de fidelidad y vasallaje debido al más amado de los Monarcas . . . puesta la mano sobre los Santos Evangelios y á presencia de un divino Señor, prestaron todos con el mayor regocijo y con el entusiasmo y placer que proviene al hombre virtuoso y justo cuando cumple lo más sagrado de sus deberes[33].

La fiesta religiosa fue completada con la celebración de una corrida de toros[34], con un «banquete suntuoso, preparado por los individuos del Ayuntamiento, para obsequiar á S.E. y oficialidad, concurrido por las personas de más distinción y muy particularmente de aquellas que se señalaron en su constancia y fidelidad al rey», concluyendo, por la noche, con «un magnífico baile» que:

> ... fue concurrido por las principales señoras de la capital, y el buen gusto con que se presentaron todas, el brillo de la oficialidad y caballeros del pueblo, y la delicadeza y educación de los concurrentes, hizo prolongar una fiesta que puede llamarse la más completa que esta ciudad ha visto desde que se trastornó el antiguo Gobierno[35].

En medio de tanta celebración y festejo Morillo recibió a una delegación de damas bogotanas que venían a rogarle por la suerte de sus esposos, padres e hijos acusados de traición y encarcelados, Recurriendo de nuevo a las memorias del capitán Rafael Sevilla, Morillo les dijo,

> —Señoras, mi rey, que, como caballero español, tiene sentimientos generosos y humanitarios, me invistió con su soberana facultad, la más bella que tiene un monarca, la de perdonar. ... Así es que, al pisar por primera vez tierra americana en la isla de Margarita, perdoné á cuantos me hicieron súplica análoga á la que ahora me hacéis. ¿Sabéis el pago que me dieron aquellos ingratos, que con lágrimas

> invocaron la clemencia de Su Majestad? Pues así que volví la espalda, tornaron á levantar el pendón rebelde, y, más sanguinarios que nunca, pasaron a cuchillo á los oficiales y soldados que allí dejé. ... Si en vez de perdón hubiera yo fusilado á veinte cabecillas, no pesarían sobre mi conciencia, los remordimientos que hoy me acosan. ¿Quién me asegura á mí que si yo pongo en libertad á vuestros deudos no perezcan á sus manos los leales de Santa Fe? Señoras, yo siento mucho el dolor que veo pintado en vuestros rostros..., pero..., no puedo perdonar cuando no lo permite la salud de la patria[36].

Pese a la reserva con que siempre hay que tomar las memorias de Sevilla, en esta ocasión, las palabras que dice recoger de Morillo, se corresponden perfectamente con el carácter del general en jefe realista. No sorprende esta actitud de Morillo, quien se encontraba más a gusto en medio de sus tropas que deambulando por elegantes salones. Por mucho que ahora fuese todo un Excelentísimo Señor general de Su Católica Majestad, no hay que olvidar sus orígenes de campesino en Castilla la Vieja. Por méritos en el campo de batalla y pagando con su propia sangre había llegado a lo más alto del escalafón militar, pero esta experiencia de nada le servía a la hora de enfrentarse a lo más refinado de la sociedad criolla.

Una vez más, en vez de utilizar el doble lenguaje de un político les abrió lo más profundo de sus pensamientos. De hecho, Morillo estaba perdido desde el momento en que accedió a recibirlas y cuando se sintió arrinconado reaccionó como cualquier animal acorralado: dando zarpazos. Tal vez lo más interesante de todo lo ocurrido este 30 de mayo de 1816, no sea solamente la reacción de Morillo ante a las damas de la alta sociedad bogotana sino también lo que sucedió tras el episodio que se acaba de relatar.

Molesto con el incidente, Morillo decidió salir a dar un paseo para ver si el frío de la noche conseguía calmarle. Cuando recorría la calle real, se oyeron unas voces provenientes de un convento, donde se encontraban encarcelados muchos rebeldes. Al acercarse la comitiva los reclusos le reconocieron y empezaron a gritar:

> —Perdón, señor general, que no somos culpables, sino seducidos: perdón por el rey. ...
> —¡Infelices! —exclamó entre dientes Morillo. —Son los hijos del pueblo explotados por aquellos ambiciosos que no he querido indultar á pesar de tantas súplicas. No tiene culpa el brazo que hiere, sino la cabeza que manda[37].

Tras pedirles juramento de fidelidad al rey, Morillo ordenó abrir las puertas del convento y ponerlos en libertad. En este acto de Morillo podía verse una cierta conciencia de clase pues, mientras que a al pueblo, a los que son como él, les da la libertad, no tiene piedad con los miembros de la oligarquía. En este momento es pertinente recordar algo ya expuesto con anterioridad. En palabras de Liévano Aguirre, referidas a los últimos años del siglo xvii, pero aún vigentes en 1816, no se puede olvidar que «el entusiasmo y lealtad que otorgaban las masas de la población nativa a la Corona, en reconocimiento de la protección que de ella recibían contra los abusos de la poderosa oligarquía criolla, dueña de la riqueza»[38]. Así pues, con esta muestra de magnanimidad Morillo mandaba también un poderoso mensaje político reafirmando compromiso de la corono con los más débiles. En este sentido la correspondencia de Morillo con el Gobierno de Madrid está lleno de referencias a que el pueblo había sido engañado por las élites criollas, una explicación bastante simplista si se quiere, pero que hundía sus raíces en una tradición centenaria y que en muchas ocasiones no se alejaría demasiado de la realidad[39].

Desde la capital del Virreinato, Morillo continuó su tarea de pacificación haciendo fluir desde Bogotá un torrente de órdenes hacia cada uno de los rincones de la Nueva Granada. Su actividad superaba con mucho el ámbito militar lo que no podía por menos que despertar recelos, envidias y suspicacias entre otros funcionarios coloniales que pronto empezarían a quejarse de que Morillo se extralimitaba en el ejercicio de los poderes conferidos en sus instrucciones.

3. La represión

Pese a que Morillo ha sido tradicionalmente representado como el «ángel exterminador» de la política de represión realista[40], parece claro que en realidad, él llegó a Santa Fe de Bogotá, no tanto lleno de sed de venganza como decidido a hacer todo lo necesario para asegurar el cumplimiento de «los paternales deseos de S.M. con respecto á la pacificación de estos países»[41], aún a costa de contrariar «los deseos de S.M. [de conseguirlo] con el menor derramamiento de sangre de sus amados vasallos»[42]. Esta era al menos la teoría oficial, en realidad a Su Católica Majestad, don Fernando VII la sangre de sus vasallos, fueran estos americanos o europeos, nunca le importaría demasiado con tal de asegurar su trono establecido «por la gracia de Dios». No hay que olvidar que, mientras miles de españoles morían defendiendo los derechos del «Deseado», este disfrutaba de un encierro dorado atemperado por hospitalidad del mejor anfitrión de Europa, Talleyrand. Tampoco hay que olvidar que, años más tarde, tampoco tendría ningún problema en hacerse restaurar en su trono absoluto por los llamados Cien Mil hijos de San Luis que entrarían en España vertiendo aún más sangre de sus «amados vasallos».

Morillo concebía la represión no solo en términos del castigo a aquellos que hubieran tomado partido por la causa rebelde sino como un instrumento imprescindible para sentar las bases que asegurasen la definitiva paz y tranquilidad del virreinato y para ello utilizaría todos los medios legales e instituciones a su alcance.

El Consejo Permanente de Guerra, era el Tribunal Supremo Militar que juzgaba los delitos más graves, fundamentalmente el de traición, y sería la principal herramienta de Morillo para condenar a los que consideraba como cabecillas de la revolución. Ya se trató algo de su competencia cuando se habló de los juicios a los nueve mártires de Cartagena de Indias, pero es preciso volver sobre el asunto para completar lo allí dicho.

Por lo que respecta a aquellos encausados que habían ostentado algún tipo de empleo militar colonial la jurisdicción natural era la castrense que expresamente preveía la pena de muerte a los condenados por traición. En lo que se refiere a los acusados civiles es necesario hacer unas cuantas precisiones. En primer lugar, resulta totalmente artificial en esta época el hablar de una neta distinción entre jurisdicción civil y militar. No hay que olvidar que las ideas de la separación de poderes, de la existencia de una jurisdicción civil separada del fuero militar y movimiento codificador, en suma, son directos herederos de la revolución francesa puestas en práctica por Napoleón y la España oficial de 1814 solo deseaba volver atrás, a los tiempos anteriores al «ogro corso».

En segundo lugar, pese a que ya se han citado algunas voces que mantuvieron la competencia de los tribunales civiles, lo cierto es que el resultado tampoco hubiera sido esencialmente distinto. El Derecho indiano, no difiere del castellano en lo que al delito de traición se refiere. La Ley VI, Título IV, Libro III de la Recopilación de Leyes de Indias recoge una disposición dictada en 1563 por Felipe II que establece que se pueda «castigar como convenga« a «algunos españoles [que] fueren, y permanecieren inobedientes á nuestro real servicio, y por buenos medios no pudieren ser traídos á obediencia, les puedan hacer la guerra en la forma, que les pareciere [a las autoridades reales]»[43]. En cuanto a la ejecución de las penas, la Ley XVI, Título VIII, Libro VII, de La Recopilación transcribe un precepto originalmente dictado por Felipe IV en 1664 por el que las autoridades en Indias en «todas las causas, de cualquier calidad que sea, contra cualquier españoles, indios, mulatos y mestizos» «ejecuten sus sentencias, aunque sean de muerte».

Si se acude al Derecho castellano el resultado es idéntico. Una de sus fuentes principales son las Siete Partidas, promulgadas por el rey Alfonso X el Sabio a mediados del siglo xiii; estuvieron vigentes en España hasta la promulgación del Código Civil de 1889 y, en América, hasta la sanción de sus propias leyes y códigos[44]. En la Ley I del Título I se establece: «*Laesae Maiestatis* en latín tanto quiere decir como en romance yerro de traición que face home contra la persona del rey. Et trayción es la más vil cosa et la peor que pueda caer en corazón de home». Más adelante al describir las maneras en que puede tener lugar esta «trayción» añade que: «La tercera manera es si alguno de trabajare de fecho o de consejo que alguna tierra o gente que obedeciese a su rey se alzase contra él o que nol obedeciese tan bien como solie». Para estos casos se establecía invariablemente que: «Qualquer home que fiziese alguna de las maneras de trayción que disiemos en la ley ante desta, o diere ayuda o consejo que la fagan, deben morir por ende».

El propio Morillo insistiría una y otra vez en que se limitó a aplicar la ley y, específicamente sobre su actuación en Bogotá en 1816, diría: «el Consejo de Guerra juzgó por todos los trámites legales a los que fueron aprehendidos; y nunca fueron condenados sin ser oídos, y sin la competente defensa que previenen las leyes militares». «El pasado por las armas —añadió—, el desterrado, el condenado a una multa, todos fueron juzgados con arreglo á las leyes. Ahí existen sus causas: que hablen ellas»[45].

Aunque pueda mantenerse que se juzgó y condenó de acuerdo a lo «normal«, lo que no puede sostenerse es que la escala de la represión lo fuera. Dice Restrepo que, solo en Santa Fe, llegó a haber más de seiscientas personas en las cárceles[46]. A primera vista, la cifra puede parecer un tanto exagerada[47], pero el propio Morillo reconocería que «si se fuere a proceder contra ellos (todas las personas de este Reino envueltas en la insurrección) sería preciso poner en prisión una parte muy considerable del pueblo»[48]. Prueba de la magnitud de la represión es que la cárcel ordinaria de la capital, actual Museo Nacional de Colombia, no sería suficiente para albergar a tanto preso por lo que se hubieron de habilitar como prisiones tanto el Convento de la Orden Tercera de San Francisco como el Colegio (Universidad) del Rosario. También el Consejo Permanente de Guerra instalado en la capital se vio desbordado y Morillo hubo de establecer otros en Tunja y Neiva.

Mucho se ha debatido sobre el número de ajusticiados durante este periodo, pero siguiendo el análisis de Oswaldo Díaz y Díaz, que recoge la *Relación de los principales cabezas de la rebelión de este Nuevo Reino de Granada, que después de formados sus procesos, y vistos detenidamente en el Consejo de Guerra Permanente, han sufrido por sus delitos la pena capital en la forma que se expresa*, y que abarca desde la llegada de Morillo a la capital hasta el 12 de diciembre de 1816, parece ser que durante este tiempo se pronunciaron y ejecutaron 96 sentencias de muerte, 58 de ellas en Santa Fe de Bogotá[49].

Por mucho que sea necesario conocer el número de víctimas, no basta con contar el número de muertos sino que también es preciso detenerse en la manera en que fueron ejecutados. Para aquellos traidores rebeldes contra Fernando VII no era suficiente con hacerles pagar con la vida sino que su muerte debía servir de ejemplo. Antes de asistir a si quiera una pequeña parte de este macabro espectáculo es necesario ser consciente de lo mucho que separa al hombre de hoy del de principios del siglo xix. La filosofía del Derecho Penal contemporáneo es directa heredera de la obra de Beccaria cuyo tratado sobre los delitos y las penas, pese a haber sido publicado en 1764, no llegaría a la legislación penal sino por el impulso de la revolución francesa a través del movimiento codificador de Napoleón y no se consolidaría sino hasta bien entrado el siglo xix[50]. Hoy es casi universalmente aceptado el principio expuesrto en su día por Concepción Arenal de «odia el delito y compadece al delincuente» y las penas se orientan no tanto a castigar sino más bien a corregir, a reorientar, a reinsertar en la sociedad, en definitiva, de la filosofía del «castigo-espectáculo» del Antiguo Régimen las ejecuciones debían ser públicas y, a ser posible, espectadores y condenados debían compartir al máximo posible la trágica «ceremonia»[51]. Para asegurarse la mayor visibilidad en la represión, las ejecuciones fueron llevadas a cabo en varios puntos de Bogotá y así tuvieron lugar en la misma Plaza Mayor, hoy de Bolívar, en la Plaza de la Huerta de Jaime, en la de San Vitorino, en la de San Francisco y en la Alameda Nueva.

El escenario era cuidadosamente preparado. Para asegurar el mayor impacto de las ejecuciones los condenados eran enviados a sus lugares de origen para que su familia compartiese su vergüenza y que todos contemplasen como acaban sus días los enemigos del rey. Si habían sido castigados con fusilamiento, este solía hacerse por la espalda privándoles por traidores, de la última dignidad de poderse enfrentar cara a cara con el pelotón. En los casos más graves la humillación no terminaba con la muerte física del reo sino que su cuerpo era sometido a varios tipos de vejaciones. Unas veces bastaba con colgarlos, pero otras eran descuartizados enviándose sus miembros a distintos puntos de la ciudad. De esta manera ha llegado hasta nuestros días el cráneo de Juan Esteban Ramírez, exhumado de las ruinas de la catedral de Pamplona, encontrado dentro de la misma jaula de hierro en la que fue colocado en su día[52]. Para aquellos condenados de inferior rango o cuyo crimen fuese considerado especialmente infamante no se les otorgaba el privilegio de ser fusilados y, directamente, se les ahorcaba.

Para hacerse una idea del impacto de las ejecuciones también hay que tener en cuenta que en estas desapareció, en gran medida, la parte más activa, intelectualmente hablando, de la sociedad neogranadina. Para imaginar la profunda huella dejada por la represión bastan mencionar los nombres de Camilo Torres, Joaquín Camacho, José Gregorio y Frutos Gutiérrez, Crisanto Valenzuela, Miguel Pombo, Jorge Tadeo Lozano, Francisco Antonio Ulloa, Manuel Torices o José María Dávila. A todos ellos hay que añadir la irreparable pérdida que para la ciencia y el desarrollo del pensamiento colombianos sería la temprana desaparición de Francisco José de Caldas. Entre los logros y avances de este geógrafo y astrónomo, nacido en 1770, estaba la elaboración de un instrumento para calcular la altura mediante la medición de la temperatura a la que el agua alcanza su punto de ebullición[53]. Las consecuencias que para la ciencia Hispanoamericana tendrñia la perdida de mentes tan brillantes sería tremenda.

Como sostiene el padre Enrique Pérez Arbeláez, «los pelotones de fusilamiento que comandaron Pablo Morillo, Pascual Enrile y Juan Sámano acabaron, no solo con el pasado sino con el futuro a lo largo de dos generaciones neogranadinas, probando que el Gobierno sí necesita de sabios. Y los necesitaba también la España peninsular, porque faltando los sabios que habían formado el prestigio ibérico, el magisterio científico del Nuevo Mundo se trasladó a Francia y a los países centroeuropeos»[54]. Tal vez sea algo exagerada la valoración pero sí refleja el vacío cultural y científico que dejó la represión realista.

La represión intelectual se vio complementada con lo que aún hoy en tierras colombianas se considera como un expolio imperdonable: el envío a la Metrópoli de los trabajos de la Real Expedición Botánica. El Arzobispo-Virrey Caballero y Góngora había elegido,

> ... al presbítero don José Celestino Mutis, sujeto que había recorrido por más de veinte años gran parte del Reino, recogiendo las producciones de la naturaleza y conocido por su correspondencia literaria con los sabios de Europa; y conociendo yo que importaba aprovechar los instantes, le mandé desde luego emprender sus excursiones y trabajo, dando de todo cuenta al rey, que se dignó a aprobar esta providencia, honrando a Mutis con los títulos de Botánico y Astrónomo de Su Majestad[55].

Tras décadas de duro trabajo se había reunido,

> ... un verdadero museo de historia natural del país. Cuadrúpedos, aves, reptiles e insectos raros, objetos preciosos del reino mineral, de oro y platino; la macana y la hamaca del último cacique de Bogotá; la riquísima custodia que había regalado la ciudad de Cartagena, la terrible águila viva que habían traído de Popayán como símbolo de la libertad, la cual al ser cogida había devorado a un hombre, y otra infinidad de curiosidades[56].

Mutis llegó a reunir una impresionante colección con «manuscritos de plantas, meteorología y minas, un herbario con 20 000 plantas, miles de láminas, un semillero, colecciones de maderas, conchas, minerales, pieles, animales, etc»[57]. Su legado iba inclso más allá. Al amparo del maestro había florecido una generación de intelectuales y científicos de primer orden (Caldas, Cea, Tadeo Lozano, etc.) y en el taller de San Sebastián de Mariquita se formaron dibujantes botánicos de primera fila. En 1806 la Real Expedición Botánica contaba con más de 40 personas entre directores, agregados, oficiales de pluma, pintores, alumnos graduados y alumnos de la escuela gratuita de dibujo[58]. A la muerte de Mutis, en 1808, todo quedó en manos de su sobrino Sinforoso Mutis Consuegra que continuó el trabajo «sin regularidad y entusiasmo»[59].

Este Mutis «menor» había participado en la insurrección alcanzando el grado de coronel y había conseguido salvar del saqueo los materiales de la expedición. Cuando Morillo entró en Bogotá, Sinforoso estaba preso en el Colegio del Rosario. Inmediatamente la maquinaria de la represión entró en funcionamiento y Sinforoso fue condenado a la pena de destierro, pero los jueces suspendieron la ejecución de la pena a condición de que realizase un inventario completo y preparase el embalaje de todos los materiales para su envío a la metrópoli. Sinforoso trabajó sin descanso «diariamente desde las ocho de la mañana á las cuatro de la tarde … [y] en menos de treinta días»[60] todo quedó listo permitiendo que, el 12 de noviembre de 1816, Morillo comunicase, casi de pasada, al Ministro de la Guerra que estaba remitiendo al Consejo de Indias «los papeles de la botánica» junto a otros documentos encontrados en los archivos del gobierno revolucionario[61]. Aunque Morillo no fuera consciente de la importancia de los trabajos de la Real Expedición Botánica, en Madrid sabían perfectamente su valor. Un testimonio de la época cuenta que:

> ... a la llegada á esta Corte tan preciada colección, mandó el rey que fuese trasladada á su Palacio, donde después de haber examinado por si mismo y en compañía de la Reina y SS.AA.RR., los 104 cajones en que venía custodiada, mandó, ..., dispusiese su colocación en el gabinete de Historia natural los objetos de zoología y mineralogía, y en la biblioteca y herbario del Real Jardín Botánico lo correspondiente a botánica[62].

Para Morillo era imprescindible «cortar de raíz los malos hábitos»[63] producto de «unos pocos genios hijos de la novedad» advirtiendo a los americanos que «la Francia ha pagado con ríos de sangre manifestada con un Rousseau, Voltaire y otros, y desgraciadamente vosotros pagáis los delirios del jacobinismo que estos autores han producido en la cabeza de los que han pretendido gobernaros»[64]. Para ello no dudó en segar parte de lo más granado de la intelectualidad de la época utilizando no solo el cadalso sino recurriendo también a una de las más perfeccionadas maquinarias de represión del pensamiento que jamás se halla diseñado: la Inquisición.

A principios del siglo XIX la Inquisición era apenas una pálida sombra del que había sido uno de los más poderosos instrumentos del poder de los reyes de España. Originalmente creada con la declarada intención de asegurar la unidad religiosa para mantener alejadas las guerras de religión que asolaron Europa por más de dos siglos, la Inquisición se había convertido en uno de las pocas instituciones comunes a todos los reinos que formaban la Corona española por lo que fue utilizada por la autoridad real para llegar hasta donde no podía llegar de otro modo[65]. No por casualidad Felipe II se valió del Santo Oficio para hacerse con su traidor secretario, Antonio Pérez. Más de dos siglos más tarde, a principios del siglo XIX. La Inquisición no era más que un resabio absolutista en cuya descalificación coincidían casi todos, dándose el curioso hecho de que fuera abolida dos veces. La primera, por el propio Napoleón Bonaparte a su llegada a Madrid en diciembre de 1808 y la segunda, por las Cortes de Cádiz que así lo decretaron el 5 de enero de 1813. Cuando Fernando VII entró en España quiso reinstaurar en toda su extensión el Antiguo Régimen y con él regresó la Inquisición, el 21 de julio de 1814[66]. Los destinos del monarca y del Santo Oficio estarían tan ligados que esta institución terminaría sus días poco tiempo después del fallecimiento del rey, cuando un decreto expedido el 14 de julio de 1834 terminase definitivamente con su existencia.

Morillo no solo reinstauró la Inquisición tras llegar a Santa Marta sino que «como un asunto de conciencia» esperaba que la Iglesia y el clero desempeñasen un papel esencial en la identificación y condena de los insurgentes, haciendo de la religión católica y los valores tradicionales un elemento esencial en su proyecto de reclamar obediencia del pueblo hacia la corona y sus ministros[67]. La acción de la Inquisición bajo el gobierno militar de Morillo no iría dirigida a la defensa de la fe frente a herejes, sino que se orientó a cortar de raíz el contagio intelectual de las tierras americanas por parte de la propaganda francesa e inglesa. No bastaba con condenar la publicación de obras «peligrosas», como el caso de Antonio Nariño y su traducción de los Derechos del Hombre, sino que también se perseguiría la mera posesión de todo libro «sospechoso». Como ejemplo del ambiente de represión intelectual merece la pena mencionar el criterio que empleaban las autoridades realistas para determinar qué se podía y qué no se podía leer. Si el libro estaba escrito en castellano se cotejaba con el índice de libros prohibidos por la Iglesia Católica y si allí figuraba su destino era el fuego, pero si la lengua era francesa o inglesa la condena era automática. En todo caso, no parece descabellado pensar que los inquisidores aplicasen en muchas bibliotecas el criterio «cervantino» de «cansóse el cura de ver más libros, y así, a carga cerrada, quiso que todos los demás se quemasen»[68].

Otra de las instituciones empleadas por la represión realista en tierras americanas fue el Consejo de Purificación. Este Tribunal fue creado a imagen y semejanza de los que funcionaron en la España peninsular para depurar la Administración del Estado de aquellos colaboracionistas del régimen de José Bonaparte[69]. Fernando VII había ordenado a sus ministros «establecer reglas que sirvan de base para la justificación de la conducta de aquellos al modo que se practica con los que siguieron el partido de los franceses en su injusta invasión á la España»[70]. En la península «todos los que hubiesen recibido o conservado cargos políticos, dignidades eclesiásticas o empleos, desde el de capitán en adelante, eran condenados al exilio»[71] y como en el nuevo continente la administración del llamado rey intruso nunca llegó a ejercer control alguno, los Consejos de Purificación se usarían para expurgar la administración colonial de toda persona próxima a las posiciones mantenidas por los patriotas. Su labor fue incansable y, solo entre junio y noviembre de 1816, fueron tramitadas un total de 432 causas, según consta en una así llamada «lista de individuos purificados por este tribunal, con expresión de los destinos que se les han dado y providencias que se han dictado»[72].

Para completar el panorama de la represión de Morillo no es suficiente con haber mencionado el Consejo Permanente de Guerra, la Inquisición y el Consejo de Purificación, sino que también es necesario el considerar dos casos particulares: la depuración de religiosos y los casos de enjuiciamiento de mujeres. La preocupación del gobierno militar de Morillo por éstos dos grupos va más allá de la anécdota pues sirve para reflejar de manera muy nítida parte de la concepción social de la época.

El papel de los religiosos en la independencia fue muy relevante, de una manera muy similar al de sus colegas peninsulares en la guerra contra los franceses. Ya desde los inicios de la conquista y primeros tiempos de la colonización de América, la Iglesia fue un poderoso instrumento de la Corona de España para la sujeción de sus súbditos del otro lado del Atlántico. Por una parte, el altar fue un inestimable aliado de la administración colonial en su empeño frenar los abusos de conquistadores y encomenderos, especialmente contra los indígenas. Por otra, ahora era más necesario que nunca asegurarse que la iglesia continuaba apoyando a la corona y así, Morillo advertía a Madrid que «como la religión y la política van unidas para la tranquilidad de estos países, y los rebeldes han manifestado estas dos armas cuanto han podido, por lo mismo nosotros debemos oponer los propios medios para hacer abortar sus planes y dificultar cada vez más el que se realicen»[73].

Una y otra vez se encuentra en los escritos de Morillo su preocupación por «los curas [que] han sido fomentadores de las nuevas ideas»[74] sobre los que llegaría a afirmar que «no hay uno bueno»[75]. Pese a este juicio tan categórico, el general en jefe no se dejaba cegar pues, al mismo tiempo era consciente de las profundas divisiones en el seno del propio clero en su actitud frente a la independencia. De manera que no dudó en aprovechar los servicios de gran parte de la jerarquía eclesiástica que era, en su mayoría, profundamente realista. Como ejemplo basta mencionar los arzobispos de Caracas y Cartagena de Indias o el obispo de Maracaibo[76]. Morillo también tuvo en cuenta las diferencias entre las distintas órdenes religiosas. Mientras que franciscanos y capuchinos «se han mantenidos adictos á la causa de Su Majestad»[77], Morillo sugiere que «á los de las órdenes de Santo Domingo y agustinos se les lleve á la península para que, diseminados en los claustros de allí, rectificasen su doctrina»[78].

Problema diferente era controlar el bajo clero, pues era entre sus filas donde la independencia había encontrado sus principales valedores[79]. Muchas veces se sobrevaloró su influencia, el mismo Morillo llega a decir que «donde el cura ha sido bueno, el pueblo lo ha imitado»[80], lo que, evidentemente, es una exageración, pero también es cierto que las autoridades realistas no podían permanecer ciegas ante este desafío a su poder. Un obstáculo nada despreciable era que dada su condición religiosa no se les podían aplicar los medios de represión utlizados contra el resto de la población. Las Leyes de Indias establecían que las autoridades virreinales debían advertir a los «Prelados y Jueces Eclesiásticos» sobre las causas abiertas a los «clérigos incorregibles» para que se les «fulmine proceso de incorregible, para remitirlo al Brazo Seglar»[81]. Además, tampoco se les podía aplicar la pena de muerte sino tan solo, y en los casos más graves, el destierro.

A la hora de abordar este espinoso asunto de las causas contra miembros del clero, Morillo puso extremo cuidado en no enfrentarse con las autoridades religiosas, siguiendo al pie de la letra sus instrucciones que le encargaban «el mayor respeto á las autoridades eclesiásticas, y la mayor armonía con los Ministros del Altar, encarga S.M., y es el más seguro garante de que las empresas militares tendrán el resultado más feliz»[82]. Por todo ello, Morillo encargó a su vicario castrense y capellán mayor de su ejército, el sacerdote Luis Villabrile, que procediese contra los casos más graves. De esta manera, se abrieron causas contra varios sacerdotes llegándose a depurar a un total de cuarenta y ocho.

Pese al cuidado que puso Morillo, su acción en este campo sería otra fuente de problemas pues, en varias ocasiones, veía cuestionada su autoridad. Así sucedió cuando un grupo de clérigos fue enviado a la Guaira para desde allí ser trasladados a la metrópoli donde responderían de sus conductas ante Tribunales Eclesiásticos. Cuenta Restrepo que el eclesiástico Justiniano Gutiérrez, escandalizado por las medidas represivas de Morillo contra el clero neogranadino, escribió al Arzobispo Sacristán, a la Real Audiencia y al Virrey Montalvo sobre lo que consideraba como excesos cometidos contra la Iglesia[83]. Su queja no cayó en saco roto, dando como resultado la liberación de parte de los encausados y la mejora de las condiciones de las prisiones para todo el resto de los encarcelados.

Deshacerse de los clérigos revoltosos era solo parte del problema y Morillo insistiría una y otra vez sobre la necesidad de que se enviasen desde la península «nuevos pastores que vengan pronto á cuidar de sus rebaños» añadiendo que «esta medida es tan urgente como el que se remitan tropas para guarecer territorios tan vastos»[84]. No obstante, si la remisión de más soldados era ya muy complicada aún lo era más en el caso de curas y no se ha encontrado constancia de que la petición de Morillo fuera atendida.

El otro caso concreto de medidas que ayudan a completar el cuadro de la represión de Morillo es el de las acciones tomadas contra mujeres, aspecto este muy interesante para situarse en la mentalidad de la época[85]. En la España de principios del siglo XIX, la mujer tenía una función social muy clara: la crianza y educación de los hijos. De aquí la importancia de que entre los valores que transmitiese a su prole no se albergase ningún «pensamiento sedicioso». Por ello en este caso la prioridad no sería castigar sino reeducar. Además, el castigo físico a una mujer era algo que repugnaba al pensamiento de entonces y solamente se aplicaría en casos muy excepcionales, como en el de Policarpa Salavarrieta, La Pola[86]. En este sentido, en junio de 1816, Antonio María Casano, gobernador militar y político de Santa Fe emitiría una orden de destierro contra varias señoras que se habían distinguido en su apoyo público a la causa de la independencia. Lo interesante de la medida es que iba acompañada de unas instrucciones muy precisas para los curas párrocos de las iglesias donde estas señoras cumplirían sus penas, en las que les ordenaba que las sometiesen a una estrecha vigilancia de costumbres. Merece la pena transcribir el párrafo donde se encargaba a los párrocos que comprobasen que estas señoras,

> ... se dediquen a la educación cristiana de sus hijos, enseñándoles la doctrina y haciendo que asistan a los ejercicios de piedad que diariamente se hacen en la parroquia. ... Por último, los señores curas y alcaldes tendrán cuidado de que la opinión de las citadas familias se rectifique y modele por la de los habitantes pacíficos y amantes del orden: evitando que en su trato no tengan visitas frecuentes ni reuniones particulares que puedan ser perjudiciales: esperando, por mi parte, del celo y amor al soberano que distingue a ustedes, desempeñen escrupulosamente cuanto por esta orden se le previene, sin permitir en nada la menor alteración o disimulo por ser todo tan interesante al servicio de Dios y del rey, a la tranquilidad de estos países y a las buenas costumbres[87].

4. ORGANIZACIÓN DEL EJÉRCITO REALISTA

EL EJERCITO DE MORILLO era el principal instrumento para la pacificación del Virreinato por lo que su sostenimiento y bienestar siempre serían prioritarios para su general en jefe. De hecho, parte del prestigio y fidelidad de las tropas realistas hacia su jefe se basaba en que Morillo siempre se mostró muy preocupado por mejorar en lo posible sus condiciones de vida. Para mantener a sus tropas bien provistas eran necesarios grandes caudales y puesto que con el *San Pedro de Alcántara* se habían hundido los cofres de la caja del ejército expedicionario, no tuvo más remedio que movilizar todos los recursos económicos del Virreinato de la Nueva Granada.

Para asegurar el avituallamiento echó mano de todo lo que pudo y en esta labor se valió de la llamada Junta de Secuestros, cuya función esencial era dictar y ejecutar las sanciones económicas impuestas a todos aquellos que se hubieran manifestado a favor de la independencia. El término secuestro hay que entenderlo en el sentido originario del término, es decir, como referido a «los bienes secuestrados y el depósito judicial por embargo de bienes, o como medida de aseguramiento en cuanto a los litigiosos»[88]. En la legislación de la primera mitad del siglo XIX la pérdida de los bienes era moneda de uso corriente. Las Partidas de Alfonso X el Sabio en su Ley I del Título I, establecían que,

> Qualquer home que fiziese alguna de las maneras de traycíon que disiemos en la ley ante desta, o diere ayuda o consejo que la fagan, denben morir por ende, et todos sus bienes deben ser de la cámara del rey, sacada la dote de su mujer, et los debdos que hobiese a dar, et lo que hobiese manlevado fasta el dia en que comenzó a andar en la traycíon.

La Junta de Secuestros trabajó sin descanso, pero no siendo suficiente con lo recaudado por esta vía Morillo hubo de recurrir a otras complementarias como responsabilizar a los Ayuntamientos de recolectar entre sus vecinos las contribuciones especiales que impuso a cada población. Con esta medida no solo conseguiría más dinero sino también tenía como objetivo que el reparto de las cargas fuera lo más equitativo posible de manera que el pueblo comprobase que los más ricos eran los que más contribuían con la esperanza de atraerse a los menos privilegiados.

Morillo se aseguraría de que las cantidades incautadas a rebeldes y a sus partidarios fuesen a parar a las arcas del ejército expedicionario, como en el caso de los barcos y sus cargamentos apresados en Cartagena de Indias tras la toma de la ciudad. Consciente que la obtención de recursos era solo una parte del problema, Morillo dictó varias medidas de reforma de la Real Hacienda para asegurarse que los dineros eran empleados efectivamente en los gastos del ejército y en este empeño se encontró con la oposición de las autoridades civiles, como más adelante se verá.

Otro de los puntos que más le preocupaban era la continua merma de hombres del ejército expedicionario pues desde su llegada a tierras americanas su número no había dejado de descender. Por un lado, como consecuencia del cumplimiento de sus instrucciones de remitir parte de sus tropas hacia otros lugares[89] y por otro, a causa de las bajas sufridas, especialmente durante el sitio a Cartagena de Indias. El 16 de noviembre de 1816 estima haber sufrido hasta ese momento un total de dos mil bajas y para reponerlas solicitaría una y otra vez el envío de refuerzos desde la metrópoli[90]. Entre abril y diciembre de 1816, hasta cinco veces pidió el envío de más hombres[91] y pese a que se los prometieron en noviembre[92], éstos nunca llegaban, por lo que no tuvo más remedio que reorganizar los ya existentes, bien fusionando o disolviendo unidades, bien creando nuevos batallones con tropas criollas.

Morillo decretó la formación de nuevas unidades como el batallón de infantería ligera de Cazadores del Cachirí o el del Tambo[93] o los Escuadrones de Leales a Fernando VII[94]. En cualquier caso, hay que tener en cuenta que solo una minoría había ingresado como voluntarios pues el resto lo había hecho como único medio para salvar la vida. Por lo tanto, los jefes peninsulares eran plenamente conscientes de la escasa combatividad de unos efectivos obligados a enrolarse casi a la fuerza y estas unidades fueron dedicadas a labores menores o de guarnición con lo que se dejaba libre a los soldados veteranos para que formasen unidades de combate.

Para que un grupo de hombres armados se transforme en un ejército no basta con reclutar, sino que son necesarias disciplina y entrenamiento. Morillo había aprendido la lección de Wellington sobre la importancia de mantener buenas relaciones con la población local y sus órdenes se hallan repletas de referencias a «evitar el roce del soldado con el paisano para la seguridad»[95] y para conseguirlo no dudó en aplicar los más duros castigos. A un soldado que había forzado a dos mujeres lo mando a fusilar[96], a otro que había robado se le condenó a cuatro años de presidio[97] y a un oficial «por delito de robo de algunas alhajas, cometido á su patrona en el alojamiento en que se hallaba» se le privó de su rango y se le impusieron seis años de prisión[98].

Por mucho que pudiese contar con tropas suficientes, bien armadas, pertrechadas, entrenadas y disciplinadas, también era necesaria una marina para transportar al ejército y para controlar las rutas por las que los rebeldes recibían apoyos y suministros. Hasta este momento, finales de 1816, Morillo no había escatimado elogios a la marina y a su jefe, Pascual Enrile[99]. Esta luna de miel empezaría a terminar cuando «a partir de septiembre de 1816, comenzó el verdadero calvario para la escuadrilla de Costafirme»[100]. Primero, su jefe, Pascual Enrile, la había abandonado para acompañar a Morillo a Santa Fe desde donde impartía órdenes sin conocimiento sobre la situación real de sus barcos y tripulaciones. Por si fuera poco, en enero de 1817 Enrile partiría hacia la península llevándose dos fragatas. un bergantín y cuatro goletas con lo que los efectivos de la escuadra quedarían muy mermados. A partir de ese momento, la flota quedaría bajo el mando directo de Morillo lo que sería fuente, no solo de problemas, sino de un pésimo uso de la fuerza naval. Por mucho que la carrera de Morillo se hubiera iniciado en la mar, su experiencia naval se reducía a haber sido tropa de infantería de marina embarcada y carecía de los conocimientos necesarios para tener en cuenta todos los complejos aspectos relacionados con la marina de guerra a vela. Así pues, las órdenes que Morillo impartiría desde Bogotá eran o imposibles de cumplir o simplemente suicidas y la coordinación entre el ejército y marina, en la que insistían tanto las instrucciones de la expedición, quedaría muy comprometida[101].

5. Medidas económicas y administrativas

Ya se ha visto cómo muchas de las medidas dictadas por Morillo invadían el ámbito de competencia de la administración virreinal lo que produciría multitud de enfrentamientos entre las autoridades civiles y las militares. Aparte de la fácil explicación de la lucha por el poder dentro de toda estructura burocrática, lo cierto es que sería el propio Morillo el principal responsable de estos problemas. Antes de nada, hay que citar su personalidad, ajena a toda sutileza, falta del tacto y sin la paciencia necesaria para hacer frente a la complicada maquinaria administrativa colonial. Por si ello no fuera suficiente, cuando Morillo declaró que el virreinato estaba pacificado[102], el efecto jurídico inmediato debería haber sido el poner fin a su autoridad excepcional con lo que se debería haber iniciado el proceso de devolución del poder a la administración virreinal. No obstante, Morillo, lejos de dejar el poder, había empezado, primero de manera tímida, pero abiertamente después, un ambicioso programa de profunda reforma del virreinato bajo la excusa de tener que asegurar el éxito definitivo de su labor pacificadora. Es precisamente dentro de este contexto donde deben enmarcarse sus acciones para la mejora de la Real Hacienda, sanidad, comunicaciones, minería, agricultura, educación, sociedad, situación de los indígenas, etc.

En cuanto a la reforma de la Real Hacienda, aparte de lo ya tratado sobre la Junta de Secuestros y demás medios para hacerse con los recursos necesarios para el sostenimiento de la tropa, Morillo utilizó sus poderes para asegurarse el control de todo el aparato administrativo nombrando al contador del Ejército expedicionario como encargado interino de la de toda la Hacienda virreinal[103].

Para mejorar la precaria situación sanitaria, tanto de las tropas como de los habitantes del virreinato, Morillo ordenó la creación de nuevos hospitales y la mejora de otros ya existentes, así como la puesta en marcha de campañas de vacuna contra la viruela. Esta última acción resulta de interés como muestra de que autoridades españolas estaban al tanto de los últimos adelantos en medicina. Apenas quince años antes se había publicado la traducción al castellano del estudio sobre las causas y efectos de la vacuna contra la viruela[104], del médico inglés Edward Jenner, poniendo de moda en Europa las campañas de vacunación[105]. Lo destacable del caso es que Morillo no se limitaría a vacunar a sus tropas, como había hecho Napoleón, sino que estableció un programa que abarcaría a todos los vecinos de la Nueva Granada.

La mejora de las comunicaciones fue también otra de sus prioridades. Si en la actual Colombia aún asombra la capacidad técnica de los ingenieros para construir carreteras y puentes en una geografía maravillosamente desafiante, aún sorprende más el trabajo que en muy poco tiempo fueron capaces de desarrollar las autoridades realistas con la tecnología de la que disponían. La tarea emprendida fuera titánica, pero de su éxito dependía gran parte del plan de pacificación de Morillo, en el que era esencial asegurar el rápido desplazamiento de las tropas de un lado al otro del virreinato.

Para llevar a cabo este ambicioso proyecto hubo de enfrentarse no solo a la orografía sino también a multitud de intereses creados. Todo el mundo exige buenos querían caminos pero nadie está dispuesto a que su trazado pase por sus tierras ni tampoco a contribuir con dinero o trabajo en su construcción. Ecos de esta queja intemporal se encuentran en Restrepo cuando dice que a Morillo y Enrile, «nada les importaba que pereciera alguna parte de sus moradores, o que los otros quedaran sumidos en la miseria, con tal que ellos pudieran conseguir un grado más en su carrera o nuevos honores aparentando méritos ante el Gobierno español»[106]. Se acusaba a Morillo de que su intención era puramente militar, lo que es absolutamente cierto, pero también es verdad que las calzadas romanas se concibieron con este fin, pero tambiñen fueron esenciales para vertebrar social, económica y políticamente el imperio.

Se emprendió la construcción de cazadas anchas y transitables de Girón al Pedral, sobre el río Sogamoso; de Zapoteca al Magdalena; de Vélez a Carare; en Tunja desde allí hasta los Llanos del Casanare, y de Cáqueza a los de San Martín; en Antioquia, de Sonsón a Mariquita; de San Luis a Cáceres, sobre el río Cauca, y el de Urrao al Atrato; de Ibagué a Cartago, atravesando la montaña de Quindío, y el de Anchicayá a la Buenaventura, en la provincia de Popayán y se reformaron los caminos de Pamplona a Tunja y el de Santa Fe a Honda[107].

Para la mejora de la minería, Morillo propuso la creación de una escuela con profesores venidos de Méjico para que se enseñasen sus conocimientos en la parte más práctica de la extracción[108]. La agricultura y la cría de ganado también ocuparon su tiempo, pidiendo a Madrid que se permitiese el cultivo de trigo para evitar la dependencia del virreinato de las importaciones de los Estados Unidos y de este modo abaratar el precio del pan[109]. También sugirió potenciar el cáñamo para avituallar a la Marina de cabos y crear una industria local de alpargatas[110]. También se ocupó de la educación, para la que estableció que:

> ... no teniendo los hombres pobres de los dominios de S.M. otros Seminarios o Colegios para aprender oficios y hacerse útiles é inteligentes artesanos, que los talleres y maestranzas del rey, ..., recoger todos los muchachos huérfanos y, en seguida, los hijos de los mendigos, dirigiéndolos a la capital, donde se les destinarán para que les enseñen un oficio, consintiendo sea aquel para el cual tengan más inclinación[111].

Este grupo de medidas estaba en conexión con otras de carácter puramente social, como el interés de Morillo por dotar al Virreinato de una clase artesanos, o de «ocupar á los habitantes más en la agricultura que de ciencias intelectuales y abstractas, que los disponen al precipicio, fomentando la educación popular»[112]. En este caso, por mucho que se intentase vestir de fomento del honrado trabajo, en la más pura traición de las reformas ilustradas de Carlos III que proclamaban la honorabilidad de los trabajos manuales[113], Morillo da una nueva prueba de su profunda desconfianza hacia los intelectuales. En este mismo apartado se ubica su recelo hacia los abogados, de quienes dice que:

> ... todos los malos que han aspirado á dirigir la opinión por escrito y de palabra, han sido alumnos de ellos» de los que añade «quizás no hay uno que haya obrado a favor de S.M., y este prurito que hay en toda la América de ser doctores á pesar de lo atrasadas que están todas las ciencias y la facilidad de conceder esta distinción, ... es tal vez una de las cosas que piden mayor reforma[114].

De acuerdo a Víctor M. Uribe, durante la represión realista fueron ejecutados un tercio del total de abogados ejercientes en el virreinato de la Nueva Granada en un intento de expurgar del cuerpo de letrados disidentes[115]. Esta desconfianza hacia los letrados tiene una larga historia. En tan temprana fecha como 1513, Vasco Núñez de Balboa, en carta al rey, tras pedir el envío de 1000 hombres aclimatados a la Española, armas, provisiones, etc., añadía que «no le envíen letrados porque ningún bachiller acá pasa que no sea diablo ... y hacen y tienen forma por donde hay mil pleitos y maldades»[116]. Por si no fuera suficiente con este ejemplo, al año siguiente, en las instrucciones de la Corona a Pedrarias Dávila, o

Pedro Arias de Ávila como se prefiera, para su expedición al Darién se vuelven a repetir expresiones parecidas, recogiéndose que «no se consintiesen ni abogados ni pleitos, ni juegos de dados o naipes»[117].

Morillo también hizo todo lo posible para asegurarse el apoyo de los pueblos indígenas. Ya se ha mencionado cómo la Corona Española formó una alianza con ellos exigiendo a cambio su apoyo en la permanente lucha que sostuvo con las élites, conquistadoras primero, colonizadoras después y finalmente criollas. Pese al término general empleado de pueblos indígenas referido a todos ellos, lo cierto es que lo único que tenían en común era no ser ni blancos, ni negros, ni mestizos. Morillo era consciente de esta heterogeneidad y adoptó medidas distintas para cada grupo. Con los Wayuu, entonces llamados guajiros[118], ubicados en la costa atlántica a ambos lados de la actual frontera entre Colombia y Venezuela que aún entonces, después de tres siglos de colonia mantenían su lengua arawak, proponía «seguir el sistema de dulzura actual, frecuentarlos mucho»[119], pero al mismo tiempo aplicando la viejo máxima citada por Maquiavelo de divide et impera[120], añadía que era conveniente «sostener la división entre los diversos jefes»[121]. Para los cunas, de lengua de la familia chibcha habitantes de la zona por donde hoy corre la frontera entre Panamá y Colombia, pensaba que lo mejor era «no disgustarlos»[122], pero a la vez «internárseles poco á poco»[123] para que «sin estrépito se sujetarán al rey»[124].

Con todas estas medias, iba tomando forma el llamado gobierno militar de Morillo que irremediablemente le llevaría a enfrentarse con las autoridades civiles de virreinato[125]. Pese a la amplitud de poderes que le concedían sus instrucciones, Morillo estaba dictando órdenes que iban mucho más allá, tanto de su letra como de su espíritu y, por mucho que e considerase o supiese imprescindible, tuvo exquisito cuidado en asegurarse que cada paso que daba era plenamente respaldado por Madrid de modo que solicitó y obtuvo la aprobación de todo cuanto había hecho hasta abril[126] y hasta septiembre[127] de 1816, a lo que sumó la expresa conformidad del rey con las ejecuciones[128] por él ordenadas y con los indultos[129] por él dictados.

Iglesia parroquial de San Esteban, en Fuentesecas, provincia de Zamora, donde fue bautizado Pablo Morillo el 7 de mayo de 1775. Fotografía del autor.

Vista de la ciudad de Cádiz por su parte sur a finales del siglo XVIII*, con los astilleros donde tuvo su cuartel Pablo Morillo cuando sirvió en la Infantería de Marina, entre 1791 y 1808.* Grabado de Francisco de Paula Martí realizado en 1800. Biblioteca Nacional, Madrid. Número de control SI (OCOLC)434684865.

Combate del Cabo de San Vicente, el 14 de febrero de 1797, en el que participó Pablo Morillo como infante de marina. Obra realizada por Robert Cleveley en 1798. National Maritime Museum, Greenwich.

Vista de la batalla de Trafalgar, dada el 21 de octubre de 1805. Obra del artista especializado en temas navales Rafael Monleón y Torres. Museo Naval, Madrid. MNM-424.

Alegoría de la batalla de Trafalgar realizada en la segunda mitad del siglo XIX *por Rafael Monleón y Torres. Sobre los restos de la arboladura de un barco español están los nombres de los oficiales caídos y, a ambos lados, una cinta con los colores de la bandera de España en la que figuran los nombres de los buques hundidos o perdidos. Entre ellos está el* San Ildefonso, *a bordo del que sirvió Pablo Morillo en este combate.* Museo Naval, Madrid. MNM-4891.

Retrato del general Francisco Javier Castaños, jefe del ejército español que venció a los franceses en Bailén. Castaños recordaría años más tarde a Pablo Morillo el honor de haber combatido juntos en tan gloriosa jornada. En una carta de Castaños a Morillo fechada el 20 de diciembre de 1814, justo antes de que este último partiese con rumbo a América, le escribía: «aunque hasta ahora no he sido aficionado a diamantes ni topacios, espero no me olvidará V. en las primeras remesas que haga de estas piedras preciosas». Obra de José Aparicio realizada en 1815. Museo del Ejército, Toledo.

El toro español, o el torero corso en peligro. *Caricatura inglesa aparecida tras la batalla de Bailén, en la que Pablo Morillo participó como subteniente destinado en el batallón de infantería de Voluntarios de Llerena. Representa a Napoleón embestido por España, que ha roto sus cadenas. A la izquierda están los cadáveres de otros toros previamente lidiados por el emperador. Entre el público, el rey de Inglaterra celebra la cogida; el papa tiene preparada la bula para excomulgar al maestro y el zar de Rusia, nervioso, muerde su sombrero.* Obra de James Gillray publicada en Londres en 1808.

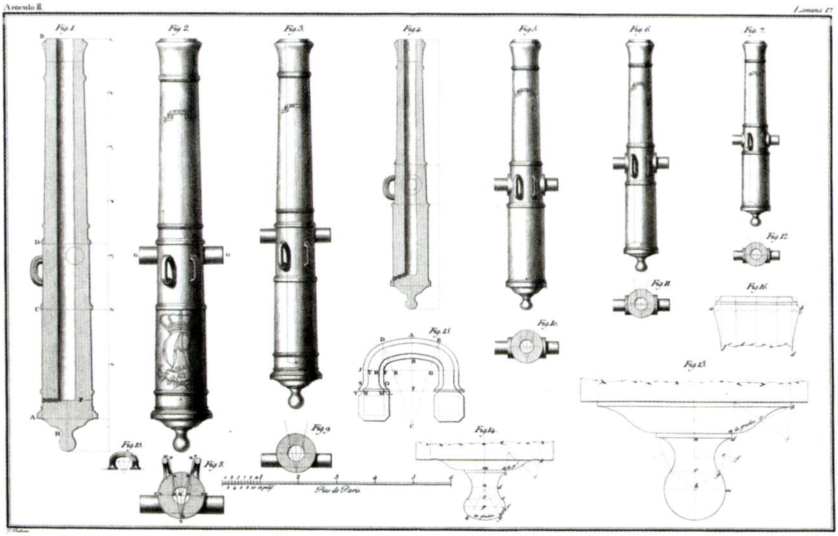

Grabado con los modelos de piezas de artilleria en uso por el ejército español a principios del siglo XIX. Láminas pertenecientes al Tratado de Artillería *que se encuentra en el Real Colegio Militar de Segovia.* Obra de Tomás de Morla. Imprenta Real. Madrid, 1803. Artículo II, lámina 17.

Vista en la actualidad del puente de Sampayo, en Pontevedra, donde en junio de 1809 Pablo Morillo se enfrentó a las fuerzas francesas y cuya victoria le valió el sobrenombre de El León de Sampayo. Fotografía del autor.

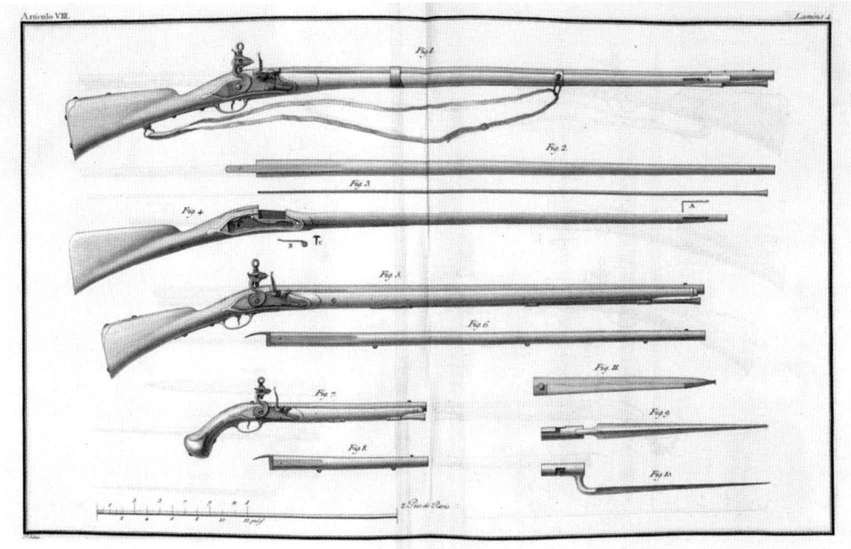

Tipos de armas de fuego portátiles con las que estaba equipado el ejército español durante el primer tercio del siglo XIX. Láminas pertenecientes al Tratado de Artillería *que se encuentra en el Real Colegio Militar de Segovia.* Obra de Tomás de Morla. Imprenta Real. Madrid, 1803. Artículo VIII, lámina 4.

El autor al pie del monumento a los héroes de la batalla del puente de Sampayo, obra de G. Pola, erigido en 1911 en los jardines de la Plaza de España, frente al ayuntamiento de la ciudad de Pontevedra. La inscripción en su parte posterior señala: «A los héroes de puente Sampayo acaudillados por Morillo». Se trata del único monumento en honor a Pablo Morillo en España. Fotografía del autor.

Retrato del teniente general lord *Rowland* «Daddy» *Hill, quién fuera jefe de Pablo Morillo durante la campaña de invasión del sur de Francia. Su apodo* «Daddy» *—papá— le fue puesto por sus hombres, que se sentían cuidados por su general como si fuera por sus propios padres.* Obra de George Dawe, realizada en 1819. National Army Museum, Londres.

Grabado inglés con una vista del inicio de la batalla de Vitoria. A la izquierda, se puede apreciar al duque de Wellington a caballo. A la derecha, la división al mando del general Hill, donde estaban encuadradas las tropas de Morillo, que inicia el ataque contra las posiciones francesas en los altos de la Puebla. Obra de Rodwell and Martin, publicada en *Victories of the Duke of Wellington*. Londres, 1819.

Retrato del duque de Wellington pintado por Francisco de Goya. Luce el Toisón de Oro que le fuera concedido por la regencia en 1812 y que posteriormente sería confirmado por el rey Fernando VII, no sin antes haber solicitado el acuerdo al papa Pío VII, para poder condecorar a un protestante. Además de ser investido con el título de duque de Ciudad Rodrigo, con grandeza de España, Wellington fue objeto de multitud de regalos por parte de Fernando VII. Muchos de ellos se conservan hoy en el que fuera su palacio en Londres, Aspley House. National Gallery, Londres.

Grabado que representa al duque de Wellington rodeado de su estado mayor y generales, durante la campaña de los Pirineos. Algunos autores han identificado a Morillo en el grupo de altos mandos, en la parte inferior derecha, de pie. Lleva al brazo lo que parece un catalejo y se cubre con una especie de boina. The Duke of Wellington Giving Orders to his Generals Previous to a General Action. Obra de Heaphy Thos publicada en Londres en 1822.

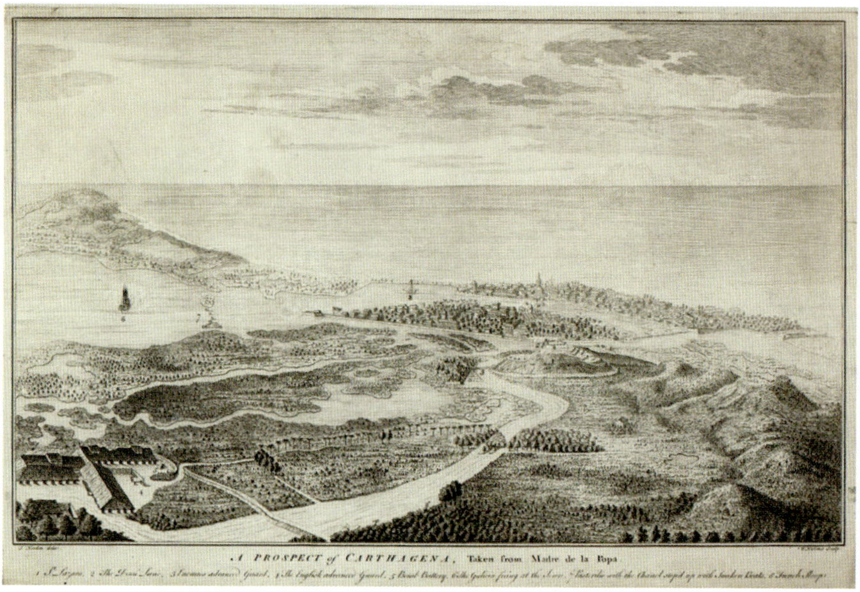

Vista de Cartagena de Indias desde el cerro de la Popa. Aunque el grabado está basado en un dibujo realizado a mediados del siglo XVIII, el aspecto de la ciudad que encontró Morillo era muy similar. Obra de William Henry Toms publicada en Londres en 1750.

Izado del ancla del navío San Pedro de Alcántara *durante las excavaciones arqueológicas llevadas a cabo por la armada venezolana en 1959. Era el buque insignia de la flota con la que Morillo llegó a América y, por causas fortuitas, explotó y se hundió el 23 de abril de 1815. Con él se perdieron la caja de la expedición con un 1 100 000 pesos, parte de la artillería, 8000 fusiles, monturas, espadas, pistolas y vestuarios completos, infinidad de útiles de ingenieros, 4000 quintales de pólvora, gran número de bombas, granadas y balas, y todos los equipajes de jefes y oficiales. La pérdida determinó que Morillo tuviese que recaudar fondos en Nueva Granada, lo que contribuyó a la impopularidad de la causa realista.*

Retrato de Simón Bolívar en el que se le representa abrazado a la libertad americana, personificada en la imagen de la «India América». Se realizó sobre un lienzo con un retrato que se cree era el de Pablo Morillo. Con el paso de los años, el rostro de Morillo se ha hecho cada vez más visible entre las figuras de América y el libertador. Este caso de adaptación del arte a los cambios políticos no fue privativo de las guerras de independencia en la América hispana; quizá el más célebre sea el del retrato de Fernando VII realizado por Goya, conservado en el Ayuntamiento de Santander, donde las referencias que contenía a la constitución de Cádiz tuvieron que ser borradas cuando se proclamó rey absoluto. Obra de Pedro José Figueroa realizada en 1821. Museo Nacional de Colombia, Bogotá.

Xilografía con el retrato de Juan de Sámano, último virrey efectivo de Nueva Granada. Sámano y Morillo mantuvieron una tensa relación que fue desastrosa para la causa realista en el virreinato. Tras la victoria de Bolívar en la batalla del Puente de Boyacá, el 7 de agosto de 1819, huyó de Bogotá hacia Cartagena de Indias, donde su autoridad como virrey nunca le fue reconocida. Obra de S. Páez basada en un dibujo de Justo Pastor Lozada. Museo Nacional de Colombia, Bogotá.

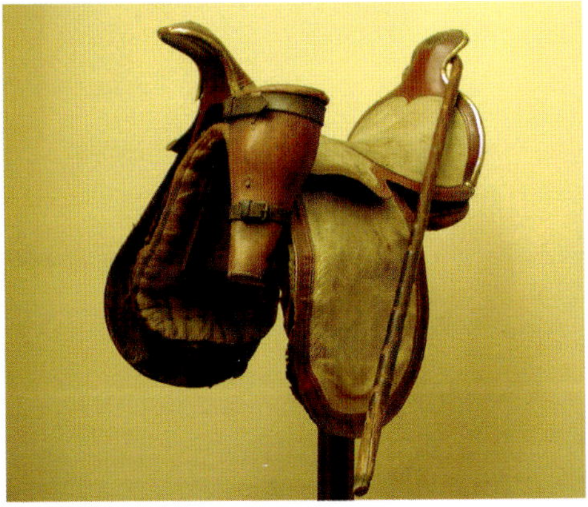

Silla de montar y bastón que usó Pablo Morillo durante sus campañas. Real Academia de la Historia, Madrid. Número de inventario 1262 (silla de montar) y número de inventario antiguo [1288] 1889/27 (bastón).

Desembarco de las tropas al mando de Pablo Morillo en el Pueblo de la Mar, isla Margarita, el 22 de Julio de 1817. Obra de José Espejo. Museo Naval, Madrid MNM-957.

Litografía en color de finales del siglo XIX que representa los momentos previos al fusilamiento de los mártires de Cartagena. Obra de Generoso Jaspe realizada en 1886. Colección del Museo Nacional de Colombia. Número de registro 829.

Retrato de Pablo Morillo pintado en 1815 por Pedro José Figueroa. *Si la imagen pintada por Horace Vernet que aparece en la portada de este libro se ha convertido en la más difundida de Morillo en España, ésta es la más conocida suya en el continente americano. Las diferencias entre ambas son muy significativas: mientras el retrato de Vernet muestra un Morillo muy humano, este de Figueroa, pese a haber sido realizada mientras Morillo detentaba el poder en Bogotá, lo presenta de una manera francamente antipática, incluso hostil.* Museo Nacional de Historia de Colombia, Bogotá, N.° de registro 524.

Bandera del segundo batallón del regimiento de infantería Cazadores de Extremadura, también conocido como Legión Extremeña. Apenas cumple con los criterios generales reglamentarios para las enseñas militares de infantería, pues se trata de una peculiar pieza de lienzo de tonos cremas con diseño floral. En 1815, el segundo batallón, peninsular, fue integrado en el ejército de pacificación de Costa Firme al mando de Morillo. A su llegada a tierras americanas participó en la primera ocupación de isla Margarita; inmediatamente después, fue enviado al Virreinato del Perú donde parte de la tropa se amotinó nada más llegar. No fue reducida hasta que el virrey intervino personalmente. Museo Nacional de Colombia, Bogotá.

Monumento al llamado abrazo de Trujillo, con el que Pablo Morillo y Simón Bolívar sellaron la firma de los tratados de armisticio y de regularización de la guerra en Santa Ana de Trujillo, en noviembre de 1820. El acuerdo es considerado como un importante antecedente del Derecho Internacional Humanitario, pues establecía reglas y límites a los modos de hacer la guerra con la intención de regularizarla «conforme a las leyes de las naciones cultas, y a los principios más liberales y filantrópicos». A la solemne inauguración de este monumento en 1912, asistió Aníbal Morillo Pérez, hijo de Pablo Morillo y segundo conde de Cartagena, que fue enviado como embajador extraordinario por el gobierno de Alfonso XIII a recorrer América, en el centenario de las independencias. Monumento al armisticio. Santa Ana de Trujillo, Venezuela.

Desembarco de Fernando VII en el Puerto de Santa María en 1823. *Tras la intervención de los Cien Mil Hijos de San Luis al mando del duque de Angulema —a la derecha del rey—, Fernando VII fue restaurado en su trono absoluto. Se inauguraba la que tradicionalmente se conoce como la Ominosa Década, que solo terminará con su muerte en 1833.* Obra de José Aparicio. Museo Romántico, Madrid.

Fernando VII y su cuarta esposa, María Cristina de Borbón-Dos Sicilias. Para ganarse el aprecio del pueblo aparecen retratados como un matrimonio de la burguesía madrileña de la época, mientras dan un paseo por los jardines de palacio. Obra de Luis de la Cruz y Ríos realizada en 1830. Museo de Bellas Artes de Asturias, Oviedo.

Carlos María Isidro de Borbón, infante de España. Hermano de Fernando VII, se negó a reconocer a su sobrina como reina de España dando lugar a la Primera Guerra Carlista. Fue el primer pretendiente carlista al trono español, con el nombre de Carlos V. Obra de Vicente López Portaña realizada en 1825. Real Academia de Bellas Artes de San Fernando, Madrid.

Retrato a lápiz de Pablo Morillo realizado por su hijo Pablo, en Madrid, en marzo de 1835. En agosto del año siguiente ambos partirían al balneario francés de Barèges. Figura entre los papeles privados conservados en el archivo de Pablo Morillo. Real Academia de la Historia, Madrid.

Barèges-les-Bains. Vue prise au-dessus de la route. Grabado del siglo XIX *que muestra una vista del pueblo de Barèges, en cuyo balneario Pablo Morillo intentó recuperar su salud y donde falleció el 27 de julio de 1837.* Obra de Victor Petit.

Expediente de concesión del título de conde de Cartagena y marqués de La Puerta a Pablo Morillo. Biblioteca de la Real Academia de la Historia, Madrid.

Escudo de armas de Pablo Morillo como conde de Cartagena. Además de la tradicional simbología heráldica para sus apellidos, que se incluye en la parte central, resulta interesante ver cómo en los cuarteles exteriores se han incorporado referencias a varias de sus hazañas militares: la toma de Cartagena de Indias, el escudo de distinción al regimiento de La Unión por su conducta en la retirada de Gelves y la victoria en la batalla del puente de Sampayo.

Escudo de distinción en esmalte «Premio a La Unión», otorgado al regimiento de La Unión como recompensa a su acción en la retirada de Gelves el 19 de febrero de 1811. Perteneció a Pablo Morillo. Real Academia de la Historia, Madrid. Número inventario antiguo 1889/15.

Placa de la Cruz de la Orden Americana de Isabel la Católica perteneciente a Pablo Morillo. Creada por Fernando VII en 1815 para recompensar la lealtad y patriotismo en la defensa y conservación de «las Indias». En el juramento que los condecorados debían pronunciar al ingresar en la Orden se recogía expresamente «no pertenecer ni haber pertenecido a ninguna logia ni asociación secreta prohibida por las leyes, y no reconocer el absurdo principio de que el pueblo es árbitro en variar la forma de los gobiernos establecidos». Real Academia de la Historia.

Pasador con las miniaturas de las condecoraciones de Pablo Morillo. De izquierda a derecha: Cruz de distinción de la batalla de Vitoria, Cruz de la orden de San Hermenegildo, Cruz de Fernando VII o de distinción de la campaña de 1813, Cruz de distinción por la acción de Arroyomolinos, Cruz de distinción de Cartagena de Indias, Medalla de distinción por la acción de Tamames, Medalla de distinción por la acción de Medina del Campo, Medalla de distinción por la pacificación de Venezuela, Medalla de distinción por la acción del puente de Sampayo, Cruz de distinción del Sexto Ejército, Cruz de la Real y Militar Orden de San Fernando, Cruz de la Orden de Carlos III y Cruz de la Orden Americana de Isabel la Católica. Real Academia de la Historia, Madrid.

Medalla conmemorativa del primer centenario de la batalla de Puente Sampayo, establecida por Real Decreto de 13 de mayo de 1909, en la que aparece grabado el retrato de Pablo Morillo. Se otorgó a los descendientes de los caudillos de aquellas jornadas y a los que hubiesen colaborado con sus actos a la conmemoración. En el anverso, junto al busto del general: «Pablo Morillo, defensor heroíco del puente de Sampayo. Primer centenario de la independencia. Año 1909». En el reverso: «Puente Sampayo. 7, 8, 9 junio 1808».

Capítulo 10

LOS LLANOS Y LA OBSESIÓN POR ISLA MARGARITA

(enero - agosto 1817)

En agosto de 1816 Morillo creyó cumplida su misión en Nueva Granada «y que nada quedaba que hacer para afirmar la paz en estos países»[1]. Los propios independentistas también coincidían admitiendo que a principios de 1817,

> Morillo mandaba un considerable y bien disciplinado ejército, teniendo en su poder todas las plazas fuertes, todas las principales ciudades y la casi totalidad de la costa. Sus tropas controlaban la mayor parte de las zonas más pobladas y más ricas del interior. Una vez subyugada Nueva Granada, tenía a su disposición los inmensos recursos de esta zona ... [y] sus órdenes eran obedecidas sin rechistar por los realistas desde Guayana hasta Guayaquil[2].

Todo parecía indicar que bastaría con dar el golpe de gracia en Venezuela para pacificar definitivamente todo el Virreinato. Las noticias que llegaban desde Caracas eran ciertamente graves, no solo porque hablaban de cada vez más temerarias acciones de los independentistas, especialmente en la región de los Llanos, sino porque también se hacían eco de las profundas divisiones entre los jefes realistas. Todo indicaba que ahora era Venezuela la que requería de la presencia del general en jefe, pero con su regreso a tierras venezolanas, Morillo cerraría una fase en la campaña pacificadora en la que los realistas habían llevado la iniciativa, asestando duros y continuados golpes a las tropas independentistas. En palabras de Julio Albi,

> El movimiento desde Nueva Granada estaba plenamente justificado, pero equivalía a ceder la iniciativa a los independentistas. A partir de entonces Morillo acudiría de un punto a otro intentando batir a sus enemigos. Aunque en el plano táctico tomaría la ofensiva en distintas ocasiones en los próximos años, a nivel estratégico quedó reducido a la defensiva desde principios de 1817[3].

Las medidas dictadas por Morillo en Santa Fe de Bogotá dieron sus frutos y, a finales de 1816 pudo ya contar con tropas suficientes para embarcarse en su campaña venezolana. Para poder llevarse cuantos más soldados peninsulares fuese posible, organizó guarniciones criollas en los más importantes puntos del reino de Nueva Granada, pero no las formó con combatientes locales sino que se aseguró de que nadie sirviese en su tierra de origen.

Con esta medida Morillo demostraba un profundo conocimiento de una de las características de la guerra de independencia americana: su profundo regionalismo. Los pueblos y las ciudades consideraban a las tropas españolas tan extranjeras como a aquellas otras que provenían de otros lugares del virreinato y Morillo supo aprovechar este localismo para destacar tropas de origen venezolano en tierras colombianas y viceversa[4].

Esta «circunstancia de forasteros en el país es muy importante»[5] pues en aquellas ocasiones en que no se aplicó, el resultado solía ser la deserción. Si bien el progresivo uso de tropas criollas estaba motivado por la necesidad de poder contar con soldados peninsulares bajo su mando directo, acabó produciendo que Morillo llegase a estimar las cualidades de algunas, hasta confesar que «el venezolano es obediente, sufrido y buen soldado si se le sabe conducir, pero fuera de su casa»[6].

Tomadas todas las disposiciones para el viaje, finalmente el 15 de noviembre de 1816, Morillo salió de Santa Fe de Bogotá para no regresar jamás. La marcha fue rápida, pasando por Tunja y Sogamoso, abandonó las tierras del Reino de Nueva Granada internándose en la Capitanía General de Venezuela. En el camino tuvo la desagradable sorpresa de comprobar como no sea habían cumplido gran parte de sus órdenes para disponer de víveres en su marcha. En cuanto llegó a Caracas, el 24 de enero de 1817, se entrevistó con el capitán general Salvador Moxó quien le dio mil excusas. No quedando satisfecho con las explicaciones, decidió hacer una visita de inspección hacia el sur, pasando por Calabozo y San Fernando de Apure.

Una vez allí, ya no necesitó más pruebas y escribió a Salvador Moxó un despacho en el que le hacía personalmente responsable de la penosa situación en que había encontrado todo. Moxó se defendió, acusando a sus subordinados de no cumplir con su deber. Morillo sabía bien de la dificultad de hacerse obedecer por una burocracia en la que «las órdenes que se dan se eluden de mil modos; que todo se entorpece con cuestiones y escribir, y que perdiendo el tiempo y retrasando los resultados nada se consigue, como no vayan con las órdenes sujetos muy activos encargados del cumplimiento de ellas»[7], pero ello no habría de valerle como excusa a Moxó por lo que Morillo le amenazó con tomar «providencias por mí mismo»[8] lo que, en otras palabras, era amenazarle con su destitución. Otra vez, cuando Moxó le informó de la pérdida del fuerte del Morro de Barcelona[9], Morillo le reprendería por «las faltas militares que se han cometido en el largo espacio de tiempo que ha mediado desde que empezaron las operaciones»[10].

Moxó no solo no había cumplido con las instrucciones recibidas en lo que a los preparativos para recibir a las tropas se refiere, sino que, además, parece ser, que había aprovechado su cargo para enriquecerse de manera escandalosa. Si la cobardía fuera prueba de ser corrupto, Moxó terminaría confirmando estas acusaciones al huir de Caracas, meses más tarde. El propio Morillo confesaría su error al haberle dejado como jefe de Venezuela cuando escribió que, «a pesar de la confianza que me mereció ... he visto que no ha correspondido á mis deseos»[11].

De la complicada situación en Venezuela, dos eran los principales focos que inquietaban a Morillo: los Llanos y la isla Margarita.

1. Los llanos

Los Llanos era uno de los puntos fuertes independentistas y en ellos pasaría Morillo gran parte de los próximos años. Una región que, en palabras del capitán Rafael Sevilla, «parecía la tierra desierta acabada de salir de las manos de Dios, cuando la humanidad no había sido todavía creada»[12]. El mismo Humboldt cayó también ante su influjo al escribir que,

> ... hay algo imponente, aunque triste y lúgubre en el espectáculo uniforme de estas estepas. Todo parece inmóvil allí. Manifiestan un bello verdor durante la estación de lluvias; mas en el tiempo de las grandes seguías tienen el aspecto de un desierto. La yerba es entonces polvo; agrietase la tierra; el cocodrilo y las grandes serpientes se quedan sepultados en el lodo desecado hasta que los primeros ondeos de la primavera los despiertan de un prolongado letargo[13].

Pese al romanticismo de estas descripciones, la realidad es mucho más cruel y allí la existencia del hombre se pone cada día a prueba. El propio Sevilla habla también del suelo «abrasador y ceniciento como la lava molida de un volcán»[14], de los «bosquecillos, que encontrábamos llenos de tigres y culebras mortíferas, y una peste tal de garrapatas de todos los tamaños»[15]. El ojo de Morillo, ciego a todo posible encanto poético, no vio más que «llanos malsanos y perjudiciales á los europeos»[16], donde «las calamidades que son consiguientes á vivir en desiertos, arenales y pantanos por espacio de seis meses, lejos de todo recurso, donde el hambre, la fatiga y las enfermedades del clima son aún más temibles que los combates»[17].

Por si la naturaleza hostil no fuera suficiente, Morillo encontró en sus habitantes «gente feroz y perezosa que aun en los tiempos de paz han errado en caravanas por la inmensa extensión de las llanuras, robando y saqueando los hatos y las poblaciones inmediatas, han encontrado en la guerra una ocasión muy favorable para vivir conforme á sus deseos e inclinaciones»[18]. Quizá se olvidaba que esta «gente feroz» era la misma que había mantenido viva la causa realista durante los oscuros años en que la península se desangraba combatiendo al invasor francés. Morillo admitiría que «hubo un hombre que supo conocerlos, reunirlos y hacerlos pelear por la causa del rey, ..., este fue el difunto coronel don José Tomás Boves»[19]. ¿Qué había pasado para que aquellos que estaban dispuestos a dejar su vida por el rey ahora lo combatiesen tan ferozmente? La respuesta más sencilla es la del mismo Morillo cuando dice que los llaneros peleaban,

> .. con la esperanza del saqueo y del pillaje ..., pero restablecido el Gobierno legítimo, volvieron á su país estos hombres, que no pueden vivir sino á caballo ni en otra parte que, en sus llanos, entre las vacas y el ganado, y fueron poco á poco reuniéndose en pequeñas partidas proclamando la independencia, que era la voz con la que podían robar[20].

No obstante, como tantas veces sucede en historia, la contestación más fácil suele no ser exacta o, al menos, no del todo. El factor socioeconómico siempre debe tenerse en cuenta a la hora de abordar el estudio de las guerras de independencia en Hispanoamérica y para comprender su impacto, nada mejor que acudir a Liévano Aguirre quien señala que las autoridades realistas de la reconquista,

> ... se limitaron a revivir el orden colonial y supusieron que podían desentenderse de las solemnes promesas hechas, durante la guerra, a los oprimidos, los esclavos y las razas de color, se ganaron con su conducta conservadora, es verdad, la discreta adhesión de los patricios criollos-, pero provocaron, simultáneamente, el desengaño de las masas desarraigadas que acompañaron a Boves en su sangrienta ofensiva contra los privilegios y el poder de la oligarquía criolla[21].

También hay que mencionar que como ya se ha visto, Morillo marcado por su experiencia durante la guerra de independencia en la península, tenía una profunda aversión por las unidades irregulares y por las guerrillas y, tanto la organización como el modo de combatir de los llaneros eran difícilmente asimilables dentro de los rígidos parámetros de la organización militar que Morillo se empeñaba en imponer entre los realistas. Por otro lado, si bien es cierto que Morillo había demostrado ya en Santa Fe, una voluntad de acercamiento a las clases populares, esta proximidad estaba más motivada por su desconfianza hacia la oligarquía criolla que por un verdadero compromiso con los oprimidos. Además, en su mentalidad las clases populares estaban compuestas por honrados campesinos o trabajadores temerosos de Dios y de su rey que disciplinadamente cumplían las órdenes que recibían y no por una masa que, según sus palabras, no tenía «ningún respeto por sus oficiales superiores; para ellos todos son iguales»[22], cuya única disciplina consistía en lanzarse como locos contra del enemigo, pero que «fuera del campo son sucios, desordenados, ladrones, y tratan a los oficiales, que en verdad no son mejores que ellos, con la misma libertad con que se tratan los unos a los otros»[23].

A semejantes hombres solo era posible dominarlos si ellos mismos creían ser mandados por alguien como ellos o mejor que ellos y para Morillo era inconcebible ni siquiera el tratar de ponerse en pie de igualdad con ellos. Su autoridad se asentaba en su ejemplo rígidamente enmarcado en la disciplina de un ejército regular. Su mando se basaba en una estricta jerarquía a cuya cúpula había ascendido por méritos de guerra y le faltó, una vez más, la intuición política o el conocimiento suficiente de los hombres para hacerse respetar por aquellos a quienes el uniforme de general del rey no era más que una casaca con bordados en oro. Es cierto que Morillo era capaz de despertar reverencia, fidelidad y admiración entre sus hombres como cuando en las situaciones más desesperadas no dudó en ponerse en primera línea compartiendo con ellos todos los peligros, pero en circunstancias menos urgentes, solo concebía el mando desde la altura de su grado militar.

Surge aquí, y no por última vez, el contraste entre Bolívar y Morillo. Bolívar, el niño mimado de la oligarquía mantuana de Caracas, había descubierto al pueblo desde lejos, a través de lecturas y viajes, pero lograría comprender el alma de los llaneros, mientras que Morillo, pese a ser él mismo parte del pueblo, sería incapaz de hacerlo. Prueba de este contraste sería el modo en que Bolívar se ganó la confianza de los llaneros. Lejos de intentar impresionarles con su prestigio, su poder o sus títulos, Bolívar se puso a su nivel demostrándoles ser «gran nadador, aventajado jinete y hombre capaz de emular con ellos las rudas actividades de la vida del Llano»[24]. También es importante la diferencia del modo en que Morillo y Bolívar lidiaron con sus respectivos jefes llaneros. Ni Morales, heredero realista de Boves, ni José Antonio Páez, caudillo independentista, eran personas fáciles y ambos darían multitud de quebraderos de cabeza a sus respectivos jefes, pero mientras Morillo mantuvo hasta casi el final de su estancia en tierras americanas una actitud distante frente a Morales, con quien llegó a enfrentarse en más de una ocasión, Bolívar por su parte, empleo los medios de un hábil político, mezclando la amenaza con el halago hasta hacer de Páez uno de sus principales apoyos.

En su entrada a Venezuela, Morillo había despachado a La Torre al mando de la vanguardia que sufriría el primer contratiempo del ejército realista desde su llegada a Costafirme[25]. El 28 de enero de 1817, La Torre se encontró con los llaneros de Páez. Allí la disciplinada infantería realista formó en línea de a cuatro descargando una lluvia de plomo contra la caballería llanera, pero una y otra vez las lanzas coloradas volvían a estrellarse contra el muro de la infantería realista. Ya se ha comentado que la caballería llevaba las de perder frente a una infantería disciplinada y prueba de la tenacidad de José Antonio Páez es que llegó a cargar al frente de sus hombres hasta catorce veces. Finalmente, rendidos jinetes y monturas, Páez mandó incendiar los pastos del llano obligando a La Torre a replegarse, lo que efectuó en buen orden.

El abandono del campo por parte de los realistas fue lo que hizo que Páez reclamase el triunfo como suyo, mientras que la resistencia y disciplina de su infantería permitió a La Torre declarar la jornada como victoria realista.

El hecho es que la batalla de Mucuritas pese a que no tuvo resultados importantes«, sí dejó bien claras un par de cosas[26]. Por un lado, la importancia que el arma de caballería tendría a lo largo de toda la campaña lo que acabaría otorgando a los independentistas una importantísima ventaja. Si bien los caballos pueden domarse con cierta rapidez, los jinetes no se pueden improvisar y los llaneros casi nacen a caballo. Morillo confesaría que,

> ... el paso de los ríos, caños y pantanos, que tanto entorpece y fatiga a nuestras tropas, es para ellos un objeto de diversión y placer. Los llaneros se arrojan a caballo, desde la barranca del río, con la silla en la cabeza y la lanza en la boca, y pasan dos o tres mil caballos en un cuarto de hora

como si pasasen por un ancho puente sin temor de ahogarse y perder el armamento ni la ropa[27].

La segunda lección de Mucuritas sería la prueba de la ferocidad y determinación de los llaneros. Hasta ese momento las tropas de Morillo se las habían visto, bien con unidades regulares frente a las que siempre tuvieron la ventaja de su superior disciplina, o bien con unidades guerrilleras que se dispersaban apenas encontraban la más leve resistencia. A partir de ahora, los reclutas peninsulares comprobarían en carne propia de que se trataba aquello de la guerra a muerte que Bolívar había proclamado unos años antes.

Desde San Fernando de Apure, en febrero de 1817, Morillo mandó parte de sus tropas, de nuevo al mando de La Torre, a socorrer a la ciudad de Angostura, acosada desde el año anterior por fuerzas independentistas al mando de Piar. Una vez llegados los refuerzos a Angostura, La Torre ordenó efectuar una salida y entonces, 11 de abril de 1817, cerca de San Félix se encontró con las tropas de Piar. El resultado fue un fracaso para los realistas que sufrieron grandes bajas[28]. Tras este choque, los realistas apenas contaban con cuatrocientos hombres por lo que y La Torre se vio forzado a retirarse a Angostura donde hubo de soportar un durísimo asedio. Como relata el capitán Rafael Sevilla «nos sostuvimos, sufriendo miseria indecible y combates diarios hasta el 15 de julio» fecha en la que La Torre hubo de rendirse ante la evidencia ordenando la retirada[29]. Pocos de los que empezaron esta odisea llegarían a reunirse con el grueso de las tropas de Morillo que ya estaba embarcado su campaña por la reconquista de Isla Margarita.

2. Isla Margarita

Ya se ha descrito cómo Morillo desembarcó en la isla nada más llegar a tierras americanas, el modo en que perdonó al caudillo Arismendi y su reacción al saber de la revuelta. El control de la isla por Arismendi suponía una seria amenaza pues proporcionaba a los independentistas una base desde la que poder lanzar operaciones contra el continente. Por si ello no fuera suficiente, estaba el peligroso efecto que podía suponer como ejemplo para otros lugares. Para evitarlo, Morillo tenía varias opciones. La primera era el estrangulamiento de la isla hasta rendirla por hambre, pero para lograrlo era necesario contar con una marina capaz de mantener un bloqueo eficaz y las condiciones en que se encontraban los barcos de guerra realistas hacían descartar esta alternativa. Otra era aceptar, por el momento, una Margarita rebelde hasta que el control del continente fuera definitivo esperando que la isla cayese como una manzana madura. Esta última era probablemente la opción más sensata, pero exigía de una paciencia de la que Morillo carecía. Además, no hay que olvidar que la traición de Arismendi le había calado a Morillo en lo más hondo. Su honor y su reputación no podían sufrir la actitud de Arismendi y hacerle pagar su traición acabaría convirtiéndose casi en una obsesión. El odio hacia Arismendi le nublaría el juicio hasta tal punto de convertirse en el principal motivo tras la decisión de emprender una campaña contra isla Margarita[30].

Es cierto que Margarita era importante, pero no tanto como para hacer de su recuperación el eje de toda una campaña y la movilización de lo más granado de las tropas realistas para esta operación dejando otros puntos desguarnecidos, supuso un serio error estratégico pues,

> ... para Bolívar constituyó una verdadera fortuna el que Morillo se hubiera decidido a desviar, hacia el norte y las costas, la presión de las fuerzas expedicionarias, porque ello significó el aplazamiento de la guerra en el Llano y se tradujo en la concentración del poder ofensivo del ejército sobre el feudo oriental de Mariño, quien se vio precisado, después de sufrir aparatosas derrotas, a evacuar Güiria y Cariaco[31].

Por mucho que su motivación última fuera irracional, Morillo era un militar concienzudo y preparó con mucho cuidado su ataque. Al no haber encontrado en Venezuela el apoyo esperado para acometer la invasión de Isla Margarita, parecería que los planes de Morillo habrían de retrasarse, pero entonces, en febrero de 1817, la suerte pareció sonreírle al tener noticias de la cercanía de una pequeña expedición al mando de Canterac. El general José Canterac (1786-1835), nacido en Gascuña francesa emigrado a España durante la revolución, había alcanzado su grado combatiendo a sus antiguos compatriotas, llegaba con órdenes de ocupar Isla Margarita para después seguir al

Perú. Morillo, usó sus amplios poderes para obligarle a que no desembarcase en la Isla directamente, sino que uniese sus fuerzas a las suyas en una invasión en toda regla[32]. Morillo era consciente de las dificultades que les esperaban en Margarita, en una carta al ministro de la guerra le decía,

> Los habitantes de Margarita se han aprovechado de todas las ventajas que ofrece su terreno para hacer la guerra, y los puntos susceptibles de defensa fortificados por oficiales extranjeros con bastante inteligencia, forman de toda la isla un continuado fuerte. El clima y el hambre son allí aún más temibles que la muerte misma, al paso que aquellos bárbaros isleños alimentados por peces salados que ellos cogen o alguna mazorca, tienen una salud robusta y una superioridad incontestable sobre todo el que quiera disputarlos su árido, seco y enfermizo país[33].

La escuadrilla de Costafirme, ahora al mando de José María Chacón, puso a disposición de la operación del desembarco tres corbetas, un bergantín, una goleta y varios transportes. El 15 de julio, desde su puesto de mando en la corbeta *Diamante*, Morillo dio la orden de iniciar el desembarco en la punta de Mangles, al sur de la isla, cerca de la hoy llamada Punta de Piedras. Tras un breve bombardeo, las lanchas cargadas de tropas realistas llegaron a la playa y «en pocos minutos se formaron en columna las compañías de cazadores, ... pero los rebeldes, ... no tardaron mucho en aparecer y atacar intrépidamente. Desde el principio la lucha fue muy dura y el propio Morillo confesaría al Ministro de la Guerra que «estos malvados, prevalecidos de la aspereza del terreno y de los multiplicados inconvenientes que la Naturaleza ha puesto en su desleal suelo, defendiendo el terreno palmo a palmo, el cual fue regado con sangre de ellos y de nuestros valientes«. Pese a la evidente inferioridad numérica de los sitiados, su resistencia fue, desesperada, tanto que el propio general Canterac hubo de ponerse al frente de sus hombres para cargar contra las posiciones de los margariteños. Finalmente, la pericia y disciplina de los realistas se impuso a la furia independentista que se retiraron «con el mayor orden, y no hubo mata ni árbol en que no sostuvieren con tanto valor como las mejores tropas»[34].

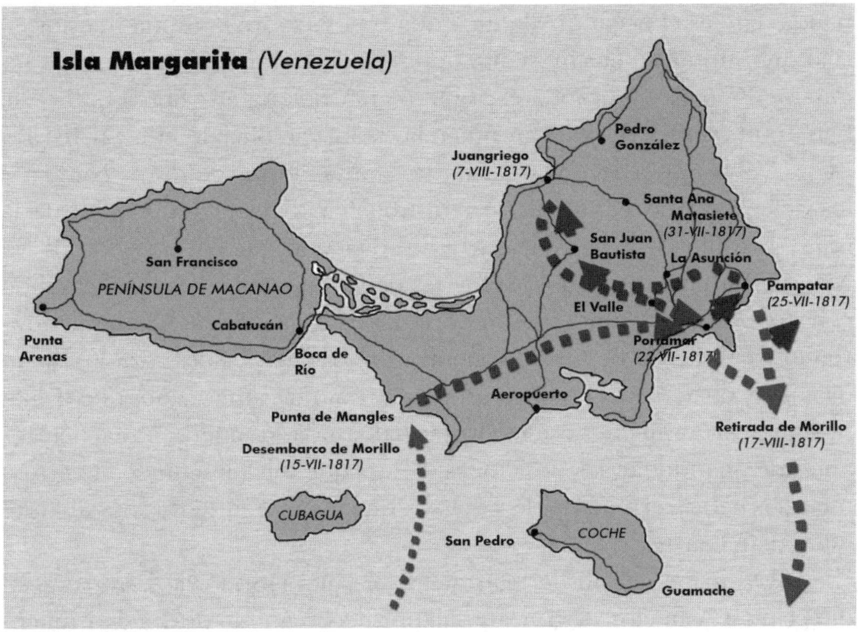

Elaborado por el autor. *Fuente*: Correspondencia de Pablo Morillo con el Ministro de la Guerra.

Una vez consolidada la cabeza de la playa, Morillo estableció su cuartel general en los Barales, donde hubo de permanecer cinco días «por la absoluta falta de agua»[35] y no sería hasta el 21 de julio cuando pudo ponerse en marcha hacia el noreste, en dirección a Porlamar, población que tomó tras una breve resistencia. Tres días más tarde, partió hacia Pampatar, donde los defensores habían preparado posiciones reforzadas aprovechando las formidables fortificaciones del pueblo que contaba con un castillo, varias baterías y una porción de reductos y trincheras arbolando sobre ellos «su pabellón tricolor haciendo fuego desde todas las baterías». Este acto de izar su bandera, mencionado de pasada por Morillo, tiene, sin embargo, una fortísima carga simbólica, sobre la es interesante detenerse un instante. El origen de su bandera, que aún hoy comparten Colombia, Ecuador y Venezuela expresa la idea de la tiranía española sobre tierras americanas. Nada está dejado al azar. La franja amarilla, representa el oro de la riqueza de América y, por ello, en el caso de Colombia, es el doble de ancha que las otras dos y está encima. La banda azul es el océano Atlántico que reposa sobre la franja inferior en rojo que simboliza la sangrienta opresión de España. Si bien parece ser que fue Francisco Miranda el primero en arbolarla en 1806 a bordo del bergantín *Leandro*, fue Bolívar quien la estableció oficialmente en 1813[36].

Volviendo a Isla Margarita, tras varias horas de duros combates los defensores de Pampatar se retiraron hacia Asunción, capital de la isla, y Morillo pudo escribir a Madrid diciendo que «el pabellón de Su Majestad tremola en todos los fuertes de Pamapatar, y hemos asegurado con su posesión el punto más importante de toda la isla». Cuando entraron los realistas en el pueblo encontraron los cuerpos destrozados de un oficial, «y otros tres españoles europeos, y dos más americanos que tenían prisioneros» a quienes los defensores habían dado muerte a machetazos antes de abandonar sus posiciones. Pese a que oficialmente «la guerra a muerte» había terminado, lo cierto es que los margariteños ni daban ni esperaban cuartel[37].

La noche del 30 de julio de 1817 salió Morillo de Pampatar en dirección a Asunción, según sus palabras, «con ánimo de amagar mi entrada en ella y apoderarme del Portachuelo llamado del norte»[38]. Este lugar es un paso estrecho que comunica Asunción con el norte de la isla y cuya posesión permitiría a los realistas estrangular la capital de Margarita. Cuando las divisiones del general Canterac y del coronel Aldama marchaban por la falda del cerro de Matasiete, sus exploradores vieron que en lo alto se concentraban los independentistas dispuestos a defender cada palmo de su isla. De la ferocidad del combate en Matasiete da fe de Morillo cuando describió lo allí ocurrido diciendo que,

> ... el combate fue sangriento y tenaz; los rebeldes se batían desesperadamente, siempre protegidos bajo sus baterías, haciendo fuego de cañón al mismo tiempo desde las de Caranta y la Libertadora, y estuvieron tan obstinados que, a pesar de las repetidas pérdidas que sufrían en las cargas de su caballería, volvían a los ataques con tal furia, que muchas veces estuvieron mezclados entre los cazadores[39].

Los bisoños reclutas de Canterac, recién llegados de la península, se espantaron ante la prueba de que era mentira todo lo que les habían dicho en Cádiz sobre lo fácil que resultaría la «limpieza« de rebeldes.

El caso es que los realistas tuvieran que retirarse y Morillo, justificando su derrota, comunicaría a Madrid que se vio forzado a replegarse sobre Pampatar para poder atender a sus heridos. Por mucho que lo disimulase la lista de bajas prueba que el combate de Matasiete fue un auténtico desastre para los realistas[40].

Al ver cerrado su paso hacia el norte, y no queriendo aventurarse en un asalto frontal a Asunción, Morillo optó por dirigirse al puerto de Juangriego, en la costa norte de la isla, donde estaba el grueso de la marina independentista. El 7 de agosto, ya estaba en marcha, rodeando Asunción por el sur y, ese mismo día, los realistas ocupaban, pero no sin tener que volverse a emplear a fondo, el pueblo de San Juan Bautista. Una vez llegados a las inmediaciones de Juangriego Morillo se dispuso a atacar los fuertes. Sobre lo que allí se desató conviene volver a dar la palabra al propio Morillo.

> Pasaban de 500 los rebeldes, de la canalla más atroz y desalmada de la isla, los que le defendían, hombres feroces y crueles, famosos y nombrados entre los piratas de las flecheras, el terror de las costas de Venezuela y facinerosos, que cada uno contaba muchos asesinatos y estaba acostumbrado á mirar la vida y la existencia con el mayor desprecio. Estos malvados, llenos de rabia y orgullo, con su primera ventaja en la defensa, parecía cada uno de ellos un tigre, y se presentaban al fuego y á las bayonetas con una animosidad de que no hay ejemplo en las mejores tropas del mundo. ... No contentos con el fuego infernal que hacían, arrojaban piedras de gran tamaño, y como eran hombres membrudos y agigantados, se les veían arrojar una piedra enorme con la misma facilidad que si fuese muy pequeña[41].

Como se ve, más parece una pieza de literatura mitológica que la fría descripción de un parte de guerra, pero hasta el corazón de Morillo hubo de encogerse ante el ardor guerrero, casi suicida, de los margariteños. Él mismo reconoce que ninguno «ni imploró clemencia ni hubo uno que diera señales de timidez» a la hora de morir a sablazos a manos de la caballería realista. En el fuerte de Juangriego quedaron los cuerpos de más de seiscientos isleños y los hombres de Canterac quedaron dueños del puerto donde se apoderaron de una balandra, tres flecheras, una de ellas llamada Arismendi tan grande como una goleta, setenta embarcaciones pequeñas y muchos pertrechos navales. Esta triunfal enumeración no oculta que no se había logrado el objetivo de la toma del puerto de Juangriego pues los barcos más grandes de la marina independentista habían conseguido escapar al bloqueo de la armada realista.

La toma de Juangriego suponía el cierre del cerco de Asunción y el control de la costa de la isla. Todo iba a pedir de boca y Morillo no ahorraba tinta en sus despachos a Madrid elogiando a sus subordinados, exaltando el valor de la tropa y reconociendo los buenos servicios de la Marina. En este momento, cuando se disponía a acometer la pacificación del interior de la isla y la victoria parecía al alcance de la mano, llegaron graves noticias del continente que informaban de la derrota de La Torre en Mucuritas tal y como se ha visto. Por si ello no fuera suficiente, Juan Bautista Pardo le avisaba «de las convulsiones que se habían suscitado en los llanos, extendiéndose hasta los valles del Orinoco»[42] que amenazaban con cortar las comunicaciones con Caracas. Por estos despachos, la situación parecía desesperada y todos reclamaban su presencia como el único remedio para evitar el desastre. Su calma ante las situaciones más desesperadas que incluso sus enemigos reconocían, su sincera preocupación por el bienestar de sus hombres y su prestigio como general habían convertido a Morillo en un talismán para sus tropas sin cuya presencia parecía que nada podía salir bien[43]. La cuestión ahora era si debía abandonar la conquista de isla Margarita para volver sobre el continente o si debía terminar con su campaña antes de apagar el nuevo incendio. Morillo dice que,

> ... desde este momento no dudé en pasar a socorrer el continente y atajar el torrente que por todas partes se dirigía al interior de las provincias, ... De esta suerte, á pesar de las glorias que las armas del rey acaban de conseguir en Margarita, y del terror que se había esparcido entre sus habitantes por el sangriento suceso de Juangriego ... no pude vacilar en mi resolución, que fue apoyada por el parecer de los principales jefes del Ejército[44].

No obstante, hay que tener en cuenta que estas palabras fueron escritas al Ministro de la Guerra en agosto de 1817 y su intención es presentar su decisión como la única posible sobre la que, además, había unanimidad entre sus subordinados, pero lo cierto es que no era así. El propio Morillo, en su Manifiesto a la Nación Española publicado en 1821, confesaría que partió hacia el continente «porque hombres pusilánimes ó poco escrupulosos me forzaron con sus abultadas noticias y vehementes instancias á abandonar una obra que ya consideraba concluida». Realmente sorprende la apresurada decisión de Morillo pues si la conquista de Margarita era tan esencial como decía, no se entiende qué le movió abandonarla cuando estaba tan cerca de lograr la victoria final. No se puede argumentar que pensó que la toma de Asunción era cosa hecha, pues él mismo había dicho que esperaba que el asedio a la ciudad, fuese largo y duro. Si su odio hacia Arismendi le había llevado hasta allí, es difícil entender qué fue lo que pasó para que lo dejase de lado tan rápidamente.

Probablemente, creyó las alarmantes noticias provenientes del continente, pero pese a que Morillo lo niegue, sí hubo al menos una voz que se opuso al abandono de Margarita. El general Canterac, no solo se manifestó en contra de la decisión de Morillo, sino que se negó a que sus tropas fueran llevadas a combatir en Venezuela. Sus órdenes eran ocupar la isla para después dirigirse al Perú y Canterac no estaba dispuesto a desobedecer la segunda parte de sus instrucciones. Finalmente, pese a las quejas de Morillo, Canterac abandonó Margarita y partió con sus hombres hacia Lima. «A las doce del día del 17 del actual [agosto] se reembarcó el Ejército» y los pueblos, fuertes, castillos y cada una de las posiciones que tanta sangre había costado conquistar fueron abandonados por realistas y los independentistas recuperaron uno tras otro sin tener que disparar ni un solo tiro[45].

Si bien ya se ha dicho que Morillo ganaba más bien poco tomando Margarita, su pérdida, o más estrictamente hablando, la renuncia a su conquista, suponía un muy serio contratiempo. Este era el primer revés serio que enfrentaba Morillo en tierras americanas de lo que era de una trascendencia enorme pues que haría de la isla y de sus habitantes todo un símbolo de la lucha por la independencia. A partir de entonces, Margarita sería conocida como una Nueva Esparta comparando sus acciones de julio y agosto de 1817 con la batalla de las Termopilas. De hecho, no faltaban similitudes, pues el sacrificio de las falanges tebanas compró un tiempo precioso a los griegos que, finalmente, les permitiría derrotar al ejército persa y la sangre de los margariteños daría un soplo de aliento a la, por entonces, muy comprometida situación independentista.

Por otra parte, a partir de este momento, Bolívar dispondría de una base de operaciones desde la que preparar su asalto al continente. Es cierto que ya antes la isla era así utilizada, pero siempre existía el temor de que pudiese caer en manos realistas lo que había impedido apoyarse en ella de manera decidida. Este aspecto es uno de los que considera como esenciales T. E. Lawrence, el famoso Lawrence de Arabia, al hablar de las condiciones necesarias para llevar a cabo un guerra de guerrillas victoriosa, cuando menciona, entre otras la necesidad de que «la rebelión debe tener una base inexpugnable, algo protegido no solamente del ataque, sino del temor a este»[46]. Esta seguridad, a la vez real y percibida, cuya importancia reconociera también otro líder guerrillero como Ernesto Che Guevara, es lo que, a partir de ahora, haría de la isla Margarita un punto esencial de la estrategia libertadora[47].

Ya se ha visto que Morillo presentó su salida de la isla como la única alternativa posible, pero sabía perfectamente por mucho que maquillase la verdad, en realidad se trataba de una derrota y, una vez más como tantas otras a lo largo de su carrera, decidió cubrirse las espaldas solicitando la aprobación de Madrid a todo lo hecho por él hasta ese momento[48]. No se ha encontrado constancia documental de que así le acordase, a diferencia de otras ocasiones en que así ha quedado reflejado, pero dado que la «aventura de Margarita» no aparece entre los asuntos pendientes de la expedición, puede inferirse que el episodio se daría por cerrado.

Capítulo 11

BOLÍVAR

1. En busca de Bolívar (agosto 1817 - abril 1819)

El 19 de agosto de 1817, Morillo desembarcó en Cumaná desde donde se dispuso a marchar sobre Caracas. En este momento comenzaría un incesante viajar por tierras venezolanas en busca de Bolívar. Un sangriento juego del gato y el ratón en el que pasaría casi dos años, que consumiría su ya muy mermada salud y en el que miles de hombres dejarían sus vidas persiguiendo lo que muchas veces resultaría siendo poco más que el rumor de un fantasma. Morillo no sabía que apenas unas semanas antes, mientras todavía estaba en plena campaña para conquistar isla Margarita, en Madrid se había tomado una decisión de enorme alcance para la expedición del Ejército pacificador de Costafirme: el 31 de julio de 1817 Fernando VII había firmado una Real Orden por la que se le suspendían sus poderes.

Hacía tiempo que el Gobierno de Su Católica Majestad se veía acosado por un aluvión de quejas y reclamaciones de las autoridades virreinales contra el «gobierno militar» de Morillo. El enfrentamiento entre las dos máximas autoridades de la Corona en tierras neogranadinas, el general en jefe Pablo Morillo y el virrey Francisco Montalvo, no es más que la personificación de la pugna entre el ejército y la administración civil que solo contribuiría a debilitar la posición realista en el continente[1]. Su origen data de la misma llegada de Morillo a América y desde la primera entrevista entre ambos personajes, quedó claro que poca colaboración podría esperarse entre ellos. Pese a que las instrucciones de Morillo hablaban de «auxiliar al Jefe que mande en el Nuevo Reino de Granada», también es verdad que Su Majestad concedía «amplias facultades al General en Jefe para alterar en todo ó en parte estas Instrucciones»[2]. Si a ello se le añade el nada despreciable detalle que la única copia de estas instrucciones secretas de la expedición se había hundido con el buque insignia, el *San Pedro de Alcántara*, no es de extrañar que el virrey mirase con desconfianza a Morillo[3] que basaba su autoridad en un papel del que no podía presentar constancia alguna. Además, de los testimonios de ambos queda claro que se profesaban una profunda antipatía. Morillo consideraba a Montalvo incompetente, inepto y falto de experiencia[4], acusándole de que «en toda su vida militar no ha estado á la cabeza de ningún Cuerpo, división ó ejército, que ignora los peligros y sufrimientos de la profesión y no conoce las necesidades del soldado»[5]. Añadiendo a todo ello la acusación, no por velada menos grave, de traición por al haber publicado una proclama «contra los derechos del rey y las respetable memoria de sus augustos abuelos»[6], de la que no tiene más remedio que confesar que no tiene copia pero añadiendo que la remitirá en cuanto pueda. Por su parte, Montalvo atribuía el cada vez mayor alejamiento de la población neogranadina de la causa realista a la falta de prudencia de Morillo en su trato con la población y en su incapacidad para controlar los excesos de sus soldados[7].

Tanto Montalvo como Morillo acudieron a sus respectivos jefes en busca de apoyo, el virrey al ministro de Gracia y Justicia y el general al ministro de la Guerra. Cada uno de los ministros defendió a su subordinado, pero finalmente, ante la acumulación de quejas contra Morillo, el rey decidió escuchar a la administración civil en vez de a la militar. Puede parecer sorprendente que Fernando VII se inclinase por esta opción civil cuando siempre había favorecido la solución militar al conflicto americano, pero el hecho es que tras dos años y medio de campaña del Ejército expedicionario de Costafirme y la llegada de noticias cada vez más preocupantes de otros lugares americanos parecía que hubiese llegado el momento de reorientar la política de pacificación.

Es evidente que la llegada de la real orden por la que se le suspendían sus poderes excepcionales supuso un tremendo golpe para Morillo pues veía reducidas sus funciones a las estrictamente militares. La decisión de la Corona que pretendía ser salomónica estaba basada en una distinción entre materias civiles y militares que puede ser teóricamente posible, pero que en la situación del virreinato de la Nueva Granada en 1817 era de muy difícil ejecución. De hecho, diferenciar entre lo civil y lo militar cuando se está en guerra nunca ha sido fácil de hacer. La historia recoge un abanico de opciones que van desde el absoluto predominio de los elementos militares (Napoleón), hasta la total preponderancia civil (Hitler), pasando por todas las combinaciones intermedias posibles. No se trata aquí de teorizar sobre el complejo reparto de tareas entre políticos y militares sino de dejar constancia del nuevo ambiente en el que tendría Morillo que desenvolverse desde este momento[8].

Una vez en el continente, Morillo se dirigió a toda prisa hacia Puerto Cabello donde hubo de permanecer algunos días para preparar la logística del ejército expedicionario. Pocos días más tarde entraba en Caracas, desde donde, el 21 de septiembre de 1817, volvió a dirigir otra proclama a los venezolanos en la que, de nuevo, anunciaba un «indulto para todos los comprendidos en las pasadas y presentes insurrecciones, procesados ó no procesados, ausentes y existentes, un olvido general»[9]. No se trata, sin embargo, de otra proclama más pues su tono es sensiblemente menos amenazador que el empleado en ocasiones anteriores lo que podría interpretarse como señal de que Morillo intentaba ajustarse a los nuevos vientos que soplaban desde Madrid. No obstante, por mucho que el matiz sea importante, la población estaba ya cansada de tantos perdones, olvidos y borrones y cuentas nuevas. Como dice Thibaud, «los indultos y las gracias de ambos [bandos] suscitaron apenas un escepticismo cortés», ya nadie se creía nada y los recibimientos en olor de multitudes eran cosa del pasado[10].

Morillo pasaría muy poco tiempo en Caracas, apenas el necesario para impartir órdenes a sus distintos grupos de ejército. Al coronel Francisco Jiménez le encomendó controlar la zona de Guyria; al mayor Vicente Abusa la de Cumanacoa; estableció guarniciones en Cumaná, Barcelona, Puerto Cabello; y en Caracas dejó un batallón reforzado por otras unidades más pequeñas. Como eje principal de su ejército contaba con un cuerpo y una división bajo su mando directo y otras tres divisiones a las órdenes del brigadier Miguel de La Torre y de los coroneles Juan de Aldama y Sebastián de la Calzada, respectivamente. Pasando por Valencia, se dirigió al sur hacia Calabozo donde llegó en noviembre de 1817.

Las noticias que había recibido en isla Margarita hablaban de que toda la Capitanía General de Venezuela estaba a punto de perderse, pero Morillo llevaba más de tres meses recorriendo el norte del territorio y no había encontrado rastro alguno del poderosos ejército con el que decían que Bolívar y Páez estaba a punto de entrar en Caracas. Durante todo este tiempo, la única mala noticia para los realistas fue la sublevación de la ciudad de Trujillo, al Oeste, que amenazaba con perder la comunicación natural con el Nuevo Reino de Granada. Morillo reaccionó rápidamente despachando tropas a ese lugar pero confesando que «me temo mucho que el resultado no corresponda a mis deseos»[11]. De todos modos, la pérdida de Trujillo no era tan grave como a simple vista pueda parecer, pues aunque, no era ideal perder el camino directo con Bogotá, según reconocían incluso los propios independentistas «el terror había extinguido por completo la llama del patriotismo»[12] y las tropas que allí había dejado Morillo, al mando de Sámano, eran suficientes para asegurar que así continuase. Por otra parte, teniendo en cuenta la reciente suspensión de sus plenos poderes, el no poder comunicarse con el Reino de Nueva Granada era la excusa perfecta para no tener que tratar con el virrey. Morillo aprovecharía la oportunidad para hacer y deshacer a su gusto en Venezuela, alejado de los continuos obstáculos que el virrey y su administración colocaban en su camino.

Durante estos primeros meses del regreso de Morillo a Venezuela, tuvieron lugar toda una serie de enfrentamientos que por su escasa entidad no cabe calificar de batallas, en los que las armas del rey siempre salieron triunfantes. De todos ellos hay dos que deben destacarse.

El primero fue en el pueblo de Cumanacoa. Esta población, «era uno de los obstáculos mayores para la conservación de aquella importante plaza [Cumaná] y de toda la provincia, porque siendo la población más inmediata, era donde se acantonaban los insurgentes»[13]. Hacia allí mandó Morillo, en septiembre de 1817, un destacamento al mando de Vicente Abusa para que, en sus propias palabras, «lo arrasase enteramente, destruyendo las siembras del maíz y cuanto pudiese servir á los rebeldes, como efectivamente se ha verificado»[14]. Este tipo de acción no era nueva en la guerra de independencia americana, pero este caso representa uno de los muy pocos ejemplos documentados de órdenes directas de destruir un pueblo. Tal vez por ello, Morillo pidió al ministro de la Guerra que se lo comunicaba por «si se digna elevarlo al de Su Majestad»[15]. En enero del año siguiente llegaría la notificación de que el rey quedaba enterado de todo, sin más, lo que equivalía al respaldo de la acción de Morillo en Cumanacoa[16]. La destrucción de Cumanacoa puede interpretarse de distintas formas dependiendo de la óptica que quiera adoptarse. Por un lado, cabe argumentar que se trataba de un hecho aislado y prueba de ello es que Morillo solicitase el *placet* de Madrid. No obstante, también, es igualmente legítimo sostener que las autoridades de la capital eran perfectamente conscientes del tipo de guerra que se estaba llevando a cabo en América, con toda su carga de crueldad y atrocidades y que, por lo tanto, este hecho no era sino otro más que no merecería especial atención.

El segundo hecho de armas a destacar es la victoria del Hato de la Hogaza, donde, el 2 de diciembre, «la infantería patriota fue casi completamente aniquilada tras haber sido abandonada por la caballería sufriendo una enorme pérdida de hombres y vituallas»[17]. Morillo consideró que la acción fue suficientemente importante como para pedir recompensas para los que participaron en esa jornada[18], pese a que también reconocía que las tropas realistas perdieron una oportunidad de oro para dar el golpe de gracia a los rebeldes pues,

> ... después de la gloriosa acción del Hato de la Hogasa [sic], en que la mejor infantería rebelde ha perecido, era la ocasión más á propósito de seguir las operaciones sobre Guayana y acabar con las fuerzas que allí tiene Bolívar, libertando toda la provincia de enemigos; pero es absolutamente imposible tomar esta resolución, por carecer de los auxilios que para ello se necesitan[19].

Aparte de los incidentes ya señalados, Morillo se pasó la segunda mitad de 1817 corriendo de un lado a otro en busca del grueso de las tropas de Bolívar para asestarles el golpe que espertaba fuese el definitivo. De hecho, desde su derrota en el Hato de la Hogaza, la situación de las tropas independentistas al mando de Bolívar era muy complicada y el libertadir no conseguiría recomponer su ejército hasta finales de 1817 o principios de 1818. Durante este tiempo la única oposición que enfrentó Morillo sería la de pequeños grupos guerrilleros.

Antes de agosto de 1817 habían surgido guerrillas en varios lugares del Virreinato. En el reino de Nueva Granada, las partidas de los Almeyda y Sumalave apenas si llegarían a provocar algunos sobresaltos a las autoridades de Santa Fe de Bogotá hasta ser erradicadas totalmente a mediados de 1818[20]. En la región de los llanos, José Antonio Páez intentaba hacerse con el control de multitud de grupos que operaban a su antojo. Así pues, la acción de las guerrillas no era algo nuevo, ni su actividad se había limitado a Venezuela, pero es un hecho su actividad empezó a ser mucho más eficaz desde que los independentistas pudieran contar con el santuario de isla Margarita. Ya se ha mencionado que disponer de una base inexpugnable es una más entre las condiciones que establece T. E. Lawrence para que las guerrillas puedan ser efectivas por lo que parece llegado el momento de detenerse algo más sobre el resto de los requisitos.

Señala T. E. Lawrence que la rebelión debe, además, «tener un sofisticado enemigo extranjero, en la forma de un disciplinado ejército de ocupación demasiado pequeño para llevar a cabo la doctrina la extensión: [esto es] que sea demasiado escaso para ajustar su número al espacio para poder dominar el área desde puestos fortificados»[21] y esta es exactamente la situación en la que se encontraban las tropas realistas de Morillo. No es preciso insistir en la desproporción entre el número de sus hombres y la extensión del territorio que debía pacificar, pero sí es preciso mencionar algo más de la estrategia contra guerrilla de Morillo. Por su experiencia en la guerra de independencia española, sería normal suponer que Morillo estaba en condiciones de entender su *modus operandi* y hacerles frente de manera eficaz. Un testimonio de la época dice que «hacen la guerra al modo de nuestras partidas de guerrilla en España»[22], «no dejando transitar à nadie», cayendo por la noche, alarmando e incomodando a las tropas y «jamás se puede dar con ellos».

Palabras que podrían haber sido escritas por un comandante francés en España pero que fueron pronunciadas por Juan Juez, comandante de los llanos, en carta a Morillo. El propio Morillo llegaría a confesar que las tropas se vieron condenadas «á peor suerte que la que sufrían los franceses en la guerra de la península»[23]. A primera vista tal afirmación puede parecer un tanto exagerada e interpretarse simplemente como una excusa de Morillo ante las dificultades que estaba enfrentando. No obstante, la abundancia de testimonios, tanto de realistas como de independentistas hace que el papel de las guerrillas en la guerra de independencia en América deba ser seriamente considerado. Lamentablemente, el conocimiento que de ellas se tiene no es tan completo como en el caso de las peninsulares. Aún para estas últimas, no hay que olvidar que el estudio científico de su verdadero alcance es relativamente reciente. Hasta hace no muchos años su figura era más romántica que histórica y no sería hasta la obra de J. L. Tone sobre la guerrilla en Navarra cuando empezaría a ser estudiada de manera rigurosa y científica[24]. Por último, quizá también haya influido que en América no hubo un Goya que ilustrase los desastres de la guerra en aquellas tierras.

Surge entonces la pregunta de si Morillo tenía tanta experiencia en tratar con guerrillas ¿cómo es que no pudo erradicarlas en América? La respuesta no es fácil, pero para intentarlo hay que tener en cuenta varios factores. El primero es que nunca dispondría de fuerzas suficientes para combatirlas de manera sistemática. Otro aspecto a tener en cuenta es que si bien Morillo había tratado y convivido con guerrillas nunca llegó a comprender su importancia. Durante la guerra de independencia española Morillo pasó gran parte de su tiempo intentando someterlas a la disciplina del ejército. Siempre las consideró más como un problema que un conjunto desorganizado que creaba como un aliado. Morillo comparaba acertadamente las guerrillas americanas con las españolas y la situación de los realistas en América con la de los franceses en la península ibérica, pero no supo extraer de ello consecuencias prácticas para su objetivo de pacificar la Nueva Granada. La visión tradicional sobre los esfuerzos franceses por acabar con las guerrillas en España es que siempre fracasaron, pero esto no es del todo cierto y si Morillo hubiera prestado más atención al ejemplo francés, quizá hubiera podido extraer importantes lecciones.

A partir de 1810, Napoleón tomaría varias medidas que resultarían claves para reducir el impacto de la actividad guerrillera en la península[25]. Casi siete mil hombres, encuadrados en la recién formada *Gendarmerie d'Espagne*, fueron asignados a tareas de protección de las comunicaciones en el norte de la península ibérica, se construyeron fuertes a lo largo de los principales caminos y se crearon unidades especiales contra guerrilla reclutadas entre los mismos españoles, los temidos «juramentados». En lo que se refiere a la primera, por mucho que hubiera querido, Morillo no podía disponer de una *gendarmería*, pues Madrid se obstinaba en no mandarle más tropas pese a sus constantes peticiones. La construcción de fuertes hubiera exigido recursos considerables de los que no disponía, pero lo que sí hubiera podido iniciar es una política de reclutamiento de criollos realistas para encuadrarlos en unidades de lucha contra guerrilla. Es bien cierto que a lo largo de la guerra de independencia en América consta la existencia de varias unidades de guerrillas realistas, como las que operaban en el Casanare en 1818[26], las unidades al mando de Francisco López[27], sin olvidar el papel de las tropas llaneras de Boves, pero este tipo de unidades nunca fueron tenidas en cuenta en el diseño de las campañas de Morillo. Bolívar, por el contrario, si reconocería su importancia y aunque también se esforzó en integrarlas dentro de sus unidades regulares, nunca dejó de cortejar a los jefes guerrilleros y a sus hombres.

El tercer requisito de T. E. Lawrence es el apoyo de la población. Para los movimientos revolucionarios chino, cubano y algún otro más contemporáneo permeados de ideología marxista, la identificación entre guerrilla y pueblo debe ser total. Mao mantiene que «puesto que la guerrilla deriva básicamente de las masas y es apoyada por estas, no puede ni existir ni florecer si se aleja de su simpatía y de su cooperación»[28]. Lawrence, ajeno a este bagaje ideológico, dice que basta un apoyo popular «no activo, pero al menos suficiente para que no delaten los movimientos [guerrilleros] al enemigo»[29]. También aquí fracasó Morillo pues su política de represión tuvo como consecuencia el progresivo alejamiento de la población de la causa realista. La mano dura[30], tantas veces reclamada por Morillo como única solución posible, acabaría volviéndose en su contra. En palabras de O'Leary, «la poco inteligente administración de Morillo fue, sin duda alguna, el más poderoso aliado de los patriotas pues si hubiera gobernado con la indulgencia debida a su título de Pacificador, hubiera sido mucho más difícil despertar a la gente de su apatía»[31].

Para terminar con los requisitos de T. E. Lawrence queda por mencionar que la guerrilla «debe tener las cualidades de rapidez y resistencia, ubicuidad e independencia de las arterias de suministro, ... debiendo tener el equipamiento suficiente para destruir o paralizar las comunicaciones del enemigo»[32] y las guerrillas independentistas lo aplicaron casi al pie de la letra. Sobre su rapidez y resistencia baste mencionar la impresión de Humboldt sobre los llaneros, «comen carne secada al sol, con apenas un poco de sal. Incluso sus caballos la comen. Siempre a caballo, ni siquiera tratan de andar unos pocos pasos»[33]. Respecto a la «ubicuidad» de la que habla Lawrence Morillo reconocería que «los rebeldes subdividieron nuevamente sus fuerzas en pequeñas partidas y empezaron á molestarnos en todas partes»[34]. De su «independencia de los suministros» Morillo diría que «el hombre á caballo ó el llanero no ha menester otra cosa que una rama de árbol armada con un pedazo de hierro ó de macarra, madero muy fuerte que suple á las lanzas, y el caballo, que manejan prácticamente sin brida y sin silla»[35]. Por último, el general en jefe también mencionaría «el sistema que adoptaron desde el principio de la campaña, ... [diseminando sus grupos para] interceptar las comunicaciones y atacar los convoyes que venían del interior»[36].

El resultado fue que las bandas guerrilleras fueron progresivamente organizadas e integradas por Bolívar en su esquema general de operaciones y prueba de ello es que, en diciembre de 1817, dictaba un reglamento sobre instrucciones del guerrillero[37]. Por el contrario, la actitud de Morillo frente a la guerrilla acabaría arrojando a los llaneros a los brazos de Páez, enquistando el problema y haciendo de las guerrillas un factor clave en la derrota final realista.

A finales de 1817, Morillo seguía empeñado en buscar el enfrentamiento frontal y definitivo con Bolívar. La batalla del Hato de la Hogaza, en diciembre de este año, hubiera podido ser la ocasión, pero, como ya se ha visto, no pudo dar el golpe de gracia y gran parte de las tropas enemigas consiguió escapar. Ante este revés lo más inteligente para Bolívar hubiera sido huir de toda confrontación y diseñar una estrategia de desgaste que se limitase a atacar los puntos más débiles del enemigo, pero si Morillo se había dejado obsesionar por isla Margarita ahora sería Bolívar quien se empeñaría en seguir una estrategia contraria tanto a sus capacidades como a sus verdaderos objetivos. Clément Thibaud ofrece una clara visión de las ideas de Bolívar en este momento cuando dice que,

> Con la conquista de Caracas reduciría el poder de los caudillos de las mesnadas; al apoderarse de la capital, Bolívar impondría de una vez por todas su preeminencia sobre los demás jefes, y destruiría al mismo tiempo al ejército enemigo. Pero, sobre todo, el dominio de un territorio rico y poblado, le permitiría cumplir con el designio de someter los demás territorios controlados por los realistas[38].

El problema era que para llegar a Caracas era necesario vencer a Morillo en batalla para lo que Bolívar necesitaba reorganizar su ejército a lo que dedicó su casi inagotable energía. Bolívar tuvo que recurrir a todo su encanto personal y dotes de seducción para lograr atraerse a José Antonio Páez y sus hombres no dudando en imponer su autoridad ante cualquier que osase cuestionarla. Es en este contexto donde hay que situar el fusilamiento de Manuel Piar, el 16 de octubre de 1817. Por mucho que Bolívar argumentase razones de índole política para emprender su «campaña del Centro» lo cierto es que estaba obsesionado con tomar Caracas.

El plan de Bolívar era unir sus fuerzas a las de Páez para atraer la atención de Morillo, obligarle a presentar batalla y derrotarle tras lo que entraría victorioso en Caracas. El 31 de diciembre de 1817 Bolívar, procedente de Angostura, llegaba a Boca del Pao en la confluencia del río Pao con el Orinoco. Desde allí arribó, el 22 de enero de 1818, al pueblo de La Urbana donde tuvo lugar su encuentro con Páez en el que Bolívar se aseguró, al menos por el momento, su apoyo. Girando al norte, el 18 de febrero, estaba ya en San Juan de Payará y pocos días más tarde llegaba a de San Fernando de Apure donde la situada guarnición realista estaba al borde de la derrota. Bolívar sabía que Morillo no podía consentir que San Fernando de Apure cayese en manos independentistas por lo que era casi seguro que intentase salvar la guarnición situada yendo el mismo a la cabeza una expedición de socorro. Bolívar, dejó parte de sus hombres en San Fernando de Apure y decidió sorprender a Morillo en Calabozo, a mitad de camino.

Retirada de Calabozo y batalla de El Sombrero

Morillo había llegado a Calabozo el 11 de febrero de 1818 procedente de San Carlos donde había sabido del avance de Bolívar sobre San Fernando de Apure. Cuál no sería su sorpresa cuando, al día siguiente, según el mismo cuenta «fui atacado en ella [Calabozo] por todos los Cuerpos rebeldes reunidos, que ascenderían al número de 2.600 caballos y 1.500 infantes, mandados por el titulado jefe supremo de la República, Simón Bolívar, y por Páez, Cedeño, Monagas y demás jefes revolucionarios de estas provincias»[39]. Morillo había sido cogido por sorpresa. La caballería realista compuesta por el regimiento de húsares de Fernando VII, con apenas 230 hombres, fue obligada a replegarse sobre Calabozo dejando a los llaneros de Páez dueños de los alrededores de la villa. Bolívar, consciente de la inferioridad de su infantería frente a los disciplinados y bien entrenados cuerpos realistas, decidió evitar el choque directo y se concentró en cerrar el cerco en torno a Calabozo. Tres días aguantó Morillo atrincherado en el pueblo. Tres interminables días en los que donde hubo de limitarse a hacer algunas salidas contra los sitiadores que apenas cambiaron nada. Tres días en los que incluso hubo de soportar la humillación de recibir un despacho de Bolívar en el que este se permitía decirle, «Usted y toda la guarnición de Calabozo caerán bien pronto en las manos de sus vencedores; así, ninguna esperanza fundada puede lisonjear a sus desgraciados defensores. Yo los indulto a nombre de la República, y al mismo Fernando VII perdonaría, si estuviese como usted, reducido a Calabozo»[40].

Este mensaje fue la gota que colmó el vaso y agotada su paciencia, Morillo decidió apostar el todo por el todo. A las once de la noche del 14 de febrero de 1818, amparado por la oscuridad, emprendió la retirada hacia el norte. Con esta acción Morillo no solo demostraba un valor e iniciativa fuera de lo común sino también sus excepcionales dotes de general. Si Morillo se llevó una gran sorpresa al verse acometido por todo el ejército «rebelde» en Calabozo, no menor debió ser la de Bolívar cuando fue informado de que los sitiados se habían ido. Tan seguro estaba de su próxima victoria que la noche en que Morillo atravesó las líneas del asedio, Bolívar se había ausentado de Calabozo. El día antes había partido en busca de caballos para sus tropas dejando la responsabilidad del sitio al coronel Guillermo Iribarren. Cuando Bolívar supo de lo ocurrido regresó de inmediato ordenando inmediatamente la persecución de los realistas.

En la mañana del 15 de febrero, las tropas de Morillo, acompañadas de gran número de habitantes de Calabozo, llegaban a El Sombrero. Allí las encontró Bolívar, pero ahora Morillo ya sabía a lo que se enfrentaba y los independentistas habían perdido su ventaja. Morillo había escogido un terreno donde su infantería podía desplegarse con facilidad y las tropas realistas dieron todo un espectáculo de vigor y disciplina. Los independentistas, por su parte, mostraron también enorme valor atacando una y otra vez las cerradas líneas de la infantería realista. Tras varias horas de duros combates, la superior preparación de los realistas y la mayor experiencia de su general en jefe, decantaron la batalla a favor de las armas de Su Católica Majestad don Fernando VII. Cuenta Morillo que, sobre el campo de El Sombrero,

> ... quedaron completamente destruidos cuatro batallones de infantería rebelde en esta brillante jornada, dejando en nuestro poder todo su armamento y multitud de heridos y prisioneros, á más de 400 cadáveres. El resto del ejército rebelde se puso en vergonzosa fuga con tal terror, que, si en aquel momento hubiera podido disponer de 300 hombres de caballería, se hubiera acabado con toda la farsante República de Venezuela[41].

Una vez más, Morillo se lamenta de no poder contar con recursos suficientes para asestar el golpe definitivo pero el hecho es que pese a todo había logrado transformar una segura derrota, en una importante victoria. Si brillante resultó la jornada de El Sombrero, aún más meritoria había sido su retirada desde Calabozo. Haber sido capaz de burlar un asedio escapando, sus tropas y pertrechos, acompañado de todos los heridos y de los habitantes de Calabozo «ahogados por el calor de la sabana y enervados por el hambre, sed y fatiga»[42] perdiendo apenas ochenta hombres «en esta memorable retirada»[43], constituye una de las mayores gestas en la larga carrara militar de Morillo. Incluso los independentistas no dudaron en admitir que «no se puede negar que Morillo merece el mayor reconocimiento por su difícil retirada»[44].

En Calabozo y El Sombrero fue la primera vez que Bolívar y Morillo se enfrentaron cara a cara, pero no sería la última, y en esta ocasión ambos aprenderían a no subestimar a su adversario.

Pese a su victoria en El Sombrero, las tropas realistas no estaban en condiciones de perseguir a los restos del ejército de Bolívar y Morillo no tuvo más remedio que seguir su marcha hacia el norte donde esperaba contar con refuerzos o, al menos, dar descanso a sus muy fatigados hombres. El 23 de febrero de 1818 llegaba a Villa del Cura, al Sureste de Maracay, donde organizó un gran desfile para demostrar a los habitantes de Venezuela que el ejército expedicionario de Costafirme regresaba victorioso. Durante su retirada desde Calabazo habían circulado rumores sobre su derrota, no faltando voces anunciando la muerte de Morillo y muchas autoridades huyeron abandonando sus puestos. Cuenta Morillo que el superintendente se embarcó hacia la Guaira y que,

> ... los ministros de la Audiencia hicieron lo mismo y demás pueblos, faltando á sus deberes, huyeron sin saber de qué, con un terror y cobardía de que no hay ejemplo. El mismo Capitán general interino quiso abandonar á Caracas, donde estaba con toda su fuerza el batallón de Burgos, y fue menester el celo y serenidad del brigadier don Miguel de La Torre, que estaba allí curándose de sus heridas, y de otros oficiales, para que lo disuadiesen de esta idea[45].

Pese a que el general en jefe informase a Madrid que el ejército rebelde había sido puesto en fuga, lo cierto era que a Bolívar todavía le quedaban fuerzas para arremeter con dureza.

Batalla de La Puerta

Desde Villa del Cura, Morillo partió a Valencia, al Este, donde tuvo que esperar hasta el 13 de marzo de 1818, cuando se le unieron las tropas al mando del coronel Sebastián de la Calzada. Ese mismo día salió hacia la Cabrera en cuyo camino, cerca del pueblo de Maracay, a la mañana siguiente se enfrentó a un destacamento enemigo al que derrotó con facilidad. El 15 de marzo despachó patrullas para reconocer los pueblos de los alrededores. Cuando estas le informaron que habían visto varias unidades rebeldes cerca de Villa del Cura, envió hacia allí una de sus columnas que tomó el pueblo a la una de la madrugada. A su vez, la vanguardia de la infantería y toda la caballería realista, a las órdenes de Tomás Morales, emprendió la persecución de unos trescientos jinetes enemigos.

Cuando llegaron al sitio llamado de La Puerta, en la quebrada del Semen, encontraron esperándoles 1700 infantes y 2000 jinetes. De nuevo, tal y como había pasado en Calabozo, Morillo se había dejado sorprender. La situación de los realistas era muy comprometida. La vanguardia de Morales, en su afán por alcanzar a los 300 jinetes rebeldes, se había separado demasiado del grueso de las tropas por lo que al llegar a las posiciones enemigas se vio superada en número en una proporción de más de cinco a uno. Pese a que los hombres de Morales intentaron mantenerse firmes en espera de los refuerzos que venían más atrás, una carga de la infantería independentista logró romper las filas realistas provocando el pánico entre los soldados del rey. Justo en ese momento, llegaría Morillo, al mando de su viejo y querido regimiento de la Unión, con el que había compartido destino desde los lejanos días de la batalla del Puente de Sampayo en junio de 1809. Inmediatamente mandó que cargasen los granaderos contra el grueso del enemigo apoyándolos, en el ala derecha, por el batallón de pardos de Valencia. La disciplina y cohesión del regimiento de la Unión apenas bastaban para contener las arremetidas del enemigo, pero los independentistas habían perdido la ventaja de la sorpresa, aunque continuaron cargando sin descanso contra las líneas realistas.

En este crítico momento, Morillo, consciente de que esta era «una de las ocasiones en que necesita arriesgarse la persona del General en jefe, para salvar una desgracia y restablecer el orden»[46], se puso al frente de sus hombres encabezando la carga contra lo más cerrado de las posiciones enemigas. Los soldados del rey, siguieron a su jefe, logrando romper las formaciones rebeldes. En medio de la refriega, una de las lanzas coloradas de la caballería rebelde atravesó a Morillo de parte a parte. La herida era muy grave, pero Morillo continuó al mando, permaneciendo a caballo por «no hacer desmayar a la tropa»[47] hasta que el dolor y la enorme pérdida de sangre estaban a punto de hacerle desmayar no tuvo más remedio que traspasar el mando a Morales. El sacrificio de Morillo había logrado, una vez más, que una derrota casi segura se convirtiese en una de las más importantes victorias, no solo de la campaña en América, sino de toda su carrera militar. Cuando Morillo cedió el mando la batalla ya estaba ganada y Morales solo tuvo que perseguir los restos del ejercito independentista que huían en todas las direcciones.

Su estrepitosa derrota en La Puerta marcaría el final de la que Bolívar había bautizado como su Campaña del Centro. En la quebrada del Semen, que es el nombre por el que en Colombia y Venezuela se conoce a esta batalla, quedaron los cuerpos de más de más de 800 patriotas, «un considerable número de heridos de los que se salvaron muy pocos»[48], se apresaron 900 fusiles, cuatro banderas, 100 cargas de municiones, 10 cajas de guerra, dos cornetas, 2000 entre caballos y mulas. Entre tan cuantioso botín lo más importante que encontró Morillo fueron los archivos completos de Bolívar: copias de las proclamas a los pueblos del interior que todavía apoyaban la causa del rey[49]; ejemplares de la ley marcial establecida en febrero de 1818[50]; de la movilización general de todos los varones entre 14 y 60 años[51]; comunicaciones del libertador con autoridades de las colonias británicas en el Caribe donde se refleja la buena disposición del Gobierno de Su Majestad Británica hacia la causa de la emancipación; cartas e informes dirigidos a y remitidos por agentes independentistas en Inglaterra y Estados Unidos, etc. Cada pedazo de papel, cada nota, cada firma fue cuidadosamente copiada y remitida a Madrid[52].

Con la victoria de La Puerta, los realistas no solo habían derrotado en batalla campal a lo más granado de las tropas independentistas, sino que también habían abierto las tripas del gobierno rebelde. De golpe, Morillo tuvo acceso a los más íntimos secretos de su enemigo y no desaprovechó la ocasión. No por casualidad los meses siguientes serían testigos de una avalancha de victorias para las armas de Fernando VII. Lugares como Ortiz (26 de marzo de 1818), Orituco (30 de marzo), Caimán en Maracay (19 de abril), Rincón de los Toros (16 y 17 de abril), Cojedes (2 de mayo), Cerro de los Patos (20 de mayo), Puerto de la Madera en Cumaná (21 y 22 de mayo), Cumaná (30 de mayo), Barinas (21 de mayo), Camoguán (julio), Hato de la Garabunda (principios de julio) y San Jaime (principios de julio) serían testigos del poder realista.

Resulta cuanto menos sorprendente que pese a haber sufrido una tremenda derrota en La Puerta, Bolívar siguiese insistiendo en llevar la ofensiva hacia Caracas. La rabia con la que acometía, producto de la desesperación por haber dejado escapar, otra vez, una victoria cuyo gusto casi estaba empezando a saborear, le hacía actuar de manera precipitada. Tanto se arriesgó que, en la batalla del Rincón de los Toros, Bolívar fue herido y a punto estuvo de caer preso. Cualquier otro revolucionario, cualquier otro jefe, cualquier otro general, después de ser derrotado tantas veces hubiera abandonado, pero su prodigiosa capacidad de rehacerse, de reinventarse casi, hizo posible no solo que fuese capaz de levantar un nuevo ejército, sino que también retuviese el mando supremo de las fuerzas independentistas.

De entre la montaña de documentos aprehendidos en La Puerta, aquellos que hacían referencia al apoyo extranjero a los independentistas preocuparon especialmente a Morillo. Ya en 1815, tras la conquista de Cartagena de Indias, había encontrado seis barcos ingleses, cinco norteamericanos y uno danés tranquilamente fondeados en el puerto tras haber vaciado sus bodegas comerciando con los sitiados[53], pero ahora tenía evidencia documental de las gestiones de Bolívar para reclutar soldados extranjeros.

Pese a las quejas de Morillo sobre la pasividad del Gobierno de Su Católica Majestad, en esta ocasión Madrid sí había movilizado todos sus recursos para luchar contra este peligro. La abundante correspondencia sobre este tema tanto con entre el embajador de España en Londres, el duque de San Carlos, como con el Gobierno deja constancia de la importancia que desde la capital se atribuía al asunto[54]. Lo mismo sucedía con los enviados españoles en Estados Unidos, Luis de Onís, y en Rusia, Francisco Cea Bermúdez. Los diplomáticos españoles, no se limitaron a mandar despachos a Madrid, sino que, desde Londres[55], Washington, Filadelfia[56], e incluso Nueva Orleáns[57], dirigieron cartas directamente a Morillo poniéndole al corriente de todo lo que en sus respectivos puestos sucedía y solicitando novedades sobre la marcha de la campaña de pacificación.

Por estas fechas, mediados de 1818, Morillo ya tenía claro que no podía contar con el envío de más tropas desde la península, al menos no en el número que él consideraba necesario, y el que los independentistas fueran reforzados con tropas mercenarias llegadas desde Europa amenazaba inclinar la balanza de la guerra en contra de España.

El apoyo extranjero a la causa de la independencia en América no era nuevo ni, mucho menos, secreto. Ya en enero de 1817 Bolívar había pedido a Luis López Méndez, exiliado en Londres, que reclutase hombres para combatir en América[58]. Por mucho que los políticos, tanto de Estados Unidos como de Inglaterra, mantuviesen en público que no deseaban alterar el *statu quo* en las posesiones americanas de la Corona Española, lo cierto era que ambos países miraban con muy buenos ojos la posibilidad de una América hispana independiente.

A sus comerciantes se les hacía la boca agua imaginando los beneficios de poder comprar y vender libremente en todo el continente sin las pesadas trabas de la burocracia virreinal. Hacía años que los delegados de los rebeldes americanos compraban armas, municiones y pertrechos en Inglaterra y Estados Unidos. Tal era la tentación que muchos comerc iantes anglosajones se arriesgaron a fletar sus barcos con este tipo de mercancías para llevarlas a América cargando elevados precios por el riesgo asumido. La extensión de este apoyo en armas y dinero a la independencia hispanoamericana era de todos conocida, pero de ello a que sus ciudadanos participasen directamente en la lucha había un abismo.

Entre la población de Estados Unidos nadie ocultaba sus simpatías por la causa independentista, pero su Gobierno valoraba demasiado su relación con España como para comprometerse de manera definitiva con los rebeldes, al menos por el momento[59].No hay que olvidar que apenas unos pocos años antes estaban en guerra con Inglaterra. En septiembre de 1812, tropas inglesas habían llegado a incendiar Washington y no era de extrañar que desconfiasen de cualquier intervención europea en el continente. Si a ello se le añade que el 22 de enero de 1819 se había firmado el tratado por el cual España renunciaba a la Florida a cambio de cinco millones de dólares era evidente que la política de Estados Unidos no podía ser otra[60].

Por su parte, el Gobierno de Londres podía pretender que no pasaba nada y mirar hacia otro lado mientras salían barcos desde sus puertos cargados con vituallas para los rebeldes, pero no podía permanecer ciego al reclutamiento de tropas en su propio suelo. Y no porque no le pareciese bien, sino simplemente porque necesitaba mantener buenas relaciones con su aliado español. Pese a las múltiples quejas del embajador de España, duque de San Carlos, reclutadores independentistas recorrían pueblos y ciudades prometiendo el dorado a todos los que se alistasen en la que, según aseguraban, sería una campaña muy fácil. El terreno estaba abonado para que se presentasen muchos voluntarios pues después de décadas de lucha contra la Francia revolucionara, primero, y contra Napoleón, después, Inglaterra estaba llena de veteranos de guerra desocupados.

Londres sabía muy bien que nada les gustaría más a los independentistas que internacionalizar su conflicto y la participación de ciudadanos británicos bajo su bandera podía transformar un problema interno de España en un conflicto internacional. No sorprende, `por lo tanto, que el Gobierno de su Majestad Británica mirase con desconfianza esta iniciativa.

Poco a poco, y a costa de no poco trabajo por parte de los diplomáticos españoles destinados en Inglaterra, la desconfianza se traduciría en una ley, promulgada en junio de 1819, por la que se prohibía el alistamiento de súbditos ingleses en el servicio extranjero[61]. No obstante, junio de 1819 aún quedaba muy lejos y, a mediados de 1818, la posibilidad de que América fuese inundada de mercenarios combatiendo por la independencia era un peligro real.

Pese a la relevancia que la leyenda otorga a las unidades extranjeras que llegaron a América, el hecho es que su impacto real sería muy limitado. A pesar de todo el jaleo organizado por los agentes reclutadores, el número total de tropas extranjeras que llegaría a desembarcar en el nuevo continente fue muy pequeño. A finales de marzo de 1818 apenas 420 oficiales y soldados británicos habían llegado a Venezuela[62]. Más tarde, se les sumarían algunos más, un contingente de entre 2.000 y 800 hombres dependiendo de la fuente que se consulte, otro de 600, uno más de 200 norteamericanos[63] y por último otro más desde Irlanda con más de 5.000 soldados. Las cifras pueden parecer significativas si se las compara con que la expedición originaria de Morillo se componía de poco más de 12.000 hombres[64], pero no hay que olvidar que hacen referencia a los reclutas que desembarcaron en el continente americano.

Para establecer su impacto en la marcha de los acontecimientos no basta con saber cuantos pusieron pie en la América española, sino que también es necesario tener en cuenta la proporción de entre ellos que efectivamente combatió contra los realistas y es en este punto donde el panorama cambia por completo. Todo comandante de tropas virreinales sabía muy bien que los soldados europeos necesitaban de un tiempo de aclimatación durante durante el cual no era raro que parte de ellos muriese al entrar en contacto con las enfermedades del nuevo continente. Así, por ejemplo, del grupo de entre 800 y 2.000 que ya se ha mencionado, la mitad sucumbiría a las fiebres en las semanas siguientes a su desembarco[65].

Estos voluntarios habían sido atraídos «con la palabra que decían haberles dado de darles mil pesos a cada uno», pero con las arcas revolucionarias vacías no tardaron en quedar decepcionados. Un testigo relata que «por este motivo cuando los Rebeldes gritaban Viva la Patria ellos decían Viva el dinero»[66]. Pronto el descontento degeneró en indisciplina llegando al extremo de que del grupo de los ya mencionados 5.000 irlandeses apenas avistaron las costas venezolanas se negaron a desembarcar. Tiempo más tarde, se amotinaron en Riohacha, en junio de 1820, y

Bolívar tomó la drástica medida de repatriarlos a Irlanda para terminar decretando, el 24 de septiembre de este año, que a partir de entonces quedaba descartado el uso de «legiones extranjeras»[67].

Todo lo anterior confirma que el impacto real de las tropas extranjeras al servicio de la República no pudo ser sustancial para el desarrollo de las campañas en lo que a fuerza de combate se refiere. Es cierto que una vez en América muchos de los voluntarios extranjeros desertaron y otro muchos probaron ser indisciplinados, pomposos e ineficaces[68], pero en algunos episodios concretos, sobre todo a partir de las campañas de Bolívar de 1821, sí llegarían a desempeñar un papel destacable, pero su escaso número y poca fiabilidad en general no les permitiría convertirse en el factor decisivo que Bolívar hubiera querido. No obstante, su influencia sí fue muy significativa como «cuerpo matriz, admirable y duplicable»[69] y, por ejemplo, la Legión Británica serviría de modelo para las tropas independentistas.

En medio de todo el torrente de victorias de las armas realistas, Morillo solo recibió una mala noticia, la rendición de San Fernando de Apure. Triste destino el de los defensores de esta villa a quienes Morillo no pudo salvar pese a haber intentado acudir en su ayuda, pero este episodio no impidería que una lluvia de felicitaciones y premios cayese sobre el ejército de Costafirme. En medio de tanto regocijo Morillo apenas si tenía fuerzas para luchar por su vida. La herida recibida en La Puerta no era la primera que sufría, pero sí fue la más grave. La lanzada le había atravesado de parte a parte, entrando por el costado izquierdo entre la cadera y el ombligo y saliendo por la espalda[70]. El mismo Morillo informaba a Madrid poco menos de un mes después de haber sido herido confesando que,

> ... no parece, hasta ahora, que haya interesado ninguna tripa ni parte noble de las que se comprenden en aquel delicado sitio, teniéndose por milagrosa mi existencia. La sangre que perdí sobre el campo de batalla y la consideración de la herida, me tienen reducido al último extremo, asegurándome los médicos que, aun cuando logre sanar, quedaré inútil ó imposibilitado en mucho tiempo de montar á caballo ni emplearme en fatiga alguna[71].

De hecho, era un milagro que hubiese sobrevivido. En esta zona del cuerpo están contenidos, uno contra otra y sin espacio entre ellos: el colon, la uretra y el intestino delgado y si la lanza hubiera perforado cualquiera de ellos nada se podría haber hecho. Por una parte, la cirugía de la época no era capaz de operar este tipo de heridas en el vientre, sino que simplemente se limitaba a limpiarlas y curarlas. Por otra, al no disponerse de antibióticos la peritonitis subsiguiente hubiera acabado con Morillo a los pocos días[72]. En la batalla de la Puerta, Morillo había vuelto a nacer.

La victoria de La Puerta parecía asegurar el dominio español sobre Costafirme y el rey estaba tan satisfecho que decidió premiarle con el título de marqués de La Puerta. Pablo Morillo, el hijo de humildes campesinos de Zamora, ahora pertenecía por derecho a los más selecto de la nobleza española, pero ahora parecería que algo hubiera cambiado en el siempre ávido de honores Morillo. No es que a partir de ahora los desprecie, ni mucho menos, pero su actitud es distinta. En mayo de 1818 el conde de Cartagena y marqués de La Puerta había cumplido cuarenta y tres años.

Hoy nadie considera viejo a quien los ronde, pero Morillo, convaleciente de una herida que casi le había costado la vida, se sentía casi un anciano. Su salud, de la que ya antes se quejaba, nunca volvería a ser la misma y, pese a que desde Madrid todo se veía de color de rosa, él sabía muy bien que la campaña pacificadora estaba muy lejos de haber concluido. Los rebeldes habían sido vencidos una vez más en batalla, pero empezaba a temer que estas victorias apenas estuviesen retrasando lo que ya vislumbraba como inevitable.

Para Morillo la solución a la rebelión en América pasaba por la fuerza y el Gobierno de Madrid, por muchos títulos que le concediese, no parecía entender que solo de esta manera podía hacer regresar a los habitantes de estas tierras al seno de la monarquía española. Morillo seguía suspendido en sus poderes y se apoderó de él una cierta sensación de impotencia y su correspondencia adopta un tono más sombrío y pesimista. No obstante, el carácter de Morillo no era de los que se dejan arrollar por las dificultades, y puesto que seguía siendo general en jefe de la expedición, dedicó toda su atención a los asuntos de su ejército.

Morillo necesitaba soldados y dada su desconfianza de los resultados producidos mediante el reclutamiento local, los refuerzos solamente podían venir de la península. Además, Morillo no quería cualquier tipo de soldados sino que «las tropas que se destinen a América deben en mi concepto ser compuestas de hombres honrados y de buena conducta, y no de la multitud de desertores y malos soldados que suelen reunirse en los depósitos de Ultramar, ..., cuyos hombres hacen aquí más daño que los mismos enemigos»[73].

Si ya era complicado el encontrar hombres para enviar a combatir en las campañas americanas, con estos requisitos la cosa se volvía poco menos que imposible. No hay que olvidar que para reunir los más de 12 000 componentes de la expedición de Morillo se tuvo que acudir al reclutamiento forzoso, casi al secuestro, y ahora, cuando ya todos sabían de la dureza de la guerra en América, el asunto resultaba aún mucho más complicado.

No obstante, en julio de 1818, Morillo volvió a dirigir otra petición al ministro de la Guerra solicitando el envío urgente de entre 3.500 a 4.000 hombres, así como buques de guerra y efectos marineros sin los cuales «estas provincias sucumbirán precisamente al enemigo y que la pérdida de la Nueva Granada es infalible»[74]. No era la primera vez, ni será la última es que Morillo urja al Gobierno de Madrid a que cumpla con su promesa de mandarle refuerzos. Entre mayo de 1817 y julio de 1818 constan un total de cinco veces en que Morillo recordaría la urgencia de este tema[75]. Ante tanta insistencia, por fin Madrid rompió su silencio, pero solo para comunicarle que por el momento era imposible enviarle refuerzos de mar y tierra[76]. Morillo ya sabía que no podría contar más que con las tropas que ya tenía en América por lo que se dispuso a sacarles el máximo partido.

Lo primero era asegurar la disciplina dentro de sus filas. El mismo Morillo admite que algunas de sus unidades habían mostrado una pésima conducta cuando dice que,

> No pueden oírse sin horror los excesos cometidos por el extinguido batallón de Granada, compañías sueltas americanas, y los llamados Curros de Monteverde. Estos Cuerpos, compuestos por la mayor parte de desertores, ladrones, presidiarios y los soldados más perversos de todo el Ejército, cometieron toda clase de crímenes cuando llegaron a estas provincias[77].

Aunque los hombres que habían llegado con él en 1815 hubieran sido todos soldados ejemplares, las terribles condiciones de la guerra en América estaban pasando factura. Después de tres años y medio de guerra los soldados estaban cansados,

> ... luchando con un clima enfermizo y contrario a los europeos, batiéndose diariamente con tanto vasallo rebelde como aborta este país, manteniéndose con alimentos á que no estaban acostumbrados y que son por lo mismo perniciosos á la salud, en marchas tan continuadas, como largas y penosas, atravesando distancias inmensas, sufriendo las llagas que terminan con la vida ó mutilación del que las padece y las enfermedades que son consiguientes, al trabajo, á la fatiga, á la falta de subsistencia[78].

Si a ello se le añade que, en enero de 1818, los soldados llevaba un año sin cobrar su escasa paga es natural que la disciplina hubiera empezado a deteriorarse[79]. Al contrario, lo que resulta sorprendente es que dadas las condiciones que se acaban de exponer no se produjese un levantamiento generalizado. Morillo era consciente de este peligro y, para cortar de raíz cualquier tentación de motín entre sus filas, aseguraba a Madrid que, «sabré hacer castigos ejemplares y sostener con el carácter que me es propio, la subordinación, la disciplina y el honor de las armas del rey»[80]. Como puede verse inspira también miedo entre sus hombres.

Si bien, bajo el mando de Morillo no habría motines, sí se registrarían otras manifestaciones de descontento como las heridas auto-infligidas y la deserción. El producirse lesiones uno mismo para evitar el tener que combatir es algo tan viejo y universal como la guerra. Cuenta Morillo el caso de un soldado que al que casi le tuvieron que amputar una pierna «por haber conservado mucho tiempo una bala de fusil envuelta en hilas dentro de la llaga que en ella tenía, con lo que impedía la cicatrización»[81].

En cuanto a las deserciones hay que decir que su incidencia fue muy distinta según se tratase de tropas realistas criollas o europeas. En las primeras, el cambio de bando llegó a ser algo tan frecuente que Morillo, como ya se ha visto, evitaba a toda costa que los soldados americanos sirviesen en sus lugares de origen. No obstante, hay que reconocer que la deserción no fue algo privativo de aquellos que servían bajo las armas del rey, sino que también fue muy común entre aquellos que estaban bajo bandera independentista. De hecho, en ese preciso momento Bolívar enfrentaba exactamente el mismo problema. Cuenta O'Leary que, tras las derrotas de El Sombrero, en febrero de 1818, una de las razones que le movieron a mantener sus tropas empleadas en continuas acciones fue, precisamente, el evitar las deserciones pues «prefería perecer en la gloria del combate que sufrir un ignominioso final» ante la completa disolución de su ejército por el abandono de las armas de sus soldados[82].

Tan común fue el fenómeno de las deserciones, registrándose casos en que soldados se pasaban de un lado al otro varias veces, que es preciso atenerse algo más en él[83]. Si bien es normal que se produzcan deserciones en todos los ejércitos en todas las épocas, estas alcanzaban tal grado de extensión en la guerra de independencia de la América española que reclama una explicación y quizá la mejor sea la que proporciona Clément Thibaud a decir que «la porosidad entre los dos ejércitos demuestra el escaso consentimiento a la guerra de parte de la población y de los soldados. Más que la independencia y la República (o la fidelidad al rey), son la obligación y la coacción las que hacen marchar al soldado con más seguridad»[84].

Morillo nunca dudó en aplicar esta «obligación y coacción» para mantener a sus soldados en sus filas, pero no solo acudiría a estos instrumentos represivos, sino que también recurrió a incentivos. Son multitud los casos en los que recomienda a hombres bajo su mando, tanto oficiales como soldados, para condecoraciones, distinciones y premios. Es cierto que todos estos honores no eran más que eso honores, pero hay que recordar lo que dijo Napoleón en mayo de 1812 en el momento de crear la legión de honor, «Mostradme una república, antigua o moderna, donde no haya habido condecoraciones. Algunos las llaman chucherías. Bien, es por medio de estas chucherías que uno lidera hombres»[85].

Fernando VII había establecido la Real y Americana Orden de Isabel la Católica precisamente para premiar a sus súbditos leales de este lado del océano y estas «chucherías» eran casi lo único con lo que Morillo y el Gobierno de Madrid podían recompensar a sus hombres pues la real hacienda estaba exhausta y si apenas disponía de efectivo para pagar tarde y mal las soldadas, mucho menos para abonar recompensas. Como ejemplo baste mencionar que en octubre de 1818 una circular del ministerio de la Guerra que concedía distinciones a título póstumo a varios de los defensores de San Fernando de Apure, cuando trata de las pensiones que en teoría debían acompañar a las condecoraciones señalaba que el dinero llegaría «en cuanto lo permitiesen las penurias del Estado»[86].

Aunque Morillo no dudase en usar el miedo para hacerse obedecer, hay que reconocer que su figura también inspiraba devoción entre sus hombres. Su trabajo incansable, su valor personal, no dudando nunca en ponerse al frente de ellos asumiendo los mayores peligros, le hicieron ganarse el respeto y admiración de sus subordinados. Estas cualidades, el compartir con ellos las privaciones, el hambre y la dureza de las campañas, reconocidas incluso por sus propios enemigos[87], hacían de Morillo lo que en el mundo militar se llama un general de soldados, destacando la profunda identificación que acabaría produciéndose entre el jefe y sus tropas. Dentro de este espíritu procedió a reorganizar su ejército con los escasos medios a su alcance.

Como ya se ha descrito, una de las mayores ventajas con las que contaban las fuerzas independentistas era la extraordinaria movilidad proporcionada por su caballería. Los llaneros vivían a caballo y, pese a su poco marcial aspecto, sus proezas como jinetes habían sido un factor determinante en muchos de sus encuentros con los más marciales y disciplinados soldados realistas. Para oponerse a esta fuerza era preciso contar con una caballería propia y a ello dedicó Morillo parte de sus muy mermadas fuerzas[88].

Una y otra vez insistiría a la metrópoli sobre la necesidad del envío de este tipo de unidades, pero siempre sin resultado[89]. Forzado por las circunstancias se vio obligado a encomendar a oficiales criollos la formación de escuadrones de caballería, confiscando monturas allá donde las encontrasen y enseñando a cabalgar a cuanto infante tuviese la menor aptitud. El resultado no podía ser bueno y nunca la caballería española pasó de ser poco menos que una infantería montada, sin llegar a ser nunca rival para sus enemigos.

Otra de las constantes preocupaciones de Morillo como jefe fue la de tener siempre el máximo de su fuerza disponible y lista para el combate y para ello era necesario contar con la mejor sanidad militar posible. Cuando se piensa en la medicina militar enseguida vienen a la cabeza imágenes como las que relata Morillo cuando escribía que:

> ... he visto con frecuencia después de las más sangrientas acciones, los heridos despedazados y moribundos tendidos en el suelo sobre un hediondo cuero, sin medicina ni alimento, expirar faltos de todo auxilio, y sin otro consuelo que el de la religión y la gloria de morir defendiendo los sagrados derechos de Su Majestad[90].

No obstante, tampoco no hay que olvidar, que enfermedades, como la disentería, el escorbuto o la malaria causaban más bajas que los mismos rebeldes. Muchas son las referencias en la correspondencia de Morillo sobre los sufrimientos de sus tropas, pero muy escasas las que hablan de acciones para remediarlas. Apenas si menciona de pasada en una carta de recomendación para el consultor de los Reales Ejércitos y primer cirujano de estas provincias, el médico Juan Nieto Samaniego[91]. Prueba de esta visión, casi cruel, es que la principal medida que tomó fue la creación de una «compañía de cansados« en la que se integraban los soldados convalecientes pasando de los hospitales a hacer «un servicio pasivo de guarnición»[92].

En todos los intentos de Morillo por fortalecer sus tropas, siempre encontró con el mismo problema: la falta de recursos. Mientras dispuso de los plenos poderes que le otorgaban sus instrucciones pudo, mal que bien, ir sorteando la situación, pero cuando llegó de Madrid la orden por la que se le suspendían sus poderes quedó a merced de lo que buenamente decidían darle las autoridades virreinales. El virrey no perdió oportunidad alguna para dejarle bien claro quien era el que mandaba ahora y este enfrentamiento trajo como consecuencia un profundo debilitamiento de la causa realista en América.

A mediados de 1818 el agotamiento tanto de realistas como de independentistas era un hecho. Ninguno de los dos bandos había conseguido el enfrentamiento definitivo que buscaban desesperadamente. Morillo se recuperaba muy lentamente de su grave herida recibida en la batalla de La Puerta y Bolívar se rendía por fin ante la evidencia del fracaso de su campaña del Centro, pero si parecía que a ambos bandos se les habían agotado las energías, ninguno de sus respectivos jefes se consideraba vencido.

Durante su periodo de convalecencia, Morillo casi se limitó a remitir a Madrid los despachos que recibía de los comandantes de sus distintos cuerpos de ejército en los que le relataban las distintas acciones en las que tomaban parte. Sin embrago, no serían las noticias ni de una victoria ni de una derrota las que le sacarían de su letargo sino un correo proveniente de la capital. Por él supo que, con fecha 9 de junio de este año de 1818, Su Majestad había decidido restituirle la plenitud de sus poderes tal y como habían estado establecidos en sus instrucciones originales. A partir de este momento su autoridad volvía a casi no tener límite y, sin perder un minuto, se dispuso a aplicar la que consideraba la única política que podía restablecer el dominio español sobre tierras americanas: la mano dura.

Hacía ya tiempo que Morillo venía insistiendo en que «es de absoluta necesidad que el mando del Virreinato de Santa Fe y el de estas provincias [Venezuela] se reúna bajo la dirección de una sola persona que tenga las grandes calidades que se necesitan para mandar»[93]. Una y otra vez le recordaría a Madrid que era indispensable que todo dependiese de una sola mano[94]. Nunca dirá que este mando único debía recaer sobre él sino que siempre se referirá «a la persona que se designe para pacificar Costafirme». Era evidente que esta persona con «las calidades que se necesitan para mandar» debía ser un militar de prestigio y quien mejor que él que, además, acumulaba una experiencia de más de tres años en aquellas tierras. Ya se insistió en su lugar que Morillo no llegó a América ni con instrucciones ni con el ánimo de ser cruel ni aplicar la venganza, pero que a raíz de la «traición» de Arismendi su visión de los asuntos americanos se radicalizó no llegando a ver otra solución que la firmeza. Una firmeza que se confundió con simple y pura represión.

No es necesario volver sobre el hecho que a esta política de represión se le atribuyó, entonces y ahora, el origen del progresivo alejamiento de la población de la causa realista, pero lo cierto es que con cada nuevo acto represivo Morillo solo conseguía reforzar más la determinación de los criollos de independizarse definitivamente de España. Actos como el fusilamiento de cuatro coroneles y tenientes coroneles apresados en la batalla de La Puerta, por mucho de que en su *Manifiesto a la Nación Española* los vista de todos los requisitos legales al caso, o la utilización de torturas, que si bien no reconoce pero que puede inferirse cuando se refiere a la obtención de información de los prisioneros, podían ser útiles a corto plazo, pero a la larga terminarían resultando enormemente perjudiciales para la causa que defendía[95].

Con la llegada de la estación de lluvias que inunda los llanos dejándolos intransitables, se dio por terminada la campaña de este año. Pese a su delicado estado de salud Morillo aprovechó la obligada tregua para recorrer parte del norte de Venezuela inspeccionando guarniciones, recolectando dinero y surtiendo a sus tropas de todo lo necesario para poder asestar el tan deseado golpe definitivo a Bolívar.

Pese a haber sido restablecido en sus plenos poderes Morillo hubo de enfrentar el pleito promovido por Salvador Moxó a quien había separado del mando de la Capitanía General de Venezuela. Una vez más cruzaron el Atlántico cartas, informes y acusaciones en los que cada parte no solo defendía sus intereses, sino que atacaba ferozmente al contrario. Morillo, ya estaba harto de tantas trabas en su camino y de que, en vez de poder dedicarse a sus tareas como jefe del ejército, hubiera de consagrar cada vez más tiempo a alimentar la insaciable burocracia judicial. Según Morillo, Moxó había desertado de su puesto en un momento de crisis y, por lo tanto, el haberlo depuesto había sido un acto de magnanimidad pues de haberle aplicado la ley hubiera sido fusilado.

Pese a que había sido el propio Morillo quien había nombrado a Moxó, hacía tiempo que se había arrepentido de su decisión, pero cuando supo que Moxó, tras su destitución, promovía, entre los círculos del Gobierno de Madrid, que Morillo fuese sometido al juicio de residencia previsto en las Leyes de Indias, estalló. En abril de 1818, Morillo se despachó a gusto contra Moxó en una carta al ministro de la Guerra en la que le calificaba, entre otras cosas, de desertor, cobarde, ladrón y corrupto[96], pero si «el caso Moxó» fue importante no sería sino otro más en una larga lista de enfrentamientos entre autoridades coloniales. Un listado que que acabaría incluyendo, entre otros, al virrey, a los gobernadores de Venezuela López y Pardo, a Pascual Real, a Canterac, a Morales, al jefe de la marina José María Chacón y a la Audiencia de Caracas. De hecho, Morillo acabaría quejándose de todo el mundo[97], acusando a las autoridades virreinales de gobernar cómodamente desde sus sedes en vez de recorrer personalmente el territorio a su cargo[98], de devolver los bienes secuestrados[99], de no dedicarse más que criticarle[100], o de preocuparse tan solo por cubrirse las espaldas rellenando voluminosos expedientes con los que bloqueaban la ejecución de sus órdenes[101].

De este periodo hay dos hechos más que deben ser mencionados. El primero es la pérdida, en agosto de este año de 1818, de Güiria en la península de Paria, al Noreste de la actual Venezuela, fracaso que Morillo atribuiría a la Marina[102]. Hasta este momento, oficialmente Morillo había achacado sus deficiencias a la falta de recursos, pero a partir de ahora cambió de actitud acusando a la Marina de no ser capaz de cumplir sus órdenes. En teoría, el jefe de la Marina era José María Chacón pero, de hecho, desde el regreso de Pascual Enrile a la península ibérica, era Morillo quien estaba al mando pese a que el mismo admitiese que «no soy marino, ni entiendo una palabra de esta profesión»[103]. El resultado fue que Morillo cayó en el mismo error que criticaba de las autoridades virreinales, cursando instrucciones desde muy lejos. Más adelante, a la hora de considerar la actuación de la marina en 1820, se volverá sobre este punto.

Para terminar con esta segunda mitad de 1818 hay que destacar que estando en Caracas, en septiembre de 1818, Morillo se cayó del caballo, golpeándose la pierna izquierda con tal fuerza que le quedó inútil por un tiempo obligándole a guardar cama durante varias semanas en las que no tuvo más remedio que transmitir temporalmente el mando a Tomás Morales.

Como se ha visto, durante estos últimos meses de 1818 apenas si pasó nada relevante entre las filas realistas, pero entre los independentistas se fraguaba lo que sería el principio del fin del dominio de la Corona española en las tierras del norte de Sudamérica. La llamada Campaña del Centro había sido un total fracaso para Bolívar, pero, paradójicamente, también sería la simiente de su mayor triunfo. La imposibilidad de alcanzar la victoria definitiva en tierras de la Capitanía General de Venezuela obligó a Bolívar a mirar hacia el Oeste, hacia el Reino de Nueva Granada donde apenas si había dejado tropas suficientes para realizar funciones de guarnición o policía.

Mientras que para Bolívar controlar el Reino de Nueva Granada supondría el tener a su disposición inmensos recursos en material, dinero y hombres, paradójicamente para Morillo el contar con este territorio no le suponía ventaja alguna. Su enfrentamiento con el virrey había traído como consecuencia que, pese a estar bajo la misma bandera, poco o nada le llegaba desde allá. Esta diferencia de valor del reino de Nueva Granada para Bolívar y para Morillo es una de las claves para comprender los acontecimientos de la campaña de 1819. Aunque Bolívar empezaba a ver con claridad cual debía ser su objetivo para su próxima campaña, al mismo tiempo también reconocía las inmensas dificultades que tendría que afrontar. Hasta este momento gran parte del éxito obtenido por sus tropas había estado basado en la movilidad y fuerza combativa de la caballería llanera perfectamente adaptada a las condiciones de la lucha en los Llanos, pero el nuevo teatro de operaciones sería la sabana cundiboyacense, con alturas promedio de 2.600 metros de altura, le sería francamente hostil. Por otro lado, tampoco estaba seguro de que se dejasen guiar hasta allí, pues los llaneros estaban enormemente dispersos. José Antonio Páez había perdido el control de las partidas que operaban en la zona del Casanare y controlarla era la clave para poder saltar hacia Santa Fe de Bogotá. Para la casi imposible misión de unificar a los combatientes de la República en el Casanare y convertirlos en una fuerza disciplinada capaz de cumplir su papel en la nueva estrategia, Bolívar decidió sorprendente y genialmente, mandar un solo hombre: Francisco de Paula Santander. El 15 de agosto de 1818 le invistió con el ampuloso título de «comandante en jefe de la vanguardia del ejército de vanguardia del Libertador de Nueva Granada, que debía formarse en la provincia del Casanare»[104]. Aunque Santander marchaba prácticamente solo, guardaba bajo la manga una carta muy importante, llevaba consigo 1.000 fusiles y 30 quintales de pólvora. Esta mercancía y enormes dotes de inteligencia política le permitirían convertirse en el árbitro de la situación en el Casanare. No es este el sitio adecuado para tratar sobre cómo logró Santander aglutinar a todos los llaneros formando un bloque, pero el resultado fue que en febrero de 1819 Bolívar ya pudo contar con dos batallones en la zona[105].

2. Bolívar y la campaña de Nueva Granada (1819)

El plan de Bolívar consistía en partir con sus tropas desde Guayana para reunirse con las de Santander en el Casanare para, una vez juntos, dirigirse al Nuevo Reino de Granada, mientras Páez entraría en el valle de Cúcuta para mantener ocupado a Morillo, y por último, la división de Urdaneta se ubicaría en el Apure donde permanecería como reserva. Todo se basaba en la sorpresa por lo que el secreto y la rapidez de movimientos eran esenciales a lo que se sumaba el nada pequeño detalle que la ruta hasta llegar a Santa Fe de Bogotá atraviesa nada más y nada menos que los Andes. Si bien la historiografía tradicional, tanto venezolana como colombiana, presentar el paso de los Andes como una gesta militar solo comparable a las de Aníbal o Napoleón, la realidad es mucho más prosaica y ambos bandos sabían que, aunque no pueden fácil, tampoco era imposible. Entre los realistas, el propio Morillo recoge que el batallón Numancia lo había realizado en abril de 1820[106] y entre los independentistas, O'Leary habla, a principios de 1819, de una victoria de Santander sobre una división realista que había llegado al Casanare también cruzando a través de los Andes[107].

Mientras Bolívar reunía todas las piezas del complejo mecanismo de su estrategia, Morillo se disponía a iniciar, simplemente otra campaña más en busca de los ejércitos rebeldes. Frente a la originalidad del plan de Bolívar, Morillo no hizo otra cosa volver a aplicar el mismo esquema del año anterior. Esta originalidad de Bolívar es un rasgo de su genio y, como dice Liddell Hart, «es la más vital de todas las virtudes militares. .... Pues su aplicación puede derribar a una nación y cambiar el curso de la historia en un abrir y cerrar de ojos»[108]. Dicen que el ser humano solo aprende a base de errores, lo que traducido a la historia militar significa que, como ya se ha mencionado, mientras que los ejércitos vencedores se quedan anquilosados en la simple repetición de las viejas tácticas que les han funcionado, los derrotados, al ser obligados a innovar,son los que terminan encontrando nuevos caminos hacia la victoria.

El plan de Morillo para 1819 seguía buscando forzar un choque frontal y para lograrlo dividió sus fuerzas en tres columnas que descenderían hacia los Llanos para, después, converger y asestar el tan esperado golpe final. El 1 de enero de 1819 el grueso del ejército salió de Valencia, pasando por Villa del Cura y Calabozo. Morillo, convaleciente aún de su caída del caballo, tuvo que quedarse en Caracas, pero impaciente como siempre y considerando que su deber le exigía estar a la cabeza de sus hombres, despreciando el consejo de los médicos y con la herida aún abierta, partió a reunirse con sus tropas en Calabozo. Estando en marcha hacia San Fernando de Apure, recibió noticias que decían que el grueso de las fuerzas rebeldes cerca de San Juan de Payará, apenas unos kilómetros al sur y sin, dudarlo un momento, ordenó, el 1 de febrero, redoblar la marcha. Cuando llegaron a San Juan de Payará, el pueblo estaba desierto y el único rastro de tropas enemigas eran apenas algunas partidas sueltas que se limitaron a hostigar débilmente a los realistas. El 5 de febrero, tras superar cierta oposición por parte de los Húsares de la Guardia de Páez, los soldados de Morillo cruzaron el Arauca por un vado que se bautizó como paso del rey. Antonio Rodríguez Villa habla del paso del Apure como una de las operaciones «más memorables campañas de Venezuela, y que acaso la historia militar en todos los tiempos no presente un hecho que se le asemeje»[109] añadiendo que el paso «del Danubio en la campaña de 1809, es uno de los que más se han admirado, empero el de Arauca tiene sin duda más carácter heroico y más afortunado»[110]. Dejando a un lado la exageración propia de un estilo de escribir historia en desuso, es preciso reconocer que el paso del Apure fue una demostración de buena organización y constituyó una total sorpresa para Páez quien, confiado en sus posiciones en su orilla del río, apenas si tuvo tiempo para replegarse.

Siguiendo su camino en busca de Bolívar, Morillo no encontraba más que pequeños cuerpos que se replegaban en cuanto las tropas realistas se preparaban para entablar batalla. Finalmente, convencido de que tampoco en esta ocasión podría dar el golpe de gracia a los rebeldes, Morillo no tuvo más remedio que dar la vuelta y regresar al norte. A su vuelta por las ruinas de San Fernando de Apure mandó construir allí una fortificación que asegurase la presencia realista en aquellos contornos para no perder el terreno que había ocupado durante estos primeros meses de 1819. Concluidas las obras, partió para Achaguas, al Este, donde llegó el 8 de marzo. Estando allí le dijeron que Bolívar estaba atacando un destacamento realista al mando del coronel José Pereira y creyendo que esta podía ser la oportunidad que venía buscando desde hacía ya años, partió hacia el sitio llamado el Trapiche de Gamarra donde tenía lugar el combate. En el camino le alcanzó un correo del coronel Pereira en el que le informaba de la retirada del enemigo y, temiendo caer en una emboscada, juzgó que lo mejor era regresar a Achaguas. Allí permaneció hasta el 29 de marzo en que volvió a partir en busca de Bolívar. A estas alturas ya estaba claro que el Libertador rehuía el choque directo y que Morillo, al no contar inteligencia fiable sobre el paradero de su enemigo, apenas daba palos de ciego.

George Washington parecía insistir sobre lo obvio cuando dijo que «la necesidad de obtener buena inteligencia es evidente y no necesita ser discutida»[111] y Morillo hizo todo lo que pudo para disponer de ella. En noviembre de 1818 admitía tener espías entre los agentes de Bolívar en

Santo Domingo[112], también parece que recurrió métodos cercanos a la tortura para obtener información de los prisioneros[113] y su casi obsesión por disponer de mapas fiables[114] son pruebas de la importancia que atribuía al tema, pero pese a todo en la batalla por la información Bolívar siempre estuvo por delante. John Keegan establece cinco etapas para que la inteligencia sea útil: Adquisición, Entrega a tiempo, Aceptación, Interpretación y Puesta en Práctica[115]. No es necesario detenerse en la explicación de cada una de ellas, pero sí es preciso reconocer que en casi todas ellas los realistas siempre estuvieron por detrás de los independentistas.

Todo lo anterior se refiere a labores de inteligencia *stricto sensu*, es decir la actividad destinada a conocer al enemigo, pero también es necesario tratar la contrainteligencia, o lo que es lo mismo, a la tarea de prevenir que el contrario disponga de inteligencia. Morillo siempre puso extremo cuidado en luchar contra posibles espías independentistas en su campo y en su correspondencia hay referencias a medidas adoptadas para protegerse de espías ingleses[116], a que funcionarios de la administración virreinal fuesen informadores de Bolívar[117], a que las mujeres que acompañaban al ejército fuesen en realidad agentes enemigos[118], o su exquisito cuidado en cifrar sus mensajes[119].

Pese a todos los esfuerzos de Morillo, lo cierto es que nunca dispondría de noticias ciertas sobre el paradero de Bolívar. El 1 de mayo mientras acampaba a orillas del río Apure, recibió noticias de la llegada de un importante contingente inglés a isla Margarita. Inmediatamente marchó al norte, pero pasaban los días y, al no haber rastro del temido desembarco, Morillo decidió trasladarse a Calabozo desde donde tenía la esperanza de poder saber algo sobre el paradero del grueso del ejército independentista. Desde Calabozo supo que el destino de la expedición inglesa no era tierras venezolanas sino la plaza de Portobello en la actual Panamá. El caso es que los ingleses, tras haber tomado la plaza apenas si pudieron mantenerse en ella pues fue reconquistada poco tiempo después, el 30 de abril, por tropas de la guarnición del istmo de Panamá al mando de Alejandro Hore. En todo caso, Morillo apenas prestó importancia a un asunto que en nada afectaba a sus planes, de hecho, lo único que destaca de todo este episodio es que los ingleses pudieron escapar por culpa de la marina[120].

Estando Morillo en Calabozo volvieron las lluvias y, con ellas, lo que debía haber sido el final de la campaña de ese año. Otra frustrante campaña en busca de Bolívar en la que solo había conseguido cansar a sus propios hombres en interminables marchas de un lado a otro de Venezuela, pero mientras el general realista se disponía a invernar, Bolívar terminaba los últimos preparativos de la que sería su campaña de Boyacá.

El 23 de mayo de 1819, en la aldea de Setenta, a orillas del río Apure, tuvo lugar un consejo de guerra entre los principales jefes independentistas en el que Bolívar expuso los últimos detalles de su plan para la invasión del reino de Nueva Granada. Repartidas las correspondientes órdenes partió hacia Guasdualito donde llegó el 1 de junio. Once días más tarde, Bolívar se reunía con las divisiones de Santander en Tame y el 23 ya estaba todo el ejército independentista en Nuchía. Allí al pie de los Andes, sería la última ocasión de Bolívar para pensar sobre la tarea que enfrentaba. Mucho era lo que hasta este momento había conseguido: unificado a los llaneros, levantado dos divisiones casi de la nada; mantenido a Morillo en la más absoluta oscuridad sobre su verdadero objetivo; conservando intactas sus propias fuerzas evitando todo encuentro directo; trasladado sus hombres a través de los Llanos en mitad de la temporada de lluvias. Mucho era lo logrado, pero mucho más quedaba por delante.

Toda la estrategia de Bolívar estaba basaba en la asunción de que una vez llegasen las tropas del libertador al reino de Nueva Granada la población abandonaría su apatía y correría a ponerse bajo su protección. Una presunción muy arriesgada pues sus habitantes, salvo marcadas excepciones, no habían mostrado hasta entonces una pasión muy marcada por la independencia[121]. Si bien la represión realista ordenada por Morillo y ejecutada por Sámano, estaba creando un progresivo malestar, la zona se mantenía relativamente tranquila y cómo recibirían los neogranadinos al ejército de Bolívar seguía siendo una incógnita.

Cruzar los Andes con un ejército completo no era cosa fácil y aunque San Martín ya lo había hecho en 1817, a Bolívar le preocupaba especialmente la disciplina de sus tropas llaneras. Pese a la leyenda de llaneros semidesnudos soportando estoicamente el frío de las alturas, lo cierto es que, como reconoce O'Leary[122], muchos desertaron. La memoria colectiva está llena de las imágenes grabadas por pintura histórica. Ya se comentó el contraste entre mito y realidad a la hora de hablar del cuadro de Casado de Alisal sobre la rendición de Dupont ante Castaños en Bailén[123]. Napoleón no cruzó los Alpes a caballo con su capa roja ondeando al viento, tal y como aparece en el famoso lienzo de David[124], sino arropado hasta las orejas a lomos de una mula. Otro tanto sucede aquí y la figura de Bolívar inspeccionando el paso de sus hombres en lo alto de la cordillera como lo representa Tito Salas[125], no deja de ser también un mito.

Volviendo a la estrategia de Bolívar hay que recordar que, como ya se ha dicho, se basaba en la sorpresa y, para lograrla, eligió el camino de Paya, Pisba, Socha que, al ser uno de los más difíciles, estaba poco defendido. Para ir probando tanto el terreno como a sus propios hombres, Bolívar envió a Santander en vanguardia, una elección que no pudo ser más acertada. El 30 de junio, las tropas de Santander avanzaban hacia Paya donde se encontraron a los apenas 200 soldados del coronel Tolrá. Pese a que los sorprendidos realistas aguantaron la primera embestida de Santander, salieron corriendo ante su segundo ataque. El combate de Paya había abierto el camino para el grueso del ejército, pero no sería hasta el 6 de julio cuando Bolívar llegaría a Socha, en las inmediaciones del camino real, calzada principal del Virreinato, que llevaba hasta Bogotá[126]. Lo peor de la marcha había quedado atrás, pero los hombres estaban exhaustos y Bolívar hubo de darles el necesario descanso pues pese a que habían vencido a la naturaleza aún quedaban por derrotar a las tropas realistas que guardaban el Reino de Nueva Granada.

El general Barreiro, informado de la incursión rebelde en las tierras bajo su mando, organizó a toda prisa una línea de defensa entre la villa de Socorro, al norte y Chocontá, al sur, colocando el centro cerca de Sogamoso. Tan amplio despliegue solo puede explicarse por qué los realistas no tenían una idea exacta de las posiciones de Bolívar por lo que se vieron obligados a cubrir una zona muy amplia. Este hecho permitiría a Bolívar atacar por separado a cada grupo del ejército de Barreiro en lugar de tener que arriesgarlo todo en una sola batalla en la que hubiera estado en clara desventaja numérica.

Tras los combates de Tópaga y Gámeza, que tuvieron el importante efecto de desorientar y debilitar a los realistas[127], las fuerzas de Bolívar llegaron, el 25 de julio de 1819, al lugar conocido como el Pantano de Vargas donde les esperaba el general Barreiro dispuesto a impedirles el paso. Tras varias horas de duro combate cuando parecía que las armas del rey iban a llevarse la victoria, Bolívar recurrió al coronel Juan

José Rondón, jefe de la caballería venezolana, al que dirigió la frase que ha hecho leyenda, «coronel Rondón, salve usted la patria». Rondón, al frente de apenas catorce jinetes, se lanzó contra la infantería realista que ocupaba posiciones en los altos que dominaban el terreno. La sorpresa al verse atacados por un enemigo que ya consideraban como vencido y la desesperación con que cargaban los llaneros hizo que defensores huyesen despavoridos. Nada hay más contagioso que el pánico y cuando este se extendió por todo el frente realista, Bolívar aprovechó para ordenar al resto de su caballería que acabase con los últimos restos de resistencia realista.

La batalla del Pantano de Vargas había sido larga, dura y muy reñida pues solo en el último momento se había decidido a favor de los independentistas, pero con esta victoria Bolívar ganaba acceso al camino real, vía de penetración por excelencia hacia Santa Fe de Bogotá. Consciente de la oportunidad que se le presentaba, Bolívar inmediatamente partió hacia el sur sin dar descanso a sus hombres. Tenía prisa no solo por llegar a la capital sino también por evitar que los realistas pudieran reorganizarse.

Desde antes de la batalla del Pantano de Vargas el virrey Sámano había mandado correos en todas las direcciones pidiendo refuerzos y si éstos llegaban a tiempo, la victoria de los patriotas podría quedar en nada. Barreiro se retiraba a toda prisa con Bolívar pisándole los talones. Finalmente, el 7 de agosto de 1819, en las inmediaciones del pequeño puente de madera de Boyacá, cerca de Tunja, se produjo el encuentro. Pese a que no está claro quien llegó primero a su respectiva posición, pues mientras unas fuentes dicen que fueron los independentistas[128] y otras los realistas[129], el hecho es que Barreiro trató apresuradamente de formar a sus hombres pero éstos, cansados y temblorosos aún por la derrota sufrida apenas unos días antes, escasamente hacían caso los oficiales que se desgañitaban gritando unas órdenes que los soldados parecían no entender y cuando la caballería independentista cargó desde el cerro, tiraron sus fusiles al suelo y salieron corriendo.

Las bajas en la batalla del Puente de Boyacá (400 muertos entre los realistas y apenas 18 muertos y 53 heridos entre los patriotas[130]) no reflejan su importancia[131]. El ejército realista quedó completamente destruido como unidad de combate y más de 1.400 soldados y oficiales realistas fueron hechos prisioneros, entre los que se encontraba el propio general

Barreiro, pero lo más grave es que el camino a Bogotá estaba abierto para Bolívar y sus hombres.

En cuanto llegaron a Santa Fe de Bogotá las noticias del desastre de Boyacá cundió el pánico. El virrey Sámano, disfrazado de campesino, salió corriendo esa misma tarde y los realistas más significados «emprendieron el camino de la emigración, asidos de las manos, ancianos, padres, esposas e hijos en grupos desolados que no se atrevían a mirar atrás, para no perder ni un momento del tiempo que les valía la vida»[132]. Pocos días más tarde, el 10 de agosto de 1819, Bolívar entraba en la capital del Virreinato y la misma gente que se había sentido defraudada al no haber podido demostrar su fervor realista en la entrada de Morillo en 1816 ahora llenaba extasiada ante su liberación «patriotas de última hora» se desgañitaban aclamando a Bolívar[133]. El libertador, no se dejó engañar por estas tardías muestras de júbilo, pero mientras que Morillo ni quiso ni pudo disimular su desconfianza, al criollo le sobraban dotes políticas para esconder unos sentimientos que no convenía mostrar. Solo cuando tuvo que soportar un empalagoso discurso de alabanza de un realista que por medio de floridas palabras pretendía hacer olvidar su recentísimo pasado, entonces y solo entonces dejó traslucir su desprecio. Tras haber escuchado pacientemente el largo, hueco y altisonante parlamento de Vicente Azuera, quien hasta ayer fuera destacado «morillista», se limitó a responder, «Ilustre y grande orador: el héroe que has descrito no soy yo. Procura tu imitarlo y yo te admiraré»[134].

No es necesario insistir en que la conquista de Bogotá por los rebeldes marca un antes y un después en la guerra de independencia en el norte de Sudamérica. A partir de este momento Bolívar contaría con una muy importante fuente tanto de hombres como de recursos. Para aumentar sus filas recurrió al simple procedimiento de incorporar sus tropas a las unidades realistas derrotadas. Para sufragar los gastos más urgentes contó con la inesperada ayuda del mismo virrey, quien en su precipitada huida de la capital había olvidado llevarse el contenido de la caja de la Real Hacienda. Sobre el monto concreto de lo que se encontró Bolívar en los cofres del Virreinato hay varias versiones. O'Leary[135] habla de 500 000 pesos, Restrepo[136] de 700 000 y otros hasta de 1 000 000, pero para tener una idea de lo que representaban estas cantidades basta compararlas con el 1 100 000 de pesos que había la caja de la expedición de pacificación de Costafirme que se perdió con el hundimiento del *San*

Pedro de Alcántara y que representaba el supremo esfuerzo de la hacienda española para recuperar las posesiones americanas. Por si lo encontrado en las arcas virreinales no fuera suficiente, Bolívar también decretó la confiscación de los bienes de los realistas más señalados.

No sería hasta más de un mes después cuando Morillo supiese de lo ocurrido en el Pantano de Vargas, en el Puente de Boyacá y en Santa Fe de Bogotá. Inmediatamente mandó un despacho al ministro de la Guerra informándole de la «desgraciada acción del 7 de agosto último» y de que «el sedicioso Bolívar ha ocupado inmediatamente la capital de Santa Fe»[137]. En este revelador documento Morillo no oculta nada. Su rabia por una derrota que podría haberse evitado si las tropas que envió de refuerzo al mando de La Torre hubieran llegado a tiempo, si le hubiesen enviado «oportunamente los auxilios y reemplazos que pedía», o si, al menos, «a principio del año (1819) hubiesen llegado cuatro mil hombres y buques de guerra para someter la Guayana»1[38]. Hay un viejo refrán que dice que después de la batalla es muy fácil ser general, pero en el caso de Morillo no se asiste a una fácil o cobarde justificación ante la derrota. Morillo se había desgañitado pidiendo tropas y recursos a Madrid. Solo entre julio de 1817 y septiembre de 1819 nueve veces recordaba que «sin Marina, sin recursos, y con muy pocas fuerzas europeas ... estas provincias sucumbirán precisamente al enemigo y que la pérdida de la Nueva Granada es infalible»[139].

Morillo tampoco disimulaba su desesperación porque Bolívar «en un solo día acaba con el fruto de cinco años de campaña, y en una sola batalla reconquista lo que las tropas del rey ganaron en muchos combates» y porque se le «abren las Casas de Moneda, arsenales, fábricas de armas, talleres y cuanto poseía el rey nuestro señor en todo del Virreinato»[140]. El que hable de lo que el rey «poseía», en pasado, es muy significativo. Hasta este momento, pese a las dificultades y escasez de medios, Morillo había creído sinceramente que aún era posible cumplir con su misión de pacificar Costafirme, pero a partir de ahora su correspondencia reflejará su profundo desánimo ante una tarea frente a la que ya no se ve con fuerzas y que consideraba abocada al fracaso.

También contribuiría a que su salud se estaba deteriorando. A la herida recibida en la batalla de la Puerta y a su grave caída del caballo en Caracas ahora se les sumaba el escorbuto y unas almorranas que le redujeron, en sus propias palabras, «á un estado el más deplorable»[141].

Ante tanto padecimiento físico, es lógico que también su ánimo se resintiese. Parecía que ya no le quedaba sino apenas un reflejo del empuje con el que había llevado la campaña de pacificación. Desde su regreso a Venezuela las armas del rey habían perdido la iniciativa en favor de los independentistas pues, desde su fracaso en isla Margarita en 1817, la estrategia de Morillo se había reducido a perseguir a Bolívar por la extensa geografía venezolana en busca de un encuentro definitivo que nunca llegaría, pero a partir de ahora los realistas ya ni siquiera saldrán al encuentro de sus enemigos sino que, progresivamente, se irán conformando con esperar su ataque limitándose a defender sus posiciones. Este paso a una guerra de naturaleza eminentemente defensiva solo podía traer la ruina a la causa realista.

Capítulo 12

LA GUERRA SIN ESPERANZA. EL GOBIERNO LIBERAL Y AMÉRICA

(1820)

A finales de 1819 la situación para los realistas en América era muy complicada. En la Nueva España, tras el fracaso de los movimientos de Hidalgo y Morelos, había parecido que los independentistas habían sido definitivamente derrotados, pero con la irrupción, en 1817, de Francisco Javier Mina, héroe de la guerra contra los franceses y desterrado de la península por «constitucional», había vuelto a prender la independencia. El fuego duró poco, pues con su fusilamiento, el 11 de noviembre de 1817, la balanza volvía a inclinarse a favor de los derechos de Fernando VII.

En el sur del continente, en el plano político, el congreso de Tucumán había proclamado en julio de 1816, la plena independencia de España y, en el militar, San Martín la confirmó con el paso de los Andes, enero de 1817, dándoles aldabonazos definitivos con sus victorias en Chacabuco, 12 de febrero de este mismo año, y en Maipú, 5 de abril de 1818, con las que, de paso, también sellaba la independencia de Chile.

En el Virreinato de la Nueva Granada, los realistas solo controlaban la parte norte de Venezuela, disponiendo Bolívar de una clara superioridad territorial, numérica y de recursos, pero uno de los hechos que tendrían mayor importancia para el futuro de la América hispana independiente no tendría lugar en este continente sino en la propia península Ibérica.

El 1 de enero de 1820, el general Rafael del Riego y Núñez se sublevaba en Cabezas de San Juan, Cádiz, proclamando la constitución de 1812 y exigiendo a Fernando VII el retorno a los principios liberales. No era la primera vez que un jefe del ejército recurría al pronunciamiento como arma política. Mina había marchado sobre Pamplona en septiembre de 1814, el alzamiento de Porlier un año después había permitido el establecimiento de un gobierno revolucionario en la Coruña e incluso se había descubierto una conjura para asesinar al rey[1]. La diferencia es que en esta ocasión los liberales sí lograron sus objetivos. El levantamiento de Riego tiene una íntima relación con América no solo por las repercusiones que tuvo en este continente sino porque ya desde su origen estuvo directamente ligado a ella.

El malestar de los liberales frente a la política absolutista de Fernando VII venía de lejos, prácticamente desde el momento en que el rey, olvidándose de que había jurado la constitución de Cádiz de 1812, decidió volver a la monarquía de antes de 1808, pero, como ya se ha dicho antes, la España de 1814 era muy diferente a la que había dejado Fernando en 1808 y el reloj de la historia no admite la marcha atrás. Pese a todo, el rey consiguió mantener su poder aún a costa de ir enfrentándose progresivamente con amplios sectores sociales y políticos. Uno de los que se sintieron peor tratados fueron los militares. Ellos, que habían llevado sobre sus espaldas el peso de la guerra contra el francés mientras el rey era entretenido por Talleyrand en su encierro dorado de Valençai, veían como eran apartados en favor de cortesanos petimetres. La victoria sobre Napoleón había exigido la movilización de toda la sociedad y de un ejército cuyo tamaño era desproporcionado para tiempos de paz y la desmovilización era imprescindible. Este proceso es siempre traumático, pero en la España de 1814 se vio acentuado por coincidir con una profunda transformación social. España se llenó de antiguos militares que exhibiendo sus heridas de guerra se quejaban de la traición de un Gobierno que les dejaba de lado. Estos grupos de descontentos fueron capitalizados por los liberales para quienes el prestigio guerrero constituía una excelente carta de presentación política y en alianza de liberales y militares estaría en uno de los orígenes de la inestabilidad política característica de casi todo el siglo XIX español.

Este era el caldo de cultivo del pronunciamiento de Riego, pero el detonante inmediato fue el descontento de las tropas destinadas a América concentradas en las cercanías de Cádiz. Allí llevaba ya varios años preparándose otra expedición de pacificación que, pese a contar con varios miles de hombres, no acababa de salir por la falta de barcos para llevarla a costas americanas. El fiasco del escándalo de la compra de unos barcos rusos que resultaron inservibles no hizo más que aumentar el descontento entre unos hombres que habían sido reclutados mayoritariamente a la fuerza. El largo tiempo que las tropas pasaron acuarteladas cerca de Cádiz hizo posible que terminasen entrando en contacto con los círculos liberales de la ciudad. Cuenta Miguel Artola que «durante los meses previos al embarque se llevó a cabo una intensa labor de propaganda cerca de la tropa, con el objeto de disminuir sus ya escasos deseos de trasladarse a América»[2]. En esta propaganda desempeñarían un papel fundamental tanto las logias masónicas como los agentes de los independentistas americanos quienes tenían todo el interés del mundo en evitar el envio a América de veinte mil soldados realistas.

Tras varios retrasos, provocados por cosas tan variadas como la encarcelación de algunos de los conspiradores o una epidemia de fiebre amarilla, en la mañana del primero de enero Riego leyó a sus hombres una proclama en la que insistía sobre los peligros del combate en tierras americanas, en la necesidad de establecer «un gobierno moderado y paternal« y «una Constitución que asegure los derechos de todos los ciudadanos»[3]. El levantamiento, lejos de triunfar inmediatamente, al principio apenas si contó con el apoyo de algunas unidades militares próximas y las tropas de Riego pasaron mes y medio recorriendo más de mil kilómetros por tierras andaluzas y extremeñas. El 18 de febrero, Riego entraba en Málaga donde encontró apoyo de parte de la población, pero sus hombres, cada vez más cansados, iban desertando amenazando con dejarle sin ejército. Pese a todo, la resistencia de Riego dio tiempo a que el movimiento encontrase eco en otras partes del Reino. En la Coruña, el general Venegas, con apoyos tanto civiles como militares, asaltó la capitanía general para crear una junta provisional de acuerdo a los principios constitucionales y desde la Coruña, la revolución se extendió por el resto de Galicia. En marzo se registraron levantamientos en Zaragoza, Barcelona, Pamplona y Cádiz y grupos de liberales emigrados en Francia se concentraban en la frontera de los Pirineos para intentar regresar a España.

Ante la lenta extensión del movimiento revolucionario sorprende que la corona no aprovechase para reunir tropas suficientes con las que aplastarlo. El círculo íntimo del rey incluso dudaba sobre si podía contar con el apoyo de la propia Guardia Real por lo que, finalmente, el 7 de marzo, Fernando VII se dirigió a sus súbditos para decirles que, «siendo la voluntad general del pueblo me he decidido a jurar la Constitución promulgada por las Cortes generales y extraordinarias en el año 1812»[4]. Este juramento tuvo lugar tres días más tarde, creándose una Junta Provisional Consultiva responsable del Gobierno hasta que tuviese lugar la reunión de las Cortes para las que se reservaba el derecho a vertebrar el nuevo Estado.

Los más de dos meses que había tardado la revolución en imponerse provocaron que en América los realistas no se atreviesen a mover ni un dedo en espera de noticias ciertas sobre lo que pasaba en la España Europea. Nadie quería correr el riesgo de comprometerse con ningún bando hasta ver cual se alzaba con el triunfo y Morillo no sería una excepción. De hecho, durante todo este tiempo, lo único que sí estuvo claro es la identificación entre las aspiraciones políticas de los liberales en la España peninsular con algunas de las quejas que, según ellos en gran parte legítimas, habían originado en la guerra en la América española. La causa realista había utilizado la ideología del absolutismo como justificación de la soberanía española sobre tierras americanas y liberales e independentistas coincidían en atacar al Antiguo Régimen como origen de todos los males, por lo que no tiene nada de extraño que pensasen en unir fuerzas en contra del enemigo común. Por su parte, al otro lado del Atlántico, los más radicales partidarios de la independencia también pensaron que un gobierno liberal en Madrid haría más difícil su tarea de convencer a sus respectivas sociedades sobre la necesidad de la ruptura total con la monarquía hispana[5].

Morillo era consciente de estos nexos y más de una vez hablará en sus cartas sobre ello[6]. En una dirigida a los independentistas del Congreso de Guayana en 1820 resumirá todo el decirles que «la división nacida del deseo de redimirse de la opresión, que por un falso cálculo se ha creído peculiar de estos países, siendo como ha sido trascendental á todo el imperio»[7].

Durante estos primeros meses de 1820, Morillo tanteaba las aguas de la política de Madrid procurando adaptar su lenguaje a los vientos predominantes en la corte. Mientras en febrero hablaba de «la desgraciada rebelión de las tropas destinadas á Ultramar»[8], y a mediados de abril aún utilizaba un lenguaje absolutista al mencionar «la ocupación de Madrid por los facciosos, la fuga á Burgos de nuestro amado Soberano»[9], pero cuando, en mayo, ya sabe del triunfo de los liberales no le tembló el pulso al asegurar a las nuevas autoridades que él mismo y sus hombres «están resueltos á ser los más acérrimos y obstinados defensores de la Constitución política de la misma, de la sagrada é inviolable persona de su Soberano y de la independencia é integridad nacional»[10]. Para dar muestras de su entusiasmo y fidelidad hacia el nuevo régimen, lo primero que hizo fue enviar una carta, en nombre suyo y en el de todo el ejército expedicionario, en la que felicitaba a Fernando VII por haber jurado la constitución de 1812. Su lenguaje no deja duda alguna de la intención de congraciarse con los liberales,

> ... feliz y glorioso para siempre el 7 de marzo último, en que echando Su Majestad una ojeada paternal sobre su gran familia y queriendo remover de ella los horrores de una guerra civil, acordó jurar la Constitución política de la Monarquía sancionada por las Cortes generales y extraordinarias el 12 de marzo de 1812»[11].

No obstante, el hecho que dirigiese la carta al rey es prueba de que Morillo aún no conocía bien la distribución del poder en la corte. Fernando VII había jurado obligado y quien mandaba ahora no era él sino el nuevo gobierno constitucional. Cuando Morillo se dio cuenta, procedió a remitir un largo despacho al nuevo ministro de la Guerra en el que le ponía al tanto de la situación en Nueva Granada. Morillo escribió, «creo mi deber, ... dirigirme por primera vez á Vuestra Excelencia, poseído de los principios de equidad y justicia que inspira el nuevo sabio sistema constitucional, adoptado felizmente por el Gobierno de las Españas»[12]. En el tono empleado por Morillo es donde se perciben los rastros de una actitud servil que no encaja con la imagen que se había empeñado en construir de sí mismo como el general impetuoso que cumple con su deber más allá de toda consideración política. Muchas veces en la engolada prosa oficial del siglo xix hace difícil distinguir dónde terminan las fórmulas de cortesía y dónde empieza el jabón, pero en este caso parece que Morillo estaba ya frotándole la espalda a su nuevo jefe.

De todos modos, no sería justo deducir sin más que lo que Morillo estaba buscando era asegurar su cargo como comandante en jefe del ejército expedicionario de Costafirme pues, al final del mencionado documento, Morillo insistía en sus «ardientes deseos de dejar un cargo que ya no puedo desempeñar»[13]. En cualquier caso, Morillo también era consciente que, al menos en este momento, era poco menos que insustituible, no solo por su extensa experiencia en la guerra en tierras americanas sino también porque no parecía posible encontrar un general dispuesto a hacerse cargo de una empresa que ya parecía condenada al fracaso. Aunque pueda interpretarse como una estratagema para ser reconfirmado en su puesto, no era esta la primera vez que expresaba su deseo de volver a la península y dado que el detonante de la revolución en España había sido la negativa de las tropas a embarcarse para América estaba claro que ya nunca llegarían los refuerzos que Morillo consideraba indispensables para contener la avalancha de victorias independentistas.

En Nueva Granada, la situación de los realistas hacía aguas por todos los lados. La marina era incapaz de contener las incursiones enemigas y su único éxito en 1820 fue debido no tanto a los barcos de guerra sino a las acciones corsarias del capitán Domingo González[14]. Tan desastroso era el estado de la Marina realista que Morillo se verá obligado a ordenar, en junio, el cese de todas sus operaciones[15]. Pueblos enteros cambiaban de bando de un día para otro y solo unas pocas zonas se mantendrán leales, como Popayán que, en enero de 1820, fue ocupado por los realistas y que constituirá uno de sus principales bastiones hasta casi justo el final de la soberanía española sobre América. A todo ello se le añadiría, como escribía el propio Morillo, «no han sido solos los pueblos los que han cambiado de opinión, uniéndose al enemigo para derrocar al legítimo gobierno: la seducción y el engaño han cundido hasta en los cuerpos de este ejército»[16]. Tras del triunfo de Bolívar en la batalla de Boyacá, en agosto de 1819, las deserciones fueron en aumento y la nueva situación política en la metrópoli solo las empeoró comenzándose a registrar deserciones en masa de cuerpos enteros de criollos. Entre todas estas cosas es interesante destacar uno que refleja muy bien la situación de por aquel entonces.

Juan de los Reyes Vargas, hijo de un español canario y de una indígena, era un líder de la comunidad indígena de la zona de San José de Siquisique (en el actual municipio Urdaneta, estado de Lara, Venezuela). Hacia 1810 movilizó su comunidad en apoyo del movimiento independentista en Venezuela, pero dos años más tarde se pasó al bando realista. Con el grado de coronel se destacó en acciones como la defensa de San Fernando de Apure en 1817, por la que había sido condecorado, o como la victoria sobre partidas rebeldes en la provincia de Barinas, a principios de 1818[17].

Antes de continuar con el caso del coronel Reyes Vargas resulta conveniente detenerse muy brevemente en el papel de los indígenas en general en la guerra de independencia en la Nueva Granada. En primer lugar, es necesario tener en cuenta que, como señala Linda Alexander Rodríguez para el caso de los indígenas del Ecuador, en la mayoría de los casos el concepto «indio» es ajeno a estas poblaciones, sino que viene impuesto por el gobierno colonial y por la sociedad hispanizada. En general, los indígenas «se identificaban se identificaban con grupos individuales, y no con una sociedad "india" más amplia»[18]. Tras esta advertencia previa hay que señalar que hasta hace poco la visión predominante sobre este tema fue la creada por la historiografía tradicional colombiana, que en su misión de construcción nacional, atribuía su apoyo a la causa realista al haber «seguido ciegamente a los clérigos realistas que les aterrorizaban sermoneándoles sobre las consecuencias del pecado de volver sus espaldas al rey»[19]. Sin embargo, estudios más recientes atribuyen el realismo de las comunidades indígenas a la defensa de sus propios intereses, que encontraban en la administración colonial mejores condiciones y oportunidades que las ofrecidas por el bando independentista[20]. Los indígenas concebían su relación con la corona española en términos de un pacto constitucional no escrito en el que ellos pagaban su tributo a cambio de la protección de sus derechos comunales[21]. La constitución de Cádiz alteraría los términos del pacto en beneficio de los indígenas no solo al abolir el tributo sino, y lo que es más importante, al establecer su condición de ciudadanos de la monarquía hispana[22].

En septiembre de 1820, Juan de los Reyes Vargas, se pasó con todos sus hombres al campo de Bolívar. Morillo enfureció y a partir de entonces castigarle se convertiría en una obsesión. Al punto que en su correspondencia con Bolívar y aún a riesgo de hacer fracasar la delicada negociación que tenía entre manos, le exigía que no entorpeciese sus operaciones contra Reyes Vargas «en cuya persecución tengo tropas»[23]. Por su parte, Bolívar consideró oportuno utilizar a Reyes Vargas y sus hombres, pero sin hacerse ilusión alguna sobre su reencontrado patriotismo. «Es un diablo el tal indio, y podremos sacar mucho partido de él», le comentaría a Santander[24]. Aunque Morillo no podría capturarlo en esa ocasión, siguió ocupándose del tema A principios de noviembre de 1820, cuando otros muchos asuntos más importantes y urgentes requerían su completa atención, aún tenía la intención de preparar una expedición de castigo contra él[25]. Reyes Vargas jugaría un importante papel en la victoria de Bolívar en la batalla de Carabobo. La venganza de Morillo llegaría tres años más tarde a manos de los patriotas venezolanos, cuando Juan de los Reyes Vargas fuese asesinado, probablemente a instancias de José Antonio Páez[26].

La deserción de Reyes Vagas y sus hombres fue, tal vez, la más significativa, pero en modo alguno la única, pero si los soldados realistas americanos se pasaban al enemigo a cientos, no sucedía lo mismo con los de origen europeo. Mientras que los criollos tenían la esperanza de ser bien tratados por Bolívar, quien los recibía con los brazos abiertos, los peninsulares aún recordaban las palabras del decreto de guerra a muerte de junio de 1813 en el que les decía «españoles y canarios contad con la muerte aun siendo indiferentes si no obráis activamente en obsequio de la libertad de América». Pese a que en teoría estos tiempos habían terminado, el destino de muchos prisioneros que se habían rendido a Bolívar tras la batalla de Boyacá fue el de ser pasados por las armas en la plaza mayor de Santa Fe de Bogotá pese a que se les habían dado todo tipo de garantías sobre su seguridad. Así las cosas, los soldados europeos no tenían más opción que seguir combatiendo, como reconoce Morillo, «animados por su propia conservación y defensa« o, en otras palabras, a vida o muerte[27].

Con estas perspectivas no tiene nada de extraño que la disciplina se deteriorase y que a los oficiales les costase cada vez más trabajo hacerse obedecer. Como ya se ha visto, en agosto de 1820, Morillo advertía sobre la posibilidad de revueltas entre sus hombres, peligro que cortó de raíz al imponer severos castigos[28], pero por mucho que no tolerase la insubordinación Morillo no dejaba de reconocer las espantosas condiciones de vida de sus hombres: escasa paga que llegaba tarde o nunca, enfermedades, falta de alimentos, vestuario, armas, etc. Por otra parte,

Morillo seguía necesitando desesperadamente reemplazos. Si hasta hacía poco consideraba hubieran bastado tres o cuatro mil hombres más, tras el desastre de Boyacá, Morillo estimaba que eran imprescindibles entre siete y ocho mil[29]. Pocos meses más tarde, en febrero de 1820 incrementaba la cifra hasta los 12 000, lo que era como pedir la luna. De hecho, tras la revolución de Riego todos sabían que nunca llegaría ni un solo hombre más y el propio Morillo reconocería que «desde el momento en el que los españoles americanos se han persuadido que no pueden esperar auxilios de la península, ... puede decirse que se acabó en Venezuela y Nueva Granada la dominación española»[30].

Morillo siempre fue partidario de una política de fuerza contra la insurrección en América. Una y otra vez se han recogido testimonios suyos en los que insiste en que solo desde la victoria con las armas podía obtenerse una salida al conflicto, pero el nuevo gobierno liberal tenía ideas bien distintas. La ya mencionada identificación entre las aspiraciones políticas de liberales peninsulares e independentistas americanos hizo creer al Gobierno de Madrid que todo podía solucionarse con una reforma de las instituciones que asegurase una adecuada participación de los criollos en la administración de los asuntos de la monarquía. Nada más erróneo. Pudiera argumentarse que, tal vez y solo tal vez, a finales del siglo XVIII o en los primeros momentos de la guerra de independencia americana, estas medidas hubieran tenido algún efecto, pero atras una década de sangrientas guerras era demasiado tarde. Poco tiempo después de haber jurado la constitución de 1812, Fernando VII, dirigió una proclama los españoles americanos que resumía perfectamente la nueva visión.

> Vosotros, los que vais extraviados de la senda del bien, ... Nada os ha producido vuestra sentida escisión sino lágrimas y dolor, desengaños y amarguras, turbulencias, enconos, partidos encarnizados, hambres, incendios, devastación y horrores inauditos. ... Pues, ¿qué esperáis? Oíd la tierna voz de vuestro rey y padre. Cese el inquieto y receloso cuidado que os agita. ...
> Ni es posible que puedan ser enemigos los que son verdaderamente hermanos; los que hablan un propio idioma; los que profesan una misma religión; que se rigen por unas mismas leyes; que tienen iguales costumbres; y, sobre todo, que los adornan las mismas virtudes, estas virtudes, hijas

> del valor, de la generosidad y de la suprema elevación de las almas grandes. ...
> Depónganse las armas, y extíngase la bárbara guerra...
> Las Cortes, ... van á juntarse. Vuestros hermanos de loa península, esperan ansiosos con los brazos abiertos á los que vengan enviados por vosotros para conferenciar con ellos, como iguales suyos, sobre el remedio que necesitan los males de la Patria y los vuestros particularmente. ....
> Pero si desoís los sanos consejos que salen de lo íntimo de mi corazón, y si no cogéis y estrecháis la fiel y amiga mano que la cariñosa Patria os presenta, esta Patria que dio el ser á muchos de vuestros padres, y que si existiesen os lo mandarían con autoridad; temed todos los males que producen los furores de una guerra civil. ...
> ¡Oh, nunca llegue el momento fatal de una inconsiderada obstinación! Nunca, para no tener el grave dolor de dejar de llamarme, ni por un breve espacio de tiempo, vuestro tierno Padre.
>
> Firmado - Fernando[31]

En suma, todo había sido un malentendido entre hermanos y bastaba con que unos cuantos americanos acudiesen a las nuevas Cortes para que todo volviese a su cauce. Todo era hueco y fuera de lugar, incluso la escasamente velada intimidación final estaba vacía de contenido. Fernando VII ya no podía amenazarles con el envío de más soldados y se limitaba a prevenirles contra los horrores de una guerra civil entre ellos mismos. Ni que decir tiene que esta proclama no tendría el menor efecto. Morillo reflejó muy bien la situación cuando escribió a Madrid que,

> Ellos no quieren ser españoles, así lo han dicho altamente desde que proclamaron la independencia, así lo han sostenido sin desmentir jamás su opinión en ninguna circunstancia ni vicisitud de la península, esto repiten ahora sin dejar las armas de la mano, lo repetirán siempre sea cual fuere nuestra conducta y nuestro Gobierno, la absoluta independencia ó la guerra es el solo arbitrio que nos dejan á escoger[32].

Esto mismo gritaban los soldados de Bolívar al entrar en batalla, «¡Patria o Muerte!». Morillo no se engañaba y era perfectamente consciente de que este intento de Madrid de proponer buscar juntos el remedio a «los males de la Patria y los vuestros particularmente»[33] no llevaría a ninguna parte. Si la alternativa era «la absoluta independencia ó la guerra»[34] y el nuevo Gobierno no podía, ni quería, enviar más soldados a América, entonces, la independencia era solo cuestión de tiempo. Así lo expuso Morillo una y otra vez, en un vano intento de hacer comprender a sus nuevos superiores la verdadera naturaleza de la guerra en América. No sorprende, pues que su tono se fuese cada vez volviendo más y más sombrío. En marzo hablaba de que «tal vez llegue ya el término, como lo he predicho en otras ocasiones, de no ser suficientes los medios que se han pedido para continuar la guerra felizmente»[35], en julio, que ya «nadie duda del funesto término de nuestros esfuerzos»[36] y a principios de agosto, se preguntaba sobre el destino de

> ... las innumerables familias comprometidas en la causa de la nación, los europeos establecidos, los pueblos que se han mantenido fieles, las tropas del país que combaten por la causa de la nación, ¿serán así abandonadas y se dejarán expuestas al encono y á la ferocidad de los que se abrogaron el derecho de destruirlos ó dejarlos reducidos á la mayor degradación por la constancia y lealtad con que sirvieron a la Madre Patria?[37]

Apenas unas semanas más tarde añadiría que pronto no tendrá más remedio que comunicar a Madrid «el total abandono» de Costafirme y el «exterminio de su ejército»[38]. Finalmente, en octubre, tras exponer que solo violando la propia constitución de 1812, mediante el uso de la fuerza sería posible restablecer «el saludable respeto a la autoridad«, y como él se niega a «cometer una infracción del menor de sus celestiales artículos», confesaba que ya no le quedaba más que hacer y «seré un pasivo espectador de este desorden público; lloraré con los buenos los efectos de la impune audacia de los perversos» concluyendo con una nueva petición para ser relevado de su cargo[39].

Si la penosa situación de sus tropas y la política de Madrid no fueran suficientes para sumir a Morillo en el más profundo de los desánimos, a ello se le añadirían virulentos ataques contra su actuación como jefe del ejército de Costafirme. El más grave de todos tuvo lugar en abril de 1820, cuando aparecieron unos artículos firmados por un tal Enrique Somoyar que ponía por escrito lo que hasta entonces eran solo insultos que circulaban de boca en boca. Curiosamente, sería este ataque el que sacaría a Morillo de su postración.

Tras el nombre de Enrique Somoyar estaba Antonio Nariño. Enrique Somoyar era el nombre de un amigo suyo quien le había librado de la muerte por hambre cuando estuvo preso en los calabozos de Bocachica en Cartagena de Indias[40] y varias fuentes mencionan que lo utilizó como pseudónimo para firmar sus escritos desde la cárcel de Cádiz[41]. Que Nariño sintiese odio contra Pablo Morillo es perfectamente lógico pues el general era el máximo exponente de lo que para Nariño era la opresión de América por parte de la corona española. Con el levantamiento de Riego en Cabezas de San Juan y el triunfo de la revolución liberal Nariño obtendría, en marzo de 1820, una cierta libertad de movimientos que le permitiría, poco más tarde escapar a Gibraltar, desde donde escribiría sus tres famosas cartas contra Morillo. Una vez en la Roca pasaría a Londres desde donde desesperadamente intentaba encontrar el modo de embarcarse a tierras americanas. Tal era su desesperación que no dudó en entrevistarse con el embajador de España ante la corte británica para manifestarle, según cuenta el diplomático español,

> ... que teniendo en América a su mujer é hijo y no queriendo regresar a España porque no le arrestasen, pensaba dirigirse á su país, lo que había querido manifestarme para que tuviere entendido, que aunque su determinación pareciera de distinta naturaleza, él se propondría servir á Su Majestad contra los Insurgentes con mejores resultados que el Congreso de España... que si por el solo fuera, en la misma tarde en que me hablaba firmaría la sumisión de su país al rey bajo el sistema constitucional, pero que la opinión en América difería de la suya y que primero se sujetarían los insurgentes a dominio de los moros que al de los españoles.. y declarándome que —se iba a América, para que cuando se verifique la independencia pudiere sacar la España las ventajas que querrán sacar los extranjeros haciendo pagar caros sus servicios—[42]...

En cualquier caso, nada nuevo había en estos artículos aparecidos en la Gaceta Patriótica del 21 y 28 de abril de 1820, todo se había dicho antes. En ellos se acusa a Morillo de violento, cruel, sediento de sangre, de haber maltratado a la Iglesia, al virrey, a las autoridades de la Corona en Indias, de haberse excedido en sus instrucciones, de amiguismo, de corrupción, etc. No es necesario analizar cada uno de los cargos pues ya se han despachado a la hora de analizar la personalidad de Morillo, pero si es preciso detenerse en su reacción.

No es precisa demasiada imaginación para imaginarse la furia de Morillo. Para él nada había más preciado que su reputación y honor por lo que su rabia no conocería límites. ¿Qué hacer? ¿Cómo reaccionar? No tenía a Somoyar a su alcance para mandarlo fusilar y no encontró mejor respuesta que ponerse a escribir su respuesta a la que tituló, *Manifiesto que hace á la Nación Española el teniente general don Pablo Morillo, conde de Cartagena, marqués de la Puerta, y general en jefe del Ejército Expedicionario de Costafirme con motivo de las calumnias é imputaciones atroces y falsas publicadas contra su persona en 21 y 28 del mes de abril último en la gaceta de la Isla de León, bajo el nombre de Enrique Somoyar*[43]. En este escrito, 59 páginas completadas con otras 60 de documentos, Morillo hace un repaso de su campaña de respondiendo a todas y cada una de las imputaciones de Somoyar.

Ya desde la primera página de su Manifiesto deja bien clara su intención al escribirlo cuando dice, «mi honor no se ofende impunemente, ni la reputación que he procurado adquirir á fuerza de servicios, de trabajos, de privaciones y de mi sangre,...»[44]. Es la queja de un soldado que, pese a sus defectos y errores, siempre tuvo como suprema guía de su vida el cumplir con su deber. Un soldado al que hasta incluso enemigos tan feroces y poco dados al halago como los llaneros llegarían a decir que era «una pena que hubiese nacido en España y una vergüenza que no fuera un patriota»[45].

Sobre la pretendida crueldad de Morillo no es necesario extenderse demasiado ya que se ha tratado extensamente con anterioridad, pero sí es relevante registrar que Morillo reconoce que han habido excesos cuando dice que «no dudo que han existido en estos países individuos del ejército de mi mando, que, olvidados de sus deberes, de mis órdenes y deseos han incurrido en las faltas que me imputa Enrique Somoyar. Han existido; pero por fortuna han sido muy pocos». La defensa de Morillo es simple, «¿Y que culpa puede imputárseme con justicia de los delitos ajenos?», insistiendo una y otra vez en las muchas medidas que tomó contra aquellos que se mostraron indignos de su confianza[46].

En lo que respecta a otras acusaciones, como la de pretender que utilizase su cargo para enriquecerse, Morillo también arremete con fuerza. Es cierto que Morillo dictó multitud de medidas encaminadas a obtener recursos, pero no es menos verdad que cada peso, cada caballo, cada saco de trigo o lingote de plata se fue a financiar los gastos del ejército expedicionario. Prueba de ello es que la Corona nunca no encontró el menor reproche que hacer a las cuentas del ejército[47]. En este sentido, señala que en julio de 1820 aún se le debe la mayor parte de su propio sueldo como general en jefe4[8] lo que apoya con un certificado del tesorero de la expedición[49]. Por si todo ello no fuera suficiente, Morillo habla de las privaciones que ha tenido que sobrellevar y que estas hubieran sido aún mayores «si una esposa que me es adorable no hubiese dulcificado mi suerte partiendo conmigo los bienes que la fortuna le concedió»[50].

Para terminar con la reacción contra los artículos de Somoyar es preciso mencionar que también su mujer acudió en su defensa. El 8 de mayo de 1820, María Josefa Villar de Morillo dirigió desde Cádiz una carta al editor del Diario Mercantil en la que acudía en «defensa del honor de mi esposo el teniente general don Pablo Morillo» donde se preguntaba «¿cuáles son los delitos del general Morillo? ¿Haber sido el militar más laborioso desde que España se enardeció contra la alevosa conducta del ejército francés...? ¿Haber obedecido las (órdenes) que seguidamente a la paz continental le comunicó el Gobierno español? ¿Haber por esta obediencia sufrido toda suerte de privaciones y de males hasta el extremo de derramar su sangre, y encontrase á los bordes del sepulcro?»[51].

Los tratados de Trujillo

Regresando a la situación en Costafirme en este año de 1820, la nueva política de Madrid de buscar una solución pacífica al conflicto se tradujo en unas instrucciones en las que se urgía a Morillo a comunicar a los rebeldes el nuevo estado de cosas en la península y se le ordenaba suspender las hostilidades de manera inmediata. Para el Gobierno de Madrid no se trataba de cuestionar el derecho de España a la soberanía de sus posesiones americanas pues, según John Lynch «los liberales españoles no eran menos imperialistas que los conservadores españoles», sino de buscar una solución negociada a un conflicto que estaba desangrando el imperio[52]. Morillo cumplió enviando una circular a todos los jefes del ejército en la que les informaba de que el rey «me ha autorizado para tratar particularmente con los gobiernos disidentes; entendernos y convenirnos; conviniéndolos, hacer desaparecer para siempre aún la funesta memoria de los sucesos pasados» y añadía que, en ese mismo momento, se estaba dirigiendo «por comisionados suficientemente autorizados á las autoridades que gobiernan en la actualidad en los países separados, del modo más claro, satisfactorio y capaz en la prudencia humana de terminar las disensiones entre hermanos»[53].

En efecto, en esa misma fecha, 17 de junio de 1820, enviaba una comunicación al Serenísimo Congreso establecido en Guayana «proponiendo una suspensión de hostilidades hasta lograr realizar la reconciliación»[54]. Para tal delicado encargo Morillo designó a Tomás de Cires, gobernador de la provincia de Cumaná y a José Domingo Duarte, intendente del ejército. La elección de dos personas que no habían tenido una participación directa o activa en las campañas militares mostraba un buen olfato político y posibilitaba que su misión no se viese teñida por el natural resentimiento que habían generado los largos años de guerra. Apenas cinco días más tarde, Morillo escribía a Bolívar en el mismo sentido enviando como mensajero a Francisco González de Linares, natural de Caracas[55]. Varios son los aspectos relevantes de esta comunicación. El primero es que no sabiendo cómo dirigirse a Bolívar lo hace tratándole de Excelencia, lo que significa un tácito reconocimiento del papel del libertador al que hasta entonces solo se había referido como simple bandido o rebelde. Por otro lado, también es importante que admite que está ciegas al reconocer que «ignorante del lugar en que las operaciones militares permiten a Vuestra Excelencia residir» se ha visto obligado a mandar varios correos con idéntico mensaje[56]. Esta ausencia de una buena inteligencia en el campo realista ya ha sido comentada y fue un lastre en toda la campaña militar de Morillo por tierras americanas pero, a partir de ahora sería aún más grave si cabe pues si en la guerra la información es esencial, en la diplomacia es el arma suprema.

Pese a haber enviado emisarios tanto al Congreso de Guayana como al propio Bolívar, Morillo no tenía muy claro cuál era su objetivo final. Sus órdenes le obligaban a entrar en contacto con los líderes insurgentes, pero aparte de comunicarles los cambios en la política de Madrid y ofrecerles su participación en unas futuras Cortes, poco más contenía la propuesta realista. Este error de partida lastraría todo el proceso. Aunque para la desesperada situación realista en Costafirme, la mera apertura de negociaciones acompañada de un armisticio podía considerarse como un importante respiro, la realidad es que no hacía mñás que posponer la inevitable agonía. La idea de disponer de tiempo para reorganizar sus fuerzas parece entreverse en las numerosas ocasiones en que Morillo le da largas Bolívar le da largas o le dice que por ahora no pero que habrá que seguir tratando el tema. Esta hubiera sido una estrategia inteligente si el tiempo hubiera podido ser utilizado servido para reforzar su posición, pero el hecho es que, con el paso de los meses y sin ninguna esperanza de refuerzos desde la península, lo que acabó produciendo fue la consolidación de las posiciones independentistas y un debilitamiento progresivo de las guarniciones realistas en toda la geografía venezolana.

Con el envío de comisionados por parte de Morillo se abriría un largo periodo de idas y venidas en los que las operaciones militares se limitaron a pequeñas acciones dentro de las respectivas áreas de influencia de cada uno de los bandos. De hecho, en junio de 1820, puede darse por terminada terminaba la fase militar de la campaña de Morillo en tierras americanas abriéndose una en la que la diplomacia ocuparía el lugar de las armas. Ya se ha insistido en que Morillo era un buen soldado, pero en lo que se refiere a cualidades políticas y diplomáticas su preparación y carácter le situaban en inferioridad de condiciones frente a un estadista de la talla de Bolívar. Si en el campo de batalla Morillo fue un formidable oponente al libertador, en el de la diplomacia nunca estuvo a su altura.

Como en tantas ocasiones en la diplomacia, el primer problema que debió enfrentar Morillo, no sería sobre el contenido de sus propuestas sino de índole casi protocolario. Sus enviados al Congreso de Guayana ni siquiera fueron recibidos[57] y los que despachó a Bolívar se encontraron con la respuesta de que sus poderes no eran suficientes para negociar[58]. Acostumbrado a ocuparse de problemas de substancia, Morillo se desesperaba ante este tipo de cuestiones casi de procedimiento, pero por muy adjetivas que parezcan, tenían su importancia, pues la apertura de negociaciones por parte del enviado del Gobierno de España suponía un salto cualitativo muy importante. Hasta este momento, desde el punto de vista jurídico los independentistas no eran más que una partida de rebeldes alzados contra la legítima autoridad de su soberano. De esta consideración se derivaba que no pudiera haber con ellos otro trato que no fuera el castigo para los reos de traición, tal y como ya se expuso a la hora de tratar la base legal para la represión de Morillo en Santa Fe de Bogotá. No obstante, hay que reconocer que la consideración jurídica de los independentistas había comenzado a cambiar desde que, en 1817, Morillo consintiese que el capitán general de Venezuela, Juan Bautista Pardo, restableciese la total vigencia de las leyes de la monarquía[59] con lo que, según Restrepo, «cesó, por tanto, en todo lo que era posible, el despotismo y la arbitrariedad militares con que el gobierno español había oprimido a Venezuela desde la entrada de Monteverde, en 1812»[60]. A este hecho se le sumarían otras voces, como la del fiscal Andrés Level de Goda, criollo y realista, que abogaban por la aplicación del derecho de la guerra al conflicto en tierras americana[61], pero lo cierto es que nunca hasta este momento se había planteado de manera tan clara la necesidad de reconocer abiertamente el estatuto de beligerantes a los independentistas. Por mucho que Morillo instruyese a sus comisionados a obviar el espinoso tema de la sumisión de los independentistas a la monarquía española de hecho ya se estaba dando entrada al tema de la independencia cuando en las credenciales de Morillo a dos de sus comisionados se refiere al «excelentísimo señor presidente don Simón Bolívar»[62].

Los primeros contactos no fueron fáciles y los enviados de Morillo tardarían varios meses en poder iniciar verdaderas negociaciones, pues no sería hasta finales de noviembre cuando Bolívar confiera poderes a sus comisionados. Para entonces ya se había producido un abundante intercambio de correspondencia entre ambos jefes y poco a poco se había ido perfilando el contenido de las negociaciones. Ya se ha visto que la primera idea de Morillo era una simple suspensión de hostilidades hasta poder arreglar los detalles de la participación americana en las nuevas Cortes, en los términos establecidos en la proclama de Fernando VII a los habitantes de Ultramar[63], pero poco a poco Morillo fue ampliando el alcance de las negociaciones al acceder a tratar de medidas como el permitir el regreso a Venezuela de los emigrados[64].

Bolívar desconfiaba, pero también necesitaba tiempo para digerir su triunfo en el reino de Nueva Granada y reorganizar sus exhaustas fuerzas que además estaban casi sin munición[65], por lo que decidió aprovechar la ocasión alargando al máximo posible los preliminares: pidiendo garantías para un eventual armisticio[66], sacando a relucir la, a todas luces secundaria, cuestión de su duración[67], o no acudiendo a una cita con los comisionados[68].

El 3 de noviembre la negociación dió un importantísimo giro cuando, de manera magistral, Bolívar arrebató la iniciativa a Morillo al proponerle añadir al armisticio un tratado de regularización de la guerra. Fue un golpe de efecto maestro. El mismo Bolívar que había decretado la guerra a muerte a españoles y canarios era ahora quien abogaba por la humanización del conflicto. Con esta iniciativa ampliaba el objeto de las discusiones y transformaba un simple acuerdo temporal por el que se suspendían las hostilidades en un tratado en toda regla entre iguales, podría interpretarse que suponía el reconocimiento de hecho de la existencia de una República de Colombia. No parece que Morillo se percatase de la importancia del paso. Ni él, ni sus comisionados eran hombres de leyes y se les escapaba la enorme trascendencia del hecho por lo que siguieron avanzando en las negociaciones pasando a acordar con Bolívar que el armisticio sería general, extensivo a todo el territorio del Virreinato. Entretanto, Morillo introdujo en la negociación aspectos menores que en nada mejoraban su posición, ni en la mesa de negociaciones ni sobre el terreno, pero que para el general en jefe eran esenciales. Entre ellos está la ya mencionada obsesión por apresar al coronel Reyes Vargas. Por su parte, Bolívar, lejos de contentarse con la victoria diplomática en los grandes principios se negó a esta concesión y el caso de Reyes Vargas produciría una tensión adicional que contribuiría a exacerbar los ánimos en un momento muy delicado. La crisis, casi inevitable en toda fase final de una negociación, sobrevino cuando el teniente coronel realista Domingo Pita, por su cuenta y riesgo, decidió pedir a Bolívar que retirase todas sus tropas de Venezuela. La dura reacción del libertador no se hizo esperar[69] y el resto de los comisionados realistas no dudaron en alejar a Pita de las iras de Bolívar con el pretexto de llevar despachos a Morillo[70]. Los últimos días estuvieron llenos de dudas y Morillo llegó a pensar que no tendría más remedio que volver a las armas[71].

Por fin, el 25 de noviembre de 1820, los comisionados realistas se dirigieron a su jefe para comunicarle que el tratado de armisticio había sido acordado y que el de regularización de la guerra quedaba pendiente de algunos puntos que debían ser tratados por el propio Morillo[72]. La importancia de ambos documentos hace necesario detenerse un momento sobre ellos.

Ya en el mismo encabezado de ambos está implícitamente recogida la derrota realista pues el hablar de «los Gobiernos de España y de Colombia» en pie de igualdad suponía el reconocimiento de la soberanía del nuevo Estado. Bastaban estas pocas palabras para echar el cerrojo a más de trescientos años de soberanía española sobre tierras americanas lo que, evidentemente, superaba con mucho el poder de Morillo. Por mucho que sus instrucciones fuesen amplias y que contase con la confianza del Gobierno de Madrid, lo cierto es que se había excedido en sus atribuciones y teóricamente carecía de poder para estampar su firma en tal documento. Por si ello no fuera suficiente, hacía algo más un mes, Morillo había sido relevado de su cargo de jefe del ejército expedicionario de Costafirme[73]. Decenas de veces había solicitado dejar sus responsabilidades y cuando, por fin Madrid había accedido a sus peticiones, Morillo decidió aplazar su cese hasta concluir los tratados. Morillo era consciente de que si cesaba entonces se ponía en peligro la conclusión de los tratados por lo que, aún a riesgo de desobedecer sus órdenes, continuó al mando. Un hecho, que sumado al ya mencionado del reconocimiento implícito de la independencia de Colombia, podía costarle su carrera.

Volviendo a los tratados, el de armisticio establecía una suspensión de hostilidades por seis meses renovables. Pese a que Morillo hubiera preferido un periodo más largo, lo cierto es que Bolívar se había mostrado inflexible, negándose a comprometerse por más tiempo. Ambos ejércitos permanecerían en el territorio que controlaban en el momento de la firma, siendo éstos delimitadas en su artículo tercero. Las posiciones realistas quedaban reducidas al norte de Venezuela, con centro en Caracas, limitando al sur con San Fernando de Apure, al oeste con Barinas y Trujillo y al este desde Puerto de la Cruz (al norte) hasta el río Orinoco (al sur). En otras palabras, la presencia española la zona pasaba de más de dos millones de kilómetros cuadrados a apenas unos doscientos cincuenta mil. Los puertos de Cartagena y Maracaibo quedaban, respectivamente, para realistas e independentistas y se establecía que ambos quedarían libres al comercio civil pero no al de armas y pertrechos de guerra. Esto, que parece tan equitativo, era en realidad beneficioso para los independentistas pues pese a que se respetaba la presencia realista en Cartagena de Indias, lo cierto es que la plaza estaba ya rodeada y, como no se estableció un sistema de control para el cumplimiento de la prohibición de comerciar con armas y pertrechos, el resultado fue que los independentistas pasarían a disponer de un puerto libre desde el que poder abastecerse libremente de todo cuanto necesitaban para la guerra. No hay que olvidar que, en mayo de 1820, los Estados Unidos habían reconocido a los gobiernos independientes de la América hispana[74], por lo que su política pasaría de la mera simpatía, a un apoyo cada vez mayor que pronto traduciría en un comercio floreciente[75]. El Reino Unido, por su parte también había empezado a inclinarse hacia los independentistas, sobre todo desde que se descubriese un plan francés por el que pretendían colocar a un príncipe borbón en un trono en Buenos Aires. Castlereagh había entrado en comunicación directa y abierta con los agentes colombianos en Londres con la intención de explorar el reconocimiento inglés pero la muerte de Jorge III, en enero de 1820, y el advenimiento de su hijo Jorge IV produjo una complicada situación de política interna que exigió de todas sus fuerzas[76] por lo que la consideración de los asuntos americanos sufrió un considerable retraso y este reconocimiento no llegaría hasta algunos años después. No obstante, ello no impediría que comerciantes de ambos lados del atlántico llegasen a substanciosos acuerdos que permitirían a los independentistas colombianos surtirse de materiales y armas[77].

Por último, el artículo 14 del tratado de armisticio preveía que,

> ... para dar al mundo un testimonio de los principios liberales y filantrópicos que animan a ambos gobiernos, no menos que para hacer desaparecer los horrores y el furor que han caracterizado la funesta guerra en que están envueltos, se compromete uno y otro gobierno a celebrar inmediatamente un tratado que regularice la guerra conforme al derecho de gentes, y a las prácticas más liberales, sabias y humanas, de las naciones civilizadas[78].

El alcance de este Tratado de regularización de la guerra superaba con mucho el del mero armisticio y suponía un paso decisivo en la lucha jurídica por la independencia de América. En el enunciado del articulo 14 del tratado de armisticio y en el preámbulo del tratado de regularización se refleja claramente la filosofía liberal que lo inspiraba. Una filosofía que desde el lado europeo del atlántico se veía como la que haría posible superar las diferencias que habían desembocado en «la guerra que existe entre ambos gobiernos»[79], pero que desde América sustentaba las esperanzas de obtener «la emancipación de toda la América»[80]. La firma del tratado de regularización de la guerra fue muy bien acogida en la época. Desde los Estados Unidos de Norteamérica, Thomas Jefferson saludó «el cese del derramamiento sin sentido de sangre humana en esas tierras»[81].

La idea aparentemente tan moderna de que «el derecho de las partes en conflicto a elegir los métodos o medios de hacer la guerra no es ilimitado»[82] tiene, sin embargo, sus raíces en autores como Vitoria, Suárez o Grocio y los preceptos recogidos en el tratado de regularización de la guerra firmado entre Bolívar y Morillo constituyen buena prueba de ello[83]. Conscientes del «horror con que ven la guerra de exterminio que ha devastado hasta ahora estos territorios convirtiéndolos en un teatro de sangre» decidieron ponerle límites «conforme a las leyes de las naciones cultas, y a los principios más liberales y filantrópicos»[84]. El criterio que inspira todos estos esfuerzos es el de erradicar aquellas prácticas que «causen males superfluos o sufrimientos innecesarios» tanto a combatientes como a no combatientes. La distinción entre ambos grupos, que tantas controversia genera aún hoy en día, en 1820 fue resuelta, asegurando, en el artículo 11, que los civiles fueran «altamente respetados», determinándose que «gozarán de una extensa y absoluta libertad y seguridad, sean cuales fueren o hayan sido sus opiniones, destinos, servicios y conducta, con respecto a las partes beligerantes»[85]. Por lo que se refiere a los ejércitos en liza, se establecía un sistema de garantías para prisioneros, heridos o enfermos, e incluso de disponer la obligación de otorgar a los caídos «los últimos honores de la sepultura»[86].

Como puede verse, este Tratado de Regularización de la Guerra supone un precedente en la consolidación del Derecho Internacional en materia de conflictos armados (*ius in bello*), y suele citarse como un importante paso en su avance y consolidación, no solo en marco del Derecho Colombiano sino también en el internacional cuya culminación llegaría con los convenios de La Haya y de Ginebra[87]. Si los hombres mereciesen ser juzgados solo por sus mejores acciones, Morillo y Bolívar deberían haber pasado a la historia como precursores del moderno derecho de los conflictos armados.

Concluidas las negociaciones solo quedaba el asunto de la formalización del acto de la firma y para ello Morillo solicitó entrevistarse personalmente con Bolívar. Este encuentro de Santa Ana, cuya descripción abrió el presente libro, supondría el cierre efectivo de la misión de Morillo en tierras americanas y una vez concluido no le quedaba sino hacer las maletas.

El 13 de diciembre de 1820, Morillo hacía efectivo su cese entregando el mando del ejército expedicionario de Costafirme a Miguel de La Torre. Entretanto no había permanecido inactivo y en previsión de que a su regreso a España se encontrase con un ambiente hostil decidió cubrirse las espaladas. Morillo siempre se empeñó en que «las voces de descontento»[88] contra él «solo dimanan o de la mala fe, ó de un egoísmo detestable, ó de un espíritu anti-monárquico»[89], pero también era consciente de que el nuevo clima político en España, que identificaba liberales e independentistas, podía hacerle pagar caros sus servicios al absolutismo de Fernando VII. Conocedor de los vericuetos de la burocracia, se armó de un grueso expediente para justificar todas y cada una de sus acciones. El 3 de diciembre de 1820 enviaba una circular «á las principales autoridades civiles, políticas y eclesiásticas de Venezuela y otros puntos, pidiéndoles certificación de su conducta»[90] en la que no dejaba duda alguna sobre qué es lo que solicitaba: el puro y simple endoso de todo lo hecho por Morillo desde su llegada a tierras americanas. Y para que no quedase duda alguna sobre los puntos que debían cubrir les instaba a que esperaba que sus testimonios «se hallen concebidos sobre los particulares siguientes»[91] y añadía una larga lista que cubre casi todos los aspectos de la actuación de Morillo en América. Es de interés detenerse sobre estos particulares ya que reflejan lo que Morillo consideraba como más importante de su conducta o aquello por lo que temía poder ser atacado.

Pedía Morillo que hablasen de «si he sido incansable», de su «integridad y desinterés». Cuando tratasen de la «disciplina de las tropas» como sabía que no siempre fue todo lo buena que hubiera debido, añadía que se deben mencionar los reglamentos dictados por él para conservarla. También pidió referencias sobre los nombramientos militares que había hecho. Como temía ser acusado de haberse excedido en sus poderes, lo que en su día le había costado ya la suspensión temporal de las facultades contenidas en sus instrucciones, solicitaba que se informase sobre «si he protegido, en cuanto dependía de mi autoridad, el comercio marítimo y terrestre», si «para los auxilios del ejército me he dirigido á las competentes autoridades», que relaten que no abusó de sus amplias facultades en el tiempo en que las tuvo y que digan si «he procurado luchar contra los abusos». Para limpiar su nombre de las acusaciones de corrupción que Enrique Somoyar había lanzado contra él, añade que debe constar que «no he tenido intervención en la venta de bienes secuestrados ni en su administración». Por último, pero no menos importante, invitaba a las autoridades a que hiciesen referencia a su lealtad a la constitución señalando que,

> ... desde que se recibieron las primeras noticias de haber jurado el rey la Constitución política de la Monarquía empecé a dar disposiciones para que se jurase en estas provincias, haciéndolo anunciar en la Gaceta de Gobierno hasta que se verificó el juramento con la mayor solemnidad el 7 de junio último, desde cuya época ha seguido y sigue perfeccionándose la marcha del sistema constitucional.

Morillo pasó sus últimas semanas en América recolectando todos sus documentos y despidiéndose de sus compañeros de armas. Sabía muy bien que los dejaba condenados a la derrota y que el destino de los realistas en el continente estaba sellado, pero nada más podía hacer. Se había desgañitado pidiendo a Madrid soldados y recursos con los que continuar la guerra y advirtiendo que la nueva política de conciliación solo traería el fin de la presencia española en estas tierras. Muchos señalados realistas se dirigieron a él pidiéndole que se quedase, pues veían en él la única posibilidad, si no de vencer al menos de retrasar la tan temida independencia. De estos momentos datan cartas en las que se trasluce la desesperación de estos españoles americanos al verse abandonados a su suerte[92]. Era el momento de las despedidas y, el 3 de diciembre de 1820, Morillo dirigió su última proclama a los pueblos de Venezuela en la les decía que «os dejo entrando al templo de la paz» añadiendo que «mis venezolanos y mi ejército de Costafirme estarán siempre en mis memorias como los objetos de mis delicias» y a los que solo pudo prometer que iría «al pie del trono y al centro de la representación nacional para buscar allí su fortuna y el remedio de sus males» pero, sin duda, el adiós más doloroso fue cuando hubo de separarse de sus tropas para anunciarles que partía «para la España europea»[93].

Primero se dirigió a todo el ejército de Costafirme diciéndoles:

> ... conmigo va vuestra heroica memoria; conmigo la gratitud á trabajos y victorias que habéis padecido y conseguido por mi honor, por mi fortuna y mi gloria. [...] ¡Soldados! Un inmenso océano va a separarme de vosotros, pero en cualquier parte á donde la suerte me conduzca, allí estará siempre conmigo mi ejército de Costafirme. Sed siempre lo que habéis sido; conservad vuestra disciplina, y ni mis afectos será burlados ni mis esfuerzos por vuestra recompensa y fortuna serán injustos.

Reservó sus palabras más sentidas para el regimiento de la Unión, rebautizado como de Valencey al que se dirigió asegurándoles que, «Jamás podré olvidar mi predilecto regimiento, aquel cuerpo ilustre que hace trece años combate á mi lado por la gloria del nombre español y la independencia nacional, cuya noble historia está marcada con rasgos de valor y de heroísmo inimitables«. Morillo había sido su primer coronel tras su creación después de la victoria del puente de Sampayo, allá por junio de 1809. Con él habían recorrido España, parte de Francia, Colombia y Venezuela y su disciplina y valor en combate habían sido siempre modelo para todo el ejército. Morillo pidió que sus jefes les transmitiesen su promesa de que, «voy á trabajar con preferencia para proporcionarles la recompensa y el descanso que les debe la Patria» y que «en cualquier parte del mundo donde sepan que se halla el general Morillo, se dirijan a él con toda confianza, pues allí tendrán un padre, un amigo, un compañero, que nunca los olvidará y que los lleva sobre su corazón»[94].

Cumplidos todos los trámites, el 17 de diciembre de 1820, tras casi seis años de campaña por tierras americanas, Morillo embarcaba en la corbeta *Descubierta* con destino a Europa. De las tropas que con él habían llegado cinco años atrás a América, apenas quedaban mil quinientos hombres. El resto había caído víctima no tanto de la guerra si no de las enfermedades, fundamentalmente la malaria. Al final de la guerra de la independencia de la Gran Colombia, los supervivientes de los soldados veteranos de Morillo se acabarían rindiendo y solo unos pocos centenares regresarían a la península ibérica[95].

Cuarta parte

MORILLO EN MEDIO DEL CAOS POLÍTICO ESPAÑOL

(1821-1837)

Capítulo 13

MORILLO EN MADRID

1. Regreso a una España muy diferente

En lugar de dirigirse directamente a puerto español, Morillo hizo escala en Inglaterra, donde atracó el 12 de marzo de 1821. Nada consta sobre las razones de esta parada, pero no deja de sorprender el hecho de que Morillo tardase todavía mes y un día en presentarse en Madrid. Tal vez no estuviese seguro de los aires que se respiraban en la capital y necesitase tiempo para tantear el ambiente que le recibiría. Si este fue el caso, no le faltaba razón, pues la España a la que volvía era muy diferente a la que había dejado apenas seis años atrás.

El levantamiento de Rafael Riego, en enero de 1820 en Cabezas de San Juan, había supuesto mucho más que el estreno del «método español de hacer la revolución», sino que representaba el definitivo final de los modos tradicionales de hacer política propios del Antiguo Régimen[1]. Si, como ya se vio, el motín de Aranjuez del 17 de marzo de 1808 y el levantamiento popular contra los franceses del 2 de mayo de ese mismo año habían supuesto la irrupción del pueblo en la escena política, la revolución de Riego llevaría a primer plano al ejército y los militares.

El levantamiento de Riego parecía haber dado al traste son la pretensión de Fernando VII de volver, atrás a la situación anterior a 1808. De pronto, una sociedad que todos creían dormida, salió a la calle dando vivas a los nuevos héroes con un entusiasmo que sorprendió por igual al gobierno y a los jefes revolucionarios. No obstante no hay que dejarse engañar por estas muestras de entusiasmo popular pues, como dice José Luis Comellas, el pueblo no hizo la revolución: la celebró y solo después de que el monarca hubiera sancionado el cambio de régimen se lanzó la gente a la calle[2].

Por otra parte, pese a este evidente apoyo popular al nuevo Estado, las bases sociales del sistema constitucional no estaban en los sectores populares sino entre las filas de lo que puede calificarse como protoburguesía y de las clases medias, especialmente entre los funcionarios. Si bien ha sido tradicional negar la existencia de una clase burguesa en este periodo más allá de casos puntuales como Cádiz o Barcelona, estudios realizados con posterioridad han señalado que también estaba surgiendo con fuerza en Madrid[3].

Estas nuevas clases, recién llegadas a la política, hubieron de buscar medios nuevos fuera de los rígidos esquemas que el Antiguo Régimen. Son precisamente estas nuevas formas las que contribuyen, en no poca medida, a transmitir una imagen casi caótica de éstos años. Los clubs de los cafés, las sociedades secretas y la prensa adquirirán una relevancia hasta entonces nunca vista.

Las antes banales tertulias de los cafés se fueron organizando en torno a las llamadas sociedades patrióticas que se «convirtieron en una réplica popular e incontrolada de las Cortes» que los diputados aprovechaban para ensayar su inflamada oratoria y pronto, cada corriente política abrió sus sesiones en un café propio[4]. Los más exaltados *Amigos de la Libertad* se reunían en el café de Lorencini en la Puerta del Sol, mientras que en el café de San Sebastián en la calle de Atocha se congregaba «gente de más modesta condición»[5]. Como contrapeso a los *Amigos de la Libertad* surgieron, poco más tarde, los *Amigos del Orden* que tenían su centro en el café de la Fontana de Oro, en la carrera de San Jerónimo donde afilaba lengua y pluma Antonio Alcalá Galiano. Por último, cuando los *Amigos de la Libertad* fueron disueltos por el gobierno moderado los tertulianos del café de la Gran Cruz de Malta recogerían la antorcha del radicalismo.

Los debates en los cafés eran trasladados al resto de la sociedad por medio de «un diluvio de publicaciones»[6]. Surgieron decenas de periódicos que luchaban por imponer su particular visión de los acontecimientos. Cada corriente política, por minoritaria que fuese, contaba con una publicación que le servía tanto para exponer sus propias ideas como para atacar a todas las demás. Las tres más importantes eran: *el Universal* de tendencia liberal moderada, el *Imparcial* que era «el eco personal» del político Javier de Burgos y el *Censor*. A esta «trinidad periodística» se sumaban multitud de publicaciones que defendían «con más vehemencia que acierto los principios revolucionarios» entre las que baste mencionar: *La Aurora*, *La Ley*, *El Constitucional*, *La Libertad*, *El Sol*, *El Correo Liberal*, *El Independiente*, *El Conservador* (así llamado por antífrasis), *El Patriota*, *El Eco de Padilla*, etc[7].

Por si la actividad de las sociedades patrióticas de los cafés y de la prensa no fueran suficientes para complicar la gobernabilidad del nuevo régimen habría que añadirle la de las sociedades secretas que vivieron su edad de oro durante este periodo. Ya se ha mencionado su importancia a la hora de preparar y ejecutar el levantamiento de enero de 1820 por lo que es natural que tuviesen una enorme influencia en la organización del nuevo régimen. A las logias del *Soberano Capítulo* y del *Taller Sublime*, principales responsables de la revolución de 1820, se añadiría, algo más tarde la de los *Comuneros*. Las logias alcanzaron una enorme influencia y pronto sus miembros empezaron a acumular los cargos más importantes dentro del nuevo Estado, hasta el punto que solo a través del ingreso en ellas acabase siendo posible el ascenso dentro de la administración o el ejército[8]. Como prueba de ello cuenta Fernando Fernández Galiano que en 1820 se encontró con Antonio Alcalá Galiano quien le dijo, «di de mi parte a tus hermanos que se vengan con nosotros, y vestirán pronto los entorchados de general»[9]. Este ambiente de politización o si se quiere de «masonerización» de la milicia tenía enormes repercusiones para la carrera de Morillo en los próximos años.

Pablo Morillo había pasado seis años en América, intentando acabar con una sublevación cuyos principios eran muy similares a aquellos proclamados por los revolucionarios de 1820. Se había identificado plenamente con la llamada solución militar y había criticado abiertamente la política de conciliación del nuevo gobierno. Además, la revolución de 1820 había sido liderada por mandos intermedios del ejército que se habían visto relegados por Fernando VII lo que difícilmente puede aplicarse a Morillo, quien había sido favorecido por el rey con la concesión de los títulos de conde de Cartagena y marqués de la Puerta. Esto hubiera bastado para que las nuevas autoridades de Madrid le hubiesen considerado afecto al absolutismo y, por lo tanto, como enemigo, pero lo cierto es que cuando regresó a España fue casi de inmediato reclamado para ocupar un alto cargo en la cúpula militar.

Este hecho no puede explicarse solo por su evidente y universalmente reconocido prestigio como militar, sino que exige buscar razones poderosas que le hiciesen aparecer a los ojos del Gobierno como uno de los suyos y para ello se ha sugerido que Morillo podría haber tenido algún tipo de lazo con la masonería. Si bien es cierto que no se ha encontrado constancia documental que permita afirmar la pertenencia de Morillo a la masonería, tampoco puede descartarse sin más.

Varias veces a lo largo de su carrera han aparecido posibles relaciones de Morillo con la masonería. Durante su estancia en Cádiz en 1815, antes de embarcarse para América, ya circularon rumores que hubo de acallar participando en una procesión. También se habló de una eventual conexión masónica con Bolívar que estaría detrás de la insistencia de Morillo en entrevistarse con el Libertador. Es evidente que nada de lo anterior constituye prueba de que Morillo perteneciese o tuviese contactos con la masonería, pero también es cierto que es necesario dejar constancia de esta posibilidad.

Volviendo a la situación política durante los primeros meses de 1821, es preciso referirse a las cada vez más evidentes disensiones entre los revolucionarios. Si bien los liberales se habían mostrado unidos en su lucha contra el absolutismo de Fernando VII, en cuanto se sentaron a gobernar quedaron claras sus divergencias en torno al modelo de Estado y sociedad que propugnaba cada uno. Problema común a todo régimen revolucionario surgido de la oposición y que no será la última vez que sufra España. La corriente liberal que llegó al poder en 1820 fue la que sería calificada como moderada, en oposición a la más radical que recibiría el nombre de exaltada. Cuando los moderados, al amparo de la mayoría obtenida en las Cortes de 1820 y 1821, ocuparon todos los resortes del poder, los exaltados se sintieron traicionados.

Los moderados intentaron un gobierno de lo posible, procurando mantener un difícil equilibrio con el rey lo que los exaltados consideraban una traición a los principios de la revolución de 1820. En las diferencias entre moderados y exaltados también hay que tener en cuenta el factor generacional. Mientras que los moderados, habían vivido la guerra de la independencia y participado en la tarea de las Cortes de Cádiz y la constitución de 1812, los exaltados eran por lo general jóvenes que no se sentían lastrados por esta experiencia y contemplaban el régimen de 1820 como algo nuevo y distinto.

Es en este contexto donde los moderados fueron también conocidos como doceañistas y los exaltados como veinteañistas. La distancia entre unos y otros se iría haciendo cada vez mayor lo que acabaría produciendo que, poco a poco, el gobierno moderado tuviese que prestar más atención a los ataques exaltados que a gobernar el país o a proteger el nuevo régimen de los que siempre habían sido tradicionales enemigos del sistema constitucional.

Durante los primeros tiempos del nuevo régimen la oposición absolutista permaneció inactiva. El mismo Fernando VII pareciera que la hubiese deslegitimado cuando, en marzo de 1820, había dicho, «marchemos francamente, y yo el primero, por la senda constitucional« pero una vez más el rey había jurado en falso y no mucho tiempo después estaba intrigando para recuperar su poder absoluto. En el campo empezaron a operar partidas armadas que decían actuar en nombre del rey y aun cuando todavía no eran pequeñas su impacto psicológico fue grande pues los exaltados las tomaban como ejemplo de la amenaza absolutista y pretexto para acelerar las reformas. En palacio, el rey prestaba cada vez más oídos a una camarilla de reconocidos absolutistas distanciándose de los consejos de sus ministros en los que no tenía confianza alguna.

La tensión fue creciendo hasta que, en febrero de 1821 cuando Morillo aún navegaba hacia Inglaterra, se descubrió una conjura absolutista encabezada por el capellán de honor del rey, Matías Vinuesa. En ella estaban involucrados miembros del círculo más íntimo del monarca contando como brazo ejecutor a la Guardia Real. La reacción popular no se hizo esperar y un gentío se reunió a las puertas de palacio real dando gritos contra el rey. Salió la Guardia para reprimir el desorden y en la refriega se produjeron varios heridos, entre ellos un regidor del Ayuntamiento de Madrid. La intentona había fracasado y, como ya hiciera cuando el motín de Aranjuez, Fernando VII había dejado solos a sus partidarios y para demostrar que no tenía nada que ver con ellos incluso sancionó a los guardias responsables de los heridos. Con este fracaso quedó claro que el rey había perdido la partida en la calle y decidió llevar la batalla al terreno institucional.

En su discurso de apertura de las nuevas Cortes, al texto elaborado por el Gobierno añadió una coletilla de cosecha propia en la que exponía cómo no se habían respetado sus poderes constitucionales en materia de nombramientos, cómo se estaba atentando contra la iglesia para terminar quejándose de los «públicos ultrajes cometidos contra mi dignidad y decoro« de los que responsabilizaba directamente al Gobierno[10]. Pese a que la prensa exaltada arremetió contra lo que consideró como una violación de los poderes atribuidos al monarca, lo cierto es que desde el punto de vista constitucional nada impedía al rey dirigirse en nombre propio a las Cortes pues el artículo 123 de la constitución de Cádiz de 1812 establecía que en la sesión de apertura, «el rey hará un discurso, en el que propondrá a las Cortes lo que crea conveniente...»[11].

Al día siguiente, Fernando VII destituyó al Gobierno para, más tarde, y tras cumplir con el trámite de consultar con el Consejo de Estado, nombrar uno nuevo encabezado por Eusebio Bardají y Azara como titular de la cartera de Estado. No hay que olvidar que no será sino hasta el Estatuto Real de 1834 cuando se cree la figura de presidente del Consejo de Ministros[12], antecedente del actual presidente del Gobierno, por lo que era el ministro de Estado, equivalente más o menos al de Asuntos Exteriores, quien dirigía el Gobierno. Fernando VII sabía muy bien lo que hacía. Su objetivo era destruir el sistema y al serle imposible disponer de un gobierno adicto a su persona recurrió a aplicar la vieja máxima de «cuanto peor mejor» nombrando un gabinete que al no contar con el apoyo de las Cortes ni del pueblo estaba condenado desde el principio al fracaso.

Apenas si había transcurrido poco más de un año desde el triunfo de la revolución liberal y ya el nuevo régimen debía de enfrentarse a enemigos cada vez más poderosos. A partir de este momento los moderados se irían quedando progresivamente aislados entre una izquierda exaltada que les acusaba de traidores y una derecha absolutista que no dudará en emplear todos los medios a su alcance para destruir el sistema constitucional.

2. El Madrid fernandino

Morillo llegó a la capital el 13 de abril de 1821. Pese a haber estado antes en ella, lo cierto es que era un extraño en Madrid. El ambiente político, como se acaba de ver era cuanto menos, complejo. Ni él ni su mujer tenían allí vínculos familiares. Si bien es cierto que había vivido allí unos meses, apenas si había sido de paso desde los Pirineos, donde le había sorprendido el final de la guerra contra Napoleón, a Cádiz desde donde había embarcado hacia América.

De acuerdo con el imprescindible testimonio de Ramón Mesonero Romanos, si bien por aquel entonces Madrid aún «se titulaba "la capital de los dos mundos"», su estado contrastaba con «el escaso desarrollo de sus condiciones materiales, de su prosperidad y de su cultura»[13]. Otro testigo de la época añade que «era un pueblo feísimo, con pocos monumentos de arquitectura, con horrible caserío»[14]. Desde el punto de vista urbanístico y arquitectónico Madrid no se había recuperado de los destrozos sufridos durante la ocupación francesa y los esfuerzos por continuar la labor modernizadora de Carlos III, su mejor alcalde, se estrellaron contra la endémica escasez de recursos.

Todo el periodo fernandino no es sino un constante intento por construir una ciudad que no se puede financiar dando lugar a obras interminables, «interrumpidas mil veces o suspendidas indefinidamente pese a su modestia»[15]. La plaza de Oriente, frente al Palacio Real era una escombrera, pues el dinero solo alcanzó para demoler las viejas casas circundantes sin que alcanzase para terminar el ambicioso proyecto de remodelación del arquitecto Isidoro Velásquez. Apenas dos monumentos datan de estos tristes años: la Puerta de Toledo y el modesto obelisco en honor a los héroes del dos de mayo en la plaza de la lealtad. Siguiendo con Mesonero Romanos, las calles eran:

> ... estrechas, tortuosas y desniveladas, asombradas por las paredes de los conventos y sus extendidos huertos, sin empedrado muchas de ellas, y las demás cubiertas de una capa movediza de agudos y desiguales guijarros y algunas losas estrechas y resquebrajadas á guisa de aceras. Obstruidas por los puntales y escombros de las fincas ruinosas, y por la

> preparación de los materiales para las obras; por las basuras que en medio de ellas colocaban los vecinos, [...] rebosando los pozos inmundos por encima de las losas, y ensuciadas las esquinas y quicios de las puertas por causa del desaseo general; [...] interceptados además á todas horas por multitud de perros, cabras, corderos, cerdos, pavos y gallinas, que los vecinos de los pisos bajos sacaban á pastar á la vía pública [...] por las recuas de asnos [...] por las caballerías. [...]
>
> El tránsito por las calles, oscuras y solitarias desde las primeras horas de la noche, podía considerarse como temerario, á menos de ir acompañado de un sereno, de un criado, ó por lo menos de un estoque en la mano derecha y una linterna en la izquierda. Aun por el día estaba limitado el movimiento a las calles centrales entre las de Atocha, de Alcalá y de la Montera: todo lo que era salir de allí y penetrar en las barriadas hostiles de Lavapiés, y la Inclusa del Sur, ó del Barquillo y las Maravillas del norte, era imprudente y arriesgado[16].

Las casas, con las pocas excepciones de algunos palacios de rancio abolengo, eran por lo general, «estrechas, mezquinas e indecorosas, ... con barrotes de hierro y trancas de madera en todos los balcones y ventanas, para defenderlos de cualquier asalto á mano armada»[17]. En este Madrid vivían unas doscientas mil personas, muchas de ellas recién llegadas a la capital, más bien empujadas por la dureza del campo que atraídas por las escasas oportunidades que les ofrecía la ciudad[18].

En cuanto a su composición social es ya un mito hablar de Madrid como la capital de las clases medias, pero como todo mito no deja de tener algo de cierto. Su condición de capital actuaba de imán no solo para estas clases medias sino también para las más poderosas ligadas a la corte o al mundo de los negocios que crecían o pretendían crecer al amparo de la administración. Los sectores populares se repartían entre aquellos vinculados al mundo de los oficios, al de los criados, que en 1797 representaban el 7% de la población total, o a la mendicidad, de la que malvivían unos diez mil madrileños.

La economía tampoco ofrecía un mejor panorama. Una encuesta realizada por el Ayuntamiento en 1821 recogía que industriales y artesanos se quejaban por el descenso del consumo, el incremento de los costes de las materias primas, la subida de los salarios y de los alquileres, la competencia nacional y extranjera sobretodo debida al contrabando, la falta de operarios cualificados, la excesiva contribución fiscal, la falta de protección del Gobierno y el intrusismo laboral dentro de los gremios.

Gran parte de estos lamentos parecen universales e intemporales, pero lo cierto es que Madrid era, o se sentía, recurriendo de nuevo a Mesonero Romanos, un pueblo «sin industria, sin agricultura ni comercio y casi sin propiedad, limitado en sus aspiraciones á muy estrecho círculo»[19].

Este triste cuadro se completaba con un raquítico ambiente cultural. En los teatros se representaban, bien obras de autores clásicos como Lope de Vega o Calderón de la Barca o bien algunas de autores del momento que la historia ha decidido olvidar. En la música las óperas de Rossini eran celebradas con veneración. En carnaval la gente se divertía acudiendo a bailes de máscaras en los teatros de la Cruz y el Príncipe y durante el resto del año los toros ocupaban un lugar de privilegio. En cuanto a literatura esta «estaba de todo punto abandonada»[20].

Toda esta apatía urbanística, económica y cultural contrastaba con la ebullición política que llenaba la vida de los madrileños. Ebullición que llevaría a que la historia de estos años registre una sucesión de sobresaltos marcados por manifestaciones, asonadas, revueltas y algaradas de todo tipo. Ello haría que una de las principales preocupaciones del Gobierno fuese el mantenimiento del orden público y para lograrlo acabaría recurriendo a Pablo Morillo.

3. CAPITÁN GENERAL DE CASTILLA LA NUEVA

UNA DE LAS QUEJAS DE FERNANDO VII en su ya mencionada *coletilla* a su discurso ante las Cortes del 1 de marzo de 1821 fue que no se había respetado el artículo 171 de la constitución al haberse visto obligado a nombrar capitán general de Castilla la Nueva al general Villalba en lugar de su preferido, el teniente general Carvajal. El cargo era de especial importancia ya que, aparte de estar bajo su mando las tropas estacionadas en el centro de la península conllevaba también la responsabilidad de garantizar orden público en la capital.

Pese a que el Gobierno había logrado apresar a Bartolomé Hernández, *el abuelo*, quien al mando de su partida armada había llegado a operar en un sitio tan cercano a Madrid como Aranjuez, los sectores más exaltados siguieron acusando al gobierno moderado de no emplearse a fondo contra los enemigos de la revolución. El ambiente estaba muy cargado y bastaba una chispa para hacer estallar todo. La chispa saltaría el 4 de mayo. Ese día, el juez encargado del juicio por traición contra el cura Matías Vinuesa hizo público su veredicto por el que le condenaba a diez años de presidio. Los exaltados consideraron la sentencia como una burla a la justicia revolucionaria y empezaron a escucharse gritos de protesta pidiendo la muerte del sacerdote. Temiendo que reforzar la seguridad fuese considerado como una provocación, el capitán general Villalba no hizo nada y a las tres de la tarde una muchedumbre irrumpió en la cárcel de la Corona en busca del cura. El cuerpo de guardia se limitó a un simulacro de resistencia dejando «entrar a la turba que lo mató a martillazos y puñaladas»[21]. Aún no satisfecha su sed de sangre, marcharon a casa del juez quien, para su suerte, había huido poco antes. Viéndose frustrados quisieron repetir suerte en la cárcel de Corte, situada en el palacio de Santa Cruz actual sede principal del ministerio de Asuntos Exteriores, donde estaba preso *el abuelo*, pero esta vez se encontraron frente a la Guardia Real que sí les hizo frente y fueron rechazados.

Para terminar de complicar la situación, cuando llegaron las noticias al Palacio real, el rey mandó reunir a sus guardias diciéndoles,

> ... soldados, el atentado cometido esta tarde contra la persona del presbítero don Matías Vinuesa, mañana lo cometerán contra mi persona o contra vosotros mismos. Soldados, yo confío en vosotros, y vengo ante vuestras filas a preguntaros si estáis dispuestos a defender a vuestro rey constitucional[22].

Los guardias respondieron dando vivas al rey entre los que también se oyó algún «¡Viva el rey absoluto!».

En medio de esta crisis fue cuando el gobierno moderado de Bardají hubo de buscar un nuevo capitán general. Encontrar la persona adecuada no era tarea fácil pues aparte de ser afecto al nuevo régimen también debía contar también con la confianza del rey. Todos los ojos se volvieron a Morillo quien fue nombrado esa misma noche.

Bajo el mando del capitán general estaban las tropas acompañadas en Madrid con las que debía asegurar el orden en la capital. Estas estaban compuestas por apenas 1700 hombres de infantería y caballería que difícilmente podían cumplir con esta delicada misión[23]. Consciente de ello, al día siguiente de haber sido nombrado jefe militar de la capital, Morillo dirigió una proclama «á los habitantes del heroico pueblo y provincia de Madrid« de la que es necesario destacar varios aspectos.

El primero es que consagra una gran parte a explicar que él no deseaba el nombramiento y que solo lo ha aceptado tras la insistencia del rey. Esta actitud ya era casi una tradición en Morillo, quien, consciente de la posición de fuerza que le otorgaba su prestigio como militar siempre quiso dejar bien claro que él nunca pedía nada, sino que accedía «convencido de que la Patria exige de mi este sacrificio». Tal postura era además muy inteligente ya que le permitía, por un lado dejar clara su independencia y por otro reforzar sus poderes al reservarse el eventual uso de la amenaza de dimisión para forzar el imponer su criterio. El segundo es que, aunque dice que «la observancia de la Constitución y de las leyes será mi único norte«, dejó bien claro que su prioridad sería mantener el orden. Por último, Morillo añade que «mi espada no se desnudará sino para defenderlas [la constitución y las leyes]» y resulta curioso que fuera precisamente el hecho de desenvainar o no su espada el que le causaría su primer problema como capitán general[24].

4. Los desórdenes de agosto 1821 y el sable del general

La curiosa arenga del rey a sus guardias en la tarde del 4 de mayo fue interpretada por algunos como un tanteo de fuerza para ver si podía provocar un golpe[25], pero fuese como fuere, lo sucedido entonces dejó bien a las claras que el rey ya solo buscaba la caída del nuevo régimen. Y una vez más, cerrada, al menos por el momento la vía directa, el monarca se valió de sus poderes constitucionales para forzar la situación. Aprovechando la dimisión del ministro de la guerra decidió echarle otro pulso al

Gobierno al proponer su sustitución por un general de marina de ochenta y cuatro años y conocido realista. De nuevo el pueblo se echó a la calle y el rey, en vez de volverse atrás, tentó de nuevo su suerte escogiendo otro anciano militar con avanzados síntomas de demencia senil. Era demasiado. El Gobierno en pleno le presentó su dimisión y, finalmente, el rey no tuvo más remedio que aceptar el candidato presentado de forma oficial, el general Balanzat.

La crisis de mayo se había cerrado en falso, por lo que Morillo pronto se vería en la tesitura de tener que cumplir con lo prometido en su proclama. El 20 de agosto de este año de 1821, el jefe de guardia en el convento de San Martín, donde estaban recluidos los guardias reales que habían participado en la revuelta de febrero, se vio rodeado por un grupo de paisanos que entre cantos del *trágala* y el *responso* empezaron a insultar a los soldados. La cosa fue subiendo de tono y el oficial de guardia quien intentó apaciguar los ánimos a la vez que dejó muy claro que estaba dispuesto a cumplir las órdenes del capitán general de impedirles el paso.

El grupo de exaltados, al ver que allí nada conseguirían decidió reunirse en el café de la Fontana de Oro. Poco a poco se fue congregando más y más gente y cuando un oficial intentó prender a uno de los alborotadores cayó sobre él una lluvia de piedras. Solo la aparición del jefe político de la capital, general Francisco Copons, consiguió evitar que los soldados cargasen contra la multitud. Al poco rato, llegó Morillo a caballo, rodeado de sus ayudantes que le abrían paso con dificultad. Viendo que la situación estaba punto de desbordarse, ordenó el arresto del oficial, más para protegerlo que como castigo, creyendo que con esta medida apaciguaría a la multitud. La medida pareció haber dado resultado ya que, poco a poco, fueron menguando los gritos y la gente empezó a abandonar la Puerta del Sol, pero cuán equivocado estaba Morillo si creyó que allí terminaría todo.

La gente salió de la plaza, pero volvió a congregarse en los cafés donde cada recién llegado contaba su versión de los acontecido. No cuesta imaginar que cada uno fuera añadiendo nuevos detalles para dar más dramatismo a su relato y lo que había sido un mero alboroto pasó a narrarse en términos de una épica batalla entre el heroico pueblo de Madrid y la tiranía del Gobierno, representada en este caso por el capitán general de la capital. Al final de la jornada, Morillo se había transformado en un monstruo que se había abierto paso dando sablazos a diestro y siniestro.

La visión del general cargando a caballo espada en mano se incorporó al imaginario de los enemigos de la revolución y durante todo el día siguiente se escucharon gritos de «¡Muera Morillo!». Que Morillo concentrase los odios de los exaltados no es sorprendente dada su adscripción política moderada, pero también hay que dejar constancia de una interesante interpretación que lo atribuye a la acción de algunos diputados americanos que seguían resentidos con él. Recoge Comellas un folleto antiliberal publicado en París en este mismo año en el que se dice que entre sus mayores enemigos estaban algunos insurgentes americanos que habían sido desterrados a la península por el propio Morillo cuando mandaba el ejército de Costafirme y que habían conseguido ser elegidos diputados suplentes en las Cortes liberales[26]. El autor del panfleto acusa a éstos de ser los instigadores de que la revuelta se volviese contra Morillo. Nada se ha podido encontrar que corrobore esta tesis, pero es suficientemente interesante para comprobar como Morillo seguiría, no solo durante estos años sino por el resto de su vida, acosado por el fantasma de sus acciones en América.

Al día siguiente, 21 de agosto, Morillo hizo publicar una nueva proclama para intentar calmar los ánimos. En ella decía que había disipado el alboroto «sin causar mal ni vejación alguna» añadiendo que «mi sable, que solo se empleará contra los enemigos de la Patria, estuvo envainado»[27]. El propio jefe político, Francisco Copons, lo corrobora al decir, en un informe presentado al rey apenas unos días más tarde, que podía «asegurar á Su majestad que no vi al Comandante general con el sable desenvainado, como han dicho unos y después otros»[28]. Pero daba lo mismo lo que en verdad hubiera sucedido pues el pueblo había ya había emitido su veredicto y pronto pasaría de juez a intentar convertirme convertirse también en verdugo. En la tarde de este mismo día, los gritos de ayer de «¡Muera Morillo!« fueron convirtiéndose en «¡Vamos a matar a Morillo!». El propio Francisco Copons no dudó en escribir advirtiéndole que «aunque no creo cosa contra la persona de usted, parece que están decididos á ir á su casa esta noche ó por la madrugada. Puede que no suceda; pero si se verifica, bueno será que la señora no esté en casa ni usted vaya á ella hasta de día»[29].

Si a Morillo le pudieron enfurecer las noticias contenidas en la nota de Copons, en su mujer María Josefa causarían una auténtica conmoción. Apenas si llevaba unos meses de convivencia con su marido y la que esperaba fuese una vida, si no tranquila al menos sí respetada, como la esposa de uno de los generales más importantes, de repente se estaba convirtiendo en una pesadilla teniendo que salir corriendo de su propio hogar. Una casa en la que habría trabajado para ponerla a la altura de su posición y que ahora podía quedar totalmente arrasada. Pese a que nunca llegaría a consumarse el temido asalto al domicilio de los Morillo, pues patrullas de la Milicia nacional consiguieron impedir que los grupos exaltados llegasen a ella, a lo largo de tarde el ambiente siguió caldeándose cada vez más. A última hora, ante la sede de la capitanía general se agolpaban ya entre ocho y diez mil personas, «entre ellas muchas armadas con diferentes armas»[30], que solo interrumpían sus gritos de «¡Muera Morillo!» para cantar amenazantes:

Al que le pese, que roa el hueso
que el liberal le dirá eso:
¡trágala, trágala, trágala,
trágala, trágala, perro![31]

El Gobierno se aferraba a Morillo pues no tenía otra alternativa. Por su parte, el Ayuntamiento, profundamente dividido entre moderados y exaltados, tampoco se atrevía a hacer nada y se limitó a acordar que accedería a «admitir cualesquiera reclamación quc se le presentase para llevarla a Su Majestad»[32].

La situación llegó a ser tan precaria que el jefe político de Madrid, Francisco Copons, se volvió a dirigir a Morillo para darle «el consejo de un amigo que le aprecia»[33] instándole que presentase inmediatamente su dimisión como única manera de que «queden satisfechos los ciudadanos de esta heroica villa»[34] evitando así que se pudiese producir una desgracia. Pese a que la propuesta de Copons debió enfurecer a Morillo, pues la consideraría como impropia de su honor, la realidad era que se encontraba entre la espada y la pared o, en este caso: entre su sable y la pared. Sin otra salida, Morillo presentó su dimisión como capitán general de Castilla la Nueva la misma noche de este 21 de agosto de 1821.

Como el ministro de la guerra, general Balanzat, no quería prescindir de sus servicios se la negó, por lo que Morillo hubo de insistir recurriendo, una vez más y no sería la última, a su quebrantada salud, diciéndole que «hallándome bastantemente indispuesto, se hace indispensable continuar con el mando el Gobernador ó la persona que Vuestra Excelencia tenga por conveniente»[35]. Finalmente, a las nueve y cuarto de la noche, sin esperar a tener respuesta del ministro de la guerra, Morillo comunicaba Copons que entregaba el mando al gobernador de la capital para que de este modo y utilizando sus mismas palabras, «queden satisfechos los ciudadanos de esta heroica villa»[36]. Pero antes de abandonar su cargo, Morillo tuvo la suficiente sangre fría como para mandarle a su secretario en la gobernación que le expidiese un certificado en el que «acredite cual ha sido mi conducta política... y si he correspondido á la confianza del Gobierno siendo un firme apoyo del sistema constitucional, del Gobierno, del orden y tranquilidad pública». Morillo temía ser acusado por el gobierno de haber abandonado su puesto y así había sido pues, aún a las diez y media de la noche, el ministro de la guerra le escribía que «no puedo aprobar su dimisión ni que entregue el mando«. De hecho, la autorización del Gobierno no llegaría hasta cerca de la media noche.

La noticia de la dimisión de Morillo aplacó los ánimos y la gente regresó al café de la *Fontana de Oro* donde pasó a celebrarse una nueva victoria del pueblo sobre la tiranía. A la postre esta victoria sería de corta duración pues una vez superada la crisis el Gobierno estaba desesperado por volver a contar con Morillo. El 15 de septiembre se resolvió el expediente abierto sobre su actuación durante los sucesos del 20 y 21 de agosto en el que no solo se desmentía completamente la acusación de que hubiera desenvainado su sable sino que se establecía que su conducta,

> ... no pudo ser ni más arreglada, ni más conforme, al propio tiempo que moderada á las atribuciones de un funcionario público ... que se comportó como era de esperar de sus conocimientos militares y celo por el bien público, que tiene dadas tantas pruebas[37].

Superado este trámite, al día siguiente se reinstauraba a Morillo en la capitanía general y para que su honor quedase fuera de toda duda, poco tiempo después el rey le nombraría su Ayudante de campo y, algo más tarde, Gentilhombre de Cámara del rey con ejercicio[38].

5. La «batalla» de Las Platerías (septiembre 1821)

Morillo había salido reforzado de los sucesos de agosto, pero sabía muy bien que solo sería cuestión de tiempo para que los exaltados volviesen a intentar tomarse la calle. El alto desempleo y la miseria que sufrían gran parte de las clases populares era un perfecto caldo de cultivo para los más radicales. El gobierno moderado de Eusebio Bardají y las autoridades locales intentaban atajar los problemas mediante políticas de obras públicas y auxilios a los más pobres[39], pero no contaban con los instrumentos para hacerse con el control de la situación ya que, para aplacar la sed de poder de las figuras exaltadas más relevantes habían tenido que nombrar a muchas de ellas en puestos de importancia.

Así había sucedido con Riego quien había sido destinado a Aragón como capitán general, pero Riego, que se consideraba como el padre del nuevo régimen, no estaba dispuesto a contentarse con el ejercicio de sus facultades militares y bien pronto empezó a recorrer la zona pronunciando discursos en abierto desafío al Gobierno de Madrid. Tanto estiró la cuerda que Bardají no tuvo más remedio que destituirlo dando a los exaltados la prueba perfecta para demostrar al pueblo la que calificaron como «persecución patriota» por parte del Gobierno[40].

El propio Riego se encargó de caldear aún más los ánimos al concluir su proclama de protesta reclamando «justicia, justicia, justicia»[41]. Inmediatamente se desataron manifestaciones populares en apoyo del héroe de Cabezas de San Juan y su retrato fue paseado por las ciudades al canto del «trágala». En Madrid estas empezaron el 3 de septiembre con más música que desorden, pero el 6 de septiembre, ya más organizados, se presentaron ante el Ayuntamiento exigiendo el retorno de Riego. El gobierno de Bardají se vio obligado a actuar nombrando a José Martínez de San Martín como nuevo jefe político de la capital quien estaba decidido a colaborar con Morillo en mantener a toda costa el orden público. La pareja fue enseguida considerada como enemigos del pueblo por la prensa exaltada que les adjudicó los motes de Tin-tín, para el primero y El Trabuco para el segundo[42].

La actitud decidida de Tin-tín y El Trabuco solo conseguía retrasar el estallido pues, el 18 de septiembre, empezaron a correr rumores de que en el café de la Fontana de Oro estaba preparándose una nueva insurrección. Poco a poco se fue congregando la gente bajo el retrato de Riego hasta que decidieron encaminarse hacia el Ayuntamiento para exigirle al rey la restitución de su jefe. Para evitarlo, San Martín había dispuesto que en lugar del ejército fuese un batallón de la Milicia Nacional el que les cerrase el paso. Elección que demostraba una tremenda inteligencia política ya que mientras que el ejército era considerado por los exaltados como un instrumento del Gobierno, tal y como habían demostrado los hechos de agosto, la Milicia era el brazo armado del Ayuntamiento y, por ende, de naturaleza, popular[43]. Al llegar los amotinados al punto de la calle Mayor conocido como Las Platerías, mandó San Martín que los milicianos dispersasen a la gente a punta de bayoneta. Y, como cuenta con su acostumbrada sorna Mesonero Romanos:

> ... sucedió lo que era de esperar, que á semejante insinuación se pronunció aquella (la turba) en completa derrota, y no pararon de correr hasta la Puerta del Sol ó hasta la de Alcalá, quedando abandonado en medio del arroyo el malparado retrato del héroe [...] De este modo terminó la famosa —batalla de las Platerías—, como con cierta gracia la calificó el Imparcial, á la que no faltó más que un Lucano para cantar su gloria y hacerla llegar á los oídos de la posteridad[44].

Aunque la «batalla de las Platerías» había terminado de manera casi cómica, lo cierto es que la revolución exaltada solo era cuestión de tiempo.

6. La revuelta de la Guardia Real (julio 1822)

Los últimos meses de 1821 y los primeros de 1822 transcurrieron aparentemente en calma, pero nadie se engañaba sobre la verdadera situación. El mismo Fernando VII reconocía en su correspondencia que «la tranquilidad de España, y sobre todo la de la capital, está alterada; el Estado amenazado de ruina, y tan grande, que, si no se pone un pronto remedio, nos vamos a ver envueltos en una anarquía terrible»[45].

Los casi dos años y medio de régimen liberal, aunque habían supuesto una verdadera revolución política no habían conseguido transformar las duras condiciones de vida de la gran mayoría de la población. Más bien al contrario. Los continuos desórdenes públicos habían provocado la huida de los pocos capitales que se habían logrado formar tras el final de la guerra de la independencia y la situación económica fue empeorando poco a poco. Si ello se le suma una pésima cosecha se obtiene un cuadro en el que rápidamente la pobreza empezó a dar paso a las más pura miseria provocando que se multiplicase el descontento con el gobierno moderado.

Desde la derecha, las hasta entonces descoordinadas partidas de guerrillas realistas empezaron a actuar de manera más organizada. Aparecieron multitud de panfletos realistas que enumeraban tanto los agravios al monarca como los males del nuevo régimen entre los que se mencionaba,

> ... la religión de Cristo perseguida; los ministros del altar hechos objeto de burlas; la potestad eclesiástica atacada en sus funciones; los demás religiosos al borde de la inexistencia; casi todos los empleos ocupados por hombres impíos o inmorales; las rentas del Estado empleadas en planes de sedición; deshecho el ejército que iba a llevar la paz a las Américas y hacer felices a los habitantes de aquellos hermosos países; despojado el rey de su soberanía; la grandeza sin representación, la nobleza abatida, los caminos infestados de bandoleros, la anarquía en toda la Nación[46].

Desde la izquierda, los exaltados, aprendidas las lecciones de agosto y septiembre de 1821, fueron tomando conciencia de la necesidad de organizarse de manera seria para poder hacerse con el poder. Mientras el gobierno moderado buscaba desesperadamente los medios para hacer frente a todos los problemas, las elecciones a Cortes de enero de 1822 dieron la victoria a los exaltados con lo que las esperanzas de los moderados de poder comprar tiempo para salvar pacíficamente el régimen se vieron definitivamente truncadas. El nuevo gabinete, encabezado por Francisco de Paula Martínez de la Rosa, de tendencia moderada, no tomaría posesión hasta marzo, y la combinación de un gobierno moderado y unas Cortes exaltadas creó una situación muy complicada de manejar.

Tal y como quería Fernando VII, quien aplicando una vez más el viejo principio de «cuanto peor, mejor», había descartado ya todo entendimiento con el nuevo régimen y no quería sino volver a su poder absoluto, para lo que no veía más solución que la de la fuerza, interna por ahora y exterior, más adelante.

Martínez de la Rosa intentaba en vano poner orden en el caos y si bien todos coincidían en la necesidad de reforzar las fuerzas armadas, fueran milicias o ejército, el hecho era que el Estado estaba prácticamente el bancarrota. Prueba de ello es que en el presupuesto presentado en las Cortes en junio de 1822 los ingresos apenas si llegaban para cubrir la mitad de los gastos de los que casi el 50%, 328.633.590 reales, eran costes militares[47]. El propio presidente de las Cortes reconocía la penosa situación económica cuando, en su discurso de clausura de la legislatura decía que «casi aniquilada la agricultura, desanimada la industria y paralizado el comercio»[48].

El orden público a duras penas había logrado mantenerse, pero a partir de marzo empezó a deteriorarse aún más. El 11 de este mes se registraron incidentes en la Puerta de Toledo en Madrid, el 17 la banda de música de un regimiento de artillería fue apedreada por exaltados en Valencia y el 19, día de San José y aniversario de la Constitución de Cádiz de 1812, en Pamplona, militares exaltados obligaron a civiles a gritar ¡Viva la Constitución! ¡Viva la Pepa!, provocando disturbios con el resultado de veinte muertos y treinta heridos[49]. El 30 de mayo, onomástica del rey, soldados de la guardia y algunos paisanos, en el Real sitio de Aranjuez, prorrumpieron a gritos de, ¡Viva el rey absoluto! Hubo un pequeño altercado, pero la cosa no pasó a mayores.

La presencia del rey en Aranjuez era habitual en estas fechas pues se correspondía con el tradicional calendario de la familia real (otoño en el Escorial, invierno en el Pardo, verano en La Granja y primavera en Aranjuez) y permitía a Fernando VII estar convenientemente alejado de Madrid, fuera de los ojos del Gobierno pero, al mismo tiempo, le impedía percibir directamente el pulso de la ciudad, lo que le obligaba a recurrir a intermediarios que no siempre acertaban o tenían interés en transmitirle la situación real. Este factor sería decisivo a la hora de entender que el rey aún entonces creyese que podía contar con mayores apoyos en la capital de los que en realidad tenía, lo que le resultaría fatal para los hechos que tendrían lugar en julio.

A finales de junio el rey regresó a Madrid donde debía dar por clausuradas las sesiones de las Cortes. El 30 de junio, una vez concluida la solemne ceremonia, cuando regresaba a Palacio Real, desde las filas de la guardia surgió de nuevo el grito de ¡Viva el rey absoluto!, al que voces del pueblo respondieron con vivas a la constitución. Si en Aranjuez la situación se había resuelto con algunos empujones, en Madrid las cosas fueron bien distintas y acabó corriendo sangre. No se sabe cuál de los dos bandos empezó primero, pero el resultado fue la muerte del miliciano de caballería Murillo y del teniente de la Guardia Real, Mamerto Landáburu, muerto a manos sus propios hombres al intentar hacer causa común con los exaltados. En respuesta, la Milicia tomó las armas y el Ayuntamiento se reunió urgentemente declarándose en sesión permanente. En una acalorada sesión, los concejales acordaron enviar una delegación a Palacio para exponer su malestar al rey por la conducta de la Guardia y pedirle que castigase a los responsables de las muertes de Murillo y Landáburu y que los batallones de la Guardia saliesen de Madrid, ofreciéndole la Milicia para la custodia de su real persona.

Al día siguiente, 1 de julio, la Guardia Real volvió a desafiar al Gobierno al negarse a marchar al son del himno de Riego, recientemente decretado como himno nacional, exigiendo que se tocase en su lugar la tradicional marcha granadera*. La reacción de los exaltados no se hizo esperar y, esa misma tarde, empezaron a concentrarse en las inmediaciones del cuartel de San Gil para organizar la resistencia ante lo que se anticipaba como inminente ataque por parte de la Guardia Real. El núcleo principal de los exaltados estaba formado el llamado Batallón Sagrado y la Partida de Patriotas dirigida por Beltrán de Lis. Vicente Beltrán de Lis era un poderoso banquero que manejaba los hilos del liberalismo exaltado a través de sus contactos en los tres centros principales liberales

* La marcha granadera es el tradicional himno de España. Tan atrás en el tiempo está su origen que ello hace que España tenga el segundo himno nacional más antiguo del mundo, solamente superado en veteranía por el God save the King/Queen británico ("National anthems", *The New Grove Dictionary of Music and Musicians*, v. 13, 69). No está claro en qué momento esta marcha de granaderos pasó a convertirse en la marcha real, pues su uso como tal es muy anterior a su oficialización durante el siglo XIX (Lolo, *El Himno*, 381 y siguientes). En cualquier caso conviene destacar que debido a su origen netamente de música para marchar no tenía letra y pese a varios y vanos intentos de dotarla de una, finalmente haya quedado sin ella. Este hecho hace que sea España el único país del mundo cuyo himno carece de letra.

de Madrid, Cádiz y Valencia y desempeñará un importante papel en la revolución exaltada que ya estaba en marcha[50].

Durante la noche del 1 al 2 de julio se consumó la rebelión de la Guardia Real cuando cuatro batallones enteros de la Guardia abandonaron sus acuartelamientos para dirigirse al Pardo mientras otros dos más permanecían protegiendo el Palacio Real. Esta fuerza militar «componía una fuerza muy superior al resto de las tropas que guarnecían la capital» con lo que quedaba claro que lo que estaba pasando superaba una simple revuelta de los guardias tomando el aspecto de un golpe militar[51].

El Gobierno no podía permanecer ciego ante esta amenaza, pero su posición era muy comprometida. Enfrentarse con los amotinados no era posible pues para ello no podían contar ni con la Milicia Nacional ni con el ejército. La Milicia era fiel al Ayuntamiento y la gran mayoría de sus miembros estaban más cercanos de los exaltados que del gobierno moderado por lo que era dudoso que obedeciesen sus órdenes y aún en el caso que lo hicieran y consiguiesen derrotar a la Guardia Real ello supondría entregar el poder a los exaltados. Por su parte, el ejército, con menos de 2000 soldados disponibles por sí solo no tenía fuerzas suficientes para oponerse a los guardias[52]. Así las cosas, la única alternativa del Gobierno era intentar la negociación, pero para ello necesitaban de una persona de confianza para ambas partes. En esta coyuntura se recurrió a Morillo, quien había demostrado su fidelidad durante los sucesos de agosto y cuyo prestigio como militar era reconocido por todos, incluso por los mismos sublevados. De ese modo, el Gobierno pidió al rey que nombrase a Morillo como coronel interino de la Guardia Real para que, según sus propias palabras, «presentándose con esta investidura pudiese más fácilmente disipar sus sospechas, calmar sus recelos y reducirlos a la obediencia y la subordinación»[53].

A la mañana siguiente Morillo salió de Madrid hacia donde estaban acampados los batallones de la Guardia Real y cuando llegó éstos le recibieron con nuevos vítores al rey absoluto y con la propuesta de que él mismo se pusiese a su frente para encabezar la rebelión. Morillo se negó y uno de los guardias insistió diciéndole,

> ... queremos que Vuestra Excelencia nos mande; acuérdese de cómo se le ha tratado en el infame Zurriago y la vil Tercerola; vamos a degollar a esos perversos zurriaguistas; la

Guardia real ha sido constitucional hasta ahora, pero ya no lo es ni quiere serlo. Vamos a Madrid a degollar a los pícaros; aquí tiene Vuestra Excelencia seis batallones decididos a todo, y capaces de destruir a los milicianos[54].

A semejante propuesta respondió Morillo que él despreciaba las sátiras de unos periódicos «pagados por los enemigos de nuestras libertades para inducir a la desunión«, añadiendo que «antes había de caer la cabeza de sus hombros que la Constitución»[55].

Morillo siempre fue fiel al mando, por mucho que en el pasado hubiera discutido las órdenes del Gobierno al final siempre había demostrado una lealtad inquebrantable hacia el que consideraba como legítimo Gobierno de España.

Poco conocían los guardias a Morillo si creyeron que accedería a encabezar una revuelta en la que eran los soldados quienes le otorgaban el mando. Muy lejos quedaba el día en que fueron sus soldados los que le eligieron coronel por aclamación en Vigo allá por 1809, ahora era un general con todas las de la ley y no estaba dispuesto a que su autoridad dependiese de la voluntad de sus subordinados.

La entrevista terminó sin acuerdo y Morillo regresó con la respuesta de que los guardias no cederían a la fuerza y que demandaban garantías del Gobierno de que la Guardia real no sería ni desarmada ni, mucho menos, disuelta. Por otro lado, los guardias nombraron una comisión para que hablase con el rey en busca de una solución.

Mientras tanto, en la capital los exaltados seguían preparándose para la defensa. En la noche del 1 de julio, Evaristo San Miguel se presentó ante el Ayuntamiento reclamando armas para defender la constitución con el recién formado batallón Sagrado. Cuando el Ayuntamiento accedió con este acto pasó a asumir la dirección y la responsabilidad de la defensa armada de la constitución dejando definitivamente de lado al gobierno moderado[56]. No obstante, el Ayuntamiento volvió a dirigirse al Gobierno pidiéndole que tomase medidas urgentes contra los sublevados, pero ante su silencio decidió acudir directamente al rey solicitándole que pusiese en vigor la ley prevista para casos de conspiración.

El 2 de julio circularon rumores de que los milicianos solo esperaban la llegada de Riego para entrar a saco en Palacio, pero el día transcurrió sin mayores sobresaltos. Entrada ya la noche se extendió otro rumor, en esta ocasión se decía que el rey pretendía escapar de Palacio a través un túnel que comunicaba con la cercana Casa de Campo. El Ayuntamiento corrió a comunicárselo a Morillo que se limitó a decir que eran de meras habladurías sin fundamento por lo que el consistorio ordenó a la Milicia que asumiese la vigilancia, que ya no defensa, del Palacio Real. Con esta acción se daba un paso muy importante pues a partir de este momento el rey pasaba a estar preso de hecho.

Por su parte el rey tampoco permanecía inactivo y convocó por escrito al Gobierno a una sesión conjunta con el Consejo de Estado. En este documento se «evidencia la complicidad del rey con los guardias rebeldes, el conato o amenaza de asumir el poder absoluto, la existencia de una camarilla privada que le aconsejaba en su antagonismo frente a Riego y, en fin, su actitud anticonstitucional»[57] pero Fernando VII se equivocaba al considerar al Gobierno como su principal enemigo pues hacía tiempo que este había quedado reducido a la impotencia frente a los acontecimientos. Prueba de esto fue que, al día siguiente, el gabinete de Martínez de la Rosa presentaba su dimisión en bloque que no le fue aceptada por el rey. Volverían a hacerlo el 6 de julio y esta vez, para gran sorpresa del propio Martínez de la Rosa, el rey no solo accedió sino que además acusó a sus ministros de ser los principales responsables de la situación.

El 6 de julio, se extendieron por Madrid nuevos rumores según los cuales los guardias reales pensaban atacar la sede adonde se había trasladado el Ayuntamiento en la plaza Mayor, recientemente bautizada como plaza de la Constitución. De nuevo los concejales corrieron a Morillo quien, de nuevo, se limitó a contestar que había que estar vigilante, pero que no consideraba que el peligro fuese grave. Esa misma noche, Morillo, viendo cómo todo se desmoronaba a su alrededor, alegando estar indispuesto, delegó el mando de la capitanía general de Castilla la Nueva. Una vez más, ante una situación que se le escapa de las manos, Morillo procedía a cubrirse las espaldas.

Es cierto que su posición era muy comprometida. Por un lado, había sido nombrado por un Gobierno que ya no existía y por otro no podía unirse a una revuelta que iba en contra de sus principios y que además aparecía como pésimamente organizada; tampoco era prudente sumarse a las filas exaltadas pues, en aquellos momentos, no parecía que la Milicia Nacional fuese capaz de contener un asalto de la Guardia Real.

Solo alegando estar enfermo podría permitirle permanecer al margen hasta que las cosas se aclarasen.

Todo se desató a las tres menos cuarto de la mañana del 7 de julio cuando comenzó la lucha en las inmediaciones de la plaza mayor. Pelotones de guardias entraron por la calle de Boteros, por el callejón del Infierno y por la calle de la Amargura gritando ¡Viva el rey absoluto! Los milicianos, reforzados por el batallón Sagrado, respondieron abriendo fuego con un cañón. Las estrechas calles del Madrid de los Austrias impedían que la Guardia Real pudiese formarse en orden de batalla impidiéndoles aprovechar su superior número y mejor entrenamiento. Tras apenas una hora de forcejeo, los guardias reales empezaron a ceder y poco más tarde ya estaban retrocediendo hacia la Puerta del Sol. A las cuatro y media de la mañana llegaba al Ayuntamiento el general Ballesteros con la orden de Morillo por la que él asumía la capitanía general. Inmediatamente dispuso medidas para repeler un eventual nuevo ataque y se dirigió a la Puerta del Sol donde atacaron a los guardias que allí se defendían provocando su huida por las calles de la Montera y Arenal, para acabar refugiándose en Palacio Real. El Ayuntamiento, dueño de la situación, convocó urgentemente Martínez de San Martín, jefe político de la capital, que no apareció alegando, al igual que Morillo, que su «estado de salud no le permitía continuar en el ejercicio de sus funciones»[58]. A las ocho de la mañana el Ayuntamiento se reunió en pleno, pero con la ausencia de los dos más importantes representantes moderados, el alcalde marqués de Santa Cruz y el regidor Cesáreo Martínez-Sáenz que no acudieron por también encontrase indispuestos. Como puede verse, una epidemia parecía haberse cebado con los moderados.

Con todo el poder en sus manos y con sangre aún regando las calles de la capital, sorprende la actitud templada del Ayuntamiento que se limitó a llegar a las puertas del Palacio Real, contuvo a la masa, disciplinó a la Milicia y no exigió del rey otra cosa que cumpliese con su promesa pronunciada en marzo de 1820 cuando Fernando VII había propuesto que «marchemos francamente, y yo el primero, por la senda constitucional».

Del caos de la revuelta de la Guardia Real inevitablemente surge la cuestión de saber quien estaba detrás de todo. Pese a que puede resultar fácil rastrear su origen hasta el propio rey, la realidad es bastante más compleja. La utilización de la Guardia Real como principal instrumento para un golpe de Estado era algo que ya figuraba en los papeles confiscados al cura Vinuesa en su intentona de febrero de 1821, pero no está del todo claro qué es lo que realmente pretendían los amotinados, pese a que a simple vista pudiera parecer que buscaban la restauración absoluta sin más, hay varios testimonios que insisten en que el verdadero objetivo no era otro que frenar el avance de los exaltados[59]. Sea como fuere, el resultado sería el reforzamiento de estos.

Los exaltados, habiendo comprobado la debilidad tanto del Gobierno como del rey, ya no tenían ningún obstáculo para hacerse directamente con el poder. El Ayuntamiento de Madrid pasó a manos de Vicente Beltrán de Lis, fundador del batallón Sagrado y Fernando VII se vio obligado a nombrar, el 6 de agosto, un gabinete encabezado por Evaristo San Miguel. Que el rey accediese a designar un Gobierno tan contrario a sus intereses demuestra la debilidad de su posición, pero el cambio político no sería la única consecuencia de los hechos de julio. En el bando absolutista, las partidas guerrilleras se vieron reforzadas por muchos soldados y oficiales de la Guardia Real que prefirieron echarse al monte antes que tener que enfrentar un consejo de guerra[60]. Su incorporación tuvo un efecto mayor que el mero aumento de su número, pues su entrenamiento militar las dotaría de una organización de la que hasta entonces habían carecido.

El proceso de coordinación de las acciones de las hasta entonces aisladas partidas guerrilleras realistas se vería culminado con la proclamación de la llamada regencia de Urgel por el barón de Eroles, quien en agosto de 1822, tras haber ocupado Seo de Urgel publicaría un manifiesto que llamaba a la insurrección contra el Gobierno[61]. Si hasta este momento las guerrillas absolutistas habían sido una preocupación para el Gobierno, a partir de ahora se convertirían en una verdadera pesadilla, pero mientras los moderados habían aplicado una política fundamentalmente conciliatoria que buscaba que dejasen las armas por medios pacíficos, el nuevo gobierno, consciente de que era imposible cualquier compromiso, optaría por la fuerza.

El nuevo gobierno, decidido a combatir el fuego con el fuego, recurrió a un antiguo guerrillero, Francisco Espoz y Mina, para acabar con las partidas realistas en Cataluña. Este puso en práctica toda su experiencia aprendida durante la guerra de la independencia, instaurando un auténtico régimen de terror. Concentrando las tropas constitucionales sobre las principales plazas controladas por los realistas obtuvo victoria tras victoria. La primera de ellas, en Castellfullit, serviría de ejemplo pues una vez conquistado, el pueblo fue completamente arrasado, colocando en sus muros una inscripción que se haría famosa, «Aquí existió Castellfullit»[62]. Espoz y Mina aplicó la misma política de tierra arrasada que antes habían practicado los franceses, pero con mejores resultados que los obtenidos por aquellos. La razón está en que la Regencia de Urgel se había constituido con vocación de Estado y se empeñó en defender su territorio contra un enemigo superior en lugar de recurrir a las originales tácticas guerrilleras que habían dado la ventaja a los patriotas en su lucha contra el ejército napoleónico.

Si bien es cierto que, desde el punto de vista militar, Espoz y Mina resultó victorioso, también es verdad que su triunfo de poco serviría a la causa exaltada. Por un lado, no pudo dar por finalizada la campaña hasta marzo del año siguiente, justo cuando la invasión francesa era ya inminente y, por otro, su extrema crueldad haría que gran parte de los que hasta entonces habían permanecido ajenos al conflicto, fundamentalmente campesinos, pasasen a engrosar las filas absolutistas.

7. Morillo, perseguido por el gobierno exaltado

El nuevo gobierno exaltado no se limitaría aplicar la represión contra los elementos realistas, sino que también desató una serie purgas entre los moderados que a la larga acabarían lanzando a éstos en brazos de los realistas.

La súbita indisposición de Morillo no había engañado a nadie y el gabinete de Evaristo San Miguel decidió que había que castigar a aquellos que, como él, habían mostrado escaso celo en la defensa de la revolución. Consciente de que los vientos ya no le eran favorables, Morillo aún intentó capear el temporal presentando su dimisión justo un día antes de que tomase posesión el nuevo gobierno. El ministro en funciones no se atrevió a aceptársela y Morillo, adelantándose a lo inevitable, insistió al día siguiente, siéndole aceptada. Resulta interesante comprobar que en su petición Morillo sigue insistiendo que es «la dura necesidad de atender al restablecimiento de mi salud» es la que le obliga a «solicitar el relevo« y, para que así conste, acompaña su petición de un certificado expedido por un médico que por su relevancia se transcribe a continuación[63].

> ... de resultas de sus graves y dolorosas heridas, la primera en el costado y la segunda en la pierna del mismo lado sobre el tendón de Aquiles, está sufriendo á la menor variedad de la atmósfera una convulsión de la pierna y muslo izquierdo, que, sobre causarle graves dolores, no le permite permanecer en pie sin sufrir grandes dolores y dificultad de andar, agregándose á lo dicho una erupción herpética en toda la parte afecta, que le causa sin cesar un prurito ó picazón desagradable. Por cuyas razones, soy de opinión debe pasar á tomar las aguas y baños sulfurosos de El Molar. Y porque conste, lo firmo en Madrid, á 30 de julio de 1822[64].

Es cierto que la salud de Morillo se venía deteriorando desde algunos años. Las graves heridas recibidas durante las campañas en América, especialmente el lanzazo del costado de la batalla de la Puerta, le habían dejado profundas secuelas que le acompañarían el resto de su vida. También sufría de almorranas que le hacían muy doloroso el montar a caballo. De todo ya se había quejado antes pero no es menos cierto que también le resultaba muy conveniente, tanto para su salud personal como para su carrera, alejarse de la políticamente muy contaminada atmósfera de la capital.

Una vez aceptada su dimisión partió para el balneario de El Molar, a menos de cuarenta kilómetros al norte de Madrid. La cercanía con la capital resultaba en extremo conveniente pues le permitía estar al tanto de lo que pasaba en la capital pudiendo regresar rápidamente si era necesario. No obstante, si Morillo creyó poder encontrar descanso en El Molar se equivocó completamente. En Madrid, las Cortes celebraron una sesión para aclarar los sucesos de julio en la que uno de los diputados acusó a Morillo de ambición desmedida y de no haber actuado de acuerdo a su responsabilidad como capitán general de Castilla la Nueva al haberse ausentado del mando en los momentos más críticos de la sublevación de la Guardia Real.

Tales fueron las críticas contra él que se sintió obligado a dirigirse al diputado Istúriz, para «contradecir y convencer a su señoría» defendiendo su carrera militar[65]. La cosa no quedó allí y cuando el fiscal instructor de la causa contra los guardias sublevados solicitó su arresto, Morillo supo que había llegado el momento de poner más tierra por medio y el 14 de octubre partió hacia Cáceres. Este destino puede parecer extraño y el mismo Morillo intenta justificarlo diciendo más tarde que iba hacia allí para ponerse a disposición de las autoridades de la zona pues se había visto obligado a salir de el Molar por los persistentes rumores de que iba a ser atacado en el balneario. Lo más probable es que no fuese Cáceres su destino final sino solo el paso natural hacia Portugal, país que acogía una importante colonia de exilados. Prueba de que estaba huyendo es que viajaba «disfrazado con un criado y dos caballos»[66]. De esta guisa fue reconocido por el cura del pueblo de Cantagallo quien se lo comunicó a las autoridades de Aldeanueva del Camino. Alertada la Milicia Nacional de Plasencia se despachó una partida para apresar al fugitivo.

En la noche del 18 de octubre llegaron los perseguidores a la aldea de Zarza, en las inmediaciones de Plasencia, donde preguntaron al justicia del lugar si habían visto «á los dos incógnitos», a lo que este respondió que no. No quedando satisfechos, los milicianos decidieron entrar en una de las casas donde encontraron a Pablo Morillo acostado en la cama[67]. Fiel a su carácter, cuando le pidieron el pasaporte simplemente respondió, según el testimonio de sus captores, «que un General como él no lo necesitaba»[68].

Inmediatamente se le trasladó a Plasencia donde fue confiado a la custodia de miembros de la Milicia. Allí permaneció unos días hasta que llegó orden de Madrid de que se le escoltase hasta la capital. En el camino, el 7 de noviembre, hubieron de detenerse a descansar en el Escorial, pues la salud de Morillo había vuelto a deteriorarse. Cuando llegó a Madrid fue llevado a la cárcel, muy probablemente a la cárcel de Corte en el palacio de Santa Cruz, sede del actual Ministerio de Asuntos Exteriores, donde por esas mismas fechas también estaba preso el popular bandido Luis Candelas[69]. Allí compartiría destino con otros enemigos del régimen, desde guardias reales involucrados en el motín de julio de 1822 hasta prominentes figuras del gobierno moderado.

Los días se amontonaban en espera del juicio y tanto para ocupar su ocio forzado como para preparar su defensa Morillo, redactó un largo y farragoso pliego con el que pretendía dejar claro su papel en los hechos de julio. De todo lo allí escrito tal vez lo más relevante sea el tono que emplea. Ni se arrepiente, ni pide perdón ni considera que hubiera dejado de cumplir con su deber en lo más mínimo. Ya en las primeras líneas recurre a su larga carrera y prestigio como militar para intentar colocarse al margen de los vaivenes políticos. Su orgullo transpira al papel cuando dice que el arte de la guerra «se aprende, como he procurado yo hacerlo, aunque no lo haya logrado, con muy largos años en el campo, entre las bayonetas y las balas, entre todo género de penalidades y privaciones, y con mucha sangre vertida, ajena y propia»[70]. Morillo estaba orgulloso de haber ganado sus ascensos en el campo de batalla y no por pertenecer a uno u otro partido, en clara referencia a los principales militares exaltados como Riego o Quiroga que obtuvieron el grado de general por su participación en la política y no por sus méritos guerreros.

Esta defensa aparecería publicada el 10 de febrero, pero por aquellos días la situación de Morillo había cambiado totalmente. Pese a que seguían abiertos los trabajos de la comisión parlamentaria de investigación, el hecho es que el gobierno exaltado, enfrentado a la cada vez más real amenaza de una intervención extranjera para restituir al rey sus poderes absolutos, ahora necesitaba de verdaderos militares para organizar la defensa del régimen revolucionario.

De nuevo Morillo volvía a resultar imprescindible y prueba de ello es que, apenas cuatro días más tarde, enviaba una carta al ministro de la guerra en la que declina aceptar el cargo de general en jefe del segundo ejército de reserva, con el mando de los distritos militares segundo y tercero[71]. En esta misiva, consciente de su nueva posición de fuerza, Morillo exigía que se limpiase su buen nombre pues,

> ... en tanto pueda haber la más mínima sombra de duda sobre tan importantes puntos, estoy expuestísimo, en daño de la nación, á que se desconfié de mí y se me desobedezca, creciendo con este pretexto el germen de indisciplina, que por desgracia no se puede negar que existe[72].

Morillo pedía al Gobierno más de lo que este podía darle ya que la investigación la llevaban las Cortes y el ejecutivo no tenía competencias para poder darla por terminada, por lo que al día siguiente se publicó un decreto por el que se mantenía el nombramiento de Morillo, pero se lo dejaba en suspenso su incorporación «hasta que la delicadeza de Vuestra Excelencia se halle satisfecha« añadiendo que hasta ese momento asumiría el mando el general Antonio Quiroga, que después quedaría como su segundo[73].

Capítulo 14

MORILLO EN GALICIA

1. Jefe del Segundo Ejército de Reserva

Pasaban las semanas y «la delicadeza» de Morillo seguía sin verse satisfecha. Mientras tanto, la situación del Gobierno se volvía cada día más crítica, acosado por las cada vez más osadas acciones de las partidas de guerrillas absolutistas y por la inminencia de una intervención internacional. Por fin, el 18 de marzo, el Gobierno perdió la paciencia exigiéndole su inmediata incorporación. Consciente de que ya no podía seguir jugando al gato y al ratón, Morillo respondió que aceptaba sus órdenes «dispuesto á obedecer las órdenes de Su Majestad, y pronto á hacer el sacrificio de cuanto me interesa, en obsequio de mi patria».

Resulta relevante el detalle que Morillo acepta las órdenes del rey, pero no menciona las del Gobierno. Si bien es cierto que los nombramientos eran, según la constitución, potestad del monarca, no puede pasar desapercibido que Morillo se vincule a la autoridad real directamente y no a través de un Gobierno con el que, no solo no comulgaba en ideas, sino que consideraba como culpable de su arresto y encarcelamiento.

Morillo empezó los preparativos de su viaje a Galicia, región confiada a su mando, a la vez que intentaba reunir los pertrechos y armas para su Segundo Ejército de Reserva. La cosa no era sencilla pues con una Hacienda en virtual estado de bancarrota los recursos no aparecían. Una y otra vez se dirigió a las autoridades reclamándoles los medios necesarios, hasta que, finalmente, el 7 de marzo se decidió a salir de Madrid Galicia para tomar posesión de su cargo[1].

El 13 de ese mes llegaba a Valladolid, sede del cuartel general del Segundo Ejército de Reserva, donde no encontró los desórdenes que esperaba y procedió a organizar sus fuerzas. Allí recibió la noticia de que, el 7 de abril, tropas francesas al mando del duque de Agulema, que decían actuar en nombre de la Santa Alianza, habían cruzado la frontera para intentar restituir a Fernando VII en el trono absoluto, por la gracia de Dios.

2. Impacto internacional de la Revolución de 1820 y Los Cien Mil Hijos de San Luis

La intervención francesa en España en nombre de la Santa Alianza fue consecuencia del impacto internacional de la revolución liberal de 1820 que amenazaba con romper el delicado equilibrio diseñado por las potencias vencedoras de Napoleón.

El sistema de la restauración implantado en Europa tras décadas de guerra contra la Francia revolucionaria primero e imperial después, suponía la consagración del triunfo de los principios legitimistas sobre los revolucionarios y el intento de superar una etapa de las relaciones entre Estados en las que la fuerza era la última *ratio regis* por una en la que se garantizase el equilibrio a través de un sistema de seguridad colectiva. Mucho se ha escrito sobre su importancia y es preciso reconocer que supuso un paso muy importante para asegurar la paz en un continente que había sido arrasado por la guerra.

El principal problema era que se trataba de un acuerdo entre cabezas coronadas basado en ideas expresamente contrarias a las de la revolución francesa y que por lo tanto dejaba fuera los intereses de gran parte de los pueblos gobernados por éstos soberanos. Este sistema de la restauración tuvo su concreción internacional en la llamada *Santa Alianza*.

A la hora de hablar de la Santa Alianza es necesario tener en cuenta que el uso de este término es un tanto ambiguo. En sentido estricto, se refiere a los acuerdos firmados en París el 26 de septiembre de 1815 por el zar de Rusia, el emperador de Austria y el rey de Prusia, a los que se invita a adherirse a todos los demás Estados cristianos y en los que se enumeran como ideas principales: la defensa de los principios cristianos, la renuncia a la guerra y el compromiso a tratar en conferencias los eventuales problemas internacionales que pudieran surgir en Europa[2]. En un sentido más amplio, la Santa Alianza fue una institución que funcionó bajo la dirección de las grandes potencias, que celebraba congresos, que deliberaba sobre los intereses generales de Europa, que intervino en la resolución de ciertos problemas mediante bien la conciliación, la coerción o incluso recurriendo a la intervención armada[3].

El origen de la preocupación de la Santa Alianza por España era doble. Por una parte, porque el establecimiento allí de un régimen liberal suponía, en palabras de Artola, «el primer asalto victorioso a la fortaleza del legitimismo continental»[4] y por otra porque suponía un peligroso precedente para otras partes del continente, tal y como rápidamente quedó demostrado cuando estallaron revueltas liberales en Portugal, Nápoles, Roma, Lucca, Elba y el Piamonte. En este último lugar los revolucionarios incluso llegaron a proclamar la constitución española de 1812 como su suprema ley. Tal fue el impacto del alzamiento de Cabezas de San Juan en 1820 que llegó a influir a los revolucionarios decembristas rusos. Este último hecho fue el que desencadenó que fuese el zar quien plantease a las demás potencias que la revolución española suponía un peligro para la paz de toda Europa.

Poco a poco se fueron dando pasos con los que se pretendía evitar la extensión del «cáncer» liberal español. En octubre de 1820 se reunió un congreso en Troppau, donde se estableció la doctrina de la intervención en los asuntos internos de aquellos Estados que alterasen sus gobiernos legítimos. En enero de 1821 tuvo lugar el congreso de Laybach, con la asistencia de los monarcas ruso, austriaco y prusiano, algunos príncipes italianos y representantes de Francia e Inglaterra. Allí se acordó que Austria intervendría militarmente en la península itálica para restaurar el orden legítimo. Poco después, tropas austriacas cruzaban la frontera, ocupaban Nápoles y más tarde Cerdeña, con lo que quedaba resuelto el problema de Italia y solo era cuestión de tiempo que volviesen sus miradas hacia España.

En este mismo año, Fernando VII había empezado gestiones diplomáticas para provocar la intervención extranjera para recuperar su trono absoluto. La cosa no era fácil ya que su prestigio estaba bajo mínimos pues la política represiva llevada a cabo entre 1814 y 1819 le había enajenado el apoyo de sus pares. El mismo Luis XVIII era muy reacio a comprometerse en lo que no se le ocultaba podía ser una operación muy arriesgada solamente para que España volviese al puro y duro absolutismo.

Así las cosas, Fernando VII no tuvo más remedio que acudir al zar a quien, no sin razón, consideraba más próximo a sus ideas absolutistas. El 21 de junio le envió un extenso memorándum en el que insistía en la urgencia de la ayuda exterior diciéndole que «sin el poderoso auxilio de fuerza armada extranjera veo inevitable su total destrucción [de la monarquía] por consunción, tanto en la península como en los dominios de Ultramar»[5].

Pocos días después también se dirigía a Luis XVIII, pero como el rey de Francia no pareciera muy convencido, a finales de 1821, el circulo de Fernando VII diseñó un plan para «obligar por grados al gabinete de las Tullerías a tomar una parte activa en los negocios de España»[6]. Este importante documento deja constancia que el rey, con tal de obtener el apoyo armado del vecino francés estaba dispuesto a «lisonjear y llenar el amor propio« del gabinete francés, a indemnizar los gastos y a «prometer una compensación en las colonias capaz de interesar a toda la nación francesa a decidirse a favor de la España»[7].

Pese a todas las promesas y lisonjas de Fernando VII a Luis XVIII seguía pensando que «es imposible bajo ningún supuesto que entremos en España como agresores para establecer el orden de cosas que existía en 1814»[8]. Tras el fracaso de la sublevación de la Guardia Real, en julio de 1822, a Fernando VII no le quedó más remedio que aceptar las exigencias francesas pues ya solo desde fuera podía venir la solución a todos sus males, pero no sería la insistencia o las concesiones del rey lo que decidirían a los monarcas europeos a intervenir sino la radicalización del propio régimen constitucional tras la llegada al poder de los exaltados y su idea de una revolución universal.

En octubre de 1822, se reunía en Verona otro congreso en el que el punto principal de la agenda era el problema español. El Reino Unido, representado por el duque de Wellington, manifestó que no consideraba que la situación fuese tan grave como para justificar una empresa tan arriesgada como una intervención armada. Por un lado, Wellington temía que la invasión se enfrentase a un levantamiento generalizado como el que tuvo lugar contra los franceses en 1808. Por otro, la mayoría de los títulos de la deuda emitida por gobierno liberal español estaban en manos de ingleses por lo que un cambio de régimen podía suponer un duro quebranto para la economía de sus comerciantes. Por último, pensaba Londres que si dejaba que las potencias europeas se desgastasen en una guerra en suelo continental ello les dejaría las manos libres para atacar los despojos del imperio español en América.

Por su parte, el resto de las potencias presentes, Austria, Prusia y Rusia, estaban de acuerdo en no permitir un precedente tan peligroso como el español. La tensión entre los dos bandos dio como resultado que los británicos abandonasen el grupo lo que acabaría dejando las manos libres a Francia.

Detrás del interés de Francia por castigar la revolución de España no solo estaba la defensa de los principios legitimistas, sino que también tenía su origen en razones de pura política interna[9]. Para Chateaubriand era necesario recuperar el prestigio internacional de Francia, seriamente comprometido por la invasión aliada tras la caída de Napoleón que aunque había restaurado a los borbones en el trono, amenazaba con que la monarquía fuese considerada como una imposición extranjera. Por ello, resultaba esencial «dotar a los borbones de un ejército capaz de defender el trono y emancipar a Francia... la legitimidad estaba muriendo por falta de victorias [militares]» en comparación con los triunfos durante el Imperio[10].

En Verona se llegó al acuerdo de intervenir en España en dos fases. La primera consistía en una serie de notas diplomáticas de las tres potencias por las que se exigía la reforma de la constitución. Estas comunicaciones, de tono abiertamente hostil e inaceptables para cualquier gobierno soberano, no tenían más objetivo que la provocación y solo sirvieron para que los liberales españoles cerrasen filas en torno a su gobierno exaltado. La respuesta española y la posterior retirada de los embajadores de las tres potencias fueron seguidas de un discurso de Luis XVIII en de la apertura de las sesiones del Parlamento, a finales de enero de 1823, donde anunció que el duque de Angulema, al mando de Cien Mil hijos de San Luis, cruzaría los Pirineos para restaurar a un descendiente de Enrique IV en su trono[11].

Sobre el volumen de estas fuerzas hay gran disparidad según sea la fuente consultada: mientras que para Grandmaison[12], sumaban un total de 120 000, de los que hay que descontar 50 000 asignados a distintas guarniciones, el marqués de Miraflores[13] dice que no llegaban a 55 000 hombres. Ante tamaña fuerza, el gobierno liberal de España apenas disponía de un ejército que pudiera contenerlos y hay que tener en cuenta que se trataba de unas tropas en su mayoría, estaban faltas de armamento, vestuario y avituallamiento y en las que la politización del régimen había dejado una fuerte mella. Además, estaban dispersas por toda la península por lo que la ventaja estaba del lado del invasor que podía concentrar sus fuerzas asegurándose su superioridad local.

La situación del gobierno liberal era desesperada tanto como lo había sido la de la Francia revolucionaria defendiéndose de los ejércitos de la coalición a finales del siglo XVIII a los que que pese a todo había logrado vencer, pero ahora la diferencia estaba en que mientras el gobierno de la Convención supo despertar en sus reclutas un furor ideológico subordinando todo a la defensa de su régimen, en Madrid el gobierno exaltado «se refugió en una serie de mitos» como el de «la superioridad del hombre libre sobre un ejército esclavo adiestrado» prometiendo un nuevo dos de mayo para los franceses que se atreviesen a violar el sagrado suelo de la patria[14]. Intentando repeler el inminente ataque, el Gobierno organizó las fuerzas disponibles en cinco cuerpos poniendo al mando de cada uno a sus mejores generales: Mina, en Cataluña; Ballesteros, en el centro; Morillo, al noroeste; Bisbal en Madrid y Villacampa, en el sur[15].

Por su parte, los franceses habían aprendido bien la lección de la guerra de la independencia y tomaron todas las precauciones posibles. Por un lado, Luis XVIII insistía en que solo se buscaba la libertad de Fernando VII y que una vez conseguida cesarían las hostilidades. También los jefes del ejército expedicionario fueron cuidadosamente seleccionados evitando cualquier nombre que pudiese recordar 1808. Se llevaron a cabo concienzudos preparativos para abastecer a las tropas con el objeto de impedir los saqueos que habían sido moneda corriente durante la anterior ocupación francesa. Una vez estuvo todo listo, el 7 de abril de

1823, ciento diez mil quinientos soldados, veintidós mil caballos y ciento ocho cañones entraban en territorio español[16].

A estas fuerzas francesas hay que sumar treinta y cinco mil realistas, aglutinados en lo que pomposamente se llamada «ejército de la fe», en realidad poco más que partidas guerrilleras, pero que desempeñarían un muy importante papel al obligar a que tropas gubernamentales tuviesen que ser destinadas a labores de custodia de pueblos y caminos en lugar de poder ser concentradas contra el ejército francés.

El avance inicial de los Cien Mil Hijos de San Luis fue cauteloso. Pese a que al día siguiente de haber cruzado la frontera ya estaban ante San Sebastián y poco más tarde a las puertas de Pamplona, el duque de Angulema no se decidió a seguir adelante hasta que reunió todas sus tropas en territorio español y comprobó que la recepción de la población le era favorable. Tras ello dividió sus fuerzas en dos columnas: una, al mando del duque de Reggio, ocupó Valladolid y siguió hacia Madrid y otra, a las órdenes del general Bourke, con la misión de conquistar el noroeste de la península.

3. Situación en Galicia. La lucha contra las partidas guerrilleras realistas

Morillo tuvo noticias de la invasión francesa estando en Valladolid e inmediatamente aceleró su marcha a Galicia. Morillo y el Segundo Ejército de Reserva bajo su mando eran uno de los pilares de la defensa del gobierno constitucional y prueba de su importancia es la oda compuesta por Dionisio Solís.

Oda V

El derrumbamiento
el estandarte de la libre España
sea el terror al mundo; el sacro nombre
de libertad con sonoro estruendo
del pérfido Luis en la áurea estancia
haced que suene horrendo:

óigalo y tiemble en sus orillas Francia...
el tirano francés en vano llama
huestes de mercenarios asesinos,
que en nuestra ofensa con su acento inflama...
..Lleguen, que armado de ínclita osadía
del Ter ocupa la ondulante arena
blandiendo en alto el triunfador acero,
Mina, terror del Sena,
y Abisbal, y Morillo y Ballestero[17].

El 19 de abril Morillo estaba ya en Paredes de Nava, provincia de Palencia, donde pudo constatar que el pánico estaba empezando a cundir entre las autoridades que abandonaban sus puestos sin permiso[18]. Conforme se acercaba a Galicia supo de la invasión desde Portugal de un cuerpo de entre cuatro y cinco mil hombres al mando del general Silveyra. Consciente del peligro que planteaba que esta fuerza pudiese tomar contacto con las de Bourke, organizó una columna de mil hombres y cien caballos[19] con la que partió a su encuentro. Su inferioridad numérica hizo que tuviese que limitarse a apenas algunas escaramuzas.

El 13 de mayo, desde Astorga, unos cuarenta kilómetros al sureste de León, escribía al ministro de la Guerra para hacerle saber las «noticias desagradables y verdades amargas [sobre] la falsa posición en que me hallo constituido»[20].

El ejército no solo estaba desprovisto de armamento y toda clase de vituallas, sino que su moral se encontraba bajo mínimos. Para Morillo la raíz de todo era el deterioro de la disciplina a causa de la politización a la que se le había sometido, nombrando mandos incapaces que solo podían presentar credenciales políticas y que no dudaron, como el caso de Mina en Aragón, en utilizar al ejército para sus fines partidistas. Según Morillo, las sociedades secretas que «se proponen desacreditar a todo aquel jefe que no marcha conforme á su despótica libertad» eran responsables de haber minado la disciplina hasta el punto de que «nadie se cree obligado á obedecer sin investigar el motivo de la orde»[21].

En este punto concreto ya antes se ha mencionado la posibilidad de que Morillo fuera masón y esta crítica de las sociedades secretas pareciera contradecirla, si bien también pudiera interpretarse como un ataque solo a las sociedades secretas de inspiración radical. En todo caso, no hay que olvidar que se trata de la correspondencia oficial de Morillo en la que también se encuentran frecuentes expresiones de su ferviente adhesión a la causa revolucionaria, como cuando habla del «sacrificio personal de un puñado de españoles, verdaderos constitucionales, que me rodean, á cuya cabeza pereceré invocando la libertad de mi Patria y llevando el acero vengador hasta el pecho de los tiranos domésticos y extranjeros que vienen a esclavizarla»[22].

Morillo insiste a sus superiores que «la indisciplina, el desorden, toda clase de excesos cometidos, y no solo tolerados, sino también fomentados por la autoridad militar, tienen aquella provincia [Galicia] en el estado más deplorable»[23]. Entre estas «autoridades militares» a las que culpa del lamentable estado del orden público estaba el general Antonio Quiroga, su segundo. Si bien hasta este momento las relaciones entre ambos serían correctas y Morillo no le menciona expresamente como responsable de nada, con el tiempo sus respectivas posiciones políticas les irían alejándo hasta la inevitable ruptura.

No solo les separaba el hecho de que Morillo fuera una figura del liberalismo moderado y Quiroga uno de los más importantes representantes de los exaltados, sino que mientras Morillo había ganado sus galones en el campo de batalla, Quiroga había obtenido los suyos gracias a su participación en la revolución de 1820, antes de la cual ostentaba el rango de coronel. De hecho, pese a que el más famoso de entre los militares alzados en 1820 acabase siendo Rafael Riego, lo cierto es que había sido Quiroga y no Riego a quien los sublevados habían elegido como general en jefe de la empresa[24]. Esta postergación, que evidentemente Quiroga consideraba injusta, será una de las claves para comprender sus acciones más adelante.

En cuanto a las milicias, Morillo, como militar de carrera, no podía sino desconfiar de ellas y su experiencia como capitán general de Castilla la Nueva y el recuerdo de su detención por milicianos, hicieron que no dudase en escribir al Gobierno que, «la milicia, que en general tanto ha contribuido a desacreditar el sistema, y que se creyó equivocadamente sería su sostén más firme, solo ha servido para entregar sus armas y caballos á los facciosos, pero tan cobardemente, que veinte de Merino han desarmado en Arévalo á setenta y cinco milicianos»[25].

Éstos facciosos a los que se refiere Morillo eran las partidas guerrilleras realistas que, desde hacía varios años, recorrían Galicia. Si bien desde 1820 hay ya constancia de grupos armados contra el gobierno constitucional agrupados en torno a llamada Xunta Apostólica actuando en la zona entre Tuy, provincia de Pontevedra, y Portugal, no sería hasta marzo de 1822 cuando haya constancia de hasta siete partidas distintas actuando en Galicia[26]. Aunque su pequeño tamaño les impedía aspirar a controlar permanentemente parte alguna del territorio, tal y como había logrado del barón de Eroles y su denominada regencia de Urgel, sus acciones de hostigamiento obligaban a dispersar las muy escasas tropas constitucionales.

Si bien la mayoría de los miembros de las partidas eran miembros del clero (34 %) o hidalgos (37 %)[27], su acción se había visto favorecida por el escaso apoyo del campesinado al régimen constitucional provocado por la actitud de las autoridades locales exaltadas que en su celo revolucionario habían decretado embargos por impago de contribuciones y encarcelado a no pocos labradores por el mero hecho de ser sospechosos de oposición política. Esta indiferencia, si no sorda oposición, de los campesinos a la causa liberal sería un constante problema para Morillo pues no contar con el apoyo popular significaba tener que operar casi a ciegas y él mismo confesaría que, «la mala voluntad de estos habitantes llega al punto de no encontrase un espía; y así carezco de noticias acerca de los movimientos del enemigo»[28].

En definitiva, Morillo apenas si podía disponer de apenas unos tres mil hombres con los que se suponía que debía defender toda Galicia, hacer frente a las tropas francesas al mando de Bourke, a las llegadas desde Portugal con Sylveira a la cabeza y también a las partidas de guerrilleros realistas. Por si esto no fuera suficiente, cada vez desertaban más soldados dejando a Morillo en un estado en que dice a sus superiores que «no acabo de comprender lo que aquí pasa»[29].

4. Morillo cambia de bando

Pese a esta confesión de ignorancia, lo cierto es que Morillo sabía perfectamente lo que estaba pasando: los días de la España liberal estaban contados. Si bien él mismo había sido uno de los pilares del régimen constitucional a estas alturas, Morillo pensaba que la toma del poder por parte de los exaltados en 1822 estaba llevando España a la ruina. Prueba de ello son tanto su resistencia a aceptar el mando del segundo ejército de reserva, que finalmente había asumido como mal menor no sin antes dejar constancia de que se sacrificaba al admitir «el delicado encargo que de nuevo se sirve Su Majestad confiarme»[30], como la lentitud con la que había realizado sus preparativos para salir de Madrid y con la que había marchado hacia Galicia.

Si bien había llegado a Valladolid en apenas seis días, lo que representa unos 33 kilómetros al día, a partir de ahí su velocidad se redujo mucho, recorriendo los poco más de trescientos cincuenta kilómetros que separan Valladolid de Lugo en cuarenta y dos días, es decir, a poco más de 8 kilómetros diarios. Esta marcha, cada vez más lenta, no tenía otro motivo que la de permitirle ir valorando la situación y permitir que los acontecimientos se fueran decidiendo por si solos. El 14 de marzo se produciría un hecho que permitiría a Morillo librarse con honor de sus ataduras con un régimen que ya despreciaba. Ese día, ante la noticia de que tropas francesas habían cruzado el paso de Despeñaperros, una delegación del Gobierno le planteó a Fernando VII, en Sevilla, la necesidad de trasladarse a Cádiz. El monarca se negó rotundamente no dejando otra alternativa que las Cortes le declarasen temporalmente imposibilitado y se nombrase una Regencia que obligase al rey a acompañar al Gobierno bastión liberal de Cádiz. Pese a esta elaborada vestimenta legal, a nadie se le ocultaba que se trataba poco menos que de un secuestro.

Con este acto, el Gobierno y las Cortes no solo violaban el espíritu y tal vez también la letra de la constitución de 1812 que se basaba en la soberanía compartida entre el rey y las Cortes, sino que fue sentido por gran parte de los mismos liberales como un atentado a la sagrada persona del rey. Hoy, la inviolabilidad del rey es un importante principio constitucional, pero en la España de principios del siglo XIX esta idea era un precepto casi sagrado[31]. Por mucho que Fernando VII hubiera defraudado las esperanzas de los españoles que tanto habían deseado su regreso durante los oscuros años de la ocupación francesa, el rey seguía siendo el depositario de un prestigio de siglos. Morillo no podía concebir semejante conducta contra el rey y esta sería la última gota que colmase el ya muy lleno vaso de su descontento contra el gobierno exaltado.

Morillo llegó a Lugo el 25 de marzo ya con la intención de romper definitivamente con los exaltados que consumaría al día siguiente. Consciente de lo delicado de la situación decidió ir cortando las ataduras cabo a cabo. Primero dictó una proclama a sus tropas en la que declaraba sumarse a:

> ... vuestra decisión á no obedecer las órdenes de la Regencia que las Cortes instalaron en Sevilla, despojando de sus atribuciones al rey, de un modo reprobado por nuestro pacto social. Animado de los mismos sentimientos que vosotros, he condescendido con vuestros deseos, y os declaro que no reconozco al Gobierno que las Cortes han establecido ilegalmente; y que resuelto al mismo tiempo á no abandonar estas provincias á los furores de la anarquía, conservo el mando del ejército. Auxiliado por una Junta gubernativa tomaré las providencias que exijan las circunstancias, no obedeciendo á ninguna autoridad hasta que el rey y la Nación establezcan la forma de Gobierno que debe regir en nuestra Patria[32].

Sobre este documento es necesario detenerse algo más. Por un lado, hace recaer el peso de la decisión en los propios soldados presentándose él solamente como ejecutor de su voluntad. No habla de la declaración de incapacidad del rey sino del despojo de sus atribuciones y no dice que este acto sea contrario a la constitución sino que atenta contra el pacto social. De hecho, resulta significativo que la constitución por cuya defensa apenas unos días antes estaba dispuesto a perecer, no aparezca mencionada por ninguna parte[33]. Por último, Morillo concentra en su persona todo el poder tanto militar como civil al nombrar a una junta gubernativa, añadiendo que no reconocerá ninguna autoridad más allá del rey y la Nación.

Mucho había aprendido Morillo desde aquellos lejanos días en Santa Fe de Bogotá, allá por 1816, en los que no supo enfrentar la sutileza de las damas de la alta sociedad cachaca. Ahora, evitando referirse a la Constitución y acudiendo a un pacto social, lograba zafarse de opinar sobre el espinoso asunto de la legalidad, o no, del acto de la incapacitación del rey.

Al hablar de la decisión de los soldados de no obedecer se guardaba en la manga una carta que le sería muy útil en el poco probable caso de un triunfo final de los liberales, ya que le permitiría alegar que todo lo había hecho tan solo para asegurar la disciplina y el orden, punto este último que no se olvida de remachar más adelante.

En este contexto de intentar nadar y guardar la ropa es cómo hay que entender su apelación a que asume el poder solamente hasta que «el rey y la Nación establezcan la forma de poder que debe regir en nuestra Patria». En otras palabras, si el rey se imponía a la Nación, Morillo pensaba que quedaba cubierto y si el resultado era el inverso, también. En suma, una obra maestra del cálculo político.

Con todo lo anterior, parecía que no quedaba suelto ningún fleco, pero Morillo no se contentó con dirigirse a sus soldados sino que también lo hizo a los «habitantes de las provincias comprendidas en el distrito del cuarto ejército»[34]. En este otro texto es relevante que menciona de nuevo que ha accedido a dar este paso tanto porque así se lo han pedido «continuas diputaciones de los jefes y oficiales» pero significativamente añade que también «los pueblos se han explicado en el mismo sentido« comunicando que previamente se había reunido con «todas las autoridades eclesiásticas, civiles y militares» que le habían insistido en «que no puede reconocerse un Gobierno que es el resultado de un acto el más ilegal».

Como consecuencia de todo ello establece, en su artículo segundo, la formación de una junta gubernativa cuyos representantes han de trasladarse al cuartel general de Lugo. En otras palabras, pese a que Morillo lo presenta todo como una concesión a las peticiones tanto del pueblo como de las tropas, la realidad es que por medio de estos actos se constituye como el poder supremo y absoluto de toda Galicia quedando todas las autoridades civiles subordinadas a su máxima autoridad militar. En otras palabras, un golpe de Estado o, si se quiere ser más preciso, no un golpe de Estado sino un golpe de región.

De este modo, Morillo quedaba al mando de la ciudad de Lugo, pero para que su autoridad se extendiese a toda Galicia era necesario que hacerse obedecer también fuera de sus murallas. Para ello envió comunicaciones a la Diputación Provincial de La Coruña[35], al almirante jefe del Departamento marítimo del Ferrol[36], a los jefes y oficiales del Cuarto ejército de operaciones[37] y al comandante militar de La Coruña[38], informándoles sobre cómo no había podido desentender las justas reclamaciones del pueblo y del ejército[39], e impartiendo órdenes precisas a los jefes militares para que se asegurasen el control de la situación.

Las despachadas al almirante jefe del Departamento marítimo del Ferrol le conminaban a destruir [sic] el Ayuntamiento «nombrando Vuestra Excelencia junto con el Gobernador otro, compuesto de personas respetables que no pertenezcan á partido y que tengan bastante influencia en el pueblo para contenerle en orden»[40]. Aún más explícitas son las que envió al comandante militar de La Coruña, donde le ordenaba que:

> ... si el Gobernador obedece mis órdenes, podrá Vuestra Excelencia manifestarle que cesa en sus funciones, supuesto que Vuestra Excelencia toma el mando de la plaza. Mas si no reconoce su autoridad, entonces no titubeará [sic] Vuestra Excelencia un momento en arrestarle y hacerle conducir al instante al Cuartel general[41].

Pese a lo terminante de estas órdenes, que evidentemente suponían la ruptura con la autoridad del gobierno exaltado, Morillo, siempre precavido, añadió que,

> ... no se permitirá insulto á persona ni clase, ni menos desórdenes de ninguna especie, y todos los habitantes, cualesquiera que hayan sido sus opiniones y conducta política, tienen un derecho, el más sagrado á nuestra protección, y la fuerza armada y las autoridades deben volar en su auxilio. Todos son libres en retirarse por mar ó por tierra con sus efectos á donde más les acomode[42].

Esta mención del derecho a la protección, que remacharía más abajo diciendo que «la lápida constitucional permanecerá», podría ser esgrimida en caso que cambiasen las tornas.

Así concluía Morillo la primera parte de su cambio de bando, pero para consumarlo necesitaba además entrar en contacto con las fuerzas francesas de invasión para lo que el mismo día en que dictaba todas estas proclamas, despachos y cartas, mandó a uno de sus ayudantes al campo francés para iniciar conversaciones con el general Bourke con el objeto de pactar un provisional cese de hostilidades hasta que pudiera obtener un acuerdo definitivo con el duque de Angulema, jefe supremo de las tropas de invasión.

El intercambio epistolar entre Morillo y Bourke, que pese a estar revestido de una exquisita cortesía refleja bien lo tenso de la situación. La primera respuesta del general francés fue la de aceptar el cese de hostilidades «solo si Morillo convenía a entregarme las dos plazas bloqueadas que se hallan bajo vuestro mando, de Santoña y San Sebastián, las que se ocuparán por las tropas francesas á nombre del rey de España, y le serán devueltas al instante que recupere su libertad»[43]. La historia nunca fue uno de los fuertes de Morillo, pero no podría por menos que recordar que en la última ocasión en que se cedió una plaza fuerte española (Gibraltar) a un ejército extranjero invasor (inglés) que actuaba en nombre de un rey de España (archiduque Carlos proclamado Carlos III) el pabellón español no volvería a ondear en ella (hasta el momento). Además, tampoco estaba dispuesto a venderse ni tan pronto ni tan barato, por lo que contestó que no podía acceder, lanzando al mismo tiempo un pequeño órdago al añadir que, «de todos modos Vuestra Excelencia me hallará siempre en el campo de batalla dispuesto á pelear hasta el último extremo»[44]. Ante este desafío, Bourke no se amilanó respondiéndole a su vez que «no está en mi mano detener el curso de los acontecimientos. Voy a marchar en esa dirección, dispuesto o á tenderos la mano de la amistad ... ó á pelear con vos»[45].

Pese al tono amenazante de Bourke la realidad es que sabía que tenía el tiempo a su favor y que lograr la adhesión de Morillo, que parecía solo cuestión de días, le permitiría alcanzar sus objetivos militares sin apenas derramamiento de sangre por lo que no sorprende que ralentizase su fulgurante marcha hacia el oeste ofreciendo al conde de Cartagena un respiro.

Justo cuando todo iba de acuerdo con los planes de Morillo surgió un problema que apunto estaría de torcerlo. El general Antonio Quiroga, segundo de Morillo, que hasta ese momento parecía estar de acuerdo con su jefe, se puso al frente de un grupo de soldados exaltados proclamando su intención de resistir al invasor francés. A partir de entonces se sucederían las acusaciones, proclamas y contra proclamas de uno y otro con las que intentaban aislar a su oponente[46].

Prueba de lo incierto de la situación es que durante todo este tiempo apenas si se registraron enfrentamientos armados entre ambos bandos de españoles. La lucha se limitó, al menos durante unos días a combates en papel.

Entretanto, a primeros de julio, Morillo había logrado entenderse con Bourke y la inevitable orden de su cese emitida por el Gobierno en Cádiz[47] fue rápidamente contrarrestada por otra de la Regencia, constituida en nombre de Fernando VII en Madrid, en la que le mandaban que, «continúe el conde de Cartagena con el mando en Galicia y que á este fin se le expida el título de tal Capitán general interino y Presidente de la Real Audiencia»[48].

5. Campaña contra los Cien Mil Hijos de San Luis. Segunda «batalla» del Puente de Sampayo (24 julio 1823)

Viendo Morillo que poco o nada se conseguía del intercambio epistolr con Quiroga y que pese a sus esfuerzos de asegurarse la obediencia de toda Galicia tan solo podía contar con algunas de las tropas directamente bajo su mando, decidió que había llegado el momento de abandonar Lugo para dirigirse a Santiago de Compostela. En Lugo tuvo que dejar al batallón de Aragón, del que no se fiaba, por lo que partió con apenas 1600 hombres.

Con tan escasas fuerzas llegó a Santiago de Compostela el 16 de julio donde supo que el día anterior los franceses habían ocupado el Ferrol. Apenas dando tiempo a sus hombres para reponerse de la marcha, salió para Vigo dejando en Santiago parte de sus hombres para controlar la ciudad con lo que ahora apenas contaba con 800 soldados y 150 caballos que esperaba poder reforzar con tropas francesas con las que tenía previsto reunirse antes de llegar a su destino.

En el camino supo Morillo que la brigada francesa que tenía que haber salido en su auxilio seguía en El Ferrol dejándole en una posición muy crítica. A su frente estaba Vigo, con una guarnición de 1200 hombres y desde Ribadavia, al Este, se aproximaban los generales Roselló y Palarea, fieles al Gobierno de Cádiz, al mando de más de 2000 soldados con la intención de cortarle su eventual repliegue. Por si fuera poco, en la ría de Arosa actuaban pequeñas expediciones marítimas que estaban consiguiendo que algunos pueblos costeros se pasasen al bando gubernamental. Ante semejantes amenazas lo más prudente hubiera sido intentar retirarse hacia el norte, pero una vez más en su carrera militar Morillo optó por atacar y acelerando el paso de sus apenas mil hombres marchó hacia Vigo. Entre él y esta ciudad se interponía un viejo conocido: el puente de Sampayo. En la noche del 24 de julio llegó al sitio donde catorce años antes había obtenido sus primeros laureles militares. El puente estaba fuertemente custodiado, pero Morillo, reverdeciendo su viejo apodo del León de Sampayo, se puso al frente de una compañía de granaderos y, al grito de «¡Viva el rey!», avanzó arrollando completamente a sus enemigos[49].

La segunda acción de Morillo en el puente de Sampayo apenas puede calificarse de batalla ya que apenas si hubo algunos muertos y heridos con solo ochenta prisioneros, pero su efecto sobre la moral de sus hombres fue enorme como también fue decisivo su impacto para minar la moral de las tropas leales al gobierno exaltado de Cádiz. De todos modos, pese a su éxito, Morillo comprendió que no podía seguir avanzando hacia Vigo y no tuvo más remedio que replegarse hacia Pontevedra donde por fin, el 1 de agosto, llegaron los tan esperados refuerzos franceses: una columna de 1000 soldados y 500 caballos al mando del general Laroche Jacquelain.

Al día siguiente salieron de Pontevedra para atacar a los hombres de los generales Roselló y Palarea que, ante las noticias de que ahora eran ellos los que estaban en inferioridad numérica, no presentaron batalla y se retiraron en desorden. Cuando la guarnición de Vigo supo de la retirada de Roselló y Palarea decidió abandonar la ciudad. Quedando la ciudad indefensa, Morillo entró en ella el 3 de agosto, desde donde despachó un destacamento que tomó sin resistencia el estratégico fuerte de Bayona, unos 20 kilómetros al suroeste. Vigo era uno de los baluartes del liberalismo exaltado por lo que fue necesario organizar una guarnición adicta que asegurase la tranquilidad de la plaza en lo que Morillo se demoró algunos días.

Si bien la noticia de la caída de Vigo había supuesto un duro golpe para los leales al Gobierno de Cádiz, aún resistían ciudades tan importantes como La Coruña. Morillo, aún retenido en Vigo, supo que las tropas francesas bajo el mando directo de Bourke se disponían a abrir fuego contra La Coruña. Inmediatamente se dirigió al general francés para pedirle que, «suponiendo, pues, que no produzca efecto alguno la intimación y que será preciso romper el fuego, no puedo menos de suplicar á Vuestra Excelencia, mi querido general, que este se dirija exclusivamente contra la fortificación»[50].

Esta preocupación de Morillo por evitar a la población civil sufrimientos innecesarios se ve confirmada cuando, pocos días más tarde, volvía a dirigirse a Bourke diciéndole que «es mi deber el tomar un vivo interés por este pueblo, porque los pocos habitantes acomodados no son culpables de la extraordinaria obstinación de los rebeldes»[51]. No es que Morillo solo se preocupase por los ciudadanos más pudientes de la Coruña sino que el término que emplea de acomodados debe entenderse en el sentido original de la palabra, derivado de acomodo, es decir, referido a aquellos que tienen su sitio o residencia en la ciudad. Este interés de Morillo por la población civil provocaría que los habitantes de la Coruña le reclamasen como mediador para negociar su rendición. Rápidamente Morillo se trasladó al cuartel general de Bourke para arreglar los detalles de la capitulación que se consumó con la entrada de las tropas francesas en la ciudad, el 21 de agosto de 1823. Con Coruña en manos francesas, la campaña en Galicia quedaba prácticamente concluida faltando tan solo por sofocar algunos pequeños restos de resistencia constitucionales en el campo. Morillo participó también en estas operaciones menores consiguiendo, el 17 de septiembre, que una columna se rindiese sin necesidad de disparar un solo tiro.

En la otra parte de la península ibérica, el 16 de julio, la guarnición de Cádiz, último bastión del gobierno constitucional, había fracasado en su desesperado intento de levantar el asedio del duque de Angulema con lo que la suerte estaba echada. El 5 de agosto las Cortes celebraban la que sería su última sesión y el 30 de agosto, la toma del castillo de Montegorda dejaba completamente cercada a la ciudad y con ello tan solo quedaba la vía de obtener por la negociación lo que no habían podido conseguir por la de las armas.

La única moneda de cambio de los constitucionales era ya el propio Fernando VII quien pasaba su tiempo tranquilamente observando con un catalejo el incontenible avance de sus libertadores. En un último intento por salvar algo del régimen constitucional, el Gobierno hizo firmar al rey una serie de decretos plagados de vagos compromisos políticos y promesas de perdón. Finalmente, el 1 de octubre de 1823, Fernando VII embarcaba hacia el campamento francés donde fue recibido por el duque de Angulema con lo que terminaba lo que la historia conocería como el trienio constitucional.

6. REGRESO DE FERNANDO VII

UNA VEZ EN LIBERTAD, las promesas del rey de olvidar y perdonar cayeron en el mismo saco que sus juramentos de fidelidad a su padre Carlos IV, a Napoleón y a la constitución de 1812. Si Luis XVIII había creído a Fernando VII cuando había aceptado que la intervención francesa no sería «para establecer el orden de cosas que existía en 1814» pronto saldría de su error[52]. Ya durante los últimos momentos del asedio a Cádiz figuras tan importantes del liberalismo como Cayetano Valdés y Flórez, José de Zayas o Miguel Ricardo Álava temiendo la represión de Fernando VII decidieron escapar de la ciudad incluso a bordo de barcos franceses. La venganza del rey no se hizo esperar. Polignac, presente en el campo de los Cien Mil hijos de San Luís confesaba que «temo que el rey piensa más en la arbitrariedad que en la fuerza, y que piensa más en ejercer la venganza que en hacer ejemplos»[53]. A tal punto llegaron los excesos que, apenas dos semanas después de la liberación de Fernando VII, el mismo duque de Angulema se sintió obligado a escribirle,

> ... es con pesar que me veo obligado a dirigirme a Vuestra Majestad para expresarle que todos los esfuerzos de Francia por obtener la paz (serán infructuosos) si se continúa el pernicioso sistema de gobierno que produjo las desgracias de 1820 .... la inquietud, el terror y el descontento comienzan a extenderse por todas partes; He pedido a Vuestra Majestad que conceda una amnistía y otorgar a sus pueblos algo que les de confianza en el futuro, pero Vuestra Majestad no ha hecho ni lo uno ni lo otro[54].

Esta feroz represión de los primeros momentos de la que sería calificada como la ominosa década iría atemperándose con los años, pero nunca Fernando VII soportaría la presencia de ninguna de las figuras del trienio constitucional y, para Morillo, quien había sido una de los principales valedores del régimen constitucional moderado, el rey le reservaba un profundo rencor por su papel en el fracaso de la sublevación de la Guardia Real en julio de 1822. Si bien ya se ha visto que la participación de Morillo en estos hechos fue bastante tibia, Fernando VII no estaba dispuesto a olvidarlo. En cualquier caso, Morillo hizo todos los esfuerzos posibles para congraciarse con el monarca.

El 5 de octubre se dirigió al rey «poseído del mayor júbilo al saber que Vuestra Majestad se halla en libertad y en el pleno ejercicio de sus augustas funciones y ... tributa á Vuestra Majestad el más respetuoso homenaje»[55]. Esta carta a Fernando VII está llena de expresiones de su lealtad sin olvidarse de mencionar los disturbios, calamidades, errores y crímenes cometidos por «una revolución que todo lo ha desquiciado» concluyendo con su deseo de que el rey «muy en breve hará desaparecer los males de la Patria y reconciliar á sus hijos, y sabrá enjugar las lágrimas de centenares de familias víctimas de los furores y de los extravíos».

Por si esta llamada a la reconciliación y al perdón no fuera suficiente, Morillo, añadía una solicitud para que fuesen recompensados los jefes, oficiales y soldados bajo su mando en la que, muy hábilmente no pide nada para sí mismo, pero no deja de recordar al rey que «el Serenísimo Señor Duque de Angulema, ... ha garantizado sus empleos, sueldos y honores á todos ... según consta de los documentos que obran en mi poder». Para terminar de reforzar la que sabía era una posición muy comprometida acompañaba un «resumen de las operaciones que han ejecutado las tropas que se hallaban á las órdenes del conde de Cartagena para cooperar á la libertad del Rey Nuestro Señor»[56] que Morillo había ordenado elaborar a su propio jefe de su estado mayor donde se tuerce la realidad para presentar sus acciones de la manera más favorable posible a los ojos del rey. Si bien en los acontecimientos del 26 de julio él mismo se había empeñado en insistir en que había cambiado de bando «condescendiendo« a los deseos del ejército y el pueblo[57], ahora no dudaría en presentarse, bajo la pluma de uno de sus subordinados, como el máximo responsable de que las tropas bajo su mando se pasasen al bando realista.

Morillo era plenamente consciente que su paso del Rubicón había sido muy tardío y estas comunicaciones no tenían otro objeto que el hacerse perdonar el no haber tomado mucho antes la causa realista. La mención del compromiso por escrito del duque de Angulema de conservar en «sus empleos, sueldos y honores a todos» no es más que otra prueba de cómo Morillo sabía que su posición era muy delicada. Fueron pasando las semanas y al comprobar que Fernando VII seguía con su política de represión hacia todos aquellos que se hubieran distinguido en el trienio constitucional sin hacer distinciones entre exaltados o moderados, Morillo tuvo que rendirse ante la evidencia de que el rey no tenía intención alguna de contar con sus servicios. Adelantándose a un cese, que cada día parecía más inminente, decidió dimitir.

No obstante, en la Corte había muchos asuntos pendientes que reclamaban una atención más urgente y no sería hasta el 24 de noviembre cuando se expidiese una Real Orden por la que se le relevaba de su cargo de capitán general interino y Presidente de la Real Audiencia que le había sido conferido por la Regencia el 8 de agosto anterior[58].

Apenas una semana más tarde, Morillo se dirigiría al Ministro de la Guerra para pedirle que,

> ... en mi nombre se sirva dar las gracias á Su Majestad por la bondad con que ha acogido mi súplica [de dimisión], manifestándole que en cualquiera ocasión estoy pronto á hacer el sacrificio hasta de mi vida por sostener el orden y la tranquilidad pública, y para afianzar el trono sobre bases indestructibles[59].

Pese a que hasta este momento todo había revestido la forma de una dimisión, entre cuyas razones no deja de mencionar su muy quebrantada salud, Morillo temía que en cualquier momento pudiese ser represaliado. Por ello, el 6 de diciembre volvió a escribir al ministro informándole que se disponía a «aprovechar una ocasión oportuna de pasar á Francia en un buque de aquella nación, que sale para Burdeos en los primeros días de la semana próxima» y que procedía al entregar el mando militar al gobernador de la Coruña.

Esta última comunicación de Morillo con el Gobierno desde territorio español termina con un párrafo muy revelador, «espero que Vuestra Excelencia aprobará esta medida en vista de los justos motivos que me obligan á tomarla y de los perjuicios que de lo contrario se me ocasionarían»[60]. El uso de esta calculada ambigüedad sobre los motivos y perjuicios que convenientemente podían interpretarse como derivados de su mala salud pero también sirven para demostrar que, en realidad, se trataba de una partida al exilio.

Capítulo 15

EL EXILIO. PARÍS

(1824-1830)

El 1 de enero de 1824, Morillo embarcó en un barco francés con rumbo a Burdeos con la duda de si alguna vez podría regresar a España. Aunque había utilizado su salud como pretexto para dimitir de su cargo y poder salir del país también era cierto que desde hacía ya mucho tiempo sufría de varios males. Al lanzazo que había recibido en la batalla de la Puerta, que le producía grandes dolores cuando cambiaba el tiempo, había que añadir otra vieja herida en la pierna izquierda y una muy molesta «erupción herpética« que le hacían sentirse viejo[1].

Pese a no haber cumplido los cuarenta y ocho años, en estos meses el tono de su correspondencia se vuelve sombrío como el de alguien que se dispone a esperar una muerte que siente cercana. Los largos años de campañas militares sin apenas interrupción le habían dejado exhausto y para reponerse decidió dirigirse al balneario de Barèges-Barzun, en el país vasco francés. La elección del sitio no solo era conveniente para su salud, sino que su proximidad con la frontera española le permitiría estar al corriente de lo que pasaba en España.

El pueblo de Barèges había crecido alrededor de sus aguas termales portadoras de una substancia anunciada por los locales como la *baregine* que se aseguraba tenía poderosas propiedades curativas. El balneario se había puesto de moda entre militares franceses retirados, en su mayoría veteranos de las campañas napoleónicas, por lo que allí pudo encontrase algún que otro viejo enemigo.

Tanta fama había alcanzado el lugar, que miembros de la familia real francesa lo visitaban con cierta frecuencia, entre ellos la esposa del propio duque de Angulema. Allí descanso Morillo unos meses con la esperanza de poder regresar a España en poco tiempo, pero cuando comprobó que el nuevo gobierno de Fernando VII no solo no le restituía en sus cargos y honores, sino que procedía a abrirle una causa de purificación no tuvo más remedio que resignarse a buscar otra residencia más permanente en París.

La elección de la capital de Francia fue muy calculada. Si bien Londres acogía una gran cantidad de los emigrados liberales españoles, Morillo prefirió no unirse a ellos ya que en su gran mayoría se trataba de exaltados con lo que él deseaba mantener toda la distancia posible para no poner en peligro un eventual regreso.

1. LA FRANCIA DE LUIS XVIII Y CARLOS X

LA INTERVENCIÓN EN ESPAÑA de los Cien Mil Hijos de San Luis parecía haber consolidado en el trono francés a Luis XVIII, que por fin lograba así obtener un prestigio militar que, hasta ese momento, había parecido reservado solo a Napoleón. Una y otra vez la propaganda oficial de la época insistiría en que el duque de Angulema, al conseguir ocupar la plaza de Cádiz, había triunfado allí donde el corso había fracasado reiteradamente.

Los realistas franceses presentaban la campaña como «una guerra justa, leal, rápida, poco sangrienta y pacificadora»[2], y consideraban que, gracias a ella, los liberales habían sido liquidados al menos para los siguientes veinte años[3]. Esta confianza se tradujo en un florecimiento de la economía que sembró París de nuevos edificios y que llenó los bolsillos de una oligarquía comercial y banquera cuyo máximo exponente serían los miembros de la familia Rothschild, cuyo banco, por cierto, se había encargado de prestar los fondos necesarios para financiar la expedición militar[4].

La tranquilidad inspirada por Luis XVIII y su política de no remover el pasado sufriría un vuelco tras su muerte, el 16 de septiembre de 1824, con la llegada al trono de su hermano menor, Carlos X. El nuevo rey era íntegramente un hombre del Antiguo Régimen[5] por el que pareciera que no hubieran pasado los años de la Revolución y el Imperio. Incapaz de adaptarse a la nueva realidad de Francia se empeñó en resucitar un país ya muerto, proclamando con orgullo que él no había cambiado en nada desde 1789.

En contra de la opinión de sus consejeros, celebró su ceremonia de consagración a la vieja usanza, como símbolo de su unión con un pasado que la mayoría de los franceses preferían dejar atrás. Nada más instalarse en el trono se dispuso a dar marcha atrás al reloj de la historia comentando que «antes sería leñador en el bosque que reinar a la manera de un rey de Inglaterra» y comenzó su programa reaccionario con la publicación de dos leyes muy significativas. La primer para indemnizar a aquellos que hubieron de emigrar durante la revolución y la segunda criminalizando las ofensas cometidas contra la iglesia católica[6]. Estas y otras medidas de índole semejante hicieron que su inicial popularidad se deteriorase rápidamente. Finalmente, su Gobierno acabó por quedar cada vez más aislado de un Parlamento en el que las elecciones siempre daban la mayoría a los liberales.

Así pasaron varios años en los que la oposición iba fortaleciéndose, provocando que poco a poco fuesen surgiendo más voces que añoraban los tiempos de Napoleón, cuando Francia era tenida en el mundo. El Gobierno de Carlos X, para contrarrestar este germen de descontento propuso la creación un nuevo imperio francés en África como sustituto del imperio perdido en Europa.

La idea de una guerra exterior para unir al interior no era nueva, al propio Luis XVIII su intervención en España le había dado magníficos resultados por lo que el gobierno francés se puso manos a la obra. No obstante, en esta ocasión, la oposición no apoyó la idea del rey y, pese a que las tropas francesas avanzaban en Argelia, las elecciones de finales de junio de 1830 acabaron por dar una nueva victoria a la oposición, que consiguió 270 escaños frente a los 145 obtenidos por los representantes del Gobierno.

La tensión entre el rey y el Parlamento produjo una fuerte caída del valor de la deuda del Estado reflejando la falta de confianza de los inversores. Carlos X, viendo que no conseguía nada utilizando los viejos modos de hacer política empezó a buscar soluciones más radicales para imponer el poder real a la vieja y absolutista usanza.

2. La vida de Morillo en París

En Madrid, Morillo había estado en el centro de la vida política, pero en París, según testimonio del embajador de España ante la corte francesa, llevó una vida pacífica y retirada[7]. Su prioridad era poder regresar a España, pero no a cualquier precio. Su sentido de la dignidad le obligaba a no poder hacerlo hasta que le fuesen plenamente restituidos sus grados y honores militares y para ello era necesario, por un lado lograr ser exonerado en la causa de depuración abierta contra él y, por otro, mantener una prudente distancia con los liberales exaltados.

En cuanto a su depuración, Morillo tuvo que pleitear durante años. Ya se ha mencionado que se le había abierto una causa de purificación en 1823 y cómo ello había sido uno de los detonantes de su marcha a Francia. Estos procesos de purificación por los que la nueva administración de Fernando VII pretendía separar los buenos de los malos españoles ya habían sido utilizados por el rey a su llegada a España tras la expulsión de las tropas napoleónicas y, a resultas de ellos, muchos de los llamados afrancesados fueron sancionados, expulsados de sus cargos, privados de sus honores y, en algunos casos, sentenciados a penas de exilio, destierro o prisión.

El mero hecho de haberle sido abierto un expediente de este tipo suponía una humillación para alguien que como Morillo se había distinguido en la guerra de independencia. Si en algún momento creyó que bastarían unos meses para dejar que las cosas se enfriasen, en enero de 1825 recibió un duro golpe. A primeros de este mes se falló su juicio decretándose su «impurificación».

La noticia no le fue comunicada oficialmente a través de la embajada hasta junio pero prueba de que Morillo ya estaba al tanto es que apenas unas semanas más tarde, el 10 de julio, se dirigía al Ministro de la Guerra remitiéndole una relación para que el Supremo Consejo de Guerra reconsiderase su decisión en la que tuviese en cuenta los «relevantes servicios tanto en Europa como en América» de alguien que había «defendido con tanto fidelidad y celo de su Real persona y siempre con el triunfo de sus Reales Armas»[8]. Con ello ejercía su derecho a recurrir pues el fallo de enero era solo en primera instancia y Morillo no dejaría piedra sin remover para asegurarse que la segunda instancia le fuese favorable. No obstante, el tiempo corría distinto para Morillo desde París que para el Gobierno de Madrid y pasaron los meses y los años, pero Morillo nunca dejaría de hacer todo lo posible para regresar España.

Apenas unas semanas después de haberse instalado en París, el 19 de mayo de 1824, era recibido por el duque de Angulema ante el que expondría su caso y, muy probablemente, le solicitaría su intervención ante Fernando VII[9]. No se sabe si el duque de Angulema hizo algo por Morillo, pero nada resultó de la entrevista. Morillo no se daría por vencido, escribiría a todo el mundo para intentar resolver favorablemente su purificación. En julio de 1825 Manuel Antonio de Echeverría, le enviaba una larga carta en la que le ponía al corriente del estado de su caso y le pedía una larga lista de documentos para poder aportarlos al expediente[10] que todavía se incoaba

Su situación económica no era buena pues según cuenta él mismo aún en 1829 no se le habían pagado sus haberes sobre los cuatro años pasados en América que sumaban un total de 59 526 pesos fuertes, dándose el caso de hacer de él «el único general de los que han mandado en América que se halla en este caso»[11]. Ante esta situación, la familia no tuvo más remedio que acudir a la fortuna de su mujer Josefa de cuya dote vivirían todo el tiempo que permanecieron en París. La fortuna de su mujer era considerable y le permitió llevar una vida más que digna en la siempre cara capital francesa.

El florecimiento de la economía durante los últimos años del reinado de Luis XVIII se había traducido en un tremendo crecimiento del mercado inmobiliario y las propiedades desde principio de la restauración habían quintuplicado su precio[12]. Pese a todo, Morillo mantuvo un más que razonable nivel de vida durante estos años pudiendo permitirse algunos lujos. Entre éstos hay que destacar que pudo disponer de dinero suficiente para hacerse retratar por uno de los pintores de moda.

Emile-Jean-Horace Vernet (1789-1863) había logrado fama como pintor de temas históricos en los que se ensalzaban las glorias militares de Napoleón siendo curioso que fuera durante la restauración bajo la que floreciese un arte que hacía una evidente apología de una Francia que el Gobierno se empeñaba en olvidar. Su desafío a la nueva política cultural quedó patente cuando, en 1822, Vernet tuvo la osadía de presentar a la exposición del Salón de París una escena de la defensa de la barricada de Clichy, el 30 de marzo de 1814[13]. El bien manejado escándalo le atrajo multitud de encargos entre liberales y bonapartistas que, de este modo, encontraron un artístico, aunque no barato, modo de expresar su descontento. Tanta fama alcanzó Vernet que Carlos X optó por atraérselo a la causa de la restauración nombrándolo, en 1828, director de la Academia Francesa en Roma.

En el retrato, cuyo original cuelga desde 1923 en el Museo del Hermitage en San Petersburgo, Morillo viste uniforme y sobre su pecho luce las grandes cruces de Isabel la Católica y de Carlos III a las que se añaden otras tres o cuatro menores entre las que parece distinguirse la cruz del puente de Sampayo. Sobre el detalle de las condecoraciones que ponía Morillo en este retrato se volverá más adelante pues es más relevante de lo que, a simple vista, pueda parecer.

La pintura muestra a un Morillo aún joven, muy distinto al viejo achacoso que su correspondencia de entonces se empeña en presentar. Por mucho que los pinceles de Vernet estuviesen al servicio de sus modelos, la imagen es la de un hombre en pleno vigor y lleno de orgullo, pero si se observa durante unos minutos su la expresión de sus ojos aparece como teñida de una cierta melancolía. Tal vez no se trate más que de un ejemplo del uso de texto como pretexto y se esté proyectando en el cuadro una idea preconcebida sobre el Morillo exiliado en Francia que no sueña más que en regresar a su patria.

Aunque cuadros de Vernet cuelguen, además de en el Museo del Hermitage, en los del Louvre, National Gallery de Londres, Metropolitan Museum de Nueva York y en la Wallace Collection de Londres, no se trata un pintor de primera fila, pero en este retrato de Pablo Morillo alcanza una expresividad y profundidad notables sin caer en la fácil sensiblería de muchas otras de sus obras[14]. La imagen de Morillo transmitida por Vernet acabaría convirtiéndose en la más extendida del general y copias del original se encuentran en el Museo del Ejército, en Toledo, en el Museo de la Armería, en Vitoria, y, una miniatura, en la Real Academia de la Historia en Madrid.

En sus paseos por París, Morillo no dejaría de notar, al principio con asombro y tal vez luego con una sonrisa, cómo su nombre se había asociado a la moda de aquellos tiempos. Víctor Hugo, en los Miserables, recoge cómo la lucha por la independencia en América había llegado a los sombreros de los hombres.

> Eran los tiempos de la lucha de las repúblicas de América del Sur contra el rey de España, de Bolívar contra Morillo. Los sombreros de ala estrecha eran realistas y se llamaban morillos; los liberales llevaban sombreros de ala ancha que se llamaban bolívares[15].

Morillo tendría ocasión de darse muchos paseos por París, pero no sería hasta 1829 cuando creyó que se le presentaba una oportunidad de obtener el perdón real. Para finales de este año estaba prevista la celebración del matrimonio del rey con su sobrina María Cristina de Borbón y se esperaba que como era tradicional el hecho fuese conmemorado con una amnistía y perdón, tal y como ya había sucedido con ocasión de anteriores enlaces de la Casa Real.

El 1 de octubre, Morillo envió una nueva comunicación en la que recordaba sus treinta y seis años de servicio en campaña durante los que había participado en «ciento cincuenta combates gloriosos» habiendo recibido «cuatro heridas, dos de ellas reputadas mortales por su intensidad» y destacando que jamás había perdido acción alguna en la que hubiera participado personalmente[16].

No se olvidaba de reiterar que, ya en 1820, había escrito al entonces ministro de la Guerra que «semejante sistema de gobierno sería la causa de la pérdida de aquellos dominios de Vuestra Majestad» y que solo había aceptado cargos de relevancia bajo el gobierno liberal después de haberse resistido a ello, únicamente movido por su sentido del deber «para hacer sostener el orden, que mantuvo por espacio de diez y ocho meses, que fueron los del mayor furor revolucionario» exponiendo su vida muchas veces «por conservar la preciosa de Vuestra Majestad y demás personas reales»[17]. También incluía una convenientemente adaptada versión de sus acciones como jefe del Segundo Ejército de reserva en Galicia según la cual él «fue el primero en julio del año 1823 á declararse abiertamente por los derechos de Vuestra Majestad, á pesar de tantos obstáculos que tuvo que vencer y omite detallar»[18].

Como prueba de su lealtad al rey remachaba diciendo que «el gobierno de los constitucionales, refugiados en Cádiz, le destituyeron con ignominia en el mes de Agosto de 1823 de sus honores y empleo»[19]. Aunque Morillo no lo mencione aquí, tal vez por miedo a reconocer por escrito otra autoridad que no fuese la de Fernando VII, es preciso destacar el Club o Asamblea revolucionaria formada en Londres por las figuras más prominentes del liberalismo exaltado exiladas en Inglaterra le había declarado traidor a la Constitución. No obstante, este detalle sí fue incluido en el despacho de remisión del escrito de Morillo enviado por el embajador de España en Francia y no puede caber duda alguna de que la fuente de información del diplomático no sería otro que el propio Morillo.

A pesar de todo, y por muchos esfuerzos que hiciera, la memoria de Fernando VII seguía fresca. Cuando fue consultado por el entonces ministro de la Guerra, justo al día siguiente de su boda con María Cristina, celebrada el 9 de diciembre de 1829, decidió no perdonar a Morillo.

3. La Revolución de 1830

Seis años llevaba ya Morillo en París y parecía que estaba condenado a una vida sin más sobresaltos que el esperar noticias de España, pero en 1830, asistió, esta vez como mero espectador, a otra revolución.

Hacía tiempo de Carlos X buscaba un medio por el que poder restaurar el Antiguo Régimen en toda su gloria. Ya se ha mencionado que su aventura en Argelia no había dado los resultados apetecidos y las elecciones de finales de junio solo sirvieron para dejar al Gobierno todavía más en minoría. No encontrando salida dentro del sistema constitucional, decidió dar un golpe de timón y, el 25 de julio, dictó varias leyes por las que disolvía las cámaras y decretaba la censura previa de toda la prensa.

El rey creyó que su sola voluntad bastaría para enderezar las cosas y no se ocupó de nada más. Tan confiado estaba que no le dio importancia al hecho de que París estaba pobremente custodiado, pues la mayoría de las mejores tropas y oficiales habían sido enviados a Argelia. Esta sensación de tranquilidad era compartida por todos. El prefecto de policía de la capital escribía en su boletín diario del 26 de julio de 1830 que «la más completa tranquilidad continúa reinando en todas partes de la ciudad»[20], pero esa misma tarde, grupos de gente desafiaban al rey reuniéndose cerca del palacio real para leer las noticias en los ya ilegales periódicos no tardando en escucharse gritos contra el gobierno y los borbones.

No fue más que el principio, pues París viviría los días siguientes entre barricadas, tiros de fusil y cañonazos. Entre los escombros quedaría sepultada, esta vez para siempre, la dinastía de los borbones, que había dado a Francia ocho reyes dedicados a gobernarla durante casi dos siglos y medio.

A pesar de que la revolución de 1830 había sido inspirada y ejecutada por liberales republicanos y bonapartistas, al final daría como fruto la entronización de una nueva dinastía en la figura del Luis Felipe de Orleans quien, en un gesto cargado de simbolismo populista, no sería proclamado rey de Francia, sino rey de los franceses. A la postre, este rey que había llegado al poder por las barricadas sería depuesto, dieciocho años más tarde, también por las barricadas, pero esa ya es otra historia.

La revolución de 1830 no haría sino reafirmarse a Morillo en su idea del orden como bien supremo y como requisito previo para cualquier sistema de gobierno y, al mismo tiempo, reforzaría su empeño de regresar a España. Una nueva ocasión de solicitar el perdón real se le presentaría en octubre de 1830 con el nacimiento de una hija de Fernando VII y María Cristina.

Pareciera que la magnanimidad producida por la alegría de ser padre fuese mayor que la que había sentido unos años antes como esposo y esta vez Fernando VII sí autorizó a Pablo Morillo, conde de Cartagena y marqués de La Puerta, a volver a España con todos los grados y honores que disfrutaba allá por el 7 de marzo de 1820.

Este Real Decreto, fechado el 19 de noviembre de 1830, llegaría apenas unos días más tarde a París y Morillo no perdió un minuto en preparar su regreso. El 1 de diciembre obtenía su pasaporte en la embajada de España y el 14 de diciembre estaba ya en Bayona, a pocos kilómetros, casi metros, de la frontera[21].

Capítulo 16

REGRESO A ESPAÑA. PRIMERA GUERRA CARLISTA. ÚLTIMOS AÑOS

(1831-1837)

1. Primeros tiempos de su regreso a España

No es necesario insistir en la satisfacción de Morillo al volver a pisar suelo español cuando muchas veces había parecido que no regresaría jamás. Aunque inmediatamente recibió felicitaciones dándole la bienvenida[1], Morillo optó por mantenerse alejado de la vida oficial. Una prudencia aconsejada no solo por su siempre delicada salud sino también por la necesidad de tantear las turbias aguas de la política en la corte.

En Madrid, la nueva reina María Cristina y el nacimiento de Isabel habían producido, en palabras de Mesonero Romanos, «una transformación completa en el aspecto lúgubre de aquella corte suspicaz y recelosa, inclinándola á comunicarse con la sociedad exterior y participar en algún modo de su movimiento y su cultura». La sociedad madrileña descubría una pasión por la música y la ópera cuya máximo exponente sería la llegada de Rossini durante los carnavales de 1831. El compositor italiano fue recibido en medio del mayor entusiasmo no solo del «infinito número de sus apasionados, sino por la corte misma y los altos dignatarios, que se disputaban el placer de agasajar al inmortal autor del barbero de Sevilla». A este afán filarmónico de las clases pudientes se le unía el florecimiento de «agradables saraos, bailes y tertulias». Una sociedad, en suma, que simplemente buscaba divertirse y que contemplaba con indiferencia el autoritarismo de un rey que compensaba el cierre de las universidades con la apertura de la escuela de tauromaquia[2].

Nada más llegar, Morillo comenzó a poner en orden sus asuntos. El primero que exigía su atención era solventar su situación económica y para ello movió sus influencias para que se le abonasen los 55 776 pesos fuertes que aún se le debían correspondientes a sus sueldos como jefe del ejército expedicionario de Costafirme. Por fin, el 28 de junio de 1831, se expedía una real orden por la que se resolvía que tuviese efecto el pago, pero con la condición de que ello se efectuase «del modo que lo permitan las obligaciones de las Cajas Reales de los dominios que se mantienen fieles en Indias»[3]. Esta condición haría que Morillo nunca llegase a cobrar la totalidad de lo que le debía el Estado. Además, resulta cuanto menos irónico que el sueldo del que fuera el mayor enemigo de la independencia de América hubiese de ser satisfecho con dinero proveniente de aquellas tierras.

El segundo de los asuntos de los que hubo de ocuparse fue conseguir su definitiva y completa rehabilitación. Su juicio de purificación se había resuelto en su contra en primera instancia y el Presidente del Consejo Supremo de Guerra se quejaba, en septiembre de 1831, de que pese a que el rey públicamente parecía haber exonerado a Morillo de todos los cargos, el hecho era que su causa aún seguía abierta. Finalmente, el asunto no quedaría más que en un problema procesal menor que se acabaría de dar por cerrado, primero, con las medidas tomadas por la reina María Cristina para la vuelta de los exilados[4], y completamente liquidado cuando, en enero de 1833, fuese nombrado para el cargo de Presidente de este Consejo un viejo amigo de Morillo: el general Castaños[5].

Tampoco pudo olvidarse de su salud que sería una constante fuente de preocupaciones a lo largo del resto de su vida pues nuevos achaques le obligaron a retirarse a Andalucía para tomar baños medicinales durante los primeros meses de 1832. Todo parecía volver poco a poco a su cauce, pero si en algún momento creyó Morillo que podría disponer de un retiro más o menos tranquilo, los vaivenes políticos de los últimos años de vida de Fernando VII se encargarían de sacarle de su error.

El matrimonio de Fernando VII con María Cristina le había dado por fin al rey un heredero directo, pero el hecho que fuese una niña abría un espinoso problema sucesorio. No es este el lugar de entrar en los intrincados pormenores legales[6], pero sí el de hacer un breve resumen de una cuestión que sería la base de guerras civiles que desangrarían a España durante décadas y cuyos coletazos llegarían, incluso hasta el siglo XX.

El derecho sucesorio tradicional de la monarquía española, consagrado en las Leyes de las Siete Partidas, da preferencia al varón en el mismo grado y, en ausencia de este, reconoce el derecho a la sucesión de la mujer[7]. Este orden sucesorio fue modificado por Felipe V mediante la introducción de la ley Sálica, en 1713, que daba preferencia absoluta a los varones. En 1789 se aprobó, pero no publicó la Pragmática Sanción, por la que reinstauraba lo previsto en las Partidas derogando lo dispuesto en la ley Sálica.

No obstante, al no haber sido publicada, la Pragmática Sanción de 1789 no podía considerarse en vigor. En 1830, Fernando VII decidió publicarla, con lo que formalmente quedaban cubiertos todos los requisitos legales para su plena vigencia (aprobación, promulgación, sanción y publicación). El efecto práctico era que su hija Isabel quedaba confirmada como heredera al trono mientras que su hermano, el infante don Carlos María Isidro, quedaba postergado.

Si se hubiese tratado de un asunto meramente jurídico tal vez no hubiera desbordado los cauces de un siempre tormentoso proceso sucesorio, pero el trono de España era una herencia demasiado grande y lo que estaba en juego era mucho más que quien sería el que se ciñese la corona, sino que eran dos ideas de España las que entraban en conflicto. Por muy simplista que pueda parecer, en el fondo no era otra cosa que el Antiguo Régimen en todo su esplendor, representado por el infante don Carlos, frente a la posibilidad de una monarquía constitucional, con la princesa Isabel.

El primer acto de lo que acabaría convirtiéndose en una sangrienta tragedia tuvo lugar incluso antes de la muerte de Fernando VII y sería conocido como «los sucesos de La Granja»[8]. Cuando, el 13 de septiembre de 1832, la enfermedad del rey hizo temer por su vida, dos bandos se enfrentaron por el poder en los salones inmediatos a lo que se creía era el lecho de muerte real. La tensión del momento acabó quebrando la voluntad de la reina María Cristina que, ante la amenaza de una guerra civil hábilmente esgrimida por los principales consejeros del rey[9], se vio forzada a admitir que se pasase a la firma del rey, supuestamente moribundo, la derogación de la Pragmática Sanción, con lo que volvía a entrar en vigor la Ley Sálica abriendo de nuevo el acceso al trono para el infante don Carlos.

El hermano de Fernando VII acariciaba ya el cetro cuando, el 21 de este mismo mes de septiembre y, contra todo pronóstico de los médicos, el rey comenzó a mejorar. En cuanto Fernando VII se sintió con fuerzas volvió atrás en su decisión de privar a su hija del trono. El 1 de octubre, el rey cesaba a su gabinete, enviando al exilio al hasta entonces todopoderoso primer ministro Calomarde, nombrando a Cea Bermúdez nuevo hombre fuerte[10]. Inmediatamente, el nuevo gobierno se puso en marcha para asegurar la sucesión al trono de Isabel.

En el ámbito político, la reina María Luisa fue habilitada para despachar todos los asuntos y no únicamente los urgentes como hasta ese momento podía[11]. Una de sus primeras medidas fue decretar un indulto que pocos días más tarde sería completado con una amplísima amnistía de la que solo quedaban exceptuados «bien a pesar mío [escribía la reina], los que tuvieron la desgracia de votar la destitución del rey en Sevilla y los que han acaudillado fuerza armada contra sus gobernantes»[12]. Al indulto y la amnistía se le sumaría otro decreto por el que «todos los emigrados y desterrados por motivos políticos quedan el libertad de volver a sus hogares, a la posesión de sus bienes, al ejercicio de su profesión o industria y la goce de sus condecoraciones y honores, bajo la segura protección de las leyes»[13]. Con estas disposiciones, la reina obligada a cerrar filas a todo el liberalismo en la defensa de los derechos de su hija Isabel.

En el campo militar había que debilitar a los voluntarios realistas asegurando la fidelidad del ejército. Los voluntarios realistas eran un cuerpo armado independiente, tanto en mandos como en recursos, del resto de las fuerzas armadas y habían sido el medio utilizado por el rey para hacer frente a los pronunciamientos liberales militares que tantos quebraderos de cabeza le habían dado. A la postre, estos voluntarios realistas se habían transformado en una fuerza reaccionaria que iba incluso más allá de las ultraconservadoras ideas del monarca.

Para evitar que se transformasen en el germen de un ejército al servicio de Carlos María Isidro, el Gobierno decretó la progresiva reducción de su número, su sometimiento a los capitanes generales de las distintas provincias y su control, tanto administrativo como financiero, por parte del Ministerio de la Guerra[14]. Por lo que se refiere al ejército, en palabras de un miembro del Gobierno, «la providencia más urgente, era separar sin ofensa a las primeras autoridades y jefes de los puestos que ocupaban, y nombrar otros cuyos principios políticos fueran más conformes á las miras del soberano»[15]. En este sentido, se procedió a una amplia renovación de los mandos militares más importantes y aquí es donde Morillo, una vez más, volvía a resultar imprescindible. El 26 de octubre de 1832 Morillo era nombrado capitán general del reino de Galicia.

2. Capitán general de Galicia

Galicia era considerada como uno de los bastiones del tradicionalismo, no hay que olvidarse que allí habían luchado numerosas partidas guerrilleras realistas durante los años del trienio liberal, por ello, para la reina María Cristina y su Gobierno era necesario contar con un general de absoluta confianza y con amplia experiencia. Morillo era la persona ideal pues había servido en Galicia durante los años del trienio constitucional y conocía bien la zona y a sus habitantes.

Razonablemente recuperado tras su estancia en un balneario andaluz, Morillo partió inmediatamente hacia Santiago de Compostela donde, el 1 de noviembre, publicaba una proclama dirigida a los soldados bajo su mando en la que alababa el decreto de amnistía como «el más grandioso y el más urgente beneficio que nos podía dispensar el amor maternal de nuestra muy amada reina», pero en la que tampoco se olvidaba de amenazar a «aquel que desmintiere mis esperanzas [...] con todo el rigor de la Leyes»[16].

Todo el mundo era consciente que la súbita e inesperada recuperación de Fernando VII solo había retrasado lo irremediable y los dos bandos empezaron a tomar posiciones. Sin perder un minuto, Morillo tomó medidas contra los voluntarios realistas. Sobre su fuerza dice Morillo que rondarían los 32 000 hombres, pero otras fuentes recogen que «en Galicia, aquel año, [1829] no había vestido [sic] más batallón que el del Santiago»[17]. Sea como fuere, había que eliminar el peligro que representaban y Morillo, de manera inteligente, optó por no enfrentarse directamente con ellos, sino que prefirió irlos debilitando progresivamente. Por un lado, organizó fuerzas leales a la reina María Cristina bajo la apariencia y estructura de los mismos voluntarios realistas[18], y por otra decretó la depuración mediante la separación del servicio de aquellos que fuesen «inútiles por enfermedades habituales, mala conducta, vejez, mala configuración y que careciendo en sus casas de labranza no tengan personas que suplan sus brazos».

Bajo esta apariencia de objetividad lo que de hecho hizo fue permitir separar el grano de la paja poniendo especial cuidado en licenciar a los elementos más reaccionarios, como hicieron sus colegas los capitanes generales de Castilla la Vieja, Extremadura, Valencia y Cataluña[19]. Morillo tampoco descuidó la organización de su ejército, ordenando la ubicación de sus tropas en los lugares en que más se temía un levantamiento carlista y procurando dotar a sus hombres de armas y pertrechos, cosa esta última nada fácil debido a la pertinaz escasez de fondos de la real hacienda. En julio de 1833 recibió uno de sus últimos honores cuando, con ocasión de la jura de Isabel como princesa de Asturias, le fue otorgada la Gran Cruz de la Orden de Carlos III[20]. No se trataba de otra condecoración más, pues esta es la más alta recompensa con que el reino de España premiaba, y aún hoy premia, los servicios prestados y su posesión constituía un distinción muy señalada.

A la hora de hablar del retrato que le pintó Horace Vernet durante los años que vivió en París ya se dijo que lucía sobre el pecho las Grandes Cruces de Isabel la Católica y Carlos III. Es evidente que cuando Morillo posó para Vervet aún no poseía esta última condecoración por lo que no queda más remedio que concluir que tuvo que ser añadida más tarde. Ello queda reforzado si se observa atentamente el cuadro pues parece que junto a la que parece ser la cruz de distinción del Puente de Sampayo, reconocible por su cinta mitad azul y mitad blanca, puede adivinarse una cruz de Carlos III. Esta repetición del uso de una misma orden, aunque en distinto grado es ajena a todo protocolo tanto militar como civil que determina que solo pueda llevarse el grado mayor de una misma orden, parece confirmar que la Gran Cruz debió ser añadida en fecha posterior a la de la ejecución original del retrato.

Que Morillo se tomase la molestia de hacer que un pintor añadiese sus nuevos laureles es prueba de la importancia que le daba a haber sido premiado con la Gran Cruz de la Orden de Carlos III y revela un nada pequeño detalle sobre su personalidad. Este gesto no solo muestra su carácter orgulloso, sino que también resulta de una ternura casi infantil pues expone a un Morillo que no pudo resistirse a pasar a la posteridad con las insignias de sus nuevos honores.

Volviendo a los carlistas, éstos tampoco permanecían ociosos. Poco después de los azarosos días de los sucesos de la Granja aparecieron manifiestos carlistas que llamaban «a las armas, voluntarios realistas, viva el rey absoluto con Carlos V regente y legitimidad»[21], partidas carlistas comenzaron a actuar en varias partes del reino y elementos carlistas empezaban a organizarse para preparar la toma del poder[22].

En la corte, Fernando VII, harto ya de los manejos de su hermano, decidió alejarlo de la capital accediendo, en marzo de 1833, a que pasase a Portugal. La marcha a Portugal del infante don Carlos María Isidro apenas mejoraba la situación, pues el vecino país vivía los últimos coletazos de una guerra civil que parecía un adelanto de lo que ocurriría en España. Desde 1828, sectores liberales del ejército, a los que más tarde se uniría dom Pedro, emperador de Brasil hasta su abdicación en 1831, luchaban contra el infante dom Miguel, pretendiente al trono tradicionalista y clerical[23]. Si bien, a finales de 1833 y principios de 1834, los tradicionalistas estaban prácticamente vencidos, restos de su antes poderoso ejército, ya transformados en bandas guerrilleras, recorrían el norte de Portugal temiéndose que pudieran acabar siendo reclutados en el bando carlista.

Desde tierras portuguesas, el infante don Carlos acechaba el momento de poder iniciar lo que ya estaba claro que sería una auténtica guerra civil. Fernando VII, finalmente, se dio cuenta del peligro que representaba su hermano tan cerca de territorio español y decidió mandarle que pasase a Italia. Evidentemente, el infante don Carlos no tenía intención alguna de obedecer a los mensajes provenientes de Madrid, pero el Gobierno, por si las moscas, ordenó a Morillo que se trasladase a Valencia do Miño en la frontera con Portugal para darle escolta hasta el puerto de Vigo donde esperaba la fragata *Libertad* para trasladarle a tierras italianas.

Todos sabían que la espera era en vano, el general Luis Fernández de Córdoba le escribía a Morillo que «si usted espera ahí tome una buena poltrona»[24], pero el protocolo exigía que las más altas autoridades del Estado en Galicia estuviesen presentes en el momento de dar la bienvenida a un miembro de la familia real a su llegada a España y Morillo, disciplinadamente, se trasladó a Tuy desde donde continuaría dirigiendo los preparativos para el inminente estallido de la guerra.

3. «Ya tenemos la gresca armada»[25]. Primera Guerra Carlista

Fernando VII murió el 29 de septiembre de 1833 y apenas dos días después el infante don Carlos María Isidro publicaba en Abrantes, Portugal, una proclama en la que «la religión, la observancia y cumplimiento de la ley fundamental de sucesión» le obligaban a reclamar para sí la corona de España[26]. Pese a que ambos bandos llevaban tiempo preparándose lo cierto es que las hostilidades tardarían todavía algún tiempo en generalizarse pues ninguno de los dos deseaba embarcarse en una guerra sin tener asegurada su superioridad frente al adversario.

En estos primeros momentos, el carlismo era poco menos que una amalgama de fuerzas que compartían más que una ideología «un agregado de aspiraciones y sentimientos» que habían encontrado su personificación en el infante don Carlos[27]. Unas ideas expuestas en oposición a lo representado por el liberalismo y, en cierta medida, la modernidad: la defensa de la religión y la iglesia católica frente al secularismo, de la práctica frente a la teoría, de lo concreto frente a lo abstracto, de las instituciones tradicionales frente a las innovaciones de la ley, de la sociedad como red compleja de comunidades unidas por intereses y valores frente a la mera suma de individuos, de la familia como núcleo jurídico, político y económico frente a la erección del individuo como solo sujeto de derechos y, finalmente la creencia de que la sociedad vive mejor con el mínimo gobierno posible[28].

El programa político carlista encontró máxima su expresión en la defensa de los fueros. Pese a la idea tradicional de presentar a los carlistas como sus más acérrimos guardianes frente a los ataques centralizadores de los liberales, las cosas distan mucho de estar tan claramente establecidas. Por un lado, no falta quien ha llegado a escribir que sus auténticos defensores de los fueron eran los liberales[29] y, por otro, también es preciso reconocer la existencia de «minorías liberales incluso fuera de Navarra y

País Vasco que sí se proclamaron partidarios de los mismos»[30]. Sea como fuere, los fueros pasarían a formar parte de la mitología del carlismo vasco-navarro ocupando un lugar privilegiado en su ideario, al mismo nivel que la defensa de su rey y de la fe católica. Prueba de ello es un temprano himno carlista que decía:

Juremos ante el signo
del lábaro guerrero
morir por nuestro fuero
por Carlos y la fe[31].

Aunque en el ámbito vasco-navarro la identificación de carlismo y fueros fuera plena, no se puede aplicar lo mismo a otras regiones de España. En Aragón, por ejemplo, no habría mención a la cuestión foral hasta fecha tan tardía como 1840. De este hecho se deriva una posible explicación del arraigo del carlismo en el país Vasco y en Navarra no tanto por la defensa que este hizo de los fueros sino por el arraigo de los mismos en estos territorios al comienzo de la guerra[32].

Por el lado de la Reina Gobernadora María Cristina y de su hija la Princesa de Asturias doña Isabel, en estos primeros momentos de confusión inmediatamente posteriores a la muerte de Fernando VII, tampoco estaba muy clara su adscripción a las ideas liberales. El lenguaje empleado en el manifiesto de la reina, publicado el 4 de octubre de 1833, parece más propio del tradicionalismo que del liberalismo. Parte del contenido del documento parecería más carlista que cristino.

> ... La religión y la monarquía, primeros elementos de vida para España, serán respetadas, protegidas, mantenidas por mí en todo su vigor y pureza. ... Yo mantendré religiosamente la forma y leyes fundamentales de la monarquía, sin admitir innovaciones peligrosas, aunque halagüeñas en su principio, probadas ya sobradamente por nuestra desgracia. ... La mejor forma de gobierno para un país es aquella á que está acostumbrado[33].

No obstante, conviene no dejarse engañar por las apariencias, en la época nadie dudaba que el manifiesto estaba dirigido a intentar atraerse a parte del tradicionalismo mediante la concesión de garantías a la Iglesia y la referencia al mantenimiento de las «formas y leyes fundamentales de la monarquía».

Pese a lo que pudiera parecer y en contra de lo que pensaba el propio Gobierno de Madrid, en estos últimos meses de 1833 la amenaza carlista era menor de lo que se suponía. Raymond Carr mantiene que «si el Gobierno hubiera sido capaz de enviar al norte, en octubre de 1833, un ejército bien pertrechado, el carlismo hubiera sido aplastado antes de haber adquirido una organización militar y civil»[34]. En cualquier caso, Morillo, se vio obligado a hacer su contribución a los preparativos de la defensa del régimen cristino desde la cama, pues allí hubo de pasar casi todo diciembre[35]. De hecho, la salud de Morillo sería cada vez peor y su estado físico se irá deteriorando progresivamente a lo largo de los próximos años. El parte de su médico de entonces[*], el doctor José Lorenzo Suand, establece que Morillo padecía de una diarrea crónica que estuvo

---

[*] Parte del doctor José Lorenzo y Suand, médico que asistía a Morillo a finales de 1833 y principios de 1834. «La enfermedad que por más de siete meses padeció Su Excelencia fue una colitis crónica, y como la principal molestia consistía en seis ó más deposiciones al día, hizo poco caso de ella, á causa también de las multiplicadas atenciones del destino. Crecieron estas y se vió precisado á emprender un viaje penoso por la provincia de Orense, y últimamente á la Puebla, pasando dos veces las Portillas en los días más tempestuosos de la presente estación. Infatigable en sus marchas, un régimen de vida descuidado de la parte de alimentos y las alteraciones de ánimo que necesariamente trae consigo su empleo, dieron margen á una gastritis consecutiva, en su forma aguda, que le obligó á guardar cama un mes hace.

«No careció de algún peligro en este tiempo Su Excelencia; pero con un régimen atemperante, las fricciones entibiadas en los puntos de la piel que ocuparan antes los dolores reumáticos, la cama y el sosiego, se logró una mejoría muy notable. De modo que ya se levanta: cedió la diarrea, se restablece el apetito y todo anuncia un feliz porvenir. Con todo, la enfermedad no está curada; pues aún hay alguna sed, el apetito no se desarrolló como debía y la diarrea se presentó un día de estos con motivo de una ligera alteración del ánimo. Por lo que se hace indispensable continuar con un buen régimen por mucho tiempo, sustraerse de todo lo que pueda alterar el espíritu, vivir en un pueblo cuya localidad sea seca y lo menos fría posible, vestir con abrigo y no dejar de la mano el plan farmacéutico conveniente.

«De este modo convalecerá perfectamente Su Excelencia, no olvidando que dicha afección tiende a reproducirse á las más leve causa y que su continuación pudiera muy bien producir alteraciones orgánicas difíciles de curar, si bien la constitución de Su Excelencia no la favorece». Recogido por Rodríguez Villa, t. 1, 586.

soportando durante siete meses sin dejar su trabajo hasta que, durante un viaje por la provincia de Orense, no pudo más teniendo que regresar a la Coruña donde tuvo que guardar cama durante un mes. Parecería sorprendente para un profano que no relacione los problemas digestivos de Morillo con la herida sufrida en la batalla de la Puerta que le atravesó el costado y que parecería natural que tuviese evidentes secuelas para el normal funcionamiento del aparato digestivo. Lo cierto es que el doctor Suand estaba en lo cierto, pues nada tenía que ver la vieja herida con estos problemas. La herida de La Puerta le debió haber matado en su día, pero una vez curada y cerrada no guardaba relación alguna con las diarreas o las hemorroides[36].

El informe médico no solo es interesante por los datos que recoge de la salud de Morillo sino porque también refleja su personalidad. Alguien, que sufriendo una diarrea que le obliga a sentarse seis veces al día, que no interrumpe su trabajo, ni consulta con un médico. Alguien, cuyos incontrolables accesos de ira provocaban un empeoramiento de su salud y que pese a todo sigue, casi literalmente, al pie del cañón. Es el retrato de un hombre obsesionado con su trabajo, que pone en riesgo su salud porque no es capaz de distinguir entre lo personal y lo profesional. Morillo, una vez más, ponía su vida en riesgo por un sentido del deber que no le permitía pensar en otra cosa. No un sentido del deber abstracto como el que se tiene por un país o una idea, sino un sentimiento muy concreto que le había acompañado desde sus lejanos tiempos de subteniente en los inicios de la Guerra de la Independencia: el sentido de su propio honor. Un honor concebido en términos muy personales, como todo sentimiento capaz de sustentar una vida llena de sacrificios y para el que los honores eran la confirmación de una verdad que Morillo respiraba cada día.

El mes que Morillo pasó en la cama no sería suficiente para recuperarse del todo por lo que no tuvo más remedio rendirse ante la insistencia de su mujer Josefa para que siguiese la recomendación de su médico de «vivir en un pueblo cuya localidad sea seca y lo menos fría posible»[37]. El 17 de enero de 1834 recibió permiso de la reina para «trasladarse, no solo al punto que le parezca más á propósito de Castilla, sino también á esta Corte, siempre que el estado de su salud se lo permita y convenga á su alivio»[38]. Apenas había empezado su forzado reposo cuando, el 8 de febrero, una comunicación del ministro de la Guerra le recordaba que «el servicio de su augusta hija, la Reina Nuestra Señora reclama cada día más la presencia de Vuestra Excelencia en ese importante reino»[39]. En esta ocasión no se trataba de una orden sino de apenas una llamada lo que permitiría a Morillo contestar, unos días más tarde, que «quisiera encontrarme en disposición de encargarme del mando de este ejército; pero lo ejecutaré en el momento que pueda»[40].

Esta respuesta es prueba de que realmente se encontraba muy enfermo a lo que se le añadía que su mujer Josefa también estaba convaleciente[41] todas las excusas anteriores fueran ciertas, Morillo no podía dejar de ser quien era y, a continuación de lo anteriormente transcrito de su carta al ministro de la Guerra, añadió que, no obstante todo lo anterior, volvería a tomar el mando del ejército «cuando las circunstancias lo exigieren, pues tratándose del servicio de la Reina Nuestra Señora y de su excelsa Madre la Reina Gobernadora, no me arredra mi propia existencia»[42]. De hecho, aunque en teoría estuviese retirado reponiéndose de su enfermedad, Morillo seguía tramitando asuntos de la Capitanía General de Galicia.

El carlismo en Galicia nunca estuvo tan extendido como en el País Vasco, Navarra, parte del reino de Aragón o Cataluña pero sí se registraron algunos focos que podían servir de inicio de unas llamas sobre las que advertía Morillo al Gobierno que «si el fuego comienza en Galicia, ha de costar más apagarlo que en Vizcaya y Navarra, pues el clero y los conventos monacales son más poderosos que allí»[43]. Morillo tenía razón en temer las consecuencias de un alzamiento carlista en Galicia, pero se equivocaba en cuanto a la importancia del clero ya que la clave de la ausencia de una raigambre extendida del carlismo en Galicia fue la actitud del campesinado.

Uno de los mitos de las guerras carlistas es que las ciudades eran liberales mientras que el campo era carlista, pero Galicia es un caso en el que no se cumple esta simplista ecuación. Durante todo el siglo XIX, la sociedad gallega vivía mayoritariamente en el campo dedicada a las labores agrícolas por lo que quien controlase a los campesinos acabaría controlando el país, pero a diferencia del País Vasco o Navarra donde las clases populares apoyaron el carlismo, el campesino gallego manifestó una indiferencia casi absoluta por la causa del infante don Carlos María Isidro.

Esta actitud podría explicarse porque, «el campesinado gallego no entiende de fórmulas políticas, ni credos ideológicos, pero tiene conciencia de sus hambres periódicas, de los embargos de sus tierras, de las crecientes hipotecas. Los que cobran y embargan son los señores que ahora se hacen carlistas» por lo que no tenía ningún sentido apoyarles[44]. Ello impedirá que surgiese un verdadero ejército carlista en Galicia teniendo que contentarse los partidarios de don Carlos con la formación de partidas guerrilleras que, obligadas a vivir a costa de los campesinos solo acabarían produciendo el efecto de echarlos en brazos de los liberales que expresamente aplicaron la política de evitar todo despojo a los campesinos[45].

En las ciudades, al menos al principio, tampoco los carlistas encontraron demasiado eco, un llamamiento a la rebelión armada, hecho en Lugo el 18 de febrero de 1834, hubo de suspenderse cuando llegó el día fijado para el alzamiento y apenas se presentaron ocho personas[46]. No quedando otro remedio que «echarse al monte» los carlistas más exaltados tuvieron que limitarse a formar algunas partidas guerrilleras sin coordinación entre sí y que tenían enormes dificultades para reclutar hombres. No obstante, uno de los principales núcleos del carlismo gallego sería Santiago de Compostela, donde tenía su sede el arzobispo fray Rafael de Vélez, uno de los más importantes valedores de don Carlos y del que Morillo ya desconfiaba a principios de marzo de 1834[47].

La jerarquía de la Iglesia gallega, como la del resto de España, fue un sólido baluarte del carlismo al que veían como el defensor de sus derechos frente al ataque secular del régimen liberal. No es el momento de entrar en la discusión del papel de la Iglesia durante la primera guerra carlista, pero baste mencionar que los contemporáneos sí creyeron ver un alineamiento casi en bloque de la Iglesia con el carlismo lo que se traduciría en medidas represivas por parte de los cristinos. Desde el Gobierno se decretó el exilio o el confinamiento de un total de veintidós obispos, entre los que estaban los de Barbastro, Jaime Fort y Puig, Mondoñedo, Francisco López Borricón, y Santiago de Compostela, Fray Rafael de Vélezpero, tal vez, el ataque más radical y directo del régimen liberal al poder de la iglesia fueron la desamortización de muchas propiedades eclesiásticas[48].

Mientras Morillo se ocupaba de asegurarse que Galicia nunca se convirtiese en un bastión del carlismo, en el resto de España florecieron levantamientos carlistas. La mayoría fueron rápidamente sofocados por los liberales excepto en el norte. En esta zona, Zumalacárregui consiguió ser nombrado jefe militar de los carlistas transformado partidas aisladas en el embrión de un verdadero ejército, que durante casi siete años sería la espina dorsal de las pretensiones al trono de España del infante don Carlos María Isidro. Unas tropas con las que, ya en 1834, Zumalacárregui conseguiría derrotar tres veces seguidas a tropas cristinas al mando del general Quesada.

Por si las propias fuerzas no eran suficientes, ambos bandos recurrieron a la diplomacia en busca de apoyos, pero mientras los cristinos lograron firmar la Cuádruple Alianza con Portugal, Francia y Reino Unido, los carlistas apenas consiguieron un respaldo difuso de Austria y Rusia. Mientras los primeros comprometieron armas, hombres, barcos y recursos para asegurar las monarquías liberales en Portugal y España; los segundos apenas pasaron de los gestos y las buenas palabras.

4. Últimos años de Morillo

Morillo seguía trabajando desde Xinzo de Limia donde, en teoría, el clima era más favorable para su salud, pero lo cierto es que allí, a poco más de setenta kilómetros al sur de Orense, el tiempo es muy parecido al del resto de Galicia, tal vez solo algo menos húmedo que Santiago de Compostela o Vigo. Su salud exigía de reposo, tranquilidad y un clima cálido, pero como no podía, ni quería, dejar su puesto lo que hizo fue trasladar sus cuarteles apenas unos kilómetros con lo que, al menos en apariencia, seguía el consejo de su médico e intentaba acallar la insistencia de su mujer Josefa de que debía cuidarse.

A principios de marzo de 1834 escribía, «yo sigo bien de mi convalecencia, aunque siempre débil de las piernas. Principio á montar algunos ratitos á caballo, aunque me canso mucho en este ejercicio, como á pie. El tiempo me favorece mucho estos días, y si sigue, adelantaré bastante»[49]. No obstante, pese a sus buenos deseos, su salud no mejoraba. Tal vez se habría repuesto si hubiese hecho caso de verdad a su médico retirándose a descansar a un clima verdaderamente seco y, sobre todo, si se hubiera alejado de los problemas logrando «sustraerse de todo lo que pueda alterar el espíritu», pero para Morillo su salud pasaba a segundo plano cuando se trataba de cumplir con su deber[50]. Esta obstinación hizo que, al no mejorar, no tuviese más remedio que declinar el nombramiento de jefe del ejército que, según Francisco Martínez de la Rosa, le había ofrecido el Gobierno[51]. Otras veces se había hecho de rogar usando como excusa su salud, pero esta vez era verdad. A sus cincuenta y nueve años, apenas cumplidos, su cuerpo le estaba pasando factura. Casi toda una vida en campaña, sometido a las más duras fatigas y privaciones, varias cicatrices como recuerdo de las más de ciento cincuenta acciones de guerra en las que había participado no perdonaban[52].

A partir de este momento, su salud se convertiría en tema recurrente en toda su correspondencia y las cartas que recibía estarían siempre plagadas de preguntas sobre ella a las que se limitaba a contestar diciendo que «se halla bastante resentida»[53]. Durante 1835 siguieron los achaques tanto que, a finales de noviembre de 1835, no tuvo más remedio que pedir permiso para regresar a la capital. Antes de trasladarse a Madrid recibió la visita de un viejo conocido, Daniel F. O'Leary, edecán de Bolívar durante la entrevista que ambos jefes mantuvieron en Santa Ana, allá por 1820. Cuenta O'Leary que «cuando Morillo supo que me estaba ocupando de escribir la vida de su viejo rival, de quien el mismo era un gran admirador, me entregó muchos documentos cogidos por los realistas en los campos de batalla de Venezuela»[54]. Que el propio biógrafo de Bolívar hable en estos términos de Morillo implica una generosidad entre anatño enemigos que debe destacarse por lo que de humanidad revela.

Morillo, aún creía poder reponerse por lo que no dimitió de su cargo como capitán general de Galicia, sino que tan solo solicitó una licencia temporal con la esperanza de poder regresar al cabo de unos meses. En marzo de 1836, volvió a dirigirse a la Reina Gobernadora María Cristina, pero esta vez ya pidiendo ser relevado del mando y solicitando autorización para quedarse en Madrid, donde argumentaba que también le reclamaban sus obligaciones como prócer del reino, dignidad que le que la había sido conferida en 1834 en virtud de lo establecido por el Estatuto Real*. El permiso le fue otorgado el 31 de mayo pero pronto

* El estatuto de 1834 no alcanza a ser una auténtica constitución ya que en realidad, solo es una convocatoria a nuevas Cortes dentro del esquema de las cartas otorgadas del Antiguo Régimen. Establecía dos cámaras legislativas, el Estamento de los procuradores, elegido por sufragio cesitario que excluía de la votación el 95% de la población, y el estatamento de próceres, elegidos por el rey entre la aristocracia, la Iglesia y los altos cargos del Estado. Véase Esteban, *Las Constituciones de España*, 19.

fue evidente que el descanso en Madrid no era suficiente y apenas mes y medio después Morillo volvería a tener que pedir un nueva licencia, esta vez para ir a tomar los baños a Baréges, Francia, aguas que tan buenos resultados le habían dado en 1824.

Morillo partió a Francia el 5 de agosto de 1836, acompañado tan solo de su hijo mayor, Pablo, pues el resto de la familia permaneció en su casa de Madrid en el número 40 de la calle del Príncipe en Madrid[55]. Apenas llegado al pueblo de Baréges se sintió solo, pese a la compañía de su hijo Pablo que entonces tenía diez años y al que sus padres le llamaban cariñosamente Paul, por lo que inmediatamente empezó a hacer planes para que le fuesen enviados sus dos hijos mayores, Josefa de once y Aníbal de ocho.

El viaje no era fácil. Incluso el padre y el hermano de Morillo, con quienes se había reunido en Baréges le aconsejaban que era necesario meditarlo bien[56]. El detalle es significativo pues es la primera vez que Morillo habla directamente de sus relaciones con su propia familia. Solo en una ocasión anterior había hecho referencia a ella. En 1821, en su *Manifiesto a la Nación Española* escrito para defenderse de las acusaciones sobre su conducta durante el mando del Ejército de Costafirme en América, menciona como ejemplo de su probidad el que un sobrino suyo, que había servido seis años bajo sus órdenes, no había ascendido de su original empleo de capitán aun «viendo ascender á muchos de menor antigüedad»[57]. Ahora, sin embargo, su correspondencia se llena de menciones sobre su padre, su hermano Lorenzo, sus cuñadas, su suegra y, por supuesto sus hijos. Pablo Morillo, capitán general del ejército, conde de Cartagena y marqués de La Puerta, había subido a lo más alto de la escala social, pero en su camino no se había olvidado de su origen.

Para afirmarlo no basta con el mero hecho que se hiciese acompañar de su padre y hermano, pues en muchas ocasiones hombres en su mismo caso siguen manteniendo vínculos con su familia de origen. El dato relevante es el trato de Morillo con ellos. Mientras que en otras ocasiones el que asciende tiende a tratar con superioridad o desdén a aquellos que les recuerdan sus raíces, Morillo escuchaba con respeto sus opiniones, tratándolos de igual a igual. Prueba de esto es que con ellos discutía no solo la conveniencia de que Pepita y Aníbal fuesen a reunirse con él a Baréges, sino también asuntos relativos a la educación de sus hijos o la explotación de las fincas del matrimonio en Extremadura. En una carta fechada el 17 de septiembre de 1836 le contaba a su mujer que, «ayer tuve el gusto de abrazar a papa y a Lorenzo ... anoche estuvimos hablando largamente sobre la educación de Pepita y los niños. ... También hablamos largamente de las posesiones de Extremadura y estamos conformes en que continúe Donoso, pero dile a mi paisano Albarca que recoja lo que pueda»[58].

Pese a las dudas de su padre y de su hermano y de su propio miedo a los problemas del viaje, como el cierre de la frontera a causa de la guerra[59], finalmente Aníbal y Pepita se reunieron con su padre y su hermano en Francia el 27 de octubre de 1836[60]. Morillo y sus tres hijos mayores se instalaron en Pau, ciudad a pocos kilómetros al norte del balneario de Baréges, «en una casita sola al extremo del pueblo» que era más barata que la que hasta entonces había ocupado y presentaba la ventaja de estar «al lado del colegio de Pepita»[61]. Allí montó su hogar en el que hubo de ocuparse de todos los detalles hasta los más domésticos, como el de encontrar «una buena criada ... que guisa y coge a los niños y plancha»[62].

En sus cartas a su mujer preguntaba sobre la marcha de la guerra en España opinando que «las cosas van cada vez peor». Le preocupaba que la situación política en Madrid pudiese degenerar en una revolución similar a la francesa de 1830[63]. Tanto era así que incluso llegó a instruir a su mujer para que sacase todo lo que hubiese de valor de su casa y lo escondiese en la de los vecinos tal y como ya habían hecho durante los años de exilio en París[64].

Tampoco se olvidaba de sus asuntos económicos, no solamente aquellos relacionados con las posesiones de su mujer sino también asegurándose que se le abonara la totalidad del su sueldo como capitán general y como no se fiaba de la burocracia le decía a Josefa que «convendría que tu compadre Santiago lo aclarase»[65]. La desconfianza de Morillo estaría bien fundada, pues a su muerte aún no habría cobrado sino una parte del total de los haberes que le debían.

Desde Pau, Morillo se trasladaba regularmente a Baréges donde seguía el tratamiento prescrito por sus médicos consistente en frecuentes duchas y baños en el agua del balneario[66]. Su salud iba mejorando poco a poco pese a algunos achaques menores como una indigestión[67] de la que se recuperó por medio de purgantes y una severa dieta[68].

En los meses que Morillo pasó entre Pau y Baréges su principal preocupación fue su familia. Pese a que estaba acompañado de sus tres hijos mayores, no se olvidaba en ningún momento de los dos más pequeños. En abril de 1837 regañaba a su mujer por las alarmantes noticias recibidas en una carta suya diciéndole: «me has trastornado con lo que me dices de mi querido hijo Scipión de que no acaba de arribar a su salud justa y santa y esto me ha puesto de malísimo humor y deseo me saques del cuidado pues tu modo de explicarte no me gusta»[69]. En cuanto a Pepita, Paul y Aníbal, su correspondencia está llena de detalles sobre su vida cotidiana con ellos.

Pepita había cumplido doce años a finales de 1836 y era el ojito derecho de su padre. La inscribió en un colegio de «religiosas muy buenas que las enseñan toda clase de labores y las tienen muy sujetas»[70], pero la niña enseguida dio muestras de un fuerte carácter y al punto que Morillo reconocía que «Pepita da mucho que hacer a sus maestras con su viveza de carácter porque es un medio muchacho»[71]. Pepita toleraba mal la disciplina y la propia Josefa advertía a Morillo que tuviese la precaución de «no contrariarla en ciertas ocasiones hasta que sea mujer»[72].

Ambos padres pensaban que más adelante sería preciso enviarla a un colegio interno pero no tenían claro dónde pues en Alemania e Inglaterra, les decía Lorenzo, hermano de Morillo, «cuidan poco de las niñas porque estas son generalmente hechas de mazapán y de buena índole» y probablemente Pepita necesitase de una mayor disciplina[73]. En todo caso, Pepita compensaba su fuerte carácter con zalamerías a las que su padre no se podía resistir. Prueba de ello es una carta que le envía tras haber cometido alguna travesura:

> ... siento en extremo el mal rato que le he dado á V. veo que he sido muy culpable pero querido Papá le pido a V. perdón y hágame V. el favor de venir a verme mañana para abrazarme y darme su perdón, el de V. solo me falta querido Papá. Las Maestras todas me han perdonado espero de su bondad que V. no será el solo que no me perdone le prometo a V. que seré muy buena y muy aplicada a mis deberes pues el único medio de hacerle dichoso a V. y mande V. lo que guste a su más amante hija. Josefa Morillo[74].

Morillo iba a visitarla al colegio todos los domingos, saliendo a dar largos paseos los dos juntos y no dejaba de mimarla comprándole vestidos en los que deja puntualmente constancia que se gastó, solo en enero de 1837, la suma de 997 francos[75].

Su segundo hijo, Pablo, a quien sus padres llamaban Paul, tenía once años. Era un niño «tan guapo como aplicado» del que su padre solo daba buenas noticias a Josefa[76]. En una carta, fechada el 9 de diciembre, comenta que, «se ha confesado hay y mañana comulga con los demás colegiales y está bastante aplicado. Su porte y sus maneras finas a su edad llama la atención tanto de españoles como de los franceses»[77]. Tan bien se llevaban padre e hijo que Morillo no dudó en acompañarle a una *soirée* en los carnavales de 1837[78].

Aníbal, el tercero de los hijos, era bien diferente a su hermano. En 1837 no había cumplido aún los diez años por lo que pudo ingresar en el colegio con Paul teniendo que quedarse con su padre al que no paraba de darle quebraderos de cabeza. En una carta de Morillo a su mujer, fechada apenas dos meses después de la llegada de Aníbal y Pepita a Pau, le comenta que, «no tengas cuidado por Aníbal que nunca estuvo mejor de salud que ahora y está hecho un diablillo, se pelea con todos los muchachos de la pensión haciéndose ya temible entre ellos y no quiere que le llamen español»[79]. El propio Aníbal inocentemente confesaba a su madre en una carta sin fecha, «Mi querida mamá sigo bueno y a peleándome mucho y hablo el francés. Papá me ha comprado una blusa muy bonita para los días de fiesta»[80]. Morillo estaba encantado con Aníbal no pudiendo reprimir su orgullo señalando que tenía gran afición al dibujo[81], y que «no hay duda que tiene un talento sobresaliente a su edad y admirarías lo que adelanta en música solfeando»[82].

Estos días en Pau y Baréges fueron muy tranquilos para Morillo. Alejado de los avatares de la política en España se limitaba a disfrutar de sus hijos y de los pequeños placeres de la vida diaria. No echaba de menos su ajetreada vida de antaño confesándole a su mujer, en un carta fechada el 19 de enero de 1837, que, «hoy día de San Pablo tengo a los tres en casa como me encargas y todos estamos muy contentos y tranquilos porque nadie nos interrumpe y ninguno sabe mi fiesta y me alegro»[83]. En mayo de este mismo año celebraba su cumpleaños familia y no se olvidaba de agradecerle a su mujer el regalo de unos tirantes que estrenó ese día[84].

Pasaban los meses y Morillo echaba de menos al resto de su familia, especialmente a Josefa, pero no sería hasta junio de 1837 cuando esta finalmente se pusiese en marcha hacia Francia. El 20 de este mes, Morillo escribía la que sería su penúltima carta a Josefa[85]. En ella, Morillo hace planes para el futuro, le dice que la está esperando para hablar de la educación de Paul y Aníbal y que es una pena que se hubiese molestado en mandarle el «bisoñé» pues apenas si le quedan un par de meses de estar por Pau. En el final de esta carta se advierten las ganas que tenía de reunirse con su mujer pues le comentaba que, «pronto no te alcanzarán las cartas, pero yo te seguiré escribiendo hasta que me avises de tu salida»[86].

Josefa Villar de Morillo debió llegar a Pau a finales de junio o principios de julio de 1837 con apenas tiempo de acompañar a su marido durante su último mes de vida. Pese a que parecía que la salud de Morillo se había ido recuperando tras el tratamiento recibido en Baréges, a las once de la noche del 27 de julio de 1837 moría Pablo Morillo[87]. Josefa se encargaría de arreglar los detalles para que fuese enterrado provisionalmente en el cementerio de Luz-Saint-Saveur en el Departamento de los Altos Pirineos. Allí tuvieron que descansar sus restos hasta que, el 8 de agosto de 1843, fueron trasladados a España donde aún hoy se encuentran en el panteón de la familia Morillo en la Sacramental de San Isidro en Madrid. Allí, en el patio de San Andrés, marcado con el número 436, se puede ver una placa de bronce en la que está grabado el escudo de armas del conde de Cartagena y marqués de La Puerta.

Anexo

HOJA DE SERVICIOS DE PABLO MORILLO

AGM, Sección CEL, División CAJ-108, Legajo EXP.9. Consta de 4 folios.

ESTADO MAYOR GENERAL DEL EJÉRCITO

El Teniente General

Don Pablo Morillo, conde de Cartagena, marqués de La Puerta, nació el año de mil setecientos setenta y nueve. Su estado casado. Sus méritos, servicios y circunstancias los que á continuación se expresan.

Empleos y grados que ha obtenido

Fechas en que los obtuvo				*Tiempo que los ha servido*		
Años	*Meses*	*Días*		*Años*	*Meses*	*Días*
19	*marzo*	*1791*	*Soldado y Cabo*	*6*	*6*	*12*
1	*octubre*	*1797*	*Sargento 2.º*	*10*	*8*	*1*
2	*junio*	*1808*	*Subteniente*	-	*6*	*18*
20	*diciembre*	*1808*	*Teniente*	-	*1*	*2*
22	*enero*	*1809*	*Capitán*	-	*3*	*5*
27	*abril*	*1809*	*Grado de Coronel*	*1*	*10*	*17*
27	*abril*	*1809*	*Coronel*			
14	*marzo*	*1811*	*Brigadier*	*2*	*3*	*19*
3	*julio*	*1813*	*Mariscal de Campo*	*1*	*8*	*28*
1	*abril*	*1815*	*Teniente General*	*22*	*3*	*26*
Total de servicios efectivos hasta 27 de julio de 1837, año en que falleció				*46*	*4*	*8*

Cuerpos en que ha servido y mandos militares que ha desempeñado

En el Real Cuerpo de Marina
En el batallón Voluntarios de Llerena
En el de España
En el Regimiento Infantería de la Marina
Capitán General de las provincias de Venezuela y Gral. en jefe del Ejército de las mismas
Capitán general de Castilla la Nueva
Capitán general de Galicia y Presidente de su Real Audiencia (2 veces)

Servicios, vicisitudes, guarniciones, campañas y acciones en que se ha hallado

Se halló en el desembarque de la isla de San Pedro en la Cerdeña en mayo de 1793. En la toma de Tolón, donde sufrió siete acciones hasta su abandono, en que salió herido.	**1793**
En el desembarco de Labrada y acción del 13 de agosto de 1794, en las alturas de Cullera, en Cataluña. En el sitio del castillo de la Trinidad en Rosas, cuyo espacio hizo dos salidas en guerrilla; se embarcó en la lancha n. 2, en que sufrió varios días de fuego de los enemigos hasta la entrega de la plaza.	**1794**
En el ataque naval del 14 de febrero de 1797 en el navío San Isidro, en que fue prisionero. En las acciones del 5 y 7 de julio del mismo año.	**1797**
En la de 21 de octubre de 1805 sobre el cabo de Trafalgar en el navío San Ildefonso, *donde fue herido y prisionero. En la rendición de la escuadra francesa en Cádiz en la flota Argonauta.*	**1805**
En la batalla de Bailén del 19 de Julio de 1808. En el sitio y rendición de Gelves, donde tuvo dos acciones, mandando una guerrilla. En el pueblo de Almaraz, mandando también 200 hombres, con quien batió á 150 caballos enemigos, los que rechazó, haciéndoles 3 muertos y 9 heridos el 18 de diciembre del mismo año. Al día siguiente fue atacado por dichos enemigos, viniendo en retirada hasta el puente de este nombre, donde se hizo fuerte y consiguió rechazarlos. El 22 fue destinado con la misma tropa al puente del Conde, donde, atacado por fuerzas superiores, consiguió rechazarlas por tres veces con mucha pérdida de los enemigos.	**1808**

*El día 4 de enero del siguiente año, con 25 paisanos que reunió, 19 armados, atacó en las inmediaciones de la Calzada de Oropesa a 37 infantes enemigos, matándoles 5 y haciéndoles 29 prisioneros.
El 18 de febrero del mismo años fue comisionado por la Superior Junta Central para armar el reino de Galicia, y habiendo logrado allí reunir varios patriotas, consiguió con ellos la rendición de la plaza de Vigo, de cuyas resultas tuvo a bien S. M. Conferirle el grado de coronel, formando en seguida regimiento, con el que sufrió el ataque que le dieron los enemigos con 3.000 infantes, 600 caballos y dos piezas de artillería el día 13 de abril del mismo año en el puente de San Payo, haciendo en él vigorosa resistencia con solo 300 hombres para fuego, 800 chuzos y 4 piezas de artillería, perdiendo los enemigos más de 500 hombres, incluso un coronel.
El 15 del mismo persiguió dichos enemigos desde Pontevedra a Patrón, matándoles 400 hombres, apoderándose del puente Cerrues, de donde consiguió desalojarles, á pesar de estar defendido
con 2 piezas de artillería. En el ataque de la Salud, en el que le* **1809**
dispersaron sus fuerzas por la superioridad del enemigo; pero reunidas nuevamente sobre los baños de Cuntis, sufrió otro ataque obstinado hasta retirarse al puente de San Payo, cuyo puente puso en estado de defensa, sacando la artillería que los enemigos habían arrojado al agua cuando rompieron por este punto, la que sacó, desclavó y montó formando otra nueva batería de 4 piezas con varios atrincheramientos, cortando al mismo tiempo dos ojos segundos a dicho puente y otro a su entrada, cuyos resultados ventajosos fueron bien ostensibles en las acciones del 7 y 8 de Junio mandadas por el Conde de Noroña, en que Morillo tuvo a su cargo la primera columna. En la toma de Santiago, el 23 de mayo, en cuya acción fue el primer jefe que entró en dicha ciudad, rechazando con dicha columna al enemigo, arrollándoles en las siete posiciones que tomó en sus calles y persiguiéndole legua y media por el camino de la Coruña. En la acción de Tamames el 18 de octubre del mismo año. En la Medina del Campo de 23 de noviembre siguiente. En la del Alba de Tormes del 28 del mismo.

*En la sorpresa Millarada del 29 de mayo de 1810, mandando una división volante. En las de Castro de Faria del 19 y 27 de mayo y 6 de junio del mismo. En las acciones de Burguillos del 28 del citado junio, en la que rechazó a los enemigos con dicha división, a pesar de la superioridad de las fuerzas. En la retirada de Salvatierra y acción de Jerez de los Caballeros del 5 de Julio siguiente, habiendo
conseguido la citada retirada con el mayor orden y mejor éxito que* **1810**
podía esperarse, dado el considerable número de enemigos que le atacaron, pues pasaba de 6.000 hombres, siendo solo el suyo de 1.200; con cuya pequeña división consiguió hacerles perder 1.500 hombres entre muertos y heridos, según publicaron los mismos enemigos. Se halló mandando la sorpresa Fuente Ovejuna en 7 de septiembre, de la que salió herido, habiendo hecho 14 muertos y 98 prisioneros.

*En la salida del 7 de febrero de 1811 de la plaza de Badajoz a
tomar las baterías de San Miguel, mandando la primera brigada
de vanguardia. En la acción del 9 del mismo sobre puente de Nevo-
ra. En la del 19 del propio mes en los campos de Santa Engracia,
habiendo siendo el regimiento de la Unión el único que se salvó,
a pesar de las repetidas cargas que sufrió de la caballería enemi-
ga, retirándose hasta Gelves y contribuyendo a que se salvasen
igualmente varios individuos de otros cuerpos, incluso el general
Larrea, por lo que se le concedió un escudo bordado de plata en
campo verde con lema en la orla de «Premio a la Unión», que de-
bía colocarse al lado izquierdo del pecho. En la sorpresa de Belal-
cázar, en la noche del 7 al 7 de junio, en la que dejó destruida la co-
lumna móvil de 550 infantes de Normand, haciéndoles 48 muertos
y 119 prisioneros, entre ellos 4 oficiales. En la de Esparragosa de* **1811**
*Lares de 1.º de julio, en donde hizo 149 prisioneros con 5 oficiales,
dejándoles muertos en el campo los restantes hasta 184, de que se
componía aquella columna. En la retirada desde inmediaciones de
Despeñaperros hasta Don Benito y Cáceres, superando todas las
dificultades y riesgos que le opusieron los enemigos, batiendo de
paso en Villanueva del Duque el 23 del mismo a una columna vo-
lante, en cuyo combate tuvieron los enemigos 17 muertos, 7 prisio-
neros con su comandante y 87 heridos, que posteriormente se supo
habían entrado en Espiel, habiendo sido atacado en Don Benito el
30 del propio mes, retirándose con el mejor orden hasta Cáceres.
En la acción del Arroyo del Puerco y Adelantamiento hasta Cáce-
res; retirada del Casar hasta el 12 de octubre y acción de Arroyo
Molino el 28 del mismo, en que mandó la infantería española.*

*Como también en la retirada de Almagro del 16 de enero de 1812
y en la acción de Porcuna el 19 del mismo, en la que igualmente* **1812**
mandaba la división expedicionaria.

*Por orden de la Regencia del reino del 3 de julio de 1813 fue pro-
movido el empleo de Mariscal de campo por el mérito que contrajo* **1813**
*en batalla de Vitoria el 21 de junio último, mandando la primera
división de infantería del cuarto ejército.*

*En 1.º de abril de 1815, siendo capitán general de la provincia de
Venezuela y general en Jefe del ejército de las mismas, fue promo-
vido al empleo de Teniente general por el particular mérito que* **1815**
*contrajo en la organización y apresto de la expedición del Río de
la Plata.*

*En 24 de abril de 1816 se le concedió licencia para contraer ma-
trimonio con Doña María Josefa del Villar y Urtunzanstegui; y por* **1816**
*otra de 4 de mayo de 1821 se le nombró capitán general de Castilla
la Nueva.*

En 6 de agosto de 1822 se le manifestó, en contestación a un oficio
en que solicitaba por motivos de salud se le admitiese la dimisión
de aquel cargo, que S. M. No había tenido a bien acceder a su peti-
ción, porque sus servicios y méritos, su actividad y celo por la cau-
sa de la patria y su valor y decisión por sostener el sistema consti- 1822
tucional, le hacían necesario en el puesto que ocupaba y acreedor
a continuar en un mando de la importancia del que desempeñaba.
Por Real Orden de 7 del citado mes y en vista de sus reiterados
deseos, se le admitió la dimisión del referido mando, quedando en
situación de cuartel en Madrid.

En otra de 13 de febrero de 1823 se le nombró general en jefe del
segundo ejército de reserva con el mando de los distritos 2.º y 3.º,
cargo que no llego a desempeñar por haberse dispuesto en 15 del
propio mes quedase sin efecto dicho nombramiento en atención a
haber manifestado Morillo su imposibilidad moral de ejercerlo, en
virtud de haberse presentado a las Cortes un informe relativo a los
sucesos de julio último con los que apareció tener alguna relación.

1823

Por Real Orden de 24 de julio del referido año se dispuso quedase
privado de todos los honores y condecoraciones que dependiesen
de la libre disposición del Gobierno; y por otra de Agosto siguiente
resolvió este que continuase con el mando de Galicia, confiriéndole
interinamente la Capitanía general de dicho reino con la Presiden-
cia de su Real Audiencia, en atención a los servicios que había con-
traído a favor de la causa del rey y a su conducta militar y política,
que habían sido de mucha satisfacción.

A principios del año 1824 se le admitió la dimisión del citado cargo 1824
y se le concedió licencia por enfermo para ir a curarse a Francia.

En 19 de noviembre de 1830 y con motivo de alumbramiento de S.
M. la reina, se le concedió licencia para que regresase a la penín-
sula con los grados, honores y distinciones que disfrutaba en 7 de 1830
marzo de 1820, quedando en situación de cuartel en Madrid.

Hasta que en 1832 se le nombró nuevamente gobernador, capitán 1832
general de Galicia y presidente de la Audiencia de dicho punto.

En julio de 1833 fue agraciado con la gran Cruz de Carlos III, y en 1833

31 de marzo de 1836 se le admitió por motivos de salud la dimisión
de aquel cargo, quedando en situación de cuartel en Madrid, en la 1836
que permaneció hasta

Su fallecimiento, ocurrido el día 27 de Julio de 1837 en Bareges 1837
(Francia), donde se hallaba disfrutando de licencia.

Don Fructuoso de Miguel y Monleón, Mariscal de Campo de los Ejércitos Nacionales, Subsecretario del Ministerio de la Guerra & etc.... Certifico : Que la anterior hoja de servicios del Teniente General Don Pablo Morillo, Conde de Cartagena, ha sido ampliada de la que existe en el expediente personal del interesado, formada por el Regimiento infantería de la Unión en dos de febrero de mil ochocientos doce, con los documentos que obran en el citado expediente. Y para que conste firmo el presente con el visto bueno del Señor Ministro de la Guerra y sello correspondiente en Madrid á diez de marzo de mil ochocientos ochenta y tres. Fructuoso de Miguel. Visto Bueno, Campos. Hay un sello en el que se lee «Ministerio de la Guerra».

La anterior hoja de servicios, es copia exacta de la original que obra archivada en esta Secretaría, fecha ut supra.

Rúbrica, Fructuoso de Miguel.

Cronología

1775

5 mayo — Nace Pablo Morillo en Fuentesecas, en las cercanías de Toro, provincia de Zamora, España.

7 mayo — Es bautizado en la parroquia local.

1788

4 julio — Firma de la declaración de independencia de Estados Unidos.

1788

14 diciembre — Muere Carlos III, le sucede Carlos IV.

1789

14 julio — Revolución francesa. Toma de la Bastilla.

1791

19 marzo — Morillo ingresa como soldado en el Real Cuerpo de Marina.

1793

21 enero — Luis XVI es guillotinado.

Desembarco en la isla de San Pedro, en Cerdeña.

Noviembre — Sitio de Tolón, Francia. Es herido.

1794

Desembarco de Labrada.

13 de agosto — Acción en Las Alturas de Cullera, Cataluña, España.

Sitio del castillo de la Trinidad, Rosas, Gerona, España.

1797

14 febrero — Ataque naval a bordo del *San Isidro*. Es hecho prisionero.

5 y 7 julio — Bombardeo inglés a Cádiz.

1 octubre — Ascenso a sargento segundo.

1804

18 mayo — Napoleón es coronado emperador.

1805

21 octubre — Batalla naval de Trafalgar. Morillo embarcado en el buque *San Ildefonso*.

Diciembre — Fallece Joaquina Rodríguez, mujer de Morillo.

2 diciembre — Victoria de Napoleón en Austerlitz.

1807

18 octubre — Tropas francesas entran en España.

1808

18 marzo	Motín de Aranjuez. Fernando VII es proclamado rey.
23 marzo	Los franceses ocupan Madrid.
2 mayo	Levantamiento popular en Madrid contra los invasores.
2 junio	Morillo es ascendido a subteniente del regimiento de infantería Voluntarios de Llerena.
19 julio	Batalla de Bailén.
	Campaña en Extremadura. Acciones de Elvas, Almaraz y Calzada de Oropesa.
1 agosto	Un cuerpo expedicionario británico desembarca en Portugal.
8 noviembre	Napoleón entra en España.
4 diciembre	Napoleón entra en Madrid.
20 diciembre	Morillo es ascendido a teniente.

1809

14 enero	Batalla de La Coruña, retirada británica.
22 enero	Morrillo es ascendido a capitán.
	Campaña de Galicia. Asedio y conquista de Vigo.
17 abril	Aclamación de Morillo como coronel.
	Acciones de Tuy, Santiago de Compostela.
7 y 8 junio	Batalla del Puente de Sampayo, Galicia. El mariscal francés Ney se retira de Galicia. Formación del regimiento La Unión.
	Acciones de Tamames, Medina del Campo y Alba de Tormes.

1810

	Campaña en Extremadura. Ocupa y es desalojado de Feria.
19 abril	Cabildo de Caracas se hace con el Gobierno en Venezuela.
20 julio	Junta de Gobierno de Bogotá se hace con el poder en Nueva Granada.
16 septiembre	El cura Miguel Hidalgo inicia movimiento popular.
18 septiembre	Junta de Gobierno en Santiago se hace con el poder en Chile.
Septiembre	Acción de Fuenteovejuna, donde recibe una herida leve en el hombro izquierdo.

1811

19 febrero	Acción al mando del Regimiento de La Unión.
14 marzo	Nombramiento como brigadier (empleo superior al de coronel e inferior al de mariscal de campo, no formó parte del generalato hasta 1863).
	Morillo a las órdenes del general Sir Rowland Hill, comandante del ala derecha del Duque de Wellington.

1812

20 abril	Es nombrado jefe de la 1.ª división de infantería del 4.º Ejército.
Junio	Guerra entre Inglaterra y Estado Unidos.
28 octubre	Acción de Arroyomolinos.
18 noviembre	Wellington nombrado generalísimo de los ejércitos españoles.

1813

21 junio	Batalla de Vitoria. Las tropas de Morillo, a las órdenes de *sir* Rowland Hill, comandante del ala derecha del duque de Wellington, inician la acción.
27 junio	Acción de Tolosa.
3 julio	Morillo es ascendido a mariscal de campo.
25 julio	Batallas de Maya y Roncesvalles.
28 y 30 julio	Batallas de Sorauren I y II, o de los Pirineos.
18 diciembre	Acciones de Mendiode.

1814

14-15 febrero	Acciones en Francia contra tropas del mariscal francés Soult.
30 marzo	Los aliados entran en París.
6 abril	Napoleón abdica.
10 abril	Batalla de Toulouse.
30 abril	Firma del tratado de París y fin de la Guerra de Independencia española contra los franceses.
Mayo	Regreso a España de Fernando VII.
3 mayo	Luis XVIII entra en París.
14 agosto	Morillo es nombrado capitán general de Venezuela y general en jefe del ejército expedicionario enviado a América para «restablecer el orden en la Costa Firme hasta el Darién«.

1815

17 febrero	El ejército expedicionario zarpa de Cádiz.
25 febrero	Se comunica a las tripulaciones que el destino no es Montevideo sino la Costa Firme.
1 abril	Ascenso a teniente general.
2 abril	El ejército expedicionario fondea en Puerto Santo, noreste de Venezuela.
11 mayo	Morillo entra en Caracas.
abril	Napoleón desembarca en Francia. Inicio de los Cién Días.
16 junio	Batalla de Waterloo. Napoleón, definitivamente derrotado.
	Desembarco en Santa Marta.
22 septiembre a 5 de diciembre	Asedio y toma del puerto y plaza fuerte de Cartagena de Indias.

1816

	La división del brigadier Miguel de la Torre es aniquilada en La Guayana.
Julio	Morillo toma a sangre y fuego Margarita.
	Se casa por poderes con la gaditana María Josefa del Villar.

1817

12 febrero	Victoria de San Martín en la batalla de Chacabuco
2 diciembre	El brigadier Latorre vence a las tropas venezolanas en Hato de la Hogaza.

1818

Febrero	Retirada de Calabozo.
15 Febrero	Victoria de Morillo en la batalla de El Sombrero.
5 abril	San Martín vence en la batalla de Maipú.
15 marzo	Victoria de Morillo en la batalla de La Puerta o del Semén, donde es gravemente herido de un lanzazo en el costado izquierdo, entre la cadera y el ombligo.
	A finales de año Morillo se cae del caballo y queda herido en la pierna izquierda.

1819

Enero	Paso del río Apure.
7 agosto	Batalla de Boyacá.
17 diciembre	Fernando VII otorga a Morillo el título de conde de Cartagena y marqués de La Puerta.

1820

25 noviembre	Firma entre Morillo y Bolívar de los Acuerdos de Suspensión de las Hostilidades y Regularización de la Guerra.
27 noviembre	Encuentro entre Bolívar y Morillo en Santa Ana.
3 diciembre	Morillo entrega el mando del ejército expedicionario al mariscal de Campo Latorre.
7 diciembre	Bolívar expide una proclama a su ejército sobre el acuerdo alcanzado.
17 diciembre	Morillo embarca en la corbeta *Descubierta* rumbo a Inglaterra.

1821

1 enero	Pronunciamiento de Riego en Cabezas de San Juan. Inicio del régimen liberal.
12 marzo	Morillo desembarca en Inglaterra.
13 abril	Llega a Madrid.
24 junio	Victoria de Bolívar en la batalla de Carabobo.
	Morillo reprime disturbios liberales en la capital.
20-21 agosto	Desórdenes en Madrid que reprime Morillo.
18 septiembre	«Batalla» de Las Platerías en Madrid, que reprime Morillo.

1822

24 mayo	Sucre vence en la batalla de Pichincha.
1 julio	Morillo es nombrado coronel interino de la infantería de la Guardia Real de Fernando VII.
7 julio	Revuelta de la Guardia Real en Madrid.
26-27 julio	Entrevista entre San Martín y Bolívar en Guayaquil.
Octubre	Morillo es detenido en Zarza de Plasencia y encarcelado en Madrid, acusado de desafecto al régimen liberal.

1823

13 febrero	Morillo nombrado general en jefe del Segundo Ejército de Reserva, con el mando de los distritos 2.° y 3.°.

26 marzo	Fernando VII es trasladado de Madrid a Sevilla.
7 abril	Intervención de las potencias legitimistas para reponer a Fernando VII en sus derechos como monarca absoluto. Entrada en España de los Cien Mil Hijos de San Luis.
11 junio	Fernando VII es incapacitado temporalmente por el Gobierno liberal y obligado a trasladarse a Cádiz.
24 julio	Segunda «batalla» del Puente de Sampayo.
1 octubre	Fernando VII es liberado de Cádiz por los Cien Mil Hijos de San Luis.
24 noviembre	El Gobierno absolutista acepta la dimisión de Morillo.

1824

1 enero	Morillo embarca en La Coruña hacia Francia. Pasa una temporada descansando en el balneario de Barèges, cerca de Argelés. Se instala en París con su mujer y sus hijos.
9 diciembre	Victoria independentista en la batalla de Ayacucho.

1825

15 enero	Se comunica a Morillo que ha sido declarado «impuro» en primera instancia, en su causa de «purificación».

1830

Julio	Revolución en Francia. Carlos X es depuesto y Luis Felipe es nombrado rey de los franceses.
19 noviembre	Real Decreto que autoriza a regresar a Morillo a España con todos los grados y honores.
14 diciembre	Morillo en Bayona, a punto de cruzar la frontera.

1832

26 octubre	Morillo es nombrado capitán general de Galicia.
Noviembre	Llega a Galicia y traslada la capital a Santiago de Compostela.

1833

29 septiembre	Muere Fernando VII.

1836

5 agosto	Solicita licencia para retirarse al balneario de Barèges, Francia, para reponerse de sus achaques.

1837

27 julio	A las once de la noche fallece Pablo Morillo.

1843

8 agosto	Traslado de los restos de Pablo Morillo desde Francia a España. Son enterrados en la Sacramental de San Isidro, en Madrid.

Abreviaturas

RAH	Real Academia de la Historia, Madrid.
AGS	Archivo General de Simancas, Simancas, Valladolid.
AGI	Archivo General de Indias, Sevilla.
AB	Archivo Bazán.
CSIC	Consejo Superior de Investigaciones Científicas.
RGM	*Revista General de Marina.*
RdI	*Revista de Indias.*
HAHR	*Hispanic American Historical Review.*
AGN	Archivo General de la Nación, Bogotá.
AGM	Archivo General Militar, Segovia.

Fuentes

Nota sobre las fuentes. Las referencias completas de las fuentes manuscritas citadas han sido incluidas en las respectivas notas finales.

Impresas

«Antonio Nariño», *Gran Enciclopedia de Colombia*, Biblioteca Luis Ángel Arango virtual, www.banregov.co/blaavirtual. *Rasgos biográficos de los próceres*, Villegas Editores, www.villegaseditores.com/loslibros/023

Abella, Rafael y Nart, Javier. *Guerrilleros, el pueblo español en armas contra Napoleón (1808-1814)*, Madrid, Temas de Hoy, 2007.

Ablanque Ramírez, Javier. *La Batalla de Trafalgar vista por un hombre de ciencia*, Madrid, J. Ablanque, Madrid, 2012.

Abrantés, Laure Junot Dúchese de. *Mémoires de Mme. La dúchese d'Abrantés ou souvenirs historiques sur Napoleón, la Révolution, le Directoire, le Consulat, l'Empire et la Restauration*, París, 1831-1835.

Acevedo, Rafael. «Mujeres patriotas y realistas entre dos órdenes«, *Revista de Estudios Sociales*, v. 50 (se-dic. 2014): 192-196.

Acosta, Francisco y Ruiz Jiménez Ramírez, Marta coords. *Baylen 1808-2008: actas del congreso internacional «Baylen 1808-2008«: Baylén: su impacto en la nueva Europa del siglo* xix *y su proyección,* Jaén, Universidad de Jaén, 2009.

Acosta, Joaquín, *Compendio Histórico. Descubrimiento y colonización de la Nueva Granada*, Capítulo IV, http://www.banregov.co/blaavirtual/letra-c/compendi/indice.htm.

Adelman, Jeremy. «The Rites Of Statehood: Violence And Sovereignty In Spanish America, 1789-1821«, *Hispanic American Historical Review*, v. 90, n. 3 (2010): 391-422.*Soverei gnty and Revolution in the Iberian Atlantic*, Princeton & Oxford, Princeton University Press, 2006.

Adkins, Roy. *Trafalgar, biografía de una batalla*, Barcelona, Planeta, 2005.

Aguilar Merlo, Miguel de. *La Guerra de la Independencia en doce rectificaciones, (mitos y nuevos aspectos de la contienda)*, Málaga, Grupo Editorial 33, 2008.

Alberola Fioravanti, María Victoria. *Guía de la biblioteca de la RAH*, Madrid, RAH, 1995.

Albi de la Cuesta, Julio. *La Guerra de la Independencia, (1808-1814), el pueblo español, su ejército y sus aliados frente a la ocupación napoleónica*, Madrid, Ministerio de Defensa, 2007.

Albi de la Cuesta, Julio, Stampa Piñeiro, Leopoldo y Silvela Milans del Bosch, Juan. *Un eco de clarines, La Caballería Española*, Madrid, Tabapress, 1992.

Albi de la Cuesta, Julio. *Banderas olvidadas. El ejército realista en América*, Madrid, Ediciones de Cultura Hispánica, 1990. *El día de Trafalgar*, Barcelona, Seix Barral, 2005.

Alcaide Yebra, José Antonio. *Bailén, la batalla que cambió el rumbo a Napoleón*, Leganés, Madrid, La Espada y la Pluma, 2005.

Alejandre Sintes, Luis. *La batalla de Bailén*, Madrid, Arlanza, 2008.

ALFARO PAREJA, Francisco José. «Los encuentros de Trujillo y Santa Ana en 1820: una gran mediacion entre patriotas y realistas en el proceso de independencia de Venezuela. (Notas historiograficas)», *Montalban*, v. 41 (ene. 2008): 127-143. *La Independencia de Venezuela relatada en clave de paz: las regulaciones pacíficas entre patriotas y realistas (1810-1846)*, [tesis doctoral], Castellón, Universitat Jaume I, mayo 2013.

ALMARIO, Óscar. «Los negros en la independencia en la Nueva Granada«, en Bonilla, *Indios, negros y mestizos en la independencia*, 20-47.

ALONSO, Gregorio. «Cádiz Reprised: The Liberal Triennium in Spain and Spanish America, 1820-1823«, in Eastman and Sobrevilla Perea, *The Rise of Constitutional Government in the Iberian Atlantic World*: 245-263.

ALPUENTE, Romero et al. *La nación se hizo carne, España, 1808*, Pozuelo de Alarcón, Madrid, Espasa, 2009.

ÁLVAREZ BARRIENTOS, Joaquín ed. *La Guerra de la Independencia en la cultura española*, Madrid, Siglo XXI de España, 2008.

ÁLVAREZ DE EULATE Y PEÑARANDA, José María. *Las guerrillas en la región de Pinares Burgos-Soria durante la Guerra de la Independencia*, Madrid, Fundación Cultural de la Milicia Universitaria, 2007.

ÁLVAREZ, Izaskun y SÁNCHEZ, Julio. «Visiones y revisiones de las independencias americanas: Los indios y las independencias», Studia Histórica. Historia Contemporánea, n. 27 (2009): 23-25.

AMORES CAREDANO, Juan Bosco coord. *Historia de América*, Barcelona, Ariel, 2006.

AMORES CAREDANO, Juan Bosco. *Las independencias iberoamericanas ¿un proceso imaginado?*, Bilbao, Universidad del País Vasco, 2009.

AMORÓS, Francisco. *Representación a Fernando VII, quejándose de la persecución que experimenta su mujer por parte del Capitán General de Castilla la Nueva y defendiendo la conducta que ha tenido Amorós en las convulsiones públicas de su patria, acompañada de documentos*, París, 1814. Citado por Moreno Alonso, *Los españoles durante la ocupación napoleónica. La vida cotidiana en la vorágine*, 89.

ANCA ALAMILLO, Alejandro. «Pérdidas de buques de la armada española durante las guerras de emancipación americanas«, *Revista General de Marina*, v. 257 (Ago.-Sep. 2009): 259-270.

ANES, Gonzalo. *El siglo de las luces*, Madrid, Alianza Editorial, 1995,

ANNA, Timothy E. «Spain and the Breakdown of the Imperial Ethos: The Problem of Equality«, *The Hispanic American Historical Review*, v. 62, n. 2 (mayo 1982): 254-272.

ANNA, Timothy E. *Spain and the Loss of America*, Lincoln, University of Nebraska Press, 1983.

ANÓNIMO (varios). *¿Qué será de los franceses en Cataluña? Reflexiones escritas por un militar español en enero de 1810, publícadas un miembro del pueblo*, reimpreso en Valencia, s.d.*Apuntes políticos*, citado por Bullón de Mendoza, *La primera guerra carlista*, 100. *Catálogo artístico-monumental y arqueológico de la Diócesis de Zamora*, Zamora, 1973. *Catálogo de la biblioteca del marqués de la Romana*, Madrid, taller de Francisco Roig, 1865. *El libro de España*, Barcelona, Ed. F.T.D., 1828. *Estado Militar de 1789*, ejemplar conservado en la Brown University Library, Providence, Rhode Island, EE. UU., citado por Gómez Ruíz y Alonso Juanola, *El Ejército de los Borbones, t. 4, Reinado de Carlos IV, 1788-1808*, 428. *Fastos* *españoles o efemérides de la guerra civil desde octubre de 1832*, Madrid, Imprenta de D. Ignacio Boix, 1839. Citado por Asin y Bullón de Mendoza, *Carlismo y sociedad*, 1833-1840, 78. *Instrucció popular en forma de cathesisme sobre la present guerra contra Napoleón Bona (mala) parte, que traduida al idioma Catalá, le dedica al general armament de aquest Principat un afectat Eclesiastich compatrici*, Impreso en Sevilla, s.d.. *The Lamentations of Germany*, Londres, 1638. Citado por Parker, «Dynastic War 1494-1660«, 161. *Uniformes españoles de la Guerra de Independencia*, Madrid, Aldaba Ediciones, 1989.

Aragón Espeso, Miguel. *Cádiz, la medicina y la cirugía en la época de Trafalgar*, Cádiz, Real Academia de Medicina y Cirugía de Cádiz, 2006.

Aragón Gómez, Jaime. *La vida cotidiana durante la Guerra de la Independencia en la provincia de Cádiz*, Cádiz, Servicio de Publicaciones de la Diputación de Cádiz, 2005.

Aragón Martín, Luis coord. *Bicentenario del combate de Trafalgar, 1805-2005*, Madrid, Ministerio de Defensa, 2005.

Arámbarri, Francisco Xavier. *Hechos del general Pablo Morillo en América*, Madrid, Taller de Ediciones Tipográficas del Suroeste, 1971.

Arciniegas, Germán. *Los Comuneros*, Méjico, s.n., 1951.

Armillas Vicente, José A. (coord.). *La guerra de la Independencia: Estudios. Congreso Internacional celebrado en Zaragoza del 3 al 5 de diciembre de 1997*, Zaragoza, Ministerio de Educación, Cultura y Deporte e Institución Fernando el Católico del Consejo Superior de Investigaciones Científicas, 2001.

Armitage, David, «Three Concepts of Atlantic History», en Armitage, David y Braddick, Michael J. eds., *The British Atlantic World, 1500-1800*, 2nd ed., New York, Palgrave MacMillan, 2009, 13-32. «The First Atlantic Crisis: The American Revolution«, en Morgan, Philip D. and Warsh, Molly A. *Early North America in global perspective*, New York, Routledge, 2014: 309-336. «La primera Crisis Atlántica: la Revolución americana«, 20/10: *El Mundo Atlántico y la Modernidad Iberoamericana, 1750- 1850*, v. 1 (2012): 9-33.

Arrazola, Roberto. *Los mártires responden...*, Cartagena, Ed. Hernández, 1973.

Artola, Miguel. *1808, la revolución española*, Madrid, Alianza, 2008. *La burguesía revolucionaria (1808-1874)*, Madrid, Alianza Editorial, 1997. *La España de Fernando VII*, Madrid, Espasa, 1999. *La Guerra de la Independencia*, Pozuelo de Alarcón, Espasa, 2008. *La Revolución Española (1808-1814)*, Madrid, UAM Ediciones, 2010.

Asin, Francisco y Bullón de Mendoza, Alfonso, *Carlismo y sociedad, 1833-1840*, Zaragoza, Librería General, 1987.

Aulet, José Luis. *Tesoros de Apsley House, la Guerra de Independencia en las colecciones del duque de Wellington*, Santiago de Compostela, Fundación Caixa Galicia, 2008.

Aymes, Jean-René, «La guerrilla española (1808-1814) en la literatura testimonial francesa», en Armillas, Vicente. *La guerra de la Independencia: Estudios. Congreso Internacional celebrado en Zaragoza del 3 al 5 de diciembre de 1997*, 15-34. *La Guerra de la Independencia en España (1808-1814)*, Madrid, Siglo XXI, (1ª ed. 2003) 2008. *La Guerra de la Independencia: héroes, villanos y víctimas (1808-1814)*, Lleida, Milenio, 2008.

Bacge, Richard. *La República de Colombia en los años 1822-1823. Notas de Viaje*, Caracas, Instituto Nacional de Hipódromos, 1982.

Bahamonde Magro, Ángel. «La sociedad madrileña en el siglo XIX«, en Fernández García, A. *Historia de Madrid*. Ed. Complutense. Madrid, 1993.

Barante, Barón de. *Souvenirs*, citado por Mansel, *París Between Empires, Monarchy and Revolution 1814-1852*, 183.

Barbastro Gil, Luis. *El episcopado español y el alto clero en la Guerra de la Independencia (1808-1814), la huella del afrancesamiento*, Alicante, Instituto Alicantino de Cultura Juan Gil-Albert, 2013.

Barbosa, Francisco. *Del Derecho de Gentes al Derecho Internacional Humanitario en Colombia, 1821-1995: debate sobre una idea constitucional*, Bogotá, Instituto de Estudios Constitucionales Carlos Restrepo Piedrahita, 2013.

Barreiro Fernández, Xosé Ramón. *Historia social da Guerra da Independencia en Galicia*, Vigo, Edicións Xerais de Galicia, 2009.

Barreiro, J. R., *El carlismo gallego*, Santiago de Compostela, 1976, citado por Asin y Bullón de Mendoza, *Carlismo y sociedad, 1833-1840*: 21.

Barriga del Diestro, Fernando. *Finanzas de nuestra primera independencia*, Bogotá, Academia Colombiana de Historia, 1998.

Becerra de Becerra, Emilio. *Las hazañas de unos lanceros, Historia del Regimiento de Caballería I° de Lanceros de Castilla según los papeles de don Julián Sánchez García, -El Charro-*, Salamanca, Diputación Provincial de Salamanca, 1999.

Becerro de Bengoa, Ricardo. «Descripción de la batalla de Vitoria«, en VV.AA., *Conmemoración de la batalla de Vitoria en su 150 aniversario 1813-1963*, 1963.

Beevor, Antony. *The Fall of Berlin 1945*, Londres, Viking Penguin, 2002.

Bejarano, Méndez. *Historia política de los afrancesados*, Madrid, 1902, citado por Bleiberg, Germán, «Afrancesados«, en *Diccionario de Historia de España, Desde sus orígenes hasta el fin del reinado de Alfonso XIII*, t.1, 48.

Bell, George. *Soldier's Glory: Being «Rough Notes of and Old Soldier«*, Londres, Brian Stuart Ed., G. Bell and Sons Ltd., 1956.

Bernal, Antonio Miguel (coord.). *El «comercio libre« entre España y América (1765-1824)*, Madrid, Fundación Banco Exterior, 1987.

Bibliografía de la Guerra de la Independencia, Madrid, Ministerio de Defensa & Ollero y Ramos, 2008.

Blakeney, Robert. *A Boy in The Peninsular War*, Londres, Greenhill Books, 1989.

Blanco Núñez, José María, de Castro Martín, Pablo y García Hernán, Enrique. *Actas del XXXI Congreso Internacional de Historia Militar*, Madrid, Ministerio de Defensa, 2006.

Blanco Núñez, María. «La armada española y sus oficiales durante las guerras de emancipación americanas», *Revista General de Marina*, v. 257 (Ago.-Sep. 2009): 247-258.

Blanco White, José María. *Cartas de España*, Madrid, Alianza, 1991.

Blanco, Félix y Azpurúa, Ramón (eds.), *Documentos para la historia de la vida pública del Libertador*, Caracas, 1875-1877.

Blanchard, Peter. *Under the Flags of Freedom: Slave Soldiers and the Wars of Independence in Spanish South America*, Pittsburgh, University of Pittburgh Press, 2008.

Blaufarb, Rafe. *The French Army, 1750-1820, Careers, Talent, Merit*, Manchester & New York, Manchester Unversity press, 2002.

Bolívar, Simón. *Doctrina del Libertador*, Caracas, Ed. Ayacucho, 1985. *Obras completas*, La Habana, Lex, 1947.

BONILLA, Heraclio, ed. *Indios, negros y mestizos en la independencia*, Bogotá, Planeta-Universidad Nacional, 2010.

BONILLA, Heraclio, Forero Polo, Marcos Manuel y Pérez Ruiz, Carlos Daniel (sel. y notas), Castán Andolz, Ignacio (coord.). *Pablo Morillo. Documentos de la reconquista de Colombia y Venezuela. Transcripciones del Fondo Documental «Pablo Morillo«, Archivo de la Real Academia de la Historia de Madrid, España*, Bogotá, Centro Cultural y Educativo Español Reyes Católicos-Universidad Nacional de Colombia-Grupo de Investigación en Historia Económica y Social-Gas Natural S.A., 2011.

BORREGUERO BELTRÁN, Cristina coord. *La Guerra de la Independencia en el mosaico peninsular (1808-1814)*, Burgos, Universidad de Burgos, 2010.

BORROW, George. *The Bible in Spain or, the journeys, adventures and imprisonments of an englishman, in an attempt to circulate the scriptures in the Peninsula*, Londres, Macdonald, 1959.

BOSSA HERAZO, Donaldo. *Cartagena independiente, tradición y desarrollo*, Bogotá, Tercer Mundo, 1967.

BRÉGEON, Jean-Joël. *Napoléon et la guerre d'Espagne, 1808-1814*, París, Perrin, 2006.

BRENNECKE, Christiana. *¿De ejemplo a «mancha« de Europa?: la Guerra de la Independencia española y sus efectos sobre la imagen oficial de España durante el Congreso de Viena (1814-1815)*, Madrid, Consejo Superior de Investigaciones Científicas, 2010.

BREÑA, Roberto. «Presentación: Las independencias americanas, la revolución española y el enfoque atlántico», Historia y Política, v. 24 (Jul.- Dic. 2010).

BREÑA, Roberto. «The Emancipation Process in New Spain and the Cádiz Constitution: New Historiographical Paths Regarding the *Revoluciones Hispánicas*», in Eastman and Sobrevilla Perea, *The Rise of Constitutional Government in the Iberian Atlantic World*: 42-62. *El imperio de las circunstancias. Las independencias hispanoamericanas y la revolución liberal española*, Colegio de México-Marcial Pons, México DF-Madrid, 2012. *El primer liberalismo español y los procesos de emancipación de América 1808-1824. Una revisión historiográfica del liberalismo hispánico*, México D. F., Colegio de México, 2006.

BRICEÑO PEROZO, Manuel. *Los Comuneros*, Bogotá, 1880.

BROCKLISS, Laurence. *Nelson's Surgeon: William Beatty, Naval Medicine, and the Battle of Trafalgar*, Oxford, Oxford University Press, 2005.

BROMLEY, J. S. y Ryan, A. N., «La Marina (1688 -1723)«, en VV.AA., *Historia del Mundo Moderno*, Barcelona, Sopena-Cambridge University Press, 1975, 570-601.

BRUNGARDT, Maurice P., «The Economy of Colombia in the Late Colonial and Early National Periods«, en Fisher, Kuethe y McFarlane. *Reform and Insurrection in Bourbon New Granada and Peru*, 164-193.

BRUTRÓN PRIDA, Gonzalo et al. *Trafalgar, historia y memoria de un mito, catálogo crítico de la producción bibliográfica británica, española y francesa sobre Trafalgar, (1805-2005)*, Cádiz, Diputación Provincial de Cádiz, 2008.

BUENO, José María. *La expedición española a Dinamarca, 1807- 1808*, Madrid, Agualarga, 2000. *Los uniformes españoles de la Guerra de Independencia*, Madrid, Aldaba, 1989. *Soldados de España, El uniforme militar español desde los Reyes Católicos hasta Juan Carlos I*, Madrid, Almena, 1998.

Bullón de Mendoza, Alfonso. *Las guerras carlistas*, Madrid, Actas, 1993.
Bullón de Mendoza, Alfonso. *Las guerras carlistas en sus documentos*, Barcelona, Ariel, 1998.
Bullón de Mendoza, Alfonso. «La Primera Guerra Carlista en la poesía«, en Bullón de Mendoza, *Las guerras carlistas*, 291-421. *La primera guerra carlista*, Madrid, Actas, 1992.
Burne, Alfred H. *The Art of War on Land*, Harrisburg, Stackpole Books, 1966.
Burnham, Robert. *The British Regimental Mess in the Peninsula War*, The Napoleon Series, http://www.napoleon-series.org/military/organization/c_mess.html
Caballero y Góngora, Arzobispo-virrey. *Relación de mando*, Bogotá, Biblioteca de Historia Nacional, vol. VIII, 1910.
Cáceres Würsig, Ingrid y Solano Rodríguez, Remedios. *Valiente Hispania, poesía alemana de la Guerra de la Independencia (1808-1814)*, Oviedo, Servicio de Publicaciones de la Universidad de Oviedo, 2014.
Cacua Prada, Antonio. *El corsario Luis de Aury, Intimidades de la independencia*, Bogotá, Academia Colombiana de Historia, 2001.
Cadell, Charles. *Narrative of the campaigns of the Twenty-Eighth Regiment*, Londres, 1835.
Caldas, Francisco José de. *Diario político de Santafé de Bogotá, agosto 10 a febrero 11 de 1881*, Santafé, 1810-1811. Fondo Quijano Otero, Biblioteca Nacional de Colombia.
Calderón de la Barca, Pedro. *El sitio de Breda*, Madrid, Vda. de Juan Sánchez Acosta, 1640.
Calderón, Jorge. «Los xefes de los pardos: la consolidación de un sector social intermedio durante la independencia de Cartagena de Indias«, *Historia y Sociedad*, v. 23 (Jul.-Dic. 2012):147-173.
Calvo Stevenson, Haroldo y Meisel Roca, Adolfo (eds.). *Cartagena de Indias en la independencia*, Cartagena, Banco de la República, 2011.
Campbell, Joseph. *The Hero's Journey. Joseph Campbell on his life and work*, Novato, California, New World Library, 2003.
Canales Torres, Carlos y Rey Vicente, Miguel del. *Naves mancas, la Armada Española a vela, de Cabo Celidonia a Trafalgar*, Madrid, Edaf, 2011.
Canales Torres, Carlos. *Breve historia de la Guerra de la Independencia, 1808-1814*, Madrid, Nowtilus, 2006.
Canga Argüelles, José de. *Observaciones sobre la historia de la guerra de España*, s.d..
Capel, Horacio. «[Recensión] sobre de la Fuente de Pablo, P. *Las fortificaciones reales del golfo de Rosas en época moderna*, Tesis Doctoral dirigida por la Prof. Alicia Cámara Muñoz. Madrid: Universidad Nacional de Educación a Distancia, octubre 1996«, *Revista Bibliográfica de Geografía y Ciencias Sociales*, Universidad de Barcelona, n. 3 (1 Dic. 1996), http://www.ub.edu/geocrit/b3w-3.htm
Carantoña Álvarez, Francisco et al. *1808-2008, la Guerra de la Independencia en Asturias: la historia 200 años después, ciclo de conferencias*, Oviedo, Junta General del Principado de Asturias, 2009.
Carballo, Fernando (coord.). *Historia de Galicia, Idade Contemporánea, Século XIX*, Vigo, Promocions Culturais Galegas, 1991.
Cárdenas Acosta, Pablo E. *Los Comuneros (reivindicaciones históricas y juicios críticos documentalmente justificados)*, Bogotá, s.e., 1945.

CARO, Jorge y ELÍAS, Enrique. «El apoyo real. Relaciones político-militar entre dos ciudades realistas«, *Memorias. Revista Digital de Historia y Arqueología desde el Caribe*, v. 10 (2009): 186-217.

CARR, Raymond, *España 1808-1975*, Barcelona, Ariel, 1982. *España, 1808-1975*, Barcelona, Ariel, FECHA,:110

CARRASCO ÁLVAREZ, Antonio. *La guerra interminable, claves de la guerra de guerrillas en España 1808-1814*, Astorga, León, CSED, 2013.

CARRERA DAMAS, Germán. *Boves: Aspectos socio-econonómicos de su acción histórica*, Caracas, Ministerio de Educación, 1968.

Cartografía de la Guerra de la Independencia, Madrid, Ministerio de Defensa & Ollero y Ramos, 2008.

CASSINELLO PÉREZ, Andrés. *Juan Martín, «EL EMPECINADO«, o el amor a la libertad*, Madrid, Ed. San Martín S. L., 1995. *Los guerrilleros*, Madrid, Arlanza, 2008. *El ejército español en la guerra de la independencia, un análisis militar*, CD-rom, s.l., Fundación Gustavo Bueno, 2010.

CASTÁN VÁZQUEZ, José María. *La influencia de la literatura jurídica española en las codificaciones americanas, Discurso de recepción en la Real Academia de Jurisprudencia y Legislación leído el 23 de enero de 1984*, Madrid, Real Academia de Jurisprudencia y Legislación – Rivadeneyra, 1984.

CASTAÑEDA DELGADO, Paulino, coord. *Las guerras en el primer tercio del siglo XIX en España y América*, Sevilla, Deimos, 2004.

CASTAÑO RUBIANO, César Augusto y CLAVIJO, Daniel. *Ingenieros militares en Colombia 200 años de historia 1810-2010*, Bogotá, Planeta Colombia, 2010.

CASTELOT, André. *Talleyrand ou le cynisme*, París, Librairie Académique Perrin, 1980.

CASTELLS, Irene, Espigado, Gloria y Romeo, María Cruz coords. *Heroínas y patriotas, mujeres de 1808*, Madrid, Cátedra, 2009.

CASTILLO MATHIEU, Nicolás del. *La llave de las Indias*, Bogotá, Planeta Colombia, 1997.

CASTRO, Américo. *La Realidad Histórica de España*, México, s.n., 1966.

CASTRO, Antonio Francisco de. *Las glorias de Galicia en la Guerra de Independencia, cantadas por el cura de Fruime D. Antonio Francisco de Castro*, A Coruña, Orbigo, 2010.

CAYUELA FERNÁNDEZ, José G. *La Guerra de la Independencia: historia bélica, pueblo y nación en España (1808-1814)*, Salamanca, Ediciones Universidad de Salamanca, 2008.

CAYUELA FERNÁNDEZ, José G. y POZUELO REINA, Ángel. *Trafalgar, hombres y naves entre dos épocas*, Barcelona, Ariel, 2004.

CERVANTES, Miguel de. *Don Quijote de la Mancha*, Edición del Instituto Cervantes, dirigida por Francisco Rico, Barcelona, Ed. Instituto Cervantes-Crítica, 1998.

CERVERA, José. *La marina española en la emancipación de Hispanoamérica*, Madrid, Mapfre, 1992.

CESAR, Julio. *Comentarios a la Guerra de las Galias*, Edición facsimilar de la traducción del canónigo Joseph Goya y Munian hecha en Madrid en 1798, Madrid, Editora de los Amigos del Círculo del Bibliófilo S.A., 1983.

CLAUSEWITZ, Karl von. *De la Guerra*, Barcelona, Labor, 1992.

Clavero, Bartolomé. *Nación y naciones en Colombia entre constitutición, concordato y un convenio (1810-2010)*, *Revista de Historia del Derecho*, v. 41 (Ene.-Jun. 2011): 79-137.

Clemente, Josep Carles. *El Carlismo, Historia de una disidencia social (1833-1976)*, Barcelona, Ariel, 1990.

Clerc, Cdt. *Champagne du Meréchal Soult dans les Pyrénée-Occidentales*, Baudouin, París, 1894.

Clonard, Serafín María de Soto y Abbach, conde. *Historia orgánica de las Armas de la Infantería y Caballería españolas*, t. 12, Madrid, Imprenta a cargo de d. Francisco del Castillo, 1858.

Cobo-Borda, Juan Gustavo (texto) y Castañeda Buraglia, Antonio (fotografía). *Casas Presidenciales de Colombia*, Bogotá, Villegas editores, 1998.

Coleman, Terry. *The Nelson Touch, The Life and Legend of Horatio Nelson*, Londres, Oxford University Press, 2002.

Coletes Blanco, Agustín y Laspra Rodríguez, Alicia selecc., trad. y est. *Libertad frente a tiranía, poesía inglesa de la Guerra de la Independencia (1808-1814), antología bilingüe, Madrid & Barcelona*, Fundación Dos de Mayo, Nación y Libertad & Espasa, 2013.

Colmenares, Germán, Díaz de Zuloaga, Zamira, Escorcia, José y Zuloaga, Francisco. *La independencia: ensayos de historia social*, Bogotá, Instituto Colombiano de Cultura, 1986.

Colmenares, Germán. «La Historia de la Revolución por José Manuel Restrepo: una prisión historiográfica«, en Colmenares, Díaz de Zuloaga, Escorcia y Zuloaga, *La independencia: ensayos de historia social*, 9-23.

Colville, John. *The portrait of a General, A Chronicle of the Napoleonic Wars*, Norwich, Michael Russell Publishing Ltd, 1980.

Comellas, José Luis (coord.). *Del Antiguo al Nuevo Régimen. Hasta la muerte de Fernando VII, Historia General de España y América*, Tomo XII, Madrid, Rialp, 1992.

Comellas, José Luis. «Sobre los orígenes del carlismo», en Bullón de Mendoza, *Las guerras carlistas*, 27-41. *El trienio constitucional*, Madrid, Rialp, 1963.

Constituciones de la Real Orden Americana de Isabel la Católica instituida por el Rey Nuestro Señor en 24 de marzo de 1815, Madrid, Imprenta real, 1816.

Contreras, Remedios. *Catálogo de la Colección Pablo Morillo, Conde de Cartagena*, Madrid, RAH, 1985.

Cordobés Moure, José María. *Reminiscencias de Santa Fe y Bogotá*, Aguilar, Madrid, 1957.

Corradine Angulo, Alberto. «Albarradas, Callejones y Casonas«, en VV.AA., *Mompox, Isla en el tiempo*.

Corral Lafuente, José Luis. *Trafalgar*, Barcelona, Booklet, 2016.

Corrales, Manuel Ezequiel. *Documentos para la Historia de la Provincia de Cartagena de Indias hoy Estado Soberano de Bolívar en la Unión Colombiana*, Bogotá, Imprenta de Medardo Rivas, 1883-1884.

Correspondance de Napoleón Ier, París, H. Plon, 1858-1870, reim AMS Press, Nueva York, 1974.

Cortes Vargas, Carlos. «Military Operations of Bolívar in New Granada a Commentary on Lecuona: Crónica razonada de las guerras de Bolívar«, *The Hispanic American Historical Review*, v. 32, n. 4 (Nov. 1952): 615-633.

COSTELOE, Michael P. «Spain and the Spanish American Wars of Independence: The Comisión de Reemplazos, 1811-1820», *Journal of Latin American Studies*, v. 13, n. 2 (Nov. 1981): 223-237. *Response to Revolution. Imperial Spain and the Spanish American revolutions, 1810-1840*, Cambridge, Cambridge University Press, 1986. Trad. castelllano: *La respuesta a la Indpendencia. La España imperial y las revoluciones hispanoamericanas, 1810-1840*, México D.F., Fondo de Cultura Económica, 1989.

CÓZAR NAVARRO, M.ª del Carmen dir. *El inicio de la Guerra de la Independencia y sus consecuencias americanas: conmemoración del segundo centenario de la Guerra de la Independencia (1808-1814)*, Primer Seminario sobre Historia Militar, Cádiz, 27 al 31 de octubre de 2008, Cádiz, Real Academia Hispano Americana de Ciencias, Artes y Letras, 2009.

CROCE, Benedetto. *History as the story of liberty*, Sprigge, Sylvia (trad.), Londres, George Allen & Unwin, 1941. *Teoría e historia de la historiografía*, (1ª ed. Ital. 1938) Buenos Aires, Ed. Escuela, 1965.

CUENCA TORIBIO, José Manuel ed. *Andalucía en la Guerra de la Independencia (1808-1814)*, Córdoba, Universidad de Córdoba, 2009.

CUENCA TORIBIO, José Manuel. *La Guerra de la Independencia: un conflicto decisivo (1808-1814)*, Madrid, Encuentro, 2006.

CUÑO BONITO, Justo. «Tristes tópicos. Ideologías, Discursos y Violencia en la Independencia de la Nueva Granada, 1810-1821», *Memorias, Revista Digital de Historia y Arqueología desde el Caribe*, Año 2, n. 2 (2005): 1-20. «El Consulado de Comercio. Cartagena de Indias y su papel económico y político en el conflicto de independencia (1795-1821)», *Studia historica. Historia contemporánea*, n. 27 (2009): 311-348.

CHARTRAND, René y YOUNGHUSBAND, Bill, *Spanish Army of the Napoleonic Wars, (1808-1812)*, Oxford, Osprey, 1999.

CHARTRAND, René. «The Guerrillas. How Oman Underestimated the Role of Irregular Forces», en Griffith, *Modern Studies of the War in Spain and Portugal, 1808-1814*, 161-180. *Spanish Guerrillas in the Peninsular War 1808-1814*, Oxford, Osprey, 2004.

CHECA GODOY, Antonio. *La prensa española durante la Guerra de la Independencia (1808-1814)*, Cádiz, Quorum, 2009.

CHREPAK, Evelyn. «Participation of Women in the Independence Movement in Gran Colombia, 1780-1810», in Lavrin, Asunción ed. *Latin American Women: Historical Perspectives*, Westport, Conn., Greenwood Press, 1928.

CHURCHILL, Winston S. *A History of English-Speaking Peoples*, Londres, Casel Company, 1959.

CHUST, Manuel y FRASQUET, Ivana, eds. *Los colores de las independencias iberoamericanas. Liberalismo, etnia y raza*, Madrid, CSIC, 2006.

CHUST, Manuel y FRASQUET, Ivana. *Las independencias de América*, Madrid, Los libros de la catarata, 2009.

DALY, Gavin. *The British Soldier in the Peninsular War: Encounters with Spain and Portugal, 1808-1814*, New York, Palgrave Macmillan, 2013.

De LUX, Martha. *Mujeres patriotas y realistas entre dos órdenes. Discursos, estrategias y tácticas en la guerra, la política y el comercio (Nueva Granada, 1790-1830)*, Bogotá, Ediciones Uniandes, 2014.

Delgado, Luis. *El navío Príncipe de Asturias: Trafalgar*, Cartagena, Áglaya, 2005.

Demange, Christian et al. *Sombras de mayo, mitos y memorias de la Guerra de la Independencia en España (1808-1908)*, Madrid, Casa de Velázquez, 2007.

Dempsey Jr., Guy C. *Napoleon's Mercenaries: Foreign Units in the French Army Under the Consulate and Empire*, 1799-1814, Greenhill Books, 2002.

Díaz del Río Martínez, Ángel Luis. *Trafalgar, antes y después, reinado de Carlos IV de España*, Madrid, Sekotia, 2014.

Díaz Díaz, Oswaldo. *La Reconquista Española, Contribución de las guerrillas a la campaña libertadora 1817-1819, Historia Militar de la Independencia, tomo II, Historia Extensa de Colombia, volumen XVIII*, Academia Colombiana de la Historia, Bogotá, Ed. Lerner, 1967. *La Reconquista Española, t. 1, Invasión Pacificadora, Régimen del Terror, Mártires, Conspiradores y Guerrilleros (1815-1817), Historia Extensa de Colombia de la Academia Colombiana de Historia, vol. VI*, Bogotá, Ediciones Lerner, 1964. *Los Almeydas. Episodios de la resistencia patriota contra el ejército pacificador de Tierra Firme*, Bogotá, Academia Colombiana de Historia, Biblioteca de Historia Nacional, Vol. XCIX, 1962.

Díaz Ordóñez, Manuel. «La real armada y el control del orinoco en la primera parte de la independencia venezolana: la batalla de Sorondo», *Revista General de Marina*, v. 257 (Ago.-Sep. 2009): 271-282.

Díaz Torrejón, Francisco Luis. *Las águilas vencidas de Bailén, éxodo de prisioneros napoleónicos por Andalucía (julio-diciembre 1808)*, Villatuerta, Navarra, Foro para el Estudio de la Historia Militar de España, 2015.

Díaz-Plaja, Fernando. *El español y los siete pecados capitales*, 14ª ed., Madrid, octubre de 1971.

Diccionario de Derecho Canónico, Librería de Rosa y Bouret, París, 1854.

Dickens, Charles. *Barnaby Rudge*, Londres, Everyman Dickens, 1966.

Diego García, Emilio de, *España, el infierno de Napoleón: 1808-1814, una historia de la Guerra de Independencia*, Madrid, La Esfera de los Libros, 2008. *¡España se alza!, la Guerra de la Independencia contada a los españoles de hoy*, Barcelona, Áltera, 2008. *La Guerra de la Independencia, ¿un conflicto sorprendente?*, Madrid, Arco/Libros, 2010. *El comienzo de la Guerra de la Independencia, Congreso Internacional del Bicentenario: Madrid, 8-11 de abril 2008*, San Sebastián de los Reyes, Madrid, Actas, 2009.

Diego, Emilio de y Sánchez-Arcilla, José dirs. *Diccionario de la Guerra de la Independencia 1808-1814*, San Sebastián de los Reyes, Madrid, Actas, 2011

Domínguez, Jorge. *Insurrection or Loyalty: The Breakdown of the Spanish American Empire*, Cambridge, Harvard University Press, 1980.

Donagan, Barbara. «Atrocity, War, Crime and Treason in the English Civil War», *American Historical Review*, v. 99, n. 4 (Oct. 1994): 1137-1166.

Dufour, Gérard selecc. *El Ogro corso, poesía francesa anti-napoleónica durante la Guerra de la Independencia (1808-1814): antología bilingüe*, Cádiz, Ayuntamiento de Cádiz, 2015.

Dufour, Gérard y Larriba, Elisabel dirs. *L'Espagne en 1808: régénération ou révolution?*, Aix-en-Provence, Publications de l'Université de Provence, 2009.

Dufour, Gérard. *La Guerra de la Independencia*, Madrid, Alba Libros, 2006.

Dupuy, Trevor N., Jonson, Curt y Bongard, David L., *The Harper Enciclopedia of Military Biography*, Nueva York, Castle Books & Harper Collins, 1992

DURÁN DE PORRAS, Elías. Galicia, *«The Times« y la Guerra de la Independencia, Henry Crabb Robinson y la corresponsalía de «The Times« en A Coruña (1808-1809)*, A Coruña, Fundación Pedro Barrié de la Maza, 2008.

DURÁN LÓPEZ, Fernando y Caro Cancela, Diego eds. *Experiencia y memoria de la revolución española (1808-1814)*, Cádiz, Universidad de Cádiz, 2011.

EARLE, Rebecca. «La iconografía de la independencia en Cartagena y la Nueva Granada», en Calvo Stevenson y Meisel Roca, *Cartagena de Indias en la independencia*, 561-583. «Rape and the Anxious Republic: Revolutionary Colombia, 1810-1830», in Dore, Elisabeth y Molyneux, Maxine eds. *Hidden Histories of Gender and the State in Latin America*, Durham, Duke University Press, 2000».

EARLE, Rebecca A. *Spain and the Independence of Colombia, 1810-1825*, Exeter, University of Exeter Press, 2000.

EASTMAN, Scott and SOBREVILLA PEREA, Natalia eds. *The Rise of Constitutional Government in the Iberian Atlantic World. The Impact of the Cádiz Constitution of 1812*, Tuscaloosa, University of Alabama Press, 2015.

EASTMAN, Scott. «The Sacred Mantle of the Constitution of 1812«, in Eastman and Sobrevilla Perea, *The Rise of Constitutional Government in the Iberian Atlantic World*: 1-18. *Preaching Spanish Nationalism Across the Hispanic Atlantic, 1759-1823*, Baton Rouge, Louisiana State University Press, 2012.

ECHEVERRI, Marcela. «Los derechos de indios y esclavos realistas y la transformación política en Popayán, Nueva Granada (1808-1820)», *Revista de Indias*, v. 69, n. 246 (2009): 45-72.

ECHEVERRI, Marcela. «Popular Royalists, Empire, and Politics in Southwestern New Granada, 1809-1819», *Hispanic American Historical Review*, v. 91, n. 2 (2011): 237-269. «Race, Citizenship, and the Cádiz Constitution in Popayán (New Granada)», in Eastman and Sobrevilla Perea, *The Rise of Constitutional Government in the Iberian Atlantic World*: 91-110. *Indian and Slave Royalists in the Age of Revolution. Reform, Revolution, and Royalism in the Northern Andes, 1780-1825*, Cambridge, Cambridge University Press, 2016.

El bicentenario de Trafalgar en el Ateneo de Cádiz, Cádiz, Ateneo Literario, Artístico y Científico de Cádiz, 2008.

ELTING, John Robert. *Les Guerres Napoléoniennes*, París, Quatour, 2004.

ELLIOT, John H. *Empires of the Atlantic world, Britain and Spain in America, 1492-1830*, New Haven, Yale University Press, 2006.

ENCIMA Y PIEDRA, Victoriano de. *De los Sucesos del Real Sitio de San Ildefonso, o La Granja, a fines del año de 1852; de las disposiciones tomadas por el ministerio que se nombro en 1 de octubre del mismo año; y de las causas inmediatas del estado actual de España*, París, Librería de la Rosa, 1837.

ERNST JÜNGER. *Tempestades de Acero*, Barcelona, Tusquets, 1983.

ESDAILE, Charles J. *Burgos in the Peninsular War, 1808-1814: Occupation, Siege, Aftermath*, New York, Palgrave Macmillan, 2015. *España contra Napoleón: guerrillas, bandoleros y el mito del pueblo en armas (1808-1814)*, Alonso, Ignacio trad., Barcelona, Edhasa, 2006. *Fighting Napoleon: Guerrillas, Bandits and Adventurers in Spain, 1808-1814*, New Haven & Londres, Yale University Press, 2004. *La Guerra de la Independencia, una nueva historia*, Barcelona, Crítica, 2003. *The Peninsular War, A New History*, Nueva York, Palgrave Macmillan, 2003.

ESTEBAN, Jorge de ed. *Las constituciones de España*, Madrid, Taurus, 1981.

FÉE, Antoine Laurent Apollinaire. *Recuerdos de la guerra de España, llamada de la Independencia, 1809-1813*, Madrid, Ministerio de Defensa, 2007.

FERNÁNDEZ CAAMAÑO, José Manuel. *Diccionario biográfico de los personajes y hechos de la Guerra de la Independencia en Galicia*, La Coruña, Arenas, 2007.

FERNÁNDEZ GARCÍA, Antonio dir. *Historia de Madrid*, Madrid, ed. Complutense, 1993.

FERNÁNDEZ MARTÍN, Luis. *Derecho Parlamentario*, Madrid, Hijos de J. A. García, 1885, citado por Artola, *La España de Fernando VII*, 507.

FERNÁNDEZ-GONZÁLEZ, F., FERREIRO, L.D. y NOWACKI H. eds. *Technology of the Ships of Trafalgar: Proceedings of an International Congress Held at the Escuela Técnica Superior de Ingenieros Navales, Madrid, and the Diputación Provincial, Cádiz, 3-5 November 2005*, Madrid, Escuela Técnica Superior de Ingenieros Navales-Universidad Politécnica de Madrid, 2006.

FERNÁNDEZ, Elena. *Mujeres en la Guerra de la Independencia*, Madrid, Sílex, 2009.

FERRER DE COUTO, José. *Historia del combate naval de Trafalgar, precedida de la del renacimiento de la marina española durante el siglo XVIII*, Valladolid, Maxtor, 2008.

FERRER, Magín. *Las Leyes Fundamentales de la Monarquía Española*, Barcelona, 1843.

FINLEY, Moses I. *Uso y abuso de la Historia*, Barcelona, Crítica, 1984.

FISHER, John R., KUETHE, Allan J. y MCFARLANE, Anthony (eds.). *Reform and Insurrection in Bourbon New Granada and Peru*, Baton Rouge, Lousiana State University Press, 1990.

FLETCHER, Ian. *Vitoria 1813. Wellington sweeps the french from Spain*, Osprey, 1998.

FLORES DEL MANZANO, Fernando. *La guerrilla patriótica en Extremadura (1808-1812)*, Mérida, Editora Regional de Extremadura, 2009.

FORD, Paul Leicester, ed. *The Works of Thomas Jefferson*, 12 vols., New York: The Knickerbocker Press, 1904–1905.

FOUCAULT, Michel. *Surveiller et punir. Naissance de la prison*, París, Gallimard, 1975.

FOWLER, William ed. *Forceful Negotiations: The Origions of the Pronunciamiento in Nineteenth-Century Mexico*, Lincoln, University of Nebraska Press, 2010. «El pronunciamiento mexicano en el siglo XIX. Hacia una nueva tipología», *Estudios de Historia Moderna y Contemporánea de México*, v. 38 (2009): 4-34. *Malcontents, Rebels and Pronunciados: The Politics of Insurrection in Nineteenth-Century Mexico*, Lincoln, University of Nebraska Press, 2012.

FRANCISCO FUENTES, Juan, Vallejo Pousada, Rafael et al. *Ciudades en guerra, 1808-1814, Vigo na Guerra da Independencia, Casa das Artes, Vigo, do 13 de maio ó 12 de xullo de 2009*, Madrid, Sociedad Estatal de Conmemoraciones Culturales, 2009.

FRANCO CASTAÑÓN, Hermenegildo. «Los apostaderos: factor esencial del apoyo naval», *Revista General de Marina*, v. 257 (Ago.-Sep. 2009): 237-246. *La razón de Trafalgar, la campaña naval de 1805, un análisis crítico*, Valladolid, AF, 2005. *La Real Armada y su Infantería de Marina en la Guerra de la Independencia, (1808-1814)*, Valladolid], Galland Books, 2008.

FRASER, Edward, *The Enemy at Trafalgar: Eye-witnesses' Narratives, Dispatches and Letters from the French and Spanish Fleets*, Londres & Pennsylvania, Chatham & Stackpole Books, 2004. *The Enemy at Trafalgar. Eye-witness Narratives, Dispatches and Letters from the French and Spanish Fleets*, Londres-Pennsylvania, Chatnam Publishing- Stackpole Books, 2004

FRASER, Ronald, *Napoleon's Cursed War, Spanish popular Resistance in the Peninsular War, 1808-1814*, Londres & Nueva York, Verso, 2008. *La maldita guerra de España, historia social de la Guerra de la Independencia, 1808-1814*, Barcelona, Crítica, 2013.

FRAYTAG-LORINGHOVEN, F. H. *The Power of Personality in War*, Berlín, 1905

FREMONT-BARNES, Gregory. *Trafalgar, la consagración de Nelson*, Barcelona, RBA, 2011

FRIEDE, Juan. *La otra verdad. La independencia americana vista por los españoles*, Bogotá, Carlos Valencia Ed., 1979.

FUENTE, Pablo P. de la. *Las fortificaciones reales del golfo de Rosas en época moderna*, [tesis] dirigida por la profesora Alicia Cámara Muñoz de la Universidad nacional de Educación a Distancia (U.N.E.D.), octubre 1996, 3 volúmenes, 576 s. Citado por Capel, «[Recensión] sobre de la Fuente de Pablo, P. *Las fortificaciones reales del golfo de Rosas en época moderna*, Tesis Doctoral dirigida por la Prof. Alicia Cámara Muñoz. Madrid: Universidad Nacional de Educación a Distancia, octubre 1996«.

FUENTES, Juan Francisco. *Ciudades en guerra, 1808-1814: Pontevedra na Guerra da Independencia, Museo de Pontevedra, Sexto edificio, do 31 de xullo ó 4 d outubro de 2009*, Madrid, Sociedad Estatal de Conmemoraciones Culturales, 2009.

FUGIER, André. *Napoleón y España, 1799-18*08, Madrid, Sociedad Estatal de Conmemoraciones Culturales, Centro de Estudios Políticos y Constitucionales, 2008.

G. VILLEGAS, Alfredo. «Itinerario de San Martín en España (1784-1811)», en VV. AA., *San Martín en España*, Madrid, Ed. Instituto Español Sanmartiniano, 1981, 347-354.

GALLICE, Thierry. *Guérilla et contre-guérilla en Catalogne (1808-1813)*, París, L'Harmattan, 2012.

GALLO, Max. *Napoleón, vol. I, Le chant du départ*, París, Robert Laffont, 1997.

GAMBRA, Rafael. *La primera guerra civil de España (1821–1813). Historia y meditación de una lucha olvidada*, Madrid, Escelicer, 1972.

GANCE, Abel dir. *Napoleón*, Albert Dieudonne, Wladimir Roudenko y Gina Manes, 1927.

GARAT OJEDA, Miguel Ángel, *España y la Real Armada en 1808*, Madrid, Navantia, 2013.

GARCÍA CÁRCEL, Ricardo. *El sueño de la nación indomable: los mitos de la Guerra de la Independencia*, Madrid, Temas de Hoy, 2007.

GARCÍA DE LA GUARDIA, Antonio Joseph. *Calendario Manual y guía de forasteros en Santa Fé de Bogotá capital del Nuevo Reyno de Granada para el año 1806 compuesta por orden del superior gobierno*, Imprenta Real, Bogotá, 1808. Ed. facsímil, Bogotá, Banco de la República, 1988.

GARCÍA DE LEÓN Y PIZARRO, José. «Memorias«, Edición, Prólogo, apéndices y notas de Alonso-Castrillo, Alvaro, Madrid, 1953.

GARCÍA DE VALDEAVELLANO, Luis. *Curso de Historia de las Instituciones Españolas*, Madrid, Alianza, 1968.

GARCÍA DEL RÍO, Juan. «Sitio y toma de Cartagena por el general Morillo, en *Biblioteca americana o miscelánea de literatura, artes y ciendias, por una Sociedad de Americanos en Londres, 1823*, Caracas, Presidencia de la República, 1972.

GARCÍA ESTRADA, Rodrigo. «Los extranjeros y su participación en el primer periodo de la independencia en la Nueva Granada, 1808-1816», *Historia Caribe*, v. 5, n. 16 (Ene. 2010): 53-74.

GARCÍA-BAQUERO, A. «Comercio colonial, acumulación capitalista y desindustrialización en la Baja Andalucía: el caso de Cádiz en el siglo XVIII», *Actas del I Congreso de Historia de Andalucía (Edad Moderna)*, Córdoba, 1978, v. 1, 195-205.

GARCÍA, ANTONIO. *Los Comuneros en la Pre-Revolución de Independencia*, Bogotá, Plaza y Janés, 1981.

GATES, David. *La úlcera española. Historia de la Guerra de la Independencia*, Madrid, Ed. Cátedra, 1987.

GIL NOVALES, Alberto. *Prensa, guerra y revolución, los periódicos españoles durante la Guerra de la Independencia*, Madrid, Centro Superior de Investigaciones Científicas, 2009.

GINÉ, Marta ed. *Francia mira la Guerra de la Independencia, la guerra en la literatura francesa del siglo XIX, Hugo, Balzac, Stendhal*, Lleida, Milenio, 2008.

GIRORD DE L´AIN, M. *Vie Militaire du General Foy*, París, 1900.

GLEIJESES, Piero. «The Limits of Sympathy: The United States and the Independence of Spanish America», *Journal of Latin American Studies*, v. 24, n. 3 (Oct. 1992): 481-505.

GLOVER, Michael. «Apéndice biográfico» a Hennell, George, *A Gentleman Volunteer, The Letters of George Hennell from the Peninsular War, 1812-1813*, Londres, Michael Glover Ed., Heinemannn, 1979.

GLOVER, Michael. *The Peninsular War (1807-1814), A Concise History*, Londres, Penguin, 2001. *Wellington as Military Commander*, Londres, Penguin Books, 2001.

GOLDSWORTHY, Adrian Keith. *Soldados de honor, la aventura de los casacas rojas en la Guerra de la Independencia*, Madrid, La Esfera de los Libros, 2013.

GÓMEZ DE ARTECHE Y MORO, José. *Guerra de la Independencia, Historia Militar de España 1808-1814*, Madrid, 1868.

GOMEZ DE LA TORRE, Antonio. *Corografía de la provincia de Toro, Tomo Primero, Del partido de Toro*, Madrid, Imprenta de Sancha, 1802.

GÓMEZ HOYOS, Rafael. «La Iglesia Granadina y la Santa Sede ante la revolución de la Independencia«, en VV.AA. *Grito de Independencia en Colombia*, Bogotá, Ediciones Académicas Rafael Montoya y Montoya, 1960.

GÓMEZ IMAZ, Manuel. *Los periódicos durante la Guerra de la Independencia*, Sevilla, Centro de Estudios Andaluces, 2008.

GÓMEZ RUÍZ, M. y ALONSO JUANOLA, V. *El Ejército de los Borbones, t. 2, Fernando VI y Carlos III*, Madrid, Servicio Histórico Militar, Ministerio de Defensa, 1995. *El Ejército de los Borbones, t. 4, Reinado de Carlos IV, 1788-1808*, Madrid, Servicio Histórico Militar, Ministerio de Defensa, 1995.

GÓMEZ VILLAFRANCA, Román. *Extremadura en la Guerra de la Independencia española, memoria histórica*, Brenes, Muñoz Moya, 2004.

GONZÁLEZ CLAVERO, Mariano. *Atlas ilustrado de la Guerra de la Independencia*, Madrid, Susaeta, 2015.

GONZÁLEZ DE MOLINA, Manuel y Gómez Oliver, M. «Beneficios del comercio colonial. Vales reales e inversiones inmobiliarias en Cádiz (1798-1823)«, en

Bernal, Antonio Miguel (coord.), *El «comercio libre« entre España y América (1765-1824)*, Madrid, Fundación Banco Exterior, 1987, 145-161.

González de Pérez, María Stella y Rodríguez de Montes, María Luisa (coord.. y ed.). *Lenguas Indígenas de Colombia. Una visión descriptiva*, Bogotá, Instituto Caro y Cuervo, 2000.

González García, Sebastián. «El aniquilamiento del ejército expedicionario de Costa Firme (1815-1823), *Revista de Indias*, n. 87 (1967): 129-150.

González Zúñiga, Esperanza selecc. *La Guerra de la Independencia y sus protagonistas en los fondos de la biblioteca de la Academia de Artillería*, Segovia, Biblioteca de la Academia de Artillería de Segovia, 2008.

González-Aller Hierro, José Ignacio. «Relación de los Buques de la Armada Española en los siglos XVIII, XIX y XX», en VV.AA. *El buque en la Armada Española*, Madrid, Sílex, 1999. La campaña de Trafalgar (1804-1805), *corpus documental*, CD-rom, Madrid, Ministerio de Defensa, 2005. *La campaña de Trafalgar (1804-1805), corpus documental conservado en los archivos españoles*, Madrid, Ministerio de Defensa, 2004.

González, Juan Vicente. *José Félix Rivas*, Caracas, Ministerio de Educación Nacional de Venezuela, 1949.

González, Marcelino. *Mártir en Trafalgar, la estela de un gran navío*, Leganés, Madrid, La Espada y la Pluma, 2005.

Goodwin, Peter. *The ships of Trafalgar, the British, French and Spanish fleets, October 1805*, Londres, Conway Maritime Press, 2005.

Gorodischer, Angélica, T*rafalgar*, Gijón, Sportula, 2016.

Gould, Eliga H. «Entangled Histories, Entangled Worlds: The English-Speaking Atlantic as a Spanish Periphery«, *American Historical Review*, v.112, n. 3 (2007): 764-786.

Gracia Rivas, Manuel. *La Sanidad Naval Española, Historia y Evolución*, Madrid, Empresa Nacional Bazán, 1995.

Grandmaison, Geoffroy de. *L'expédition Française d'Espagne en 1823, avec onze lettres inédites de Chateaubriand*, París, Librairie PLON, 1828. *Napoleón et l'Espagne*, París, Plon, 1908.

Grávalos González, Luis. *La caballería española en la Guerra de la Independencia (1808-1814)*, Madrid, L. Grávalos, 2008.

Griffith, Paddy ed. *Modern Studies of the War in Spain and Portugal, 1808-1814*, v. 9 de Oman, Charles, *A History of the Peninsular War*, Londres, Greenhill Books, 1999.

Grimmelshausen, Johann Jacob Christoffel von. *Simplicissimus*, trad. Al inglés de Mitchell, Mike, Langford Lodge, Dedalus, 1999.

Grocio, Hugo, *De Iure Belli ac Pacis*.

Groot, José Manuel de, *Historia Eclesiástica y Civil de la Nueva Granada, t. 3*, Apéndice, Bogotá, 1892.

Grossman, Dave. *On Killing. The Psicological Cost Learning to Kill in War and Society*, Boston, Back Bay Books, 1996.

Guerra, François-Xavier. *Modernidad e independencias: Ensayos sobre las revoluciones hispánicas*, México D.F., MAPFRE-Fondo de Cultura Económica, 1992.

Guerrero Acosta, José M. ed. *Memorias de soldados españoles: durante la Guerra de la Independencia (1806-1815): Dinamarca-Rusia-España*, Madrid, Ministerio de Defensa, 2009.

Guevara Baro, Manuel. *Venezuela en el tiempo. Cronología desde la Conquista hasta la Fundación de la república*, Caracas, Los libros de El Nacional, 2007.

Guevara, Ernesto Che. *Escritos esenciales*, Buenos Aires, Suma de Letras Argentina-Taurus, 2000.

Guillamón Álvarez, Francisco Javier, Martín-Consuegra Blaya, Ginés José, Flores Arroyuelo, Francisco J. y González Castaño, Juan recopil. *La Guerra de la Independencia en los pliegos de cordel*, Alicante & Murcia, Caja de Ahorros del Mediterráneo & Real Academia Alfonso X El Sabio, 2009.

Guimerá Peraza, Marcos. *1810, la Guerra de la Independencia*, Santa Cruz de Tenerife & Las Palmas de Gran Canaria, Idea, 2013.

Guimerá, Agustín, Ramos, Alberto y Butrón, Gonzalo coords. *Trafalgar y el mundo atlántico*, Madrid, Marcial Pons, Historia, 2004.

Guirao Larrañaga, Ramón. *Don José Sangenís y Don Juan Pedrosa, documentos para la historia de los tercios y compañías de Barbastro y su partido en la Guerra de la Independencia española, mayo de 1808-mayo de 1810*, Zaragoza, Comuniter, 2004.

Guiu y Martí, Estanislao. *El año militar español*. Publicaciones de la Biblioteca Militar, 3 vols. Barcelona, 1887.

Gutiérrez Lozano, Nicanor. *Guerrilleros campurrianos en la Guerra de la Independencia*, Torrelavega, Santander, Cantabria Tradicional, 2008.

Gutiérrez Ramos, Jairo. «Los indios de la Nueva Granada y las guerras de independencia«, en Bonilla, *Indios, negros y mestizos en la independencia*, 97-116.

Gutiérrez, Jairo. *Los indios de Pasto contra la República (1809-1824)*, Bogotá, Instituto Colombiano de Antropología e Historia, 2007.

Halty, Dominique. *Épisodes des guerres Napoléoniennes au Pays Basque*, Cambo, Cairn, 1998.

Halle, Kay, (com). *Irrepresible Churchill*, Cleveland, Ohio, The World Publishing Company, 1966.

Hamnett, Brian. «The Medieval Roots of Spanish Constitutionalism», in Eastman and Sobrevilla Perea, *The Rise of Constitutional Government in the Iberian Atlantic World*: 19-41. «The Counter Revolution of Morillo and the Insurgent Clerics of New Granada, 1815-182», *The Americas*, v. 32, n. 4 (1976).

Harbron, John D. *Trafalgar and the Spanish Navy*, Londres, Naval Institute Press, 1988. *Trafalgar and the Spanish Navy, the Spanish Experience of Sea Power*, Annapolis, Maryland, Naval Institute Press, 2004.

Haro Malpesa, Jesús de. *Bailén 1808, diarios y memorias: Guerra de la Independencia*, Granada, Port-Royal, 2004. *La Mancha 1808, diarios, memorias y cartas, Guerra de la Independencia, la travesía de La Mancha por los franceses en 1808 y el prólogo de la batalla de Bailén*, Granada, Port-Royal, 2004.

Harrison, James. *The Life of Horatio Lord Viscount Nelson*, Londres, 1806.

Hart, Basil Liddell. *Thoughts on War*, Londres, Faber & Faber, 1944.

Hasbrouck, Alfred. *Foreign Legionaries in the Liberation of Spanish South America*, Nueva York, 1928.

Hastings, Max ed. *The Oxford Book of Military Anecdotes*, Oxford-Nueva York, Oxford University Press, 1985.

Hawkins, Vicent B. «Ney, Michel, Prince de la Moskowa, Duc of Elchingen (1769-1815)« en Dupuy, Jonson y Bongard. *The Harper Enciclopedia of Military Biography*, 543-544.

Haythornthwaite, Phili *Corunna 1809, Sir John Moore´s fighting retreat*, Oxford, Ospey, 2001.

Helg, Aline. «Simón Bolívar's Republic: A Bulwark Against the «Tyranny« of the Majority», *Revista de Sociología y Política*, Curitiba, v. 20, n. 42 (jun. 2012): 21-37. *Liberty and Equality in Caribbean Colombia*, 1770-1835, Chapel Hill, University of North Carolina Press, 2004.

Henao, Ignacio. «La moneda en Cartagena, siglos XVIII al XIX», en Calvo Stevenson, Haroldo y Meisel Roca, Adolfo eds. *Cartagena de Indias en el siglo XVIII*, Bogotá, Banco de la República, 2005. *Panorama histórico de la moneda en Colombia en los 125 años del Banco de Bogotá*, Bogotá, Panamericana, 1995.

Henao, Jesús María y Arrubla, Gerardo. *Historia de Colombia*, t. 1, 3ª ed., Bogotá, Plaza & Janés, 1987.

Hennell, George. *A Gentleman Volunteer, The Letters of George Hennell from the Peninsular War, 1812-1813*, Michael Glover ed. Londres, Heinemannn, 1979.

Heredia, Edmundo. «El destino de la expedición de Morillo», *Anuario de Estudios Hispano Americanos*, Sevilla, v. 29 (1958): 315-342. *Planes españoles para reconquistar Hispanoamérica (1810-1810)*, Buenos Aires, Editorial Universitaria, 1974.

Hernández de Alba, Guillermo. «Recuerdos de la Reconquista. El Consejo de Purificación«, *Boletín de Historia y Antigüedades*, v. 12, n. 252 (1932): 457-486, y v. 12, n. 255 (1932): 656-685.

Herrero Fernández-Quesada, María Dolores, *Fondos documentales de la Guerra de la Independencia en la colección general de documentos y su apéndice (Colección Cárdemas-Mexía) del Archivo General Militar de Madrid*, Madrid, Ministerio de Defensa, 2008.

Herrero Fernández-Quesada, María Dolores, Macía Martín, Alberto y Martínez Cortés, Irene. *Fondos documentales de la Guerra de la Independencia en la Colección Blake del Archivo General Militar de Madrid*, Madrid, Ministerio de Defensa, 2011.

Hibbert, Christopher ed. *A Soldier of the Seventy First. The Journal of a Soldier in the Peninsular War*, Gloucestershire, The Windrush Press, 1997.

Hocquellet, Richard. *Resistencia y revolución durante la Guerra de la Independencia, del levantamiento patriótico a la soberanía nacional*, Zaragoza, Prensas Universitarias de Zaragoza, 2008.

Holmes, Richard. *Acts of War: The Behavior of Men in Battle*, Nueva York, Free Press, 1986. *Redcoat, The British Soldier in the Age of Horse and Musket*, Nueva York, Norton & Company, 2001.

Holland, H. R. *Foreign Reminiscences*, ed. H. E. Holland, Londres, 1850.

Hoock, Holger ed. *History, Commemoration, and National Preoccupation: Trafalgar 1805-2005*, Oxford, Oxford University Press, 2007.

Hope, James. *The military memoirs of an infantry officer*, Edinburgh, Printed for the Author by Anderson & Bryce, 1833.

Howarth, David. *Trafalgar, The Nelson Touch*, Gloucestershire, The Windrush Press, 1998.

Hugo, Abel recop. y Barcat Bouchery, Anne trad. y notas. *Francia militar: Guerra de España, 1808-1814*, s.l., s.n., 2014.

Humboldt, Alexander von. *Equinoctial Regions of America*, The Project Gutenberg, Ebook http://www.gutenberg.net/etext04/qnct110.txt. *La ruta de Humboldt.*

Colombia y Venezuela, Bogotá, Villegas, 1994. *Personal Narrative*, Jasón Wilson ed. Londres, Penguin Books, 1995.

Humphreys, Robert. A. La *Marina Real Británica y la liberación de Sudamérica*, Caracas, 1962.

Hunt, Eric,. *Charging against Napoleón, Diaries and Letters of Three Hussars, 1808–1815*, Yorkshire, Ed. Leo Cooper, 2001.

Informe de la Comisión espacial sobre los resultados que dan los doc.s mandados por ella, especialmente sobre las ocurrencias de los días de julio último, Madrid, Imprenta de Tomás Albán y Cía1823.

Íñigo Fernández, Luis E. Breve historia de la batalla de Trafalgar, Madrid, Nowtilus, 2014.

Irigoin, María Alexandra. «Macroeconomic Effects of Spanish American Independence: The Effects of Fiscal and Curency Fragmentation, 1800s-1850s«, en *63th Annual Meeting*, Nashville, Economic History Association, Sept. 19-21, 2003.

IX Jornadas de Historia Militar: De la paz de París a Trafalgar (1763-1805): las bases de la potencia hispana, Madrid, Ministerio de Defensa, 2004.

Izard Lorens, Miguel. «Insurgencias populares y cisma oligárquico», en Bonilla, *Indios, negros y mestizos en la independencia*, 203-214.

Jakóbczyk-Adamczyk, Patrycja, *Allies or Enemies: Political Relations Between Spain and Great Britain During the Reign of Ferdinand VI (1808-1833)*, Chełminiak, Jacek trans., Frankfurt am Main, Peter Lang, 2015.

Jaramillo, Roberto. *El clero en la Independencia*, Medellín, Ediciones de la Revista Universidad de Antioquia, 1946.

Jiménez Ballesta, Juan. *El Campo de Montiel 1808-1814, Guerra de la Independencia*, Piedrabuena, Ciudad Real, Llanura, 2008.

Jiménez Molinares, Gabriel. *Los mártires de Cartagena de 1816 ante el Consejo de Guerra y ante la historia*, Cartagena de Indias, Imprenta Departamental, 1947.

Jourdan, Jean Baptiste. *Mémoires militaires de Maréchal Jourdan (Guerre d´Espagne), écrits par lui-même, publiés d´aprés le menuscrit original par M. le vicomte de Grouchy*, Flammarion, París, 1899.

Jover Zamora, José María, Gómez-Ferrer Morant, Guadalupe y Fusi Aizpurúa, Juan Pablo. *España: sociedad, política y civilización (siglos XIX-XX)*, Barcelona, Random House Mondadori, 2001.

Kamen, Henry. *The Spanish Inquisition. An Historical Revisión*, Londres, Weidenfeld & Nicolson, 1997.

Kaufmann, William W. *British Policy and the Independence of Latin America, 1804-1828*, Yale University Press-Archon Books, 1967.

Keegan, John. *Intelligence in War, Knowledge of the enemy from Napoleón to Al-Qaeda*, Nueva York, Knopf, 2003. *La máscara del mando*, Madrid, Ministerio de Defensa, 1991. *The face of the battle*, Londres, Pimlico, 1998.

Kent, Conrad. *Estampas de la Guerra de la Independencia en la provincia de Salamanca*, Salamanca, Instituto de las Entidades, 2010.

Kincaid, John. *Adventures in the Rifle Brigade in the Peninsula, France and the Netherlands from 1809 to 1815*, ed. facsímil a cargo de Ian Fletcher, Staplehurst, Spellmount, 1998.

KING, James F. «A Royalist View of the Coloured Castas in the Venezuelan War of Independence«, *The Hispanic American Historical Review*, v. 33, n. 4 (Nov. 1953): 526-537.

KIRKPATRICK, F. A. *Los conquistadores españoles*, Madrid, Rialp, 1999.

KLOOSTER, Wim. *Revolutions in the Atlantic World, A Comparative History*, Nueva York, NYU Press, 2009.

La Guerra de la Independencia, 1808, Valencia, Real Maestranza de Caballería de Valencia, 2009.

La Guerra de la Independencia, Madrid, Asociación de Historia Contemporánea & Marcial Pons, 2012.

La Guerra de la Independencia: un enfoque social y Militar, I Jornadas sobre Cultura de Defensa Nacional, Burgos, octubre de 2008, Madrid, Real Hermandad de Veteranos de las Fuerzas Armadas y de la Guardia Civil, 2009.

La marina en la Guerra de la Independencia, I - XXXV Jornadas de Historia Marítima, ciclo de conferencias, octubre 2007, Madrid, Ministerio de Defensa, 2007.

La Marina en la Guerra de la Independencia, II y III - XXXVI y XXXVIII Jornadas de Historia Marítima, ciclo de conferencias, abril 2008 y marzo 2009, Madrid, Ministerio de Defensa, 2010.

LACHOUQUE, Henry & Brown, Anne S. K. *The Anatomy of Glory. Napoleon and his Guard. A Study in Leadership*, Londres, Greenhill Books, 1997.

LAFFITE CARLES, Christiane. *La costa colombiana del Caribe*, Bogotá, Banco de la Repúbica, 1995.

LAFON, Jean-Marc. *L'Andalousie et Napoléon: contre-insurrection, collaboration et résistances dans le midi de l'Espagne (1808-1812)*, París. Nouveau monde-Fondation Napoléon, 2007.

LAFOZ RABAZA, Herminio. *Diccionario biográfico de la Guerra de la Independencia en Aragón*, Zaragoza, Comuniter, 2005.

LAMADRID MANRIQUE DE LA VEGA, Matías de. *Diario de un oficial en la Guerra de la Independencia, (1813 y 1814)*, Palencia, Región Editorial, 2009.

LANDAETA, Rosales *Recepciones hechas en Caracas á hombres públicos de Venezuela, desde 1810 hasta 1906*, Caracas, 1906.

LARPENT, Francis S. *The Private Journal of Francis Seymour Larpent, Judge Advocate General of the British Forces in the Peninsula*, edic. de George Larpent y Richard Bentley, Londres, 1853.

LARREA, José de, cura párroco del pueblo de Berrosteguieta. «Episodios de la batalla de Vitoria escritos en el libro parroquial», en VV.AA., *Conmemoración de la batalla de Vitoria en su 150 aniversario 1813-1963*, 142-143.

LASPRA RODRÍGUEZ, Alicia ed. *La Guerra de la independencia en los archivos británicos del «War Office«, colección documental: v. I, (1808-1809)*, Madrid, Ministerio de Defensa, 2010.

LASSO, Marina. *Myths of Harmony: Race and Republicanism during the Age of Revolution, Colombia, 1795-1831*, Pittsburgh, University of Pittsburgh Press, 2007.

LASSO, Marixa. «Población y Sociedad«, en Posada, Eduardo ed. *Colombia: Crisis imperal e Independencia*, t. I (1808-1830), Madrid, Taurus-MAPFRE, 2010: 224-225.

Lawrence, T. E. «Guerrilla. Science of guerrilla warfare«, en *Enciclopaedia Británica*, 14.ª edición, Londres, 1929.

Lecuona, Vicente, *Crónica razonada de las guerras de Bolívar*, t. 2, Nueva York, 1950.

Lefevre, Georges. *Napoleón*, París, Presse Universitaires de France, 1953.

Lemaitre, Eduardo. *Breve Historia de Cartagena*, Medellín, Colina, 1998. *Historia General de Cartagena de Indias*, Bogotá, Banco de la República, 1963.

León Tello, Pilar. *El ejército expedicionario de Costa Firme, Documentos del conde de Torrepando conservados en el Archivo Histórico nacional*, Madrid, Real Academia de la Historia, 1985.

Les Cases, Emmanuel de. *Memorial de Sainte-Hélène*, París, Ed. du Seiul, 1968.

Liévano Aguirre, Indalecio. *Bolívar*, Bogotá, Ed. Intermedio, 2001. *Los grandes conflictos sociales y económicos de nuestra historia*, Bogotá, Intermedio, 2004.

Lombardi, John V. *Venezuela: The Search for Order, the Dream of Progress*, Nueva York, Oxford University Press, 1982.

Lon Romeo, Eduardo. *Trafalgar, (papeles de la Campaña de 1805)*, ed. facs. Zaragoza, Institución Fernando el Católico, 2005.

Longford, Elisabeth. *Wellington The Years of the Sword*, Nueva York and Evanston, Harper & Row, 1966.

López Calderón, M.ª Carmen. *Guerra de la Independencia: exposición en el Museo Naval de Madrid, del 31 de mayo de 2008 al 15 de enero de 2009*, Madrid, Museo Naval, 2008.

López García, Gerardo M. *La trastienda de Trafalgar, el teniente general José Justo Salcedo*, Sevilla, G.M. López, 2010.

Lovera Reyes, Elvira. «La fidelidad de los indios caquetíos de Coro durante la independencia», en Bonilla, *Indios, negros y mestizos en la independencia*, 172-184.

Lovett, Gabriel H. *Napoleón and the birth of modern Spain, Vol. II The Struggle, without and within*, Nueva York, New York University Press, 1965.

Lozano Cleves, Alberto. *Campaña de 1819*, número 19 de bolsilibros, Bogotá, Academia Colombiana de Historia, 1977.

Lucas-Dubreton, J. *Napoleón devant l'Espagne*, París, Fayard, 1946.

Lucena Giraldo, Manuel. «José Ignacio Pombo y la estrategia política del Consulado de Cartagena», en Calvo Stevenson y Meisel Roca, *Cartagena de Indias en la independencia*, 149-180. «La constitución atlántica de España y sus Indias», *Revista de Occidente*, v. 281 (2004): 29-44.

Lynch, John. *Simón Bolívar: A Life*, New Haven, Yale University, 2006. *The Spanish American Revolutions 1808-1826*, 2ª ed., Nueva York, Norton, 1986.

Madariaga, Salvador de. *Bolívar*, 3ª edición, Buenos Aires, Sudamericana, 1959. *El auge y el ocaso del imperio español en América*, Madrid, Sarpe, 1985. *Ingleses, Franceses, Españoles. Ensayo de psicología colectiva comparada*, 4° ed., Madrid, Aguilar, 1934. *Bolívar*, Londres, Hollis & Carter, 1952.

Mahan, Alfred Thayer. *Naval strategy compared and contrasted with the principles and practice of military operations on land*, Boston, Little, Brown, and company, 1911. *The Influence of Sea Power Upon History 1660-1783*, Nueva York, Sagamore Press Inc., 1957.

Malamud, Carlos. «La comisión de reemplazos de Cádiz y la financiación de la reconquista americana«, en *Actas de las V Jornadas de Andalucía y América*, Sevilla, Escuela de Estudios Hispano-Americanos de Sevilla, 1986, t. 1: 317-347.

MANERA REGUEYRA, Enrique. «La época de Felipe V y Fernando VI», en VV.AA. *El buque en la Armada Española*, 179-216. «El apogeo de la Marina Española (Carlos III y Carlos IV)», en VV.AA. *El buque en la Armada Española*.

MANSEL, Phili *París Between Empires, Monarchy and Revolution 1814-1852*, Nueva York, St. Martin's Press, 2001.

MAQUIAVELO, Nicolás. *El Príncipe*, Madrid, Espasa Calpe, 1979.

MARCO DORTA, Enrique. *Cartagena de Indias. Puerto y plaza fuerte*, Cartagena, Colombia, Alfonso Amado, 1960.

MARCHENA FERNÁNDEZ, Juan. «El ejército de América: el componente humano«, *Revista de Historia Militar*, n. 163-164 (1981): 119-154.

MARQUESE, Raquel and Parron, Tâmis. «Atlantic Constitutionalism and the Ideology of Slavery: The Cádiz Experience in Comparative Perspective«, in Eastman and Sobrevilla Perea, *The Rise of Constitutional Government in the Iberian Atlantic World*: 177-193.

MÁRQUEZ MARTÍN, Manuel. *Efectos devastadores de la Guerra de la Independencia en Extremadura*, Legardeta, Navarra, Foro para el Estudio de la Historia Militar de España, 2013.

MARRERO, Vicente. *El tradicionalismo español del siglo XIX*, Madrid, Dirección General de Información, Publicaciones españolas, 1955.

MARTELLI, Antonio. *La lunga rotta per Trafalgar, il conflitto navale anglo-francese, 1688-1805*, Bolonia, Il Mulino, 2010.

MARTÍN BORREGUERO, Juan Carlos, *Teixidó Domínguez, Mª Jesús y Jiménez Berrocal, Fernando. La Guerra de la Independencia en Cáceres, las sombras de un conflicto*, Badajoz, Caja de Extremadura, Obra Social, 2008.

MARTÍN MAS, Miguel. *Les guérrilleros, 1808-1814, le cauchemar espagnol de Napoléon*, Alpedrete, Madrid, Andrea Press, 2005.

MARTÍNEZ DE CODES, Rosa María. *La Iglesia católica en la América Independiente- Siglo XIX*, Madrid, Mapfre, 1992.

MARTÍNEZ GARNICA, Armando. «Las provincias neogranadinas ante la crisis de la monarquía española«, en Calvo Stevenson y Meisel Roca, *Cartagena de Indias en la independencia*, 57-147.

MARTÍNEZ LAÍNEZ, Fernando. *Como lobos hambrientos: los guerrilleros en la Guerra de la Independencia (1808-1814)*, Madrid, Algaba, 2007.

MARTÍNEZ LÓPEZ, Rosario. *La Guerra de la Independencia, las Cortes de Cádiz y la Constitución de 1812 (1808-1820): catálogo de los fondos bibliográficos y documentales de la biblioteca de la Fundación Federico Joly Höhr (Cádiz)*. Diputación de Cádiz, 2011.

MARTÍNEZ RODA, Federico ed. *Actas del congreso internacional sobre la Guerra de la Independencia y los cambios institucionales*, Valencia, Diputación de Valencia, 2009.

MARTÍNEZ RUIZ, Enrique. *La Guerra de la Independencia (1808-1814), claves españolas en una crisis europea*, Madrid, Sílex, 2007.

MARTÍNEZ SALAZAR, Andrés. *De la Guerra de Independencia en Galicia*, Sevilla, Espuela de Plata, 2010.

MARTÍNEZ-VALVERDE, Carlos. *La Marina en la guerra de la Independencia*, Madrid, 1974.

MARTÍNEZ, Armando y GUTIÉRREZ, Danuel. *La contrarrevolución de los pueblos de las Sabanas de Tolú y el Sinú (1812)*, Bucaramanga, Universidad Industrial de Santander, 2010.

Martins, Mario, S. I. «Santa Isabel, Reina de Portugal«, en *Año Cristiano*, Madrid, Editorial Católica (BAC 185), 1959.

Maurois, André. *Napoleón*, Barcelona, Salvat, 1984.

Maxwell, Kenneth. «The Atlantic in the Eighteenth Century: A Southern Perspective on the Need to Return to the ' Big Picture'«, *Transactions of the Royal Historical Society*, v. 3 (1993): 209-236.

Mayán Fernández, Francisco. *Bicentenario de la Guerra de Independencia en la Costa da Morte*, Cée, Asociación Neria, 2009.

McFarlane, Anthony y Santoveña, Marianela. «Los ejércitos coloniales y la crisis del imperio español, 1808-1810», *Historia Mexicana*, v. 58, n. 1 (Jul.-Sept. 2008): 229-285.

McFarlane, Anthony. «Civil Disorders and Popular Protests in Late Colonial Nueva Granada», *The Hispanic American Historical Review*, v. 64, n. 1 (Feb. 1984): 17-54. «Guerras e independencias en las Américas», en Calderón, María Teresa y Thibaud, Clément, eds. *Las revoluciones en el mundo atlántico*, Bogotá, Santillana, 2006: 171-188. *Colombia Before Independence, Economy, Society, and Politics Under Bourbon Rule*, Cambridge University Press, 2002.

McGuffie, T. H. ed. *Peninsular Cavalry General: The Correspondence of Robert Ballard Long*, Londres, 1951.

McNeill, John Robert. *Mosquito empires: ecology and war in the Greater Caribbean, 1620-1914*, New York, Cambridge University Press, 2010.

McNeill, John. «Mosquito Revolutions: Disease, War, and Independence in the U.S. South, Haiti, and Venezuela, 1776-1825», *Juniata Voices*, 2014, v.14 (2014): 107-123.

Meisel Roca, Adolfo. «La crisis fiscal de Cartagena en la era de la independencia, 1808-1821», en Calvo Stevenson y Meisel Roca, *Cartagena de Indias en la independencia*, 371-404.

Mejías Tavero, Juan Carlos. *Los navíos españoles de la batalla de Trafalgar, del astillero a la mar*, Móstoles, Madrid, Cultural, 2004.

Mercado, Jorge. *Campaña de invasión del teniente general don Pablo Morillo, 1815-1816*, Bogotá, Talleres del estado Mayor General, 1919.

Mesonero Romanos, Ramón de. *Memorias de un setentón*, Madrid, ed. La Librería, 1995.

Mier, José M. de. *La Gran Colombia*, Presidencia de la República, Bogotá, 1983.

Miller, Gary M. «Status and Loyalty of Regular Army Officers in Late Colonial Venezuela», *The Hispanic American Historical Review*, v. 66, n. 4 (Nov. 1986): 667-696.

Mina Apat, M. C. *Fueros y revolución liberal en Navarra*, Madrid, Alianza Universidad, 1981.

Miraflores, marqués de. *Apuntes*, citado por Artola, *La España de Fernando VII*, 653.

Miranda Rubio, Francisco. *Guerra, sociedad y política (1808-1814), congreso internacional, Pamplona y Tudela, 21-24 de noviembre de 2007*, Pamplona, Universidad Pública de Navarra, 2008. *La guerrilla en la guerra de la Independencia*, Pamplona, Diputación Foral de Navarra, 1982.

Mirrow, M. C. «The Cádiz Constitution in Cuba and Florida», in Eastman and Sobrevilla Perea, *The Rise of Constitutional Government in the Iberian Atlantic World*: 194-211.

Moliner Prada, Antonio ed. *La Guerra de la Independencia en España (1808-1814)*, Alella, Barcelona, Nabla, 2007.

Moliner Prada, Antonio. *La guerrilla en la Guerra de la Independencia*, Madrid, Ministerio de Defensa, 2004.

Monaque, Rémi. *Trafalgar*, París, Tallandier, 2006.

Monsalve, José Dolores. *Mujeres de la Independencia*, Bogotá, Academia Colombiana de Historia, Biblioteca de Historia Nacional-Imprenta Nacional, 1926.

Moon, Joshua Lee. *Wellington's Two-front War, the Peninsular Campaigns, at Home and Abroad, 1808-1814*, Norman, University of Oklahoma Press, 2011.

Moore Smith, G. *The Life of John Colborne*, Londres, 1903.

Moreno Alonso, Manuel. «Pablo Morillo, un marino en el ejército de tierra firme«, *Revista General de Marina*, v. 257 (Ago.-Sep. 2009): 283-294. *Los afrancesados*, Madrid, Arlanza, 2008. *Los españoles durante la ocupación napoleónica, La vida cotidiana en la vorágine*, Málaga, Algazara, 1997.

Morillo, Pablo. *Manifiesto que hace á la Nación Española el teniente general don Pablo Morillo, conde de Cartagena, marqués de la Puerta, y general en gefe del Ejército Expedicionario de Costafirme con motivo de las calumnias é imputaciones atroces y falsas publicadas contra su persona en 21 y 28 del mes de abril último en la gaceta de la Isla de León, bajo el nombre de Enrique Somoyar*, Impreso en Caracas por don Jacinto Gutierrez, Reimpreso en Madrid, Imprenta calle de la Greda á cargo de su regente don Cosme Martínez, 1821.

Moya Blanco, Carlos. «Glosario de términos navales», en VV.AA. *El buque en la Armada Española.*

Mühlmann, Rolf, *Die Reorganisation der Spanischen Kriegsmarine im 18 Jahrhundert*, Böhlau Verlag, Köln, 1975, citado por Harbron, *Trafalgar and the Spanish Navy*, 90-91.

Múnera, Alfonso. *Negros y mulatos en la independencia de Cartagena de Indias: un balance*, en Bonilla, *Indios, negros y mestizos en la independencia*, 84-96.

Muñoz García, Raimundo, *Guerra de la Independencia, capitulación de Dupont en Baylén*, Bailén, Jaén, R. Muñoz, 2008.

Muñoz Maldonado, José. *Historia política y militar de la guerra de la Independencia de España contra Napoleón Bonaparte desde 1808 á 1814*, Madrid, Palacios, 1833.

Muñoz, Roberto. *Trafalgar, 1805, gloria y derrota de la Armada española*, Madrid, Almena, 2005.

Napier, W. F. P. *History of the War in the Peninsula and the South of France from A.D. 1807 to A.D. 1814*, A.C., Nueva York, Armstrong & Son, 1882.

Napoleón Bonaparte. *Maximes de guerre et pensées de Napoleón 1er*, 5 edic,. París, Revue el argumentee, Libraire Militaire J Dumaine, 1863. *Notas sobre el estado actual del ejército en España*, 21 de julio de 1808, *Correspondance de Napoleón Ier*. *The Military Maxims of Napoleón*, David Chandler ed. Londres, Greenhill Books, 1987. *L'Espagne est grande: cartas de Napoleón Bonaparte desde Castilla y León (1808-1809)*, Valladolid, Ámbito, 2008.

Navarro Talegón, José. *Catálogo monumental de Toro y su alfoz*, Zamora, Caja de Ahorros Provincil de Zamora, 1980.

Navas Ramírez-Cruzado, José y Osende Barallobre, Antonio. *200 años de la Guerra de la Independencia, 1808-1814, la historia y su enseñanza*, Madrid, Dirección General de Relaciones Institucionales, 2007.

Navas Ramírez-Cruzado, José. *Cuando el pueblo gallego derrotó a Napoleón*, A Coruña, Hércules de Ediciones, 2013. *José. Los ejércitos gallegos contra Napoleón en la Guerra de la Independencia, análisis militar*, La Coruña, Librería Arenas, 2004.

Neira Sánchez, Hugo. *Pablo Morillo: el desconocido masón*, Academia de Historia del Tolima, Ibagué, 2001?.

New Haven, Yale University Press, 2010.

Nicolas, Nicholas Harris. *The Dispatches and Letters of Lord Nelson*, 7 vols., 1844-46, Londres, Chatham Publishing, 1997.

Nieto Olarte, Mauricio. «Francisco José de Caldas«, «Citas Biográficas, Hombres Biodiversos en Colombia«, *Revista de la Universidad Jorge Tadeo Lozano*, n. 67 (Primer semestre del 2002): 161-171.

North, Douglas, Summerhill, William y Weingast, Barry. «Order, Disorder and Economic Change: Latin America vs North America», in Bueno de Mesquita, Bruce y Root, Hilton L. *Governing for Prosperity*, New Haven, Yale University Press, 2000.

Nouveau Petit Larousse, París, Larousse, 1968.

O'Donnell y Duque de Estrada, Hugo. *Arapiles y Vitoria*, Madrid, Arlanza, 2008. *La campaña de Trafalgar, tres naciones en pugna por el dominio del mar (1805)*, Madrid, La Esfera de los Libros, 2005.

O'Leary, Daniel Florence. *Bolívar and the War of Independence*, Austin, University of Texas Press, 1970.

O´Donnell y Duque de Estrada, Hugo. «La Bandera. Su significado a lo largo de la historia«, en VV.AA. *Símbolos de España*, Madrid, Centro de Estudios Políticos y Constitucionales, 1999, 312 y ss.

Ocampo López, Javier *Historia Básica de Colombia*, Bogotá, Bibliográfica Internacional S.A., 1997. «El proceso político, militar y social de la independencia», en VV.AA. *Manual de Historia de Colombia*, t. 2., XXX-XXX.

Olmos Vila, Rafael. *Deconstruyendo un mito, una visión historiográfica de la Guerra de la Independencia (1808-2008)*, El Ejido, Almería, Círculo Rojo, 2011.

Olóriz, Hermilio de. *Navarra en la guerra de la Independencia, biografía del guerrillero D. Francisco Espoz y noticia de la abolición y restablecimiento del régimen foral*, Valladolid, Maxtor, 2008.

Oman, Charles. *A History of the Art of War in the Sixteenth Century*, Methuen, 1937. *Wellington's Army 1809-1814*, (ed. facs. de la de 1913) Londres, Greenhill Books, 1993.

Orella Martínez, Luis et all.. *Retratos de la Guerra de Independencia*, Madrid, Sekotia, 2008.

Ortega y Gasset, José. *La rebelión de las masas*, 39 edic., Madrid, ediciones de la Revista de Occidente, 1966.

Osuna Rey, Juan M. *A Guerra de Independencia en Galicia*, Santiago de Compostela, Lóstrego, 2008.

Otero Suarez, Ivan Daniel. «La aplicacion del articulo 91 de la constitucion de Rionegro. Una herramienta constitucional para la solucion de los conflictos armados», *Revista Derecho del Estado*, n. 34 (ene.-jun. 2015), 203-235

Oxford Concise Dictionary, Nueva York, Oxford University Press, 1986.

Pabón, Jesús. «Las ideas y el sistema napoleónicos, Conclusión», n. 6, v. 11 (Sep.-Oct. 1943): 69-114. «Las ideas y el sistema napoleónicos, Continuación»,

v. 5, v. 10 (Jul.-Agos. 1943): 335-381. «Las ideas y el sistema napoleónicos, Parte Primera», *Revista de Estudios Políticos*, n. 5, v.9 (May.-Jun. 1943): 99-136.

PAGET, Julian. *Wellington's Peninsular War, Battles and Battlefields*, Londres, Leo Cooper, 1990.

PALACIO ATARD, Vicente. *La España del Siglo XIX*, Madrid, Espasa Calpe, 1978.

PALACIO RAMOS, Rafael. *La Guerra de la Independencia en Cantabria*, Santander, Ediciones de Librería Estudio, 2015.

PALACIOS BAÑUELOS, Luis, Ramírez Ruiz, Raúl y Turmo Molinos, José María. *Trafalgar, la derrota gloriosa*, Zaragoza, Fundación 2008, 2006.

PAQUETTE, Gabriel B. *Enlightenment, Governance, and Reform in Spain and its Empire*, 1759-1808, New York, Palgrave Macmillan, 2011.

PAQUETTE, Gabriel. «The Dissolution of the Spanish Atlantic Monarchy», *Historical Journal*, v. 52, n. 1 (2009): 175-212.

PARDO DE SANTAYANA Y GÓMEZ DE OLEA, José María. *Lecciones aprendidas de la Guerra de la Independencia sobre guerra anti-insurreccional*, Madrid, Ministerio de Defensa, 2012.

PARKER, Geoffrey. «Dynastic War 1494-1660», en Parker, Geoffrey ed. *The Cambridge Illustrated History of Warfare, The Triumph of the West*, Cambridge, Cambridge University Press, 2005, 148-166.

PARTIDGE, Richard y OLIVER, Michael. *Battle Studies in the Peninsula. A historical guide to the military actions in Spain, Portugal and Southern France between june 1808 and april 1814, with notes for Wargamers*, Londres, Constable, 1998.

PASCUAL MARTÍNEZ, Pedro coord. *La Guerra de la Independencia en los archivos españoles, Madrid, Asociación para el Estudio de la Guerra de la Independencia*, Instituto de Historia y Cultura Militar, 2003.

PATAT, Jean-Pierre. *Napoléon face à l'Espagne, 1*808, París, Bernard Giovanangeli, 2013.

PEIRÓ MARTÍN, Ignacio, *La Guerra de la Independencia y sus conmemoraciones (1908, 1958 y 2008), un estudio sobre las políticas del pasado*, Zaragoza, Instituto «Fernando el Católico«, 2008.

PELLOT, Joseph. *Mémoire Sur la Champagne de l'Armée Française dite des Pyrénées, en 1813 et 1814*, Bayonnne, Gosse, 1818.

PÉREZ ARBELÁEZ, Enrique. «Florentino Vezga», «Citas Biográficas, Hombres Biodiversos en Colombia», *Revista de la Universidad Jorge Tadeo Lozano*, n. 67 (Primer semestre 2002): 161-171.

PÉREZ GALDÓS, Benito. *Episodios Nacionales: El 19 de marzo y el 2 de mayo. El equipaje del Rey José. La corte de Carlos IV. Trafalgar.* Madrid, Alianza Editorial, 2002.

PÉREZ GARZÓN, Juan Sisinio. *Milicia Nacional y Revolución burguesa. El prototipo madrileño. 1808–1874*, Madrid, Consejo Superior de Investigaciones Científicas, 1978.

PÉREZ PARDELLA, Agustín. *José de San Martín, El Libertador cabalga*, Buenos Aires, Planeta, 2000.

PÉREZ REVERTE, Arturo. *Cabo Trafalgar*, Madrid, Alfaguara, 2004. *La sombra del Águila*, Madrid, Alfaguara, 1993.

PÉREZ TENREIRO, Tomás. *José Tomás Boves: Primera lanza del rey*, Ministerio de Defensa, Caracas, s.d.

Pérez Turrado, Gaspar. *La Marina española en la independencia de Costa Firme*, Madrid, Editorial Naval, 1992.

Pérez Vila, Manuel. «Vargas, Juan de los Reyes (Indio Vargas»), en Fundación Polar, *Diccionario de Historia de Venezuela*, (CD Rom), Caracas, 1997.

Pérez-Mallaína, Pablo Emilio. «El impacto en América de la guerra de independencia española», *Revista General de Marina*, v. 257 (Ago.-Sep. 2009): 211-222.

Pérez-Reverte, Carlota. *Uniformes de Trafalgar (1805)*, Bilbao, Balkan, 2008.

Perrin, Eric. *Le Maréchal Ney*, París, Ed. Perrin, 1993.

Perú de Lacroix, Luís. *Diario de Bucaramanga, Vida pública y privada del Libertador Simón Bolívar*, Medellín, ed. Bedoux, s.d.

Phelan, John I. *The People and the King: The Comunero Revolution in Colombia, 1781*, Madison, University of Wisconsin Press, 1978.

Phillips, Michael. *Ships of the Old Navy, A history of the sailing ships of the Royal Navy*, http://www.cronab.demon.co.uk/I.HTM

Picard, Ernst. *Préceptes et jugements de Napoleón*, París, Berger-Levrault, 1913, Edic. inglesa, AMS Press, Nueva York, 1974.

Pigeard, Alain, «La Guerre d´Espagne et du Portugal 1807-1814, Premier Partie: 1807-1809, Deuxième Période: depuis l´intervention de Napoleón jusqu´à la 5ème coalition (novembre 1808 à janvier 1809)», *Tradition Magazine*, Hors Série n. 16 (2001).

Pigeard, Alain. *L´Armée de Napoléon, 1800-1815, Organisation et vie quotidienne*, París, Tallandier, 2000.

Pirala, A. *Historia de la Guerra Civil*, Madrid, 1868.

Pita Pico, Roger. «¡Vivas al rey! y ¡Vivas a la patria!: el influjo del ceremonial público en las provincias de Santa Marta y Cartagena en tiempos de la independencia, 1808-1825«, *Memorias: Revista Digital de Historia y Arqueología desde el Caribe*, v. 22, (2014): 185-211.

Pivka, Otto von y Roffe. Michael, *Spanish Armies of the Napoleonic Wars*, Oxford, Osprey, 1975.

Plazas Olarte, Guillermo. *Historia militar: la independencia, 1819-1828*, Bogotá, Lerner, 1971.

Pombo, Lino de. *Reminiscencias del sitio de 1815*, citado por Lemaitre. *Breve Historia de Cartagena*, 112-113.

Porras Troconis, G. *Cartagena Hispánica, 1533 a 1810*, Bogotá, Biblioteca de Autores Colombianos, Cosmos, 1954.

Porras Troconis, Gabirel. *La magna epopeya de Cartagena. El sitio del año 1815*, Bogotá, Temis, 1965.

Porter, Roy. *The Greatest Benefit to Mankind. A Medical History of Humanity*, Nueva York, W. W. Norton & Company, 1997.

Portillo, José María. *Crisis atlántica: Autonomía e independencia en la crisis de la monarquía hispana*, Madrid, Marcial Pons, 2006.

Porto de González, Judith. *Asaltos y sitios a Cartagena de Indias durante la Colonia*, Cartagena de Indias, La Baranda, 1998.

Posada Carbó, Eduardo. «La independencia y los orígenes de la democracia en Hispanoamérica», en Calvo Stevenson y Meisel Roca, *Cartagena de Indias en la independencia*, 13-56.

POSADA, Eduardo ed. *Colombia: Crisis imperal e Independencia, t. I (1808-1830)*, Madrid, Taurus-Mapfre, 2010

PRAGO, Albert. *The Revolutions in Spanish America, The Independence Movements of 1808-1825*, Nueva York, Macmillan, 1970.

PRESTON, Paul. *Franco: a Biography*, Londres, Basic Books, 1994.

QUERALT, Pilar. *Fernando VII*, Barcelona, Planeta, 1997.

QUESADA GÓMEZ, Agustín coord. *El Real Cuerpo de Ingenieros del Ejército en la Guerra de la Independencia, 1808-1814*, Madrid, Ministerio de Defensa, 2009.

QUINTERO SARAVIA, Gonzalo M. «América vista a través de Blas de Lezo y Pablo Morillo«, *Boletín de Historia y Antigüedades de la Academia Colombiana de Historia*, n. 834 (2007): 723-734. «Pablo Morillo», en RAH, *Diccionario Biográfico Español, Vol. XXXVI: De «Montoya« a «Muñoz«*, Madrid, 2012.

QUINTERO SARAVIA, Gonzalo M. «Pascual Enrile, jefe de la escuadra de la expedición de pacificación a Costa Firme (1815-1817)», *Revista de Historia Naval, La Independencia de América española 1812-1828, ciclo de conferencias - marzo 2012*, cuaderno monográfico n. 65 (2012): 83-114.

QUINTERO SARAVIA, Gonzalo M. *Don Blas de Lezo. Defensor de Cartagena de Indias*, Madrid, EDAF, 2015.

RACINE, Karen. «Message by massacre: Venezuela's War to the Death, 1810-1814», *Journal of Genocide Research*, v. 15, n. 2 (2013): 201-217.

RAMOS GUÉDEZ, José Manuel. «Participación de negros, mulatos y zambos en la independencia de Venezuela, 1810-1823», en Bonilla, *Indios, negros y mestizos en la independencia*, 186-202.

RAMOS SANTANA, Alberto ed. *En torno a Trafalgar*, Cádiz, Mancomunidad de Municipios de la Comarca de la Janda, 2004.

RATHBONE, Julian. *Wellington's War or 'Atty, the long-nosed bugger that licks the french'*, Londres, Michael Joseph, 1994.

Real Academia Española. *Diccionario Manual e Ilustrado de la Lengua Española*, 4.ª ed., Madrid, Espasa-Calpe, 1989.

Real Ordenanza Naval para el servicio de los baxeles de S.M., Madrid, Real Imprenta, 1802.

REAL TORRES, Antonio del. *Biografía de Cartagena, 1533-1945*, Cartagena de Indias, Dirección de Educación Pública de Bolíva-Extensión Cultural, 1946.

RECONDO, José Antonio. *La Guerra de la Independencia: Tolosa y los franceses, «un lugar estratégico en la retaguardia francesa«*, Aire, Navarra, Pamiela, 2016.

Recopilación de las Leyes de los Reynos de las Indias. Mandadas imprimir, y publicar por la majestad católica del rey don Carlos II, nuestro señor, Madrid, Imprenta de Iulian de Paredes, 1681, Edición facsímil, Madrid, Ediciones de Cultura Hispánica, 1973.

REGAN, Geoffrey. *Historia de la incompetencia militar*, Barcelona, Crítica, 2001. *The Guinness Book of Military Blunders*, Londres, Guiness Publishing, 1996.

RESTREPO, José Manuel. *Historia de la revolución de la República de Colombia*, (1ª ed., París, Librería Americana, 1827), Medellín, Ed. Bedout, 1969.

RÉVESZ, Andrés. *El teniente general don Pablo Morillo, Primer conde de Cartagena*, Madrid, Gran Capitán, 1947.

REYES CÁRDENAS, Catalina. «Balance y perspectivas de la historiografía sobre Independencia en Colombia«, *Historia y espacio*, n. 33 (2009): 15-40.

RIAÑO, Camilo. *Historia militar. La independencia, 1810-1815*, Bogotá, Lerner, 1971.

RIEUX, Luis Francisco de. «Memoria sobre el sitio puesto a la plaza de Cartagena de Indias por el ejército español expedicionario al manod del teniente general D. Pablo Morillo, por el general de Colombia Luis Francisco de Rieux en marzo de 1824«, en Corrales, Ezequiel, ed.. *Efemérides y anales del Edtado de Bolívar*, Bogotá, Casa Editorial de J. J. Pérez, v. 2, 1889.

RIPOLL, María Teresa. *La élite en Cartagena y su tránsito a la República*, Revolución politica sin renovación social, Bogotá, UNIANDES-CESO, 2006.

ROBERTSON, Ian (texto) y BROWN, Martin (mapas). *An atlas of the Peninsular War 1808-1814*,

ROBERTSON, Ian C. *Wellington invades France, The Final Phase of the Peninsular War, 1813-1814*, Londres, Greenhill Books, 2003.

ROBERTSON, Ian. *A Commanding Presence: Wellington in the Peninsula, 1808-1814: Logistics, Strategy, Survival*, Stroud, Gloucestershire, Spellmount, 2008.

ROBSON, Martin. *The Battle of Trafalgar*, Londres, Conway Maritime Press, 2005.

ROCA NÚÑEZ, Juan Bernardo. *Los otros de Trafalgar, médicos y cirujanos, boticarios, sangradores, enfermeros, socorristas, víctimas y hospitales*, Jerez de la Frontera, Publicaciones del Sur, 2011.

ROCCA, Albert-Jean-Michel, Aymes, Jean-René, Rocca, Albert-Jean-Michel de y Bittoun-Debruyne, Nathalie eds. *Memorias sobre la guerra de los franceses en España*, Madrid & Cádiz, Sílex & Universidad de Cádiz, 2011.

ROCCA, M. *La Guerra de la Independencia contada por un oficial francés. Memorias de M. Rocca, nuevamente traducidas al castellano, arregladas y anotadas por Ángel Salcedo Ruiz*, Madrid, Imprenta de la Revista de Archivos, 1908.

RODRÍGUEZ CANCHO, Miguel ed. *La Guerra de la Independencia en Badajoz (1808-1814)*, Badajoz, Servicio de Publicaciones del Ayuntamiento de Badajoz, 2008.

RODRÍGUEZ CASADO, Vicente. «La política del reformismo de los primeros borbones en la Marina de Guerra española», en *Anuario de Estudios Americanos*, n. 25 (1968): 601-618.

RODRÍGUEZ GONZÁLEZ, Agustín Ramón. *Trafalgar y el conflicto naval anglo-español del siglo XVIII*, San Sebastián de los Reyes, Madrid, Actas, 2005.

RODRÍGUEZ O., Jaime E. «Las primeras elecciones constitucionales en el Reino de Quito, 1809-1814 y 1821-1822«, *Revista Procesos*, v. 14 (1999): 13-52. *La independencia de la América española*, (1ª ed. 1996), México D.F., Fondo de Cultura Económica, 2008.

RODRÍGUEZ O., Jaime E. *La revolución política durante la época de la independencia: El reino de Quito, 1808-1822*, Quito, Universidad Andina Simón Bolívar, 2006. *The Emergence of Latina America*, Berkley, University of California Press, 1975.

RODRÍGUEZ VILLA, Antonio. *El Teniente General don Pablo Morillo, Primer conde de Cartagena, Marqués de la Puerta*, Madrid, Establecimiento Tipográfico de Fortanet, 1910.

RODRÍGUEZ-SOLÍS, Enrique. *Los guerrilleros de 1808, historia popular de la Guerra de Independencia*, A Coruña, Orbigo, 2009.

RODRÍGUEZ, Linda Alexander. *The Search for Public Policy: Regional Politics and Government Finances in Ecuador, 1830-1940*, Berkeley, University of California Press, 1985.

ROMÁN, José María. *Diario del ingeniero militar don José María Román: desde que con sus compañeros de estudios salió de Alcalá de Henares la noche del 9 de junio de 1808, tomó parte de la defensa de Zaragoza durante los dos sitios, prisionero en el último, fue conducido al depósito de Nancy hasta su regreso a España en agosto de 1814*, Madrid, Sociedad Estatal de Conmemoraciones Culturales, 2008.

ROMERO, Mario Germán. «La participación del clero en la lucha por la Independencia», Conferencia leída por el autor en la Academia Colombiana de Historia el 6 de julio de 1960 con motivo de la celebración del Sesquicentenario de la Independencia, Bogotá, Academia Colombiana de Historia, *Boletín de Historia y Antigüedades*, v. 49 (1960): 325-344.

ROSALES, Rafael María. *Reyes Vargas: paladín del procerato mestizo*, San Cristóbal, Centro de Historia del Táchira, 1950.

RUEDA, Rigoberto. «El 20 de Julio de 1810: una lectura en clave social«, en Ramos, Arístides ed. *El Nuevo Reino de Granada y sus Provincias: Crisi de la Independencia y experiencias republicanas*, Bogotá, Universidad del Rosario, 2009: 165-185.

RUIBAL, Amador coord. *Jornadas sobre las fortificaciones en la Guerra de la Independencia, actas, Madrid, 6, 7 y 8 de noviembre de 2008*, Madrid, Asociación Española de Amigos de los Castillos, 2008.

RUJULA, Pedro y Canal, Jordi eds. *Guerra de ideas, política y cultura en la España de la Guerra de la Independencia*, Zaragoza & Madrid, Institución Fernando el Católico & Marcial Pons Historia, 2011.

RUSSELL HART, Francis. «Ataques del Almirante Vernon al continente americano«, *Boletín de Historia y Antigüedades*, Año 11, (1916): 513-521.

RUTHERFORD-MOORE, Richard «Rifleman». «The Last Cartridge. Battle of Fuente Ovejuna. 7th September 1810. A Tale of the Napoleonic Wars Based on a True Story», *First Empire*, n. 50 (Jan.-Feb. 2000).

SCHUMACHER, Hermann A. *Mutis, un forjador de cultura*, Bogotá, Ecopetrol, 1984.

SAETHER, Steinar A. «Independence and the Redefinifinition of Indianness around Santa Marta, Colombia, 1750-1850», *Journal of Latin American Studies*, v. 37 (2005):70-72.

SAETHER, Steinar A. *Identidades e independencia en Santa Marta y Riohacha, 1750-1850*, Bogotá, Instituto Colombiano de Antropología e Historia, 2005.

SAJONIA, Mauricio conde de. *My Reveries on the Art of War*, 1732.

Salazar Franco (Cheguaco), José Joaquín. *El general Juan Bautista Arismendi, Historia y Leyendas*, Imprenta oficial del Estado de Nueva Esparta, 1991.

SAN JUAN, Víctor. *Memorias de Trafalgar*, Barcelona, Noray, 2005. *Trafalgar, tres armadas en combat*e, Madrid, Sílex, 2005.

SÁNCHEZ BAÑÓN, Julio. «Esplendor y ocaso del Ejército Expedionario de Costa Firme. Pablo Morillo«, en Castañeda Delgado, Paulino, coord. *Las guerras en el primer tercio del siglo XIX en España y América*, Sevilla, Deimos, 2004, v. 1: 571-590. *La expedición de Morillo a la Nueva Granada, (1815-1823)*, (tesis doctoral), Madrid, 1999.

SÁNCHEZ GARCÍA, Raquel. *La historia imaginada, la Guerra de la Independencia en la literatura española*, Madrid, Consejo Superior de Investigaciones Científicas & Doce Calles, 2008.

Santacara, Carlos recop. *La Guerra de Independencia vista por los británicos: 1808-1814*, Boadilla del Monte, Madrid, A. Machado Libros, 2005.

Santander, Francisco de Paula. *Diario de campaña, libro de órdenes, y reglamentos militares 1818 – 1834*, Biblioteca de la Presidencia de la República, Bogotá, 1988.

Santiago y Gadea, Augusto C. De. *El General Don Pablo Morillo. Apuntes históricos acerca de sus hechos militares, particularmente en las gloriosas jornadas de Puente Sampayo y Vigo*, Madrid, Im de los Sucesores de Bernando, 1911.

Sañudo Bayón, Juan José. *Base de datos sobre las Unidades Militares en la Guerra de la Independencia Española*, CD-rom, Madrid, Instituto de Historia y Cultura Militar, 2007.

Sarramon, Jean. *Contribución a la historia de la Guerra de la Independencia de la Península Ibérica contra Napoleón I*, Madrid, Ministerio de Defensa, 2010.

Sarrazin, Jean. *History of the War in Spain and Portugal from 1807 to 1814*, Londres, Henry Colburn, 1814.

Segovia Salas, Rodolfo. «El sitio de Cartagena por el general Pablo Morillo en 1815«, en Calvo Stevenson y Meisel Roca, *Cartagena de Indias en la independencia*, 405-470. *105 días: El sitio de Pablo Morillo a Cartagena de Indias*, Bogotá, El Áncora Editores, 2013. *Las Fortificaciones de Cartagena de Indias. Estrategia e Historia*, Colombia, Tercer Mundo, 1992.

Semprún, José y Bullón de Mendoza, Alfonso. *El ejército realista en la independencia americana*, Madrid, Mapfre, 1992. *Capitanes y virreyes. El esfuerzo bélico realista en la contienda de emancipación hispanoamericana*, Madrid, Ministerio de Defensa, 1999. *El ejército realista en la independencia americana*, Madrid, Mapfre, 1992.

Serrano Álvarez, José Manuel. «El ejército expedicionario de Tierra Firme en Nueva Granada«, en Calvo Stevenson y Meisel Roca, *Cartagena de Indias en la independencia*, 337-370.

Sevilla, Rafael. *Memorias de un oficial del Ejército Español, Campañas contra Bolívar y los separatistas de América*, 1ª ed. de San Juan de Puerto Rico, 1877, edic. facsimilar, Bogotá, Ed. Incunables, 1983.

Shama, Simon. Citizens, *A Chronicle of the French Revolution*, Nueva York, Vintage Books, Ramdom House, 1990.

Siles Guerrero, Francisco. *Las partidas de guerrilla en la serranía de Ronda durante la Guerra de la Independencia, mito y realidad histórica (1810-1814)*, Alcalá del Valle, Cádiz, Instituto de Estudios de Ronda y La Serranía, 2015.

Silva Renán. *Los Ilustrados de la Nueva Granada, 1760-1808: Genealogía de una comunidad de interpretación*, Bogotá, Banco de la República-Biblioteca Luis Ángle Arango, 2002.

Silva Uzcátegui, Rafael Domingo. «Coronel Juan de los Reyes Vargas», *Enciclopedia larense: geografía, historia, cultura y lenguaje del Estado Lara*, Caracas, Ediciones de la Presidencia de la República, 1981, t. 1: 436-438.

Smith, Denis. *The Prisoners of Cabrera: Napoleon's Forgotten Soldiers, 1809-1814*, Londres, Foue Walls Eight Windows, 2001.

Smith, Robert Barr. «Wellington's camp followers» *Military History*, (June 2003).

Solano, Paolo. «Defense System, Craft, and Society in the New Kingdom of Granada Eighteenth Eentury. The Case of Cartagena de Indias, 1750-1810», *Revista Digital de Historia y Arqueología desde el Caribe*, v. 19 (2013).

Soler Pascual, Emilio ed. *Trafalgar y Alcalá Galiano, jornadas internacionales, Cabra, 17 al 23 de octubre de 2005*, Madrid, Agencia Española de Cooperación Internacional, 2006.

Solís, Dionisio [Villanueva y Ochoa]. «Oda V», en Cueto, Leopoldo Augusto de ed. *Poetas líricos del siglo XVIII*, v. III, Biblioteca de Autores Españoles, tomo LXVII, Madrid, 1922.

Sorando Muzás, Luis. *Banderas, estandartes y trofeos del Museo del Ejército 1700-1843, Catálogo razonado*, Madrid, Ministerio de Defensa, 2001.

Soria Mesa, Enrique. *La Nobleza en la España Moderna: Cambio y Continuidad*, Madrid, Marcial Pons, 2007.

Soriano Izquierdo, Juan. *Batalla de Bailén: 19 de julio de 1808*, Jaén, s.n., 2006.

Sosa, Guilermo. *Representación e Independencia, 1810-1816*, Bogotá, Instituto Colombiano de Antropología e Historia, 2006: 105-112.

Sourdís de la Vega, Adelaida. *Cartagena de Indias durante la primera República, 1810-1815*, Bogotá, Banco de la República, 1988.

Sourdís Nájera, Adelaida. «El Consejo de Guerra de los Mártires en 1816», en Calvo Stevenson y Meisel Roca, *Cartagena de Indias en la independencia*, 297-336.

Spielberg, Steven dir. *Saving Private Ryan*, Dream-Works SKG & Paramount Pictures Corporation & Amblin Entertaiment Inc., 1998.

Stein, Barbara H. y Stein, Stanely J. *Crisis in an Atlantic Empire: Spain and New Spain, 1808-1810*, Baltimore, Johns Hopkins University Press, 2014.

Stendhal, Henri Beyle. *Napoleón*. Madrid, Aguilar, 1989.

Stern, Steve. Resistance, *Rebellion, and Conciousness in the Andean Peaseant World*, Madison, University of Wisconsin Press, 1987.

Stevens, Anthony. *Ariadne's Clue, A Guide to the Symbols of Humankind*, Princeton University Press, Princeton, 1998.

Stoan, Stephen K. *Pablo Morillo and Venezuela, 1815-1820*, Columbus, Ohio State University Press, 1974.

Storer, Ian, «Johnny I hardly know you. Women and camp followers of the Napoleonic era», *First Empire*, n. 19.

Straka, Tomás. *La voz de los vencidos: Ideas del partido realista de Caracas, 1810-1821*, Caracas, Facultad de Humanidades y Educación-Universidad Central de Venezuela, 2000. *La voz de los vencidos. Ideas del partido realista de Caracas, 1810-1821*, Caracas, Universidad Central de Venezuela, 2000.

Súarez, Federico. *La crisis política del Antiguo Régimen en España (1800-1840)*, Madrid, Rialp, 1950.

Suárez, Francisco. *Guerras. Intervención. Paz Internacional*, Madrid, Espasa Calpe, 1956.

Suchet, Louis Gabriel. *Memorias del Mariscal Suchet sobre sus campañas en España, 1808-1814*, Zaragoza, Institución «Fernando el Católico«, 2012.

Tavera Aya, Fernando. «Los toros en Bogotá y Cartagena. Dos siglos de tradición republicana», *Revista Credencial Historia*, t. 3, ns. 25-36 (ene.-dic. 1992).

Teffeteller, Gordon L. *The Surpriser, The Life of Rowland, Lord Hill*, East Brunswick, Associated University Press, 1983.

The Cambridge Illustrated History of Warfare, The Triumph of the West, Cambridge, Cambridge University Press, 1995.

Thibaud, Clément. *Repúblicas en armas. Los ejércitos bolivarianos en la guerra de independencia en Colombia y Venezuela*, Bogotá, Instituto Francés de Estudios Andinos-Planeta, 2003.

Thiers, M. A. «La batalla de Vitoria« en VV. AA, *Conmemoración de la batalla de Vitoria en su 150 aniversario 1813-1863*.

Thiry, Jean. *La Guerre d'Espagne*, París, Berger-Levrault, 1965.

Tomasich, Enrique. *Una derrota gloriosa, (Trafalgar)*, Cabra, Córdoba, Delegación de Cultura del Ayuntamiento de Cabra, 2010.

Tone, John Lawrence. *The Fatal Knot. The Guerrilla War in Navarre and the Defeat of Napoleón in Spain*, Chapel Hill, University of North Carolina Press, 1994.

Toreno, José María Queipo de Llano, conde de. *Historia del levantamiento, guerra y revolución de España*, París, Baudey, 1838.

Toro, Iván Darío. «Clero insurgente y clero realista en la Revolución colombiana de la Independencia«, *Anuario de Historia de la Iglesia*, n. 17 (2008): 119-136.

Torreblanca López, Agustín. *La Real Hacienda en la Guerra de la Independencia*, Madrid, Ministerio de Economía y Hacienda, 2008.

Torrejón Chaves, Juan. «Emancipación de Hispanoamérica y guerra económica: la actividad corsaria», *Revista General de Marina*, v. 257 (Ago.-Sep. 2009): 223-236.

Torres Tejada, María y Linares Lucena, Francisco Antonio coords. *1808-2008, bicentenario de la Batalla de Bailén*, Bailén, Ayuntamiento de Bailén, 2009.

Townsend, Camilla. «Half My Body Free, the Other Half Enslaved: The Politics of the Slaves of Guayaquil at the End of the Colonial Era«, *Colonial Latin American Review*, v. 7, n. 1 (1998): 105-128.

Tracy, Nicholas. *Nelson's Battles, The Art of Victory in the Age of Sail*, Annapolis, Maryland, Naval Institute Press, 1996.

Tranié, Jean y Carmigniani, Juan Carlos, *Napoleón, 1807-1814, La Campagne d'Espagne*, París, Pygmalion-Gérard Watelet, 1998.

Tse-Tung, Mao. *On Guerrilla Warfare*, trad. de Samuel B. Griffith II, Champaign IL, University of Illinois Press, 2000.

Tsouras, Peter G. *Warrior's Words, From Sesostris III to Schwarzkopf, 1871 BC to AD 1991*, Cassel Arms and Armour Press, 1992.

Tucker, J. S. *Memoirs of Admiral The Rt Hon the Earl St Vicent*, 2 vols., Londres, 1844.

Uffindell, Andrew. *Great Generals of the Napoleonic Wars and their Battles 1805-1815*, Staplehurst, Spellmount, 2003.

Ullrick, Laura F. «Morillo's attempt to Pacify Venezuela«, *The Hispanic American Historical Review*, v. 3, n. 4 (Nov. 1920): 535-565.

Uribe Uran, Victor M. «Rebellion of the Mandarins: Lawyers, Political Parties and the Sate in Colombia, 1780-1850«, [tesis] University of Pittsburg, Pittsburg, 1993.

Uribe, Victor M. «Kill all the Lawyers! Lawyers and the Independence Movement in New Granada, 1809-1820«, *The Americas*, v. 52, n. 2 (May 1995): 175-210.

Urueta, José P. *Los mártires de Cartagena*, Cartagena, Tipografía de A. Araújo, 1886.

Uslar Pietri, J. *Historia de la revolución popular de 1814*, Caracas, 1962.

VACA DE OSMA, José Antonio. *Carlos III*, Madrid, Rialp, 1997. *La guerra de la Independencia*, Madrid, Espasa, 2002.

VACANI, Camillo. *Storia delle campagne é degli assedi degl'italiani in Spagna dal MDCCCVIII al MDCCCXIII*, s. .d.

VAJDA, Zoltán. «Thomas Jefferson on the Character of an Unfree People: The Case of Spanish America», *American Nineteenth Century History*, 2007, v. 8, n. 3 (2007): 273-292.

VALENCIA VILLA, Alejandro. *La humanización de la guerra: derecho internacional humanitario y conflicto armado en Colombia*. Bogotá, Tercer Mundo Editores, 1991.

VÁZQUEZ, Josefina Zoraida. «El modelo de pronunciamiento mexicano, 1820-1823», *Ulúa*, v. 7 (2006): 31-52.

VEGA VIERA, Victor Javier. «Los últimos momentos del teniente Lorenzo Morillo y los demás oficiales zamoranos en Venezuela«, s.l., s.d., 199?, *Separata de Jornadas sobre Zamora, su entorno y América: actas*, Zamora, Diputación de Zamora, 1992.

VELA SANTIAGO, Francisco, *La batalla de Bailén, 1808*: el águila derrotada, Madrid, Almena, 2007. *Bailén, 1808*, Madrid, Almena, 2005. *Toulouse 1814, la última batalla de la Guerra de Independencia Española*, Madrid, Almena, 2014.

VELASCO ROZADO, Josefina y Tuñón Barzana, José eds. *Papeles de la Guerra de la Independencia*, Oviedo, Junta General del Principado de Asturias, 2015.

VELASCO, Juan de. «Relación de la batalla de Vitoria«, en VV. AA., *Conmemoración de la batalla de Vitoria en su 150 aniversario 1813-1963*, Vitoria, Diputación Foral de Álava, 1963.

VELÁSQUEZ, Erika María. «La religión católica en las constituciones neogranadinas de 1811 a 1815», *Revista Facultad de Derecho y Ciencias Políticas*, v. 36, n. 105 (2006): 283-298.

VENTURA ROJAS, José Manuel, *La provincia de Córdoba de la Guerra de la Independencia al reinado de Fernando VII (1808-1833)*, CD-rom, Córdoba, Servicio de Publicaciones, Universidad de Córdoba, 2008.

VI Congreso de Historia Militar, Actas: La Guerra de la Independencia Española, una visión militar, actas del VI Congreso de Historia Militar, Zaragoza, 31 de marzo a 4 de abril de 2008, Madrid, Ministerio de Defensa, 2009.

VICENS VIVES, Jaume. *Industrials i politics del secle XIX*, Barcelona, 1955.

VIDAL, César. *España contra el invasor francés, 1808*. Barcelona, Península, 2008.

VIGUERA RUIZ, Rebeca ed. *Dos siglos de historia, actualidad y debate histórico en torno a la Guerra de la Independencia (1808-1814)*, Logroño, Universidad de La Rioja, Servicio de Publicaciones, 2010.

VIII Jornadas de Historia Militar: De la paz de París a Trafalgar (1763-1805), la organización de la defensa de la monarquía, Madrid, Ministerio de Defensa, 2003.

VILAR, Pierre. *Hidalgos, Amotinados y Guerrilleros*, Barcelona, Crítica, 1999.

VILLAR GARRIDO, Jesús. *La Guerra de la Independencia en Castilla-La Mancha, testigos extranjeros*, Toledo, Junta de Comunidades de Castilla-La Mancha, 2008.

VILLELE, conde de. *Mémoires et correspondance*, París, 1888-1896.

Vitoria, Francisco de. *Relecciones sobre los indios y el Derecho de la guerra*, Buenos Aires, Espasa Calpe, 1946.

VOLTAIRE. *Le siècle de Louis XIV* (1ª ed. 1751), citado en Hastings, *The Oxford Book of Military Anecdotes*, 154-155.

VV.AA. *Andalucía en guerra, 1808-1814*, Jaén, Publicaciones de la Universidad de Jaén, 2010. *Conmemoración de la batalla de Vitoria en su 150 aniversario 1813-1963*, Vitoria, Diputación Foral de Álava, Consejo de Cultura, 1963. *Crónica militar y política de la segunda guerra mundial*, Madrid, Sarpe, 1982. *Diccionario de Historia de España, Desde sus orígenes hasta el fin del reinado de Alfonso XIII*, Madrid, Revista de Occidente, 1952. *Documentos que hicieron un país*, Bogotá, Archivo General de la Nación de Colombia, Presidencia de la República, 1997. *El buque en la Armada Española*, Madrid, Sílex, 1999. *España: Sociedad, Política y Civilización (Siglos XIX-XX)*, Barcelona, Areté, 2001. *Grito de Independencia en Colombia*, Bogotá, Ediciones Académicas Rafael Montoya y Montoya, 1960. *Las guerras napoleónicas*, Barcelona, RBA Editores, 1997. *Manual de Historia de Colombia*, Bogotá, Tercer Mundo Editores, 1992. *Mompox, Isla en el tiempo*, Bogotá, Ed. Diego Samper, 1996. *Símbolos de España*, Madrid, Centro de Estudios Políticos y Constitucionales, 1999. *Soldados de Plomo, Guía del Coleccionista*, Barcelona, RBA Editores, 1997.

Wandosell Fernández de Bobadilla, Gonzalo. «Teniente coronel José Ramón de Leyva: Juez comisionado de la expedición botánica», *Dieciocho*, vol. 3, n. 1 (Spring 2011): 97-111.

Wellington, duque de. *The Dispatches of Field Marshal the Duke of Wellington, during his various campaigns in India, Denmark, Portugal, Spain, the Low Countries, and France, from 1799 to 1818*, Lt. Col. Gurwood ed., Londres, John Murray, 1838.

Whitaker, Arthur Preston. *The United States and the Independence of Latin America 1800-1830*, Nueva York, Norton, 1964.

Woodward, Margaret L. «The Spanish Army and the Loss of America, 1810-1824», *The Hispanic American Historical Review*, v. 48, n. 4 (Nov. 1968): 586-607. «The Spanish Army and the Loss of America«, *The Hispanic American Historical Reiew*, v. 43, n. 4 (1963), 586-607.

Wootten, Geoffrey. *Waterloo 1815, el nacimiento de la Europa moderna*, Madrid, Osprey-Ediciones del Prado, 1994.

X Jornadas de Historia Militar: De la paz de París a Trafalgar (1763-1805), el acontecer bélico y sus protagonistas, Madrid, Ministerio de Defensa, 2005.

XXIII Jornadas de Historia Marítima: Trafalgar: marco doctrinal y científico, ciclo de conferencias, abril 2001, Madrid, Instituto de Historia y Cultura Naval, 2001.

XXXVII Coloquios Históricos de Extremadura, dedicados a la Guerra de la Independencia en Extremadura, Trujillo del 22 al 28 de septiembre de 2008, Trujillo, Asociación Cultural Coloquios Históricos de Extremadura, 2009.

Zahler, Reuben. ¿Y para las damas, qué? Liberalism, Nationalism, and Gender in the Hispanic World«, in Eastman and Sobrevilla Perea, *The Rise of Constitutional Government in the Iberian Atlantic World*: 212244.

Zambrano Moreno, Rodolfo. «José Prudencio Padilla, el héroe Caribe. (Biografia)», *Huellas, Revista de la universidad del norte*, v. 85-87, (Abr.-Dic. 2010): 3-7.

Zapatero, Juan Manuel. *La Guerra del caribe en el Siglo XVIII*, 2ª ed., Madrid, s.f., Servicio Histórico Militar y Museo del Ejército.

Zúñiga Ángel, Gonzalo. *San Luis de Bocachica. Un gigante olvidado en la historia colonial de Cartagena de Indias*, 2ª ed., Colombia, Punto Centro Forum, 1997.

NOTAS

Introducción

1 Croce, Benedetto. *Teoría e historia de la historiografía*, (1ª ed. Ital. 1938) Buenos Aires, Ed. Escuela, 1965, 12.

2 Para una descripción de la evolución del tratamiento de la independencia en la historiografía colombiana nos remitimos al exhaustivo estudio de Reyes Cárdenas, Catalina. "Balance y perspectivas de la historiografía sobre Independencia en Colombia", *Historia y espacio*, n. 33 (2009): 15-40.

3 Según Roberto Breña "más de ciento cincuenta años de historiografía nacionalista en los países de América Latina han distorsionado profundamente los movimientos de emancipación Hispano Americanos". Breña, "The Emancipation Process in New Spain and the Cádiz Constitution: New Historiographical Paths Regarding the *Revoluciones Hispánicas*": 43.

4 Colmenares, Germán. "La Historia de la Revolución por José Manuel Restrepo: una prisión historiográfica", en Colmenares, Díaz de Zuloaga, Escorcia y Zuloaga, *La independencia: ensayos de historia social*, Bogotá, Instituto Colombiano de Cultura, 1986, 9-23.

5 Sobre el carácter de guerra civil de las guerras de imdpendencia en América Latina véanse: Breña, "The Emancipation Process in New Spain and the Cádiz Constitution: New Historiographical Paths Regarding the *Revoluciones Hispánicas*: 43. Pérez Viejo, *Elegía criolla: Una reinterpretación de las guerras de independencia hispanoamericanas*.
Sobre el concepto de Historia Atlántica véase: Armitage, David, "Three Concepts of Atlantic History", en Armitage, David y Braddick, Michael J. eds., *The British Atlantic World, 1500-1800*, 2nd ed., New York, Palgrave MacMillan, 2009, 13-32. Armitage, David. "La primera Crisis Atlántica: la Revolución americana", 20/10: *El Mundo Atlántico y la Modernidad Iberoamericana, 1750- 1850*, v. 1 (2012): 9-33.
Sobre la necesidad de prestar mayor atención al imperio Atlántico español véase: Gould, Eliga H. "Entangled Histories, Entangled Worlds: The English-Speaking Atlantic as a Spanish Periphery", *American Historical Review*, v.112, n. 3 (2007): 764-786 y Maxwell, Kenneth. "The Atlantic in the Eighteenth Century: A Southern Perspective on the Need to Return to the ' Big Picture'", *Transactions of the Royal Historical Society*, v. 3 (1993): 209-236.
Sobre la aplicabilidad del modelo de Historia Atlántica a las independencias en la América hispana no hay acuerdo entre los historiadores. A favor cabe mencionar, entre muchos otros, Wim Klooster, John H. Elliot, María Teresa Calderón y Clément Thibaud (Klooster, Wim. *Revolutions in the Atlantic World, A Comparative History*, Nueva York, NYU Press, 2009; Elliot, John H. *Empires of the Atlantic world, Britain and Spain in America, 1492-1830*; y McFarlane, Anthony. "Guerras e independencias en las Américas". En contra están Manuel Chust, Ivana Frasquet y Roberto Breña, entre otros (Chust, Manuel y Frasquet, Ivana, eds. *Los colores de las independencias iberoamericanas. Liberalismo, etnia y raza*, Madrid, CSIC, 2006; Chust, Manuel y Frasquet, Ivana. *Las independencias de América*, Madrid, Los libros de la catarata, 2009; y Breña, Roberto. *El imperio de las circunstancias. Las independencias hispanoamericanas y la revolución liberal española*).

6 Soria Mesa, Enrique. *La Nobleza en la España Moderna: Cambio y Continuidad*, Madrid, Marcial Pons, 2007, 213.

7 Pérez-Mallaína, Pablo Emilio. "El impacto en América de la guerra de independencia española", *Revista General de Marina*, v. 257 (agosto.-septiembre 2009): 211-222, 215.

8 Alonso, Gregorio. "Cádiz Reprised: The Liberal Triennium in Spain and Spanish America, 1820-1823", in Eastman and Sobrevilla Perea, *The Rise of Constitutional Government in the Iberian Atlantic World*: 245-263, 248. Fowler, William. "El pronunciamiento mexicano en el siglo XIX. Hacia una nueva tipología", *Estudios de Historia Moderna y Contemporánea de México*, v. 38 (2009): 4-34. Fowler, William ed. *Forceful Negotiations: The Origions of the Pronunciamiento in Nineteenth-Century Mexico*, Lincoln, University of Nebraska Press, 2010. Fowler, William. *Malcontents, Rebels and Pronunciados: The Politics of Insurrection in Nineteenth-Century Mexico*, Lincoln, University of Nebraska Press, 2012. Vázquez, Josefina Zoraida. "El modelo de pronunciamiento mexicano, 1820-1823", *Ulúa*, v. 7 (2006): 31-52.

9 Eastman, Scott. "The Sacred Mantle of the Constitution of 1812", in Eastman and Sobrevilla Perea, *The Rise of Constitutional Government in the Iberian Atlantic World*: 1-18, 4. Las obras que cimentaron esta interpretación son las de François-Xavier Guerra y Roberto Breña (Guerra, *Modernidad e independencias: Ensayos sobre las revoluciones hispánicas* y Breña, Roberto. *El primer liberalismo español y los procesos de emancipación de América 1808-1824. Una revisión historiográfica del liberalismo hispánico*).Véase también: Echeverri, *Indian and Slave Royalists in the Age of Revolution*: 10. Sobre la evolución de la historiografía en este punto véase Paquette, Gabriel. "The Dissolution of the Spanish Atlantic Monarchy", *Historical Journal*, v. 52, n. 1 (2009): 175-212.

10 Racine, Karen. "Message by massacre: Venezuela's War to the Death, 1810-1814", *Journal of Genocide Research*, v. 15, n. 2 (2013): 201-217, 210.

11 Tratado de regularización de guerra, Trujillo, 26 de noviembre de 1820.

12 Adelman, Jeremy. "The Rites Of Statehood: Violence And Sovereignty In Spanish America, 1789-1821", *Hispanic American Historical Review*, v. 90, n. 3 (2010): 391-422, 395. Cuño Bonito, "Tristes tópicos. Ideologías, Discursos y Violencia en la Independencia de la Nueva Granada, 1810-1821".

13 McNeill, John. "Mosquito Revolutions: Disease, War, and Independence in the U.S. South, Haiti, and Venezuela, 1776-1825", *Juniata Voices*, 2014, v.14 (2014): 107-123, 121-122; Serrano Álvarez, José Manuel. "El ejército expedicionario de Tierra Firme en Nueva Granada", en Calvo Stevenson y Meisel Roca, *Cartagena de Indias en la independencia*, 337-370, 366; Sánchez Bañón, Julio. "Esplendor y ocaso del Ejército Expedionario de Costa Firme. Pablo Morillo", en Castañeda Delgado, Paulino, coord. *Las guerras en el primer tercio del siglo XIX en España y América*, Sevilla, Deimos, 2004, v. 1: 571-590. "Pablo Morillo", en Castañeda Delgado, Paulino, coord. *Las guerras en el primer tercio del siglo XIX en España y América*, Sevilla, Deimos, 2004, v. 1, 585.

Preámbulo

1 Proclama de Fernando VII á los habitantes de Ultramar [1819], en Rodríguez Villa, *El Teniente General don Pablo Morillo*, doc. 850, 254 y ss.

2 Morillo al ministro de la Guerra, Valencia, 26 de julio de 1820, en Rodríguez Villa, *El Teniente General don Pablo Morillo*, doc. 832, 208.

3 Bueno, *Los uniformes españoles de la Guerra de Independencia*, lámina 16, 76-77.

4 Bueno, *Los uniformes españoles de la Guerra de Independencia*, 54-55.

5 Pabo Morillo, *Manifiesto que hace á la Nación Española el teniente general don Pablo Morillo*, 49-50.

6 Retrato de Pablo Morillo por Pedro José Figueroa (Bogotá, ca.1770 - Bogotá, 1838), pintado sobre 1816, óleo sobre tela, 125.5 x 79 cm, Museo Nacional de Colombia, Bogotá, Reg. 524.
7 O'Leary, *Bolívar and the War of Independence*, 183.
8 Perú de Lacroix, *Diario de Bucaramanga, Vida pública y privada del Libertador Simón Bolívar*, 57 y 112-113.
9 O'Leary, *Bolívar and the War of Independence*, 183.
10 Relación de la entrevista del presidente de Colombia con el general Morillo, s.d. [1820], en Rodríguez Villa, *El Teniente General don Pablo Morillo*, doc. 881, 320 y ss.O'Leary, *Bolívar and the War of Independence*, 183.
11 O'Leary, *Bolívar and the War of Independence*, 184.
12 Relación de la entrevista del presidente de Colombia con el general Morillo, s.d. [1820], en Rodríguez Villa, *El Teniente General don Pablo Morillo*, doc. 881, 320 y ss.
13 Relación de la entrevista del presidente de Colombia con el general Morillo, s.d. [1820], en Rodríguez Villa, *El Teniente General don Pablo Morillo*, doc. 881, 320 y ss.
14 Liévano Aguirre, *Bolívar*, 222, y Relación de la entrevista del presidente de Colombia con el general Morillo, s.d. [1820], en Rodríguez Villa, *El Teniente General don Pablo Morillo*, doc. 881, 320 y ss.
15 O'Leary, *Bolívar and the War of Independence*, 184.
16 Parker, Geoffrey ed. *The Cambridge Illustrated History of Warfare, The Triumph of the West*, Cambridge, Cambridge University Press, 2005, 268.
17 Perú de Lacroix, *Diario de Bucaramanga, Vida pública y privada del Libertador Simón Bolívar*, 110.
18 Perú de Lacroix, *Diario de Bucaramanga, Vida pública y privada del Libertador Simón Bolívar*, 110
19 Relación de la entrevista del presidente de Colombia con el general Morillo, s.d. [1820], en Rodríguez Villa, *El Teniente General don Pablo Morillo*, doc. 881, 320 y ss.
20 Corona de bronce conmemorativa del abrazo del general Morillo a Simón Bolívar en Santa Ana (Venezuela), Museo del Ejército, Toledo, n. 25.995.

Capítulo 1

1 Navarro Talegón, José. *Catálogo monumental de Toro y su alfoz*, Zamora, Caja de Ahorros Provincial de Zamora, 1980, 310 y ss.
2 Anónimo. *Catálogo artístico-monumental y arqueológico de la Diócesis de Zamora*, Zamora, 1973, 78 y ss.
3 Gómez de la Torre, Antonio. *Corografía de la provincia de Toro, Tomo Primero, Del partido de Toro*, Madrid, Imprenta de Sancha, 1802, t. 1, *Del partido de Toro*, 178.
4 Hoja de Servicios de don Pablo Morillo, conde de Cartagena. AGM, Sección elb, División CAJ.108, Leg. 9, Folio 1.
5 Révesz, *El teniente general don Pablo Morillo, Primer conde de Cartagena*, 12.
6 Registro de bautismo de Pablo Morillo, Libro parroquial 220/2 de la iglesia de San Esteban, hoy conservado en la diócesis de Zamora, 179. Agradecer aquí la gentileza del R.P. don Juan Luis Martín Barrios, vicario general de la diócesis de Zamora quien nos remitió una copia de este documento.
7 Gómez de la Torre, Antonio. *Corografía de la provincia de Toro, Tomo Primero, Del partido de Toro*, Madrid, Imprenta de Sancha, 1802, t. 1, *Del partido de Toro*.
8 Página 179 del Libro parroquial 220/2 de la iglesia de San Esteban.
9 Su hermano Lorenzo es mencionado en su correspondencia, Morillo a su mujer, Pau, 17 de diciembre de 1836, Segunda de dos de igual fecha, RAH, Colección Pa-

blo Morillo, conde de Cartagena, Sig. 9/7734, leg. 91, d). También lo mencionan el propio Morillo, *Manifiesto que hace á la Nación Española...*, 58; y Vega Viera, Víctor Javier. "Los últimos momentos del teniente Lorenzo Morillo y los demás oficiales zamoranos en Venezuela", s.l., s.d., 1992, *Separata de Jornadas sobre Zamora, su entorno y América: actas*, Zamora, Diputación de Zamora, 1992.

10 http://orbita.starmedia.com/-ferrolterra/hg_ferrol.htm

11 *Estado Militar de 1789*, ejemplar conservado en la Brown University Library, Providence, Rhode Island, EE. UU., citado por Gómez Ruíz y Alonso Juanola, *El Ejército de los Borbones, Tomo IV, Reinado de Carlos IV, 1788-1808*, 428.

12 Ídem otra anterior.

13 Artículos 20, 23, 22, 12, 6 y 34 del Título 13; 5, 7, 8, 6, 10 y 19 del Título 14 de la *Real Ordenanza Naval para el servicio de los baxeles de S.M.*, Madrid, Real Imprenta, 1802.

14 Para una descripción del sistema de construcción de buques diseñado por Antonio de Gaztañeta nos remitimos a lo expuesto por Enrique Manera Reguyra, "La época de Felipe V y Fernado VI", 179-216.

15 Howarth, *Trafalgar, The Nelson Touch*, 11-12.

16 Rodríguez Casado, Vicente. "La política del reformismo de los primeros borbones en la Marina de Guerra española", en *Anuario de Estudios Americanos*, n. 25 (1968): 601-618.

17 Gómez Ruíz, y Alonso Juanola, *El Ejército de los Borbones, t. 2, Fernando VI y Carlos III*, 506. Gracia Rivas, Manuel. *La Sanidad Naval Española, Historia y Evolución*, Madrid, Empresa Nacional Bazán, 1995, 77.

18 Bromley, J. S. y Ryan, A. N., "La Marina (1688 -1723)", en VV.AA., *Historia del Mundo Moderno*, Barcelona, Sopena-Cambridge University Press, 1975, 570-601. Si bien los autores se refieren a la Marina de Guerra francesa la descripción del sistema de matrícula es perfectamente aplicable al modelo implantado en España.

19 Citado por Anes, *El siglo de las luces*, 291.

20 Para esta interpretación baste mencionar a Simon Shama. Shama, Simon. *Citizens, A Chronicle of the French Revolution*, Nueva York, Vintage Books, Ramdom House, 1990, 644 -675.

21 Jover Zamora, Gómez-Ferrer Morant, y Fusi Aizpurúa, *España: sociedad, política y civilización (siglos XIX-XX)*, 11-12.

22 Hay dos descripciones de este hecho que, si bien no son históricas reflejan a la perfección el ambiente de estos momentos. En literatura no se puede dejar de citar la que hace Max Gallo, *Napoleón, vol. I,Le chant du départ*, París, Robert Laffont, 1997, 171. En cine, mencionar la de la obra maestra dirigida por Abel Gance: *Napoleón*, filmada en 1927 y protagonizada por Albert Dieudonne, Wladimir Roudenko y Gina Manes. Por fortuna esta película fue rescatada del olvido por Francis Ford Coppola quien la puso de nuevo a disposición del público, en 1991, y cuyo padre compuso una magnífica banda sonora. Gance, Abel dir. *Napoleón*, Albert Dieudonne, Wladimir Roudenko y Gina Manes, 1927.

23 Blaufarb, Rafe. *The French Army, 1750-1820, Careers, Talent, Merit*, Manchester & New York, Manchester Unversity press, 2002, 165.

24 Así consta en la Hoja de Servicios de don Pablo Morillo, conde de Cartagena. AGM, Sección elb, División CAJ.108, Leg. 9, Folio 1.

25 Citado por Shama, Simon. Citizens, *A Chronicle of the French Revolution*, Nueva York, Vintage Books, Ramdom House, 1990, 640.

26 Así consta en la Hoja de Servicios de don Pablo Morillo, conde de Cartagena. AGM, Sección elb, División CAJ.108, Leg. 9, Folio 1.

27 Fuente de Pablo, *Las fortificaciones reales del golfo de Rosas en época moderna*, 576.

28 Hoja de Servicios de don Pablo Morillo, conde de Cartagena. AGM, Sección elb, División CAJ.108, Leg. 9, Folio 1.
29 Sobre este punto baste referirse al magnífico estudio de John Keegan en el que compara la experiencia del soldado en las batallas de Agincourt (25 octubre 1415), Waterloo (18 junio 1815) y el Somme (1 julio 1916). Keegan, John. *The face of the battle*, Londres, Pimlico, 1998.

Capítulo 2

1 García-Baquero, A. *Comercio colonial, acumulación capitalista y desindustrialización en la Baja Andalucía: el caso de Cádiz en el siglo XVIII*, *Actas del I Congreso de Historia de Andalucía (Edad Moderna)*, Córdoba, 1978, v. 1, 195-205, 202-203.
2 La cita es de la carta de Godoy a la Reina María Luisa, Badajoz, de mayo de 1801, en Gómez de Arteche, *Guerra de la Independencia, Historia Militar de España, 1808-1814*, t.1, 472.
3 Anes, *El siglo de las luces*, 306 y 307.
4 Recogido por Tucker, J. S. *Memoirs of Admiral The Rt Hon the Earl St Vicent*, 2 vols., Londres, 1844, 262, citado por Tracy, Nicholas. *Nelson's Battles, The Art of Victory in the Age of Sail*, Annapolis, Maryland, Naval Institute Press, 1996, 96-97.
5 http://todoababor.webecindario/articulos/sanvicente.htm
6 Palabras del propio Jervis citadas en http://www.stvincent.ac.uk/Heritage/1797/people/jervis.html
7 Para la Armada Británica los navíos de primera clase eran aquellos de más de 80 cañones.
8 Nelson a Moreno, a bordo del *Theseus*, 8 de junio de 1797, en http://www.wtj.com/archives/nelson/nel4697.htm
9 Relación de la batalla del Cabo de San Vicente a bordo del navío de línea San Isidro, AHN, ESTADO,4549,Exp.3 Dibujo de la batalla del Cabo de San Vicente, 14-02-1797, AHN. ESTADO,MPD.967
10 El *San Isidro*, de 74 cañones, botado en 1768 en los astilleros del Ferrol. Datos de González-Aller Hierro, *Relación de los Buques de la Armada Española en los siglos XVIII, XIX y XX*. El *Salvador del Mundo* de 112 cañones había sido botado en 1787 en los astilleros de El Ferrol.
11 Michael Phillips, *Ships of the Old Navy, A history of the sailing ships of the Royal Navy*, http://www.cronab.demon.co.uk/I.HTM
12 http://www.mgar.net/var/cadiz.htm
13 Nelson al Rev. Dison Hoste, en Goodwicke cerca de Rougham, (el original de la misma es propiedad de *sir* John Bickerton Williams), a bordo del *Theseus*, 30 de junio de 1797, en http://www.wtj.com/archives/nelson
14 Nelson al vice-almirante [sic] Moreno, a bordo del *Theseus*, 8 de junio de 1797, en http://www.wtj.com/archives/nelson
15 Cesar, Julio. *Comentarios a la Guerra de las Galias*, Edición facsimilar de la traducción del canónigo Joseph Goya y Munian hecha en Madrid en 1798, Madrid, Editora de los Amigos del Círculo del Bibliófilo S.A., 1983.
16 Vicente Mira Gutiérrez en http://www.ctv.es/users/arenaycal/2000/febrero/mira.htm
17 Despacho de Nelson a Jervis, abordo del *Theseus*, 7 de julio de 1797, en http://www.wtj.com/archives/nelson
18 Manera Regueira, *El apogeo de la Marina Española (Carlos III y Carlos IV)*, 227-228.
19 Pérez Reverte, Arturo. *Cabo Trafalgar*, Madrid, Alfaguara, 2004., 68.

20 Coleman, Terry. *The Nelson Touch, The Life and Legend of Horatio Nelson*, Londres, Oxford University Press, 2002, 317.
21 Nelson a Kingsmill, 4 de octubre de 1804, en Nicolas, Nicholas Harris. *The Dispatches and Letters of Lord Nelson*, 7 vols., 1844-46, Londres, Chatham Publishing, 1997, 133.
22 Recogido por Howarth, *Trafalgar. The Nelson Touch*, 55.
23 Para la descripción del Consejo de Guerra del 8 de octubre de 1805 véase Fraser, Edward, *The Enemy at Trafalgar: Eye-witnesses' Narratives, Dispatches and Letters from the French and Spanish Fleets*, Londres & Pennsylvania, Chatham & Stackpole Books, 2004, 45 y ss.
24 Díaz-Plaja, Fernando. *El español y los siete pecados capitales*, 14.ª ed., Madrid, 1971, 183-184.
25 Calderón de la Barca, Pedro. *El sitio de Breda,* Madrid, Vda. de Juan Sánchez Acosta, 1640.
26 Díaz-Plaja, Fernando. *El español y los siete pecados capitales*, 14.ª ed., Madrid, 1971, 35.
27 Pérez Galdós, Benito. *Trafalgar, Episodios Nacionales*, Madrid, Alianza Editorial, 2002, 73.
28 Pérez Galdós, Benito. *Trafalgar, Episodios Nacionales*, Madrid, Alianza Editorial, 2002, 74.
29 Howarth, *Trafalgar. The Nelson Touch*, 81-84.
30 Harbron, *Trafalgar and the Spanish Navy*, 96.
31 The Oxford Concise Dictionary define el *grog* como una bebida compuesta de alcohol y agua, derivada de *grogram (gorgorante)*, mote (por su capa) del almirante Vernon, quien en 1740 sirvió por primera vez a los marinos el grog en vez de ron puro". *GROG. "1. drink of spirit and water. [reputedly from GROGAM, nickname (from his cloak) of Adm. Vernon, who in 1740 first had grog served out to sailors instead of neat rum]."*. "Grog", en: *Oxford Concise Dictionary*, Nueva York, Oxford University Press, 1986.
32 Howarth, *Trafalgar. The Nelson Touch*, 87.
33 Howarth, *Trafalgar. The Nelson Touch*, 76.
34 Recogido por Preston, Paul. *Franco: a Biography*, Londres, Basic Books, 1994.
35 Se conserva la factura de todos ello que fue pagada el 7 de septiembre de 1805. Recogido por Harrison, James. *The Life of Horatio Lord Viscount Nelson*, Londres, 1806. v. II, 468, citado por Coleman, Terry. *The Nelson Touch, The Life and Legend of Horatio Nelson*, Londres, Oxford University Press, 2002, 311.
36 Citado por Pérez Galdós, Benito. *Trafalgar, Episodios Nacionales*, Madrid, Alianza Editorial, 2002, 118-119.
37 Nelson a Jervis, a bordo del *Theseus*, 9 de julio de 1797, http://www.wtj.com/archives/nelson/nel4697.htm. Evidentemente el asunto del *St. George* era el nombre del barco cuya tripulación se había amotinado y Carta de Nelson a Sir Robert Clader, a bordo del *Theseus* el 9 de julio de 1797, http://www.wtj.com/archives/nelson/nel4697.htm
38 Recogido en la espléndida página web dedicada al combate naval de Trafalgar, http://personal.redestb.es/jerson/
39 De sobra conocidas son las pinturas de Denis Dighton en la que se representa el instante en que Nelson es alcanzado y de A. W. Devis que idealiza sus últimos momentos, rodeado de sus compañeros de armas y fieles servidores. Dighton, Denis, The Fall of Nelson, Battle of Trafalgar, 21 October 1805, óleo sobre lienzo, 762 mm x 1067 mm, National Maritime Museum, Greenwich, London, n. inv. BHC0552. Devis, Arthur William, The Death of Nelson, 21 October 1805, óleo sobre lienzo, 1956 x 2616 mm, National Maritime Museum, Greenwich, London, n. inv. BHC2894.

40 Phillips, *Ships of the Old Navy*, *A history of the sailing ships of the Royal Navy*, http://www.cronab.demon.co.uk/I.HTM
41 Howarth, *Trafalgar. The Nelson Touch*, 146.
42 Howarth, *Trafalgar. The Nelson Touch*, 145.
43 Quintero Saravia, Gonzalo M. *Don Blas de Lezo. Defensor de Cartagena de Indias*, EDAF, Madrid, 2016.
44 Voltaire, *Le siècle de Louis XIV*, citado por Hastings, Max ed. *The Oxford Book of Military Anecdotes*, Oxford-Nueva York, Oxford University Press, 1985.
45 Harbron, *Trafalgar and the Spanish Navy*, 116.
46 Harbron, *Trafalgar and the Spanish Navy*, 116.
47 Anes, *El siglo de las luces*, 313.

Capítulo 3

1 Véase Artola, *La burguesía revolucionaria (1808–1874)*.
2 Queralt, Pilar. *Fernando VII*, Barcelona, Planeta, 1997, 18.
3 Las Cases, *Memorial de Sainte-Hélène*, 823.
4 Citado por Queralt, Pilar. *Fernando VII*, Barcelona, Planeta, 1997, 29.
5 Napoleón al gran duque de Berg (el mariscal Murat), 29 de marzo de 1809, recogida por Las Cases, *Memorial de Sainte-Hélène*, 826.
6 Cita textual de las Memorias de Godoy recogida por Anes, *El siglo de las luces*, 297.
7 Citado por Queralt, Pilar. *Fernando VII*, Barcelona, Planeta, 1997, 37.
8 Artola, *La burguesía revolucionaria (1808–1874)*, 18.
9 Citado por Queralt, Pilar. *Fernando VII*, Barcelona, Planeta, 1997, 41.
10 Reroducida por Pérez Galdós, Benito. *La corte de Carlos IV, Episodios Nacionales*, Madrid, Alianza Editorial, 2002, 174.
11 Pérez Galdós, Benito. *El 19 de marzo y el 2 de mayo, Episodios Nacionales*, Madrid, Alianza Editorial, 2002.
12 Ortega y Gasset, José. *La rebelión de las masas*, 39 edic., Madrid, ediciones de la Revista de Occidente, 1966, 139.
13 Lucas-Dubreton, J. *Napoleón devant l'Espagne*, París, Fayard, 1946, citado por Tranié, Jean y Carmigniani, Juan Carlos, *Napoleón, 1807-1814, La Campagne d'Espagne*, París, Pygmalion-Gérard Watelet, 1998, 34.
14 Napoleón Bonaparte, *Nota sobre la situación política y militar de nuestros ejércitos en el Piamonte y España*, recogido por Luvaas, *Napoleón on the Art of War*, 79-83.
15 Recogido por Castelot, André. *Talleyrand ou le cynisme*, París, Librairie Académique Perrin, 1980, 292.
16 Citado por Trainé y Carmigniani, *Napoleón, 1807-1814, La Campagne d'Espagne*, 34 y 39.
17 Pabón, Jesús. "Las ideas y el sistema napoleónicos, Conclusión", n. 6, v. 11 (Sep.-Oct. 1943): 69-114.Pabón, Jesús. "Las ideas y el sistema napoleónicos, Continuación", v. 5, v. 10 (Jul.-Agos. 1943): 335-381. Pabón, Jesús. "Las ideas y el sistema napoleónicos, Parte Primera", *Revista de Estudios Políticos*, n. 5, v.9 (may.-jun. 1943): 99-136.
18 Girord de l'Ain, M. *Vie Militaire du General Foy*, París, 1900, 111.
19 Abrantés, Laure Junot Dúchese de. *Mémoires de Mme. La dúchese d'Abrantés ou souvenirs historiques Sur Napoleón, la Révolution, le Directoire, le Consulat, l'Empire et la Restauration*, París, 1831-1835, v. X, 27.

20 Cardenal Luis de Borbón a Napoleón, Toledo, 22 de mayo de 1808, recogida por el diario *El Moniteur* en su edición del 18 de junio de 1808, citada Thiry, Jean. *La Guerre d'Espagne*, París, Berger-Levrault, 1965, 216.
21 Gates, *La úlcera española. Historia de la Guerra de la Independencia*, 43.
22 Méndez Bejarano, *Historia política de los afrancesados*, recogido por Bleiberg, "Afrancesados", en VV.AA. *Diccionario de Historia de España, Desde sus orígenes hasta el fin del reinado de Alfonso XIII*, Madrid, *Revista de Occidente*, 1952, t. 1, 48.
23 Moreno Alonso, *Los españoles durante la ocupación napoleónica, La vida cotidiana en la vorágine*, 80-81.
24 Blanco White, José María. *Cartas de España*, Madrid, Alianza, 1991, carta XIII, 307-308.
25 Súarez, Federico. *La crisis política del Antiguo Régimen en España (1800-1840)*, Madrid, Rialp, 1950, 35.
26 Moreno Alonso, *Los españoles durante la ocupación napoleónica, La vida cotidiana en la vorágine*, 89.
27 Anes, *El siglo de las luces*, 11. También véase: Amorós, Francisco. *Representación a Fernando VII, quejándose de la persecución que experimenta su mujer por parte del Capitán General de Castilla la Nueva y defendiendo la conducta que ha tenido Amorós en las convulsiones públicas de su patria, acompañada de documentos*, París, 1814,87.
28 Muñoz Maldonado, José. *Historia política y militar de la guerra de la Independencia de España contra Napoleón Bonaparte desde 1808 á 1814*, Madrid, Palacios, 1833.
29 Queipo de Llano, conde de Toreno, *Historia del levantamiento, guerra y revolución de España.*
30 Jover Zamora, Gómez-Ferrer Morant y Fusi Aizpurúa, *España: sociedad, política y civilización (siglos XIX-XX*, 11.
31 "Guerrilla", en *Diccionario Manual e Ilustrado de la Lengua Española, Real Academia Española*, 4ª Ed., Madrid, Espasa-Calpe, 1989, 801.
32 "Guerrilla" en, *The Concise Oxford Dictionary of Current English*, Oxford, Clarendon Press, 1986, 443.
33 "Guerrilla" en, *Nouveau Petit Larousse*, París, Larousse, 1968, 431.
34 Grimmelshausen, Johann Jacob Christoffel von. *Simplicissimus*, trad. al inglés de Mitchell, Mike, Langford Lodge, Dedalus, 1999, 1999.
35 Anon., *The Lamentations of Germany*, Londres, 1638, citado por Parker, Geoffrey. "Dynastic War 1494-1660", en Parker, Geoffrey ed. *The Cambridge Illustrated History of Warfare, The Triumph of the West*, Cambridge, Cambridge University Press, 2005, 148-166,161.
36 Geoffroy de Grandmaison, *Napoleón et l'Espagne*, París, Plon, 1908, citado por Trainé y Carmigniani,*Napoleón, 1807-1814, La Campagne d'Espagne*, 149.
37 Lovett, Gabriel H. *Napoleón and the birth of modern Spain, Vol. II The Struggle, without and within*, Nueva York, New York University Press, 1965, 722.
38 Trainé y Carmigniani, *Napoleón, 1807-1814, La Campagne d'Espagne*, 140.
39 Para más datos sobre españoles en el bando francés véase Dempsey Jr., Guy C. *Napoleon's Mercenaries: Foreign Units in the French Army Under the Consulate and Empire*, 1799-1814, Greenhill Books, 2002.
40 Carr, *España 1808-1975*, 95.
41 Vicens Vives, Jaume. *Industrials i politics del secle XIX*, Barcelona, 1955, 121-122.
42 Stendhal, Henri Beyle. *Napoleón*. Madrid, Aguilar, 1989, 145.
43 Carr, *España 1808-1975*, 97.
44 Anónimo, *Catecismo español de 1808*, recogido en http://averroes.cec.junta-andalucia.es/-11700421/cviejas/histo/actguie.htm

45 Anónimo. *Instrucció popular en forma de cathesisme sobre la present guerra contra Napoleón Bona (mala) parte, que traduida al idioma Catalá, le dedica al general armament de aquest Principat un afectat Eclesiastich compatrici*, Impreso en Sevilla, s.d.., 21.

46 Artola, *La burguesía revolucionaria (1808-1874)*, 28-29.

47 Gates, *La úlcera española. Historia de la Guerra de la Independencia*, 22-23.

48 Bueno, José María. *La expedición española a Dinamarca, 1807-1808*. Madrid, Agualarga, 2000.

49 Olville, John. *The portrait of a General, A Chronicle of the Napoleonic Wars*, Norwich, Michael Russell Publishing Ltd, 1980, 33-34.

50 Vaca de Osma, José Antonio. *La guerra de la Independencia*. Madrid, Espasa, 2002, 132.

51 Bueno, José María. *Uniformes españoles de la guerra de Independencia*, Anexo I, Cuadro demostrativo de los regimientos de Infantería de línea y ligeros, levantados durante la gloriosa guerra de nuestra independencia desde el mes de mayo de 1808 hasta el mes de mayo de 1814, 24.

52 Anónimo. *¿Qué será de los franceses en Cataluña? Reflexiones escritas por un militar español en enero de 1810, publicadas por un miembro del pueblo*. Reimpreso en Valencia, s.d., 23.

53 José María Bueno, *Uniformes españoles de la Guerra de Independencia*, Anexo I, Cuadro demostrativo de los regimientos de Infantería de línea y ligeros, levantados durante la gloriosa guerra de nuestra independencia desde el mes de mayo de 1808 hasta el mes de mayo de 1814, 22.

54 Uso de guerra que parece remontarse a tiempos bíblicos, confirmado en los concilios de Letrán y consolidado en el medioevo. Se ha encontrado constancia de una práctica en las guerras civiles inglesas del siglo XVII. Véase Donagan, Barbara. *Atrocity, War, Crime and Treason in the English Civil War. American Historical Review*, v. 99, n. 4 (Oct. 1994): 1137-1166, 1149.

55 Napoleón Bonaparte, *Notas sobre el estado actual del ejército en España, fechadas el 21 de julio de 1808*, Correspondance de Napoleón Ier, H. Plon, París, 1858–1870, reim AMS Press, Nueva York, 1974, vol. XVII, n. 14223, 409 a 413. Recogido por Luvas, Jay. *Napoleón on the Art of War*, Nueva York, The Free Press, 1999., 93-98.

56 Ídem nota anterior.

57 Napoleón Bonaparte. *Maximes de guerre et pensées de Napoleón 1er*, 5.ª edic,. París, Revue el argumentee, Libraire Militaire J Dumaine, 1863, 4 y ss.

58 Según consta en la hoja de servicios de José de San Martín cuyo extracto publica G. Villegas, Alfredo. *Itinerario de San Martín en España (1784-1811)*, en VV. AA., *San Martín en España*. Madrid, Ed. Instituto Español Sanmartiniano, 1981, 347-354.

59 Vacani, Camillo. *Storia delle campagne é degli assedi degl´italiani in Spagna dal MDCCCVIII al MDCCCXIII*, s.d., t. 1, 212.

60 Albi de la Cuesta, Julio, Stampa Piñeiro, Leopoldo y Silvela Milans del Bosch, Juan. *Un eco de clarines, La Caballería Española*, Madrid, Tabapress, 1992,152.

61 Dictamen de una Comisión Militar sobre la batalla de Bailén, 1850, citada por Albi de la Cuesta, Julio, Stampa Piñeiro, Leopoldo y Silvela Milans del Bosch, Juan. Ídem nota anterior.

62 Ídem nota anterior.

63 Keegan, John. *The face of the battle*, Londres, Pimlico, 1998, 153 y ss. Referidas a las tácticas de combate de la caballería contra la infantería en la batalla de Waterloo.

64 Wootten, Geoffrey. *Waterloo 1815, el nacimiento de la Europa moderna*, Madrid, Osprey-Ediciones del Prado, 1994, 64.

65 Ídem nota anterior, 62.

66 Así se recoge en *The Napoleonic Historical Wargame Compendium*: www.nhwc.20m.com/rules/tactics/cavalry/cavalry.htm

67 Díaz y Díaz, *La Reconquista Española, Contribución de las guerrillas a la campaña libertadora 1817–1819, Historia Militar de la Independencia*, t. 2, *Historia Extensa de Colombia*, v. XVIII, 343 y ss.

68 Pérez Galdós, *Bailén, Episodios Nacionales*.

69 http://www.andalucia.cc/adn/0598nar.htm

70 VV. AA. *Las guerras napoleónicas*, Barcelona, RBA Editores, 1997.

71 Lachouque, Henry & Brown, Anne S. K. *The Anatomy of Glory. Napoleon and his Guard. A Study in Leadership*, Londres, Greenhill Books, 1997, 123-129.

72 «¡Cierren filas!».

73 Wootten, Geoffrey. *Waterloo 1815, el nacimiento de la Europa moderna*, Madrid, Osprey-Ediciones del Prado, 1994., 81.

74 Anónimo. *Uniformes españoles de la Guerra de Independencia*, Madrid, Aldaba Ediciones, 1989, 93, lámina 24, figura 3, que representa el regimiento de infantería suiza número 3 de Reding con la divisa completamente encarnada.

75 *La Rendición de Bailén* de José Casado del Alisal, óleo sobre lienzo, 338 x 500 cm. Madrid, Museo del Prado.

76 Holland, H. R. *Foreign Reminiscences*, ed. H. E. Holland, Londres, 1850, 156, citado por Esdaile, *The Peninsular War, A New History*, 83.

77 Lovett, Gabriel H. *Napoleón and the birth of modern Spain,* Lovett, *Napoleon and the Birth of Modern Spain, v. 1, The Challenge to the Old Order*, Nueva York, New York University Press, 1965, 224-225.

78 Para más detalles de este vergonzoso episodio véase: Smith, Denis. *The Prisoners of Cabrera: Napoleon's Forgotten Soldiers, 1809-1814*, Londres, Foue Walls Eight Windows, 2001.

79 Morillo a Castaños, sin fecha.

80 Napoleón a Clarke, 3 de agosto de 1809, *Correspondence de Napoleon Ier,* v. XVII.

81 Palacio Atard, *La España del siglo XIX*.

82 Esdaile, *The Peninsular War, A New History*, 85-86.

83 Las fuentes documentales hablan de Yelves y Gelves pero, en realidad, de trata de la localidad de Yelbes en la provincia de Badajoz, cerca de Medellín. Si bien Gelves es como figura en la hoja de servicios del propio Morillo (Hoja de Servicios de don Pablo Morillo, conde de Cartagena. AGM, Sección elb, División CAJ.108, Leg. 9, Folio 1) no es difícil deducir que se trata de un error en la trascripción del nombre real de Yelbes. Exposición del subteniente don Pablo Morillo al Regente del Reino, Sevilla, 6 de febrero de 1809. Rodríguez Villa, *El Teniente General don Pablo Morillo,* t. 2, doc. n.3, 8.

84 Pasaporte para *D. Pablo Morillo subteniente del batallón de voluntarios de Llerena que con Setenta voluntarios a su cargo, entre ellos sesenta y dos desertores, pasa desde esta ciudad.... Fdo. Antonio Muñoz, coronel de caballería.* Sin fecha aunque por notas al dorso permite datarlo a finales de noviembre de 1808. RAH, Colección Pablo Morillo, conde de Cartagena, Sig. 9/7644, leg. 1, c; certificado expedido por Mamerto Caballero oficial mayor de Valverde del camino en el que certifica que el subteniente de voluntarios de Llerna d. Pablo Morillo se presentó en el pueblo en comisión de persecución de desertores, fechado en Valverde del Camino, 27 de octubre de 1808. RAH, Colección Pablo Morillo, conde de Cartagena, Sig. 9/7644, leg. 1, c; Testimonio de Benito Bacas sobre la comisión de Pablo Morillo en busca de desertores, fechado en Alcuescar el 3 de diciembre de 1808. RAH, Colección Pablo Morillo, conde de Cartagena, Sig. 9/7644, leg. 1, c.

85 Exposición del subteniente don Pablo Morillo al regente del reino. Sevilla, 6 de febrero de 1809. Rodríguez Villa, *El Teniente General don Pablo Morillo. Tomo II.*

86 Trainé y Carmigniani, *Napoleón, 1807-1814, La Campagne d'Espagne*, 75-76.

87 Exposición del subteniente don Pablo Morillo al Regente del Reino, Sevilla, 6 de febrero de 1809. Rodríguez Villa, *El Teniente General don Pablo Morillo. Tomo II.*
88 Trainé y Carmigniani, *Napoleón, 1807-1814, La Campagne d'Espagne*, 41.
89 Rocca, M. *La Guerra de la Independencia contada por un oficial francés. Memorias de M. Rocca, nuevamente traducidas al castellano, arregladas y anotadas por Ángel Salcedo Ruiz*, Madrid, Imprenta de la Revista de Archivos, 1908, 44.
90 Exposición del subteniente don Pablo Morillo al Regente del Reino, Sevilla, 6 de febrero de 1809. Rodríguez Villa, *El Teniente General don Pablo Morillo. Tomo II.*
91 Santiago y Gadea, *El General Don Pablo Morillo. Apuntes históricos acerca de sus hechos militares, particularmente en las gloriosas jornadas de Puente Sampayo y Vigo*, 7.
92 Gómez de Arteche y Moro, Guerra *de la Independencia, Historia Militar de España de 1808 a 1814*, t. 2.
93 Sajonia, Mauricio conde de. *My Reveries on the Art of War*, 1732.
94 Hoja de Servicios de don Pablo Morillo, conde de Cartagena. AGM, Sección elb, División CAJ.108, Leg. 9, Folio 1; Real Orden de la Junta Suprema Gubernativa del Reino, Real Palacio de Aranjuez el 24 de enero de 1809, en Rodríguez Villa, *El Teniente General don Pablo Morillo*, t. 2, doc. n. 2, 7.

Capítulo 4

1 Bueno, *Uniformes españoles de la guerra de Independencia*, Anexo I, Cuadro demostrativo de los regimientos de Infantería de línea y ligeros, levantados durante la gloriosa guerra de nuestra independencia desde el mes de mayo de 1808 hasta el mes de mayo de 1814, 24. Véase también Gómez Ruiz y Alonso Juanola, *El Ejército de los Borbones, Tomo V El reinado de Fernando VII (1808-1833), v. 1 La Guerra de la Independencia (1808-1814)*, 14.
2 Pigeard, Alain, "La Guerre d'Espagne et du Portugal 1807-1814, Premier Partie: 1807-1809, Deuxième Période: depuis l'intervention de Napoleón jusqu'à la 5ème coalition (novembre 1808 à janvier 1809)", *Tradition Magazine*, Hors Série n. 16 (2001), 109.
3 La famosa cita de Winston Churchill fue hecha en noviembre de 1942 tras la invasión aliada de la Argelia y Marruecos franceses y dice: «Esto no es el final (de la guerra). No es, ni siquiera, el principio del fin. Pero es, tal vez, el final del principio». Recogida por Halle, Kay, (com). *Irrepresible Churchill*, Cleveland, Ohio, The World Publishing Company, 1966, 208.
4 Pigeard, Alain, *La Guerre d'Espagne et du Portugal 1807-1814, Premier Partie: 1807-1809, Deuxième Période: depuis l'intervention de Napoleón jusqu'à la 5ème coalition (novembre 1808 à janvier 1809)*, *Tradition Magazine*, Hors Série n.º 16 (2001), 38.
5 Partidge, Richard y Oliver, Michael. *Battle Studies in the Peninsula. A historical guide to the military actions in Spain, Portugal and Southern France between june 1808 and april 1814, with notes for Wargamers*, Londres, Constable, 1998, 241 y ss.
6 Haythornthwaite, Phillipe.*Corunna 1809, Sir John Moore's fighting retreat*, Oxford, Ospey, 2001, 89 y ss.
7 El Catálogo de la biblioteca del marqués de la Romana fue impreso en Madrid en 1865, en el taller de Francisco Roig, llenando un total de 211 páginas.
8 De hecho la novela de Arturo Pérez Reverte, *La sombra del Águila*, toma como origen este episodio. Pérez Reverte, Arturo. *La sombra del Águila*, Madrid, Alfaguara, 1993.
9 Testimonio del canónigo Acuña, en Rodríguez Villa, *El Teniente General don Pablo Morillo* t. 1, 20.

10 Contestación de D. Pablo Morillo á los oficios é interrogatorios de Francisco Torres, comisionado del comandante general conde de Noroña y del Real Tribunal Militar, Salamanca, 26 de octubre de 1809, en Rodríguez Villa, *El Teniente General don Pablo Morillo,* t. 2, doc. n. 17.

11 Holmes, Richard. *Redcoat, The British Soldier in the Age of Horse and Musket*, Nueva York, Norton & Company, 2001, 381.

12 Parte Oficial de Morillo sobre la conquista de Vigo, 3 de abril de 1809, en Canga Argüelles, José de. *Observaciones sobre la historia de la guerra de España*, s.d., 78-84.

13 Ídem nota anterior.

14 Esta expresión concreta corresponde a al presidente John F. Kennedy y la pronunció tras el fracaso de la llamada invasión de bahía de Cochinos en Cuba, "There's an old saying that victory has one hundred fathers and defeat is an orphan", Conferencia de prensa, 21 Abril 1961. No obstante, la cita original es del conde Galeazzo Ciano, ministro de Asuntos Exteriores de Mussolinni quien en su *Diario*, en la entrada del 9 de septiembre de 1942, anotó que: "la vittoria trova cento padre, e nessuno vuole riconoscere l'insuccesso". Ciano, *Ciano's Diary, 1939-1943*, Muggeridge, ed. 502.

15 General en jefe del ejército expedicionario de Costa Firme [Pablo Morillo] al ministro de la Guerra, Calabozo, 11 de mayo de 1819, en Rodríguez Villa, *El Teniente General don Pablo Morillo*, doc. n. 403, 423-426.

16 Algunas fuentes transcriben por error el nombre del buque británico como *Lively* cuando en realidad de trata del *Liberty*.

17 George Mac-Kinley, capitán del Liberty, a Morillo, Vigo, 24 de mayo de 1809, Antonio Rodríguez Villa, *El Teniente General don Pablo Morillo,* t. 2, doc. n. 12.

18 George Mac-Kinley, capitán del Liberty, a Morillo, Vigo, 10 de junio de 1809, Antonio Rodríguez Villa, *El Teniente General don Pablo Morillo,* t. 2, doc. n. 14.

19 George Mac-Kinley, capitán del Liberty, a Morillo, Vigo, 28 de abril de 1809, en Rodríguez Villa, *El Teniente General don Pablo Morillo,* t. 2, doc. n. 11.

20 Para las fuentes españolas: General Martín de la Carrera a George Mac-Kinley, comandante de las fuerzas británicas en Vigo, Santiago de Compostela, 23 de mayo de 1809, en Gómez de Arteche y Moro, *Guerra de la Independencia, Historia Militar de España 1808 a 1814*, 458. Fuentes inglesas: Napier, *History of the War in the Peninsula and the South of France from A.D. 1807 to A.D. 1814*, v. 2, 104.

21 Perrin, Eric. *Le Maréchal Ney*, París, Ed. Perrin, 1993, 153-154.

22 Napier, *History of the War in the Peninsula and the South of France from A.D. 1807 to A.D. 1814*, v. 2, 111.

23 Museo del Ejército, n.º 26.067, vitrina dedicada al general Pablo Morillo y Morillo.

24 En el Museo del Ejército español, n. de catálogo 43.132, cañón cubano de madera forrada en cuero, de 99 cms. de largo y 8 de diámetro.

25 Hawkins, "Ney, Michel, Prince de la Moskowa, Duc of Elchingen (1769-1815)", en Dupuy, Trevor N., Jonson, Curt y Bongard, David L., *The Harper Enciclopedia of Military Biography*, Nueva York, Castle Books & Harper Collins, 1992, 543-544.

26 "*La audacia, la audacia, siempre la audacia*".

27 Gómez de Arteche y Moro, *Guerra de la Independencia, Historia Militar de España 1808 a 1814*, t. 6, 194.

28 Napier, *History of the War in the Peninsula and the South of France from A.D. 1807 to A.D. 1814*, v. 2, 111-112.

29 Napoleón Bonaparte. *The Military Maxims of Napoleón*, David Chandler ed. Londres, Greenhill Books, 1987.

30 Santiago y Gadea, *El General Don Pablo Morillo. Apuntes históricos acerca de sus hechos militares, particularmente en las gloriosas jornadas de Puente Sampayo y Vigo*, 95.

31 Santiago y Gadea, *El General Don Pablo Morillo. Apuntes históricos acerca de sus hechos militares, particularmente en las gloriosas jornadas de Puente Sampayo y Vigo*, 96.
32 Su texto dice: «Guerra de la Independencia – Heroica – Batalla de Pontesampaio – VII VII junio MDCCCIX – CLXXV aniversario – MCMLXXXIV».
33 "Homaxe a os patriotas galegos ho CLXXV aniversario da batalla de Pontesampio – A. V. V. A. Batería de MDCCCIX – Concello de Soutomaior – MCMLXXXIV".
34 Real Decreto de 13 de mayo de 1909, publicado en la Gaceta de Madrid del viernes 14 de mayo de 1909, número 134, por el que "*accediendo a lo solicitado por el Ayuntamiento de Pontevedra, y para consagrar el recuerdo de los gloriosos combates mantenidos en Puente Sampayo en 7 y 8 de junio de 1809, en defensa de la independencia nacional; de acuerdo con Mi Consejo de Ministros, vengo a decretar los sguiente: Artículo 1.º Se declara condecoración oficial la medalla conmemorativa de los combates de Puente Sampayo, ...*". Dado en Palacio a trece de mayo de mil novecientos nueve, Firmado Alfonso y por el presidente del Consejo de Ministros don Antonio Maura y Montaner.
35 Finley, Moses I. *Uso y abuso de la Historia*, Barcelona, Crítica, 1984, 16.
36 El Real Decreto de Carlos III de 28 de mayo de 1785 sobre el uso de la bandera en los buques de guerra dispone, «que, en adelante usen mis Buques de guerra de Bandera ...(y continúa con la descripción de la actual)».
37 O´Donnell y duque de Estrada, Hugo. "La Bandera. Su significado a lo largo de la historia", en VV.AA. *Símbolos de España*, Madrid, Centro de Estudios Políticos y Constitucionales, 1999, 312 y ss.
38 Clonard, Serafín María de Soto y Abbach, conde. *Historia orgánica de las Armas de la Infantería y Caballería españolas*, t. 12, Madrid, Imprenta a cargo de d. Francisco del Castillo, 1858.
39 Pivka, Otto von y Roffe. Michael, *Spanish Armies of the Napoleonic Wars*, Oxford, Osprey, 1975, 35.
40 Chartrand y Younghusband, *Spanish Army of the Napoleonic Wars, (1808-1812)*, v. 2.
41 George Mac-Kinley, capitán del *Liberty*, a Morillo, Vigo, 28 de abril de 1809, en Rodríguez Villa, *El Teniente General don Pablo Morillo*, t. 2, doc. n. 11.

Capítulo 5

1 http://www.datosmacro.com/demografia/esperanza-vida/espana. Ver también los datos de la Organización Mundial de la Salud, http/who.int/country/esp
2 Morillo al marqués de La Romana, Belalcázar, 10 de junio de 1811.
3 Rutherford-Moore, "Rifleman", "The Last Cartridge. Battle of Fuente Ovejuna. 7th September 1810. A Tale of the Napoleonic Wars Based on a True Story", *First Empire*, n. 50 (ene.-feb. 2000).
4 Datos de la hoja de servicios de Morillo.
5 Regan, Geoffrey. *Historia de la incompetencia militar*, Barcelona, Crítica, 2001, 33.
6 Oman, Charles. *A History of the Art of War in the Sixteenth Century*, Methuen, 1937, 406.
7 Fraytag-Loringhoven, F. H. *The Power of Personality in War*, Berlín, 1905, 36.
8 Holmes, Richard. *Acts of War: The Behavior of Men in Battle*, Nueva York, Free Press, 1986, citado por Grossman, Dave. *On Killing. The Psicological Cost Learning to Kill in War and Society*, Boston, Back Bay Books, 1996, 125.
9 Si bien algunas fuentes (Rodríguez Villa) hablan de Esparraguera de los Lares en realidad se trata de Esparragosa de la Serena.
10 Hope, James. *The military memoirs of an infantry officer*, Edinburgh, Printed for the Author by Anderson & Bryce, 1833, 338.

11 Oman, Charles. *Wellington's Army 1809-1814*, (ed. facs. de la de 1913) Londres, Greenhill Books, 1993, 115.
12 Uffindell, Andrew. *Great Generals of the Napoleonic Wars and their Battles 1805-1815*, Staplehurst, Spellmount, 2003, 144.
13 Keegan, John. *La máscara del mando*, Madrid, Ministerio de Defensa, 1991, 202-203.
14 Moore Smith, G. *The Life of John Colborne*, Londres, 1903, 140, citado por Uffindell, Andrew. *Great Generals of the Napoleonic Wars and their Battles 1805-1815*, Staplehurst, Spellmount, 2003, 150.
15 Holmes, Richard. *Redcoat, The British Soldier in the Age of Horse and Musket*, Nueva York, Norton & Company, 2001, 148.
16 Longford, *Wellington The Years of the Sword*, 323.
17 Morillo al marqués de Monsalud, Cabeza de Buey, 7 de enero de 1812, en Rodríguez Villa, *El Teniente General don Pablo Morillo*, doc. n. 167, 173.
18 Para la primera de ellas existe una carta del propio general Castaños en la que exceptúa al regimiento de la Unión de esta saca, Castaños a Morillo, Cuartel general de Valencia de Alcántara, 14 de septiembre de 1811, en Rodríguez Villa, *El Teniente General don Pablo Morillo*, t. 1, 68-69.
19 Glover, "Apéndice biográfico" a Hennell, *A Gentleman Volunteer, The Letters of George Hennell from the Peninsular War, 1812-1813*.
20 Morillo al Consejo de Regencia, s.l., s.d. [1812], en Rodríguez Villa, *El Teniente General don Pablo Morillo*, doc. n. 191, t. 2, 200-201.
21 General Girón a Morillo, Cuartel General de Fuentes de honor, 25 de diciembre de 1811, en Rodríguez Villa, *El Teniente General don Pablo Morillo*, doc. n. 164, 170-171.
22 Morillo al marqués de Monsalud, Montánchez, 28 de diciembre de 1811, en Rodríguez Villa, *El Teniente General don Pablo Morillo*, doc. n. 188, 196-197.
23 Morillo a Castaños, [1811] s.d, en Rodríguez Villa, *El Teniente General don Pablo Morillo*, doc. n. 102, 100-101.
24 Castaños a Morillo, 5 de septiembre de 1811, en Rodríguez Villa, *El Teniente General don Pablo Morillo*, t. 1, 44.
25 Madariaga, Salvador de. *Ingleses, Franceses, Españoles. Ensayo de psicología colectiva comparada*, 4.ª ed., Madrid, Aguilar, 1934, 48.
26 Kincaid, John. *Adventures in the Rifle Brigade in the Peninsula, France and the Netherlands from 1809 to 1815*, ed. facsímil a cargo de Ian Fletcher, Staplehurst, Spellmount, 1998, 36.
27 Chartrand y Younghusband, *Spanish Army of the Napoleonic Wars, (1808-1812)*, v. 2.
28 Morillo a Hill, Almendral, 26 de junio de 1812, en Rodríguez Villa, *El Teniente General don Pablo Morillo*, doc. n. 211, 221-222.
29 Uffindell, Andrew. *Great Generals of the Napoleonic Wars and their Battles 1805-1815*, Staplehurst, Spellmount, 2003, 147.
30 Cadell, Charles. *Narrative of the campaigns of the Twenty-Eighth Regiment*, Londres, 1835, 115.
31 Sarrazin, Jean. *History of the War in Spain and Portugal from 1807 to 1814*, Londres, Henry Colburn, 1814, 219.
32 Uffindell, Andrew. *Great Generals of the Napoleonic Wars and their Battles 1805-1815*, Staplehurst, Spellmount, 2003, 148.
33 Hibbert, Christopher ed. *A Soldier of the Seventy First. The Journal of a Soldier in the Peninsular War*, Gloucestershire, The Windrush Press, 1997, 69.
34 Teffeteller, Gordon L. *The Surpriser, The Life of Rowland, Lord Hill*, East Brunswick, Associated University Press, 1983, 108.
35 Bueno, *Uniformes españoles de la guerra de Independencia*, 112-113, lámina 34.

36 Bueno, *Soldados de España, El uniforme militar español desde los reyes Católicos hasta Juan Carlos I*, 171, lámina III, Figura B.

37 Blakeney, Robert. *A Boy in The Peninsular War*, Londres, Greenhill Books, 1989, 226.

38 Ídem nota anterior, 226

39 Ídem nota anterior, 231.

40 Gates, *La úlcera española. Historia de la Guerra de la Independencia*, 272. Teffeteller, Gordon L. *The Surpriser, The Life of Rowland, Lord Hill*, East Brunswick, Associated University Press, 1983, 111. Uffindell, Andrew. *Great Generals of the Napoleonic Wars and their Battles 1805-1815*, Staplehurst, Spellmount, 2003, 151. Morillo al general Girón, Parte oficial de la acción de Arroyo Molinos, Zarza de Montánchez, 28 de octubre de 1811, en Rodríguez Villa, *El Teniente General don Pablo Morillo*, doc. n. 160, 166-168.

41 Teffeteller, Gordon L. *The Surpriser, The Life of Rowland, Lord Hill*, East Brunswick, Associated University Press, 1983.

42 Bell, George. *Soldier's Glory: Being "Rough Notes of and Old Soldier"*, Londres, Brian Stuart Ed., G. Bell and Sons Ltd., 1956, 16.

43 Recogidas en Coplas Populares, http://www.iespana.es/paseovirtual/medievo/pueblo3.htm#27

44 Morillo al marqués de Monsalud, Agudo, 9 de enero de 1812, en Rodríguez Villa, *El Teniente General don Pablo Morillo*, t. 1, 65

45 Smith, Robert Barr. "Wellington's camp followers", *Military History*, (June 2003): 34-41, 34.

46 Storer, Ian, "Johnny I hardly know you. Women and camp followers of the Napoleonic era", *First Empire*, n. 19.

47 Hennell, *A Gentleman Volunteer, The Letters of George Hennell from the Peninsular War, 1812–1813*, 59.

48 Les Cases, Emmanuel de. *Memorial de Sainte-Hélène*, París, Éditions du Seiul, 1968.

49 Paget, Julian. *Wellington's Peninsular War, Battles and Battlefields*, Londres, Leo Cooper, 1990, 40.

50 Trainé y Carmigniani, *Napoleón, 1807-1814, La Campagne d'Espagne*, 186.

51 Hoja de Servicios de don Pablo Morillo, conde de Cartagena. AGM, Sección elb, División CAJ.108, Leg. 9, Folio 1.

52 Morillo a don Francisco Salces, Medellín, 29 de marzo de 1810, en Rodríguez Villa, *El Teniente General don Pablo Morillo*, doc. n. 20, 33.

53 García de León y Pizarro, José. "Memorias", Edición, Prólogo, apéndices y notas de Alonso-Castrillo, Alvaro, Madrid, 1953, 115 y ss., citado por Moreno Alonso, *Los españoles durante la ocupación napoleónica, La vida cotidiana en la vorágine*, 149.

54 Castaños a Morillo, Villaviciosa, 7 de abril de 1811, en Rodríguez Villa, *El Teniente General don Pablo Morillo*, doc. n. 104, 102-103.

55 Carr, *España 1808–1975*, 18 y 29.

56 Moreno Alonso, *Los españoles durante la ocupación napoleónica, La vida cotidiana en la vorágine*, 75.

57 Morillo al alcalde d. Francisco Guerrero, Feria, 15 de mayo de 1810, en Rodríguez Villa, *El Teniente General don Pablo Morillo*, doc. n. 47, 52.

58 Morillo al marqués de Monsalud, Cabeza de Buey, 7 de enero de 1812, en Rodríguez Villa, *El Teniente General don Pablo Morillo*, doc. n. 167, 173.

59 Morillo a Castaños, Alba de Tormes, 27 de mayo de 1813, en Rodríguez Villa, *El Teniente General don Pablo Morillo*, doc. n. 257, 260-261.

60 Conde de Penne a Morillo, Cáceres, 11 de octubre de 1811, en Rodríguez Villa, *El Teniente General don Pablo Morillo*, doc. n. 157, 164.

61 Anónimo. *El libro de España*, Barcelona, Ed. F.T.D., 1828, 286.

62 Moreno Alonso, *Los españoles durante la ocupación napoleónica, La vida cotidiana en la vorágine*, 157 y ss.
63 Jourdan, Jean Baptiste. *Mémoires militaires de Maréchal Jourdan (Guerre d'Espagne), écrits par lui-même, publiés d'aprés le menuscrit original par M. le vicomte de Grouchy*, Flammarion, París, 1899, 315, citado por Aymes, Jean-René, "La guerrilla española (1808-1814) en la literatura testimonial francesa", en Armillas Vicente. *La guerra de la Independencia: Estudios. Congreso Internacional celebrado en Zaragoza del 3 al 5 de diciembre de 1997*, 15-34, 29.
64 Tone, *The Fatal Knot – The Guerrilla War in Navarre and the Defeat of Napoleón in Spain.*
65 Moreno Alonso, *Los españoles durante la ocupación napoleónica, La vida cotidiana en la vorágine*, 93 y ss.
66 Vilar, *Hidalgos, Amotinados y Guerrilleros*, 200.
67 Trainé y Carmigniani, *Napoleón, 1807-1814, La Campagne d'Espagne*, 240.
68 Chartrand, René. "The Guerrillas. How Oman Underestimated the Role of Irregular Forces", en Griffith, *Modern Studies of the War in Spain and Portugal, 1808-1814*, 161-180, 163.
69 Gates, *La úlcera española. Historia de la Guerra de la Independencia.*
70 Tone, *The Fatal Knot – The Guerrilla War in Navarre and the Defeat of Napoleón in Spain.*
71 Chartrand, René. "The Guerrillas. How Oman Underestimated the Role of Irregular Forces", en Griffith, *Modern Studies of the War in Spain and Portugal, 1808-1814*, 161-180, 178.
72 Paget, Julian. *Wellington's Peninsular War, Battles and Battlefields*, Londres, Leo Cooper, 1990, 5.
73 Reglamento de Guerrillas de 28 de diciembre de 1808.
74 Instrucción de la Junta Suprema del Reino para Corso Terrestre, Sevilla, 17 de abril de 1809.
75 Reglamento de las Partidas de Patriotas y documentos 5-4-5-18 y 5-4-6-18 de la Colección General de Documentos del Archivo del Servicio Histórico Militar, citados por Cassinello Pérez, Andrés. *Juan Martín, "EL EMPECINADO", o el amor a la libertad*, Madrid, Ed. San Martín S. L., 1995, 39 y ss.
76 Reglamento para las Partidas de Guerrillas de 11 de junio de 1812.
77 Reglamento para las Partidas de Guerrillas de 28 de julio de 1814.
78 Castaños a Morillo, Santa Olalla, 16 de julio de 1811. RAH, Colección Pablo Morillo, conde de Cartagena, Sig. 9/7644, leg. 1, m.
79 Morillo a Castaños, s.l., s.d. [1811], en Rodríguez Villa, *El Teniente General don Pablo Morillo*, doc. n. 151, t. 1, 45.
80 Morillo a Castaños, Hornachos, 25 de mayo de 1811, en Rodríguez Villa, *El Teniente General don Pablo Morillo*, doc. n. 113, 111-112.
81 Morillo a Castaños, Zalamea, 27 de mayo de 1811, en Rodríguez Villa, *El Teniente General don Pablo Morillo*, doc. n. 116, 115-116.

Capítulo 6

1 Longford, *Wellington. The Years of the Sword*, 307.
2 Keegan, John. *Intelligence in War, Knowledge of the enemy from Napoleón to Al-Qaeda*, Nueva York, Knopf, 2003, 15.
3 Fletcher, *Vittoria 1813. Wellington sweeps the french from Spain*, 20.
4 Rathbone, Julian. *Wellington's War or 'Atty, the long-nosed bugger that licks the french'*, Londres, Michael Joseph, 1994, 283 y ss.

5 Glover, *Wellington as Military Commander*, 141.
6 Glover, *Wellington as Military Commander*, 115.
7 Algún autor español dice que quien estuvo enfermo fue el rey José (Becerro de Bengoa, Ricardo. "Descripción de la batalla de Vitoria", en VV.AA., *Conmemoración de la batalla de Vitoria en su 150 aniversario 1813-1963*, 1963, 34) pero aquí se ha optado por seguir fuentes francesas que suelen ser más fiables en cuanto a este tipo de detalles internos de su propio ejército (Thiers, M. A. "La batalla de Vitoria" en VV. AA, *Conmemoración de la batalla de Vitoria en su 150 aniversario 1813-1863*, 105).
8 Picard, Ernst. *Préceptes et jugements de Napoleón*, París, Berger-Levrault, 1913, Edic. inglesa, AMS Press, Nueva York, 1974, 114-115.
9 Chartrand y Younghusband, *Spanish Army of the Napoleonic Wars (3) 1812-1815*, 13.
10 Morillo al general Castaños, parte sobre la batalla de Vitoria, Salvatierra, 23 de junio de 1813, en Rodríguez Villa, *El Teniente General don Pablo Morillo*, doc. n. 263, 267.
11 Hibbert, Christopher ed. *A Soldier of the Seventy First. The Journal of a Soldier in the Peninsular War*, Gloucestershire, The Windrush Press, 1997, 69.
12 Hoja de Servicios de don Pablo Morillo, conde de Cartagena. AGM, Sección elb, División CAJ.108, Leg. 9, Folio 1.
13 Wellington al Duque de Bathurst, despacho, Salvatierra, 22 de junio de 1813, en Rathbone, Julian. *Wellington's War or 'Atty, the long-nosed bugger that licks the french'*, Londres, Michael Joseph, 1994, 283 y ss.
14 Castaños a Morillo, Burgos, 24 de junio de 1813, en Rodríguez Villa, *El Teniente General don Pablo Morillo*, doc. n. 264, 269-270.
15 Hennell, *A Gentleman Volunteer, The Letters of George Hennell from the Peninsular War, 1812-1813*, 90.
16 Algunas fuentes británicas como Ian Fletcher o Cit. hablan de Casapalicios, pero se trata de un error bastante común que en la transcripción de los nombres en castellano al inglés se deslicen este tipo de faltas.
17 Pérez Galdós, Benito. *El equipaje del Rey José, Episodios Nacionales,*Madrid, Alianza Editorial, 1976, 14.
18 Existe un muy idealizado cuadro de Enrique Esteban un pintor especializado en temas militares en el que se distingue perfectamente este curioso atuendo de los Lanceros de Julián Sánchez, recogido en José Bueno, *Uniformes españoles de la guerra de Independencia*, 18-19.
19 «Charro» es un gentilicio que hace referencia a los aldeanos de Salamanca.
20 Becerra de Becerra, Emilio. *Las hazañas de unos lanceros, Historia del Regimiento de Caballería I° de Lanceros de Castilla según los papeles de don Julián Sánchez García, -El Charro-*, Salamanca, Diputación Provincial de Salamanca, 1999.
21 Fletcher, *Vittoria 1813. Wellington sweeps the french from Spain*, 59.
22 Wellington al Duque de Bathurst, despacho, Salvatierra, 22 de junio de 1813, en Rathbone, Julian. *Wellington's War or 'Atty, the long-nosed bugger that licks the french'*, Londres, Michael Joseph, 1994, 283 y ss.
23 Pérez Galdós, Benito. *El equipaje del Rey José, Episodios Nacionales,*Madrid, Alianza Editorial, 1976, 148 y 149.
24 www.britishbattles.com/peninsula/peninsula-vitoria.html
25 Juan de Velasco, "Relación de la batalla de Vitoria", en VV.AA., *Conmemoración de la batalla de Vitoria en su 150 aniversario 1813-1863*, 78.
26 José de Larrea, cura párroco del pueblo de Berrosteguieta, "Episodios de la batalla de Vitoria escritos en el libro parroquial", ", en VV.AA., *Conmemoración de la batalla de Vitoria en su 150 aniversario 1813-1863*, 142-143.

27 Glover, *The Peninsular War, 1807–1814, A Concise Military History*, 243.

28 Robert Ballard Long, 23 de junio de 1813, en McGuffie, *Peninsular Cavalry General: The Correspondence of Robert Ballard Long*, Londres, 1951, 275.

29 Longford, *Wellington The Years of the Sword*, 323.

30 Wellington al *earl* de Bathurst, Salvatierra, 22 de junio de 1813, «*Hill speaks highly of the conduct of General Morillo and the Spanish troops under his command*» en Wellington, duque de. *The Dispatches of Field Marshal the Duke of Wellington, during his various campaigns in India, Denmark, Portugal, Spain, the Low Countries, and France, from 1799 to 1818*, Lt. Col. Gurwood ed., Londres, John Murray, 1838, v. 10, 446-453.

31 Wellington a Juan O'Donoju, Salvatierra, 24 de junio de 1813, en Wellington, duque de. *The Dispatches of Field Marshal the Duke of Wellington, during his various campaigns in India, Denmark, Portugal, Spain, the Low Countries, and France, from 1799 to 1818*, Lt. Col. Gurwood ed., Londres, John Murray, 1838, v. 10, 455. Véase también, General Wimpffen a Morillo, Orcoyen, 26 de junio de 1813, en Rodríguez Villa, *El Teniente General don Pablo Morillo*, doc. n. 265, 270.

32 Real Despacho de la Regencia, Cádiz, 3 de Julio de 1813, ascendiendo a Pablo Morillo a mariscal de campo, recogido parcialmente en Rodríguez Villa, *El Teniente General don Pablo Morillo* t. 1, 82.

33 Churchill a Morillo, Roncesvalles, 20 de agosto de 1813, en Rodríguez Villa, *El Teniente General don Pablo Morillo*, doc. n. 289, 297.

34 Retrato de Don Pablo Morillo, Comte de Cartagena, por Thomas Heaphy, National Portrait Gallery, Londres, n. NPG 1914 (23). www.npg.org.uk

35 Soult, 2 de septiembre de 1813, en Clerc, Cdt. *Champagne du Meréchal Soult dans les Pyrénée-Occidentales*, Baudouin, París, 1894, 131.

36 Pellot, Joseph. *Mémoire Sur la Champagne de l'Armée Française dite des Pyrénées, en 1813 et 1814*, Bayonnne, Gosse, 1818, 23-24.

37 Robertson, Ian C. *Wellington invades France, The Final Phase of the Peninsular War, 1813-1814*, Londres, Greenhill Books, 2003, 69.

38 Gates, *La úlcera española, Historia de la Guerra de la Independencia*, 395.

39 Wellington al earl of Bathurst, San Juan de Luz, 30 de enero de 1814, en Wellington, duque de. *The Dispatches of Field Marshal the Duke of Wellington, during his various campaigns in India, Denmark, Portugal, Spain, the Low Countries, and France, from 1799 to 1818*, Lt. Col. Gurwood ed., Londres, John Murray, 1838, v. 11, 489-490.

40 Datos de Robertson, Ian C. *Wellington invades France, The Final Phase of the Peninsular War, 1813-1814*, Londres, Greenhill Books, 2003, 190.

41 Ídem nota anterior.

42 Wellington a Bathurst, 21 de noviembre de 1813, en Robertson, Ian C. *Wellington invades France, The Final Phase of the Peninsular War, 1813-1814*, Londres, Greenhill Books, 2003, 160.

43 Testimonio recogido por Hunt, Eric,. *Charging against Napoleón, Diaries and Letters of Three Hussars, 1808–1815*, Yorkshire, Ed. Leo Cooper, 2001, 161.

44 Morillo al general Freire, Urt, 21 de diciembre de 1813 (1ª de esta fecha), en Rodríguez Villa, *El Teniente General don Pablo Morillo*, doc. n. 333, 344.

45 Morillo al general Castaños, Campo de Valcarlos, 9 de julio de 1813 á las doce y media del día, en Rodríguez Villa, *El Teniente General don Pablo Morillo*, doc. n. 274, 278 y ss.

46 Morillo al general Castaños, Campo de Valcarlos, 9 de julio de 1813 á las doce y media del día, en Rodríguez Villa, *El Teniente General don Pablo Morillo*, doc. n. 274, 278 y ss.

47 Morillo, proclama a los soldados de la Primera División del 4º Exército, al entrar en Francia, Cuartel General de Roncesvalles, 1 de julio de 1813, en Rodríguez Villa, *El Teniente General don Pablo Morillo*, doc. n. 268 , 271 y ss.

48 Halty, Dominique. Épisodes des guerres Napoléoniennes au Pays Basque, Cambo, Cairn, 1998, 60.
49 Pellot, Joseph. *Mémoire Sur la Champagne de l'Armée Française dite des Pyrénées, en 1813 et 1814*, Bayonnne, Gosse, 1818, 122-123.
50 Oman, *A History of the Peninsular War, v. VII August 1813 to April 14, 1814*, 315.
51 Hart, Basil Liddell. *Thoughts on War*, Londres, Faber & Faber, 1944.
52 Para los hábitos alimenticios de la oficialidad británica véase: Burnham, Robert. "The British Regimental Mess in the Peninsula War", The Napoleon Series, http://www.napoleon-series.org/military/organization/c_mess.htmlLarpent, Francis S. *The Private Journal of Francis Seymour Larpent, Judge Advocate General of the British Forces in the Peninsula*, edic. de George Larpent y Richard Bentley, Londres, 1853, 50-52.
53 General Hill a Morillo, 23 de diciembre de 1813, en Rodríguez Villa, *El Teniente General don Pablo Morillo*, doc. n. 335, 348 y ss.
54 Morillo al general Hill, Hasparren, 18 de diciembre de 1813, en Rodríguez Villa, *El Teniente General don Pablo Morillo*, doc. n. 314, 323.
55 Morillo al general Wimpffen, Hasparren, 19 de diciembre de 1813, en Rodríguez Villa, *El Teniente General don Pablo Morillo*, doc. n. 321, 327.
56 Morillo al general Álava, Urcurray, 16 de diciembre de 1813, en Rodríguez Villa, *El Teniente General don Pablo Morillo*, doc. n. 313, 321 y ss.
57 Churchill a Morillo, despacho remitiéndole una copia de las órdenes de Wellington, San Juan de Luz, 18 de diciembre de 1813, en Rodríguez Villa, *El Teniente General don Pablo Morillo*, doc. n. 318, 325 y ss.
58 Lorenzo Cebrián, jefe de la Primera Brigada a Morillo, despacho, 20 de diciembre de 1813, en Rodríguez Villa, *El Teniente General don Pablo Morillo*, doc. n. 325, 331-332.
59 Morillo al general Freyre, Urt, 21 de diciembre de 1813 (2.ª de esta fecha), en Rodríguez Villa, *El Teniente General don Pablo Morillo*, doc. n. 331 340-341.
60 Morillo al general Freyre, Urt, 21 de diciembre de 1813 (2.ª de esta fecha), en Rodríguez Villa, *El Teniente General don Pablo Morillo*, doc. n. 331 340-341.
61 Napoleón al general Lemarois, 9 de julio de 1813.
62 Hunt, Eric,. *Charging against Napoleón, Diaries and Letters of Three Hussars, 1808-1815*, Yorkshire, Ed. Leo Cooper, 2001, 180. Wellington, parte oficial, San Juan de Luz, 20 de febrero de 1814, en Rodríguez Villa, *El Teniente General don Pablo Morillo*, t. 1.
63 Ministro de la Guerra al Duque de Cuidad Rodrigo, despacho, 28 de marzo de 1814, en Rodríguez Villa, *El Teniente General don Pablo Morillo*, doc. n. 382, 403-404.
64 Ministro de la Guerra al Duque de Cuidad Rodrigo, despacho, 28 de marzo de 1814, en Rodríguez Villa, *El Teniente General don Pablo Morillo*, doc. n. 382, 403-404.
65 Morillo al general Freyre, bloqueo de Navarrens, 25 de febrero de 1814, en Rodríguez Villa, *El Teniente General don Pablo Morillo*, doc. n. 374, 397-398.
66 General Álava a Morillo, despacho, Orthez, 28 de marzo de 1814, á las seis y media de la mañana, en Rodríguez Villa, *El Teniente General don Pablo Morillo*, doc. n. 381, 402-403.
67 Morillo, proclama a la guarnición de Navarrenx, marzo de 1814, en Rodríguez Villa, *El Teniente General don Pablo Morillo*, doc. n. 385, 406-408.
68 M. de Maluquer, jefe de la gendarmería de Pau al servicio del Rey Luis XVIII a Morillo, 13 de abril de 1814 (1ª de esta fecha), en Rodríguez Villa, *El Teniente General don Pablo Morillo*, doc. n. 386, 408; y M. de Maluquer, jefe de la gendarmería de Pau al servicio del Rey Luis XVIII a Morillo, 16 de abril de 1814 (2ª de esta fecha), en Rodríguez Villa, *El Teniente General don Pablo Morillo*, doc. n. 387, 409.
69 Lefevre, Georges. *Napoleón*, París, Presse Universitaires de France, 1953, 557-558.
70 Maurois, André. *Napoleón*, Barcelona, Salvat, 1984, 162.

71 Oman, *A History of the Peninsular War, v. VII August 1813 to April 14, 1814*, 558 y ss.

72 Coronel Regnault, gobernador militar de Navarrenx a Morillo, Navarrenx, 20 de abril de 1814, en Rodríguez Villa, *El Teniente General don Pablo Morillo*, doc. n. 393, 417-418.

73 Coronel Regnault, gobernador de la plaza de Navarrenx a Morillo, Navarrenx, 26 de abril de 1814, en Rodríguez Villa, *El Teniente General don Pablo Morillo*, doc. n. 397, 419-420.

Capítulo 7

1 Artola, *La España de Fernando VII*, Madrid, Espasa, 1999, 421.

2 Costeloe, *Response to Revolution. Imperial Spain and the Spanish American revolutions, 1810-1840*, 50.

3 Friede, *La otra verdad. La independencia americana vista por los españoles*, 24.

4 Costeloe, *Response to Revolution. Imperial Spain and the Spanish American revolutions, 1810-1840*, 51.

5 Breña, El primer liberalismo español y los procesos de emancipación de América, 1808-1824: 434-435. Ver también: Costeloe, *La respuesta a la Indpendencia. La España imperial y las revoluciones hispanoamericanas, 1810-1840*: 176. Anna, Timothy E. *Spain and the Loss of America*, Lincoln, University of Nebraska Press, 1983, 161.

6 Pérez Turrado, La *Marina española en la independencia de Costa Firme*, 37.

7 Martínez-Valverde, Carlos. *La Marina en la guerra de la Independencia*, Madrid, 1974.

8 Serrano Álvarez, José Manuel. "El ejército expedicionario de Tierra Firme en Nueva Granada", en Calvo Stevenson y Meisel Roca, *Cartagena de Indias en la independencia*, 337-370, 343; Arámbarri, *Hechos del general Pablo Morillo en América*, 15-21.

9 Madariaga, *El auge y el ocaso del imperio español en América*, t. 2, 278 y ss.

10 En este sentido se pronuncian: Costeloe, *Response to Revolution. Imperial Spain and the Spanish American revolutions, 1810-1840*, 65; Woodward, Margaret L. "The Spanish Army and the Loss of America, 1810-1824", *The Hispanic American Historical Review*, v. 48, n. 4 (Nov. 1968): 586-607. Ullrick, Laura F. "Morillo´s attempt to Pacify Venezuela", *The Hispanic American Historical Review*, v. 3, n. 4 (Nov. 1920): 535-565, 536; Neira Sánchez, Hugo. *Pablo Morillo: el desconocido masón*, Academia de Historia del Tolima, Ibagué, 2001?

11 Rodríguez Villa, *El Teniente General don Pablo Morillo*, t.1, 121.

12 Rodríguez Villa, *El Teniente General don Pablo Morillo*, t.1, 632, dice que sus apellidos eran del Villar y Urtuzaústegui pero, si se utiliza la tradición moderna de usar el primer apellido de la madre y el segundo del padre, el correcto es el que aquí se emplea. Además, más adelante se han encontrado documentos en los que ella firmaba como María Josefa Villar de Morillo, por lo que se ha optado por esta opción.

13 Escosura, Jerónimo de la. *Biografía del Teniente General don Pablo Morillo, Conde de Cartagena, Marqués de la Puerta, Caballero Gran Cruz de la real y Distinguida Orden de Carlos III, de la Militar de San Fernando, de la Americana de Isabel la Católica, y Caballero de la de San Hermenegildo, Gentil Hombre de la Cámara de S. M., etc., etc.*, manuscrito, 18 de marzo de 1840. 39 ff. Manuscrito con firma autógrafa. RAH, Colección Pablo Morillo, conde de Cartagena, Sig. 9/7651, leg. 8,a),ff. 1-38.

14 María Josefa Villar de Morillo al editor del Diario Mercantil, Cádiz, 8 de mayo de 1820, en Rodríguez Villa, *El Teniente General don Pablo Morillo*, 634-636.

15 Costeloe, *Spain and the Spanish American Wars of Independence: The Comisión de Reemplazos, 1811-1820*, 224.

16 Costeloe, *Spain and the Spanish American Wars of Independence: The Comisión de Reemplazos, 1811-1820*, 229; Malamud, *La comisión de reemplazos de Cádiz y la financiación de la reconquista americana*, 319-325.
17 Castaños a Morillo, 20 de diciembre de 1814, en Rodríguez Villa, *El Teniente General don Pablo Morillo*, doc. n. 402, 422.
18 Muchas de las fuentes bibliográficas hablan de unos 10 000 hombres en total, pero parecen más exactos los de la Comisión de Reemplazos.
19 Los datos aquí expuestos son recogidos por Albi, *Banderas olvidadas. El ejército realista en América*, 148. En lo referente a los mandos están extraídos de: Sevilla, *Memorias de un oficial del Ejército Español.*
20 Datos de la composición de la Escuadra, marinería y oficiales al mando tomados de Pérez Turrado, La Marina española en la independencia de Costa Firme, 205.
21 Datos de los buques de guerra de la expedición tomados de González Aller Hierro, *Relación de los Buques de la Armada Española en los siglos XVIII, XIX y XX.*
22 *Primera, San Ildefonso, Guatemala, Daoiz, Velarde, Ensayo, Eugenio, Júpiter, Cortes de España, Numantina, Vicenía, Salvadora, Palma, Socorro, San Francisco de Paula, Providencia, Héroe de Navarra, San Pedro y San Pablo, Joaquina, Nueva Empresa, Empecinada, San Ignacio de Loyola, Los Buenos Hermanos, Preciosa, San Fernando, Apodaca, Elena, Venturosa, Coro, Pastora, Gertrudis, Arapiles, Águila, Parentela, Unión, Piedad, Carlota, San José, Segunda Carlota, Velona, San Enrique, San Andrés y Alianza.* Datos de Sevilla, Memorias de un oficial del Ejército Español, 23.
23 Serrano Álvarez, José Manuel. "El ejército expedicionario de Tierra Firme en Nueva Granada", en Calvo Stevenson y Meisel Roca, *Cartagena de Indias en la independencia*, 337-370, 350.
24 Ídem nota anterior, 350-351.
25 Humphreys, Robert. *La Marina Real Británica y la liberación de Sudamérica*, Caracas, 1962, 17.
26 Real Orden de 6 de enero de 1815, concediendo y regulando la leva, Archivo Bazán, Expediciones a Indias, 1815, en Pérez Turrado, *La Marina española en la independencia de Costa Firme*, 202.
27 Pascual Enrile, jefe de la escuadra, Cádiz, 3 de enero de 1815, Archivo Bazán, Expediciones a Indias, 1815, en Pérez Turrado, *La Marina española en la independencia de Costa Firme*, 202.
28 Real Orden de 14 de noviembre de 1814, autorizando el embargo de buques mercantes, Archivo Bazán, Expedición de Enrile, "Indiferente de América", 1814, en Pérez Turrado, *La Marina española en la independencia de Costa Firme*, 205.
29 Pérez Turrado, *La Marina española en la independencia de Costa Firme*, 205.
30 Informe de Pascual Enrile al Capitán General de Cádiz, 10 de febrero de 1815, Archivo Bazán, Expediciones a Indias, 1815, en Pérez Turrado, *La Marina española en la independencia de Costa Firme*, 206.
31 Cervantes, Miguel de. *Don Quijote de la Mancha*, Edición del Instituto Cervantes, dirigida por Francisco Rico, Barcelona, Ed. Instituto Cervantes-Crítica, 1998, Parte 1, Capítulo 1, 43.
32 Marqués de las Amarillas, Exposición sobre el estado actual del Ejército español, Madrid, 1820, citado por Albi, *Banderas olvidadas. El ejército realista en América*, 32.
33 Instancia de María Josefa Villar, viuda de Morillo, por la que solicita, pago de los haberes pendientes del general don Pablo Morillo, Madrid, 10 de julio de 1840. Petición reiterada el 13 de enero de 1841. Ambas en Santiago y Gadea, *El General Don Pablo Morillo. Apuntes históricos acerca de sus hechos militares, particularmente en las gloriosas jornadas de Puente Sampayo y Vigo*, 67-68.
34 Albi, Ediciones de Cultura Hispánica, 1990, 149.

35 Sevilla, *Memorias de un oficial del Ejército Español*, 21.
36 Sevilla, *Memorias de un oficial del Ejército Español*, 21.
37 Sevilla, *Memorias de un oficial del Ejército Español*, 22.
38 Woodward, Margaret L. "The Spanish Army and the Loss of America, 1810-1824", *The Hispanic American Historical Review*, v. 48, n. 4 (Nov. 1968): 586-607, 589.
39 Albi, *Banderas olvidadas. El ejército realista en América*, 146.
40 Costeloe, *Response to Revolution. Imperial Spain and the Spanish American revolutions, 1810-1840*, 64. Albi, *Banderas olvidadas. El ejército realista en América*, 147.
41 Costeloe, *Response to Revolution. Imperial Spain and the Spanish American revolutions, 1810-1840*, 64.
42 Instrucciones dadas al general Morillo para su expedición a Costafirme, por el ministro universal de indias Lardizábal, Muy reservado, 18 de noviembre de 1814. RAH, Colección Pablo Morillo, conde de Cartagena, Sig. 9/7651, b), ff. 39-46v.
43 Anna, Timothy E. "Spain and the Breakdown of the Imperial Ethos: The Problem of Equality", *The Hispanic American Historical Review*, v. 62, n. 2 (mayo 1982).
44 Bolivar, Carta de Jamaica. Recogida en Bolívar, *Doctrina del Libertador*, 55 y ss.
45 Instrucciones dadas al general Morillo para su expedición a Costafirme, por el ministro universal de indias Lardizábal, Muy reservado, 18 de noviembre de 1814. RAH, Colección Pablo Morillo, conde de Cartagena, Sig. 9/7651, b), ff. 39-46v.
46 Instrucciones dadas al general Morillo para su expedición a Costafirme, por el ministro universal de indias Lardizábal, Muy reservado, 18 de noviembre de 1814. RAH, Colección Pablo Morillo, conde de Cartagena, Sig. 9/7651.
47 Sevilla, *Memorias de un oficial del Ejército Español*, 24.
48 Sevilla, *Memorias de un oficial del Ejército Español*, 24.
49 Pérez Turrado, *La Marina española en la independencia de Costa Firme*, 210.
50 Decreto de 1 de abril de 1815, en Rodríguez Villa, *El Teniente General don Pablo Morillo*, doc. n. 406, 448.
51 Earle, *Spain and the Independence of Colombia, 1810-1825*, 1.
52 Datos recogidos por Ocampo López, Javier. "El proceso político, militar y social de la independencia", en VV.AA. *Manual de Historia de Colombia*, Bogotá, Procultura, 1984, 3 ed., t. 2, 17-135, 48.
53 Ídem nota anterior, 47.
54 McFarlane, *Colombia Before Independence, Economy, Society, and Politics Under Bourbon Rule*, 351.
55 Brungardt, Maurice P., "The Economy of Colombia in the Late Colonial and Early National Periods", en Fisher, Kuethe y McFarlane. *Reform and Insurrection in Bourbon New Granada and Peru*, 164-193, 165.
56 Earle, *Spain and the Independence of Colombia, 1810-1825*, 1.
57 McFarlane, *Colombia Before Independence, Economy, Society, and Politics Under Bourbon Rule*, 252-271.
58 McFarlane, 2002: 252 - 271.
59 Como ejemplos de esta visión "tradicional" del movimiento Comunero baste citar: Arciniegas, Germán, (1938) 1951; Briceño Perozo, Manuel. *Los Comuneros*, Bogotá, 1880; y Cárdenas Acosta, Pablo E. *Los Comuneros (reivindicaciones históricas y juicios críticos documentalmente justificados)*, Bogotá, s.e., 1945.
60 Liévano Aguirre, Indalecio, 2002, t. 1: 487 et seq.
61 García, Antonio, 1981: 19.
62 Phelan, John I. *The People and the King: The Comunero Revolution in Colombia, 1781*, Madison, University of Wisconsin Press, 1978, XVII - XVIII.
63 McFarlane, Anthony, 1984: 20.
64 Prago, Albert. *The Revolutions in Spanish America, The Independence Movements of 1808-1825*, Nueva York, Macmillan, 1970, 183.

65 Liévano Aguirre, *Bolívar*, 84.
66 Liévano Aguirre, *Bolívar*, 84.
67 Datos de von Humboldt, *Equinoctial Regions of America*, The Project Gutenberg, Ebook http://www.gutenberg.net/etext04/qnct110.txt
68 Acta de la independencia de la provincia de Cartagena en la Nueva Granada, en VV.AA. *Documentos que hicieron un país*, Bogotá, Archivo General de la Nación de Colombia, Presidencia de la República, 1997,167 y ss.
69 Lemaitre, *Breve Historia de Cartagena*, 102 y ss.
70 Meisel Roca, Adolfo. "La crisis fiscal de Cartagena en la era de la independencia, 1808-1821", en Calvo Stevenson y Meisel Roca, *Cartagena de Indias en la independencia*, 371-404, 374.
71 Meisel Roca, Adolfo. "La crisis fiscal de Cartagena en la era de la independencia, 1808-1821", en Calvo Stevenson y Meisel Roca, *Cartagena de Indias en la independencia*, 371-404, 378, 382, 386, 388 y 392.
72 Para detalles sobre el "florero de Llorente" véanse: Acevedo y Gómez, "21 de julio de 1810", en Henao y Arrubia, *Historia de Colombia*, t. l, 380-381. Caldas, *Diario político de Santfé de Bogotá, agosto 10 a febrero 11 de 1811, Santafé, 1810-1811.*
73 McFarlane, *Colombia Before Independence, Economy, Society, and Politics Under Bourbon Rule*, 343.
74 Ocampo López, Javier *Historia Básica de Colombia*, Bogotá, Bibliográfica Internacional S.A., 1997, 204.
75 Earle, *Spain and the Independence of Colombia, 1810-1825*, 36 y ss.
76 Uribe Uran, Victor M. "Rebellion of the Mandarins: Lawyers, Political Parties and the Sate in Colombia, 1780-1850", [tesis] University of Pittsburg, Pittsburg, 1993.
77 Leyes de las Siete Partidas, Partida II, 25, proemio. Siguiendo a García de Valdeavellano, Luis. *Curso de Historia de las Instituciones Españolas*, Madrid, Alianza, 1968.
78 Véase: Madariaga, *El auge y el ocaso del imperio español en América*, t. 1, 41-50.
79 Morillo al Ministro de la Guerra, despacho sobre la marcha de los asuntos pendientes y estado de aquellos países, Santa fe, 12 de noviembre de 1816 (1° de esta fecha), RAH. Colección Pablo Morillo, conde de Cartagena, Sig. 9/7656, leg. 13, a), ff. 33v-37.
80 Earle, *Spain and the Independence of Colombia, 1810-1825*, 36 y ss.
81 Simón Bolívar a Maxwell Hysop, en Liévano Aguirre, *Bolívar*, 149.
82 Pérez Pardella, Agustín. *José de San Martín, El Libertador cabalga*, Buenos Aires, Planeta, 2000, 138 y ss.
83 Lombardi, John V. *Venezuela: The Search for Order, the Dream of Progress*, Nueva York, Oxford University Press, 1982, 149.
84 Bolívar, *Doctrina del Libertador*, 55 y ss.
85 Bolivar, Carta de Jamaica, en Bolívar, *Doctrina del Libertador*, 55 y ss.
86 Uslar Pietri, J. *Historia de la revolución popular de 1814*, Caracas, 1962, recogido por Semprún Bullón, *Capitanes y Virreyes*, 104.
87 Semprún Bullón, *Capitanes y Virreyes*, 102.
88 Sobre Boves véase: Pérez Tenreiro, Tomás. *José Tomás Boves: Primera lanza del rey*, Ministerio de Defensa, Caracas, s.d.; y Carrera Damas, Germán. *Boves: Aspectos socio-econonómicos de su acción histórica*, Caracas, Ministerio de Educación, 1968.
89 Instrucciones dadas al general Morillo para su expedición a Costafirme, por el ministro universal de indias Lardizábal, Muy reservado, 18 de noviembre de 1814. RAH, Colección Pablo Morillo, conde de Cartagena, Sig. 9/7651, b), ff. 39-46v.
90 Kaufmann, *British Policy and the Independence of Latin America, 1804-1828*, 76 y ss.
91 Reglamento impreso para la travesía de la Expedición a Costafirme, Archivo Bazán, Expediciones a Indias, 1815, en Pérez Turrado, *La Marina española en la independencia de Costa Firme*, 209.

92 Sevilla, *Memorias de un oficial del Ejército Español,* 35.
93 Instrucciones dadas al general Morillo para su expedición a Costafirme, por el ministro universal de indias Lardizábal
94 Miller, Gary M. "Status and Loyalty of Regular Army Officers in Late Colonial Venezuela", *The Hispanic American Historical Review*, v. 66, n. 4 (Nov. 1986): 667-696, 667.
95 Salazar Franco (Cheguaco), José Joaquín. *El general Juan Bautista Arismendi, Historia y Leyendas*, Imprenta oficial del Estado de Nueva Esparta, 1991, 8 y ss.
96 Parte n. 119, en González, Juan Vicente. *José Félix Rivas*, Caracas, Ministerio de Educación Nacional de Venezuela, 1949.
97 Parte n. 123, en ídem nota anterior.
98 Parte núm 126, en ídem noata anterior.
99 Sevilla, *Memorias de un oficial del Ejército Español,* 36.
100 Sevilla, *Memorias de un oficial del Ejército Español,* 36-37.
101 Instrucciones dadas al general Morillo para su expedición a Costafirme, por el ministro universal de indias Lardizábal, Muy reservado, 18 de noviembre de 1814. RAH, Colección Pablo Morillo, conde de Cartagena, Sig. 9/7651, b), ff. 39-46v.
102 Sevilla, *Memorias de un oficial del Ejército Español,* 38.
103 Punto octavo de "política" en las Instrucciones dadas al general Morillo para su expedición a Costafirme, por el ministro universal de indias Lardizábal, Muy reservado, 18 de noviembre de 1814. RAH, Colección Pablo Morillo, conde de Cartagena, Sig. 9/7651, b), ff. 39-46v.
104 King, James F. "A Royalist View of the Coloured Castas in the Venezuelan War of Independence", *The Hispanic American Historical Review*, v. 33, n. 4 (Nov. 1953): 526-537, 530.
105 Proclama de Morillo á los habitantes de la Isla Margarita, Pampatár, 15 de abril de 1815. RAH. Colección Pablo Morillo, conde de Cartagena, Sig. 9/7650, leg. 7, c), f. 104.
106 Datos de González-Aller Hierro, "Relación de los Buques de la Armada Española en los siglos XVIII, XIX y XX".
107 Sevilla, *Memorias de un oficial del Ejército Español,* 43.
108 Sevilla, *Memorias de un oficial del Ejército Español,* 43.45.
109 Expediente a los tripulantes del navío *San Pedro de Alcántara*; correo desde el 25 de mayo de 1817 al 8 de abril de 1819, Archivo Bazán, Expediciones a Indias, 1819, I, Buques, en Pérez Turrado, *La Marina española en la independencia de Costa Firme*, 87.
110 Instrucciones dadas al general Morillo para su expedición a Costafirme, por el ministro universal de indias Lardizábal, Muy reservado, 18 de noviembre de 1814. RAH, Colección Pablo Morillo, conde de Cartagena, Sig. 9/7651, b), ff. 39-46v.
111 Sevilla, *Memorias de un oficial del Ejército Español,* 46.
112 Landaeta Rosales, *Recepciones hechas en Caracas á hombres públicos de Venezuela, desde 1810 hasta 1906*, Caracas, 1906, en Rodríguez Villa, t.1, 142.
113 Sevilla, *Memorias de un oficial del Ejército Español,* 47.
114 Retrato de Pablo Morillo por Pedro José Figueroa (Bogotá, ca.1770-Bogotá, 1838), pintado ca. 1816, óleo sobre tela, 125.5 x 79 cm, Bogotá, Museo Nacional de Colombia, Reg. 524.
115 Proclama de Morillo a los habitantes de Venezuela, Cuartel general de Caracas, 11 de mayo de 1815, en Morillo, *Manifiesto que hace á la Nación Española*, doc. n. 6 de las Piezas Justificativa; y en Rodríguez Villa, *El Teniente General don Pablo Morillo*, doc. n. 417, 464.
116 Proclama de Morillo a los habitantes de Venezuela, Cuartel general de Caracas, 11 de mayo de 1815, en Morillo, *Manifiesto que hace á la Nación Española*, doc. n. 6 de las Piezas Justificativa; y en Rodríguez Villa, *El Teniente General don Pablo Morillo*.

117 Proclama de Morillo a los habitantes de Venezuela, Cuartel general de Caracas, 11 de mayo de 1815, en Morillo, *Manifiesto que hace á la Nación Española*, doc. n. 6 de las Piezas Justificativa; y en Rodríguez Villa, *El Teniente General don Pablo Morillo*.

118 Instrucciones dadas al general Morillo para su expedición a Costafirme, por el ministro universal de indias Lardizábal, Muy reservado, 18 de noviembre de 1814. RAH, Colección Pablo Morillo, conde de Cartagena, Sig. 9/7651, b), ff. 39-46v.

119 Stoan, *Pablo Morillo and Venezuela, 1815-1820*, 63 y ss.

120 Sevilla, *Memorias de un oficial del Ejército Español*, 47.

121 Proclama de Morillo a los habitantes de Venezuela, Cuartel general de Caracas, 11 de mayo de 1815, en Morillo, *Manifiesto que hace á la Nación Española*, doc. n. 6 de las Piezas Justificativa; y en Rodríguez Villa,*El Teniente General don Pablo Morillo*.

Capítulo 8

1 Morillo, Proclama á los habitantes de la Nueva Granada, Caracas, 17 de mayo de 1815. RAH. Colección Pablo Morillo, conde de Cartagena, Sig. 9/7650, leg. 7, c), ff. 116-121.

2 Morillo, proclama á los habitantes de la Nueva Granada, Caracas, 17 de mayo de 1815. RAH. Colección Pablo Morillo, conde de Cartagena, Sig. 9/7650, leg. 7, c), ff. 116-121.

3 Earle, *Spain and the Independence of Colombia, 1810-1825*, 43.

4 Boletín n. 2 del ejército expedicionario, recogido en *Documentos para la historia de la Provincia de Cartagena*, t. 2, 100.

5 Punto 11 sobre Exército de las Instrucciones dadas al general Morillo para su expedición a Costafirme, por el ministro universal de indias Lardizábal, Muy reservado, 18 de noviembre de 1814. RAH, Colección Pablo Morillo, conde de Cartagena, Sig. 9/7651, b), ff. 39-46v.

6 Quintero Saravia, Gonzalo M. *Don Blas de Lezo. Defensor de Cartagena de Indias*, Bogotá, Planeta Colombia, 2002, 149-173.

7 Para más detalles sobre la aplicación del sistema de fortificaciones, basado en Vauban, edificado en Cartagena de Indias véase Zúñiga, *San Luis de Bocachica. Un gigante olvidado en la historia colonial de Cartagena de Indias*.

8 Segovia Salas, *Las Fortificaciones de Cartagena de Indias. Estrategia e Historia*, 31.

9 Cobo-Borda, Juan Gustavo (texto) y Castañeda Buraglia, Antonio (fotografía). *Casas Presidenciales de Colombia*, Bogotá, Villegas editores, 1998, 99 y ss.

10 Plutarco, *Lifes, Themistocles and Camillus, Aristides and Cato Mayor, Cimon and Lucullus*, 1-93.

11 Sourdis de la Vega, *Cartagena de Indias durante la Primera República, 1810-1815*, 141; Véase también: Bloqueo y rendición de la plaza de Cartagena de Yndias con las operaciones executadas en su provincia, s.d. [1816], RAH, Colección Pablo Morillo, conde de Cartagena, Sig. 9/7651, leg. 8, k), ff. 330-350.

12 Sobre el papel de las fuerzas navales tanto realistas como independentistas véanse: Torrejón Chaves, Juan. "Emancipación de Hispanoamérica y guerra económica: la actividad corsaria", *Revista General de Marina*, v. 257 (Ago.-Sep. 2009): 223-236; Franco Castañón, Hermenegildo. "Los apostaderos: factor esencial del apoyo naval", *Revista General de Marina*, v. 257 (Ago.-Sep. 2009): 237-246; Blanco Núñez, "La armada española y sus oficiales durante las guerras de emancipación americanas"; Anca Alamillo, Alejandro. "Pérdidas de buques de la armada española durante las guerras de emancipación americanas", *Revista General de Marina*, v. 257 (Ago.-Sep. 2009): 259-270; Díaz Ordóñez, Manuel. "La real armada y el control del orinoco

en la primera parte de la independencia venezolana: la batalla de Sorondo", *Revista General de Marina*, v. 257 (Ago.-Sep. 2009): 271-282.
13 Jünger,Ernst. *Tempestades de Acero*, Barcelona, Tusquets, 1983, 14.
14 Clausewitz, Karl von. *De la Guerra*, Barcelona, Labor, 1992, Libro III, Capítulo IV, 184.
15 Sourdis de De la Vega, *Cartagena de Indias durante la Primera República, 1810-1815*, 126-127.
16 Quintero Saravia, Gonzalo M. *Don Blas de Lezo. Defensor de Cartagena de Indias*, Bogotá, Planeta Colombia, 2002.
17 Mercado, *Campaña de invasión del teniente general don Pablo Morillo, 1815-1816*, 120.
18 Notas del coronel Luis de Rieux, Archivo Restrepo, Revolución de Cartagena 1741-1816, nota 2, sitio de Morillo en el año de 1815 sobre Cartagena, 1824, en Sourdis de la Vega, *Cartagena de Indias durante la Primera República, 1810-1815*, 124. Rieux, Luis Francisco de. "Memoria sobre el sitio puesto a la plaza de Cartagena de Indias por el ejército español expedicionario al manod del teniente general D. Pablo Morillo, por el general de Colombia Luis Francisco de Rieux en marzo de 1824", en Corrales, Ezequiel, ed.. *Efeméridesy anales del Edtado de Bolívar*, Bogotá, Casa Editorial de J. J. Pérez, v. 2, 1889.
19 Ídem nota anterior.
20 Expresión ya recogida de Karl von Clausewitz, *De la Guerra*.
21 Sourdis de la Vega, *Cartagena de Indias durante la Primera República, 1810-1815*, 127.
22 Expresión utilizada por Clausewitz, *De la Guerra*.
23 Sevilla, *Memorias de un oficial del Ejército Español*, 64.
24 Proclama de Morillo á los pueblos de Cartagena, la playa de Sabanilla, 16 de agosto de 1815. RAH. Colección Pablo Morillo, conde de Cartagena, Sig. 9/7650, leg. 7, c), ff. 83-86
25 Semprún y Bullón de Mendoza, *El Ejército Realista en la Independencia Americana*, 33.Serrano Álvarez, José Manuel. "El ejército expedicionario de Tierra Firme en Nueva Granada", en Calvo Stevenson y Meisel Roca, *Cartagena de Indias en la independencia*, 337-370, 358.
26 Pérez Turrado, *La Marina española en la independencia de Costa Firme*, 246.
27 Cacua Prada, Antonio. *El corsario Luis de Aury, Intimidades de la independencia*, Bogotá, Academia Colombiana de Historia, 2001, 33-34.
28 Lemaitre, *Breve Historia de Cartagena*, Medellín, Colina, 1998, 111.
29 Sourdis de de la Vega, *Cartagena de Indias durante la Primera República, 1810-1815*, 138.
30 Lemaitre, *Breve Historia de Cartagena*, 107.
31 Sourdis de la Vega, *Cartagena de Indias durante la Primera República, 1810-1815*, 128.
32 Sevilla, *Memorias de un oficial del Ejército Español*, 71.
33 Sevilla, *Memorias de un oficial del Ejército Español*, 71.
34 Sourdis de la Vega, *Cartagena de Indias durante la Primera República, 1810-1815*, 149.
35 Sourdis de la Vega, *Cartagena de Indias durante la Primera República, 1810-1815*, 150.
36 Pérez Turrado, *La Marina española en la independencia de Costa Firme*, 89.
37 Molusco cuyas valvas de su concha, a manera de mandíbulas, perforan las maderas sumergidas y causan graves daños a las construcciones navales. "Broma", Real Academia Española. *Diccionario Manual e Ilustrado de la Lengua Española*, 4ª ed., Madrid, Espasa-Calpe, 1989, 237.
38 Pérez Turrado, *La Marina española en la independencia de Costa Firme*, 89.
39 Hoja de servicios del capitán Juan Bautista Maortua, AGS, leg. 7298, cuaderno 13, f. 6.
40 Morillo al ministro de Guerra, s.l., 31 de diciembre de 1815, en Rodríguez Villa, *El Teniente General don Pablo Morillo*, t. 1, 174-182.

41 Pombo, Lino de. *Reminiscencias del sitio de 1815*, citado por Lemaitre. *Breve Historia de Cartagena*, 112-113; Restrepo, *Historia de la revolución de la República de Colombia*, 273; Lemaitre, Eduardo. *Historia General de Cartagena de Indias*, 151-152.

42 Segovia Salas, Rodolfo. "El sitio de Cartagena por el general Pablo Morillo en 1815", en Calvo Stevenson y Meisel Roca, *Cartagena de Indias en la independencia*, 405-470, 461.

43 Pérez Turrado, *La Marina española en la independencia de Costa Firme*, 265-266.

44 Restrepo, *Historia de la revolución de la República de Colombia*, t. 2, 83.

45 Véase Lemaitre, *Breve Historia de Cartagena*, 113; Mercado, *Campaña de invasión del teniente general don Pablo Morillo, 1815-1816*, 112.

46 Lemaitre, *Breve Historia de Cartagena*, 114.

47 Restrepo, *Historia de la revolución de la República de Colombia*, t. 2, 83.

48 Restrepo, *Historia de la revolución de la República de Colombia*, t. 2, 66.

49 Restrepo, *Historia de la revolución de la República de Colombia*, t. 2, 78.

50 Nota del general Bolívar con la cual contesta a la excitación de los comisionados cavero y Hyelop para que vuelva a la plaza de Cartagena a salvarla de la dominación española, Kingston, 2 de diciembre de 1815, Corrales, Manuel Ezequiel. *Documentos para la Historia de la Provincia de Cartagena de Indias hoy Estado Soberano de Bolívar en la Unión Colombiana*, Bogotá, Imprenta de Medardo Rivas, 1883-1884, doc. n. 268, 157.

51 Sevilla, *Memorias de un oficial del Ejército Español*, 61.

52 Instrucciones dadas al general Morillo para su expedición a Costafirme, por el ministro universal de indias Lardizábal, Muy reservado, 18 de noviembre de 1814. RAH, Colección Pablo Morillo, conde de Cartagena, Sig. 9/7651, b), ff. 39-46v.

53 Serrano Álvarez, José Manuel. "El ejército expedicionario de Tierra Firme en Nueva Granada", en Calvo Stevenson y Meisel Roca, *Cartagena de Indias en la independencia*, 337-370, 353.

54 *Causas civiles y militares vistas en Cartagena de Indias*, AGI, Cuba 891; *Diario del Gobierno de la Habana*, 2 de Septiembre, 1816, f. 173r.; Cacua Prada, Antonio. *El corsario Luis de Aury, Intimidades de la independencia*, Bogotá, Academia Colombiana de Historia, 2001, 35 y ss.

55 Restrepo, *Historia de la revolución de la República de Colombia*, t. 2, 85.

56 Sevilla, *Memorias de un oficial del Ejército Español*, 66.

57 Segovia Salas, *105 días: El sitio de Pablo Morillo a Cartagena de Indias*.

58 Morillo, despacho, Cartagena de Indias, 31 de diciembre de 1815, en Rodríguez Villa, *El Teniente General don Pablo Morillo*, t. 1, 179.

59 Sourdis de la Vega, *Cartagena de Indias durante la Primera República, 1810-1815*, 150.

60 Sevilla, *Memorias de un oficial del Ejército Español*, 71;Segovia Salas, Rodolfo. "El sitio de Cartagena por el general Pablo Morillo en 1815", en Calvo Stevenson y Meisel Roca, *Cartagena de Indias en la independencia*, 405-470, 458.

61 Morillo, *Manifiesto que hace á la Nación Española el teniente general don Pablo Morillo*, 18.

62 Restrepo, *Historia de la revolución de la República de Colombia*, t. 2, 86.

63 Morillo, despacho, Cartagena de Indias, 31 de diciembre de 1815, en Rodríguez Villa, *El Teniente General don Pablo Morillo*, t. 1, 179.

64 Instrucciones dadas al general Morillo para su expedición a Costafirme, por el ministro universal de indias Lardizábal, sección de "política", punto 1, Muy reservado, 18 de noviembre de 1814. RAH, Colección Pablo Morillo, conde de Cartagena, Sig. 9/7651, b), ff. 39-46v.

65 Morillo, circular prohibiendo el uso de la palabra "patriota", aplicada á los revolucionarios, sin fecha pero hallada entre los papeles de 1818, en Rodríguez Villa, *El Teniente General don Pablo Morillo*, doc. n. 764, 703.

66 El proceso y la ejecución de los denominados como márties de Cartagena de Indias ocupan un lugar muy destacado dentro de la mitología de los próceres de la independencia colombiana. Si bien los hechos están ampliamente documentados, su interpretación ha variado mucho con el paso del tiempo. Desde la exaltación hagiográfica por parte de la historiografía nacional colombiana del siglo XIX de José P.Urueta, prolongada hasta bien entrado en siglo XX por Gabriel Jiménez Molinares, hasta el profundo y sosegado análisis documental de Roberto Arrazola, culminando en la síntesis de Adelaida Sourdís Nájera.Urueta, José P. *Los mártires de Cartagena*, Cartagena, Tipografía de A. Araújo, 1886.

67 Morillo, *Manifiesto que hace á la Nación Española el teniente general don Pablo Morillo,* 20.

68 Sourdís Nájera, Adelaida. "El Consejo de Guerra de los Mártires en 1816", en Calvo Stevenson y Meisel Roca, *Cartagena de Indias en la independencia*, 297-336, 306.

69 Arrazola, *Los mártires responden...*, 315.

70 Restrepo, *Historia de la Revolución de la República de Colombia*, v. 2, 138-139.

71 Lemaitre, *Breve Historia de Cartagena*, Medellín, Colina, 1998, 118.

72 Díaz Díaz, *La Reconquista Española, t. 1, Invasión Pacificadora, Régimen del Terror, Mártires, Conspiradores y Guerrilleros (1815–1817)*, 102.

73 Ley I del Título I de las Siete Partidas.

74 Morillo, *Manifiesto que hace á la Nación Española el teniente general don Pablo Morillo*, 20.

75 Arrazola, *Los mártires responden...*, 314.

76 Morillo al ministro de la Guerra, despacho remitiendo relación de individuos pasados por las armas, Cartagena, 16 de febrero de 1816. RAH. Colección Pablo Morillo, conde de Cartagena, Sig. 9/7656, leg. 13, b), ff. 124-125.

77 Lemaitre, *Breve Historia de Cartagena*, 121.

78 Declaración de José María García de Toledo, s.d. [1816], en Arrazola, *Los mártires responden...*, 21.

79 Declaración de Manuel del Castillo, s.d. [1816], en Arrazola, *Los mártires responden...*, 37.

80 Declaración de Antonio José de Ayos, s.d. [1816], en Arrazola, *Los mártires responden...*, 135.

81 Declaraciones de: José María García de Toledo, s.d. [1816], de Manuel del Castillo, s.d. [1816], y de Manuel Díaz Granados, s.d. [1816], en Arrazola, *Los mártires responden...*, 24, 43 y 239.

82 Declaraciones de: Manuel del Castillo, s.d. [1816], y de Antonio José de Ayos, s.d. [1816], en Arrazola, *Los mártires responden...*, 47, 96 y 100 y 157.

83 Declaración de Manuel de Anguiano, s.d. [1816], en Arrazola, *Los mártires responden...*, 300, 304 y 306.

84 Declaraciones de Pantaleón Germán Ribón, s.d. [1816] y de Martín José Amador, s.d. [1816], en Arrazola, *Los mártires responden...*, 249 y 267.

85 Declaración de Santiago Stuart, s.d. [1816], en Arrazola, *Los mártires responden...*, 290.

86 Pérez Turrado, *La Marina española en la independencia de Costa Firme*, 247.

87 Luis de Onís, ministro plenipotenciario de España en los Estados Unidos de América, al general Morillo, Philadelphia, 3 de marzo de 1816 (1ª de esta fecha), en Rodríguez Villa, *El Teniente General don Pablo Morillo,* doc. n. 462, 11; Luis de Onís, ministro plenipotenciario de España en los Estados Unidos de América, al general Morillo, Philadelphia, 3 de marzo de 1816 (2ª de esta fecha), en Rodríguez Villa, *El Teniente General don Pablo Morillo*, doc. n. 463, 12; Luis de Onís, ministro plenipotenciario de España en los Estados Unidos de América, al general Morillo, Philadelphia, 4 de marzo de 1816, en Rodríguez Villa, *El Teniente General don Pablo Morillo*, doc. n. 464, 14; Luis de Onís, ministro plenipotenciario de España en los Estados

Unidos de América, al general Morillo, Philadelphia, 20 de marzo de 1816, en Rodríguez Villa, *El Teniente General don Pablo Morillo*, I doc. n. 465, 19.

88 Morillo a Luis de Onís, Santa Fe de Bogotá, 23 de junio de 1816, en Rodríguez Villa, *El Teniente General don Pablo Morillo*, doc. n. 468, 22.

89 Pita Pico, Roger. "¡Vivas al Rey! y ¡Vivas a la patria!: el influjo del ceremonial público en las provincias de Santa Marta y Cartagena en tiempos de la independencia, 1808-1825", M*emorias: Revista Digital de Historia y Arqueología desde el Caribe*, v. 22, (2014): 185-211,197. Sobre el papel de la iglesia y el clero en la guerra de independencia en la Nueva Granada véase: Gómez Hoyos, Rafael. "La Iglesia Granadina y la Santa Sede ante la revolución de la Independencia", en VV.AA. *Grito de Independencia en Colombia*, Bogotá, Ediciones Académicas Rafael Montoya y Montoya, 1960; Jaramillo Roberto. *El clero en la Independencia*, Medellín, Ediciones de la Revista Universidad de Antioquia, 1946; Martínez de Codes, Rosa María. *La Iglesia católica en la América Independiente- Siglo XIX*, Madrid, Mapfre, 1992; Toro, Iván Darío. "Clero insurgente y clero realista en la Revolución colombiana de la Independencia", *Anuario de Historia de la Iglesia*, n. 17 (2008): 119-136; y Velásquez, Erika María. "La religión católica en las constituciones neogranadinas de 1811 a 1815", *Revista Facultad de Derecho y Ciencias Políticas*, v. 36, n. 105 (2006): 283-298.

90 Instrucciones dadas al general Morillo para su expedición a Costafirme, por el ministro universal de indias Lardizábal, Muy reservado, 18 de noviembre de 1814. RAH, Colección Pablo Morillo, conde de Cartagena, Sig. 9/7651, b), ff. 39-46v.

91 Morillo, despacho, Cartagena de Indias, 31 de diciembre de 1815, en Rodríguez Villa, *El Teniente General don Pablo Morillo*, t. 1, 179.

92 Morillo, despacho, Cartagena de Indias, 31 de diciembre de 1815, en Rodríguez Villa, *El Teniente General don Pablo Morillo*, t. 1, 179.

93 Ministro de la Guerra a Morillo comunicándole la concesión de una cruz de distinción a los participantes en el bloqueo y rendición de Cartagena de Indias, Madrid, 1 de abril de 1816. RAH, Colección Pablo Morillo, conde de Cartagena, Sig. 9/7653, leg. 10, a), ff. 40-41.

94 González-Aller Hierro, "Relación de los Buques de la Armada Española en los siglos XVIII, XIX y XX".

95 Decreto de Fernando VII, Madrid, 14 de marzo de 1815, por el que se crea la Real y Americana Orden de Isabel la Católica.

96 Retrato de Morillo (ca. 1816), por Pedro José Figueroa (Bogotá, ca.1770 - Bogotá, 1838), óleo sobre tela, 25.5 x 79 cms, Museo Nacional de Colombia, Bogotá.

97 Real Decreto de 24 de marzo de 1815,*Gaceta de Madrid*, n. 36, 25 de marzo de 1815. Aunque la fecha real de creación es el 24 de marzo de 1815 resulta curioso que en varias ocasiones se cita como fecha del Real Decreto fundacional el 14 de este mismo mes (*Constituciones de la Real Orden Americana de Isabel la Católica...*, 3-4.). También hay una confusión en cuanto a la fecha de las primeras Constituciones pues se mencionan creadas el mismo día 24 de marzo de 1815, pero lo cierto es que no serán publicados completas hasta un año más tarde y llevando ya la mención de que estas son una reforma de las iniciales (*Constituciones de la Real Orden Americana de Isabel la Católica...*, 9.).

98 *Constituciones de la Real Orden Americana de Isabel la Católica...*, 4.

99 Real Decreto de 24 de marzo de 1815.

100 Real Decreto de 24 de julio de 1815.

101 *Constituciones de la Real Orden Americana de Isabel la Católica...*, 6-7.

102 Stevens, Anthony. *Ariadne's Clue, A Guide to the Symbols of Humankind*, Princeton University Press, Princeton, 1998, 148-149.

103 "Como oro en el crisol los probó y como holocausto los aceptó", Biblia de Jerusalén, Sabiduría 3, 6.

104 Martins, Mario, S. I. "Santa Isabel, Reina de Portugal", en *Año Cristiano*, Madrid, Editorial Católica (BAC 185), 1959, 73-77.
105 Real Decreto de 24 de marzo de 1815.
106 Artículos XXVI, XXVII, XXVIII, XXIX, XXX, XXXI y XXXII de las *Constituciones de la Real Orden Americana de Isabel la Católica.*
107 Fórmula del juramento original completo, según el R. D. de 24 de marzo de 1815.
108 Párrafo añadido a la fórmula original del juramento según consta en formulario de: *Ceremonial que se observa en la Real Cámara de S. M. en el solemne acto de armar caballero, prestar juramento, y recibir insignias de la Gran Cruz de la Real Orden Americana de Isabel la Católica*, s.d., Archivo del Introductor de Embajadores, Subdirección General de Viajes y Visitas Oficiales, Ceremonial y Órdenes del Ministerio de Asuntos Exteriores y de Cooperación, Palacio de Santa Cruz, Madrid.
109 Bula *Viros magnos in regno* del Papa Pío VII del 26 de mayo de 1816, por la que se establecen privilegios, indulgencias y gracias espirituales para los caballeros de la Real Orden americana de Isabel la Católica equiparándolos a los de los caballeros de la Real y distinguida Orden española de Carlos III.
110 La nobleza personal hacía que el que la poseyese adquiriese los privilegios de este orden que abarcaban ámbitos como el tributario, el de la jurisdicción civil y penal, etc.... con la limitación de que para que fuese transmisible a sus descendientes tenían que acreditarse su posesión durante tres generaciones, tras las que se convertía en nobleza de sangre.
111 Artículo VII de las *Constituciones de la Real Orden Americana de Isabel la Católica.*
112 La suspensión es una censura eclesiástica por la cual se prohíbe a un clérigo ejercer la autoridad que le ha sido confiada por la Iglesia en razón de su orden, oficio o beneficio eclesiástico. *Diccionario de Derecho Canónico*, Librería de Rosa y Bouret, París, 1854, 1056.
113 La pena de entredicho es una censura que prohíbe celebrar los oficios divinos, la misa, los sacramentos y dar sepultura en ciertos lugares o a ciertas personas. *Diccionario de Derecho Canónico*, Librería de Rosa y Bouret, París, 1854, 495.
114 Real Orden de 24 de marzo de 1815 y Artículo XLII de las *Constituciones de la Real Orden Americana de Isabel la Católica.*
115 Real Orden de 30 de julio de 1820.
116 Artículo XXXIX de las *Constituciones de la Real Orden Americana de Isabel la Católica.*
117 Artículos III y XXI de las *Constituciones de la Real Orden Americana de Isabel la Católica.*
118 Artículo XXI de las *Constituciones de la Real Orden Americana de Isabel la Católica.*
119 Pablo Morillo al ministro de la Guerra, Sogamoso, 19 diciembre 1816, agradeciendo las condecoraciones recibidas por el ejército y por él mismo. Real Academia de la Historia, Colección Pablo Morillo, conde de Cartagena, Sig. 9/7656, leg. 13, b), ff. 192-192v; Real Orden del Ministerio de Estado por la que se exonera a Pablo Morillo del pago de los derechos correspondientes a la concesión de la Gran Cruz de Isabel la Católica, fechada en Madrid, el 1 de agosto de 1819, en Rodríguez Villa, *El Teniente General don Pablo Morillo*, t. 4, 112.
120 Mateo de Agüero, secretario de la orden de Isabel la Católica, a Miguel de la Torre, Madrid, 23 octubre 1821, comunicandole a la concesión de la Gran Cruz, fechada. Archivo Histórico Nacional, Torrepando, leg. 8718-99, en León Tello, *El ejército expedicionario de Costa Firme,* t. 1, 64.
121 Ministro de la Guerra a Pablo Morillo, Madrid, 1 abril 1816, sobre concesión de gracias. Real Academia de la Historia, Colección Pablo Morillo, conde de Cartagena, Sig. 9/7653, leg. 10, a), ff. 40-41.
122 Pablo Morillo al ministro de la Guerra, Santa Fé, 31 agosto 1816. Real Academia de la Historia, Colección Pablo Morillo, conde de Cartagena, Sig. 9/7656, leg. 13, a), ff. 23v-27.

123 RAH. Colección Pablo Morillo, conde de Cartagena, Sig. 9/7654, leg. 11.
124 Rodríguez Villa, *El Teniente General don Pablo Morillo*, t. 3, p. 79.
125 Sorando Muzás, Luis. *Banderas, estandartes y trofeos del Museo del Ejército 1700-1843, Catálogo razonado*, Madrid, Ministerio de Defensa, 2001.
126 Poesías escritas para celebrar la conquista de Cartagena por Morillo, s.d. [1815], en Rodríguez Villa, *El Teniente General don Pablo Morillo*, doc. n. 518, 122.
127 Poesías escritas para celebrar la conquista de Cartagena por Morillo, s.d. [1815], en Rodríguez Villa, *El Teniente General don Pablo Morillo*, doc. n. 518, 122.
128 Morillo, *Manifiesto que hace á la Nación Española el teniente general don Pablo Morillo*, 21.

Capítulo 9

1 Proclama de Morillo á las tropas de su mando, Cartagena de Indias, 15 de enero de 1816. RAH. Colección Pablo Morillo, conde de Cartagena, Sig. 9/7650, leg. 7, c), ff. 178-181.
2 Morillo al ministro de la Guerra, despacho, Cuartel General de Santa Fe, 31 de agosto de 1816 (1° de esta fecha), RAH. Colección Pablo Morillo, conde de Cartagena, Sig. 9/7656, leg. 13, a), ff. 23v-27.
3 Morillo, *Manifiesto que hace á la Nación Española el teniente general don Pablo Morillo*, 21.
4 Entre los primeros: Mercado, *Campaña de invasión del teniente general don Pablo Morillo, 1815-1816*: 126 et seq. Entre los segundos: Restrepo, *Historia de la Revolución de la República de Colombia*, v. 2: 104.
5 Albi, *Banderas olvidadas. El ejército realista en América*, 165.
6 Mercado, *Campaña de invasión del teniente general don Pablo Morillo, 1815-1816*, 126 y ss.
7 Morillo al ministro de la Guerra, despacho, Cuartel General de Santa Fe, 31 de agosto de 1816 (1° de esta fecha), RAH. Colección Pablo Morillo, conde de Cartagena, Sig. 9/7656, leg. 13, a), ff. 23v-27.
8 Morillo al Ministro de la Guerra, despacho, Bogotá, 31 de mayo de 1816, RAH. Colección Pablo Morillo, conde de Cartagena, Sig. 9/7656, leg. 13, a), ff. 20v-23.
9 Corradine Angulo, "Albarradas, Callejones y Casonas", 118-119.
10 Sevilla, *Memorias de un oficial del Ejército Español*, 75-76.
11 Morillo al Ministro de la Guerra, despacho, Bogotá, 31 de mayo de 1816, RAH. Colección Pablo Morillo, conde de Cartagena, Sig. 9/7656, leg. 13, a), ff. 20v-23.
12 Morillo al Ministro de la Guerra, despacho, Mompox, 7 de marzo de 1816. RAH. Colección Pablo Morillo, conde de Cartagena, Sig. 9/7656, leg. 13, a), ff. 13-14.
13 Morillo al Ministro de la Guerra, despacho, Bogotá, 31 de mayo de 1816, RAH. Colección Pablo Morillo, conde de Cartagena, Sig. 9/7656, leg. 13, a), ff. 20v-23.
14 Morillo al ministro de la Guerra, despacho, Ocaña, 30 de marzo de 1816, RAH. Colección Pablo Morillo, conde de Cartagena, Sig. 9/7656, leg. 13, a), f. 19v-20.
15 Morillo al ministro de la Guerra, despacho, Ocaña, 30 de marzo de 1816, RAH. Colección Pablo Morillo, conde de Cartagena, Sig. 9/7656, leg. 13, a), f. 19v-20.
16 Morillo al Ministro de la Guerra, despacho, Bogotá, 31 de mayo de 1816, RAH. Colección Pablo Morillo, conde de Cartagena, Sig. 9/7656, leg. 13, a), ff. 20v-23.
17 Sevilla, *Memorias de un oficial del Ejército Español*, 37.
18 Proclama de Morillo a los habitantes de la Nueva Granada, Cartagena de Indias, 22 de enero de 1816. RAH. Colección Pablo Morillo, conde de Cartagena, Sig. 9/7650, leg. 7, c), f. 122.
19 Proclama de Morillo a los habitantes de la Nueva Granada, Cartagena de Indias, 22 de enero de 1816. RAH. Colección Pablo Morillo, conde de Cartagena, Sig. 9/7650, leg. 7, c), f. 122.

20 Madariaga, *Bolívar*, t. 1, 565.

21 Morillo al Ministro de la Guerra, despacho, Bogotá, 31 de mayo de 1816, RAH. Colección Pablo Morillo, conde de Cartagena, Sig. 9/7656, leg. 13, a), ff. 20v-23.

22 Sevilla, *Memorias de un oficial del Ejército Español*, 89.

23 Sevilla, *Memorias de un oficial del Ejército Español*, 90-91.

24 Castelot, *Talleyrand ou le cynisme*.

25 Restrepo, *Historia de la Revolución de la República de Colombia*, t. 2, 135.

26 Madariaga, *Bolívar*, t. 1, 485.

27 Morillo al Ministro de la Guerra, despacho, Bogotá, 31 de mayo de 1816, RAH. Colección Pablo Morillo, conde de Cartagena, Sig. 9/7656, leg. 13, a), ff. 20v-23; y Morillo al Ministro de la Guerra, despacho, Santa fe, 31 de agosto de 1816 (2º de esta fecha), RAH. Colección Pablo Morillo, conde de Cartagena, Sig. 9/7656, leg. 13, a), ff. 28-31.

28 Ministro de la Guerra a Morillo, 2 de septiembre de 1816, RAH. Colección Pablo Morillo, conde de Cartagena, Sig. 9/7653, leg. 10, a), f. 95.

29 Indulto de S.M. Fernando VII, concedido a los insurgentes de la América española, Madrid, 24 de enero de 1817, seguido del Acuerdo de la Audiencia de Caracas, Caracas, 20 de septiembre de 1817. RAH. Colección Pablo Morillo, conde de Cartagena, Sig. 9/7650, leg. 7, f), ff. 303-312. Instrucciones dadas al general Morillo para su expedición a Costafirme, por el ministro universal de indias Lardizábal, Muy reservado, 18 de noviembre de 1814. RAH, Colección Pablo Morillo, conde de Cartagena, Sig. 9/7651, b), ff. 39-46v.

30 Indulto concedido por Morillo, Cuartel general de Ocaña, 24 de abril de 1816, en Rodríguez Villa, *El Teniente General don Pablo Morillo*, doc. n. 489, 53 y ss.

31 Indulto publicado por Morillo, Santa fe de Bogotá, 30 de mayo de 1816, RAH. Colección Pablo Morillo, conde de Cartagena, Sig. 9/7650, leg. 7, f), ff. 295-300.

32 Marchena Fernández, , *"El ejército de América: el componente humano"*, 153. Miller. "Status and Loyalty of Regular Army Officers in Late Colonial Venezuela", 670.

33 Noticia del juramento de fidelidad y vasallaje al Rey D. Fernando VII, celebrado en Santa Fe, á 31 de mayo de 1816, publicado en Santa Fe, imprenta de D.B.E., por Nicomedes Lora, en Rodríguez Villa, *El Teniente General don Pablo Morillo*, doc. n. 495, 68-70..

34 Tavera Aya, *Los toros en Bogotá y Cartagena. Dos siglos de tradición republicana.*

35 Noticia del juramento de fidelidad y vasallaje al Rey D. Fernando VII, celebrado en Santa Fe, á 31 de mayo de 1816, publicado en Santa Fe, imprenta de D.B.E., por Nicomedes Lora, en Rodríguez Villa, *El Teniente General don Pablo Morillo*, doc. n. 495, 68-70.

36 Sevilla, *Memorias de un oficial del Ejército Español*, 94-95.

37 Sevilla, *Memorias de un oficial del Ejército Español*, 95-96.

38 Liévano Aguirre, *Los grandes conflictos sociales y económicos de nuestra historia*, t. 1, 386.

39 Bando de Morillo á las provincias y lugares del Nuevo Reino de Granada, Santa Fe, 6 de junio de 1816, RAH. Colección Pablo Morillo, conde de Cartagena, Sig. 9/7650, leg. 7, e), f. 248; Morillo al Ministro de la Guerra, despacho sobre la marcha de los asuntos pendientes y estado de aquellos países, Santa fe, 12 de noviembre de 1816 (1º de esta fecha), RAH. Colección Pablo Morillo, conde de Cartagena, Sig. 9/7656, leg. 13, a), ff. 33v-37.

40 Adelman, "The Rites Of Statehood: Violence And Sovereignty In Spanish America, 1789-1821", 413.

41 Morillo, *Manifiesto que hace á la Nación Española el teniente general don Pablo Morillo*, 5.

42 Instrucciones dadas al general Morillo para su expedición a Costafirme, por el ministro universal de indias Lardizábal, Muy reservado, 18 de noviembre de 1814. RAH, Colección Pablo Morillo, conde de Cartagena, Sig. 9/7651, b), ff. 39-46v.

43 *Recopilación de las Leyes de los Reynos de las Indias.*
44 Castán Vázquez, *La influencia de la literatura jurídica española en las codificaciones americanas*, 74 y ss. Ver también http://www.studiacroatica.com/glagol/dol/ante2.htm
45 Morillo, *Manifiesto que hace á la Nación Española el teniente general don Pablo Morillo*, 26.
46 Restrepo, *Historia de la Revolución de la República de Colombia*, t. 2, 138-139.
47 Si se tiene en cuenta que según el censo de 1843 la población total de la capital era de 40.086 habitantes para un total de 1.936.522 en toda Colombia, lo que daría que un 1,49 % de todos los habitantes de Bogotá fueron hechos presos.
48 Morillo al Ministro de la Guerra, despacho, Bogotá, 31 de mayo de 1816, RAH. Colección Pablo Morillo, conde de Cartagena, Sig. 9/7656, leg. 13, a), ff. 20v-23.
49 Díaz Díaz, *La Reconquista Española, Tomo I, Invasión Pacificadora, Régimen del Terror, Mártires, Conspiradores y Guerrilleros (1815-1817)*, 119-125.
50 Beccaria, *De los Delitos y las Penas.*
51 Véase Foucault, *Surveiller et punir. Naissance de la prison*, 9-40.
52 Díaz Díaz, *La Reconquista Española, Tomo I, Invasión Pacificadora, Régimen del Terror, Mártires, Conspiradores y Guerrilleros (1815-1817)*, ilustración frente a la 135.
53 Nieto Olarte, "Francisco José de Caldas", "Citas Biográficas, Hombres Biodiversos en Colombia", 162.
54 Pérez Arbeláez, "Florentino Vezga", "Citas Biográficas, Hombres Biodiversos en Colombia", 166.
55 Arzobispo-Virrey Caballero y Góngora, *Relación de mando*, Biblioteca de Historia Nacional, vol. VIII, Bogotá, 1910. En Henao y Arrubla, *Historia de Colombia*, t. 1, 337.
56 Sevilla, *Memorias de un oficial del Ejército Español*, 96-97.
57 Henao y Gerardo Arrubla, *Historia de Colombia*, t. 1, 343.
58 García de la Guardia, *Calendario Manual y guía de forasteros en Santa Fé de Bogotá capital del Nuevo Reyno de Granada para el año 1806 compuesta por orden del superior gobierno*, 80-84.
59 Henao y Gerardo Arrubla, *Historia de Colombia*, t. 1, 343.
60 Sevilla, *Memorias de un oficial del Ejército Español*, 97.
61 Morillo al Ministro de la guerra, despacho sobre la marcha de los asuntos pendientes y estado de aquellos países, Santa fe, 12 de noviembre de 1816 (1° de esta fecha), RAH. Colección Pablo Morillo, conde de Cartagena, Sig. 9/7656, leg. 13, a), ff. 33v-37. Véase también, Schumacher, *Mutis, un forjador de cultura*, 223. Wandosell Fernández de Bobadilla, "Teniente coronel José Ramón de Leyva: Juez comisionado de la expedición botánica", 107.
62 Rodríguez Villa, *El Teniente General don Pablo Morillo*, 195-196.
63 Bando de Morillo á las provincias y lugares del Nuevo Reino de Granada, Santa Fe, 6 de junio de 1816, RAH. Colección Pablo Morillo, conde de Cartagena, Sig. 9/7650, leg. 7, e), f. 248.
64 Proclama de Morillo á los habitantes del Socorro y Tunja, Ocaña, 1 de abril de 1816, en Rodríguez Villa, *El Teniente General don Pablo Morillo*, tomo I, doc. n. 485, 46.
65 Kamen, *The Spanish Inquisition. An Historical Revisión*, 168.
66 Artola, *La España de Fernando VII*, 420.
67 Hamnett, "The Counter Revolution of Morillo and the Insurgent Clerics of New Granada, 1815-182", 600.
68 Cervantes, *El ingenioso hidalgo don Quijote de la Mancha*, Parte I, Capítulo VI.
69 Echeverri, *Indian and Slave Royalists in the Age of Revolution. Reform, Revolution, and Royalism in the Northern Andes, 1780-1825*, 57.
70 Nota sobre la disminución de partidarios insurgentes de América, [1818], AGI, ES.41091 AGI/16417.14.5/ESTADO.89.N.4.
71 Artola, *La España de Fernando VII*, 414.

72 Hernández de Alba, *Recuerdos de la Reconquista. El Consejo de Purificación,* 457-486 y 656-685, respectivamente, Academia Colombiana de Historia, Bogotá, 1932.
73 Morillo al Ministro de la Guerra, despacho, Santa fe, 31 de agosto de 1816 (2° de esta fecha), RAH. Colección Pablo Morillo, conde de Cartagena, Sig. 9/7656, leg. 13, a), ff. 28-31.
74 Morillo al Ministro de la Guerra, despacho, Bogotá, 31 de mayo de 1816, RAH. Colección Pablo Morillo, conde de Cartagena, Sig. 9/7656, leg. 13, a), ff. 20v-23.
75 Morillo al Ministro de la Guerra, despacho, Mompox, 7 de marzo de 1816. RAH. Colección Pablo Morillo, conde de Cartagena, Sig. 9/7656, leg. 13, a), ff. 13-14.
76 Morillo al Ministro de la Guerra, despacho, Bogotá, 31 de mayo de 1816, RAH. Colección Pablo Morillo, conde de Cartagena, Sig. 9/7656, leg. 13, a), ff. 20v-23.
77 Morillo al Ministro de la Guerra, despacho, Santa fe, 31 de agosto de 1816 (2° de esta fecha), RAH. Colección Pablo Morillo, conde de Cartagena, Sig. 9/7656, leg. 13, a), ff. 28-31.
78 Morillo al Ministro de la Guerra, despacho, Santa fe, 31 de agosto de 1816 (2° de esta fecha), RAH. Colección Pablo Morillo, conde de Cartagena, Sig. 9/7656, leg. 13, a), ff. 28-31.
79 Romero, "La participación del clero en la lucha por la Independencia", 325-344.
80 Morillo al Ministro de la Guerra, despacho, Bogotá, 31 de mayo de 1816, RAH. Colección Pablo Morillo, conde de Cartagena, Sig. 9/7656, leg. 13, a), ff. 20v-23.
81 Real Orden de Felipe III, 17 de marzo de 1619, recogida en la Ley VIII, Título XII, Libro I de la *Recopilación de las Leyes de los Reynos de las Indias.*
82 Punto 16 de la "Política" de las Instrucciones dadas al general Morillo para su expedición a Costafirme, por el ministro universal de indias Lardizábal, Muy reservado, 18 de noviembre de 1814. RAH, Colección Pablo Morillo, conde de Cartagena, Sig. 9/7651, b), ff. 39-46v.
83 Restrepo, *Historia de la Revolución de la República de Colombia*, t. 2, 154.
84 Morillo al Ministro de la Guerra, despacho, Bogotá, 31 de mayo de 1816, RAH. Colección Pablo Morillo, conde de Cartagena, Sig. 9/7656, leg. 13, a), ff. 20v-23.
85 Monsalve, *Mujeres de la Independencia.*
86 El caso de Policarpa Salavarrieta, su juicio y posterior ejecución, es el más conocido y su figura fue rápidamente incorporada al panteón de los héroes independentistas. No obstante, el importante papel de la mujer en los bandos independentista y realista no puede reducirse bajo este ejemplo. Para el estudio de este tema véase: Chrepak, "Participation of Women in the Independence Movement in Gran Colombia, 1780-1810"; Earle, "Rape and the Anxious Republic: Revolutionary Colombia, 1810-1830"; De Lux, *Mujeres patriotas y realistas entre dos órdenes. Discursos, estrategias y tácticas en la guerra, la política y el comercio (Nueva Granada, 1790-1830)*; Acevedo, Rafael. "Mujeres patriotas y realistas entre dos órdenes", 192-196.
87 Groot, *Historia Eclesiástica y Civil de la Nueva Granada*, t. 3, Apéndice, Bogotá, 1892, f. LXXIX.
88 "Secuestro", *Diccionario Manual e Ilustrado de la Lengua Española* Real Academia de la Lengua Española, Cuarta Edición Revisada, Madrid, Espasa Calpe, 1989, 1438.
89 Instrucciones dadas al general Morillo para su expedición a Costafirme, por el ministro universal de indias Lardizábal, Muy reservado, 18 de noviembre de 1814. RAH, Colección Pablo Morillo, conde de Cartagena, Sig. 9/7651, b), ff. 39-46v.
90 Morillo al Ministro de la Guerra, despacho sobre la marcha de los asuntos pendientes y estado de aquellos países, Santa fe, 12 de noviembre de 1816 (1° de esta fecha), RAH. Colección Pablo Morillo, conde de Cartagena, Sig. 9/7656, leg. 13, a), ff. 33v-37.
91 Morillo al Ministro de la Guerra, Ocaña, 5 de abril de 1816, RAH. Colección Pablo Morillo, conde de Cartagena, Sig. 9/7656, leg. 13, a), f. 20; Morillo al Ministro de la

Guerra sobre formación de nuevos batallones, Santa Fe, 17 de septiembre de 1816, RAH. Colección Pablo Morillo, conde de Cartagena, Sig. 9/7656, leg. 13, a), f. 31v-32; Morillo al Ministro de la Guerra, despacho sobre la marcha de los asuntos pendientes y estado de aquellos países, Santa fe, 12 de noviembre de 1816 (1° de esta fecha), RAH. Colección Pablo Morillo, conde de Cartagena, Sig. 9/7656, leg. 13, a), ff. 33v-37; Morillo al Ministro de la Guerra dando parte de los últimos desgraciados acontecimientos en la provincia de Barinas y la conducta reprensible de su Gobernador, Sogamoso, 12 de diciembre de 1816, RAH. Colección Pablo Morillo, conde de Cartagena, Sig. 9/7656, leg. 13, b), f. 190-191v.

92 Ministro de la Guerra a Morillo, Madrid, 5 de noviembre de 1816.

93 Morillo al Ministro de la Guerra, despacho, Santa fe, 31 de agosto de 1816 (2° de esta fecha), RAH. Colección Pablo Morillo, conde de Cartagena, Sig. 9/7656, leg. 13, a), ff. 28-31.

94 Morillo al Ministro de la Guerra despacho sobre la formación de cuatro escuadrones de carabineros, Santa Fe, 31 de agosto de 1816 (3° de esta fecha), RAH. Colección Pablo Morillo, conde de Cartagena, Sig. 9/7656, leg. 13, b), ff. 163v-164.

95 Morillo al ministro de la Guerra, despacho sobre la marcha de los asuntos pendientes y estado de aquellos países, Santa fe, 12 de noviembre de 1816 (1° de esta fecha), RAH. Colección Pablo Morillo, conde de Cartagena, Sig. 9/7656, leg. 13, a), ff. 33v-37.

96 Orden general del brigadier Enrile, 9 al 10 de septiembre de 1816, RAH. Colección Pablo Morillo, conde de Cartagena, Sig. 9/7658, leg. 15, b), f. 8.

97 Orden general del brigadier Enrile, 9 al 10 de septiembre de 1816, RAH. Colección Pablo Morillo, conde de Cartagena, Sig. 9/7658, leg. 15, b), f. 8.

98 Morillo al Ministro de la Guerra, Sogamoso, 19 de diciembre de 1816, RAH. Colección Pablo Morillo, conde de Cartagena, Sig. 9/7656, leg. 13, b), f. 194.

99 Morillo al Ministro de la Guerra, despacho realzando los méritos del general Enrile y proponiéndole para el ascenso, Santa Fe, 12 de noviembre de 1816 (2° de esta fecha), en Rodríguez Villa, *El Teniente General don Pablo Morillo*, doc. n. 572, 234.

100 Pérez Turrado, *La Marina española en la independencia de Costa Firme*, 91.

101 Puntos 3 y 8 de la "Marina" de las Instrucciones dadas al general Morillo para su expedición a Costafirme, por el ministro universal de indias Lardizábal, Muy reservado, 18 de noviembre de 1814. RAH, Colección Pablo Morillo, conde de Cartagena, Sig. 9/7651, b), ff. 39-46v.

102 Morillo al ministro de la Guerra, despacho, Cuartel General de Santa Fe, 31 de agosto de 1816 (1° de esta fecha), RAH. Colección Pablo Morillo, conde de Cartagena, Sig. 9/7656, leg. 13, a), ff. 23v-27.

103 Morillo al ministro de la Guerra, despacho, Cuartel General de Santa Fe, 9 de junio de 1816, RAH. Colección Pablo Morillo, conde de Cartagena, Sig. 9/7656, leg. 13, b), ff. 145-146.

104 Morillo al Ministro de la Guerra, despacho, Santa fe, 31 de agosto de 1816 (2° de esta fecha), RAH. Colección Pablo Morillo, conde de Cartagena, Sig. 9/7656, leg. 13, a), ff. 28-31.

105 Porter, *The Greatest Benefit to Mankind. A Medical History of Humanity*, 276-277.

106 Restrepo, *Historia de la Revolución de la República de Colombia*, t. 2, 144.

107 Morillo a los habitantes de la Nueva Granada, 15 de noviembre de 1816, RAH. Colección Pablo Morillo, conde de Cartagena, Sig. 9/7650, leg. 7, c), ff. 124-126v; Orden circular de Morillo sobre asuntos de gobierno político, Santa Fe, s.d. [1816], en Rodríguez Villa, *El Teniente General don Pablo Morillo*, doc. n. 519, 125; Morillo al Ministro de la Guerra, despacho, Santa fe, 31 de agosto de 1816 (2° de esta fecha), RAH. Colección Pablo Morillo, conde de Cartagena, Sig. 9/7656, leg. 13, a), ff. 28-31.

108 Morillo al Ministro de la Guerra, despacho, Santa fe, 31 de agosto de 1816 (2° de esta fecha), RAH. Colección Pablo Morillo, conde de Cartagena, Sig. 9/7656, leg. 13, a), ff. 28-31.
109 Morillo al Ministro de la Guerra, despacho, Santa fe, 31 de agosto de 1816 (2° de esta fecha), RAH. Colección Pablo Morillo, conde de Cartagena, Sig. 9/7656, leg. 13, a), ff. 28-31.
110 Morillo al Ministro de la Guerra, despacho, Santa fe, 31 de agosto de 1816 (2° de esta fecha), RAH. Colección Pablo Morillo, conde de Cartagena, Sig. 9/7656, leg. 13, a), ff. 28-31.
111 Orden circular de Morillo sobre asuntos de gobierno político, Santa Fe, s.d. [1816], en Rodríguez Villa, *El Teniente General don Pablo Morillo*, doc. n. 519, 125.
112 Morillo al Ministro de la Guerra, despacho, Santa fe, 31 de agosto de 1816 (2° de esta fecha), RAH. Colección Pablo Morillo, conde de Cartagena, Sig. 9/7656, leg. 13, a), ff. 28-31.
113 Real Cédula sobre la honorabilidad de los Oficios dictada por Carlos III el 18 de febrero de 1783.
114 Real Cédula sobre la honorabilidad de los Oficios dictada por Carlos III el 18 de febrero de 1783.
115 Uribe, Victor M. "Kill all the Lawyers! Lawyers and the Independence Movement in New Granada, 1809-1820".
116 Kirkpatrick, *Los conquistadores españoles*, 49-50.
117 Acosta, *Compendio Histórico. Descubrimiento y colonización de la Nueva Granada,* Capítulo IV, http://www.banregov.co/blaavirtual/letra-c/compendi/indice.htm.
118 González de Pérez y Rodríguez de Montes, *Lenguas Indígenas de Colombia. Una visión descriptiva*, 32.
119 Morillo al Ministro de la Guerra, despacho, Santa fe, 31 de agosto de 1816 (2° de esta fecha), RAH. Colección Pablo Morillo, conde de Cartagena, Sig. 9/7656, leg. 13, a), ff. 28-31.
120 Maquiavelo, *El Príncipe*, 20.
121 Morillo al Ministro de la Guerra, despacho, Santa fe, 31 de agosto de 1816 (2° de esta fecha), RAH. Colección Pablo Morillo, conde de Cartagena, Sig. 9/7656, leg. 13, a), ff. 28-31.
122 Morillo al Ministro de la Guerra, despacho, Santa fe, 31 de agosto de 1816 (2° de esta fecha), RAH. Colección Pablo Morillo, conde de Cartagena, Sig. 9/7656, leg. 13, a), ff. 28-31.
123 Morillo al Ministro de la Guerra, despacho, Santa fe, 31 de agosto de 1816 (2° de esta fecha), RAH. Colección Pablo Morillo, conde de Cartagena, Sig. 9/7656, leg. 13, a), ff. 28-31.
124 Morillo al Ministro de la Guerra, despacho, Santa fe, 31 de agosto de 1816 (2° de esta fecha), RAH. Colección Pablo Morillo, conde de Cartagena, Sig. 9/7656, leg. 13, a), ff. 28-31.
125 Stoan, *Pablo Morillo and Venezuela, 1815-1820*, 63 y ss.
126 Ministro de la Guerra a Morillo, 7 de abril de 1816, en Rodríguez Villa, *El Teniente General don Pablo Morillo*, t. 1, doc. n. 487, 52.
127 Ministro de la Guerra a Morillo, 9 de septiembre de 1816, RAH. Colección Pablo Morillo, conde de Cartagena, Sig. 9/7653, leg. 10, a), f. 96.
128 Ministro de la Guerra a Morillo, 16 de agosto de 1816, RAH. Colección Pablo Morillo, conde de Cartagena, Sig. 9/7653, leg. 10, a), f. 89.
129 Ministro de la Guerra a Morillo, 12 de septiembre de 1816, RAH. Colección Pablo Morillo, conde de Cartagena, Sig. 9/7653, leg. 10, a), f. 97.

Capítulo 10

1 Ministro de la Guerra a Morillo, 1 de abril de 1817, en Rodríguez Villa, *El Teniente General don Pablo Morillo*, doc. n.620, 360.

2 O'Leary, *Bolívar and the War of Independence*, 108-109.

3 Albi, *Banderas olvidadas. El ejército realista en América*, 186.

4 Morillo al Ministro de la Guerra sobre los auxilios que necesita su Ejército y estado de él, Valencia, 22 de abril de 1818, RAH. Colección Pablo Morillo, conde de Cartagena, Sig. 9/7656, leg. 13, a), ff. 94v-96.

5 Joaquín de la Pezuela, Virrey del Perú,a Morillo sobre su petición de socorros y tentativas de expediciones de rebeldes, Lima, 23 de octubre de 1818, en Rodríguez Villa, *El Teniente General don Pablo Morillo*, doc. 749, 680.

6 Pascual Enrile al Ministro de la Guerra, informe sobre el curso de las operaciones del Ejército Expedicionario y medidas que deben adoptarse, según Morillo, para obtener el resultado que el Gobierno se propuso con su envío á América, 19 de junio de 1817, RAH. Colección Pablo Morillo, conde de Cartagena, Sig. 9/7658, leg. 15, b), ff. 10-31v.

7 Morillo a Moxó sobre el mal estado en que ha hallado las provincias de su mando, cuartel general del Paso del Frío, en el río Apure, 2 de febrero de 1817, en Rodríguez Villa, *El Teniente General don Pablo Morillo*, doc. 597, 266.

8 Morillo a Moxó sobre el mal estado en que ha hallado las provincias de su mando, cuartel general del Paso del Frío, en el río Apure, 2 de febrero de 1817, en Rodríguez Villa, *El Teniente General don Pablo Morillo*, doc. 597, 266.

9 Moxó a Morillo, Caracas, 8 de marzo de 1817, en Rodríguez Villa, *El Teniente General don Pablo Morillo*, doc. 605, 285-286.

10 Morillo a Moxó Calabozo, 15 de marzo de 1817, en Rodríguez Villa, *El Teniente General don Pablo Morillo*, doc. 605, 287.

11 Morillo al Ministro de la Guerra, Cumaná, 24 de agosto de 1817, en Rodríguez Villa, *El Teniente General don Pablo Morillo*, doc. 637, 413.

12 Sevilla, *Memorias de un oficial del Ejército Español*, 129.

13 Humboldt, *La ruta de Humboldt. Colombia y Venezuela*, t.1, 88.

14 Sevilla, *Memorias de un oficial del Ejército Español*, 130.

15 Sevilla, *Memorias de un oficial del Ejército Español*, 130.

16 Morillo al Ministro de la Guerra, varias cartas y despachos, Calabozo, 22 de diciembre de 1817, RAH. Colección Pablo Morillo, conde de Cartagena, Sig. 9/7656, leg. 13, e), ff. 538-539; Sig. 9/7656, leg. 13, e), f. 539; Sig. 9/7656, leg. 13, a), ff. 75-76v; y Sig. 9/7656, leg. 13, a), ff. 76v-79v.

17 Morillo al Ministro de la Guerra, Calabozo, 12 de mayo de 1819, en Rodríguez Villa, *El Teniente General don Pablo Morillo*, doc. 770, 25.

18 Morillo al Ministro de la Guerra, Villa del Cura, 26 de febrero de 1818, RAH. Colección Pablo Morillo, conde de Cartagena, Sig. 9/7656, leg. 13, e), ff. 556v-560.

19 Morillo al Ministro de la Guerra, Villa del Cura, 26 de febrero de 1818, RAH. Colección Pablo Morillo, conde de Cartagena, Sig. 9/7656, leg. 13, e), ff. 556v-560.

20 Morillo al Ministro de la Guerra, Villa del Cura, 26 de febrero de 1818, RAH. Colección Pablo Morillo, conde de Cartagena, Sig. 9/7656, leg. 13, e), ff. 556v-560.

21 Liévano Aguirre, *Los grandes conflictos sociales y económicos de nuestra historia, De la campaña libertadora al Congreso de Panamá*, t.2, 22.

22 Testimonio de un viajero inglés recogido por Liévano Aguirre, *Los grandes conflictos sociales y económicos de nuestra historia, De la campaña libertadora al Congreso de Panamá*, t. 2.

23 Testimonio de un viajero inglés recogido por Liévano Aguirre, *Los grandes conflictos sociales y económicos de nuestra historia, De la campaña libertadora al Congreso de Panamá*, t. 2, 33.
24 Liévano Aguirre, *Los grandes conflictos sociales y económicos de nuestra historia, De la campaña libertadora al Congreso de Panamá*, t. 2, 33.
25 Albi, *Banderas olvidadas. El ejército realista en América*, 186.
26 Albi, *Banderas olvidadas. El ejército realista en América*, 187.
27 Morillo al Ministro de la Guerra, varias cartas y despachos, Calabozo, 22 de diciembre de 1817, RAH. Colección Pablo Morillo, conde de Cartagena, Sig. 9/7656, leg. 13, e), ff. 538-539; Sig. 9/7656, leg. 13, e), f. 539; Sig. 9/7656, leg. 13, a), ff. 75-76v; y Sig. 9/7656, leg. 13, a), ff. 76v-79v.
28 Albi, *Banderas olvidadas. El ejército realista en América*, 187.
29 Sevilla, *Memorias de un oficial del Ejército Español*, 176.
30 O'Leary, *Bolívar and the War of Independence*, 117.
31 Liévano Aguirre, *Los grandes conflictos sociales y económicos de nuestra historia, De la campaña libertadora al Congreso de Panamá*, t. 2, 32.
32 Morillo al Ministro de la Guerra, Maracay, 3 de abril de 1817, RAH. Colección Pablo Morillo, conde de Cartagena, Sig. 9/7656, leg. 13, a), ff. 43v-44v.
33 Morillo al Ministro de la Guerra, Maracay, 3 de abril de 1817, RAH. Colección Pablo Morillo, conde de Cartagena, Sig. 9/7656, leg. 13, a), ff. 43v-44v.
34 Morillo al Ministro de la Guerra, Barales [isla Margarita], 17 de julio de 1817, en Rodríguez Villa, *El Teniente General don Pablo Morillo*, doc. 622, 398 y ss.
35 Morillo al Ministro de la Guerra, Porlamar, 23 de julio de 1817, RAH. Colección Pablo Morillo, conde de Cartagena, Sig. 9/7654, leg. 13, e), ff. 472-474.
36 Morillo al Ministro de la Guerra, Pampatar, 26 de julio de 1817, RAH. Colección Pablo Morillo, conde de Cartagena, Sig. 9/7656, leg. 13, e), ff. 474-476.
37 Morillo al Ministro de la Guerra, Pampatar, 26 de julio de 1817, RAH. Colección Pablo Morillo, conde de Cartagena, Sig. 9/7656, leg. 13, e), ff. 474-476.
38 Morillo al Ministro de la Guerra, cuatro cartas, Cumaná, 28 de agosto de 1817, RAH. Colección Pablo Morillo, conde de Cartagena, Sig. 9/7656, leg. 13, e), ff. 478v.-482; Sig. 9/7656, leg. 13, a), ff. 55-56; Sig. 9/7656, leg. 13, e), ff. 482-488v; y Sig. 9/7656, leg. 13, a), f. 51v.
39 Morillo al Ministro de la Guerra, cuatro cartas, Cumaná, 28 de agosto de 1817, RAH. Colección Pablo Morillo, conde de Cartagena, Sig. 9/7656, leg. 13, e), ff. 478v.-482; Sig. 9/7656, leg. 13, a), ff. 55-56; Sig. 9/7656, leg. 13, e), ff. 482-488v; y Sig. 9/7656, leg. 13, a), f. 51v.
40 Restrepo, *Historia de la revolución de la República de Colombia*, t. 3, 350.
41 Morillo al Ministro de la Guerra, cuatro cartas, Cumaná, 28 de agosto de 1817, RAH. Colección Pablo Morillo, conde de Cartagena, Sig. 9/7656, leg. 13, e), ff. 478v.-482; Sig. 9/7656, leg. 13, a), ff. 55-56; Sig. 9/7656, leg. 13, e), ff. 482-488v; y Sig. 9/7656, leg. 13, a), f. 51v.
42 Morillo al Ministro de la Guerra, cuatro cartas, Cumaná, 28 de agosto de 1817, RAH. Colección Pablo Morillo, conde de Cartagena, Sig. 9/7656, leg. 13, e), ff. 478v.-482; Sig. 9/7656, leg. 13, a), ff. 55-56; Sig. 9/7656, leg. 13, e), ff. 482-488v; y Sig. 9/7656, leg. 13, a), f. 51v.
43 O'Leary, *Bolívar and the War of Independence*, 124.
44 Morillo al Ministro de la Guerra, cuatro cartas, Cumaná, 28 de agosto de 1817, RAH. Colección Pablo Morillo, conde de Cartagena, Sig. 9/7656, leg. 13, e), ff. 478v.-482; Sig. 9/7656, leg. 13, a), ff. 55-56; Sig. 9/7656, leg. 13, e), ff. 482-488v; y Sig. 9/7656, leg. 13, a), f. 51v.
45 Morillo, *Manifiesto que hace á la Nación Española el teniente general don Pablo Morillo*, 30. Morillo al Ministro de la Guerra, cuatro cartas, Cumaná, 28 de agosto de 1817,

RAH. Colección Pablo Morillo, conde de Cartagena, Sig. 9/7656, leg. 13, e), ff. 478v.-482; Sig. 9/7656, leg. 13, a), ff. 55-56; Sig. 9/7656, leg. 13, e), ff. 482-488v; y Sig. 9/7656, leg. 13, a), f. 51v.

46 Lawrence, "Guerrilla. Science of guerrilla warfare".

47 Che Guevara, *Escritos esenciales*, 19 y 28.

48 Morillo al Ministro de la Guerra, cuatro cartas, Cumaná, 28 de agosto de 1817, RAH. Colección Pablo Morillo, conde de Cartagena, Sig. 9/7656, leg. 13, e), ff. 478v.-482; Sig. 9/7656, leg. 13, a), ff. 55-56; Sig. 9/7656, leg. 13, e), ff. 482-488v; y Sig. 9/7656, leg. 13, a), f. 51v.

Capítulo 11

1 Earle, *Spain and the Independence of Colombia, 1810–1825*, 88.

2 Instrucciones dadas al general Morillo para su expedición a Costafirme, por el ministro universal de indias Lardizábal, Muy reservado, 18 de noviembre de 1814. RAH, Colección Pablo Morillo, conde de Cartagena, Sig. 9/7651, b), ff. 39-46v.

3 Francisco Montalvo al Ministro de Gracia y Justicia, Cartagena de Indias, 24 de septiembre de 1817. AGI, Audiencia de Santa Fe, legajo 631.

4 Earle, *Spain and the Independence of Colombia, 1810-1825*, 87.

5 Morillo al ministro de la Guerra, varias cartas y despachos, Calabozo, 22 de diciembre de 1817, RAH. Colección Pablo Morillo, conde de Cartagena, Sig. 9/7656, leg. 13, e), ff. 538-539; Sig. 9/7656, leg. 13, e), f. 539; Sig. 9/7656, leg. 13, a), ff. 75-76v; y Sig. 9/7656, leg. 13, a), ff. 76v-79v.

6 Morillo al ministro de la Guerra, varias cartas y despachos, Calabozo, 22 de diciembre de 1817, RAH. Colección Pablo Morillo, conde de Cartagena, Sig. 9/7656, leg. 13, e), ff. 538-539; Sig. 9/7656, leg. 13, e), f. 539; Sig. 9/7656, leg. 13, a), ff. 75-76v; y Sig. 9/7656, leg. 13, a), ff. 76v-79v.

7 Francisco Montalvo al Ministro de Gracia y Justicia, Cartagena de Indias, 24 de septiembre de 1817. AGI, Audiencia de Santa Fe, legajo 631.

8 Regan, *Historia de la incompetencia militar*, 153 y ss.

9 Morillo, proclama a los pueblos de Venezuela, Caracas, 21 de septiembre de 1817, RAH. Colección Pablo Morillo, conde de Cartagena, Sig. 9/7650, leg. 7, c), ff. 146-48; otra copia en Sig. 9/7650, leg. 7, c), f. 175.

10 Thibaud, *Repúblicas en armas. Los ejércitos bolivarianos en la guerra de independencia en Colombia y Venezuela*, 331.

11 Morillo al Ministro de la Guerra, la Guayra, 13 de septiembre de 1817, RAH. Colección Pablo Morillo, conde de Cartagena, Sig. 9/7656, leg. 13, a), f. 56v-57.

12 O'Leary, *Bolívar and the War of Independence*, 156.

13 Morillo al Ministro de la Guerra, Caracas, 5 de octubre de 1817, RAH. Colección Pablo Morillo, conde de Cartagena, Sig. 9/7656, leg. 13, a), f. 60v.

14 Morillo al Ministro de la Guerra, Caracas, 5 de octubre de 1817, RAH. Colección Pablo Morillo, conde de Cartagena, Sig. 9/7656, leg. 13, a), f. 60v.

15 Morillo al Ministro de la Guerra, Caracas, 5 de octubre de 1817, RAH. Colección Pablo Morillo, conde de Cartagena, Sig. 9/7656, leg. 13, a), f. 60v.

16 Ministro de la guerra a Morillo, 18 de enero de 1818, RAH. Colección Pablo Morillo, conde de Cartagena, Sig. 9/7654, leg. 11, a), f. 12.

17 O'Leary, *Bolívar and the War of Independence*, 121.

18 Morillo al Ministro de la guerra, varias cartas y despachos, Calabozo, 22 de diciembre de 1817, RAH. Colección Pablo Morillo, conde de Cartagena, Sig.

9/7656, leg. 13, e), ff. 538-539; Sig. 9/7656, leg. 13, e), f. 539; Sig. 9/7656, leg. 13, a), ff. 75-76v; y Sig. 9/7656, leg. 13, a), ff. 76v-79v.

19 Morillo al Ministro de la guerra, varias cartas y despachos, Calabozo, 22 de diciembre de 1817, RAH. Colección Pablo Morillo, conde de Cartagena, Sig. 9/7656, leg. 13, e), ff. 538-539; Sig. 9/7656, leg. 13, e), f. 539; Sig. 9/7656, leg. 13, a), ff. 75-76v; y Sig. 9/7656, leg. 13, a), ff. 76v-79v.

20 Díaz Díaz, *Los Almeydas. Episodios de la resistencia patriota contra el ejército pacificador de Tierra Firme*.

21 T.E. Lawrence, *Guerrilla. Science of guerrilla warfare*.

22 Juan Juez, comandante de los Llanos, a Morillo, despacho, Barbacoas, 11 de septiembre de 1817, en Rodríguez Villa, *El Teniente General don Pablo Morillo*, doc. 614, 341.

23 Morillo al ministro de la Guerra, Valencia, 15 de octubre de 1820, en Rodríguez Villa, *El Teniente General don Pablo Morillo*, doc. 845, 247.

24 Tone, *The Fatal Knot: The Guerrilla War in Navarre and the Defeat of Napoleón*.

25 Chartrand, *Spanish Guerrillas in the Peninsular War 1808-1814*, 44-45.

26 O'Leary, *Bolívar and the War of Independence*, 131.

27 Liévano Aguirre, *Los grandes conflictos sociales y económicos de nuestra historia, De la campaña libertadora al Congreso de Panamá*, t. 2, 23 y 29.

28 Mao Tse-Tung, *On Guerrilla Warfare*, 44.

29 Lawrence, *Guerrilla. Science of guerrilla warfare*.

30 Muchos son los testimonios de Morillo en los que reclama «mano dura» con los rebeldes, entre otros cabe citar: Morillo al ministro de la Guerra, Villa del Cura, 26 de febrero de 1818, RAH. Colección Pablo Morillo, conde de Cartagena, Sig. 9/7656, leg. 13, e), ff. 556v-560; Morillo al Ministro de la Guerra, Caracas, 22 de octubre de 1818, RAH. Colección Pablo Morillo, conde de Cartagena, Sig. 9/7656, leg. 13, e), ff. 659-664; Morillo al ministro de la Guerra, Caracas, 20 de septiembre de 1818, RAH. Colección Pablo Morillo, conde de Cartagena, Sig. 9/7656, leg. 13,e), ff. 643-650v. y ff. 650v-657.

31 O'Leary, *Bolívar and the War of Independence*, 186.

32 Lawrence, *Guerrilla. Science of guerrilla warfare*.

33 Humboldt, *Personal Narrative*, 164.

34 Morillo al ministro de la Guerra, Calabozo, 12 de mayo de 1820, en Rodríguez Villa, *El Teniente General don Pablo Morillo*, doc. 770, 20.

35 Morillo al ministro de la guerra, Barquisimeto, 22 de julio de 1818, RAH. Colección Pablo Morillo, conde de Cartagena, Sig. 9/7656, leg. 13, e), ff. 629-636v y Sig. 9/7656, leg. 13, e), ff. 636v-640.

36 Morillo al ministro de la Guerra, Calabozo, 12 de mayo de 1820, en Rodríguez Villa, *El Teniente General don Pablo Morillo*, doc. 770, 20.

37 Archivo General de Indias, Gobierno, Cuba, leg. 900. Recogido por Thibaud, *Repúblicas en armas. Los ejércitos bolivarianos en la guerra de independencia en Colombia y Venezuela*, 325.

38 Archivo General de Indias, Gobierno, Cuba, leg. 900. Recogido por Thibaud, *Repúblicas en armas. Los ejércitos bolivarianos en la guerra de independencia en Colombia y Venezuela*, 372.

39 Morillo al ministro de la Guerra, Villa del Cura, 26 de febrero de 1818, RAH. Colección Pablo Morillo, conde de Cartagena, Sig. 9/7656, leg. 13, e), ff. 556v-560.

40 Liévano Aguirre, *Los grandes conflictos sociales y económicos de nuestra historia, De la campaña libertadora al Congreso de Panamá*, Bogotá, Intermedio, t.2, 58-59.

41 Morillo al ministro de la Guerra, Villa del Cura, 26 de febrero de 1818, RAH. Colección Pablo Morillo, conde de Cartagena, Sig. 9/7656, leg. 13, e), ff. 556.

42 Morillo al ministro de la Guerra, Villa del Cura, 26 de febrero de 1818, RAH. Colección Pablo Morillo, conde de Cartagena, Sig. 9/7656, leg. 13, e), ff. 556v-560.
43 Morillo al ministro de la Guerra, Villa del Cura, 26 de febrero de 1818, RAH. Colección Pablo Morillo, conde de Cartagena, Sig. 9/7656, leg. 13, e), ff. 556v-560.
44 O'Leary, *Bolívar and the War of Independence*, 124.
45 Morillo al ministro de la Guerra, Villa del Cura, 26 de febrero de 1818, RAH. Colección Pablo Morillo, conde de Cartagena, Sig. 9/7656, leg. 13, e), ff. 556v-560.
46 Morillo al ministro de la Guerra, Valencia, 11 de marzo de 1818, en Rodríguez Villa, *El Teniente General don Pablo Morillo*, doc. 676, 523.
47 Morillo al ministro de la Guerra, Valencia, 2 de abril de 1818, RAH. Colección Pablo Morillo, conde de Cartagena, Sig. 9/7656, leg. 13, e), ff. 576-579v.
48 Morillo al ministro de la Guerra, Valencia, 2 de abril de 1818, RAH. Colección Pablo Morillo, conde de Cartagena, Sig. 9/7656, leg. 13, e), ff. 576-579v.
49 Bolívar, decreto de perdón, El Sombrero, 17 de febrero de 1818. AGI, ES.41091. AGI/16417.8.14/ESTADO, 71,N.21
50 Ley marcial decretada por Bolívar Rauno [sic], 14 de febrero de 1818. AGI, ES.41091.AGI/16417.8.14/ESTADO, 71,N.21.
51 Ley marcial decretada por Bolívar Angostura, 11 de diciembre de 1817. AGI, ES.41091.AGI/16417.8.14/ESTADO, 71,N.21.
52 Expediente sobre papeles cogidos en la acción de La Puerta, 2 de abril de 1818, AGI, ES.41091.AGI/16417.8.14/ESTADO, 71,N.21.
53 Pérez Turrado, *La Marina española en la independencia de Costa Firme*, 247.
54 Comunicación sobre la expedición proyectada en Londres en apoyo de los insurgentes, [1818], AGI, ES.41091.AGI/16417.8.7/ESTADO 64.N.46.; Duque de San Carlos, embajador de España en Londres, despacho comunicando que anoche se aprobó ley en los Comunes prohibiendo el alistamiento de súbditos ingleses en servicio extranjero, Londres, 22 de junio de 1819. AGI, ES.41091. AGI/16417.14.5/ESTADO 89.N.21.; Francisco Cea Bermúdez al Secretario de Estado, carta n. 397, San Petersburgo, 23 de agosto de 1818, sobre notas pasadas al gobierno ruso sobre la resolución de S.M. sobre la restitución del Río de la Plata, AGI, ES.41091.AGI/16417.14.17/ESTADO.101.N.91; Duque de San Carlos, embajador de España en Londres, carta n. 77, Londres, 4 de marzo de 1818, en la que se recogen las ideas del gobierno inglés sobre la pacificación, AGI, ES.41091. AGI/16417.14.4/ESTADO.88.N.52; Marqués de Villena, embajador de España en Londres, al Secretario de Estado, carta n. 103, Londres, 23 de septiembre de 1820, sobre su entrevista con Antonio Nariño. AGI, ES.41091.AGI/16417.14.21/ ESTADO.105.N.29.
55 Duque de San Carlos, embajador de España en Londres, Londres, 3 de febrero de 1818, dando aviso a Morillo de las fuerzas navales que se están disponiendo para socorrer a los rebeldes americanos, Rodríguez Villa, *El Teniente General don Pablo Morillo*, doc. 715, 640; Duque de San Carlos, embajador de España en Londres, Londres, 25 de febrero de 1818, dando aviso a Morillo de las fuerzas navales que se están disponiendo para socorrer a los rebeldes americanos, en Rodríguez Villa, *El Teniente General don Pablo Morillo*, doc. 716, 641; Duque de San Carlos, embajador de España en Londres, Londres, 6 de julio de 1818, dando aviso a Morillo sobre los planes de auxilio fraguados en Inglaterra por los insurgentes y sus secuaces contra los dominios de Su Majestad Católica, Antonio Rodríguez Villa, o cit., doc. 737, 664.; Duque de San Carlos, embajador de España en Londres, Londres, 3 de octubre de 1818, dando aviso a Morillo de la marcha a América de una expedición

insurgente, Antonio Rodríguez Villa, *El Teniente General don Pablo Morillo*, doc. 746, 674; Duque de San Carlos, embajador de España en Londres, a Morillo, Londres, 12 de febrero de 1819, pidiéndole noticias exactas de los sucesos que ocurran en el territorio de su mando, Rodríguez Villa, *El Teniente General don Pablo Morillo*, doc. 804, 105; Duque de San Carlos, embajador de España en Londres, a Morillo, comunicándole la ley aprobada por las Cámaras, prohibiendo el alistamiento de súbditos ingleses con destino á las posesiones españolas en América Londres, 23 de julio de 1819, en Rodríguez Villa, *El Teniente General don Pablo Morillo*, doc. 808, 111.

56 Luis de Onís, Philadelphia, 20 de julio de 1818, en Rodríguez Villa, *El Teniente General don Pablo Morillo*, doc. 742, 671; Luis de Onís, Washington, 6 de diciembre de 1818, Antonio Rodríguez Villa, *El Teniente General don Pablo Morillo*, doc. 761, 701; Luis de Onís a Morillo, Washington, 23 de febrero de 1819 comunicando a Morillo la firma de un tratado de amistad con los Estados Unidos, en Rodríguez Villa, *El Teniente General don Pablo Morillo*, doc. 805, 1071.

57 Felipe Fatio, cónsul en Nueva Orleáns, a Morillo, Nueva Orleáns, 26 de octubre de 1818 comunicando la llegada de un caballero inglés comisionado por el embajador de España en Londres, Antonio Rodríguez Villa, *El Teniente General don Pablo Morillo*, doc. 750, 684.

58 Bolívar para Luis López Méndez o, en su defecto, Andrés Bello, carta de introducción, 5 de enero de 1817, en Mier, *La Gran Colombia*, t.6, 1849-1850. Citada por Thibaud, *Repúblicas en armas. Los ejércitos bolivarianos en la guerra de independencia en Colombia y Venezuela*, 385.

59 Gleijeses, "The Limits of Sympathy: The United States and the Independence of Spanish America", 481 y ss.

60 Whitaker, *The United States and the Independence of Latin America 1800-1830*, 270 y ss.

61 Duque de San Carlos, embajador de España en Londres, despacho comunicando que anoche se aprobó ley en los Comunes prohibiendo el alistamiento de súbditos ingleses en servicio extranjero, Londres, 22 de junio de 1819. AGI, ES.41091. AGI/16417.14.5/ESTADO 89.N.21; Duque de San Carlos, embajador de España en Londres, a Morillo, comunicándole la ley aprobada por las Cámaras, prohibiendo el alistamiento de súbditos ingleses con destino á las posesiones españolas en América Londres, 23 de julio de 1819, en Rodríguez Villa, *El Teniente General don Pablo Morillo*, doc. 808, 111.

62 Restrepo, *Historia de la revolución de la República de Colombia*, t. 3, 397, nota 1.

63 Whitaker, *The United States and the Independence of Latin America 1800-1830*, 113.

64 Albi, *Banderas olvidadas. El ejército realista en América*, 148.

65 Thibaud, *Repúblicas en armas. Los ejércitos bolivarianos en la guerra de independencia en Colombia y Venezuela*, 389.

66 Pierre-Alexandre Richon, testimonio, recogido en un despacho a Madrid de las autoridades realistas [1819], AGI, Gobierno, Cuba, legajo 911 A, f. 25, citado por Thibaud, *Repúblicas en armas. Los ejércitos bolivarianos en la guerra de independencia en Colombia y Venezuela*, 387.

67 Bolívar, decreto, San Cristóbal, 24 de septiembre de 1820, en Blanco y Azpurúa, *Documentos para la historia de la vida pública del Libertador*, v. 7, 399.

68 Hasbrouck, *Foreign Legionaries in the Liberation of Spanish South America*, 388.

69 Thibaud, *Repúblicas en armas. Los ejércitos bolivarianos en la guerra de independencia en Colombia y Venezuela*, 392.

70 Morillo al Ministro de la Guerra, Valencia, 11 de marzo de 1818, en Rodríguez Villa, *El Teniente General don Pablo Morillo*, doc. 676, 523.

71 Morillo al Ministro de la Guerra, Valencia, 11 de marzo de 1818, en Rodríguez Villa, *El Teniente General don Pablo Morillo*, doc. 676, 523.

72 Agradezco especialmente la colaboración del dr. Luis Carlos Sabbagh, jefe del departamento de gastro de la Clínica Reina Sofía de Bogotá para entender el alcance de la herida de Pablo Morillo.

73 Morillo al ministro de la Guerra sobre los auxilios que necesita su Ejército y estado de él, Valencia, 22 de abril de 1818, RAH. Colección Pablo Morillo, conde de Cartagena, Sig. 9/7656, leg. 13, a), ff. 94v-96.

74 Morillo al ministro de la guerra, Barquisimeto, 22 de julio de 1818, RAH. Colección Pablo Morillo, conde de Cartagena, Sig. 9/7656, leg. 13, e), ff. 629-636v y Sig. 9/7656, leg. 13, e), ff. 636v-640.

75 Morillo al Ministro de la Guerra, Chaguarama, 8 de mayo de 1817, RAH. Colección Pablo Morillo, conde de Cartagena, Sig. 9/7656, leg. 13, a), ff. 45-47; Morillo al ministro de la Guerra, cuatro cartas, Cumaná, 28 de agosto de 1817, RAH. Colección Pablo Morillo, conde de Cartagena, Sig. 9/7656, leg. 13, e), ff. 478v.-482; Sig. 9/7656, leg. 13, a), ff. 55-56; Sig. 9/7656, leg. 13, e), ff. 482-488v; y Sig. 9/7656, leg. 13, a), f. 51v.; Morillo al ministro de la Guerra, Villa del Cura, 26 de febrero de 1818, RAH. Colección Pablo Morillo, conde de Cartagena, Sig. 9/7656, leg. 13, e), ff. 556v-560; Morillo al ministro de la Guerra sobre los auxilios que necesita su Ejército y estado de él, Valencia, 22 de abril de 1818, RAH. Colección Pablo Morillo, conde de Cartagena, Sig. 9/7656, leg. 13, a), ff. 94v-96; Morillo al ministro de la guerra, Barquisimeto, 22 de julio de 1818, RAH. Colección Pablo Morillo, conde de Cartagena, Sig. 9/7656, leg. 13, e), ff. 629-636v y Sig. 9/7656, leg. 13, e), ff. 636v-640.

76 Ministro de la Guerra a Morillo, 28 de octubre de 1818, en Rodríguez Villa, *El Teniente General don Pablo Morillo*, doc. 754, 694.

77 Morillo al Ministro de la Guerra sobre los auxilios que necesita su Ejército y estado de él, Valencia, 22 de abril de 1818, RAH. Colección Pablo Morillo, conde de Cartagena, Sig. 9/7656, leg. 13, a), ff. 94v-96.

78 Morillo al Ministro de la Guerra, cuatro cartas, Cumaná, 28 de agosto de 1817, RAH. Colección Pablo Morillo, conde de Cartagena, Sig. 9/7656, leg. 13, e), ff. 478v.-482; Sig. 9/7656, leg. 13, a), ff. 55-56; Sig. 9/7656, leg. 13, e), ff. 482-488v; y Sig. 9/7656, leg. 13, a), f. 51v.

79 Representación de Morillo al Rey, Valencia, 25 de enero de 1818, en Rodríguez Villa, El Teniente General don Pablo Morillo, doc. 712, 636.

80 Morillo al Ministro de la Guerra, cuatro cartas, Cumaná, 28 de agosto de 1817, RAH. Colección Pablo Morillo, conde de Cartagena, Sig. 9/7656, leg. 13, e), ff. 478v.-482; Sig. 9/7656, leg. 13, a), ff. 55-56; Sig. 9/7656, leg. 13, e), ff. 482-488v; y Sig. 9/7656, leg. 13, a), f. 51v.

81 Morillo al Ministro de la Guerra, varias cartas y despachos, Calabozo, 22 de diciembre de 1817, RAH. Colección Pablo Morillo, conde de Cartagena, Sig. 9/7656, leg. 13, e), ff. 538-539; Sig. 9/7656, leg. 13, e), f. 539; Sig. 9/7656, leg. 13, a), ff. 75-76v; y Sig. 9/7656, leg. 13, a), ff. 76v-79v.

82 O'Leary, *Bolívar and the War of Independence*, 127.

83 Ministro de la Guerra a Morillo, 7 de agosto de 1818, RAH. Colección Pablo Morillo, conde de Cartagena, Sig. 9/7654, leg. 11, a), f. 84.

84 Thibaud, *Repúblicas en armas. Los ejércitos bolivarianos en la guerra de independencia en Colombia y Venezuela*, 376.

85 Napoléon al consejero de Estado Berlier, mayo 1802.

86 Circular del Ministerio de la Guerra, 26 de octubre de 1818, RAH. Colección Pablo Morillo, conde de Cartagena, Sig. 9/7654, leg. 11, a), ff. 144-145.

87 Véase el testimonio de O'Leary, *Bolívar and the War of Independence*, 147.

88 Morillo al ministro de la Guerra, varias cartas y despachos, Calabozo, 22 de diciembre de 1817, RAH. Colección Pablo Morillo, conde de Cartagena, Sig.

9/7656, leg. 13, e), ff. 538-539; Sig. 9/7656, leg. 13, e), f. 539; Sig. 9/7656, leg. 13, a), ff. 75-76v; y Sig. 9/7656, leg. 13, a), ff. 76v-79v.

89 Morillo al ministro de la Guerra, Villa del Cura, 26 de febrero de 1818, RAH. Colección Pablo Morillo, conde de Cartagena, Sig. 9/7656, leg. 13, e), ff. 556v-560; Morillo al ministro de la Guerra, Valencia, 4 de abril de 1818, RAH. Colección Pablo Morillo, conde de Cartagena, Sig. 9/7656, leg. 13, e), ff. 580-583; Morillo al ministro de la Guerra sobre los auxilios que necesita su ejército y estado de él, Valencia, 22 de abril de 1818, RAH. Colección Pablo Morillo, conde de Cartagena, Sig. 9/7656, leg. 13, a), ff. 94v-96; Morillo al ministro de la Guerra, Caño de Atamayca, inmediaciones de Arauca, 28 de febrero de 1819, en Rodríguez Villa, *El Teniente General don Pablo Morillo*, doc. 766, 12.

90 Morillo al ministro de la Guerra, Valencia, 25 de enero de 1818 (1.ª de esta fecha), RAH. Colección Pablo Morillo, conde de Cartagena, Sig. 9/7656, leg. 13, a), ff. 79v-81.

91 Morillo al ministro de la Guerra, Valencia, 24 de enero de 1818, RAH. Colección Pablo Morillo, conde de Cartagena, Sig. 9/7656, leg. 13, e), ff. 554v-555.

92 Morillo al ministro de la Guerra, varias cartas y despachos, Calabozo, 22 de diciembre de 1817, RAH. Colección Pablo Morillo, conde de Cartagena, Sig. 9/7656, leg. 13, e), ff. 538-539; Sig. 9/7656, leg. 13, e), f. 539; Sig. 9/7656, leg. 13, a), ff. 75-76v; y Sig. 9/7656, leg. 13, a), ff. 76v-79v.

93 Morillo al Ministro de la Guerra, Chaguaramas, 9 de mayo de 1817, en Rodríguez Villa, *El Teniente General don Pablo Morillo*, doc. 626, 384.

94 Morillo al Ministro de la Guerra, Valencia, 25 de enero de 1818 (1ª de esta fecha), RAH. Colección Pablo Morillo, conde de Cartagena, Sig. 9/7656, leg. 13, a), ff. 79v-81; Morillo al Ministro de la Guerra, Valencia, 25 de enero de 1818 (2ª de esta fecha), RAH. Colección Pablo Morillo, conde de Cartagena, Sig. 9/7656, leg. 13, a), ff. 81-83; Morillo al Ministro de la Guerra, Villa del Cura, 26 de febrero de 1818, RAH. Colección Pablo Morillo, conde de Cartagena, Sig. 9/7656, leg. 13, e), ff. 556v-560; Morillo al Ministro de la Guerra, Caracas, 20 de noviembre de 1818, RAH. Colección Pablo Morillo, conde de Cartagena, Sig. 9/7656, leg. 13, e), ff. 673v-677.

95 Morillo, *Manifiesto que hace á la Nación Española el teniente general don Pablo Morillo,* 36.

96 Morillo al Ministro de la Guerra sobre los auxilios que necesita su Ejército y estado de él, Valencia, 22 de abril de 1818, RAH. Colección Pablo Morillo, conde de Cartagena, Sig. 9/7656, leg. 13, a), ff. 94v-96.

97 Morillo al Ministro de la Guerra, Caracas, 20 de septiembre de 1818, RAH. Colección Pablo Morillo, conde de Cartagena, Sig. 9/7656, leg. 13,e), ff. 643-650v. y ff. 650v-657.

98 Morillo al Ministro de la Guerra, Caracas, 20 de septiembre de 1818, RAH. Colección Pablo Morillo, conde de Cartagena, Sig. 9/7656, leg. 13,e), ff. 643-650v. y ff. 650v-657.

99 Morillo al Ministro de la Guerra, Caracas, 20 de septiembre de 1818, RAH. Colección Pablo Morillo, conde de Cartagena, Sig. 9/7656, leg. 13,e), ff. 643-650v. y ff. 650v-657.

100 Morillo al Ministro de la Guerra, Caracas, 22 de octubre de 1818, RAH. Colección Pablo Morillo, conde de Cartagena, Sig. 9/7656, leg. 13, e), ff. 659-664.

101 Morillo al Ministro de la Guerra, Valencia, 25 de enero de 1818 (2ª de esta fecha), RAH. Colección Pablo Morillo, conde de Cartagena, Sig. 9/7656, leg. 13, a), ff. 81-83; Morillo al Ministro de la Guerra, Caracas, 20 de noviembre de 1818, RAH. Colección Pablo Morillo, conde de Cartagena, Sig. 9/7656, leg. 13, e), ff. 673.

102 Morillo al Ministro de la Guerra, Victoria, 24 de septiembre de 1818, RAH. Colección Pablo Morillo, conde de Cartagena, Sig. 9/7656, leg. 13, e), ff. 657v-658v.

103 Morillo al ministro de la guerra, Barquisimeto, 22 de julio de 1818, RAH. Colección Pablo Morillo, conde de Cartagena, Sig. 9/7656, leg. 13, e), ff. 629-636v y Sig. 9/7656, leg. 13, e), ff. 636v-640.

104 Diario de las operaciones del cuerpo de ejército confiado al general Francisco de Paula Santander (Guayana, 25 de junio de 1818-Casanare 12 de noviembre de 1818), en Santander, *Diario de campaña, libro de órdenes, y reglamentos militares 1818-1834*, 8.

105 Thibaud, *Repúblicas en armas. Los ejércitos bolivarianos en la guerra de independencia en Colombia y Venezuela*, 415.

106 Morillo al ministro de la Guerra, Valencia, 15 de abril de 1820 (1ª de esta fecha), en Rodríguez Villa, *El Teniente General don Pablo Morillo*, doc. 820, 175.

107 Florence, *Bolívar and the War of Independence*, 151.

108 Hart, *Thoughts on War*.

109 Rodríguez Villa, *El Teniente General don Pablo Morillo*, t. 1, 371.

110 Rodríguez Villa, *El Teniente General don Pablo Morillo*, t. 1, 371.

111 Keegan, *Intelligence in War, Knowledge of the Enemy from Napoleon to Al-Qaeda*, 537.

112 Morillo al embajador de España en Londres, Caracas, 11 de noviembre de 1818, en Rodríguez Villa, *El Teniente General don Pablo Morillo*, doc. 758, 699.

113 Morillo al ministro de la Guerra, Valencia, 15 de abril de 1820 (2ª de esta fecha), en Rodríguez Villa, *El Teniente General don Pablo Morillo*, doc. 821, 178 y ss.

114 Morillo al ministro de la Guerra, Calabozo, 19 de noviembre de 1817, RAH. Colección Pablo Morillo, conde de Cartagena, Sig. 9/7656, leg. 13, e), f. 523.

115 Keegan, *Intelligence in War, Knowledge of the Enemy from Napoleon to Al-Qaeda*, 5-6.

116 Duque de San Carlos, embajador de España en Londres, a Morillo, Londres, 12 de febrero de 1819, pidiéndole noticias exactas de los sucesos que ocurran en el territorio de su mando, Rodríguez Villa, *El Teniente General don Pablo Morillo*, doc. 804, 105.

117 Instrucciones de Morillo al brigadier Correa, la Victoria, 21 de enero de 1819, en Rodríguez Villa, *El Teniente General don Pablo Morillo*, doc. 800, 98.

118 Instrucciones de Morillo al brigadier Correa, la Victoria, 21 de enero de 1819, en Rodríguez Villa, *El Teniente General don Pablo Morillo*, doc. 800, 98.

119 Morillo, claves de utilizadas en su correspondencia, RAH, Colección Morillo, Sig. 9/7656,leg.13,h), ff. 700-705.

120 Morillo al Ministro de la Guerra, Calabozo, 2 de julio de 1819, en Rodríguez Villa, *El Teniente General don Pablo Morillo*, doc. 775, 37.

121 O'Leary, *Bolívar and the War of Independence*, 156.

122 O'Leary, *Bolívar and the War of Independence*, 158.

123 Casado del Alisal, José, La rendición de Bailén, Museo del Prado, Madrid.

124 Jean Louis David, Napoleón cruzando los Alpes, Museo del Louvre, París.

125 Tito Salas, Bolívar cruzando los Andes,

126 Cleves, *Campaña de 1819*, 30.

127 Lozano Cleves, *Campaña de 1819*, 41.

128 Véanse: O'Leary, *Bolívar and the War of Independence*, 163; Lecuona, *Crónica razonada de las guerras de Bolívar*, t. 2, 346; Lozano Cleves, *Campaña de 1819*, 61 y ss.

129 Cortes Vargas, "Military Operations of Bolívar in New Granada a Commentary on Lecuona: Crónica razonada de las guerras de Bolívar", 630.

130 Soublette, despacho, Venta Quemada, 8 de Agosto de 1819, Archivo General de la Nación, Sección República, Archivo Histórico Restrepo. Rollo 7, v. 15, f. 10.

131 Díaz Díaz, *La Reconquista Española, t. 2, Invasión Pacificadora, Régimen del Terror, Mártires, Conspiradores y Guerrilleros (1815-1817)*, 369.

132 Cordobés Moure, *Reminiscencias de Santa Fe y Bogotá*, Madrid, Aguilar, 1957, recogido por Liévano Aguirre, *Los grandes conflictos sociales y económicos de nuestra historia*, t. 2.

133 Cordobés Moure, *Reminiscencias de Santa Fe y Bogotá*, Madrid, Aguilar, 1957, recogido por Liévano Aguirre, *Los grandes conflictos sociales y económicos de nuestra historia*, t. 2, 78 y 79.
134 Liévano Aguirre, *Los grandes conflictos sociales y económicos de nuestra historia*, t. 2, 80.
135 O'Leary, *Bolívar and the War of Independence*, 164.
136 Restrepo, *Historia de la revolución de la República de Colombia*, t. 4, 88.
137 Morillo al Ministro de la Guerra, Calabozo, 12 de septiembre de 1819, en Rodríguez Villa, *El Teniente General don Pablo Morillo*, doc. 781, 49.
138 Morillo al Ministro de la Guerra, Calabozo, 12 de septiembre de 1819, en Rodríguez Villa, *El Teniente General don Pablo Morillo*, doc. 781, 49.
139 Morillo al ministro de la guerra, Barquisimeto, 22 de julio de 1818, RAH. Colección Pablo Morillo, conde de Cartagena, Sig. 9/7656, leg. 13, e), ff. 629-636v y Sig. 9/7656, leg. 13, e), ff. 636v-640.
140 Morillo al ministro de la guerra, Barquisimeto, 22 de julio de 1818, RAH. Colección Pablo Morillo, conde de Cartagena, Sig. 9/7656, leg. 13, e), ff. 629-636v y Sig. 9/7656, leg. 13, e), ff. 636v-640.
141 Morillo al Ministro de la Guerra, Valencia, 23 de junio de 1820, en Rodríguez Villa, *El Teniente General don Pablo Morillo*, doc. 830, 202.

Capítulo 12

1 Artola, *La burguesía revolucionaria (1808-1874)*, 505.
2 Artola, *La España de Fernando VII*, 503.
3 Fernández Martín, *Derecho Parlamentario*, v. 3, 670.
4 Artola, *La España de Fernando VII*, 525.
5 Alonso, "Cádiz Reprised: The Liberal Triennium in Spain and Spanish America, 1820-1823": 247. Rodríguez O., *The Emergence of Latina America*, Berkley, University of California Press. Clavero, "Nación y naciones en Colombia entre constitutición, concordato y un convenio (1810-2010)".
6 Morillo al ministro de la Guerra, Valencia, 29 de marzo de 1820, en Rodríguez Villa, *El Teniente General don Pablo Morillo*, doc. 819, 165 y ss.
7 Morillo al Congreso establecido en Guayana, Caracas, 17 de junio de 1820 (1ª de esta fecha), en Rodríguez Villa, *El Teniente General don Pablo Morillo*, doc. 851, 261.
8 Morillo al ministro de la Guerra, Valencia, 29 de marzo de 1820, en Rodríguez Villa, *El Teniente General don Pablo Morillo*, doc. 819, 165 y ss.
9 Morillo al Ministro de la Guerra, Valencia, 15 de abril de 1820 (3ª de esta fecha),, en Rodríguez Villa, *El Teniente General don Pablo Morillo*, doc. 824, 188.
10 Morillo al ministro de la Guerra, Valencia, 14 de mayo de 1820, en Rodríguez Villa, *El Teniente General don Pablo Morillo*, doc. 826, 191.
11 Morillo al ministro de la Guerra, Valencia, 14 de mayo de 1820, en Rodríguez Villa, *El Teniente General don Pablo Morillo*, doc. 826, 191.
12 Morillo al ministro de la Guerra, Valencia, 4 de abril de 1820, en Rodríguez Villa, *El Teniente General don Pablo Morillo*, doc. 828, 194.
13 Morillo al ministro de la Guerra, Valencia, 4 de abril de 1820, en Rodríguez Villa, *El Teniente General don Pablo Morillo*, doc. 828, 194.
14 Morillo al Ministro de la Guerra, Valencia, 15 de abril de 1820 (3ª de esta fecha), en Rodríguez Villa, *El Teniente General don Pablo Morillo*, doc. 824, 188.
15 Morillo al comandante de la marina nacional, Caracas, 17 de junio de 1820.
16 Morillo al ministro de la guerra, Valencia, 8 de septiembre de 1820 (1ª de esta fecha), en Rodríguez Villa, *El Teniente General don Pablo Morillo*, doc. 838, 227.

17 Sobre la interesante y reveladora biografía de Juan de Reyes Vargas véase: Rosales, *Reyes Vargas: paladín del procerato mestizo*. Guevara Baro, *Venezuela en el tiempo. Cronología desde la Conquista hasta la Fundación de la república*: 47. Straka, *La voz de los vencidos. Ideas del partido realista de Caracas, 1810-1821*: 73 y 116. Helg, Simón *Bolívar's Republic: A Bulwark Against the Tyranny of the Majority*. Madariaga, *Bolívar*, 1952: 214-220. Pérez Vila, *Vargas, Juan de los Reyes (Indio Vargas)*. Silva Uzcátegui, *Coronel Juan de los Reyes Vargas*.
Sobre las acciones de guerra bajo bandera realista de Reyes Vargas véase: Morillo al ministro de la Guerra, Maracaibo, 31 de octubre de 1820, en Rodríguez Villa, *El Teniente General don Pablo Morillo*, doc. 846, 249, y Morillo al ministro de la Guerra, Valencia, 10 de abril de 1818, RAH. Colección Pablo Morillo, conde de Cartagena, Sig. 9/7656, leg. 13, e), f. 587.

18 Rodríguez, *The Search for Public Policy: Regional Politics and Govenrment Finances in Ecuador, 1830-1940*: 29.

19 Echeverri, *Indian and Slave Royalists in the Age of Revolution. Reform, Revolution, and Royalism in the Northern Andes, 1780-1825*: 60. Véase también: Echeverri, "Los derechos de indios y esclavos realistas y la transformación política en Popayán, Nueva Granada (1808-1820)"; y Echeverri, "Popular Royalists, Empire, and Politics in Southwestern New Granada, 1809-1819". El ejemplo perfecto de la visión tradicional de la historiografía colombiana sobre el papel de los indígenas en la independencia es la *Historia de la revolución de la República de Colombia* de José Manuel Restrepo, publicada en Parías en 1827.

20 Echeverri, *Indian and Slave Royalists in the Age of Revolution. Reform, Revolution, and Royalism in the Northern Andes, 1780-1825*: 61.

21 Phelan, *The People and the King: The Comunero Revolution in Colombia*. Lucena Giraldo, *La constitución atlántica de España y sus Indias*: 33.

22 Constitución de Cádiz, 1812. "Artículo 1. La Nación española es la reunión de todos los españoles de ambos hemisferios". Art. 5, "Son españoles: Primero. Todos los hombres libres nacidos y avecindados en los dominios de las Españas, y los hijos de éstos". Art. 339. «Las contribuciones se repartirán entre todos los españoles con proporción a sus facultades, sin excepción ni privilegio alguno». Véase: Echeverri, *Popular Royalists, Empire, and Politics in Southwestern New Granada*, 1809-1819. Rodríguez, *La revolución política durante la época de la independencia: El reino de Quito, 1808-1822*. Saether, *Identidades e independencia en Santa Marta y Riohacha, 1750-1850*. Saether, *Independence and the Redefinifinition of Indianness around Santa Marta, Colombia, 1750-1850*. Lasso, *Población y Sociedad*: 224-225. Sosa, *Representación e Independencia, 1810-1816*: 105-112. Eastman, *The Sacred Mantle of the Constitution of 1812*: 2.

23 Morillo a Bolívar, Carache, 16 de noviembre de 1820, en Rodríguez Villa, *El Teniente General don Pablo Morillo*, doc. 870, 298.

24 Bolívar, *Obras completas*, v. 1: 506.

25 Morillo a Morales, Tocuyo, 8 de noviembre de 1820, en Rodríguez Villa, *El Teniente General don Pablo Morillo*, doc. 882, 326.

26 Lynch, *Simón Bolívar: A Life*: 137.

27 Morillo al Morales, Valencia, 4 de julio de 1820, en Rodríguez Villa, *El Teniente General don Pablo Morillo*, doc. 824, 197.

28 Morillo, *Manifiesto que hace á la Nación Española el teniente general don Pablo Morillo*, 31 y 53.

29 Morillo al ministro de la Guerra, Tinaco, 24 de septiembre de 1819, en Rodríguez Villa, *El Teniente General don Pablo Morillo*, doc. 787, 74.

30 Morillo al ministro de la Guerra, Valencia, 28 de agosto de 1820, en Rodríguez Villa, *El Teniente General don Pablo Morillo*, doc. 837, 221.

31 Proclama de Fernando VII á los habitantes de Ultramar [1819], en Rodríguez Villa, *El Teniente General don Pablo Morillo*, doc. 850, 254 y ss.
32 Morillo al ministro de la Guerra, Valencia, 26 de julio de 1820, en Rodríguez Villa, *El Teniente General don Pablo Morillo*, doc. 832, 208.
33 Proclama de Fernando VII á los habitantes de Ultramar [1819], en Rodríguez Villa, *El Teniente General don Pablo Morillo*, doc. 850, 254 y ss.
34 Morillo al ministro de la Guerra, Valencia, 26 de julio de 1820, en Rodríguez Villa, *El Teniente General don Pablo Morillo*, doc. 832, 208.
35 Morillo al ministro de la Guerra, Valencia, 29 de marzo de 1820, en Rodríguez Villa, *El Teniente General don Pablo Morillo*, doc. 819, 165 y ss.
36 Morillo al ministro de la Guerra, Valencia, 26 de julio de 1820, en Rodríguez Villa, *El Teniente General don Pablo Morillo*, doc. 832, 208.
37 Morillo al ministro de la Guerra, Valencia, 6 de agosto de 1820, en Rodríguez Villa, *El Teniente General don Pablo Morillo*, doc. 835, 217.
38 Morillo al ministro de la Guerra, Valencia, 28 de agosto de 1820, en Rodríguez Villa, *El Teniente General don Pablo Morillo*, doc. 837, 221.
39 Morillo al ministro de la Guerra, Caracas, 8 de octubre de 1820, en Rodríguez Villa, *El Teniente General don Pablo Morillo*, doc. 843, 240.
40 «Antonio Nariño», *Gran Enciclopedia de Colombia*, Biblioteca Luis Ángel Arango virtual, www.banregov.co/blaavirtual
41 «Antonio Nariño», *Rasgos biográficos de los próceres*, Villegas Editores, www.villegaseditores.com/loslibros/023
42 Marqués de Villena, embajador de España en Londres, al Secretario de Estado, carta n. 103, Londres, 23 de septiembre de 1820, sobre su entrevista con Antonio Nariño. AGI, ES.41091.AGI/16417.14.21/ESTADO.105.N.29.
43 Morillo, *Manifiesto que hace á la Nación Española el teniente general don Pablo Morillo.*
44 Morillo, *Manifiesto que hace á la Nación Española el teniente general don Pablo Morillo*, 3-4.
45 O'Leary, *Bolívar and the War of Independence*, 186.
46 Morillo, *Manifiesto que hace á la Nación Española el teniente general don Pablo Morillo*, 53.
47 *Extracto de los estados formados por las oficinas de cuanta y razón del ejército expedicionario destinada á la pacificación de Costa firma, por el que se manifiestan el ingreso de caudales que ha habido en su tesorería, desde el 7 de abril de 1815, hasta el 2 de diciembre del año próximo de 1820, y cuya demostración por menor la han hecho aquellos con la más escrupulosa prolijidad en tres estados por periodos correlativos que existen originales en mi poder signados por don Pedro Michelena y don Lorenzo Martínez, contador y tesorero del mismo ejército, y rebisadas por su ministro principal don Julián de Ibarra, recogida por Morillo, Pablo, Manifiesto que hace á la Nación Española* ...., recogido en Morillo, *Manifiesto que hace á la Nación Española el teniente general don Pablo Morillo*, documento 45, 49-50.
48 Morillo, *Manifiesto que hace á la Nación Española el teniente general don Pablo Morillo.*
49 Lorenzo Martínez, comisario de guerra, tesorero del ejército expedicionario de Costa-firme, certificado, Valencia, 31 de julio de 1820, en Morillo, *Manifiesto que hace á la Nación Española* ...., doc. 44, 48.
50 Morillo, *Manifiesto que hace á la Nación Española el teniente general don Pablo Morillo*, 49.
51 María Josefa Villar de Morillo al editor del Diario Mercantil, Cádiz, 8 de mayo de 1820, en Rodríguez Villa, *El Teniente General don Pablo Morillo*, 634-636.
52 Lynch, *The Spanish American Revolutions 1808-1826*: 36.
53 Morillo, Circular a los jefes militares del ejército de Costafirme, Caracas, 17 de junio de 1820 (2ª de esta fecha), en Rodríguez Villa, *El Teniente General don Pablo Morillo*, doc. 851-A, 258-260.
54 Morillo al Serenísimo Congreso establecido en la Guayana, Caracas, 17 de junio de 1820 (3ª de esta fecha), en Rodríguez Villa, *El Teniente General don Pablo Morillo*, doc. 851-B, 260-262.

55 Morillo a Bolívar, Valencia, 22 de junio de 1820, en Rodríguez Villa, *El Teniente General don Pablo Morillo*, doc. 851-C, 262-264.

56 Morillo a Bolívar, Valencia, 22 de junio de 1820, en Rodríguez Villa, *El Teniente General don Pablo Morillo*, doc. 851-C, 262-264.

57 Morillo al ministro de la Guerra, Valencia, 8 de septiembre de 1820 (2ª de esta fecha), en Rodríguez Villa, *El Teniente General don Pablo Morillo*, doc. 839, 230.

58 Bolívar a Morillo, 9 de noviembre de 1820, en Rodríguez Villa, *El Teniente General don Pablo Morillo*, doc. 870, 293.

59 Thibaud, *Repúblicas en armas. Los ejércitos bolivarianos en la guerra de independencia en Colombia y Venezuela*, 398.

60 Restrepo, *Historia de la Revolución de la República de Colombia*, t. 2, 370.

61 Level de Goda, Andrés. *Representación del procurador Andrés Level de Goda al rey Fernando VII*, 5 de diciembre de 1829, en "Memorias de Andrés Level de Goda a sus hijos", en *Boletín de la Academia Nacional de Historia*, v. 21 (1938): 146-225.

62 Morillo, Credencial dada a González de Linares y su compañero de comisión, Valencia, 20 de junio de 1820, en Rodríguez Villa, *El Teniente General don Pablo Morillo*, doc. 851-F, 265-266.

63 Proclama de Fernando VII á los habitantes de Ultramar [1819], en Rodríguez Villa, *El Teniente General don Pablo Morillo*, doc. 850, 254 y ss.

64 Circular de Morillo a varios jefes, Caracas, 12 de junio de 1820, en Rodríguez Villa, *El Teniente General don Pablo Morillo*, doc. 851-J, 268.

65 O'Leary, *Bolívar and the War of Independence*, 182.

66 Bolívar a Morillo, 21 de septiembre de 1820, en Rodríguez Villa, *El Teniente General don Pablo Morillo*, doc. 854, 271.

67 Comisionados a Morillo, Calabozo, 3 de noviembre de 1820, en Rodríguez Villa, *El Teniente General don Pablo Morillo*, doc. 861, 283 y ss.

68 Bolívar a Morillo, Trujillo, 26 de octubre de 1820, en Rodríguez Villa, *El Teniente General don Pablo Morillo*, doc. 858, 278-279.

69 Bolívar a Morillo, 20 de noviembre de 1820, en Rodríguez Villa, *El Teniente General don Pablo Morillo*, doc. 870, 300.

70 Comisionados a Morillo, 20 de noviembre de 1820, en Rodríguez Villa, *El Teniente General don Pablo Morillo*, doc. 869, 291.

71 Morillo a Morales, Carache, 23 de noviembre de 1820, en Rodríguez Villa, *El Teniente General don Pablo Morillo*, doc. 882, 330.

72 Comisionados a Morillo, 25 de noviembre de 1820 (1ª de esta fecha), en Rodríguez Villa, *El Teniente General don Pablo Morillo*, doc. 876, 312; Comisionados a Morillo, 25 de noviembre de 1820 (2ª de esta fecha), en Rodríguez Villa, *El Teniente General don Pablo Morillo*, doc. 877, 313.

73 Real orden de 13 de septiembre de 1820.

74 Presidente de la Cámara de Representantes de los Estados Unidos de América al agente de Colombia en Washington, 11 de mayo de 1820, en Rodríguez Villa, *El Teniente General don Pablo Morillo*, doc. 849, 253-254.

75 Gleijeses, "*The Limits of Sympathy: The United States and the Independence of Spanish America*", 481 y ss.

76 Churchill, *A History of English –Speaking Peoples*, v. 2, 14 y ss.

77 Kaufmann, *British Policy and the Independence of Latin America, 1804-1828*, 130 y ss.

78 Tratado de Regularización de la Guerra.

79 Preámbulo del Tratado de Regularización de la Guerra.

80 Bolívar a Morillo, Trujillo, 13 de noviembre de 1820, en Rodríguez Villa, *El Teniente General don Pablo Morillo*, doc. 870, 295-296.

81 «Stop the useless effusion of human blood in that quarter», Thomas Jefferson a John Adams, 22 de enero de 1821, en Ford, *Works of Thomas Jefferson*, v. 12, 199.

Ver: Vajda, *Thomas Jefferson on the Character of an Unfree People: The Case of Spanish America.*

82 Artículo 35 del Protocolo I de 8 de junio de 1977 adicional a los Convenios de Ginebra de 12 de agosto de 1949 relativo a la protección de las victimas de los conflictos armados internacionales.

83 Vitoria, *Relecciones sobre los indios y el Derecho de la guerra*; Suárez, *Guerras. Intervención. Paz Internacional*; Grocio, *De Iure Belli ac Pacis.*

84 Preámbulo del Tratado de Regularización de la Guerra.

85 Artículo 11 del Tratado de Regularización de la Guerra.

86 Tratado de Regularización de la Guerra, artículos 2, 3, 5, 6, 8 9 y 10; 4; y 12.

87 Sobre el valor de los tratados de Trujillo en el *ius in bello* véase: Alfaro Pareja, "Los encuentros de Trujillo y Santa Ana en 1820: una gran mediacion entre patriotas y realistas en el proceso de independencia de Venezuela. (Notas historiograficas)"; Alfaro Pareja, *La Independencia de Venezuela relatada en clave de paz: las regulaciones pacíficas entre patriotas y realistas (1810-1846)*; Barbosa, *Del Derecho de Gentes al Derecho Internacional Humanitario en Colombia, 1821-1995: debate sobre una idea constitucional*, 43-47; y Valencia Villa, *La humanización de la guerra: derecho internacional humanitario y conflicto armado en Colombia*, Bogotá, 25-30. Sobre la evolución en el Derecho constitucional colombiano: Otero Suárez, "La aplicacion del articulo 91 de la constitucion de Rionegro. Una herramienta constitucional para la solucion de los conflictos armados", 206. Convenios de La Haya y de Ginebra: Convenio relativo a las leyes y usos de la guerra terrestre, La Haya, 18 de octubre de 1907; Convenio de Ginebra de 12 de agosto de 1949, para mejorar la suerte de los heridos y enfermos de las fuerzas armadas en campaña; Convenio de Ginebra de 12 de agosto de 1949, relativo al trato de los prisioneros de guerra; Convenio de Ginebra de 12 de agosto de 1949, relativo a la protección de personas civiles en tiempo de guerra; Protocolo I de 8 de junio de 1977, adicional a los Convenios de Ginebra de 12 de agosto de 1949, relativo a la protección de las victimas de los conflictos armados internacionales; Protocolo II de 8 de junio de 1977, adicional a los Convenios de Ginebra de 12 de agosto de 1949, relativo a la protección de las victimas de los conflictos sin carácter internacional.

88 Morillo al ministro de la guerra, Barquisimeto, 22 de julio de 1818, RAH. Colección Pablo Morillo, conde de Cartagena, Sig. 9/7656, leg. 13, e), ff. 629-636v y Sig. 9/7656, leg. 13, e), ff. 636v-640.

89 Morillo al ministro de la guerra, Barquisimeto, 22 de julio de 1818, RAH. Colección Pablo Morillo, conde de Cartagena, Sig. 9/7656, leg. 13, e), ff. 629-636v y Sig. 9/7656, leg. 13, e), ff. 636v-640.

90 Morillo,circular a las principales autoridades civiles, políticas y eclesiásticas de Venezuela y otros puntos, pidiéndoles certificación de su conducta, Barquisimeto, 3 de diciembre de 1820, en Rodríguez Villa, *El Teniente General don Pablo Morillo*, doc. 882, 334-336.

91 Morillo,circular a las principales autoridades civiles, políticas y eclesiásticas de Venezuela y otros puntos, pidiéndoles certificación de su conducta, Barquisimeto, 3 de diciembre de 1820, en Rodríguez Villa, *El Teniente General don Pablo Morillo*, doc. 882, 334-336.

92 Felipe F. de Paul a Morillo, Caracas, 4 de diciembre de 1820, en Rodríguez Villa, *El Teniente General don Pablo Morillo*, doc. 885, 339-340.

93 Las tres primeras citas de este párrafo extraídas de: Morillo, despedida a los pueblos de Venezuela, Barquisimeto, 3 de diciembre de 1820, en Rodríguez Villa, *El Teniente General don Pablo Morillo*, doc. 884, 337-339. La última cita de: Morillo, despedida a su ejército expedicionario, 17 de diciembre de 1820, en Rodríguez Villa, *El Teniente General don Pablo Morillo*, t. 1, 432 y ss.

94 Morillo, despedida a su ejército expedicionario, 17 de diciembre de 1820, en Rodríguez Villa, *El Teniente General don Pablo Morillo*, t. 1, 432 y ss.

95 McNeill, *Mosquito Revolutions: Disease, War, and Independence in the U.S. South, Haiti, and Venezuela, 1776-1825*, 121-122; Serrano Álvarez, "El ejército expedicionario de Tierra Firme en Nueva Granada", en Calvo Stevenson y Meisel Roca, *Cartagena de Indias en la independencia*, 366; Sánchez Bañón, "Esplendor y ocaso del Ejército Expedionario de Costa Firme. Pablo Morillo", en Castañeda Delgado, *Las guerras en el primer tercio del siglo XIX en España y América*, v. 1, 585.

Capítulo 13

1 Carr, *España 1808–1975*, 136.

2 Comellas, *Del Antiguo al Nuevo Régimen. Hasta la muerte de Fernando VII, Historia General de España y América*, t. 12, 403.

3 Bahamonde Magro, "La sociedad madrileña en el siglo XIX", 494.

4 Artola, *La España de Fernando VII*, 534.

5 Mesonero Romanos, *Memorias de un setentón*, v. 1, 211.

6 Mesonero Romanos, *Memorias de un setentón*, v. 1, 228.

7 Mesonero Romanos, *Memorias de un setentón*, v. 1, 227-228.

8 Comellas, *Del Antiguo al Nuevo Régimen. Hasta la muerte de Fernando VII, Historia General de España y América*, t. 12, 425.

9 Fernández de Códoba, *Memorias íntimas*, Madrid.

10 Diario de Sesiones, 1 de marzo de 1821, en *Antología de las Cortes de 1821 a 1823*, 127.

11 Establecida para el 1 de marzo de cada año, artículos 106 y 119 de la constitución de Cádiz de 1812.

12 Artículo 26 del Estatuto Real de 10 de abril de 1834.

13 Mesonero Romanos, *Memorias de un setentón*, v. 1, 161.

14 Alcalá Galiano, *Recuerdos de un anciano*, itado por Navascués Palacio, "Madrid, cuidad y arquitectura (1808-1898)", 400.

15 Navascués Palacio, "Madrid, cuidad y arquitectura (1808-1898)", 408-409.

16 Mesonero Romanos, *Memorias de un setentón*, v. 1, 164-166.

17 Mesonero Romanos, *Memorias de un setentón*, v. 1, 165-166.

18 Bahamonde Magro, "La sociedad madrileña en el siglo XIX", 479 -513.

19 Mesonero Romanos, *Memorias de un setentón*, v. 1, 171.

20 Mesonero Romanos, *Memorias de un setentón*, v. 1, 251.

21 Comellas, *El trienio constitucional*, 224.

22 Fernández de Córdoba, *Mis memorias íntimas*, t. 1, 38.

23 Estado que manifiesta la fuerza total y disponible que tienen los cuerpos de esta Guarnición (Madrid) a 6 de mayo de 1821, firmado por Benito Villuela, Madrid, 6 de mayo de 1821. RAH. Colección Pablo Morillo, conde de Cartagena. Sig. 9/7718, leg.75, c).

24 Morillo, proclama a los habitantes del heroico pueblo y provincia de Madrid, 5 de mayo de 1821, en Rodríguez Villa, *El Teniente General don Pablo Morillo*, doc. 889, 342-343.

25 Así lo mantiene Fernando Fernández de Córdoba en sus Memorias íntimas.

26 Evénéments du 20 Août 1821 à Madrid, Imprimerie de Goltschy, París, 1821,citado por Comellas, *El trienio constitucional*, 230, n. 292.

27 Morillo, proclama a los habitantes del heroico pueblo y provincia de Madrid, 21 de agosto de 1821, en Rodríguez Villa, *El Teniente General don Pablo Morillo*, doc. 897.

28 Informe del jefe político de Madrid, general Francisco Copons, a Su Majestad, 29 de agosto de 1821, en Rodríguez Villa, *El Teniente General don Pablo Morillo*, doc. 898, 354.

29 Francisco Copons a Morillo, nota que Rodríguez Villa data, a nuestro juicio erróneamente, 22 de agosto de 1821, en Rodríguez Villa, *El Teniente General don Pablo Morillo*, t. 1, 503-504.

30 Informe del jefe político de Madrid, general Francisco Copons, a Su Majestad, 29 de agosto de 1821, en Rodríguez Villa, *El Teniente General don Pablo Morillo*, doc. 898, 354.

31 Primera estrofa del famoso *trágala* que junto con el *responso* eran los himnos no oficiales de los exaltados. Una versión cantada, pero con una letra algo distinta a la original, puede consultarse en http://idd003x0.eresmas.net/mp3/El%20Tragala.mp3.

32 Comellas, *El trienio constitucional*, 229.

33 Francisco Copons a Morillo, nota que Rodríguez Villa data, a nuestro juicio erróneamente, 22 de agosto de 1821, en Rodríguez Villa, *El Teniente General don Pablo Morillo*, t. 1, 503-504.

34 Francisco Copons a Morillo, nota que Rodríguez Villa data, a nuestro juicio erróneamente, 22 de agosto de 1821, en Rodríguez Villa, *El Teniente General don Pablo Morillo*, t. 1, 503-504.

35 Morillo al ministro de la guerra, general Balanzat, nota, la tarde-noche del 21 de agosto de 1821, en Rodríguez Villa, *El Teniente General don Pablo Morillo*, t. 1, 504.

36 Morillo al gobernador de Madrid, nota, Madrid a las nueve y cuarto de la noche del 21 de agosto de 1821, en Rodríguez Villa, *El Teniente General don Pablo Morillo*, t. 1, 505.

37 Dictamen del Auditor de Guerra sobre los sucesos de 20 y 21 de agosto de 1821, remitidos a Morillo, 15 de septiembre de 1821, en Rodríguez Villa, *El Teniente General don Pablo Morillo*, doc. 899, 362 y ss.

38 Ministro de la guerra a Morillo, despacho, 16 de septiembre de 1821, en Rodríguez Villa, *El Teniente General don Pablo Morillo*, doc. 900, 367.

39 Carr, *España 1808–1975*, 141.

40 Carr, *España 1808–1975*, 141.

41 Comellas, *El trienio constitucional*, 247.

42 Mesonero Romanos, *Memorias de un setentón*, v.1, ol. I, 243.

43 Pérez Garzón, *Milicia Nacional y Revolución burguesa. El prototipo madrileño. 1808-1874.*

44 Mesonero Romanos, *Memorias de un setentón*, v. 1, 243-244.

45 Fernando VII a Ramón López Pelegrín, 9 de noviembre de 1821, en Comellas, *El trienio constitucional*, 257.

46 Grito de un español verdadero a toda la nación, Navarra, 2 de diciembre de 1821, Archivo general de Navarra, Sección de Guerra, leg. 23, c. 2, en Gambra, *La primera guerra civil de España (1821-1813)*, 55.

47 Gastos aprobados por las Cortes el 28 de junio de 1822, recogidos por Comellas, *El trienio constitucional*, 329.

Casa Real	45 212 200 reales
Cortes	5 552 365 "
Estado	5 760 917 "
Gobernación	32 448 028 "
Ultramar	941 465 "
Gracia y Justicia	16 897 899 "
Hacienda	148 894 075 "
Guerra	328 633 590 "
Marina	80 502 590 "

48 Citado por Comellas, *El trienio constitucional*, 336.
49 Citado por Comellas, *El trienio constitucional*, 336.
50 Pérez Garzón, *Milicia Nacional y Revolución burguesa. El prototipo madrileño. 1808-1874*, 221 y ss.
51 Observaciones que ofrecen a la nación los secretarios de Estado y del despacho, que lo eran a principios de julio de 1822, acerca del dictamen presentado por una comisión de las Cortes sobre los acontecimientos de aquella época, Madrid, 1823, en Artola, *La España de Fernando VII*, 572.
52 Estado de fuerza total y disponible de los cuerpos de la guarnición de Madrid a 6 de mayo de 1821, RAH. Colección Morillo. Sig. 9/7718,leg.75,c.
53 Observaciones que ofrecen a la nación los secretarios de Estado y del despacho, que lo eran a principios de julio de 1822, acerca del dictamen presentado por una comisión de las Cortes sobre los acontecimientos de aquella época, Madrid, 1823, en Artola, *La España de Fernando VII*, 572.
54 *Informe de la Comisión especial sobre los resultados que dan los documentos mandados por ella, especialmente sobre las ocurrencias de los días de julio último*, Madrid, Imprenta de Tomás Albán y Cía, 1823, recogido por Pérez Garzón, *Milicia Nacional y Revolución burguesa. El prototipo madrileño. 1808-1874*, 280.
55 *Informe de la Comisión especial sobre los resultados que dan los documentos mandados por ella, especialmente sobre las ocurrencias de los días de julio último*, Madrid, Imprenta de Tomás Albán y Cía, 1823, en Pérez Garzón, *Milicia Nacional y Revolución burguesa. El prototipo madrileño. 1808-1874*, 280.
56 Pérez Garzón, *Milicia Nacional y Revolución burguesa. El prototipo madrileño. 1808-1874*, 281.
57 Pérez Garzón, *Milicia Nacional y Revolución burguesa. El prototipo madrileño. 1808-1874*, 281.
58 Pérez Garzón, *Milicia Nacional y Revolución burguesa. El prototipo madrileño. 1808-1874*, 281.
59 Así lo confiesa Fernando Fernández de Córdoba, uno de los oficiales que participaron en la intentona, a su hermano Luis Fernández de Córdoba quien lo recoge en sus memorias. Véase Fernández de Córdoba, *Mis memorias íntimas*, t. 1, 38.
60 Gambra, *La primera guerra civil de España (1821-1813). Historia y meditación de una lucha olvidada*, 59-60.
61 Barón de Eroles, manifiesto, cuartel general de Urgel, 15 de agosto de 1822, en Vicente Marrero, *El tradicionalismo español del siglo XIX*, 69-74.
62 Artola, *La España de Fernando VII*, 642.
63 Morillo al Secretario del Despacho de la Guerra, despacho, 6 de agosto de 1822, en Rodríguez Villa, *El Teniente General don Pablo Morillo*, doc. 931, 393-396.
64 Certificado expedido por don Eugenio de Arrieta, médico residente en la corte.
65 Morillo, comunicado imputando ciertas palabras del sr. Istúriz, pronunciadas en las Cortes sobre su persona, agosto de 1822, en Rodríguez Villa, *El Teniente General don Pablo Morillo*, doc. 932, 396-397.
66 Parte de la Justicia de Plasencia dando parte de la captura de Pablo Morillo, Plasencia, 19 de octubre de 1822, en Rodríguez Villa, *El Teniente General don Pablo Morillo*, t. 1, 515-516.
67 Parte de la Justicia de Plasencia dando parte de la captura de Pablo Morillo, Plasencia, 19 de octubre de 1822, en Rodríguez Villa, *El Teniente General don Pablo Morillo*, t. 1, 515-516.
68 Parte de la Justicia de Plasencia dando parte de la captura de Pablo Morillo, Plasencia, 19 de octubre de 1822, en Rodríguez Villa, *El Teniente General don Pablo Morillo*, t. 1, 515-516.

69 Altea, conde de, *Historia del Palacio de Santa Cruz (1629–1983)*, 142.
70 Morillo, contestación al dictamen que sobre su conducta militar en los primeros días de Julio, ha prestado á las actuales Cortes extraordinarias la mayoría de la comisión de medidas, Imprenta que fue de García – por su regente d. Manuel Pita de la Vega, 1823, en Rodríguez Villa, *El Teniente General don Pablo Morillo*, doc. 934, 402 y ss.
71 Morillo al ministro de la Guerra, 14 de febrero de 1823, en Rodríguez Villa, *El Teniente General don Pablo Morillo*, doc. 936, 418 y ss.
72 Morillo al ministro de la Guerra, 14 de febrero de 1823, en Rodríguez Villa, *El Teniente General don Pablo Morillo*, doc. 936, 418 y ss.
73 Decreto de 15 de febrero de 1823, en Rodríguez Villa, *El Teniente General don Pablo Morillo*, t. 1, 520.

Capítulo 14

1 Morillo, Madrid, 27 de marzo de 1823, en Rodríguez Villa, *El Teniente General don Pablo Morillo*, t. 1, 520; y Morillo, Madrid, 4 de abril de 1823, en Rodríguez Villa, *El Teniente General don Pablo Morillo*, t. 1, 520.
2 Antonio Ferández, *Historia del mundo contemporáneo*, 63.
3 Bourquin, H*istoire de la Sainte Alliance (avec un autographe inédit du prince Metternich)*, 85 y ss.
4 Artola, *La España de Fernando VII*, 645.
5 Fernando VII al zar Alejandro I, 21 de junio de 1821, en Artola, *La España de Fernando VII*, 645.
6 Marqués de Casa Irujo, observaciones sobre el auxilio de tropas francesas, finales de 1821, en Artola, *La España de Fernando VII*, 645.
7 Marqués de Casa Irujo, observaciones sobre el auxilio de tropas francesas, finales de 1821, en Artola, *La España de Fernando VII*, 645.
8 Montmorency al embajador francés en Madrid, instrucciones, París, julio de 1822, en Artola, *La España de Fernando VII*, 645.
9 Renouvin, *Historia de las Relaciones Internacionales, Siglos XIX y XX*, 47.
10 Chateaubriand, Congrès de Verone, Ginebra, 1979, 51 – 2, recogido por Mansel, *París Between Empires, Monarchy and Revolution 1814-1852*, 182.
11 Mansel, *París Between Empires, Monarchy and Revolution 1814-1852*, 182.
12 Grandmaison, *L'expédition Française d'Espagne en 1823, avec onze lettres inédites de Chateaubriand.*
13 Miraflores, marqués de, *Apuntes*, recogido por Artola, *La España de Fernando VII*, 653.
14 Carr, *España 1808–1975*, 146.
15 Miraflores, marqués de, *Apuntes*, recogido por Artola, *La España de Fernando VII*, 653.
16 Grandmaison, *L'expédition Française d'Espagne en 1823, avec onze lettres inédites de Chateaubriand*, 89.
17 Solís, Dionisio [Villanueva y Ochoa]. "Oda V", en Cueto, *Poetas líricos del siglo XVI-II*, v. III.
18 Morillo al ministro de la Guerra, despacho, s.d. [1823], en Rodríguez Villa, *El Teniente General don Pablo Morillo*, t. 1, 523.
19 Morillo al ministro de la Guerra, despacho,s.d. [1823], en Rodríguez Villa, *El Teniente General don Pablo Morillo*, t. 1, 525.
20 Morillo al ministro de la Guerra, despacho, Astorga, 13 de mayo de 1823, en Rodríguez Villa, *El Teniente General don Pablo Morillo*, t. 1, 525.

21 Morillo al ministro de la Guerra, despacho, Villafranca, principios de junio de 1823, en Rodríguez Villa, *El Teniente General don Pablo Morillo*, t. 1, 525.
22 Morillo al ministro de la Guerra, despacho, Astorga, 13 de mayo de 1823, en Rodríguez Villa, *El Teniente General don Pablo Morillo*, t. 1, 525.
23 Morillo al ministro de la Guerra, despacho, s.d. [1823], en Rodríguez Villa, *El Teniente General don Pablo Morillo*, t. 1, 523-525.
24 Artola, *La España de Fernando VII*, 510.
25 Morillo al ministro de la Guerra, despacho, s.d. [1823], en Rodríguez Villa, *El Teniente General don Pablo Morillo*, t. 1, 523-525.
26 1. Partida do Burón (Fonsagrada), 2. Partida do Baxo Miño (Salvatierra-Tuy-A Guardia), 3. Partida de Chantada-Monterroso-Tabooada, 4. Partida de Deza y Transdeza, 5.Partidas de Melinde-Arzúa-Sobrado, 6. Partida de Cotobade y Montes y 7. Partida de Poboa de Trives. Según Barreiro Fernández, *Historia de Galicia, Vol. IV Edade Contemporánea*, 251.
27 Rodríguez Eiras, "Alzamientos realistas en Galicia en el trienio constitucional".
28 Morillo al ministro de la Guerra, despacho, s.d. [1823], en Rodríguez Villa, *El Teniente General don Pablo Morillo*, t. 1, 523-525.
29 Morillo al ministro de la Guerra, despacho,Villafranca, 5 de junio de 1823, en Rodríguez Villa, *El Teniente General don Pablo Morillo*, t. 1, 529.
30 Morillo al Ministro de la Guerra, respuesta, 19 de marzo de 1823, en Rodríguez Villa, *El Teniente General don Pablo Morillo*, t. 1, 520.
31 Artículo 56.3 de la Constitución española de 1978.
32 Morillo, proclama a los habitantes de las provincias comprendidas en el distrito del cuarto ejército, Lugo, 26 de marzo de 1823, en Rodríguez Villa, *El Teniente General don Pablo Morillo*, doc. 939, 424 y ss.
33 Morillo al Ministro de la Guerra, despacho, Astorga, 13 de mayo de 1823, en Rodríguez Villa, *El Teniente General don Pablo Morillo*, t. 1, 525.
34 Morillo, proclama a los habitantes de las provincias comprendidas en el distrito del cuarto ejército, Lugo, 26 de marzo de 1823, en Rodríguez Villa, *El Teniente General don Pablo Morillo*, doc. 939, 424 y ss.
35 Morillo a la Diputación Provincial de la Coruña, Lugo, 26 de junio de 1823, en Rodríguez Villa, *El Teniente General don Pablo Morillo*, doc. 939, 426-427.
36 Morillo al Almirante del Departamento del Ferrol, Lugo, 26 de junio de 1823, en Rodríguez Villa, *El Teniente General don Pablo Morillo*, doc. 939, 427.
37 Morillo al general en jefe del Cuarto Ejército de Operaciones, despacho, Lugo, 26 de junio de 1823. en Rodríguez Villa, *El Teniente General don Pablo Morillo*, doc. 940, 428-431.
38 Morillo al general Novella, comandante militar de la Coruña, Lugo, 26 de junio de 1823, en Rodríguez Villa, *El Teniente General don Pablo Morillo*, doc. 940, 428 a 431.
39 Morillo a la Diputación Provincial de la Coruña, Lugo, 26 de junio de 1823, en Rodríguez Villa, *El Teniente General don Pablo Morillo*, doc. 939, 426 y 427.
40 Morillo al Almirante del Departamento del Ferrol, Lugo, 26 de junio de 1823, en Rodríguez Villa, *El Teniente General don Pablo Morillo*, doc. 939, 427.
41 Morillo al general Novella, comandante militar de la Coruña, Lugo, 26 de junio de 1823, en Rodríguez Villa, *El Teniente General don Pablo Morillo*, doc. 940, 428 a 431.
42 Morillo al general Novella, comandante militar de la Coruña, Lugo, 26 de junio de 1823, en Rodríguez Villa, *El Teniente General don Pablo Morillo*, doc. 940, 428 a 431.
43 General Bourke a Morillo, León, 29 de junio de 1823, en Rodríguez Villa, *El Teniente General don Pablo Morillo*, t. 1, 536.
44 Morillo al general Bourke, Lugo, 1 de julio de 1823, en Rodríguez Villa, *El Teniente General don Pablo Morillo*, t. 1, 537.

45 General Bourke a Morillo, Astorga, 3 de junio de 1823, en Rodríguez Villa, *El Teniente General don Pablo Morillo*, t. 1, 537.

46 Morillo a Quiroga, Lugo, 28 de junio de 1823, en Rodríguez Villa, *El Teniente General don Pablo Morillo*, doc. 944, 436-438; Morillo al Gobernador de la Coruña, Lugo, 28 de junio de 1823, en Rodríguez Villa, *El Teniente General don Pablo Morillo*, doc. 945, 438-439; Morillo, proclama á los pueblos y las tropas del cuarto ejército, Lugo, 1 de julio de 1823, en Rodríguez Villa, *El Teniente General don Pablo Morillo*, doc. 946, 440-445.; Quiroga al Ministro de la Guerra, despacho, 2 de julio de 1823, en Rodríguez Villa, *El Teniente General don Pablo Morillo*, doc. 947, 445-448; Quiroga al Ministro de la Guerra, oficios, 2 y 3 de julio de 1823, en Rodríguez Villa, *El Teniente General don Pablo Morillo*, doc. 948, 448-453.

47 Manuel de la Puente, Ministro de la Guerra, orden privando a Morillo de todos sus títulos y honores, Cádiz, 24 de julio de 1823, en Rodríguez Villa, *El Teniente General don Pablo Morillo*, doc. 950, 454.

48 José de San Juan a Morillo, orden, 8 de agosto de 1823, en Rodríguez Villa, *El Teniente General don Pablo Morillo*, doc. 952, 458-459.

49 O'Doyle, jefe de Estado Mayor, resumen de las operaciones que han ejecutado las tropas que se hallaban á las órdenes del conde de Cartagena para cooperar á la libertad del Rey nuestro señor, la Coruña, 26 de noviembre de 1823, en Rodríguez Villa, *El Teniente General don Pablo Morillo*, doc. 957, 470-477.

50 Morillo a Bourke, Vigo, 7 de agosto de 1823, en Rodríguez Villa, *El Teniente General don Pablo Morillo*, t. 1, 554.

51 Morillo a Bourke, Vigo, primeros días de agosto de 1823, en Rodríguez Villa, *El Teniente General don Pablo Morillo*, t. 1, 554.

52 Montmorency al embajador francés en Madrid, instrucciones, París, julio de 1822, en Artola, *La España de Fernando VII*, 645.

53 M. de Polignac a M. de Villèle, en Grandmaison, *L'expédition Française d'Espagne en 1823, avec onze lettres inédites de Chateaubriand*, 195.

54 Duque de Angulema a Fernando VII, 14 de octubre de 1823, en Grandmaison, *L'expédition Française d'Espagne en 1823, avec onze lettres inédites de Chateaubriand*, 197.

55 Morillo a Fernando VII, la Coruña, 5 de octubre de 1823, en Rodríguez Villa, *El Teniente General don Pablo Morillo*, doc. 994, 546-555.

56 Morillo a Fernando VII, la Coruña, 5 de octubre de 1823, en Rodríguez Villa, *El Teniente General don Pablo Morillo*, doc. 994, 546-555.

57 Morillo, proclama a los habitantes de las provincias comprendidas en el distrito del cuarto ejército, Lugo, 26 de marzo de 1823, en Rodríguez Villa, *El Teniente General don Pablo Morillo*, doc. 939, 424 y ss.

58 José de San Juan a Morillo, orden, 8 de agosto de 1823, en Rodríguez Villa, *El Teniente General don Pablo Morillo*, doc. 952, 458-459.

59 Morillo al Ministro de la Guerra, La Coruña, 3 de diciembre de 1823, en Rodríguez Villa, *El Teniente General don Pablo Morillo*, doc. 996, 557-559.

60 Morillo al Ministro de la guerra, La Coruña, 6 de diciembre de 1823, en Rodríguez Villa, *El Teniente General don Pablo Morillo*, doc. 996, 559.

Capítulo 15

1 De todos estos males ya se había quejado con anterioridad como consta en el certificado expedido el 30 de julio de 1822 por el médico Eugenio de Arrieta. Eugenio de Arrieta, médico residente en la corte, certificado sobre el estado de

salud de d. Pablo Morillo, Madrid, 30 de julio de 1822, en Rodríguez Villa, *El Teniente General don Pablo Morillo*, nota al doc. 931, 394-395.

2 Grandmaison, *L'expédition Française d'Espagne en 1823, avec onze lettres inédites de Chateaubriand*, I.

3 Pozzo di Borgo, embajador ruso en París, 1823, en Barante, *Souvenirs*, t. 1, 306.

4 Villele, conde de, *Mémoires et correspondance*, t. 3, 454.

5 Feuer y D'Hedencourt, *Dictionnaire des Rois et des Reines de France*, 62.

6 Miquel, *Histoire de la France, tommme II, Des Bourbons á Charles de Gaulle*, 18.

7 Rodríguez Villa, *El Teniente General don Pablo Morillo*, t. 1, 571.

8 Morillo al Ministro de la Guerra, comunicación, París, 10 de julio de 1825, en Rodríguez Villa, *El Teniente General don Pablo Morillo*, doc. 997, 560-561.

9 Duque de Damas al conde de Cartagena, las Tullerías, 18 de mayo de 1824, en la que le comunica que el duque de Angulema le recibirá a las once y media de la mañana del día siguiente. RAH, Colección Pablo Morillo conde de Cartagena, Sig. 9/7722, leg. 79, a).

10 Manuel Antonio de Echeverría a Morillo, Madrid, 7 de julio de 1825. RAH, Colección Pablo Morillo conde de Cartagena, Sig. 9/7722, leg. 79, a).

11 Morillo, comunicación, París, 1 de octubre de 1827, en Rodríguez Villa, *El Teniente General don Pablo Morillo*, t. 1, 568 y ss.

12 Mansel, *París Between Empires, Monarchy and Revolution 1814-1852*, 189.

13 Vernet, Emile-Jean-Horace, Escena de la defensa de la barricada de Clichy, el 30 de marzo de 1814, 1822, óleo sobre lienzo, Museo del Louvre en París.

14 Como ejemplos de estas obras en las que Vernet abusa de la «sensibilidad» baste citar: *El perro del regimiento está herido*, Wallace Collection; *Trompeta muerto*, *El veterano en casa*, Wallace Collection; *Lanceros en un establo*.

15 Hugo, *Les Miserables*, 197-198.

16 Morillo, comunicación, París, 1 de octubre de 1827, en Rodríguez Villa, *El Teniente General don Pablo Morillo*, t. 1, 568 y ss.

17 Morillo, comunicación, París, 1 de octubre de 1827, en Rodríguez Villa, *El Teniente General don Pablo Morillo*, t. 1, 568 y ss.

18 Morillo, comunicación, París, 1 de octubre de 1827, en Rodríguez Villa, *El Teniente General don Pablo Morillo*, t. 1, 568 y ss.

19 Morillo, comunicación, París, 1 de octubre de 1827, en Rodríguez Villa, *El Teniente General don Pablo Morillo*, t. 1, 568 y ss.

20 Pinkney H., *The french Revolution of 1830*, 93.

21 Pasaporte expedido por d. Narciso de Heredia embajador de España ante Su Majestad Cristianísima en París, 1 de diciembre de 1830 a nombre del teniente general de los reales ejércitos d. Pablo Morillo, conde de Cartagena, para pasar a España. RAH, Colección Morillo, conde de Cartagena, Sig. 9/7722, leg. 79. Los desplazamientos de Pablo Morillo y su familia durante estos años son posibles de seguir gracuas a los distintos pasaportes expedidos. Véase: Pasaporte expedido por d. José Antonio Aragón embajador de España ante Su Majestad Cristianísima en París, 30 de junio de 1826, a nombre de la sra. condesa de Cartagena que en compañía de su hermana doña Cristina la Paz Mogica pasa a Sens, depto. del Yonne RAH, Colección Morillo, conde de Cartagena, Sig. 9/7722, leg. 79; Pasaporte expedido por d. Santiago de Usoz encargado de negocios de España ante Su Majestad Cristianísima en París, 2 de julio de 1827 a nombre de Pablo Morillo para que con su esposa pasar a los baños de Bañeres y a los de mar en el mediterráneo, regresando por León á esta capital. RAH, Colección Morillo, conde de Cartagena, Sig. 9/7722, leg. 79; Pasaporte expedido por d. Miguel de Carvajal embajador de España ante Su Majestad Cristianísima en París, 5 de junio de 1828 a nombre del conde de

Cartagena, marqués de la puerta para que con su esposa, su señora madre, dos hermanas, dos niños de menor edad y un criado pueda trasladarse a Montpelier y acomodarse en cualquiera otro punto de Francia. RAH, Colección Morillo, conde de Cartagena, Sig. 9/7722, leg. 79; Pasaporte expedido por d. Andrés de Villalba encargado de negocios de España ante Su Majestad Cristianísima en París, 7 de mayo de 1829 a nombre del conde de Cartagena, para pasar a tomar las aguas a Beréges [sic], pudiéndose establecer con el resto de su familia en el mediodía de Francia. RAH, Colección Morillo, conde de Cartagena, Sig. 9/7722, leg. 79; Pasaporte expedido por d. Narciso de Heredia embajador de España ante Su Majestad Cristianísima en París, 5 de octubre de 1829 a nombre del teniente general de los reales ejércitos d. Pablo Morillo, conde de Cartagena, para pasar a establecerse con su familia a Montpellier. RAH, Colección Morillo, conde de Cartagena, Sig. 9/7722, leg. 79.

Capítulo 16

1 Ayuntamiento de Vigo, oficio, Vigo, 14 de enero de 1831, en Rodríguez Villa, *El Teniente General don Pablo Morillo*, t. 1, 572-573.

2 Mesonero Romanos, *Memorias de un setentón*, v. 2, 135, 138 y 139.

3 Real Orden de 28 de junio de 1831, en Rodríguez Villa, *El Teniente General don Pablo Morillo*, t. 1, 574.

4 Decreto de la reina María Cristina, Madrid, 30 de octubre de 1832, en Encima y Piedra, *De los Sucesos del Real Sitio de San Ildefonso*, Apéndice 7, 151-152.

5 Castaños a Morillo, 22 de enero de 1833, en Rodríguez Villa, *El Teniente General don Pablo Morillo*, doc. 1000, 562.

6 Para un resumen de los principales argumentos de derecho sucesorio tanto de carlistas como de isabelinos véase Bullón de Mendoza, *La primera guerra carlista*, 68-69, recogido en Bullón de Mendoza, *Las guerras carlistas en sus documentos*, 22-23.

7 Ley 2, Título XV, Partida II, establece «que el señorío del Reyno non lo oviesse si non el fijo mayor después de la muerte de su padre, e este varón siempre en todas las tierras del mundo, doquier que el señorío ovieron por linaje, e mayormente en España. E por escusar muchos males, que acaecieron o podrían aún ser fechos, pusieron que el Señorío del Rey heredassen siempre aquellos que viniesen por la liña derecha. E por ende establecieron que si fijo varón y non oviesse, la fija mayor heredasse el Reyno ...”»

8 Para un pormenorizado relato de los “Sucesos de La Granja” véase Suárez, *Los Sucesos de la Granja*.

9 Suárez, *Los Sucesos de la Granja*,118.

10 Algunos autores de mediados del siglo XX hablan de un supuesto golpe de Estado liberal tras este cambio de gobierno de Fernando VII, pero esta versión no ha encontrado eco en la historiografía moderna. Véase Súarez, *La crisis política del Antiguo Régimen en España (1800-1840)*, 152 y ss.

11 Encima y Piedra, *De los Sucesos del Real Sitio de San Ildefonso, o La Granja, a fines del año de 1852; de las disposiciones tomadas por el ministerio que se nombro en 1 de octubre del mismo año; y de las causas inmediatas del estado actual de España*, 44.

12 Decreto de la reina María Cristina, Madrid, 15 de octubre de 1832, en Encima y Piedra, *De los Sucesos del Real Sitio de San Ildefonso*, Apéndice 7, 150-151.

13 Decreto de la reina María Cristina, Madrid, 30 de octubre de 1832, en Encima y Piedra, *De los Sucesos del Real Sitio de San Ildefonso*, Apéndice 7, 151-152.

14 Real Decreto de 26 de diciembre de 1832, en Encima y Piedra, *De los Sucesos del Real Sitio de San Ildefonso*, 184-186.

15 Encima y Piedra, *De los Sucesos del Real Sitio de San Ildefonso, o La Granja, a fines del año de 1852; de las disposiciones tomadas por el ministerio que se nombro en 1 de octubre del mismo año; y de las causas inmediatas del estado actual de España*, 46.

16 Morillo, proclama a los soldados bajo su mando en la capitanía general del reino de Galicia, Santiago de Compostela, 1 de noviembre de 1831, en Rodríguez Villa, *El Teniente General don Pablo Morillo*, doc. 998, 560.

17 Rodríguez Villa, *El Teniente General don Pablo Morillo*, t. 1, 576. Anónimo, *Apuntes políticos*, recogido por Bullón de Mendoza, *La primera guerra carlista*, 100.

18 Bullón de Mendoza, *La primera guerra carlista*, 151.

19 Anónimo, *Fastos españoles o efemérides de la guerra civil desde octubre de 1832*, Imprenta de D. Ignacio Boix, Madrid, 1839. Recogido por Asin y Bullón de Mendoza, *Carlismo y sociedad, 1833-1840*, 78.

20 Rodríguez Villa, *El Teniente General don Pablo Morillo*, t. 1, 577.

21 Proclama carlista, en Artola [1833], *La España de Fernando VII*, 751.

22 Marcó del Pont, Juan José. *Relación de los servicios, comisiones y sacrificios hechos por Don Juan José Marcó del Pont, en obsequio de los Soberanos los Señores Don Carlos IV, Don Fernando VII y Don Carlos V, como el aprecio y distinciones que ha merecido a tan dignos Monarcas*, Biblioteca de la RAH, fondo Carlista, leg. 9/6.795, 7-8, recogido en Bullón de Mendoza, *Las guerras carlistas en sus documentos*, 24-25.

23 Hermano Saraiva, *História concisa de Portugal*, 287 y ss.

24 General Luís Fernández de Córdoba a Morillo, Coimbra, 23 de agosto de 1833, Rodríguez Villa, *El Teniente General don Pablo Morillo*, doc. 1.004, 565.

25 Morillo al ministro de la Guerra, Xinzo de Limia, 2 de marzo de 1834, en Rodríguez Villa, *El Teniente General don Pablo Morillo*, t. 1, 588-589.

26 Infante don Carlos María Isidro, manifiesto, Abrantes (Portugal), 1 de octubre de 1833, recogido en Bullón de Mendoza, *Las guerras carlistas en sus documentos*, 25-26.

27 Mezei, *La ideología carlista*, 74.

28 Wilhelmsen, *El desarrollo de la ideología carlista*, 1833-1876", 44.

29 Mina Apat, *Fueros y revolución liberal en Navarra*, citado por Asin y Bullón de Mendoza, *Carlismo y sociedad, 1833-1840*, 38.

30 Asin y Bullón de Mendoza, *Carlismo y sociedad, 1833-1840*, 38.

31 Pirala, *Historia de la Guerra Civil*, t. 1, 212.

32 Teoría expresada por Ferrer, *Las Leyes Fundamentales de la Monarquía Española*, Barcelona, 1843, recogida por Asin y Bullón de Mendoza, *Carlismo y sociedad, 1833-1840*, 40.

33 Reina Gobernadora, manifiesto, Madrid, 4 de octubre de 1833, en Encima y Piedra, *De los Sucesos del Real Sitio de San Ildefonso*, 253-256.

34 Carr, *España 1808 -1975*, 191.

35 Rodríguez Villa, *El Teniente General don Pablo Morillo*,t. 1, 582.

36 Dr. Luis Carlos Sabbagh, "entrevista telefónica", diciembre 2004-enero-febrero 2005.

37 Parte del doctor José Lorenzo y Suand, médico que asistía a Morillo a finales de 1833 y principios de 1834, en Rodríguez Villa, *El Teniente General don Pablo Morillo*, t. 1, 586.

38 Real Orden Madrid, 17 de enero de 1834 por la que se le concede a Morillo permiso para retirarse a restablecerse, en Rodríguez Villa, *El Teniente General don Pablo Morillo*, t. 1, 582-583.

39 Ministro de la Guerra a Morillo, despacho, Madrid, 8 de febrero de 1834, pidiendo que se reincorpore, en Rodríguez Villa, *El Teniente General don Pablo Morillo*, t. 1, 583.

40 Morillo al Ministro de la Guerra, Xinzo de Limia, 15 de febrero de 1834, sobre su

salud, en Rodríguez Villa, *El Teniente General don Pablo Morillo*, t. 1, 583.

41 Morillo al ministro de la Guerra, sin fecha pero de 1834.

42 Morillo al ministro de la Guerra, Xinzo de Limia, 15 de febrero de 1834, sobre su salud, en Rodríguez Villa, *El Teniente General don Pablo Morillo*, t. 1, 583.

43 Morillo al ministro de la Guerra, Xinzo de Limia, 2 de marzo de 1834, en Rodríguez Villa, *El Teniente General don Pablo Morillo*, t. 1, 588-589.

44 Barreiro, *El carlismo gallego*, 171.

45 Carballo, *Historia de Galicia, Idade Contemporánea, Século XIX*, 210.

46 Barreiro Fernández, *Historia de Galicia, Vol. IV Edade Contemporánea*, 256.

47 Morillo al ministro de la Guerra, Xinzo de Limia, 2 de marzo de 1834, en Rodríguez Villa, *El Teniente General don Pablo Morillo*, t. 1, 588-589.

48 Datos de Asin y Bullón de Mendoza, *Carlismo y sociedad, 1833-1840*, 105.

49 Morillo al ministro de la Guerra, Xinzo de Limia, 2 de marzo de 1834, en Rodríguez Villa, *El Teniente General don Pablo Morillo*, t. 1, 588-589.

50 Parte del doctor José Lorenzo y Suand, médico que asistía a Morillo a finales de 1833 y principios de 1834.

51 Francisco Martínez de la Rosa a Morillo, Madrid, 26 de junio de 1834, en Rodríguez Villa, *El Teniente General don Pablo Morillo*, t. 1, 595.

52 Morillo al rey Fernando VII París, 1 de octubre de 1829, en Rodríguez Villa, *El Teniente General don Pablo Morillo*, t. 1, 568, habla de "ciento cincuenta combates gloriosos.

53 Morillo al infante don Francisco Antonio, s.d, en respuesta a una de 23 de septiembre de 1834, en Rodríguez Villa, *El Teniente General don Pablo Morillo*, t. 1, 598.

54 O'Leary, *Bolívar and the War of Independence*, XVI.

55 Morillo a su mujer, Pau, 9 de diciembre de 1836, Primera de dos de igual fecha. RAH, Colección Pablo Morillo, conde de Cartagena, Sig. 9/7734, leg. 91, d).

56 Morillo a su mujer, Baréges, 8 de septiembre de 1836. RAH, Colección Pablo Morillo, conde de Cartagena, Sig. 9/7734, leg. 91, d).

57 Morillo, *Manifiesto que hace á la Nación Española el teniente general don Pablo Morillo,* 58.

58 Morillo a su mujer, Pau, 17 de septiembre de 1836. RAH, Colección Pablo Morillo, conde de Cartagena, Sig. 9/7734, leg. 91, d).

59 Morillo a su mujer, Pau, 23 de octubre de 1836. RAH, Colección Pablo Morillo, conde de Cartagena, Sig. 9/7734, leg. 91, d).

60 Morillo a su mujer, Pau, 27 de octubre de 1836. RAH, Colección Pablo Morillo, conde de Cartagena, Sig. 9/7734, leg. 91, d).

61 Morillo a su mujer, Pau, 9 de diciembre de 1836, Primera de dos de igual fecha. RAH, Colección Pablo Morillo, conde de Cartagena, Sig. 9/7734, leg. 91, d).

62 Morillo a su mujer, Pau, 16 de mayo de 1837. RAH, Colección Pablo Morillo, conde de Cartagena, Sig. 9/7734, leg. 91, d).

63 Morillo a su mujer, Pau, 14 de marzo de 1837. RAH, Colección Pablo Morillo, conde de Cartagena, Sig. 9/7734, leg. 91, d).

64 Morillo a su mujer, Pau, 17 de septiembre de 1836. RAH, Colección Pablo Morillo, conde de Cartagena, Sig. 9/7734, leg. 91, d).

65 Morillo a su mujer, Pau, 23 de abril de 1837. RAH, Colección Pablo Morillo, conde de Cartagena, Sig. 9/7734, leg. 91, d).

66 Morillo a su mujer, Pau, 2 de septiembre de 1836, RAH, Colección Pablo Morillo, conde de Cartagena, Sig. 9/7734, leg. 91, d).

67 Morillo a su mujer, Pau, 14 de marzo de 1837. RAH, Colección Pablo Morillo, conde de Cartagena, Sig. 9/7734, leg. 91, d).

68 Morillo a su mujer, Pau, 22 de marzo de 1837. RAH, Colección Pablo Morillo, conde de Cartagena, Sig. 9/7734, leg. 91, d).

69 Morillo a su mujer, Pau, 29 de abril de 1837. RAH, Colección Pablo Morillo, conde de Cartagena, Sig. 9/7734, leg. 91, d).
70 Morillo a su mujer, Pau, 30 de octubre de 1836. RAH, Colección Pablo Morillo, conde de Cartagena, Sig. 9/7734, leg. 91, d).
71 Morillo a su mujer, Pau, 20 de junio de 1837. RAH, Colección Pablo Morillo, conde de Cartagena, Sig. 9/7734, leg. 91, d).
72 Morillo a su mujer, Pau, 9 de diciembre de 1836, Primera de dos de igual fecha. RAH, Colección Pablo Morillo, conde de Cartagena, Sig. 9/7734, leg. 91, d).
73 Morillo a su mujer, Pau, 17 de septiembre de 1836. RAH, Colección Pablo Morillo, conde de Cartagena, Sig. 9/7734, leg. 91, d).
74 Pepita a su padre, s.d. [1836], RAH, Colección Pablo Morillo, conde de Cartagena, Sig. 9/7734, leg. 91, d).
75 Morillo a su mujer, Pau, 6 de enero de 1837. RAH, Colección Pablo Morillo, conde de Cartagena, Sig. 9/7734, leg. 91, d).
76 Morillo a su mujer, Pau, 9 de diciembre de 1836, Primera de dos de igual fecha. RAH, Colección Pablo Morillo, conde de Cartagena, Sig. 9/7734, leg. 91, d).
77 Morillo a su mujer, Pau, 9 de diciembre de 1836, Segunda de dos de igual fecha. RAH, Colección Pablo Morillo, conde de Cartagena, Sig. 9/7734, leg. 91, d).
78 Morillo a su mujer, Pau, 2 de febrero de 1837. RAH, Colección Pablo Morillo, conde de Cartagena, Sig. 9/7734, leg. 91, d).
79 Morillo a su mujer, Pau, 9 de diciembre de 1836, Primera de dos de igual fecha. RAH, Colección Pablo Morillo, conde de Cartagena, Sig. 9/7734, leg. 91, d).
80 Aníbal Morillo a su madre, s.d. [1836], RAH, Colección Pablo Morillo, conde de Cartagena, Sig. 9/7734, leg. 91, d).
81 Morillo a su mujer, Pau, 9 de diciembre de 1836, Primera de dos de igual fecha. RAH, Colección Pablo Morillo, conde de Cartagena, Sig. 9/7734, leg. 91, d).
82 Morillo a su mujer, Pau, 9 de diciembre de 1836, Segunda de dos de igual fecha. RAH, Colección Pablo Morillo, conde de Cartagena, Sig. 9/7734, leg. 91, d).
83 Morillo a su mujer, Pau, 19 de enero de 1837. RAH, Colección Pablo Morillo, conde de Cartagena, Sig. 9/7734, leg. 91, d).
84 Morillo a su mujer, Pau, 9? de mayo de 1837. RAH, Colección Pablo Morillo, conde de Cartagena, Sig. 9/7734, leg. 91, d).
85 Morillo a su mujer, Pau, 22 de junio de 1837. RAH, Colección Pablo Morillo, conde de Cartagena, Sig. 9/7734, leg. 91, d).
86 Morillo a su mujer, Pau, 20 de junio de 1837. RAH, Colección Pablo Morillo, conde de Cartagena, Sig. 9/7734, leg. 91, d).
87 Acta de defunción de Pablo Morillo, 28 de julio de 1837, en Santiago y Gadea, *El General Don Pablo Morillo. Apuntes históricos acerca de sus hechos militares, particularmente en las gloriosas jornadas de Puente Sampayo y Vigo*, 76.